개정판

행정학

남재걸

PUBLIC
ADMINISTRATION

박영사

개정판 머리말

책이 출간된 지 4년이 지났습니다. 그동안 강단에서 그리고 유튜브를 통하여 다양한 독자분과 소통하면서 행정학 지식의 외연을 확장할 수 있어 기뻤습니다. 그러나 한편으로는 비교적 정적인 행정학 이론과 급변하고 동적인 현실 제도를 모두 담아야 하는 행정학 교과서의 한계를 실감하기도 했습니다. 또한, 행정학을 전공하는 학생, 공직을 원하는 수험생 그리고 행정 실무자 등 다양한 독자층에 어떤 지식을 어떻게 제공해야 하느냐에 대한 고민과 반성의 시간이기도 했습니다. 그렇다고 본 개정판이 이러한 한계를 극복한 것은 아닙니다. 다만, 조금씩 보완하는 과정이라고 생각됩니다.

이번 개정판에서는 크게 세 가지 측면에서 수정·추가 내용이 있습니다. 첫째는 법령제정 및 개정 사항을 반영하였습니다. 둘째는 초판에 담지 못했던 이론이나 제도를 추가하는 것입니다. 특히, 제6편 지방자치론은 많은 내용을 추가하였습니다. 셋째는 오탈자와 문구 변화가 필요한 부분을 수정하였습니다.

편별로 수정·추가된 구체적인 내용은 다음과 같습니다.

제1편 총론, 제3편 행정조직론 부분은 오탈자 교정과 약간의 문구 수정 외에는 크게 달라진 내용은 없습니다. 제2편 정책론에서는 제3장 제2절 정책평가 뒷부분에 '우리나라 정부업무평가제도'를 추가하였습니다.

제4편 인사행정론에서는 국가공무원법, 공무원임용령, 균형인사지침, 공무원임용규칙 등의 개정 사항을 반영하고, 제3장 제3절 근무성적평정 뒷부분에 '경력평정, 가점평정 및 승진후보자 명부'를 보완하였으며, 제4절을 '성과관리카드'에서 '공무원의 인사 및 성과 기록 관리'로 내용을 변경하였습니다. 제4장 제1절에서는 '시보임용' 관련 내용을 추가하였으며, 제3절에서는 「공무원의 노동조합 설립 및 운영 등에 관한 법률」, 「공무원직장협의회의 설립·운영에 관한 법률」의 개정 내용을 반영하였습니다.

제5편 재무행정론에서는 「국가재정법」 개정 내용을 반영하여, 제1장 제4절에

'온실가스감축인지 예산'을 추가하였으며, 제2장 제3절 중 '예비 타당성 조사 대상 사업' 부분을 수정하였으며, 제3장 제6절은 '재정성과 목표관리제도'의 내용을 수정하였습니다.

제6편 지방자치론 부분은 대폭 보완하였습니다. 제1장 지방자치의 본질과 이론에는 제2절 지방자치의 두 가지 역사적 흐름(주민자치와 단체자치), 제4절 보충성의 원칙, 제5절 티부 모형(Tibout Model)을 소개하였으며, 제2장 지방자치제도에서는 제3절 특별지방자치단체를 새롭게 소개하였으며, 제6절에는 '지방채' 설명을 보완하였고, 제7절에는 「주민투표법」, 「주민조례발안에 관한 법률」의 개정 사항과 '규칙의 제정·개정·폐지 의견 제출' 등 「지방자치법」 개정 사항을 추가하였고, 제2장 맨 뒷부분에는 우리나라의 '교육자치와 경찰자치'에 관한 내용을 정리하였습니다.

제7편 전자정부에서는 제2절에 「국가정보화 기본법」이 「지능정보화 기본법」으로 전부개정된 내용과 새롭게 제정된 「데이터기반행정 활성화에 관한 법률」, 그리고 공인인증서 제도 폐지 등을 반영하였습니다.

마지막 제8편 행정책임과 통제에서는 새롭게 제정·시행된 「공직자 이해충돌 방지법」과 「고위공직자범죄수사처 설치 및 운영에 관한 법률」을 제1절에 추가하였습니다.

이 책이 출판되기까지 지원과 노고를 아끼지 않으신 박영사 관계자님께 진심으로 감사드리고, 이 책을 읽는 모든 독자분의 행복을 기원합니다.

2023년 8월 10일
저자 씀

머리말

이 책은 행정현장에서 실무와 대학에서 강의를 하는 과정에서 경험한 저자의 생각을 토대로, 정리된 노트와 같은 교과서를 만들고 싶은 마음에서 쓰게 되었습니다. 책을 완성하는 데에는 약 5년간의 기간이 소요되었습니다. 저자의 게으름과 무능함도 있지만, 국내외 서적과 논문을 찾고 정리하는 것은 참으로 지난한 작업이었습니다. 특히, 연구 논문과 달리 저의 전공분야가 아닌 부분도 있으며, 새로운 연구결과를 발표하기보다는 이미 서술된 내용들을 확인하고 이를 다시 종합·수정하여 논리적으로 배열하는 작업이 많아, 선배 연구자분들의 연구결과에 크게 의존할 수밖에 없었습니다.

본서를 집필하는 과정에서 가장 큰 어려움은 행정학 교과서에서 다루어야 할 내용의 범위를 설정하는 것이었습니다. 행정학 분야에 축적된 방대한 양의 연구내용 가운데 이 책에 담을 것과 제외할 것을 선택하는 것은 여간 어려운 작업이 아니었습니다. 왜냐하면 이러한 선택의 문제는 본서를 공부하는 학생들에게 어떤 서비스를 제공할 것이냐의 문제와 연관되기 때문입니다. 저자는 행정학 지식을 가급적 폭 넓게 소개하려고 노력하였습니다. 백과사전식 나열이 아니라 내용들이 서로 논리적으로 배열되고 쟁점을 중심으로 이해할 수 있도록 서술하는 데 중점을 두었습니다. 또한 학자들 간 의견을 달리하거나 학설이 갈리는 주장은 그 이유와 의견이나 주장들을 열거·정리하였습니다.

본서의 구성은 크게 '편', '장', '절'로 나누어집니다. '편'은 행정학의 각론 분야를 중심으로 제1편 총론, 제2편 정책론, 제3편 행정조직론, 제4편 인사행정론, 제5편 재무행정론, 제6편 지방자치론, 제7편 전자정부, 제8편 행정책임과 통제 등 총 8편으로 나누었습니다. 이러한 각론의 내용을 다시 '장'으로 구분하였으며, '절'은 하나의 주제나 주관식 문제의 단위로 구성했습니다. 보충적인 설명이 필요한 경우는 참고자료를 제시하였습니다.

이 책을 공부하는 방법은 각 '편'별로 맨 앞에 서술된 소개를 중심으로 해당

'편'의 쟁점을 이해하는 것입니다. 각 '편'을 소개하는 내용은 해당 '편'의 핵심을 요약하고 단순화시킨 것으로, 여러 번 반복적으로 읽고 생각하기를 권합니다. 하나의 '편'은 행정학을 구성하는 가장 큰 지식의 덩어리들입니다. 이 큰 덩어리가 왜 그리고 무엇으로 묶여 있는지를 생각하며 살펴보시기 바랍니다. 다음으로는 각 '장'이 해당 '편'에서 어떤 역할을 하며, 어떠한 '절'로 구성되었는지를 살펴보기 바랍니다. 본서의 서술에서 핵심단위는 '절'입니다. 각 '절'은 하나의 주관식 문제 단위로 구성되어 논리적 응집성이 강합니다. 따라서 각 '절'은 논리적 흐름뿐 아니라 구체적 내용도 세밀히 읽고 이해해야 하며, 필요하면 현행 법규정을 직접 찾아 확인하면서 학습을 하시기 바랍니다. 이러한 방식은 주관식을 준비하는 학생뿐 아니라 객관식을 준비하는 학생들에게도 권하고 싶은 방법입니다.

그동안 학생들에게 '행정학 연습'이라는 과목을 강의하면서, 본서의 문제점을 보완하기도 하고, 학생들의 의견을 반영하여 초고를 바꾸는 작업을 진행하기도 하였습니다. 이 책이 출판될 수 있었던 것은 단국대학교에서 저자의 '행정학 연습'을 수강한 학생들의 도움이 가장 컸다고 생각됩니다.

책을 출판하면서 감사의 인사를 드려야 할 분들이 많습니다. 교과서를 만든다는 것은 그 분야에서 수많은 학자들의 땀과 노력의 결실에 기초한 작업이라고 생각합니다. 본서의 저술은 선학 연구자분들의 연구결과에 크게 의존하였음을 밝히고, 그 분들께 진심으로 감사드립니다.

저에게 학자의 길을 열어주신 장호성 총장님과 보잘 것 없는 제자에게 용기와 꿈을 심어주셨던 송운석 교수님께 깊은 감사를 드립니다.

책의 교정을 도와주신 박사과정에 재학중인 조재준 선생님과 김민찬 군에게 감사드리고, 수험생의 입장에서 조언을 해준 최철규 군과 박철우 군에게도 고마운 마음을 전합니다.

기꺼이 출판을 허락해주신 박영사 안상준 대표이사님과 출판과정에 수고를 아끼지 않으신 실무자 분들께 깊은 감사를 드립니다.

항상 곁에서 도와주는 아내와 딸 하은에게도 고마운 마음을 보냅니다.

2019년 8월 10일
단국대학교 죽전캠퍼스 연구실에서
저자 씀

차 례

제2편   정책론

제1장   정책 이해

제2장   정책형성과 정책결정

제3장 정책집행과 평가

제3편 행정조직론

제1장 조직이론과 구조

제2장 조직관리   208

제4편 인사행정론

제1장 인사행정 제도

제2장 공직 구조

제3장 인사관리

제5편 재무행정론

제1장 예산 총론

제2장 예산과정

제3장 예산 개혁

제6편　지방자치론

제1장　지방자치의 본질과 이론

제2장 지방자치제도

제7편　전자정부

제8편　행정책임과 통제

제1편

총론

행정학은 실용적인 학문으로 '공공문제의 해결'과 '공익가치를 추구'한다. 그런데 무엇이 공공문제 또는 공익가치와 연관되는지를 결정하는 데에는 가치판단이 개입된다. 한편, 가치판단이 명확하게 내려진 상황에서 이루어지는 행정업무는 사기업 경영에서의 관리와 상당한 유사성을 지닌다. 행정학은 이러한 '가치판단'과 '관리'라는 두 가지 속성을 모두 가지고 있으며, 어디에 무게중심을 두느냐는 행정환경이나 시대상황에 따라 달라진다. 제1장 행정의 기초 이해에서는 이러한 행정과 행정학의 특성을 살펴보고자 한다.

　　제2장에서는 현대 행정에서 가장 쟁점이 되는 사안은 무엇인지에 대해 미리 학습하고자 한다. 행정이 모든 사회 · 경제문제를 해결할 수는 없다. 따라서 특정 사회 · 경제문제에 행정이 개입할 것인지 아니면 시장이나 국민 스스로 자율적인 해결이 될 수 있도록 기다릴 것인지에 대해 판단할 필요가 있다. 이것이 행정의 역할 범위와 관련된 쟁점이다. 또한, 행정은 국민의 세금으로 국민을 위하여 이루어지는 행위이다. 여기서 "국민의 대리인인 정부 관료제가 국민의 의사를 합리적으로 반영하여 행정을 수행하느냐?"에 대한 의문이 제기된다. 이는 민주주의라는 근본이념을 행정이 어떻게 실현하느냐에 대한 문제인 것이다.

　　제3장에서는 행정인이 특정 사안에 관해 결정하고 집행하는 과정에서 근본적으로 추구하는 가치 또는 이념에 대해 살펴본다.

　　제4장에서는 행정을 분석하고 바라보는 다양한 이론에 대해 살펴보고자 한다. 행정이론은 "행정현상을 어떠한 시각으로 바라보고 연구할 것인가?"의 문제와 연관된다.

01 / 행정의 기초 이해

제1절 행정과 행정학
제2절 행정과 정치·경영과의 관계
제3절 현대 행정학의 진화 과정

본 장에서는 행정학의 학문적 위치와 발전과정에 대해 알아보고자 한다. 우선 행정의 개념 정의에 대한 고찰을 바탕으로 행정이 지닌 정치적 속성과 경영적 속성을 알아보고자 한다. 또한, 미국 행정학을 중심으로 현대 행정학의 진화 과정을 살펴보고자 한다.

제1절 행정과 행정학

I. 개 념

행정의 의미는 시대와 학자에 따라 다양하게 정의되고 있지만 대체로 '공공영역에서의 협동행위'라는 부분은 통일적인 견해가 있는 듯하다. 그런데 무엇이 '공공(公共, public)'이냐를 두고 다시 의견이 구분되는데, 하나는 조직이나 구조를 중심으로 접근하는 시각이며, 다른 하나는 일의 내용이나 추구하는 가치를 중심으로 정의하는 시각이다. 전자는 행정의 개념을 협의로, 후자는 광의로 정의하게 된다.

조직이나 구조를 중심으로 접근하는 시각은 '공공'을 '정부(government)'와 동일시한다. 이러한 시각에서는 행정을 정부 기관이 행하는 활동의 총체라고 볼 수 있을 것이다. 그런데 행정기관의 범위를 어디까지로 볼 것인가의 정의가 필요하다. 정부 또는 국가기관은 입법부, 사법부, 행정부를 포함하는 국가조직 전체를 말할 수도 있고, 행정부로 한정해서 인식하기도 하기 때문이다. 이러한 입장은 오늘날 복잡 다양해지는 행정의 모습을 모두 포착하기에는 한계가 있다는 비판을 받는다. 예를 들면, 민관 협치의 거버넌스(governance)는 정부의 활동이라기보다는 정부와 민간의 협동행위이기 때문에 행정의 범위에 포함할 것인지에 대한 의문이 제기되기 때문이다.

한편 '공공'을 일의 내용 또는 추구하는 가치를 중심으로 접근하는 시각은 공공과 관련된 문제를 해결하는 활동(소극적 측면)이나 공익가치를 추구하는 활동(적극적인 측면)을 포함한다. 만일 민간기업의 일부 조직에서 경제적 이익이 아니라 공익가치 추구 활동을 본래의 목적으로 하게 되면 여기에서 활동도 행정이라고 보게 되며, 비영리 민간단체의 활동도 모두 행정에 포함되게 된다. 이러한 시각에서는 행정의 범위를 지나치게 확대한다는 비판을 받을 수 있다.

행정의 개념은 무엇보다 시대적 환경을 반영하여 정의될 필요가 있다고 본다. 행정에 민간 경영기법을 도입하는 신공공관리론, 시민사회의 참여와 협력을 강조하는 뉴거버넌스론, 시민들이 권한을 행사할 수 있도록 담론의 장을 만들어주는 신공공서비스론 등 새로운 행정 패러다임을 포용하는 현대적 행정 개념이 필요하다. 특히 최근 공·사 이분법적 틀의 해체와 재구성, 정부와 시민사회의 협력적 활동의 증가, 지역사회를 지원하는 중간지원기관[1]의 활성화, 사회자본의 중시, 비영리 법인·민간단체 및 각종 협의회·협회의 증가 등에 따라 이들 분야에 대한 관리역량의 문제를 행정이라는 활동 또는 행정학이라는 학문의 영역에서 적극적으로 해결하는 노력이 필요하다.

이러한 측면에서 행정을 "공공문제의 해결이나 공익가치를 추구하는 협동행위의 총체"라고 정의한다. 따라서 행정행위를 연구 대상으로 하는 행정학은 "공공문제의 해결이나 공익가치를 추구하는 협동행위에 대한 지식체계"라고 할 수 있다. 이러한 개념 정의는 기존 학자들보다 광의로 정의된 것으로 볼 수 있다.

Ⅱ. 행정의 특징

본서에서의 행정에 대한 정의는 광의의 행정 개념에 해당하며, 좁은 의미로 행정을 정의하는 것이 국내 다수 학자의 견해로 보인다(박동서, 1992; 오석홍, 2016; 이종수 외, 2014). 좁은 의미로 정의하는 학자들의 공통점은 행정을 '정부의 활동'에

---

1) 중간지원기관(Intermediary Organization)이란 정부 조직과 주민 조직간 매개 역할을 하는 지원기관을 의미하며, 실제 ○○○마을기업 지원센터, ○○마을 만들기 지원센터 등의 명칭으로 설립·운영되며, 정부로부터 운영비를 지원받는 민간 법인이 대부분이다.

한정하고 있다.

　　다수의 학자는 공통으로 행정의 특성으로 권력성, 정치성을 제시하고 있다. 행정의 권력성은 대부분의 행정행위가 정치 권력을 배경으로 하며, 이를 통하여 그 행위의 정당성이 뒷받침된다는 것이다. 국민의 대표인 입법부에 의해서 법률이 만들어지고, 그 법률을 집행하는 과정은 권력성과 정치성을 내포하기 때문이다. 따라서 행정은 국민의 의사를 반영하고 국민에 대하여 책임을 지는 정치성을 지닌다.[2)]

　　행정의 두 번째 특성은 공공문제의 해결을 추진한다는 것이다. 행정은 사회에서 발생하는 다양한 문제에 대해 정책을 만들고 집행하는 활동을 한다. 여기에서의 공공문제는 이미 발생한 문제일 수도 있고, 앞으로 나타날 문제에 대한 예방적 활동일 수도 있다.

　　셋째, 행정은 공익가치를 추구한다. 행정 활동은 공익가치를 실현하는 활동이다. 따라서 행정 활동의 목표와 수단은 공익가치를 기반으로 형성되고 실현된다. 행정 활동의 주요 내용인 공공서비스의 생산과 공급은 이러한 공공문제의 해결 및 공익가치 추구와 연관된다고 볼 수 있다.

　　넷째, 행정은 협동적 집단행위이다. 행정은 두 사람 이상이 특정한 목표 달성을 위하여 행하는 조직적 활동이다. 이러한 협력적 집단행위는 높은 수준의 합리성과 효율성을 추구하고자 하는 속성을 가진다. 여기서 행정이 가지는 관리적 특성이 도출된다. 한편 협동적 집단행위로서의 특성은 경영에서도 나타나는 특성이라고 볼 수 있어, 행정 고유의 특성으로 보기는 어렵다.

Ⅲ. 행정학의 학문적 성격

　　행정학은 행정 현상을 연구하는 학문이다. 행정의 역사는 공(公)과 사(私)가 구분되는 시점부터 있었지만, 체계적인 학문 분야로서 확립된 것은 20세기 현대 행정국가의 등장과 함께이다. 행정학의 학문적 성격은 다음과 같다.

　　첫째, 행정학은 다른 학문과의 연계성이 높다. 즉 행정학에는 학제적(inter-disciplinary) 또는 간학문적 성격이 강하게 나타난다. 왜냐하면, 행정 현상이나 행정 문제는 다양한 사회현상과 얽혀 있어 하나의 학문으로는 포착할 수 없는 경우

---

2) 전술한 바와 같이 공·사 이분법적 틀의 해체와 재구성, 정부와 시민사회의 협력적 활동의 증가라는 새로운 시대적 환경에 따라 광의로 행정을 정의할 때는 권력성을 모든 행정의 특징으로 보는 데에는 한계가 있을 수 있다. 그러나 '권력성'을 행정의 특징으로 제시하는 것은 국내 학자들의 일반적 견해임을 주지할 필요가 있다.

가 많기 때문이다. 따라서 행정학은 법학, 정치학, 경영학, 경제학, 사회학, 심리학 등 다양한 인접 학문과 필연적으로 접목되고 있다. 이는 행정학의 종합 학문적인 특성을 잘 나타내고 있다.

둘째, 행정학은 과학성과 처방성[3]을 동시에 가진다. 사회현상 연구에서 과학이란 어떤 사회현상에 대하여 객관적 자료를 활용하여 그 인과관계를 검증하는 것을 의미한다. 따라서 행정의 과학성은 논리적으로 실제 증명할 수 있는 경험적 연구나 지식을 강조한다. 특히 행정학의 과학성은 행정연구의 사례연구, 비교연구, 실험적 연구를 통하여 객관적이고 경험적 지식의 축적을 가져와 행정학의 이론적 발전이나 관련 지식의 정립에 기여하여 왔다.

한편, 행정학은 공공문제의 해결을 궁극적인 목표로 하는 현실적이고 실용적인 학문이므로 처방성이 요구된다. 그런데 공공문제의 해결을 위한 처방은 "그것은 해결이 필요한 공공문제이냐"를 판단해야 하는데, 공공영역에서의 이러한 질문은 가치판단이 필요한 경우가 많다. 따라서 행정의 처방성은 가치함축성을 내포하고 있다.

셋째, 행정학은 사회과학의 한 분과학문이다. 사회과학은 인간 사회의 여러 현상을 과학적으로 연구하는 학문이며, 행정학은 사회의 여러 현상 중에서 행정현상과 관련된 분야를 과학적으로 연구하는 학문이다.

Ⅳ. 행정의 환경

행정은 환경과 지속적인 상호작용을 하면서 환경으로부터 영향을 받거나 환경에 영향을 주는 개방체계(open system)이다. 따라서 행정에 대한 이해는 행정환경에 대한 이해와 함께 이루어져야 한다.

초기의 행정학에서는 환경적 요인을 강조하지 않았으나, 생태론과 비교행정론이 등장하면서 행정에 대한 환경의 영향을 중시하게 되었다. 이후 발전행정론에서는 환경에 대한 행정의 능동적인 역할이 중시되었으며, 오늘날은 행정과 환경의 상호작용을 강조하고 있다. 여기서는 행정환경은 정치, 경제, 사회, 국제, 과학기술 환경으로 나누어 살펴본다.

---

3) 일부 행정학 교과서에서 이를 '기술성'(art)으로 표현하고 있다. 여기서 '기술성'을 정치·행정 이원론을 표현하는 '기술적 행정학'에서의 '기술'과 혼동해서는 안 된다. '행정학의 기술성'에서 '기술성'은 행정이 사회 문제 해결을 위한 가치판단을 전제로 한 처방(處方)적 행위를 하는 것을 의미하고, 후자의 '기술적 행정학'에서의 '기술'은 경영과 유사한 관리 기술(technique)을 의미한다. 이러한 혼란을 막기 위하여 본서에서는 '행정학의 기술성'을 '행정학의 처방성'으로 표현하고자 한다.

1. 정치적 환경

행정의 정치적 환경은 행위자(actors)를 중심으로 살펴보면 이해도를 높일 수 있다. 행정의 정치적 환경으로서의 가장 중요한 행위자는 국민이다. 헌법 제7조 제1항에서는 "공무원은 국민 전체에 대한 봉사자이며, 국민에 대하여 책임을 진다"라고 규정하고 있다. 따라서 공무원은 국민의 의사에 따라 행정을 추진해야 한다. 국민은 선거, 투표, 각종 여론을 통하여 행정에 피드백(feedback)을 제공하고 있으며, 주민참여예산제, 각종 협의회, 위원회 등을 통하여 직접 의견을 표출하기도 한다.

또한, 대통령은 행정에 직접적인 영향력을 행사하는 정치적 행위자이다. 헌법 제66조 제4항에서는 "행정권은 대통령을 수반으로 하는 정부에 속한다"라고 규정하고 있다. 따라서 대통령은 행정부 최고의 정치적 행위자다. 대통령은 공약이나 국정철학, 국정 목표 등을 통하여 정책의 방향성을 설정하고, 조직개편이나 인사권을 통하여 행정부에 직접적인 영향을 미친다.

정치적 환경으로서의 입법부는 현실적으로 가장 많은 영향력을 미치는 행정의 외부 환경이다. 국회는 입법, 예산, 결산 심사, 국정감사 및 조사 등 다양한 수단을 통하여 정부에 영향을 미친다. 또한, 국회 내 각 정당도 행정에 영향을 미치는 정치적 행위자 그룹이다. 특히 여당은 당정 협의를 통하여 행정부에 강한 영향을 미친다.

사회적 환경에서 논의될 시민단체나 각종 NGO 등도 행정의 정치적 환경으로 볼 수 있다.

한편, 최근 지방자치의 발달과 함께 지방의회 의원뿐 아니라 주민자치회, 각종 지역사회단체 등이 지역의 중요한 정치적 환경으로 주목받고 있다.

2. 경제적 환경

행정의 경제적 환경은 그 실체를 명확히 명시하기는 힘들다. 일반적으로 행정환경으로서의 경제는 시장과의 관계에서 주로 논의된다. 여기서 시장이라 함은 자유시장경제의 원칙하에 가격을 중심으로 자율적으로 움직이는 영역을 의미한다. 행정에서의 경제적 환경에 대한 논의는 주로 다음의 두 가지 쟁점과 관련된다.

첫째, 정부가 시장에 어느 정도 개입하는 것이 바람직한가에 대한 것이다. 시장경제가 언제나 효율성을 담보하는 것은 아니며 독점, 형평성 등의 문제가 있을 수 있다. 따라서 시장의 비효율과 불평등을 개선하기 위하여 정부가 개입할 필요가 있기 때문이다.

둘째, 만일 정부가 시장에 개입하게 된다면 어떠한 정책수단과 방법을 사용하는 것이 적절한 것인가에 대한 논의이다. 정부는 관련 서비스를 직접 생산·공급하거나 규제, 세금감면 등의 다양한 정책을 활용할 수 있기 때문이다.

3. 사회적 환경

행정과 상호작용하는 사회적 환경은 사회 문제와 그와 연관된 이해관계자 그룹과 함께 다루어진다. 사회 문제는 각종 범죄, 인구감소, 저출산, 실업, 세대 간 갈등, 불평등의 문제 등 다양하다. 그런데 이러한 문제의 해결을 위하여 정부가 직접 나서는 예도 있지만, 그렇지 않을 때는 정부의 개입을 요구하는 각종 이해관계자나 시민단체의 활동이 표출되기도 한다. 이를 통하여 각종 사회 문제는 정부와 관계성이 형성된다.

최근에는 지금까지 공적 영역에서 배제되거나 사적 영역으로 간주하였던 각종 생활영역에서의 주제들에 대한 행정의 관심이 증대되고 있다. 전통적 가정이나 지역사회의 해체, 젠더(gender) 문제의 대두, 새로운 형태의 공동체 등장 등 공적 영역과 사적 영역이라는 이분법적 접근으로는 해결하기 어려운 이슈들이 대두되고 있다. 특히, 인구감소와 고령화 현상이 신자유주의와 개인주의 조류와 결합하면서 개인은 점점 더 집단과 멀어진 개별적 개체로 변모하고 있다. 이러한 사회적 환경에 대응하여 사회자본, 지역사회 공동체 등에 대한 행정의 관심이 증가하고 있다.

4. 국제 환경

국외의 글로벌 환경도 행정과의 상호작용이 증대되고 있다. 특히 세계화에 따라 국가 간 상호의존성뿐 아니라 국제기구와 각종 국제규범의 국내 행정에 대한 영향력이 증대되고 있다. 행정의 국제 환경은 크게 다른 국가의 정책이나 정치·경제적 변화에 따른 영향과 국제기구 및 국제규범에 따른 영향으로 나누어 볼 수 있다.

우선, 다른 국가의 정책이나 정치·경제적 변화에 따라 행정이 영향을 받는 경우이다. 일국의 경제상황 악화는 세계 경제 불황으로 이어질 수도 있으며, 주변국의 정치적 변화도 국내 행정에 영향을 미칠 수 있는 변수가 될 수 있다.

또한, 국제기구나 국가 간 합의한 각종 규범은 국내 행정에 영향을 미치고 있다. 1995년 자유무역을 지향하는 '세계무역기구(WTO)'의 출범과 함께 우리나라의 무역환경이 크게 바뀌었으며, UN이나 OECD 등의 국제기구 활동은 국내 행정에 영향을 미치고 있다. 기후변화에 대한 국제협약, 생태계 보호에 대한 국제협약 등 국가 간 각종 협약은 국내 행정에 영향을 미치고 있다.

5. 과학기술 환경

과학기술의 급격한 변화는 행정에 영향을 미치는 중요한 환경이 되고 있다. 스마트폰의 등장, 빅데이터의 활용, 인공지능 기술의 발달, 블록체인의 활용 등으로 인하여 행정의 과학기술 환경은 급변하고 있다. 특히 4차 산업혁명이라는 시대 흐름에 대응하기 위한 각종 법·제도의 개선이나 관련 정책의 입안이 필요하다. 과학기술 환경은 외부 환경으로서 행정의 각종 제도나 정책의 변화에 영향을 미치기도 하지만 전자정부의 기초가 되어 정부의 일하는 방식에도 영향을 미치게 된다.

제2절 행정과 정치·경영과의 관계

Ⅰ. 서 론

행정은 정치와 경영이라는 속성을 함께 가지고 있다. 특정한 사회현상을 공공문제로 판단하고 정책 결정을 하는 과정에서는 가치의 문제가 작용하여 정치적 판단이 요구된다. 한편, 이렇게 결정된 정책을 집행하고 관리하는 작용은 사기업에서의 관리기술인 경영과 유사하다.

행정은 이 두 가지 속성을 내포하고 있지만, 어떤 것을 더 강조하느냐에 따라 행정의 기능과 역할뿐 아니라 행정 현상을 연구하는 행정학의 연구 경향도 달라질 수 있다. 오늘날의 행정이나 행정학은 정치와의 밀접한 관계성을 인정하고 일원적으로 파악하고 있다. 행정과 경영의 관계에서는 양자의 차별성에 대한 인식에 기초하여, 경영기법을 행정에 적용하는 데에 대한 유용성과 한계에 대한 논의가 활발하다.

Ⅱ. 행정과 정치

1. 정치의 이해

행정과 정치의 관계를 규명하기 위해서는 정치가 무엇인지에 대해 이해할 필요가 있다. 정치란 국민의 의사를 반영하여 국가의 목표와 가치를 선택하고 그에 따라 사회의 다양한 자원을 권위적으로 배분하는 활동이다. 따라서 정치는 첫째, 국민의 의사를 반영하는 활동이 선행된다. 국민의 의사는 선거나 투표 또는 여론이라는 형태로 표출된다. 둘째, 이러한 과정을 통하여 정권을 획득하거나 정당성이 부여된 정당이나 대통령은 국가의 목표와 가치를 선택한다. 정치는 권력 획득을 통하여 국가와 정부의 목표를 설정하게 되며, 정부가 추진하는 행정 가치를 선택하게 된다. 셋째는 자원을 권위적으로 배분하는 활동을 한다. 여기서 자원은 예산, 인사권 등을 의미하며, 정치는 이들 자원을 법률이나 정책을 통하여 권력적으로 배분하는 활동을 한다.

2. 정치와 행정의 동태적 관계

정치는 행정과 불가분의 관계에 있다. 왜냐하면, 행정 활동은 국민의 의사에 따라야 하고, 설정된 국가의 목표를 실현해야 하며, 사회의 자원을 배분하는 활동을 직접 수행하기 때문이다.

여기서는 정치인의 활동을 중심으로 현실에서의 정치와 행정의 밀접한 관계를 구체적으로 파악해 보고자 한다. 공식적인 정치인은 국회의원, 대통령, 장·차관 등 정무직 공무원들이며 이들은 민주주의 원리에 의하여 국민으로부터 선거를 통하여 직·간접적으로 심판받는 사람들이다. 또한, 이들이 하는 일 중에서 가장 중요한 것은 '법률'을 만들거나 주요한 '정책결정'을 하는 것이다. 그런데 이러한 정치인이 만든 중요한 결과물들이 행정과 긴밀히 연결되어 있다는 점에서 정치와 행정의 관계를 논의하는 의의가 있다.[4]

첫째, 국민의 직접선거에 따라 선출된 국회의원으로 구성된 국회가 하는 가장 중요한 일은 국민의 권리·의무에 영향을 미치는 법률을 만드는 것이다. 여기서 법률을 제정 또는 개정했다는 자체는 국회의원의 정치적 행위일 수 있다. 그러나 국회가 제·개정한 법률 중에는 행정부 공무원들이 만들어서 국회의 논의를 거친 경우가 많다. 또한, 법률의 구체적인 내용은 명령(시행령)이나 규칙(시행규칙)에 위

---

4) 오늘날 대통령실을 보면 정치와 행정이 밀접히 연관되어 있음을 알 수 있다. 대통령실은 대통령비서실을 중심으로 운영되고 있으며 대통령의 정치적 의지를 실현하는 브레인 역할을 한다. 이러한 측면에서는 고도의 정치성을 가지는 기관이다. 그러나, 대통령실에는 정치적으로 임명된 특정직 공무원(별정직, 정무직 공무원)과 각 부처에서 파견된 경력직 공무원이 혼합되어 있다. 따라서 대통령실의 업무를 전적으로 정치라고 보기도 어려우며, 관리적인 행정업무라고 보기도 어려운 측면이 있다.

임하는데, 명령과 규칙을 결정하는 것은 행정부의 몫이다. 더불어 법률, 명령 및 규칙을 실제 시행하며 국민과 접점에 있는 사람은 집행부 공무원인 행정인이다. 이렇듯 정치인과 행정인의 역할은 서로 얽혀 있다.

둘째는 행정부 내부에서의 정책결정을 살펴보자. 행정부의 주요 정책결정은 대통령, 대통령실 비서관과 장·차관 등에 의하여 이루어진다고 볼 수 있다. 이들은 정치인이자 공무원이며 이들이 내리는 결정을 순수한 정치의 영역으로만 보아야 하느냐에 대한 문제가 제기된다. 정무직 공무원들은 정치적으로 심판받는 지위에 있으므로 이들이 고도의 정치적 정책결정을 하는 것은 정치의 영역으로 보아야 한다고 볼 수 있다. 그러나 이들이 내리는 정책결정안이 정책의제 설정 – 정책분석 – 정책수단 선택 등의 과정을 거치는 동안에 행정부 직업공무원의 노력과 수많은 선택의 과정이 있다. 특히, 이들이 내리는 정책결정 중에는 고도의 정치적인 의도가 포함된 것이 있을 수 있지만, 일반 관리업무도 있을 수 있어 이를 구분하기는 어렵다. 따라서 행정부 내부에서도 정치와 행정은 혼합되어 동태적으로 움직이고 있다.

Ⅲ. 행정과 경영

1. 행정과 경영의 유사성

경영의 개념은 학자에 따라 다양하게 정의된다. 여기서는 행정과 대응되는 관점에서 접근하면, 경영이란 "사적 경제주체가 경제성 원리에 따라 조직의 목표 달성을 위하여 추진하는 협동행위"라고 정의될 수 있다. 따라서 행정과 경영은 목표 달성을 위한 수단, 관리기술, 협동행위, 관료제 성격을 가진다는 측면에서 유사성을 가진다.

행정과 경영의 유사성을 간단히 정리하면 다음과 같다. 첫째, 목표 달성을 위한 수단이라는 유사점을 가진다. 행정과 경영은 목표의 성격은 다르지만 이러한 목표를 달성하기 위한 수단이라는 점에서 유사하다. 따라서 행정과 경영의 구체적 행위들은 목표를 달성하는 데에 집중하게 된다.

둘째, 관리기술이 유사하다. 행정과 경영은 모두 목표 달성을 위해 효율적으로 업무를 처리할 필요가 있다. 따라서 조직관리, 인사관리, 재무관리 등의 관리기술은 행정과 경영에서 모두 중요시된다.

셋째, 협동행위라는 측면에서 유사하다. 행정과 경영은 모두 둘 이상의 사람이 조직을 이루고 서로 협력하여 목표를 달성하고자 하는 활동이다. 개별 행위자들은 모두 타인과의 협동행위를 통하여 업무를 추진하게 된다.

넷째, 관료제적 성격이 유사하다. 관료제란 "계층적 구조를 가진 대규모의 관리조직"으로 정의할 수 있다. 행정과 경영은 모두 이러한 관료제적 성격을 가지고 있다.

2. 행정과 경영의 차이점

여기에서 차이점은 행정과 경영에 대한 상대적인 차이에 관한 논의이다. 따라서 위에서 정의된 광의와 협의의 행정 개념에 모두 적용된다고 볼 수 있다. 행정과 경영의 일반적인 차이점을 간단히 정리하면 아래와 같다.

첫째, 목표가 서로 다르다. 행정은 공익을 추구하고 경영은 이윤을 추구하는 목표를 가진다.

둘째, 행정은 경영보다 정치성과 권력성이 강하다. 경영은 기업 스스로의 판단에 의한 의사결정이 가능하지만, 행정은 국민의 의사에 따라야 하는 정치성을 가진다. 또한, 국민의 대표에 의하여 만들어진 법률에 따라 집행함에 따른 권력성도 가진다.

셋째, 행정은 경영보다 형평성을 중요시한다. 경영은 고객을 차별적으로 대우할 수 있지만, 행정은 법 앞의 평등이라는 규범에 강하게 영향을 받는다.

넷째, 행정은 경영보다 독점성이 강하다. 공공서비스는 정부가 독점적으로 공급하는 경우가 많다. 그러나 경영은 자유 시장 경제의 원칙에 따라 독점성을 가지기는 어렵다.

다섯째, 행정과 경영은 그 재원의 공급원이 서로 다르다. 행정은 국민의 세금이 주요 재원이지만 경영은 고객으로부터의 수입이 재원이 된다.

제3절 현대 행정학의 진화 과정

I. 서 론

시간이 지남에 따라 행정(학)은 변화해 간다. 이를 행정(학)의 진화라고 표현할 수 있다. 행정(학)의 진화 과정은 선진국들과 개발도상국들의 환경에 따라 달리 설명될 수 있다. 여기서는 미국에서의 행정에 관한 주요 이슈의 변화과정을 행정학의 진화 과정으로 설명하고자 한다. 미국을 중심으로 행정학의 진화 과정을 설명하는 것은 행정과 정치·경영과의 관계 그리고 추후 논의될 행정학의 주요 이론들을 이해하는 데 유용하기 때문이다. 특히, 행정학의 성립과정과 발전의 과정을 시대적 배경과 함께 이해하기 용이하며, 우리가 학습할 행정학 이론들이 미국 행정학의 진화 과정과 연관되어 있기 때문이다.

Ⅱ. 초기 미국에서의 관료제 논의

18세기 후반 독립된 국가를 형성한 미국에서 시대적 환경과 행정기능의 변화에 대응한 정부 역할이 논의되고, 이에 대응하여 근대 행정학이 태동하게 되었다. 건국 초기에는 어떤 관료제가 미국 민주주의 발전에 적절한가에 대한 논쟁이 이어지기도 했다.

워싱턴 대통령 시대 초대 재무장관 해밀턴(Alexander Hamilton, 1755-1804)은 정부의 적극적인 역할과 국가기능의 확대를 강조하였다. 또한, 중앙집권화에 따른 능률적인 행정을 주장하여 연방주의자로 불리었다.

그러나 미국 제3대 대통령 제퍼슨(Thomas Jefferson, 1743-1826)은 해밀턴의 연방주의를 반대하고 개인의 자유를 강조하는 관점에서 소박하고 작은 정부, 지방분권화, 참여를 강조하였다.

한편, 미국 제4대 대통령 매디슨(James Madison, 1751-1836)은 중도적 입장에서 다원주의 사회를 인정하고 이익집단의 요구에 대해 조정자로서의 정부 관료제의 역할을 강조하였다.

이러한 미국식 민주주의를 위한 적절한 정부 관료제를 확립하고자 하는 큰 틀에서의 논쟁과 노력은 지속하였지만, 실제 행정은 비교적 단순하여 전문 직업으로서의 성격을 나타내지 못하고 있었다. 미국 건국 후 100년이 지난 19세기 후반에 이르러서야 전문적 직업으로서의 행정과 행정학이 태동하게 된다.

Ⅲ. 행정학의 태동: 정치·행정 이원론(공·사행정 일원론, 기술적 행정학)

1. 배경: 엽관주의의 문제점

19세기 중반까지만 하더라도 행정은 단순한 업무이므로 누구나 할 수 있다는 분위기가 지배적이었다. 이러한 분위기와 당시 미국 정치의 특수성은 엽관주의의 등장 배경이 되었다. 1829년 취임한 제7대 잭슨 대통령(Andrew Jackson)은 공직의 대중화를 선언하고 정당에 대한 공헌도를 기준으로 새로운 공무원을 임용하는 교체 임용주의(공직 순환주의)를 바탕으로 한 엽관주의 인사제도를 채택하였다. 이후 엽관주의는 확대되어 남북전쟁이 끝나는 1860년대 중반에 절정을 이루었다.

그러나 산업화의 영향으로 정부의 역할이 확대되고 업무가 복잡화되면서 전문적 능력보다 정당에 대한 충성도를 강조하는 엽관제의 문제점이 지적되었다. 특히 관료의 부패와 무능, 비효율에 대한 혁신의 필요성이 제기되면서 개혁운동이 활발히 전개되었다.

2. 내 용

당시의 공직 개혁운동은 대부분 정치와 행정을 분리하여 행정의 능률성과 전문성을 확보하여야 한다는 것이었다. 행정은 정치 권력과 구분되어야 하며, 경영과 유사한 관리기술로 이해되어 집행의 능률성을 확보하는 데 집중하여야 한다는 것이다. 당시 정부에서는 1883년 펜들턴법(Pendleton Act)이 제정되어 공무원의 정치적 중립성과 실적주의 인사제도가 도입되었다.

이 무렵인 1887년 미국 행정학의 아버지로 불리는 윌슨(Woodrow Wilson)은 「행정연구(The Study of Administration)」라는 논문에서 정치와 행정을 구분하고 행정을 경영의 분야로 보고 관리와 전문성을 강조하였다. 즉 그는 정치는 의사결정의 영역이고 행정은 정치에서 결정된 내용을 집행한다는 정치·행정 이원론의 논리를 제기했다. 그런데 그의 이러한 논리는 행정학이 새로운 학문으로 태동하는 계기를 마련하였다. 한편 1900년 굿노우(Frank J. Goodnow)는 「정치와 행정(Politics and Administration)」에서 국가 의지를 형성하는 정치와, 형성된 국가 의지를 집행하는 행정을 기능론적으로 구별하여, 행정이 정치로부터 분리되어야 함을 강조하였다.

이러한 영향을 받아 20세기에 들어오면서 관리과학으로서의 독자적인 정통 행정학이 구축된다. 또한, 정치·행정 이원론에 따라 합리적 관리기법을 연구하고 적용하는 경영학과 유사한 모습을 보이는 '행정관리론'이 등장하였다. 행정관리론은 귤릭(Luther H. Gulick)이 능률적인 관리기법으로 제시한 POSDCoRB[5]를 비롯하여 화이트(Leonard D. White), 윌로비(William F. Willoughby), 어윅(Lyndal F. Urwick) 등의 연구를 통하여 초기 미국 행정학의 토대가 되었다.

---

5) 최고관리층의 관리기능으로 Planning(기획), Organizing(조직), Staffing(인사), Directing(지휘), Coordinating(조정), Reporting(보고), Budgeting(예산)의 7대 기능을 제시하였다.

그러나 정치·행정 이원론 또는 공·사행정 일원론(公·私行政一元論)은 관리기술의 개발을 통하여 독자적인 행정학의 발전에는 이바지하였지만, 행정의 기능이 확대되는 행정국가에 적용하기에는 한계가 있었다.

Ⅳ. 행정기능의 확장: 정치·행정 일원론(공·사행정 이원론, 기능적 행정학)

1. 배 경

1929년에 발생한 세계 대공황을 극복하는 과정에서 기존과 다른 새로운 행정의 역할이 요구되었다. 즉 자유주의에 대한 지나친 강조로 인한 자본주의 시장경제의 모순이 노출되면서, 시장실패를 치유하고자 하는 정부의 역할이 강조되었다. 당시 미국 정부는 케인즈(John M. Keynes)의 경제이론에 바탕을 두어 뉴딜정책을 통하여 수요를 창출하는 적극적인 경제정책을 시행하였다. 이러한 변화는 행정이 단순히 주어진 결정을 집행하는 것이 아니라 적극적으로 사회 문제해결에 대응하는 노력이 중요하다는 인식을 확산시켰다. 이에 정부의 정책 입안 기능이 강화되고, 행정재량권이 증대되며, 위임입법이 확대되어 행정부의 기능이 확대·강화되는 행정 국가화 현상이 나타났다.

2. 내 용

정부 기능의 확대는 정치와 행정은 서로 분리되기 어렵다는 인식을 확산시키며, 정치·행정 일원론을 등장시켰다. 즉 행정환경이 복잡 다양한데 정책결정 기능을 분리하여 정치에 맡긴다면 행정의 사회 문제 해결을 위한 대응성이 낮아질수밖에 없다는 것이다. 현실적으로 행정은 정책결정, 법률제안과 위임입법, 재량권 등을 활용하여 실질적으로 정책집행뿐 아니라 결정의 권한도 행사할 필요성이 제기되었다.

디목(Dimock, 1937), 애플비(Appleby, 1949) 등은 정치와 행정의 관계는 연속적이고 순환적이므로 양자를 구분하는 것은 비현실적이라고 보았으며, 행정과정에서도 정책결정이 포함됨을 강조하였다.

Ⅴ. 행태주의: 정치·행정 신이원론(공·사행정 신일원론)

1. 배 경

1940년대에 사이먼(Herbert A. Simon)을 중심으로 행정학 연구에 논리실증주의를 강조하는 행태주의(또는 행태론, behaviorism)가 등장하게 되었다. 행태주의는 경험적인 행태 연구를 통해 과학적인 이론 정립을 추구하였다. 따라서 가치와 사실을 구별하여 정책결정과 같은 가치의 영역은 행정의 연구 대상에서 제외하고, 사실의 문제만 연구의 대상으로 한정하고자 하였다.

2. 내 용

행정학에서 행태주의 연구 경향은 정책결정과 같은 가치판단의 분야는 과학적으로 입증하기 어려워 연구의 대상에서 제외하고, 사실의 영역만을 중심으로 연구함에 따라 정치와 행정을 구분하는 새로운 정치·행정 이원론을 등장시켰다. 행태주의는 경험적·계량적 방법을 통해 가치 중립적인 사실의 영역에 관해서만 연구하여야 한다고 주장한다. 이러한 조류는 논리실증주의를 강조하며 행정의 과학화에 크게 이바지하였다. 특히 사이먼(Simon)은 과거 행정학의 태동기에 행정관리론에서 주장한 원리들(전문화의 원리, 명령통일의 원리 등)이 과학성이 부족한 격언(proverb)에 불과하다고 비판하였다.

Ⅵ. 발전행정론과 신행정학: 정치·행정 신일원론(공·사행정 신이원론)

1. 배 경

1960년대 개발도상국에서는 국가발전을 이끄는 행정의 적극적 기능을 강조하는 발전행정론이 등장하였다. 발전행정론은 기존의 정치·행정 일원론보다 더 행정의 역할을 강조하는 행정 우위론의 입장에서 행정이 정치, 경제, 사회의 각 분야의 발전을 이끄는 선도적 역할을 해야 함을 강조했다.

한편, 미국에서는 1960년대의 인종갈등과 사회적 불평등, 월남전을 둘러싼 정치적 혼란 등의 문제들에 대한 해결 필요성이 대두되면서 사회 문제에 대한 처방이 요구됨에 따라 신행정학이 등장하였다. 신행정학은 기존 행태주의의 가치중립성, 기술·기법의 중시를 비판하고 행정의 가치 지향성, 처방적 입장, 고객 지향적 행정을 강조함으로써 새로운 정치와 행정의 관계를 요구하였다.

2. 내 용

개발도상국의 발전과 미국의 국내 문제 해결을 위한 행정의 역할이 강조되면서 정치·행정 신일원론이 등장하였다. 개발도상국에서는 행정 우위론의 입장에서 행정의 선도적 역할이 요구되었으며, 미국에서는 관리 효율성뿐만 아니라 가치 함축성을 가진 정치적 기능을 중시하게 되었다.

이후 행정은 개방체계로 인식되면서 정치와 단절적으로 고려될 수는 없다는 데 학자들의 견해는 일치하는 것으로 보인다. 따라서 현대 행정에서 신공공관리론과 같은 행정의 경영화를 강조하더라도 정치와 단절된 모형이 아니라 상호 연관성을 가진 개방체계로서 고려되어야 할 것이다.

02/
현대 행정의 주요 과제와 쟁점

제1절 공공성 논의
제2절 시장실패와 정부실패
제3절 정부 관료제와 민주주의

일반적으로 현대 행정의 주요 과제로 제시된 것은 없으나, 필자는 다음의 두 가지 주제를 제시하고자 한다. 첫째는 행정의 역할 범위와 관련된 것이다. 행정이 모든 사회·경제 문제를 다룰 수는 없다. 행정학에서 공공성 논의는 이러한 행정의 수비 범위의 문제와 연관된다. 시장실패와 정부실패 사이에서 황금률을 찾아야 하는 것 또한 행정의 역할 범위의 문제이다. 둘째는 정부 관료제와 민주주의 논의이다. 이는 국민주권주의에 입각한 국민과 정부 관료제의 관계에 대한 논의와 관료제 내부의 민주성 논의를 포함한다. 정부관료제와 민주주의 논의는 민주주의라는 근본이념을 현실 행정에서 어떻게 실현하느냐에 대한 문제이자, 행정이 끊임없이 추구해야 하는 핵심과제이기도 하다.

제1절 공공성 논의

I. 행정학과 공공성 논의

공공성은 행정학뿐 아니라 정치학, 사회학 등에서 다양하게 논의되고 있다. 행정학에서 공공성 논의의 쟁점은 크게 세 가지로 나누어 볼 수 있다.

첫째, 공공성은 행정의 역할 범위 또는 수비 범위와 연관된다. 왜냐하면, 행정은 '공공문제의 해결'을 추구하는데, "무엇이 공공문제인가?"에 대한 결정은 공공성에 관한 판단과 관련되기 때문이다. 특정 사회 문제가 어느 정도의 공공성을 내포하고 있느냐에 따라 행정이 개입할 것인지 또는 그렇지 않을 것인지가 결정되기 때문이다.

둘째, 공공성은 행정의 정당성이나 민주성에 대한 논의와 연관된다. 공공성 논의의 핵심은 공공성 '결정'의 절차적 정당성, 그리고 결정된 '내용'의 정당성뿐 아니라 행정이 공공성을 실현하는 경우에 그 '실현(집행)'의 정당성까지 담보되어야 한다는 것이다. 이러한 공공성과 관련된 정당성은 대의 민주주의가 어느 정도 실질적으로 이루어지고 있느냐와 연관된다. 결국, 공공성은 관료제와 민주주의의 관계와도 일맥을 같이한다고 볼 수 있다.

셋째, 공공성 논의는 현실에서 권력투쟁의 양상으로 나타나기도 한다. 정부와 시장, 시민사회 상호 간에 누가 더 많은 권력을 가질 것인가에 대한 문제로 이어지기 때문이다(민현정, 2009). 이러한 현상은 현실에서는 보수세력과 진보세력 간의 헤게모니(hegemony) 쟁취의 모습으로 보이기도 하며, 승자는 공공성을 자신들에게 유리한 개념으로 재해석할 수도 있다.

Ⅱ. 공공성의 의미와 역사적 진화

1. 공공성의 의미

학자들의 공공성에 대한 개념 정의는 학문적 영역에 따라 달리 정해지고, 같은 행정학 내에서도 다양한 시각으로 정의되고 있다. 그만큼 공공성이라는 언어가 내포하고 있는 포용성으로 인하여 맥락에 따라 다양하게 변용되기 때문이다.

공공성 개념은 선험적으로 주어진 것이 아니라 그 사회의 특성이나 역사성을 반영하여 변화되는 의미이다. 시간이 지나면서 사적인 문제가 공적인 문제로 전환되는 경우를 종종 볼 수 있기 때문이다. 예를 들면, 가정은 가장 사적인 영역이지만 폭력, 아동보호 등과 관련해서는 공적 영역이 되고 있다(백완기, 2007).

여기서는 공공성이란 "시민들이 공개성과 공론성을 바탕으로 공익을 추구하는 과정"으로 정의하고자 한다. 시민들이란 둘 이상의 사람이 모인 경우뿐 아니라 정당성이 부여된 정부나 사회단체를 포함한다고 볼 수 있다. 이러한 정의는 공공성의 개념적 구성요소로 공민성, 공익성, 공개성, 공론성을 중심으로 개념화한 것이다.

공공성의 구성요소로 공민성은 주체, 공익성은 추구하는 가치, 공개성은 접근 가능성, 공론성은 실현과정이나 실현 방법과 관련된다.[6]

---

6) 공공성의 논의를 폭넓은 시각에서 접근하고자 한다면, 임의영 교수의 연구를 참고하기 바란다(임의

1) 공민성[7]

공민성은 공공성의 주체로서의 시민, 국민을 의미한다. 따라서 사회구성체의 주체이자 주권자로서의 시민을 의미하며, 주요 사안의 의사결정 주체이기도 하다. 따라서 공민들의 적극적인 활동으로부터 공공성의 실현이 가능하다. 공민들은 공공성의 실현을 위하여 선거, 투표, 정치 참여, 의견 표명, 공론장에의 참여 등을 하게 된다.

그런데, 공공성의 주체로서 정부를 제시하는 예도 있다(임의영, 2008; 백완기, 2007). 그러나 정부는 시민에 의하여 정당성이나 권위가 부여된 기관으로 볼 수 있다. 따라서 정부는 공공성으로 논의되기보다는 공공성이 부여된 기관으로 논의되는 것이 바람직할 것으로 보인다.

2) 공익성

공공성이 추구하는 가치라는 측면에서 공익이 그 구성요소로 제시된다. 공익은 공공성 논의의 중심적 위치를 차지하지만, 공공성 그 자체는 아니다. 그런데 공공성 개념과 마찬가지로 무엇이 공익이냐에 대한 질문에 답변하기는 쉽지 않다. 사익과 공익이 충돌하는 상황에서 사익은 비교적 명확히 규명될 수 있으나 공익은 그 실체를 찾기는 쉽지 않다. 이러한 공익과 관련된 구체적인 내용은 행정이념에서 상세히 다루기로 한다.

3) 공개성

공공성에 대한 접근 가능성이라는 측면에서 공개성이 그 구성요소로 제시된다. 공공의 영역에는 일반 국민의 접근이 가능해야 한다. 국민이 접근 가능해야 하는 공공의 영역으로는 물리적 시설에 대한 접근성, 행위에 대한 접근성(공공토론, 공공회합 등), 자원에 대한 접근성(도로, 공원 등), 정보에 대한 접근성 등이 있다(백완기, 2007).

4) 공론성(장)

공론성은 공공성의 실현과정 또는 실현 방법이라는 측면에서 그 구성요소로

영, 2010, 2008, 2017, 2018).

7) 공민성은 로마 공화정 시기에 공동체에 참여하는 사람을 의미하는데, 근대 국민주권시대에는 시민으로 표현하는 것이 적절할 것이다. 그러나 공공성을 논의하는 국내 학자들의 대부분이 이를 공민성으로 표현하여 본서에서도 이를 따르고자 한다.

제시된다. 공론성은 의사소통과 토의의 과정을 의미하며, 공론장은 공론성이 발현되는 장소를 의미한다. 여기서는 양자를 혼용하여 사용한다. 공공성의 구성요소로서의 공론장은 정치학과 사회학 분야에서 특히 강조하고 있다. 공론장은 정치적으로 민주주의의 기초를 이루고, 사회의 구성원 간 상호작용과 의사소통의 기본적인 장이기 때문이다.

아렌트(Hannah Arendt)와 하버마스(Jurgen Habermas)는 공론장을 논의한 대표적인 학자이다. 아렌트는 공공성(Öffentlichkeit)은 만인에게 보이고, 열려 있고, 가능한 한 가장 광범위하게 공시된 상태라고 하였다. 아렌트는 공적 영역과 사적 영역을 엄격히 구분한다. 인간의 생명 유지를 위해 이루어지는 노동(labor), 그리고 자연과 다른 인공적 세계를 만드는 일(work)이 이루어지는 장소는 사적 공간으로 보았다. 반면에 사람과 사람 간에 주체적으로 행하는 활동(action)이 나타나는 공간을 공적 영역으로 보았다(Arent, 1989: 175).

한편, 하버마스는 「공론장의 구조 전환(1973)」에서 의사소통과 토의 과정을 통하여 시민적 공공성을 부활시킬 것을 강조하였다. 하버마스는 현대 대중사회에서의 왜곡되고 소멸하였던 공론장을 다시금 부활시켜 참여를 통한 민주주의를 활성화하기 위해서는 공개성에 입각한 합리적인 의사소통의 과정에 시민들이 적극적으로 참여해야 한다고 강조하였다.[8]

2. 공공성의 역사적 진화[9]

공공성의 논의는 광범위하여 각 학문의 분야별로 시각을 달리할 수 있으므로, 여기서는 정부의 역할이라는 시각에서, 공공성의 시대적 진화 모습을 살펴보고자 한다.

1) 절대왕정 및 봉건주의 시대

절대왕정과 중세의 봉건제 국가에서는 공의 개념이란 국왕이나 영주와 관계된 것으로 해석되었다. 국가란 왕의 사유물이므로 공공성이란 당연히 왕과 관련된

---

8) 하버마스는 공적 영역으로 대표되는 국가와 사적 영역으로 대표되는 시장으로부터 상대적으로 독립한 것을 시민사회영역으로 보고 이를 '공적인 의미를 가진 사적인 영역'으로 규정하였다. 따라서 하버마스에게서의 시민적 공공성은 전통적인 공공영역인 국가와 사적 영역인 시장의 중간지점에 놓여있다고 볼 수 있다. 하버마스는 이러한 국가와 시장의 중간 영역으로 공공영역이 활성화되면 국가의 지배권력과 가격이 지배하는 시장의 논리로부터 상대적으로 자율성을 가진 개인들 집합체의 활동이 가능해진다는 것이다(이상봉, 2011: 6−7; 홍성태, 2012).

9) 관련 논의는 소영진(2003: 9−13) 교수의 논문을 참고하였다.

일이었기 때문이다. 당시 국가의 일을 처리하는 관료들도 베버(M. Weber)의 '가산관료제' 수준에 머물렀다고 볼 수 있다.

2) 근대 자유주의 시대

자본주의 시장경제와 함께 등장한 산업혁명 그리고 자유, 평등, 박애라는 프랑스 혁명의 정신은 근대 자유주의 시대를 열었다. 자유주의 시대의 정부 역할은 '보이지 않는 손'에 의해 시장경제가 잘 작동할 수 있도록 법질서를 지켜주는 것에 한정된다. 즉 야경국가, 최소정부가 필요했다.

한편, 자유주의 시대의 등장은 이전 시대보다 공과 사의 합리적 구분을 이끌었다. 그러나 자유주의 시대의 무게중심은 사적 영역에 있었으며, 공적 영역에 대한 논의는 상대적으로 활발하지 못하였다.

3) 행정국가 시대

20세기에 들어오면서 자유주의에 대한 지나친 강조로 자본주의 시장경제에 대한 모순이 노출되면서 이를 치유하고자 케인즈주의 경제정책에 바탕한 정부 개입을 강화하기 시작하였다. 시장실패를 치유하고자 하는 정부의 역할이 강조되면서 전통적인 사적 영역으로 인식되었던 복지, 사회적 형평, 사적 (공정)거래 등이 공적 영역으로 전환된다. 행정국가라는 표현이 등장할 정도로 행정의 영역은 확대되었다. 이는 공적 영역의 확장을 의미한다.

4) 신자유주의 시대

시장실패를 치유하기 위한 정부 역할의 확대·강화는 오히려 정부실패라는 문제점을 노출하게 되었다. 즉 관료제의 비대화와 정부 영역의 확장은 비효율성으로 인한 정부의 만성적인 재정적자를 유발하게 되었다. 이에 효율성을 상징하는 시장의 영역을 확장하고, 정부의 영역을 축소시키며, 공적 영역에도 시장의 원리나 경쟁의 원리를 도입하자는 논의가 활발하게 전개되었다. '작은 정부론'으로 표현되는 정부의 시장개입 축소와, '기업가적 정부'로 대표되는 정부조직에 민간기업의 관리기법을 도입하게 되었다.

이러한 신공공관리론의 확대에 대한 반작용으로 '행정(학)에서의 공공성의 위기' 논의가 활발하게 전개되고 있다. 논의의 근저에는 공공영역의 쇠퇴에 따라 국민을 위한 실질적인 민주주의가 퇴보되고 있으며, 공익가치가 시장가치에 의해 점령되고 있다고 보는 시각이 자리잡고 있다.

Ⅲ. 행정에서 공공성 위기와 재인식

1. 행정에서 공공성의 위기

1) 신공공관리론의 확산에 따른 공공성의 위기

신자유주의 사조와 함께 행정학에 팽배한 신공공관리론(NPM)은 민간의 경영기법 도입과 행정 내부의 효율성을 강조한다. 그런데 이러한 신공공관리론의 확산은 단순히 민간의 경영기법을 행정에 도입하는 수준에 머무르는 것이 아니라, '경쟁', '성과', '기업가 정신' 등을 행정 가치의 하나로 격상시키고 있는 것이 현실이다(임의영, 2008: 104).

또한, 신공공관리론에서는 수요와 공급의 법칙에 의한 시장원리를 선호하게 되고 국민을 단순히 고객으로 간주하게 된다. 따라서 사회의 다양한 주체들 간의 합의 과정을 경시하고, 국민을 결정의 주체로 보기보다는 서비스의 수요자로 간주하게 된다. 결국, 관리 지향적인 논리가 행정의 공공성 논의보다 더 우선시되는 현상이 나타나고 있다.

2) 형식적 대의 민주주의에 따른 공공성의 위기

대의 민주주의는 직접 민주주의에 대비되는 것으로 국민이 선출한 국회의원과 국민에게 책임을 지는 관료들이 국민의 의사를 존중하여 국가를 운영하는 것이다. 행정국가화 경향과 신자유주의 조류의 팽배는 한편으로는 정부 관료제의 재량성을 확대·강화했으며, 다른 한편으로는 시장의 가치를 공익의 가치보다 더 중요하게 고려하는 오류를 범하게 되었다.

정책의 실질적 결정자인 국민의 의사가 반영되기 어렵고, 관료의 역할이나 시장의 기능이 더 크게 작용하게 되었다. 따라서 무엇이 공공성의 영역인지를 판단·결정하고 집행하는 절차에서 국민의 의사가 배제되는 현상이 유발되었다. 이는 한편으로는 관료제와 민주주의의 부조화로 인한 공공성의 위기이다.

2. 공공성에 대한 재인식 논의

공공성 논의의 재인식은 두 가지 방향에서 이루어지고 있다(민현정, 2006; 임의영, 2010). 하나는 기존에 공·사 이분법적 틀의 해체이며, 다른 하나는 공공성에 대한 실질적 민주주의의 요구이다.

1) 공·사 이분법적 틀의 해체와 재구성

기존에 공적 영역에서 배제되거나 간과되었던 각종 사적 영역에서의 주제들에 관한 관심이 증대되고 있다. 사회와 가정, 남성과 여성, 지역사회 공동체 등 공적 영역과 사적 영역이라는 이분법적 접근으로는 해결하기 어려운 이슈들이 대두되고 있다. 신생아의 출생, 유아나 어린이 교육, 가족 간의 폭력, 노인 질병 등 사적인 문제로 간주하던 영역도 공적 영역으로 전환될 뿐 아니라, 공적 영역과 사적 영역이 혼재되어 나타나는 것이 현실이다.10)

특히, 인구감소와 고령화 현상이 신자유주의 및 개인주의 조류와 결합하면서 개인 차원의 자기실현, 자아 발견이라는 문제가 공적인 영역과 완전히 구별되는 것이 아니라는 인식이 확산하고 있다. 세계보건기구(WHO)에서 개인의 게임중독을 질병으로 분류함에 따라 개별국가에서는 의료보험의 적용을 검토하게 된 것도 이러한 모습을 보여주고 있다.

2) 시민을 위한, 시민이 결정하는 공공성

공공성의 위기에서 언급되었듯이 형식적 대의 민주주의에 대한 반발로 시민을 위한, 시민을 주체로 한 공공성의 재정립에 대한 요구가 나타나고 있다. 여기에서 공공성은 내용에서의 민주주의와 절차에서의 민주주의가 함께 반영된 것이다(임의영, 2010).

이러한 논의는 "공공성의 결정자＝정부"라는 인식을 탈피하고자 한다. 따라서 시민들이 공공성을 결정할 수 있는 담론의 장을 만들기 위하여 시민참여를 유도하고, 시민이 주인이라는 인식을 관료제 내부에 확산시킬 것을 강조한다.

Ⅳ. 공공성의 실현 전략

공공성을 실현하는 전략은 전술한 공공성의 구성요소가 적절한 기능을 할 수 있도록 하는 것이다. 즉 공공성의 주체로서의 공민성, 추구하는 가치로서의 공익성, 접근 가능성으로서의 공개성, 실현 방법이나 절차로서의 공론성이 잘 실현되

---

10) 한편 일본에서는 90년대 후반에 새로운 공공성 논의가 활발히 전개되었다. 일본에서는 기존의 공(公)·사(私) 이원론적 구분의 한계를 인식하고 공(公)·공공(公共)·사(私)의 삼원론으로 이동하는 공공성의 패러다임 전환을 맞고 있다. 즉, 새로운 공공의 공간에서 NGO 등의 역할을 강조하고 시민사회영역과 지방정부 수준에서 의미 있게 확산을 전개하고 있다. 일본에서의 새로운 공공의 개념은 "지역 구성원들이 커뮤니케이션을 통해 그들의 공동의 문제에 대해 논의해 가는 공간"으로 정의된다(민현정, 2006: 85－87).

는 것이다. 여기서는 이외에 다음과 같은 네 가지 전략을 제시하고자 한다.

1. 협력적 거버넌스의 활성화

이제는 공공성을 공적 영역과 사적 영역으로 구분하는 이분법적인 틀에서 벗어나, 공적 주체와 사적 주체가 함께 사회 문제를 해결하는 노력이 필요하다. 즉, 공공성을 정부나 국가라는 실현 주체를 중심으로 접근하기보다는 사회 문제의 해결이나 공공가치의 추구라는 실현 목적을 중심으로 접근할 필요가 있다. 이러한 목적 중심의 접근은 공적 주체와 사적 주체가 함께 협력하는 거버넌스를 실현할 수 있게 한다. 협력적 거버넌스에서의 공공성은 공공부문이나 정부에 국한된 것이 아니라 공익가치를 추구하고 사회 문제를 해결하기 위한 다양한 주체가 공동으로 이루어지는 노력이다(이명석, 2010).

2. 공론장의 활성화

공론장은 전술한 아렌트와 하버마스의 공공성 논의의 핵심이다. 이들에게서의 공론장은 공공성 실현을 위한 가장 중요한 요소이다. 하버마스는 경제 및 행정 체계와 연관된 도구적이고 전략적인 논리보다는 생활세계에 내재한 의사소통적 합리성을 실현하는 것이 현대사회의 관건으로 보고 있다. 따라서 일상생활의 세계를 복원하기 위해서는 구성원인 시민들 상호 간의 자율적인 토론과 소통이 필요하다는 것이 하버마스의 진단이다(최재식, 1999; 정상호, 2009: 7). 하버마스[11]에게서 공론장은 생활세계에서 활성화된 시민 상호 간, 시민과 각종 공동체(결사체) 간 그리고 공동체들 상호 간에 합리적 의사소통을 가능케 하는 영역이다(장명학, 2003: 16). 결국, 공론장은 시민들이 사회적 이슈에 대해 소통하고 대화하고 숙의할 수 있는 기초적인 장인 것이다.

3. 관료제의 민주성과 책임성 확보 노력

실제 현장에서 공공성을 실현하는 주체는 관료들이다. 따라서 정부와 공무원은 시민이 결정한 공공성의 영역에서, 공익 실현을 위한 적극적인 노력이 필요하다. 또한, 이러한 공공성 실현의 결과에 대해 정부와 공무원은 시민에게 책임을 지는 자세가 필요하다. 관료사회의 시민에 대한 민감성, 반응성의 확보는 공공성 실현과 연관된다.

---

11) 하버마스의 공론장 논의는 본 장 제3절의 참고자료를 참조 바란다.

4. 신공공서비스론에 대한 강조

신공공서비스론은 시민에게 봉사하고 시민들이 권한을 행사할 수 있도록 제도적 장치나 담론의 장을 만들어주는 정부와 관료의 역할이 필요하다는 규범적 방향성을 제시하고 있다. 신공공서비스론은 민주적 시민권 이론, 공동체와 시민사회, 조직인본주의와 담론이론에 기초하고 있다. 시민을 위한, 시민이 결정하는 공공성 실현을 강조한다.

제2절 시장실패와 정부실패

Ⅰ. 문제의 제기

정부가 국민의 사회·경제활동에 어느 정도 개입해야 하는지에 대한 문제, 즉 정부 역할의 적정범위에 대한 문제가 최근 행정의 주요 쟁점이 되고 있다. 특히, 신자유주의와 함께 등장한 작은 정부론, 신공공관리론 등이 강조되면서 시장과 정부의 적정 영역 또는 범위에 대한 논의가 쟁점으로 다루어지고 있다.

여기서는 정부개입의 논리인 시장실패와 소득재분배, 정부축소의 논리인 정부실패를 중심으로 살펴본다.

Ⅱ. 정부개입의 논리: 시장실패와 소득재분배

정부개입의 논리로 제기되는 시장실패와 소득불균형의 문제로 나누어 고찰하고자 한다.

1. 시장실패

1) 시장실패의 개념

시장실패란 시장에 의한 자원 배분이 파레토(Pareto) 효율을 달성할 수 없는 상태를 의미한다. 파레토 효율(Pareto Efficiency)이란 "하나의 자원 배분 상태에서 다른 어떤 사람에게 손해가 가도록 하지 않고서는 어떤 한 사람에게 이득이 되는 변화를 만들어 내는 것이 불가능한 상태"를 말한다. 따라서 시장에서 보이지 않는 손에 의한 자율적으로 자원 배분을 잘 수행할 수 없는 때도 있으며 이때 시장실패가 발생한다는 것이다. 일반적으로 시장실패는 공공재, 외부효과, 독점 그리고 정보의 비대칭 등 네 가지 유형이 주로 제시된다.

2) 공공재의 존재

모든 재화는 그 특성에 따라 공공재와 민간재로 구분된다. 이들을 구분하는 기준은 배제가능성과 경합가능성이다.

비배제성(non-excludability)이란 재화나 서비스에 대한 비용을 지불하지 않은 사람을 그 소비로부터 배제할 수 없는 상황을 말한다. 즉 어떤 재화나 서비스가 비배제성을 띠게 되면 시장기구를 통하여 공급될 수 없으므로 정부에 의해서 공급되거나 아니면 전혀 공급되지 않을 수도 있다.

비경합성(non-rivalry)이란 어떤 재화나 서비스에 대한 한 사람의 소비가 그에 대한 다른 사람의 소비를 방해하지 않음을 뜻한다. 비경합성의 대표적인 예는

〈표 1-1〉 비배제성과 비경합성에 따른 공공재의 구분

		배제 가능성	
		배제 가능	배제 불가능
경합 가능성	경합성	I. 순수 민간재(시장재) - 배제비용 낮음 - 민간기업이 생산 - 시장에 의한 배분 - 판매로부터 재원 조달 <예> 라면, 구두, 옷, 자동차	II. 공유재12) - 집합적으로 소비되지만, 혼잡이 발생 - 민간기업 또는 공공부문에 의한 생산 - 시장 또는 공공예산을 통한 배분 - 판매 또는 조세로부터 재원을 조달 <예> 공원, 출근길 도로
	비경합성	III. 요금재(toll goods) - 주로 정부의 보조금을 받는 민간기업이 생산 - 판매로부터 재원 조달 <예> 케이블 TV, 예방접종, 보건 서비스, 교통체증 없는 유료 고속도로	IV. 순수 공공재(public goods) 및 집합재(collective goods) - 배제비용이 많이 듦 - 정부가 직접 생산하거나 정부와 계약 때문에 민간기업이 생산 - 공공예산을 통한 배분 - 강제적인 조세수입을 통한 재원 배분 <예> 국방, 등대, 치안, 공영방송의 일기 예보

자료: 남궁근, 2008: 49; 전상경, 2008: 24.

---

12) 공유재와 요금재는 민간재로서의 특성과 공유재로서의 특성을 함께 가지고 있어서 이 둘을 총칭하여 준공공재(quasi-public goods) 또는 혼합재(mixed goods)라고 불리기도 한다(소병희, 2008: 28; 전상경, 2008: 24).

일상생활에서 우리가 마시는 공기이다.

순수 공공재와 순수 민간재도 있지만 대체로 재화는 두 가지 속성을 동시에 가지는 중간적인 성격이다. 〈표 1-1〉은 배제성과 경합성의 정도에 따라 네 가지 유형의 재화와 서비스를 분류한 것이다.

위의 재화 유형 중에서 배제가 불가능한 공공재는 시장이 형성될 수 없다. 따라서 전형적인 시장실패로 인하여 정부가 공공재를 공급할 수밖에 없다. 그런데 기술의 진보에 따라 특정 재화의 배제가능성이 달라질 수 있어 공공재와 사유재의 경계는 시대와 환경에 따라 변경될 수 있다. 즉, TV 방송의 경우 비용 미부담자를 배제할 수 없을 때는 공공재의 성격이었지만, 기술의 발달로 비용 미지불자를 배제할 수 있게 될 때는 민간재로 취급될 수도 있다. 또한, 일기예보는 국가가 공급하는 공공재이지만 일부 민간기업에서 특화된 일기예보를 고객들에게 판매하는 경우는 일기예보도 민간재의 성격을 띠게 된다.

> ### 공유지의 비극(tragedy of the commons)
>
> 공유재를 효율적으로 관리하려면 개인들은 적정 수준 이상의 공유재 사용을 자제하여야 한다. 그렇지 않은 경우, 개별 사용자들은 단기적으로 그 자원의 사용을 통하여 혜택을 보지만 장기적으로는 자원이 고갈되어 모든 사용자가 고통을 받게 된다. 이런 현상을 하딘(Hardin, 1968)은 공유지의 비극이라고 표현하였다. 예컨대, 공유 목초지에 누구나 양을 방목할 수 있다고 하자. 사람들은 더욱 많은 양을 사육하여 많은 돈을 벌기 위하여 더 많은 양을 방목하고자 한다. 결국, 공동 목초지가 고갈되어 공멸하는 비극을 맞게 된다는 것이다.

3) 외부성(externality)에 따른 시장실패

외부효과란 한 경제주체의 행위가 다른 경제 주체에게 '편익'이나 '비용'을 발생시키지만, 이에 대한 보상이 이루어지지 않으면 발생한다. 여기서 편익이 발생하는 경우를 정(+)의 외부효과, 비용이 발생하는 경우를 부(-)의 외부효과라고 한다. '외부'라는 말은 가격에 의해 작동하는 영역 밖에서 발생하는 것을 나타낸다. 따라서 이러한 외부효과가 가격기구 안으로 들어오게 하는 것을 내부화(internalization)라고 부른다.

외부효과가 발생하면 정부는 경제주체들의 행위를 '내부화'하여 그들의 행태가 진정한 편익과 비용에 대한 가격이 산정될 수 있도록 해야 한다. 따라서 정부는 흡연, 난폭운전, 환경오염 등과 같은 부의 외부효과가 발생할 때는 세금과 벌칙을 부과하고, 시민교육, 공익활동 등 정의 외부효과를 발생할 때는 장려금이나 보조금을 지급하여 시장실패에 대응하게 된다.

4) 독점(monopoly)에 따른 시장실패

시장에서 독점이 발생하면 효율적인 자원 배분이 어렵게 된다. 독점의 원인은 기존 공급자들의 진입규제, 자연독점, 규모의 수확체증 등 다양하다. 경쟁이 없는 독점 상황이 되면 초과 이득, 즉 지대가 발생하고, 독점기업은 재화 생산의 최저비용으로 운영하지 않아도 된다. 그러므로 자원 배분의 비효율성이 나타나게 된다.

정부는 독과점 금지법, 공정거래법 등을 통하여 독점을 규제하며, 불가피한 경우에는 그 산업을 국유화하거나 공급가격의 상한선을 설정하기도 한다.

5) 정보의 비대칭성

(1) 역선택

비대칭 정보로 인하여 시장에서 어느 한 경제주체가 다른 경제주체의 재화, 용역 및 서비스에 대한 '상품의 질(quality)'을 알 수 없는 상황, 즉 숨겨진 특성(hidden characteristics)과 관련된 상황으로 인하여 역선택(adverse selection)을 유발한다. 이러한 상황에서는 정보를 덜 소유하고 있는 사람이 자신보다 더 많은 정보를 소유하고 있는 사람 중에서도 그가 가장 싫어하는 특성이 있는 사람들과 거래하게 되는 결과를 초래하기 때문에 이를 역선택이라고 부르게 되었다. 역선택의 상황은 여러 분야에서 발생하지만, 자동차보험이나 중고차 시장 등을 통하여 잘 설명될 수 있다.

애커로프(George Akerlof, 1970)는 중고차 시장을 관찰하여 역선택 문제를 분석하였다. 그는 중고차를 파는 사람은 그것이 '레몬(Lemon, 품질이 나쁜 중고차를 의미)'인지를 알지만 사는 사람은 그러한 정보를 가지고 있지 못하다. 따라서 중고차의 구매자는 레몬이 있다는 사실을 알지만 어떤 차가 레몬인지는 알지 못하기 때문에 평균적 가격을 지급하려고 한다. 이러한 평균 가격은 레몬에 비해서는 높은 가격이지만 상급품의 중고차에 비해서는 낮은 가격이다. 이렇게 되면 상급품의 중고차를 가진 사람은 자신의 차를 레몬을 고려한 평균 가격에 팔려고 하지 않을 것이다. 그 결과 품질이 좋은 중고차가 시장에 출하되는 빈도수는 줄어들지만, 레몬의 출하는 증대된다. 중고차 구매자는 이러한 사실을 알게 되어 증가한 레몬의 수를 고려하여 중고차 가격을 더욱 낮게 평가한다. 따라서 품질이 좋은 중고차 소유주들은 상대적으로 싼값에 차를 팔려고 하지 않을 것이다. 이에 따라 중고차 시장에서 레몬의 비율이 증가함에 따라 중고차 시장 자체가 형성되지 않을 수도 있는 상황이 발생한다는 것이다. 이러한 역선택의 상황에서 정부는 중고차 품질인증제도나 보증제도 등을 통하여 감추어진 비대칭 정보를 보완하는 정책을 펼칠 수 있다.

(2) 도덕적 해이

또한, 비대칭 정보로 인하여 시장에서 어느 한 경제주체가 다른 경제주체의 행동을 알 수 없는 상황, 즉 숨겨진 행동(hidden action)과 관련된 상황으로 인하여 도덕적 해이(moral hazard)가 유발된다. 이는 시장에서 한 당사자가 다른 당사자의 행동을 전혀 알 수 없거나 알 수 있다고 하더라도 비용이 많이 드는 상황에서 발생한다. 정보를 많이 소유한 사람은 정보를 적게 가진 사람에게 불리한 행동을 유발할 수 있는데 이러한 불리한 행동의 유인을 도덕적 해이라고 부른다. 우리의 일상생활에서 도덕적 해이는 많이 찾아볼 수 있다. 의료보험 가입으로 인한 필요 이상의 병원 방문, 자동차보험 가입으로 인하여 자동차 운전 시 주의 소홀, 도난보험 가입으로 인하여 소지품 관리주의 소홀이 대표적인 사례이다. 이러한 도덕적 해이를 방지하기 위하여 정부에서는 난폭운전에 대한 벌점제도, 의료서비스에 대한 본인 부담금 설정 등의 정책을 편다.

2. 소득재분배

시장에 대한 정부 개입의 두 번째 이유는 소득재분배(redistribution)이다. 이는 사회 내 한 소득계층으로부터 자원을 다른 계층으로 이전시키는 것이다. 정부개입이 필요한 이유는 효율성에 대한 시장의 실패뿐 아니라 시장이 지니는 분배적 결점 때문이다. 시장의 결점을 보완하기 위해 정부는 어떤 특정 기관에 특정 기능을 법률적으로나 행정적으로 부여하게 된다(전상경, 2008: 40).

그런데 소득재분배에서의 쟁점은 "그 기준이 무엇인가?"에 있다. 일반적으로 소득재분배의 기준으로 '형평성'을 제시한다. 즉, 효율성 위주의 보이지 않는 손이 작동하는 시장에서 해결하지 못한 형평성의 문제를 보완하는 것이 소득재분배에 대한 정부 개입의 논거이기 때문이다.

사회적 형평성을 어떻게 판단하느냐는 신중하여야 한다. 사회적 형평성 정책은 경제적으로 효율손실(efficiency losses)을 수반하기 때문이다. 즉, 재분배 정책이 사람들의 행동 방식을 비효율적인 자원 배분 상태로 만든다는 것이다. 예를 들면, 고소득층에게 세금을 부과하여 징수한 조세수입을 저소득층에게 나누어준다면 이로 인하여 고소득층의 근로 의욕을 저해(근로소득이 감소했음)할 수도 있고, 저소득층의 근로 의욕을 저하(생활을 유지하기 위해 일을 해야 할 필요성 감소했음) 시킬 수도 있다.

따라서 일반적으로 효율성과 형평성 사이에는 상충관계가 존재하게 되며 이것을 형평과 효율 간 상충관계(equity-efficiency trade-off)라고 부른다. 따라서 정부는 효율성과 형평성 사이에서 적절한 지점을 선택해야 한다(김홍균 외, 2011: 9).

Ⅲ. 정부개입 축소의 논리: 정부실패

1. 정부실패의 개념

정부실패란 시장실패를 교정하기 위한 정부개입이 시장의 자율에 맡긴 경우보다 자원 배분의 비효율성을 증대시키는 경우를 말한다. 정부실패를 좁은 의미로 해석하는 경우는 '정부 관료제의 특성'으로 인한 현상으로 정의(이종수 외, 2014: 544)하고 있으나, 여기서는 정부실패의 원인을 정부 관료제의 문제뿐 아니라 시민들의 인식이나 비용과 수입의 분리라는 보다 사회·정치 구조적 측면에서 정의하고자 한다. 시장실패의 대응 개념으로 비시장실패(non market failure)라는 개념을 제시한 미국의 경제학자 울프(Wolf, 1989)도 비시장실패 원인에서 주로 사회·정치 구조적 측면을 제시하였으며 정부실패를 국내에 소개하는 학자들이 대부분 넓은 의미로 해석하는 것으로 보인다(오석홍, 2008: 129; 남궁근, 2008: 58-64; 전상경, 2008: 39-40).

2. 정부수요와 공급의 특징

1) 정부수요의 특징

정부 서비스의 수요자는 개별 시민 또는 이익집단이다. 그러나 시민과 이익집단은 정부 서비스의 비용을 부담하는 납세자인 동시에 서비스의 수혜자라는 이중적 지위를 가지고 있다. 그런데, 이들은 납세자로서의 부담보다 수혜자로서 받게 되는 이익에 더 큰 관심을 가진다. 그것은 납세자로서의 저항은 더욱 큰 집합적 저항이나 법률의 개정이 있어야 하지만 수혜자로서의 혜택을 유도하는 것은 그보다 수월하기 때문이다. 또한, 정부지출 수혜는 자기에게 직접적인 이익을 가져다주므로 보다 관심을 가지기 때문이기도 하다. 따라서 이들은 의회, 지방의회, 대통령과 지방자치단체에 자금지원과 특별한 서비스를 요구한다. 그러므로 정부 수요는 항상 필요보다 과다하게 요구되는 특성을 가진다(Mitchell & Simmons, 1994).

정부에 대한 수요가 과다하게 제시되는 이유를 좀 더 상세히 나누어 살펴보면 다음과 같다(Wolf, 1989: 39-50; 전상경, 2008: 41-45; 남궁근, 2008: 63-64).

(1) 시장실패에 대한 시민들의 인식확산

자본주의 시장경제체제의 결과가 사회적으로 최적 상태가 아니라는 시민들의 인식이 확산하면서 정부개입에 대한 요구가 커진다. 즉, 급속한 경제성장과 시장경제의 부산물로 나타난 환경오염, 대기업 독점 등의 문제에 대해 시민들은 정부가 개입하여 문제를 해결해야 한다고 인식한다. 이러한 시민들의 인식에 언론과 정치인 그리고 압력단체가 편승하면서 정부에 대한 개입요구는 더욱 거세진다는 것이다.

(2) 특수 이익집단의 조직화

사회에 다양한 구성원들이 공통의 특성을 가진 사람끼리 조직화하면서 정부에 대한 요구가 급증하였다. 과거 특수 이익집단은 응집력과 정보력의 부족으로 정치과정에 소극적이었으나 점차 정치적으로 조직화하고 그들의 권익이 신장하면서 각종 입법 요구, 계획 수립, 보조금 지원 등 정부에 대해 효과적으로 수요를 창출할 수 있게 되었다.

(3) 정치인과 관료들의 개입주의적 해결 시도

정치인과 고위관료들이 사회 문제에 대한 해결책을 입법화하거나 계획을 마련하는 과정에서 비용 측면을 고려하지 않는 경향도 정부 수요를 증대시키는 원인으로 제기된다. 즉, 국민의 요구가 정치적 과정으로 투입되면서 정치인이나 관료의 인기주의를 부추겨 정부 수요가 증가하는 경향이 있다.

(4) 편익을 누리는 집단과 비용을 부담하는 집단의 분리

정부 정책에서 편익을 받는 집단과 그 비용을 부담하는 집단이 달라 편익 수혜집단은 지속적인 로비를 통하여 정부 수요를 창출한다는 것이다.

2) 정부 공급의 특징

정부 공급은 시장 공급과 구별되는 특징을 가지고 있다. 첫째, 정부가 공급하는 서비스는 시장처럼 가격에 의하여 결정되는 것이 아니라 '정치과정'을 통하여 결정된다. 정치과정에서 왜곡되는 정부 공급으로는 다수결의 원칙을 들 수 있다. 다수결에 의하여 승자의 결정에 패자가 순응함으로 인하여 다수는 정부 권력을 이용하여 정부 공급을 통제할 수 있다. 둘째, 정치인이나 고급 관료들은 선거와 시민들의 정치적 권력을 의식하여 국가 예산을 지출하면서 절약하기보다는 지출하려

는 유인이 강하기 때문이다. 셋째, 정치인들의 타협과 협상의 속성으로 인하여 정부가 제공하는 서비스가 과다 공급될 가능성이 크다는 것이다(남궁근, 2008: 65).

정부 서비스가 과다하게 공급되는 이유를 좀 더 상세히 나누어 살펴보면 다음과 같다(Wolf, 1989: 51-55; 전상경, 2008: 46-48; 남궁근, 2008: 65).

(1) 정부 산출물의 정의와 측정의 어려움

정부에서 공급되는 각종 서비스는 그 산출물의 정의가 어렵고 또한 양으로 측정하거나 질로 평가하는 것이 어렵다. 예를 들면, 초등 교육서비스 향상을 위하여 책상과 교재 등을 투입하였지만 이로 인한 초등교육의 향상을 측정하는 것은 매우 애매하고 어렵다. 따라서 정부가 공급을 원하는 최종 산출물이 과다 또는 과소 공급될 수 있다.

(2) 독점 생산으로 인한 비능률

정부 산출물은 법률의 규정에 따라 독점적으로 공급되는 경우가 많다. 이러한 독점적 속성으로 인하여 비능률적인 정부 공급이 발생할 가능성이 크다.

(3) 불확실한 서비스 생산 수단

정책목표를 달성하기 위한 정부의 서비스 생산 수단은 명확하게 규정되어 있지 않으며 불확실하다. 예를 들면, 초등교육서비스 향상을 위해서는 교사 1인당 학생 수, 학교 시설, 교육과정 등에 대한 변화를 추구하지만, 실제는 학생의 가정환경이나 동료 학생들에 의해 더 영향을 받을 수 있다. 관료들이 추구하는 생산 수단의 적정성 평가가 어렵고 비효율적인 생산이 이루어질 가능성을 내포하고 있다.

(4) 평가 및 종결 메커니즘의 결여

정부 산출물은 민간기업의 손익계산서와 같은 객관적인 평가 도구를 가지고 있지 못하며, 그 산출물이 성공적이지 못할 때도 그것을 쉽게 종결시킬 수 없다.

3. 정부실패의 원인

위에서 언급한 정부 산출물의 수요와 공급특성으로부터 도출되는 정부실패의 원인을 비용과 수입의 분리, 내부성, 파생적 외부효과, 분배적 불공평, 지대추구행위, X-비효율성 등으로 나누어 볼 수 있다.

1) 비용과 수입의 분리

정부 산출물은 세금으로 그 재원이 마련되기 때문에 시장에서처럼 가격기능을 수행하는 연결고리가 없다. 따라서 정부 산출물의 가치는 그 생산비용과 분리된다. 이러한 산출물과 비용 간의 단절은 필요 이상의 자원이 투입될 가능성을 높이고 그 결과 배분적 비효율성이 나타날 수 있다.

2) 내부성(internalities) 문제

시장에서 활동하는 기업조직에서는 시장점유율, 손익분기점과 같은 직접적인 성과 기준이 존재한다. 그러나 공공기관에서는 이러한 성과 척도가 없어 자신들의 행동지침으로 활용될 수 있는 내부 지침이나 기준을 만들어 사용한다. 이러한 내부적 기준을 내부성(internalities)이라고 부른다. 그런데 기업의 경우에는 시장의 압력으로 인하여 내부성과 외부 가격체계가 연계되는 반면, 정부조직에서의 내부기준은 최적 성과와 관련성이 낮아 비효율성이 나타날 가능성이 크다.

3) 파생적 외부효과(derived externality)

파생적 외부효과란 시장실패를 바로잡으려는 정부개입이 초래하는 예기치 않은 결과를 뜻한다. 공공부문에서의 이러한 파생적 외부효과는 그 정책의 시행기관이 사전에 예상하지 못한 결과 때문에 발생한다. 예를 들면 부동산 경기 활성화를 위한 부동산 규제완화 정책으로 인하여 부동산 투기와 거품이 발생하는 경우, 독사가 자주 출몰하여 독사를 잡아 오면 상금을 주는 정책을 시행하자 집에서 독사를 사육하는 사람들이 등장하는 경우 등이다(전상경, 2008: 53).

4) 분배적 불공평(distributional inequity)

정부의 정책을 통해서도 시장에서와 마찬가지로 분배적 불공평이 발생한다. 그러나 시장에서는 개인의 소득과 부에 관한 것이지만 정부 정책으로 인한 불공평성은 권력과 특혜로 나타난다. 즉, 정부의 법률, 규정 등의 강제적 규범으로 시행하는 각종 정책에 따라 득을 보는 사람과 손해를 보는 사람이 발생하며 이는 시장에서의 자원 배분의 불공평성과 유사한 효과가 발생한다는 것이다. 왜냐하면, 정부 정책의 기준이 되는 '형평성'이 항상 공명정대하다는 보장이 없기 때문이다.

5) 지대추구행위

지대[13]추구(rent-seeking)란 생산요소의 정상적인 투입을 통하여 얻을 수 있는 이익이 아닌 비생산적인 이윤추구 행위를 의미한다. 즉, 지대추구는 정부의 간

---

13) 지대(地代: rent)는 원래 토지 소유자가 생산을 목적으로 토지를 임대하고 임차인으로부터 그 대가로서 받는 임대료를 지칭하였다. 그러나 오늘날에는 토지뿐 아니라 다른 생산요소에도 지대 개념이 적용되며, 생산요소의 소유자가 그 생산요소의 비용을 초과하여 얻을 수 있는 대가를 의미하는 것으로 사용된다.

여나 개인적인 담합 때문에 인위적으로 창출되는 이익을 확보하기 위하여 기울이는 노력으로 정의된다. 기업이나 이익집단들이 정부로부터 각종 특혜나 특권을 받기 위하여 로비하는 것은 지대추구 행위의 대표적인 사례로 볼 수 있다.

6) X-비효율성

X-비효율성이란 조직관리의 효율성을 추구하는 유인이 감소하여 방만하게 운영될 때 발생하는 관리상의 비효율성을 의미한다. 따라서 정부 기관의 경우는 공공서비스의 독점적 공급, 성과측정의 곤란성, 관료제의 병리 현상 등으로 인하여 사기업보다 X-비효율성이 나타날 가능성이 더욱 크다고 볼 수 있다.

제3절　정부 관료제와 민주주의

Ⅰ. 서 론

우리나라에는 현재 약 100만 명의 정규직 공무원이 있다. 그리고 이들은 대통령을 정점으로 거대한 정부 관료제를 형성하고 있다. 이러한 국민의 대리인인 정부 관료제가 "주인인 국민의 의사를 합리적으로 반영하여 행정을 수행하는가?", "관료제 내부의 의사소통은 민주적인가?"에 대한 의문이 제기된다. 이 문제는 행정학과 현실에서의 행정이 지속해서 의문을 던지고 해결을 추구해야 하는 핵심과제이기도 하다.

정부 관료제와 민주주의에 대한 학자들의 논의는 크게 두 가지 영역으로 구분해 볼 수 있다. 하나는 정부 관료제의 대외적 민주주의와 관련된 것이다. 정부 관료제의 대외적 민주주의는 국민주권주의에 입각한 국민과 정부와의 관계에 대한 논의이다. 여기서 정부 관료제의 대외적 민주주의란 국민의 뜻을 행정에 반영하기 위하여 국민 참여를 유도하고, 국민에 대한 대응성을 높이고, 이를 통하여 종국적으로 국민에게 봉사하고, 국민에게 책임을 지는 것을 의미한다. 일반적으로 정부 관료제와 민주주의 논의는 행정의 대외적 민주성을 지칭하는 것으로 볼 수 있다.

다른 하나는 정부 관료제의 대내적 민주주의에 대한 논의이다. 이는 관료 민주주의 또는 행정 민주주의로 표현되며, 관료제 내부의 의사결정 방식이 분권화되고, 조직 내의 인간관과 의사전달의 방식 등이 행정관료의 자아실현을 강조하고 구성원의 인간화를 구현하는 것을 의미한다(한상일·정소윤, 2014).

여기서는 정부 관료제와 민주주의에 대한 일반적 논의를 살펴보고, 정부 관료제의 대외적 민주주의와 관료 민주주의 논의를 구분하여 다루고자 한다.

Ⅱ. 정부 관료제와 민주주의의 일반적 관계

민주주의를 "국민의, 국민을 위한, 국민에 의한" 정치형태라고 할 때, 국가의 주요 정책은 국민을 위해 그리고 국민에 의해 결정되어야 한다. 그런데 민주주의의 현실적인 실현방식으로 각국은 대의제 민주주의를 취하고 있다. 따라서 국민과 국민의 대표 그리고 국민이 대표에게 위임한 일을 수행하는 공무원이라는 구분된 그룹이 형성된다. 이제 현실에서 민주주의는 국민의 의사를 국민의 대표와 공무원이 어떻게 잘 수행하느냐의 문제로 귀결된다.

1. 정부 관료제의 대의 민주주의에 대한 공헌

관료제가 대의 민주주의에 공헌하는 요인은 다음과 같다. 첫째, 합법성의 강조이다. 법률은 국민의 대표인 국회의원으로 구성된 입법부에서 만들어진다. 정부 관료제는 이렇게 만들어진 법률에 따라 업무를 수행하기 때문에 민주적 정당성이 부여된다.

둘째, 국민에 대한 평등한 법 적용의 실현이다. 관료제는 정실주의와 개별주의를 배제하고 모든 국민을 동등하게 대우함에 따라 법 앞의 평등이라는 민주적 원리를 적용하기에 적합하다.

셋째, 정부 관료의 충원이 전 국민에게 개방되고 균등한 기회를 보장하는 경우에는 민주주의 원리와 조화를 이룬다고 볼 수 있다.

넷째, 민주적으로 설정된 국가 목표의 수행이 가능하다. 정부 관료제는 국민이 이루고자 하는 국가 목표 실현을 통하여 민주주의에 공헌한다.

2. 정부 관료제의 대의 민주주의에 대한 저해 요인

정부 관료제가 대의 민주주의에 부정적 영향을 미치는 요인을 살펴보면 다음과 같다. 첫째, 정부 관료제가 추구하는 도구적 합리성은 민주주의가 추구하는 다양성, 개방성과 적절히 조화되기 어렵다는 것이다(류지성, 2019). 현대 관료제는 계몽주의 시대에 발현한 도구적 합리성을 기초로 하고 있다. 즉 관료제는 정책이나 각종 제도적 장치를 통하여 모든 사람에게 동등하게 적용되는 객관적 기준을 마련하는 데 치중한다. 또한, 현대 과학기술을 바탕으로 모든 사람이 일사불란하게 사고하고 행동하는 양식을 선호한다. 그러나 이러한 관료제의 도구적 합리성은 열린 사회에 기초하고 다양한 국민적 선호를 반영해야 하는 민주주의와 조화되기 어렵다는 것이다.

둘째, 권력의 불균형이다. 관료제는 국민 전체보다 소수자이며 이들이 정책과 예산 등에서 실질적인 권력을 행사한다는 것이다. 또한, 관료제 내부에서도 계층제적 특성으로 소수에게 권력이 집중되어 권한의 독점이 나타날 수 있으며, 이른바 '과두제의 철칙'이 적용될 수 있다. 이러한 경향은 일반 국민이나 조직의 다수 구성원의 의사와는 다른 일부 소수 권력자의 의견이 반영되는 결과를 초래한다.

셋째, 정보의 비대칭성이다. 주인-대리인 모형에서와같이 주인인 국민보다 대리인인 관료의 정보가 더 많으며, 이는 정보라는 측면에서 이미 불평등한 결과를 초래하고 있다.

넷째, 국민의 요구에 대한 낮은 민감성이다. 정부 관료제는 국민의 요구나 의견을 반영하는 것이 가장 큰 임무 중 하나이다. 그러나 거대한 정부 관료제의 민감도는 낮을 수밖에 없으며, 관료제 내부적인 일을 처리하는 데 매몰될 가능성도 크다. 한편 무엇이 진정한 국민의 요구인지에 대한 합리적인 판단의 문제도 제기될 수 있을 것이다. 그 판단이 이루어지는 과정을 거쳐 다시 관료제 조직이 이를 반영하는 것이 바람직하기 때문이다.

다섯째, 행정부의 비대화이다. 오늘날 행정권의 확대 강화는 관료의 재량을 증대시키고 위임입법이 확대되어 관료제의 권한 확대의 결과로 나타났다. 그러나 관료는 일반 국민에게 책임을 지기보다는 최고 책임자에게만 책임을 진다는 것이 문제이다.

III. 대안적 민주주의의 모색

정부 관료제의 대외적 민주성을 강화하기 위하여 참여 민주주의와 숙의 민주주의에 대한 논의가 활발하다. 그런데 이러한 대안들은 대의 민주주의를 대체하는 것은 결코 아니며 이를 보완하는 차원에서 논의되고 있다.

1. 참여 민주주의

1) 의 미

참여 민주주의(participatory democracy)란 시민들에게 더 많은 참여의 권리를 보장하여 민주주의의 본질을 실현할 수 있다고 보는 민주주의관이다. 참여 민주주의는 대의제를 부정하는 것이 아니라 국민이 행정과정에 적극적으로 참여함으로써 민주적 정당성을 높일 수 있다고 본다. 참여 민주주의의 도입 필요성은 다음과 같이 정리된다(류지성, 2019).

첫째, 대의 민주주의에 대한 한계를 극복하기 위함이다. 대의제는 시민들의 권한을 대표자에게 위임하는 것인데, 이러한 위임은 자치권과 자율성을 희생시키고 개인의 정치적 의지를 박탈하게 된다는 것이다. 또한, 대의제는 논리적으로 공동선(common good)을 추구할 수 없다는 것이다. 즉 대의제는 투표를 통해 의사를 결정하므로 공동선보다는 경쟁을 통해 사적 이해관계 간의 균형을 추구하게 된다는 것이다.

둘째, 집단지성(collective intelligence)을 활용할 수 있다. 집단지성이란 여러 사람이 서로 협력하거나 경쟁을 통하여 얻게 된 지적 능력의 결과로 얻어진 집단적 능력을 의미한다. 시민들의 참여를 유도하여 사회 문제 해결을 추구하는 행정에 집단지성을 활용할 수 있다는 것이다.

2) 참여의 방법

대의 민주주의 제도하에서 참여의 방법은 크게 투표나 선거를 통하여 주요 정책이나 대표의 선출에 참여하는 것과 각종 행정 활동에 참여하는 것으로 나누어 볼 수 있다.

(1) 선거나 투표를 통한 참여

대의제에서는 선거를 통하여 주민의 대표를 선출한다. 그런데 선거의 핵심은 단순한 참여가 아니라 후보자에 대한 면밀한 분석을 통한 참여이다. 최근 지방자치단체 수준에서 주요 정책 결정에 대한 투표에서 주민투표권자 총수의 3분의 1 이상의 투표가 이루어지지 않아 개표하지 못하는 현상이 자주 발생하는 모습은 참여의 부재를 보여주는 사례이다.

(2) 행정활동에의 참여

시민들은 행정 활동에 직접 의견을 개진할 수 있다. 또한, 각종 공청회나 시민단체의 활동에 참여하거나, 언론매체나 집회를 통하여 의사를 표출할 수 있다. 특히 참여예산제도, 각종 위원회 등을 통하여 행정 활동에 참여할 수 있다.

3) 참여 민주주의의 고려 요소

정부 관료제에 참여 민주주의 도입은 다음과 같은 사항을 고려해야 한다(이장희, 2018). 첫째, 참여하는 주체의 대표성의 문제이다. 대의제의 원칙에서 시민의 대표는 선거를 통하여 선출되어 민주적 정당성이 확보되지만, 참여 민주주의를 통한 참여자는 시민 중에 일부이므로 대표성의 문제가 제기된다.

둘째, 행정과정에 시민참여를 제도화하였을 때 그 결정에 대한 구속력을 어디까지 인정할 것인가의 현실적 문제에 직면하게 된다. 이는 위에서 언급된 대표성의 문제와도 연관된다.

셋째, 참여의 의도나 배경에 대한 부정적 시각이다. 특정 정책에 대한 적대적 동기나 사적 이익 추구를 위하여 참여할 수도 있으며, 대중영합주의의 행태로 활용될 수도 있기 때문이다.

넷째, 참여자의 편중이다. 모든 시민이 참여하기는 현실적으로 어려우므로 시간과 여유를 가진 사람들에게 참여가 편중될 가능성을 고려하여야 한다.

2. 숙의 민주주의

1) 의 미

숙의 민주주의(deliberative democracy)는 민주적 숙의 과정을 통하여 집단적 의사결정을 이루는 민주주의 형식이다. 숙의 민주주의는 심의 민주주의(discursive democracy) 또는 담론 민주주의라고도 불린다.

숙의[14] 민주주의의 등장 배경은 첫째, 대의 민주주의에 대한 보완 필요성이다. 대의제하에서는 의사결정 권한이 국민의 대표나 정부 관료에게 주어진 경우가 많은데, 이제는 대표나 관료가 일반인의 전문성을 능가한다고 보기 어렵다는 것이다. 이러한 상황에서 국민의 대표가 자신의 의견이나 결정을 강행하는 모습은 국민적 공감을 얻지 못하게 되었다.

둘째는 대의제에 내장된 '숙의성'을 강화하자는 취지이다. 본래 대의제는 삼권분립, 법치주의, 선거 등 다양한 숙의 기제가 내재하여 있지만 제대로 작동하지 않거나 작동되더라도 국민의 기대에 미치지 못하기 때문이다.

2) 사상적 배경

숙의 민주주의는 1960-70년대 자유주의적 민주주의에 대항하여 등장하였

---

14) 참여 민주주의와 숙의 민주주의는 대의제의 민주성을 보완하기 위하여 등장하였다는 측면에서는 유사하다. 그러나 숙의 민주주의는 참여 민주주의를 전제로 이루어지지만, 참여가 항상 숙의를 보장하는 것은 아니다. 또한 참여는 상대적으로 '양'의 문제와, 숙의는 '질'의 문제와 가깝다고 볼 수 있다(이장희, 2018: 482).

다. 즉 자유주의가 강조하는 개인의 자유, 자유 시장, 경쟁은 실질적 민주주의를 이루기보다는 일부 관료에 의하여 정책이 독점되고 불평등이 만연하고 다수의 횡포를 유발하고 있다는 것이다. 특히 의사 표현의 자유가 보장된다고 하더라도 일반 시민이나 이해관계자 또는 전문가 등이 행정에 직접 참여한다는 것이 사실상 불가능하다는 것이다. 따라서 시민들의 자유롭고 공정한 토론과 논의 과정에서 상호 간 의사전달의 논증을 통하여 더 합리적인 정책이나 행정과정에 영향을 미칠 수 있는 제도적 장치의 필요성에서 숙의 민주주의에 대한 논의가 시작되었다.

숙의 민주주의의 사상적 연원은 크게 두 가지 측면에서 정리될 수 있겠다(이영재, 2010). 하나는 비판적 자유주의와 공화주의의 균형 잡힌 조화이다. 즉 자유주의가 가지는 문제점 극복을 강조하지만, 양도할 수 없는 개인의 권리와 인권의 강조는 자유주의를 이어받는 것이다. 또한, 공화주의로부터 공론장, 공공선에 대한 헌신, 공적 결정에 대한 적극적인 참여와 시민이 공동체로부터 배제되지 않고 권리와 혜택을 누리는 시민사회의 중요성 등을 이어받았다.

다른 하나는 1980년대 주창된 하버마스(J. Habermas)의 '의사소통 행위이론(the theory of communication action)'을 통한 대안적 합리성의 추구이다. 하버마스는 그의 의사소통 행위이론에서 사람들 상호 간의 언어적 상호이해를 통한 의사소통의 합리성이 인간 행동 조정의 기본구조를 이룬다고 보고 있다. 따라서 후기산업사회에서 고도로 분화된 사회를 통합하기 위해서는 시민들 상호 간의 자율적인 토론과 소통이 필요하며, 이를 위하여 공동체 구성원들의 의사소통을 위한 공론장의 중요성을 강조한다.

3) 숙의 민주주의의 특징

숙의 민주주의 논의에서 핵심은 '민주적 정당성'을 확보하는 것이다(이장희, 2018). 대의제 민주주의가 가진 대표성 확보를 통한 권한의 위임에 뒤지지 않는 민주적 정당성이 확보되어야 숙의 민주주의의 현실적 가능성이 있기 때문이다. 따라서 숙의 민주주의의 특징은 어떻게 민주적 정당성을 확보하느냐에 대한 절차적 장치와 합리적 과정들이라 할 수 있다.

(1) 공정한 의사소통

숙의 민주주의가 정당성을 확보하기 위해서는 하버마스가 말하는 의사소통의 합리성이 이루어져야 한다. 다양한 시민들의 자유로운 대화와 토론을 할 수 있고 참여자들이 어떠한 제약도 받지 않아야 한다.

(2) 의사형성과정으로서의 토의

숙의 민주주의에서 토의 과정은 시민의 의사를 표출하는 과정이기도 하지만 더욱 중요한 것은 시민의 의사를 형성하는 과정이라는 것이다. 따라서 숙의 민주주의에서는 토론 또는 숙의의 과정을 통하여 개인의 선호가 변할 수 있다는 것을 전제로 한다. 토의 과정에서 자신과 다른 사람들의 의견과 정보를 접하게 되면서 자신의 선호를 바꾸어가는 과정이 진정한 민주주의이다(임혁백, 2007: 49).

(3) 참여와 의견의 다양성과 결과의 불확실성

숙의 민주주의에서는 참여자의 배경이나 선호 그리고 의견의 다양성을 특징으로 한다. 또한, 이러한 참여자들이 이루는 합의 결과는 불확실하다. 숙의 민주주의에서 '소수의 의사'는 단지 설득력이 덜한 의견일 뿐이며, '다수의 의사'는 가장 많은 사람이 선택한 의사일 뿐이라는 것이다. 숫자가 공공선을 결정하는 것은 아니기 때문이다. 따라서 숙의 민주주의에서는 소수의 의사도 더 설득력이 있다면 다수의 의사가 될 가능성이 열려 있다(이장희, 2018).

(4) 합의(consensus)

시민들은 서로의 차이를 인정하는 열린 마음으로 토의하여 합의에 이르게 된다. 여기서 합의는 합리적 선택이나 선호 집합적 합의가 아니라는 것을 주의할 필요가 있다(김주성, 2008). 즉 합의는 공공선을 추구하는 것이어야 한다.

4) 숙의 민주주의의 유용성과 한계

(1) 유용성

숙의 민주주의는 기존의 대의 민주주의의 한계에 대한 보완적 장치로서 의의가 있다. 시민의 대표에게 권한을 위임하기보다는 사회 문제의 쟁점을 함께 대화하고 토론함으로써 주체적 참여와 합의라는 민주적 결과를 도출할 수 있기 때문이다. 또한, 행정에서 숙의 민주주의의 활성화는 진정한 주인인 국민에게 결정 권한을 넘겨주고 정부 관료제의 민주성을 확보하는 데 유용할 것이다. 특히, 공익, 사회적 가치 등 다의적으로 해석될 여지가 있는 규범을 접하게 되는 현장의 행정인은 숙의 민주주의를 통하여 시민이 직접 그 해석에 합의하도록 할 수 있을 것이다. 끝으로 숙의 민주주의는 전자민주주의[15]의 기술적 지원을 바탕으로 시민적 토론과 합의에 드는 시간과 비용을 절약하여 현실 적합성을 높일 수 있을 것이다.

---

15) 전자민주주의에 관해서는 본서 제7편 제1절을 참고 바란다.

(2) 한 계

숙의 민주주의의 한계 논의는 주로 현실 적용 가능성의 어려움에 있다. 우선, 숙의의 결과로 나타난 합의를 어느 정도의 구속력을 부여하여 받아들일 것인가의 문제이다. 왜냐하면, 이미 대의제를 적용하고 있는 현실에서 대의제보다 더 강한 구속력을 부여하기 어렵기 때문이다. 예를 들면, 특정 사안에 대하여 시민 공론화 위원회를 만들어 합의를 이루었다고 하더라도, 관련 법률의 개정이 뒷받침되어야 하면 국회가 공론화 위원회의 결정에 구속되기는 어려울 것이기 때문이다.

둘째는 참여의 문제이다. 숙의 민주주의는 참여 민주주의를 기초로 하고 있다. 그런데 과연 어느 정도의 질적 또는 양적으로 다양성을 가진 시민들이 참여할 것인가에 대해 의문이 제기되지 않을 수 없다.

셋째는 토의와 심의 과정이 자유롭고 민주적으로 이루어졌다는 숙의 민주주의의 정당성의 요건을 심사하거나 평가하기 어렵다는 것이다. 만일 이러한 참여와 과정의 정당성이 확보되지 않는 경우, 정부 관료제가 숙의라는 명목하에 결정을 내리는 결과가 발생할 수도 있음을 경계해야 하기 때문이다.

넷째는 의사결정의 효율성에 대한 문제 제기이다. 현실에서 관료들은 시민들의 숙의 과정으로 인하여 예산편성 및 집행 등의 시기를 맞추기 어려울 수도 있다. 또한, 숙의 과정을 통하여 합의할 수 있다는 보장도 없으며, 어느 정도의 시간과 비용이 소요될지도 예측하기 쉽지 않을 것이다.

Ⅳ. 관료 민주주의 모색

지금까지 정부 관료제의 외부적 민주성에 대하여 논의하였다. 여기서는 정부 관료제 내부의 민주성에 대한 확보 방안을 살펴보고자 한다. 관료 민주주의도 국가 전체의 문화나 민주화 수준, 정치·행정적 제도에 영향을 받기 때문에 대안적 방안을 모색하기는 쉽지 않다. 우리나라도 국가 민주화의 수준, 제왕적 대통령의 행정 관료제 통제, 영혼 없는 관료의 문제 등 다양한 관료 민주주의에 대한 문제점이 지적되고 있지만, 해결 방안은 간단하지 않은 듯하다(임도빈, 2007). 여기서는 개인 수준, 조직 수준, 환경 수준으로 나누어 살펴보고자 한다.

1. 개인수준

개인 수준에서 관료 민주주의 확립은 첫째, 행정인의 행정윤리와 책임성을 강화하는 것이 필요할 것이다. 둘째는 행정인의 공공서비스에 대한 동기를 고양해

봉사자로서의 공직 인식을 강화하는 것이다. 셋째는 열린 사고(openness thinking)
와 정치적 중립성을 견지하는 것이다. 실제 행정에서는 관료 자신의 소신이 시대
적 요구, 행정 수반의 국정 목표, 집권 정당의 요구 등과 충돌하는 때도 많이 발생
한다. 이럴 때마다 열린 사고와 정치적 중립성을 견지하고 국민을 위한 것이 무엇
인지에 대한 고민이 필요하다.

2. 조직수준

조직수준에서는 부서 간 장벽을 넘어서는 협력관계와 부서 간 학습의 활성화
가 필요하다. 또한, 지속적인 행정개혁, 그리고 전체 구성원들이 참여하는 비형식
적 학습, 자율적 팀의 역할 강화를 통한 구성원의 협력관계를 구축하는 것이 필요
하다(한상일·정소윤, 2014). 특히 조직구성원인 행정관료들이 조직 내에서 자아실현
을 할 수 있도록 지원하는 것이 필요하다.

3. 환경과의 관계

국민에 대한 인식의 전환을 통하여 정부 관료제의 반응성을 증대시킬 필요성
이 제기된다. 국민을 단순한 고객이 아니라 공공서비스와 정책의 주체인 주인인
시민으로 보아야 한다. 국민은 세금을 내고 공공서비스를 받는 경제적 객체로만
행위를 하는 것이 아니라, 서비스와 정책의 내용을 결정하는 의사결정의 과정에
참여하는 정치적인 행위자로서의 시민이기도 하다는 것이다. 따라서 정부와 관료
는 고객 만족이나 고객의 요구에 반응하는 수준을 넘어서 시민들이 정책에 참여하
고 담론을 통하여 서비스의 내용을 결정할 수 있는 장을 만들어주어야 한다는 것
이다. 이러한 국민에 대한 인식의 전환이 관료 내부의 민주성을 증진하는 데도 필
요한 요소라고 볼 수 있다.

참고 하버마스의 의사소통 행위이론과 공론장

하버마스(J. Habermas)는 그의 의사소통 행위이론(the theory of communi-cative action)에서 사람들 상호 간의 언어적 상호이해를 통한 의사소통의 합리성이 인간 행동 조정의 기본구조를 이룬다고 보고 있다. 따라서 그는 의사소통 행위자들이 행동하고 표현하며 살아가는 '생활세계'에 관심을 두게 되었으며, 종국적으로 이러한 생활세계가 어떻게 사회 전체의 구조변동으로 영향을 받는지를 확인하고 싶었다. 왜냐하면, 하버마스의 관점에서는 일상으로서의 생활세계는 의사소통의 지평이자 배경이기 때문이다. 그는 생활세계를 다음과 같이 정의한다.

"생활세계는 말하자면 화자와 청자가 만나는 초월론적 장소와 같은 것이다. 그들이 서로에게 그들의 발언이 세계와 (객관세계, 사회세계, 주관세계와) 부합한다는 주장을 제기하고, 이런 타당성 주장을 비판하고 확증하며, 의견 불일치를 표출하고 동의를 이룰 수 있는 장소 말이다"(하버마스, 1987: 206).

그런데, 생활세계는 시간이 지남에 따라 끊임없는 변화와 재생산과정을 거치게 된다. 하버마스는 생활세계의 재생산과정에서 구성원 상호 간의 이해 지향적 의사소통의 합리성을 강조한다. 그는 생활세계의 구조적 요소를 '문화', '사회', '인격'으로 구분하였으며, 생활세계의 재생산은 '문화적으로는 지식의 전승, 비판과 획득'이 이루어지고, '사회적으로는 상호주관적 주장의 조정', '인격적으로는 정체성을 형성'하는 과정으로 보고 있다(하버마스, 1987: 232). 그러나 생활세계의 재생산에 장애 요인이 발생하게 되면 '문화적으로는 의미의 상실', '사회적으로는 아노미 현상', '인격적으로는 심리 이상'이 발생한다고 보고 있다(하버마스, 1987: 231).

하버마스는 생활세계가 합리적으로 재생산되는 과정이 인간 행동 조정의 중요한 원리가 될 수 있음을 강조하고 있다. 따라서 생활세계의 재생산에 장애가 발생하는 것이 현대사회 문제의 근원으로 보고 있다. 생활세계에 발생하는 장애를 설명하기 위하여 그는 체계(system)라는 개념을 사용한다. 사회는 '생활세계'와 '체계'라는 두 가지 개념으로 설명돼야 한다고 본다. 언어적으로 달성된 합의에 따라 이루어지는 의사소통행위는 생활세계의 영역이며,

권력과 화폐의 매개 때문에 조정되는 목적 합리적 행동은 체계의 영역으로서 개념화된다. 여기서 하버마스는 우리가 일상적으로 살아가는 생활세계(Lebenswelt)가 시장과 정부 권력으로 구성된 체계(System)에 의하여 식민화되는 현상을 현대사회의 중심 문제로 제기하였다. 그는 시민들이 함께 토론하고 소통하는 일상생활의 세계가 존재하지만 이러한 일상생활의 세계가 화폐나 정부 권력으로 이루어진 체계의 강력한 힘으로 식민화되어가는 것을 지적하였다.16) 하버마스는 경제 및 행정체계와 연관된 도구적이고 전략적인 논리보다는 생활세계에 내재한 의사소통적 합리성을 실현하는 것이 현대사회의 관건으로 보고 있다. 따라서 일상생활의 세계를 복원하기 위해서는 구성원인 시민들 상호 간의 자율적인 토론과 소통이 필요하다는 것이 하버마스의 진단이다(최재식, 1999; 정상호, 2009: 7).

하버마스는 고도로 분화된 현대사회를 통합할 수 있는 중심이 존재하지 않는다고 보고 있다. 전통적인 관점에서의 국가와 사회는 더는 탈중심화되고 익명화된 현대사회를 이해하는 데 도움이 되지 않는다는 것이다. 그는 후기 산업사회에서 고도로 분화된 사회를 통합하고 생활세계가 체계에 의해 식민화되는 현상을 극복하기 위해서는 공동체 구성원들의 의사소통을 위한 공론장의 중요성을 강조한다. 하버마스에게서 공론장은 생활세계에서 활성화된 시민 상호 간, 시민과 각종 공동체(결사체)들 간 그리고 공동체들 상호 간에 합리적 의사소통을 가능케 하는 영역이다(장명학, 2003: 16). 그는 국가, 경제 및 사회체계와 구별되는 비국가적이고 비경제적인 연결망들과 결사체들이 시민사회의 핵심을 이룬다고 보고 있으며, 이러한 결사체들이 생활세계에서 나타나는 각종 사회 문제를 공론화하여 정치적인 이슈로 이전시킨다는 것이다. 하버마스는 결사체와 공론장을 이렇게 주장한다.

"시민사회는 다소 자발적으로 형성된 결사체들, 조직들 그리고 운동단체들로 구성되는데, 이러한 결사체들과 조직들과 단체들은 사회적인 문제상황이 사적인 생활영역들에 전파되면서 일어나는 방향을 청취하여 응축·증폭시킨 다음 정치적 공론장으로 전달한다"(Habermas, 1992: 444; 장명학, 2003: 14에서 재인용).

---

16) 하버마스에게 있어서 근대화는 합리적 의사소통이 중요한 영역으로 고려된다. 따라서 그는 효율성을 강조하는 근대화의 (사회)체계보다는 합리적 의사소통이 이루어지는 생활세계를 더욱 강조하게 된다. 그러나 효율성을 목표로 하는 사회체계의 논리가 합리적 의사소통이 이루어질 생활세계를 침범하는 현상이 현대사회 문제의 근원으로 보고 있다.

그런데, 하버마스에게서의 공론장은 시민과 그 결사체를 매개로 하여 일상 생활 세계에 체화된 의사소통의 구조인 것이다. 따라서 그가 말한 결사체와 공동체의 정당성은 생활세계에 기초한 공론장에 그 근원을 두고 있다고 볼 수 있다. 또한, 합리적 의사소통의 영역인 공론장을 통하여 사회를 통합할 수 있는 것은 권력이나 돈이 아닌 일상언어를 통한 의사소통으로 보고 있다 (장명학, 2003: 17 – 18).

03 / 행정이념

행정이념이란 행정이 지향하는 가치이며 행정관료가 따라야 할 규범이다. 따라서 행정이념은 바람직한 행정 활동의 판단기준이 되기도 한다. 행정이념은 고정불변이거나 보편적 성격을 가지는 것은 아니며, 시대의 변화, 국가별 행정환경, 정치체제, 정책적 맥락 등에 따라 그 강조점이 달라진다.

행정이념은 본질적 이념과 수단적 이념으로 구분될 수 있다. 본질적 행정이념은 행정이 궁극적으로 추구하고자 하는 목적 가치에 해당하는 것으로 공익, 형평성, 민주성,[17] 자유와 평등, 정의 등이다. 수단적 행정이념은 본질적 행정이념을 실현하게 하는 구체적 지침이 되는 가치들이다. 여기에는 합법성, 능률성, 효과성, 효율성, 생산성, 가외성, 합리성, 책임성, 대응성, 투명성 등이 제시되고 있다.

제1절 공 익

Ⅰ. 의 의

공익(公益: public interest)은 "사회 전체의 공유가치로서 사회 일반의 공동이익"

---

17) 일부 행정학 교과서에서 민주성을 수단적 행정이념으로 분류(이종수 외, 2014: 115)하는 경우도 있으나, 일반적으로 민주성은 행정이 추구하는 궁극적인 목적에 해당하는 본질적 이념으로 분류하고 있다(유민봉, 2013; 김재기 외, 2013; 권기헌, 2018).

으로 정의될 수 있다. 정부 권력과 관료의 존재 의의는 국민을 위한 것이다. 여기서 국민을 위한다는 것을 다르게 표현하면 '공익'을 추구한다고 말할 수 있을 것이다. 따라서 공익은 행정이념의 최고 가치이며, 관료의 활동에 대한 최고의 규범적 기준이다.

그런데 공익에 대한 이론적 정의는 내릴 수 있지만, 현실에서 구체적으로 무엇이 공익이냐에 대한 질문에 답변하기는 쉽지 않다. 사익과 공익이 충돌하는 상황에서 사익은 비교적 명확히 규명될 수 있으나 공익은 그 실체를 찾기가 쉽지 않다. 따라서 행정이념으로서의 공익 논의의 핵심은 다음에서 다루는 공익의 본질에 관한 논의이다. 공익의 본질을 어떻게 보느냐에 따라 행정 활동의 정당성 확보의 방법이나 행정 성과의 평가 기준이 달라질 수 있기 때문이다. 예를 들면, 공익의 본질을 과정설로 보는 경우는 구성원의 투표를 통하여 결정된 결과를 공익으로 받아들일 수 있지만, 실체설을 따르는 경우는 그 내용을 검토해야 한다고 할 것이다.

Ⅱ. 공익개념의 대두 배경과 기능

공익이 행정이념으로서 행정학에서 중요하게 다루어지게 된 배경은, 첫째, 정치 · 행정 일원론의 대두이다. 정치 · 행정 이원론 시대에는 공익과 관련된 중요한 활동은 정치의 역할이었고 행정은 정치적 과정에 의해 결정된 대로 집행하면 되었기 때문이다. 그러나 정치 · 행정 일원론 시대에서는 정치적 과정에 행정이 관여하게 되면서 공익이라는 가치도 고려하게 되었다. 둘째, 현대 행정국가의 등장으로 행정의 역할이 확대되면서 관료의 재량권이 증대되어 그 재량 행사의 기준으로 공익이 중시되었다. 셋째, 신행정학의 등장으로 한편으로는 행정인의 적극적 역할이 강조되었으며, 다른 한편으로는 행정에 의한 사회적 형평이나 공익의 실현이 중요시되면서, 공익 자체에 관한 관심이 높아지게 되었다.

현대 행정에서 행정이념으로서 공익의 기능은 다음과 같다. 첫째, 행정 활동의 정당성 근거가 된다는 것이다. 정부 권력이 개인의 자유와 권리를 제한하는 경우에 공익은 이를 정당화시켜주는 근거가 된다. 둘째, 모든 행정 활동 및 그 결과의 평가 기준이 된다. 정부가 하는 모든 활동은 국민을 위한다는 전제를 벗어날 수 없다. 따라서 공익은 정책이나 프로그램을 평가하는 기준이 되며, 정책결정자들의 일탈을 막는 기준이 되기도 한다. 셋째, 현실에서 개인의 이익과 사회 전체의 이익이 충돌하는 경우에 이를 해결하기 위한 기준이 된다.

Ⅲ. 공익의 본질

공익의 본질이 무엇인가에 대한 학자들 간의 주장은 다양하게 제기되고 있다. 이러한 주장들은 대부분 '사익과 어떠한 관련성을 가지느냐'를 중심으로 공익 논의를 전개하고 있다. 즉 비교적 명확히 정의되는 사익과의 관계성이라는 측면에서 공익의 본질을 찾고자 하는 것이다. 공익의 본질에 관한 논의는 크게 실체설과 과정설로 구분하여 설명될 수 있다.

1. 실체설

실체설은 공익을 사익의 집합이 아니며, 사익과는 별개의 것이라고 본다. 공익은 선험적이고 실체적으로 존재하는 개념이라는 것이다. 따라서 공익은 언제나 사익에 우선하므로 사익과의 갈등은 있을 수 없다는 견해다. 그런데 공익의 실체적 내용이 무엇이냐에 대해서는 자연법, 정의, 자유, 평등, 인간 존중 등 다양하다. 실체설을 따르면 관료가 공익결정에 적극적인 역할을 하게 될 것이다.

그러나 실체설은 공익의 구체적 내용이 모호하고 추상적이라는 비판을 받는다. 특정 정책에 대한 이해관계자들의 대립이 발생하면 실체적 가치에 대해 각기 자기 사정에 맞게 의미를 이해하는 경향이 있다. 또한, 최고의 선으로 제시하는 정의, 자유, 평등 등의 가치들 사이에 갈등이 존재할 수 있다는 것이다. 예를 들면, 특정 정책을 두고 자유와 평등의 가치가 충돌할 수 있기 때문이다(김항규, 2010: 419). 마지막으로 실체설이 가장 많이 비판받는 것은 실제로 누가 공익을 결정하느냐에 따라 내용이 달라질 수 있으며, 현실에서는 관료가 적극적으로 공익을 결정하게 되므로 비민주적일 수 있다.

2. 과정설

과정설은 공익이라는 별도의 실체는 존재할 수 없고, 공익과 사익을 구별할 수도 없다는 태도다. 따라서 공익이란 ⓐ 사익의 총합[18]이거나, ⓑ 다양한 사익 간 조정과 타협의 산물이라는 것이다. 공익이란 선험적으로 존재하는 그 무엇은 아니며, 일부 집단의 특수이익이나 사익과 본질에서 구별되는 그 무엇도 아니라는

---

18) 이러한 입장은 아담 스미스(Adam Smith)의 자유 방임주의(보이지 않는 손에 의한 자동조절과 이를 통한 공익의 극대화 추구), 벤담(Jeremy Bentham)의 공리주의(사회를 구성하는 더 많은 사람의 만족 총계를 더 최대화하는 것을 공익으로 봄)에서 바라보는 공익개념에 기초하고 있으며, 신자유주의나 이에 기초한 신공공관리론의 공익관과 일치한다(김항규, 2010: 417).

것이다. 과정설은 사회집단들이 대립과 투쟁 또는 협상하는 과정에서 공익이 점증적으로 형성된다는 견해다.

따라서 공익은 하나만 있는 것이 아니라 다원적으로 존재할 수 있으며, 공익과 사익의 차이는 상대적이거나 양적인 차이에 불과한 것이다. 과정설은 현실주의 또는 개인주의적 공익개념이라고 할 수 있으며, 관료는 사회집단 간의 대화와 타협을 중재·조정하는 소극적인 임무를 수행한다.

그러나 과정설은 다음과 같은 측면에서 한계를 지닌다. 첫째, 과정설을 따르면 구성원들 사이의 형평성 있는 배분을 보장받지 못한다는 한계를 가진다. 과정설은 사회 전체의 효용 극대화에 집중하고 그 전체의 효용이 구성원들 사이에 어떻게 배분되어 있는가의 문제에는 관심을 두지 않는다. 예를 들면, 구성원들이 시장에서 합리적 선택을 통하여 전체의 효용을 극대화하였다 하더라도 시장실패의 문제가 발생할 수 있기 때문이다. 둘째는 투표의 역설(paradox of voting), 다수에 의한 횡포가 발생할 수 있다. 절차나 과정을 통한 공익의 결정은 그 절차의 합리성이나 과정에서의 충분한 정보의 공유 등이 전제되지 않으면 형식적인 절차나 과정에 지나지 않기 때문이다(김항규, 2010: 424).

제2절 형평성

I. 의 의

형평성(equity)은 사회적 가치의 공정한 배분을 의미하며, 공정성(fairness) 또는 사회정의(social justice)와 같은 의미로 사용된다. 행정학 분야에 형평성의 문제는 1960년대 후반 신행정론의 등장과 함께 강조되기 시작하였다. 당시 미국 사회가 직면한 인종 문제, 소수민족 문제, 기성세대와 신세대 간의 갈등, 월남전 패배 등의 사회 문제 해결을 위한 사회적 형평성과 행정인의 적극적 역할이 강조되었다.

II. 형평성의 기준

형평성이란 행정서비스나 각종 재화와 용역의 공정한 배분을 뜻하지만, 실제 형평성에 관한 기준을 정하기는 어렵다. 왜냐하면, 형평성의 개념 자체에 가치판단이 필요하기 때문이다. 여기서는 일반적으로 형평성의 기준으로 가장 많이 제시되는 수평적 형평과 수직적 형평, 그리고 벤담(Bentham)의 공리주의와 롤스(J. Rawls)의 정의론을 살펴본다.

1. 수평적 형평과 수직적 형평

1) 수평적 형평: 욕구이론

수평적 형평은 "같은 것은 같게 다루어져야 한다."라는 입장으로 욕구 이론이라고 불리며 사회주의에서 옹호하는 형평의 기준이다. 인간의 최저생활 확보를 위한 유용한 기준으로 활용되고 있다. 이러한 형평 기준을 적용한 정책으로는 연금제도, 보험제도, 실업수당 제도 등이다.

2) 수직적 형평: 실적이론

수직적 형평은 "기회가 균등하게 보장되면, 실적과 능력의 차이에 의한 불평등은 정당"한 것으로 보는 입장으로 실적이론이라고 불리며, 자유주의자들이 옹호하는 형평 기준이다. 기회균등이 보장되는 것이 진정한 형평의 기초로 보고 있다. 수직적 형평 기준을 적용한 정책으로는 독과점규제 정책, 경제규제 정책 등이 있다.

2. 벤담(Bentham)의 공리주의와 롤스(Rawls)의 정의론

1) 벤담(Bentham)의 공리주의

공리주의란 19세기 전반 벤담에 의하여 주창된 것으로 최대 다수의 최대 행복을 지향하는 철학으로 신고전학파 경제학의 효용이론이나 후생경제학에 기초를 제공한다. 또한, 행정이념 중 하나인 효율성의 이론적 기초를 제공하였다고 볼 수 있다.

공리주의는 사회적 행위나 정책 중에서 어느 행위나 정책이 더 바람직한가를 판단하는 기준은 선택 대안 중에서 어느 것이 "사회를 구성하는 더 많은 사람의 만족 총계를 더 최대화하느냐?"에 따라 결정된다는 최대 다수의 최대 행복의 원리를 주장하였다. 이러한 원칙 아래에서 특정 집단에서 다른 집단으로 소득을 이전한다면 사회 후생의 증진을 위하여 그들 간의 소득에 대한 한계효용이 같은 수준까지 이전하여야 한다는 것이다. 즉, 가난한 사람들이 추가로 얻게 되는 한계효용이 부유한 사람들이 추가로 잃게 되는 한계효용의 범위보다 큰 범위에서는 부유한 사람으로부터 가난한 사람들에게로 자원을 이전하는 것이 사회 전체의 후생을 증진할 수 있다고 본다.

공리주의자들은 사회 전체의 효용을 극대화해 최대 다수의 최대 행복을 이루는 것을 일차적으로 고려하였다. 이차적으로 한계효용을 통한 부의 배분을 설명하지만, 부자와 가난한 사람의 개별 효용의 차이를 고려하지 않았으며, 한계효용이 체증하는 경우에는 가난한 사람의 소득을 부자의 소득으로 이전시키는 것이 사회의 총 효용을 극대화하는 결과가 도출될 수도 있다(김항규, 2010: 280). 결국, 공리주의는 사회 전체의 효용을 극대화하려는 방법이었으며, 개인 간 불평등은 경시되는 측면이 있다.

2) 롤스(Rawls)의 정의론

신행정학자들의 사회적 형평성에 관한 논의는 롤스의 정의론에 기초하고 있다. 롤스는 사회의 후생은 그 사회에서 가장 어려운 처지에 놓인 사람의 후생에 달려있다고 보았다. 따라서 사회 후생을 증진하기 위해서는 가장 어려운 처지에 있는 사람의 후생을 증진하지 않고서는 아무런 소용이 없다는 것이다.

그의 생각은 원초적 지위(original position)와 무지의 장막(veil of ignorance)이라는 두 개념에서 잘 알 수 있다. 원초적 지위란 사회 구성원들이 성, 인종, 능력 등과 같은 여러 가지 입장에서 자신이 누릴 수 있는 지위를 의미한다. 무지의 장막이란 그 사회에서 자신이 차지할 수 있는 지위가 어떤 것인지 전혀 알 수 없는 상태를 말한다.

롤스는 인간은 원초적 지위에 대한 무지의 장막으로 인하여 자신의 미래에 대해 높은 불확실성을 느끼게 되므로 개인은 보수적이고 위험 기피적으로 될 수밖에 없어, 최소 극대화[19](maximin)의 원리에 따라 선택을 하게 된다고 본다. 그의 생각에 따르면 사람들은 미래에 자신이 부자가 될지, 가난한 사람이 될지 알지 못하는 상황에 놓이게 되면, 가장 어려운 상태에 놓인 사람들의 소득수준 향상을 사회의 가장 바람직한 목표로 서로 합의하게 될 것으로 보았다(전상경, 2008: 197).

그런데 무지의 베일에 가려 있는 사람들은 먼저 평등한 자유의 극대화에 합의하고, 다음으로 최소 수혜자를 비롯한 사람들의 처우를 개선하는 조건부 차등을 허용하는 데 합의할 것이라고 보았다. 따라서 롤스의 정의관은 기본적으로 자유주의와 평등주의의 조화를 추구하고 있다고 볼 수 있다. 이러한 롤스의 정의관은 다

---

19) 최소 극대화란 사람들이 주어진 여러 가지 대안 중에서 최저 이익을 조사하고 그 최저 이익 중 최대의 것을 선택하는 것을 말한다. 반대는 최대 극대화의 원칙으로 각 대안의 최대 이익 중에서 최대의 것을 구하는 것이다(김항규, 2010: 316).

음과 같은 정의의 두 가지 원칙에 잘 나타나 있다.

> 정의의 제1원칙(기본적 자유의 평등원리): 모든 사람은 다른 사람의 유사한 자유와 상충되지 않는 범위에서 최대한의 기본적 자유를 누릴 수 있는 평등한 권리가 인정되어야 한다.
>
> 정의의 제2원칙(차등 조정의 원리): 사회적 경제적 불평등은 다음 두 가지 원리에 의해서만 인정된다.
>
> ① (차등의 원칙) 가장 불우한 사람들의 이익을 최대화해야 한다.
>
> ② (기회균등의 원칙) 불평등의 기초가 되는 직위와 직무는 모든 사람에게 균등하게 공개되어야 한다.

롤스는 두 가지 원칙이 충돌할 때에는 제1원칙이 제2원칙에 우선하고, 제2원칙 내에서 충돌이 있으면 '기회균등 원칙'이 '차등 원칙'에 우선해야 한다고 주장한다.

롤스의 정의관은 합리적 인간이 반드시 최소 극대화의 원리에 따라 선택하지 않을 수 있다는 비판을 받는다. 또한, 자유 방임주의와 사회주의의 양극단을 지양하고 자유와 평등의 중도적 태도를 보이기 때문에 우파와 좌파로부터 동시에 비판을 받는다. 우선 우파로부터는 평등을 지향하는 롤스의 정의관은 국가가 재배분 기능을 위하여 지나치게 비대해지어 개인의 자유를 제한할 수 있다는 것이다. 좌파로부터는 롤스가 말하는 '정당한 불평등'이 아니라 완전한 평등을 추구해야 하며, 사회·경제적 불평등은 개인 간 불평등이 아니라 계급 간 불평등이라는 것이다(김항규, 2010: 328).

제3절 수단적 행정이념

I. 합법성

1. 의 의

행정이념으로서 합법성은 법치 행정을 의미한다. 법치 행정이란 사람의 지배가 아닌 법의 지배를 의미하는 것으로 국가의 권력 작용은 헌법과 국민의 대표기관인 국회에서 제정한 법률에 적합하게 행사되어야 한다는 것을 의미한다. 관료가 합법성을 위반할 때는 징계의 대상이 되며, 위법한 행정행위는 행정심판이나 법원의 행정소송의 대상이 될 뿐 아니라 헌법재판소의 헌법소원 대상이 되는 등 사법기관의 심사 대상이 된다.

합법성은 행정국가 이전의 입법국가 시대부터 중요한 행정이념으로 인식되기 시작하였다. 모든 권력적 행정작용을 법률에 따라서만 하도록 하여 권력자의 자의적 지배로부터 국민의 자유와 권리를 보장하기 위하여 강조되었다.

2. 다른 행정이념과의 차별성

합법성은 공무원이 반드시 따라야 하는 법적 의무라는 측면에서 다른 행정이념과 구별된다. 수단적 행정이념 간에 우선순위나 시대환경에 따른 비중의 변화를 논의할 경우, 합법성은 다른 행정이념과는 달리 고려되어야 한다. 왜냐하면, 합법성은 충족의 여부가 곧 불법이나 위법의 문제가 발생하기 때문이다. 따라서 다른 행정이념들은 합법성이 충족된 상태에서 구체적인 우선순위나 비중 변화가 논의되어야 한다(김항규, 2010: 363).

일부 행정학 교과서에서 공무원이 합법성을 지나치게 강조하면 부정적 효과를 나타낸다거나, 합법성을 강조함에 따른 부작용을 서술한 사례가 많이 발견된다(이종수 외, 2014). 그러나 이러한 서술은 대단히 위험하다고 볼 수 있다. 현실에서 공무원이 합법성을 충족하지 못하면 처벌의 대상이 되기 때문이다. 또한, 행정재량권을 부여하여 합법성을 완화하는 것이 현대적 의미의 합법성 개념에 적절할 것이라는 지적도 제기되지만(권기헌, 2018: 72; 김재기 외, 2013), 이는 공무원의 재량을 확대하는 입법정책의 문제이지 행정이념으로서의 합법성과는 무관하다고 볼 수 있다. 다시 말하면, 법률 또는 명령이나 규칙 등 행정입법으로 공무원에게 광범위한 재량을 부여하는 것은 규정을 어떻게 만들어가느냐의 문제이지 행정이념으로서의 합법성과는 무관하다는 것이다.

Ⅱ. 능률성

1. 의 의

능률성[20](efficiency)이란 투입(input)에 대한 산출(output)의 비율을 의미한다.

---

[20] 학자에 따라서는 효율성을 능률성과 같은 개념으로 사용하기도 한다(이종수 외, 2014: 114). 그러나 본서에서는 효과성과 능률성을 합친 개념을 효율성으로 정의하고, 이렇게 정의된 효율성과

행정의 능률성은 최소의 투입으로 최대의 산출을 달성하고자 하는 것이다. 1880년대 엽관주의 폐해로 인하여 행정에 과학적 관리의 필요성이 제기되고 정치·행정 이원론이 대두되면서 행정의 능률성이 강조되었다. 당시 행정은 기업의 관리원칙을 적용하여 절약하고 능률적인 관리 및 운영이 필요하였다.

2. 기계적 능률과 사회적 능률

기계적 능률은 행정을 경영과 동일시하고 사기업의 관리기법을 그대로 도입하고자 했던 정치·행정 이원론과 과학적 관리론 시대의 산물이다. 기계적 능률에서는 물리적이고 금전적인 측면에서의 능률을 강조하고 행정의 진정한 목적인 인간의 만족 부분은 제외되었다. 따라서 기계적 능률관은 행정에 기계적이고 수단적인 합리성을 강조하여 행정의 진정한 목적인 인간에 대한 가치를 경시했다는 비판을 받는다. 또한, 행정을 사행정과 동일시하여 가치 중립적이고 수단적 가치에만 비중을 두었다는 비판을 받기도 한다.

한편, 사회적 능률은 1930년대에 디목(M. E. Dimock)이 제안한 것으로 인간적 가치와 능률을 조화시키고자 하는 개념이다. 사회적 능률관은 인간관계론과 정치·행정 일원론을 배경으로 대두되었다. 사회적 능률은 행정의 합목적성, 사회적 목적 실현이나 구성원의 인간적 가치의 실현 등을 강조하므로 행정의 민주성과 근접하게 해석되기도 한다.

Ⅲ. 효과성

행정의 효과성(effectiveness)이란 목표 달성도를 의미한다. 능률성이 수단적이고 과정적인 측면을 강조한다면, 효과성은 성과나 결과를 강조한다. 1960년대에 등장한 발전행정론에서 미래 바람직한 상태에 도달하기 위한 행정의 역할을 강조하면서, 과정보다도 목표 달성도를 중시하는 효과성 개념이 대두되었다. 따라서 효과성 개념에는 능률성이 강조하는 투입이나 비용 개념이 포함되지 않으며, 목표 달성의 정도만을 측정한다.

한편, 능률성과 효과성의 관계는 때때로 상충할 수도 있지만 상호 조화를 이룰 수도 있어 가변적인 성격이 있음에 주의해야 한다. 효과성을 높이기 위해서는 많은 자원을 투입하는 것이 바람직하지만 이는 능률성을 저해할 수 있으며, 반대로 능률성을 지나치게 강조하면 정책목표의 달성도는 낮아질 수 있다. 예를 들면,

생산성을 유사 개념으로 보기로 한다(김재기 외, 2013; 권기헌, 2018).

능률성을 극대화하기 위해서는 교사 일 인당 학생 수가 많은 것이 바람직하지만, 효과성의 입장에서는 교사 일 인당 학생 수가 적은 것이 바람직할 수도 있다.

Ⅳ. 가외성

행정의 가외성(redundancy)이란 행정과정에서 나타나는 중첩성(overlapping), 중복성(duplication), 반복성, 초과분, 잉여분 등을 의미한다. 1960년대 정보과학의 발달과 함께 불확실한 상황에서 오류의 발생을 방지하여 행정의 신뢰성 및 안정성을 높이기 위하여 도입되었다. 권력분립, 연방주의, 3심제도, 양원제, 합의제, 위원회 제도 등은 모두 가외성 현상의 반영으로 볼 수 있다. 가외성은 능률성의 저해 요인으로 보았으나, 최근에는 장기적이고 거시적 관점에서 행정의 안정성과 신뢰성 확보에 중요한 요소로 보고 있다.

제4절 행정이념 간의 관계

Ⅰ. 행정이념 간 충돌의 문제

행정이념은 실무에서 행정관료의 판단기준이 된다. 그런데 행정관료가 모든 이념에 같은 비중을 가지고 업무를 추진하기란 현실적으로 불가능하다. 여기서 행정이념 상호 간 관계의 문제가 발생한다. 행정이념 상호 간의 관계는 첫째는 상충관계가 발생하느냐의 문제이며, 둘째는 상충관계가 발생한다면 이들 간 우선순위의 문제이다.

학자들은 민주성과 능률성, 형평성과 능률성, 가외성과 능률성, 효과성과 능률성, 합법성과 대응성 간의 상충관계가 발생할 가능성이 큰 이념들로 보고 있다(유민봉, 2013; 백완기, 1998; 박동서, 1992). 그런데 여기서 민주성과 형평성은 행정의 본질적 가치이며 나머지는 수단적 가치들이다. 따라서 민주성과 능률성, 형평성과 능률성을 이념 간 충돌로 볼 수 있느냐에 대해 논란이 있을 수 있다. 왜냐하면, 민주성과 형평성은 절대 양보할 수 없는 본질적 가치이기 때문이다. 이러한 논쟁에 대해서 본질적 가치와 수단적 가치의 현실적 충돌은 대부분 학자가 인정하고 있는 듯하다.

Ⅱ. 행정이념 간 우선순위의 문제

　행정이념들이 실제 충돌할 경우 해결 방안에 대해서는 의견이 갈린다. 제1설은 이념 간 우선순위를 미리 설정하는 것이다(백완기, 1998; 박동서, 1992). 민주성, 효과성, 능률성, 합법성 등의 순위로 순서를 정하는 것이다. 그러나 이러한 견해는 발전행정을 강조한 한국적 특수성에 따른 당시 학자들의 견해이었으며, 현재에는 이러한 견해를 따르는 학자는 찾아보기 어렵다.

　제2설은 본질적 이념이 수단적 이념에 항상 우선한다고 보고, 수단적 이념 간의 충돌은 구체적인 문제 상황과 연관 지어 결정해야 한다는 견해이다(오석홍, 2016). 능률성은 민주주의 이념 구현의 수단이므로 이상이 수단에 종속될 수 없다는 것이며, 능률성과 가외성의 충돌은 구체적인 문제 상황에서 결정해야 한다는 것이다.

　제3설은 본질적 이념과 수단적 이념의 충돌은 본질적 이념이 우선하지만, 불가피한 경우에는 단기적으로 수단적 가치를 따르더라도 장기적으로 본질적 가치와 부합할 수 있도록 상호 보완적으로 다루어야 한다는 견해이다(유민봉, 2013: 142). 또한, 수단적 가치 간의 충돌은 시대정신이나 구체적인 상황을 고려하여 양자택일의 배타적인 선택보다는 중요시되는 이념을 중심으로 조화될 수 있도록 결정되어야 한다고 본다(김재기 외, 2013: 84).

　이러한 학설의 흐름은 한국 행정에서 행정이념 논쟁의 흐름을 잘 보여준다고 볼 수 있다. 제1설은 언급했듯이 행정이념에서 한국적 특수성을 강조하던 시대의 주장이며, 제2설 역시 과거 60~70년대에 능률성을 위해 민주성을 희생시킬 수 있다는 논리에 대한 강한 반작용에서 나왔으며, 제3설은 현실에서의 행정이념 간 충돌을 객관적으로 인정하고 구체적 상황을 고려하고 충돌을 조화로 가져갈 수 있도록 하자는 견해이다. 그러나 행정 실무에서 관료는 가치의 충돌을 자주 경험하게 된다. 그때마다 구체적 상황 속에서 시대정신을 고려하고 이념 간 조화를 이룰 방안을 마련하는 것은 쉬운 일이 아니다. 제3설에서 말하는 가치의 조화는 현장 관료에게는 언어적 유희로 들릴 수 있다. 현재로서는 현실에서 관료의 가치판단에 행정이념이 어떻게 작용하는지에 대해 좀 더 많은 연구를 기대할 수밖에 없다.

Ⅲ. 행정관의 변천과 행정이념

시대변화, 행정 기능변화, 정치와 행정과의 관계 변화, 행정과 경제와의 관계 변화 등에 따라 강조되는 행정이념이 바뀌어 왔다. 수단적 행정이념뿐 아니라 본질적 행정이념도 시대환경에 따라 강조의 정도 차이는 확인된다. 그러나 주의해야 할 것은 역사적 맥락에 따라 행정이념 상호 간에 강조점의 비중이 변화한 것이지, 특정 시대에 특정 행정이념만이 가치가 있다는 의미는 아님을 주의해야 한다. 예를 들면, 입법국가 시대에 강조되었던 합법성은 법치 행정의 원리로 현재에도 행정인이 지켜야 할 행정이념이다. 행정이념의 변천을 개략적으로 정리하면 다음과 같다(박동서, 1992).

1. 입법국가 시대: 합법성

근대 입법국가 시대에는 특정인에 의한 자의적 행정을 방지하고 시민의 자유권을 보호하기 위하여 국민의 대표가 만든 법에 따라 행정이 이루어지는 합법성이 강조되었다. 1880년대에 행정학이 탄생하기 이전에는 합법성이 관료가 따라야 할 가장 중요한 가치였다고 볼 수 있다.

2. 정치·행정 이원론과 과학적 관리론: 기계적 능률성

19세기 후반에 이르러 행정기능이 양적으로 확대되고 정부의 예산도 급격히 팽창함에 따라 행정관리에도 새로운 기법이 요구되면서 정치·행정 이원론(공·사행정 일원론)이 등장하고 과학적 관리법이 도입되었다. 따라서 당시의 행정은 비용절감을 강조하고 물리적이고 기계적인 능률성을 강조하게 되었다.

3. 정치·행정 일원론과 인간관계론: 사회적 능률성

1930년대 경제 대공황 이후 뉴딜정책의 시행 그리고 제2차 세계대전의 전시체제 아래에서 행정의 소극적인 역할에 대한 문제점이 제기되었다. 따라서 행정은 정책집행기능에만 머물러서는 안 되며 목표의 설정과 정책결정 자체까지 담당해야 한다는 기능적 행정학, 정치·행정 일원론 그리고 사회적 능률성이 강조되었다. 행정의 사회적 능률성은 행정의 합목적성, 사회적 목적 실현이나 구성원의 인간적 가치의 실현 등을 강조하였다.

4. 발전행정 시대: 효과성

1960년대에 개발도상국 정부에서는 현재와 다른 바람직한 미래 목표를 설정하고 이를 달성하는 것이 행정의 과제가 되었다. 따라서 행정의 목표 달성도를 의미하는 효과성이 중요시되었다.

5. 신행정론 시대: 사회적 형평성

1960년대 후반에는 미국을 중심으로 사회 문제 해결을 위한 행정의 적극적 역할이 강조되고, 그러한 사회 문제에는 미국 사회 내에서 잠재하는 불평등의 문제가 중심적인 위치를 차지하고 있었다. 따라서 당시의 신행정론자들은 행정의 사회적 형평성을 강조하였다.

6. 신공공관리론: 효율성

1980년대 이후에 등장한 신자유주의 물결은 공공부문의 비효율성을 해결하기 위하여 민영화, 작은 정부 등을 강조하며, 정부실패의 치유를 위하여 시장주의를 강조하였다. 따라서 민간의 경영기법을 도입하고 시장주의 기법의 활용을 통한 행정의 효율성 달성이 강조되었다.

7. 뉴거버넌스와 신공공서비스론: 민주성

1990년대 이후 정부의 역할에 대한 새로운 변화가 요구되면서 등장한 뉴거버넌스론에서는 시민의 참여 그리고 정부와 시민단체와의 상호협력을 강조한다. 또한, 2000년대 이후 신공공서비스론에서는 시민을 고객이 아닌 주인으로 보며, 서비스와 정책의 내용을 결정하는 의사결정의 과정에 참여하는 정치적인 행위자로서의 시민을 강조한다. 따라서 행정의 본질적 가치인 민주성을 강조한다.

04 / 행정이론

사회과학에서 이론(theory)은 "상호 연관된 지식으로 연결한 특정 논리의 집합"으로 정의될 수 있다. 사회현상을 일반화한 논리의 집합이 이론이며, 이러한 이론으로 다시 사회현상을 설명하기도 하고 예측하기도 한다. 이론을 안경에 비유하면 좀 더 쉽게 설명될 수 있다. 글씨를 더 크게 보고 싶으면 돋보기를, 멀리 있는 것을 선명히 보고 싶으면 근시 안경을 착용하게 된다. 목적에 맞는 활용도 높은 안경을 선택하게 된다. 마찬가지로 행정제도의 시대적 변화를 살펴보려면 역사적 신제도주의 이론, 민간의 경영기법을 행정에 도입하는 현상을 분석하고자 한다면 신공공관리론을 중심으로 현실의 행정을 분석하는 것이 적당할 것이다. 왜냐하면, 이러한 이론들은 관련 행정 현상을 일반화한 논리의 집합이기 때문이다.

제1절 행정생태론

I. 개념 및 등장배경

생태론 또는 생태론적 접근방법(ecological approach)은 행정을 하나의 유기체로 보고 행정과 외부 환경과의 상호작용 관계에 중점을 두고 연구하는 방법이다. 생태론은 '행정 현상은 그 자체로서 이해하는 데에는 한계가 있으며, 행정을 둘러싸고 있는 자연·사회·문화적 환경과 연관 지어 이해해야 한다.'라는 입장이다. 서구의 행정제도를 신생국에 이식하기 위해서 큰 노력을 하였으나 실패함에 따라, 그 이유를 신생국의 사회·문화적 환경과 서구국가의 그것과의 차이에서 발견하려는 노력의 결과로 생태론이 등장하게 되었다.

구체적으로 1947년 가우스(J. M. Gaus)는 정치학과 문화인류학에서 발전된 생태론을 행정학에 도입하기 시작하였다. 가우스는 행정을 둘러싼 환경이란 무엇인지를 구체화하기 위하여 국민(people), 장소(place), 과학 기술(physical technology), 사회적 기술(social technology), 욕구와 사상(wishes and ideas), 재난(catastrophe), 개성(personality) 등 일곱 가지를 행정환경으로 제시하였다.

한편 리그스(F. W. Riggs)는 비교행정론 연구에 생태론적 접근방법을 활용하였다. 그는 농업사회와 산업사회라는 비교행정 연구모형을 제시하면서 행정의 환경변수로 경제 기반, 사회구조, 정치체제, 이념적 요소, 의사 소통망 등 5가지를 제시하였다. 그는 이러한 환경적 요소들이 농업사회와 산업사회의 행정에 각각 어떤 영향을 미치는지에 대해 설명을 시도하였다.

Ⅱ. 특 징

1. 행정을 개방체계로 인식

전통적 행정이론은 행정조직을 폐쇄체계로 인식하고 내부관리에만 집중하였다. 그러나 생태론은 행정 현상을 설명하기 위해서는 그 국가와 사회가 처한 환경적 요인을 고려해야 하며 행정 내부의 조직·인사·재무관리로만 행정을 이해하는 데 한계가 있다는 것을 강조한다. 따라서 행정학에서 생태론적 접근방법의 도입은 행정이 외부 환경과 불가분의 관계를 맺고 환경과 상호작용하는 개방체계로 인식하기 시작하였다.

2. 행정에 영향을 미치는 환경적 요인을 확인하는 데 집중

행정이 외부로부터 영향을 받는다면 그 외부 환경은 도대체 무엇이며 어떻게 구조화하거나 명확화할 수 있느냐에 대한 이해가 필요하다. 따라서 생태론자들은 행정에 영향을 미치는 외부 환경적 요인을 발견하고 이를 구조화하거나 체계화하는 데 큰 노력을 기울였다. 위에서 언급한 가우스나 리그스의 연구도 행정에 영향을 미치는 외부 요인을 식별하는 데 집중하였다.

3. 거시적 수준에서 행정현상 분석을 시도

행정 현상에 대한 분석은 개인의 행위를 중심으로 한 미시적 분석과 사회의 제도나 구조를 중심으로 한 거시적 분석으로 구분될 수 있다. 생태론은 그 나라의 행정이 처한 외부 환경에 대한 분석을 집중함으로써 거시적 분석을 주로 시도하였다.

Ⅲ. 공헌과 한계

1. 공 헌

1950년대에 행정학 연구에 큰 영향을 미친 생태론은 다음과 같은 공헌을 하였다. 첫째, 생태론은 행정을 개방체계로 보고 환경적 맥락 속에서 이해함으로써 각국의 행정 특성을 단편적이 아닌 종합적인 시각에서 파악할 수 있게 해주었다.

둘째, 당시 관료제 내부의 인간 행태나 조직을 중심으로 한 협소한 행정관을 탈피하는 계기를 마련하였다.

셋째, 행정의 특성을 관료제 내부뿐 아니라 문화적, 경제적, 역사적 환경과 함께 분석함으로써 신생국과 선진국의 차이를 보다 체계적으로 비교하는 데 이바지하였다.

넷째, 외부 환경분석을 위하여 인류학, 사회학, 정치학, 경제학 등 인접 학문과의 상호교류를 촉진하여 행정의 종합과학적 연구를 자극하는 계기가 되었다.

2. 한 계

행정생태론은 다음과 같은 비판을 받는다. 첫째, 가장 큰 비판은 행정이 환경의 영향을 받는 측면을 강조하고 행정이 환경에 영향을 줄 수 있다는 행정의 주체적 역할에 대해 소홀히 다루었다는 것이다. 따라서 행정이 환경의 종속변수로서 외부 환경에 의하여 특징지어진다고 이해하는 일종의 문화 결정론이나 환경 결정론적 태도를 보인다는 비판을 받는다.

두 번째 비판은 각국의 행정 특성을 외부 환경과의 관계에서 진단하고 설명만 할 뿐, 행정이 추구해야 할 목표나 방향을 제시하지 못했다는 것이다. 특정 시점에서 특정 국가의 행정 현상을 환경과의 맥락 속에서 정태적으로 분석하는 데에는 도움이 되었지만, 행정의 동태적 변화를 위한 미래 변화의 방향이나 관료의 역할 등을 제시하지 못했다는 한계를 가진다. 이러한 비판에 따른 각성으로 행정의 적극적 역할을 기대하는 발전행정론이 신생국을 중심으로 논의되고, 미국에서는 신행정론이 등장하게 되었다.

제2절 비교행정론

Ⅰ. 개념 및 등장 배경

비교행정론(comparative public administration)이란 행정에 관한 일반성 있는 이론 정립과 체계적인 지식을 창출하고자 여러 국가의 행정체계와 정책을 비교 분석하는 이론이다. 사실 행정학 분야에서 비교연구에 관한 관심이 시작된 것은 제2차 세계대전 이후부터이다. 세계 2차 대전 이후 미·소 냉전체제에서 미국이 공산주의의 침식을 막기 위해서 개발도상국들에게 경제적 지원을 하였다. 그러나 개발도상국의 행정 능력이 낮아 원조만큼의 효과를 거두지 못하였으며, 그 이유를 찾기 위하여 각국을 비교 분석하는 연구를 시작하면서 비교행정론이 발전하게 되었다. 따라서 비교행정론의 등장은 서구 선진국의 행정제도나 이론들이 과연 합리적이며 적절한 것인가에 관해 회의하게 하였으며, 또한 서구의 제도와 이론이 개발도상국에서 안착하지 못하는 이유가 무엇인지에 대해 분석이 이루어지게 되었다.

이렇게 등장하게 된 비교행정론이 행정학의 새로운 연구 방법이자 이론으로 1950년대부터 1960년대에 걸쳐 크게 발전하게 된 원인은 다음과 같다(유종해·이덕로, 2015).

첫째, 행정의 과학화 노력이다. 생태론적 접근방법과 그 맥을 같이하여 비교행정론은 각국의 역사적, 정치적, 문화적 조건에 따라 행정의 특수성이 형성되므로 행정도 종합적이고 비교적 방법으로 연구할 필요성이 주목받았으며, 이러한 노력은 행정을 보다 체계적이고 과학적으로 연구하려는 노력을 부추겼다.

둘째, 미국의 대외원조 증가이다. 미국이 개발도상국에 경제 원조를 증대시키면서 대상국의 경제와 행정적인 문제에 관심을 끌게 되면서 비교연구를 촉발했다. 더불어, 미소 냉전체제라는 환경하에서 개발도상국을 자신의 영향권에 두려는 미국의 적극적인 노력은 비교행정론의 발전을 더욱 자극하게 되었다.

셋째, 비교정치론의 영향과 비교행정연구회의 활동이다. 제2차 세계대전 이후에 비교정치론은 서구와 개발도상국에 관한 많은 비교연구를 축적하고 있었으며, 이러한 연구들은 비교행정론의 발전을 자극하였다. 또한, 미국 행정학회의 분과학회인 비교행정연구회(CAG: Comparative Administrative Group)의 활동도 비교행정연구 활성화에 이바지하였다.

Ⅱ. 주요 내용

비교행정론은 다양한 경험적 연구를 축적하는 성과를 보였지만, 하나의 행정이론으로서의 체계성을 갖추기 위하여 다음 세 가지 질문에 답변하는 노력을 전개하였다. 첫째, "비교연구의 목적은 무엇인가?" 즉, "연구 결과를 어디에 어떻게 활용할 것인가?"에 대한 의문에 답하는 것이며, 둘째는 "어떻게 연구하여 비교할 것인가?" 즉, 어떠한 "연구 방법을 활용할 것인가?"에 대해 답을 주는 것이었다. 세 번째 질문은 "비교행정이 하나의 이론으로 정립되기 위해서는 현장을 분석할 어떠한 이론 모형이 필요할 것인가?"이다.

1. 비교행정의 연구목적

비교행정론의 연구목적은 각국의 행정체계를 비교하여 일반적 특성을 도출하고 비교하는 기준을 찾아내는 것이다. 또한, 개발도상국의 행정 능력발전을 위한 전망을 제시하고 정책적 함의와 시사점을 제공하는 것이다(권기헌, 2018; 김태룡, 2014).

2. 비교행정의 연구방법

비교행정론의 접근방법으로 가장 많이 알려진 것은 리그스(F. W. Riggs, 1962)의 설명이다. 그는 비교행정을 위한 연구 방법의 경향이 ⓐ 행정이념이나 가치를 전제로 이를 달성하려는 방법을 연구하는 규범적 방법(normative approach)에서 각국의 행정이 처한 사실에 기초한 경험적 방법(empirical approach)으로, ⓑ 특정 국가의 특정 사례를 중심으로 연구하는 개별 사례 접근방법(idiographic approach)에서 여러 나라의 행정을 비교하는 일반법칙 접근방법(nomothetic approach)으로, ⓒ 행정의 환경요인을 고려하지 않는 비 생태론적 접근방법(non−ecological approach)에서 행정과 환경과의 관계에 중점을 둔 생태론적 접근방법(ecological approach)으로 전환되고 있다고 지적했다.

리그스의 이러한 비교행정론의 방법론은 기능주의 분석(functional analysis)개념을 도입해 활용하였다고 볼 수 있다. 기능주의 분석은 사회학자인 파슨스(T.

Parsons)와 레비(M. Levy) 등에 의하여 발전된 것으로 각국의 사회를 하나의 체계 또는 유기체로 파악하고, 그 사회의 구성요소 또는 부분들이 상호 간에 어떠한 관계에 있으며 사회 전체 체제에는 어떤 영향을 미치고 있는지를 분석한다.

3. 리그스(Riggs)의 일반체계모형[21]

리그스는 비교행정이론 정립을 위하여 일반체계모형을 제시하였다. 그는 생태론적 접근방법에 기초하여 행정의 비교연구를 위한 모형으로 농업사회와 산업사회로 구분하고 그 중간의 과도사회로 전이 사회를 설정하였다. 그는 사회를 분화의 정도에 따라 혼합사회(confused society), 분화사회(refracted society)로 나누고, 그 중간에 과도사회를 설명하기 위하여 프리즘적 사회를 제시했다. 여기서 혼합사회는 기능이 미분화된 전통적 농업사회를 말하여, 분화사회는 기능이 분화되고 전문화된 고도의 산업사회를 말하고, 프리즘적 사회는 혼합사회와 분화사회의 중간 형태로 외형상의 분화는 이루어진 것처럼 보이지만 기능이 미분화된 발전도상국 사회를 말한다.

한편, 리그스는 이러한 세 가지로 구분된 사회의 관료제 특성을, 혼합사회는 안방(chamber), 프리즘적 사회는 사랑방(sala), 산업사회는 사무실(office)로 표현하였다. 프리즘적 사회의 특성을 가진 개발도상국 행정의 특징을 스페인어로 사랑방을 의미하는 살라(sala)로 표현하였으며, 이를 살라모형(sala model)이라고 부르기도 한다.

개발도상국인 프리즘적 사회의 관료제를 설명하는 살라모형의 특성은 이질혼합성, 형식주의, 중첩성(분화된 구조와 미분화된 구조가 공존함), 연고 우선주의, 다분파주의(자신이 속한 지역사회의 구성원에게 보다 유리하게 하고 적대적인 지역사회는 불리하게 다룸), 다 규범성과 합의의 결여, 가격의 불확정 등이다.

Ⅲ. 공헌과 한계

비교행정론은 생태론적 접근방법과 그 맥을 같이하여 행정과 환경의 중요성을 부각하였다. 또한, 국가 간 차별화된 행정을 체계적으로 분석하기 위하여 다양한 연구 방법과 모형을 제시하였는데 이러한 비교연구의 노력은 행정의 과학화에 이바지하였다. 더불어 각국에 관한 비교연구는 미국 국내에 한정되었던 행정연구를 신생국으로 확장하여 행정학의 보편성에 이바지하였다는 평가를 받는다.

---

21) 이와 함께 Heady의 선·후진국 행정체제모형도 많이 알려져 있다(Heady, 1979 참조).

그러나 비교행정론은 생태론과 유사한 비판을 받았다. 첫째는 사회·경제 및 문화적 환경이 행정에 미치는 영향만을 강조하고 행정의 적극적인 사회변화 기능을 무시하여 환경결정론에 치우쳤다는 비판을 받는다.

둘째는 이러한 각국이 처한 환경과 행정에 대한 분석과 환경의 영향에 대한 중시는 자연히 개발도상국의 사회·문화적 문제점에 주목하게 되어, 신생국 발전에 비관적이고 선진국의 우월성에 주목하게 된다는 비판을 받는다.

세 번째는 구조기능주의의 분석에 따라 각국의 행정과 그를 둘러싼 환경을 정태적으로 분석하였을 뿐, 미래의 사회변화 방향을 제시하지 못하여 동태적인 사회변화를 고려하지 못했다는 비판을 받는다.

제3절 발전행정론

I. 의 의

발전행정론(development administration)이란 발전도상국에서 행정체계가 국가발전을 선도하고, 행정체계 자체의 발전도 추구하는 행정학의 한 분야이다. 이러한 정의에 내포된 발전행정론은 ⓐ 발전도상국의 행정과 관련된다는 것, ⓑ 국가발전을 달성하기 위한 기능 및 관리와 관련된다는 것, ⓒ 행정 자체의 개혁 노력을 포함한다는 것을 말한다(오석홍, 2016: 41).

발전행정론은 비교행정론의 한 영역으로 출발하여 1960년대에 활발하게 연구되었다. 기존의 비교행정론은 기능주의에 따라 선진국과 후진국의 행정 현상을 비교·분석하는 데는 크게 이바지하였지만, 기능주의가 지닌 정태성으로 인하여 신생국의 국가발전에는 도움이 되지 못하였다. 따라서 일부 비교행정학자들이 개발도상국의 발전을 위하여 실용주의에 입각한 동태성을 가진 행정이론을 모색하면서 발전행정론이 탄생하였다.

II. 특 징

발전행정론에서는 행정을 독립변수로 보아 국가발전을 이끄는 적극적 기능을 강조한다. 기존의 행정이론과 차별화되는 발전행정론의 특징은 다음 세 가지로 요약될 수 있다(김태룡, 2014).

1. 행정의 역할: 행정의 목표설정 및 정책결정 기능 강조

발전행정론은 정치·행정 일원론의 입장에서 행정의 관리기능뿐 아니라 국가발전 목표를 설정하고 정책 기능을 강조한다. 따라서 행정인의 정책결정 능력 향상을 중요시한다.

2. 행정이념: 효과성 중시

발전행정론은 개발도상국에서 행정의 적극적 역할에 의한 국가발전을 이룩하기 위하여 실용적 차원에서 도입되었다. 행정은 국가발전을 위해 주어진 목표를 달성하는 것이 최대의 과제가 되었다. 따라서 목표 달성을 강조하는 효과성이 주요한 행정이념이 되었다.

3. 공무원: 행정인의 적극적 역할 강조

발전행정론에서는 국가와 사회변화를 위한 행정인의 독립변수 역할을 인정한다. 따라서 무엇보다 행정인의 문제해결 능력이나 자원 동원 능력 등에 관심을 가지며, 특히 행정인의 발전지향적 가치관을 강조한다.

Ⅲ. 공헌과 한계

발전행정론은 개발도상국의 국가발전을 위해 현실적인 전략을 개발하는 데 크게 이바지하였다. 실제로 우리나라와 같은 개발도상국에는 발전행정론이 국가발전을 위한 전략적 도구로서 그 역할을 하였다고 평가된다. 또한, 발전행정론은 국가발전을 위한 행정인의 역할, 행정조직의 기능 등을 체계화함으로써 개발도상국에서 행정 주도의 발전을 위한 일종의 발전모형을 구축했다고 볼 수 있다.

그러나 발전행정론은 다음과 같은 비판을 받고 있다. 무엇보다 발전행정에 숨어있는 서구 중심의 편견이 비판의 대상이 되었다. 행정이 달성하고자 하는 모습은 이미 서구 선진국을 그리고 있는 편견이 내재하고 있었다.

다음으로는 지나치게 목표 달성과 효과성을 강조함으로써 주민 참여를 바탕으로 한 민주적 행정에는 소홀하였다는 비판을 면하지 못한다. 또한, 행정인과 정부의 역할이 강조되면서 행정 권력의 비대화를 초래하였으며, 민간부문에 대한 정부 관여의 확대는 민간부문의 창의성과 자율성을 저해하는 결과를 초래하였다(오석홍, 2016: 44).

제4절 행정체계론

Ⅰ. 의 의

행정체계론 또는 체계론적 접근방법(system approach)은 행정 현상을 체계(또는 체제: system)라는 개념을 바탕으로 분석하고 이해하는 연구 방법이다. 여기서 체계(system)란 일정한 목적 달성을 위하여 복수의 구성요소들이 어느 정도의 독립성을 가지면서 상호의존성을 유지하는 실체를 의미한다. 즉, 체계란 고유의 기능을 수행하는 각 구성요소가 이질성 혹은 유사성 있게 분화하고 상호 간의 의존성을 가지면서도 동시에 활동에서 일정한 통일성과 경계를 갖는 하나의 실체이다.

체계라는 개념을 행정연구에 활용하게 된 것은 복잡한 사회현상을 체계라는 틀 속에서 이해함으로써 그 내용이 더욱 명확해질 수 있기 때문이다. 예를 들면, 대중교통을 하나의 체계라는 틀 속에서 이해해보면, 대중교통 수단에는 버스, 지하철, 마을버스 등 다양한 운송 수단들이 있고, 시민, 운전기사, 교통순경 등 다양한 행위자들이 있으며, 도로, 교통 신호등 등 각종 물리적 인프라가 이를 지원한다. 이러한 요소들은 상호 독립성을 유지하지만 상호 의존적이기도 하다. 이들 전체는 시민들이 안전하고 빠른 수송이라는 목적 달성을 위한 실체들의 모임이며, 바로 체계인 것이다.

Ⅱ. 체계의 특성과 기능

행정체계론을 이해하기 위해서는 일반적인 체계의 특성과 기능을 이해할 필요가 있다.

1. 체계의 특성

1) 하위체계 간 기능적 연계

전체 체계는 서로 기능적으로 연결된 다수의 하위체계(sub-system)로 구성되며, 하위체계들은 독립된 경계를 지니면서도 상호 의존적 관련성을 갖기에 부분적 인식이 아닌 전체적 인식관을 중요시한다. 또한, 모든 체계는 명확한 공통의 목표·가치·규범을 가지고 있다.

2) 부(負)의 엔트로피

엔트로피(entropy)는 열역학 제2의 법칙으로 특정 체계가 소멸·멸망·쇠퇴로 진행되어 가는 과정을 말한다. 어떤 체계든 이러한 환경으로부터의 소멸 압력을 거부하려는 속성을 갖는다.

3) 안정 상태

개방체계는 에너지의 유입과 생산물의 유출은 계속되지만, 그 특징은 변하지 않는 안정 상태를 추구하며, 환경의 변화로 체계에 이상이 오면 본래의 목표나 본래 상태를 추구하고자 변동을 도모하려는 동적 항상성(動的 恒常性)을 지닌다.

4) 경계의 존재

각 하위체계는 다른 하위체계와 구별되는 경계를 가지며, 전체 체계는 환경과 구별되는 경계를 가진다.

5) 등종국성(equifinality)

체계의 '목표 달성 방법의 다양화'를 의미한다. 개별 체계들은 목표 달성을 위하여 다양한 노력을 하게 되는데, 이러한 노력은 같은 방법일 필요는 없으며, 각 체계가 나름의 방법으로 목표 달성을 추구하여 결국에는 같은 목표를 달성하게 된다는 의미이다.

2. 체계의 기능

체계가 수행하는 기능은 다양하겠지만 이를 일반화하거나 체계화하려는 학자들의 노력 중에 파슨스(T. Parsons)의 분류가 가장 많이 사용된다. 그는 사회에 존재하는 여러 형태의 체계들에 공통으로 적용할 수 있는 체계의 네 가지 기능을 제시했다. 이를 영어의 첫 글자를 따서 AGIL모형[22]이라고 부르기도 한다.

① 적응기능(adaptation): 체계 활동을 위하여 외부로부터 자원을 확보하고 이를 체계 내에서 배분하는 기능을 의미한다.

② 목표 달성기능(goal attainment): 체계가 달성하고자 하는 목표를 설정하고, 그 목표를 달성하기 위한 구체적인 활동을 의미한다.

---

22) 파슨스의 본 모형은 행정학의 조직론 분야에서 조직의 유형을 설명하면서도 등장한다. 적응기능은 생산조직으로 민간기업, 목표성취기능은 정치조직으로 정부나 정당, 통합기능은 통합조직으로 법원이나 경찰, 체계 유지기능은 유지조직으로 교육기관, 문화단체, 종교단체에 해당한다.

③ 통합기능(integration): 체계 어느 한 부분에 문제가 생겼을 때 부분 체계와 하위체계의 활동을 원활하게 조직화하고 조정하는 활동을 의미한다.

④ 잠재(latency function) 및 유지기능(pattern maintenance): 체계의 자기 유지 기능으로서 세대를 계승하면서 문화를 전하고 교육을 하며 긴장을 완화해 창조와 발전을 가능케 하는 활동을 의미한다.

Ⅲ. 행정체계의 구성요소

행정체계는 환경(environment), 투입(input), 전환(conversion), 산출(output) 및 환류(feedback) 등의 구성요소들이 상호작용을 반복하는 개방체계(open system)로 인식된다. 행정체계론은 분석대상인 행정 현상을 하나의 체계로 인식하고 4개의 구성요소로 구분하고, 여기에 복잡하게 진행되는 전환 과정은 더 세밀한 하위 요소로 구분하여 분석을 한다.

예를 들면, 일국의 정치 현상을 설명하는 것은 지나치게 복잡하다. 그러나 이를 체계라는 틀 속에 넣어서 살펴보면, 국민의 정치적 지지와 반대가 있고(투입), 정당 간 상호작용을 통하여(전환 과정), 새로운 법률이나 정책이 만들어지고(산출), 이러한 결과에 대해 국민이 다시 정치적 지지와 반대를 보내는(환류) 과정으로 이해된다.

① 환 경: 체계를 둘러싸고 있는 외부적인 모든 것으로서 정책결정자들에게 문제로 작용하기도 하지만 때로는 도움을 줄 수도 있는 정치·경제·사회적 현상들을 포함한다.

② 투 입: 투입이란 환경으로부터 행정체계의 전환 과정으로 전달되는 것을

〈그림 1-1〉 행정체계론의 기본모형

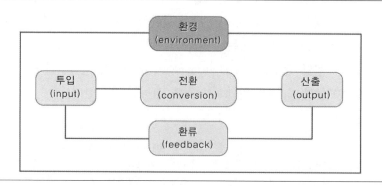

말한다. 여기에는 정책에 대한 요구, 지지, 반대뿐 아니라 자원들도 포함된다.

③ 전　환: 전환 과정이란 환경으로부터 투입을 받아 그 결과로서 어떤 산출을 내기 위한 절차를 의미하며, 행정체계 내부의 업무처리 과정, 공식구조나 절차, 행정인의 가치관·성향·갈등 혹은 정책결정 과정이 모두 여기에 속한다.

④ 산　출: 행정체계로부터 환경으로 배출되는 정책, 제도, 조치, 법령, 재화, 용역, 서비스 등이 여기에 속한다.

⑤ 환　류: 환류란 투입된 산물이 전환 과정을 통하여 산출되었을 때 그 산출물에 대한 평가나 시정조치를 통하여 다시 투입에 영향을 미치는 과정을 말한다. 이는 행정과정에 잘못이 발생하였을 때 시정조치를 취하는 것과 유사한 의미이다.

Ⅳ. 공헌과 한계

행정체계론은 복잡한 행정 현상을 체계라는 틀 속에서 분석함으로써 행정의 내부 구조를 분해하고 이들 간의 상호관계를 분석할 뿐 아니라 환경과의 관계도 분석하는 데에 도움을 준다. 따라서 특정 행정이나 정책문제에 대하여 거시적이고 포괄적으로 이해하고 연구하는 데에 크게 이바지하였다.

그러나 행정체계론은 체계의 항상성 혹은 안정 상태를 전제로 균형이론에 치중함으로써 정태적·현상 유지적 성격을 띠게 되어 신생국의 급격한 변화나 혁명을 설명하기 어려워 선진국을 위한 이론이라는 비판을 받는다. 이러한 비판의 연장선에서 두 번째 비판은 체계의 자기 유지기능이나 사회체계 내의 조화로운 관계 등이 강조됨으로써 보수적인 편견이 내재한다는 것이다. 또한, 행정체계론은 특수한 인물의 리더십, 성격, 개성 등이 큰 비중을 차지하는 경우에는 이를 과소평가하기 쉽다는 비판을 받는다.

제5절　행정행태론

Ⅰ. 등장배경: 인간 행위(behavior)에 대한 과학적 분석의 필요

행정행태론 또는 행태론적 접근방법은 기존 행정학이 논리적 실증성 없이 일반원칙이나 원리를 발견하는 데 초점을 둔 것에 대한 비판과 함께 등장하였다. 대표적인 행태주의 학자인 사이몬(Herbert Q. Simon)은 귤릭(L. Gulick)이 관리방식으로 제시한 '명령 통일의 원리', '통솔 범위의 원리' 및 '전문화의 원리'가 과학적 연구의 뒷받침이 부족하고 원리 상호 간 서로 상충하기도 한다고 비판하였다. 그는 행정학에 과학적 연구 방법을 도입하여 더욱 논리적이고 실증적인 연구가 되어야 함을 강조하였다.

또한, 행태주의자는 법과 제도 또는 조직 자체에 관한 연구보다는 '조직구성원의 행동 양식'을 통해서 행정 현상을 파악해야 한다고 보았다. 왜냐하면, 모든 행정 활동은 그 행위자인 인간에 의해 수행되며, 이들의 의식구조, 행동 방식, 가치관, 사회적 배경 등이 행정과정 및 그 산출물과 긴밀하게 연관되어 있다고 보기 때문이다.

따라서 행태론적 접근방식은 행정행위의 본질적인 요소인 인간의 행태를 연구 대상으로 하고 그 연구는 과학적인 방법으로 이루어질 것을 강조하면서 등장하였다. 시기적으로는 사회과학 분야에 도입된 것은 1930년대 초, 행정학에 도입된 것은 1940년대 후반으로 볼 수 있다.

Ⅱ. 행태론적 접근 방법의 특징

행태론적 접근방식은 학자마다 시각과 방식이 상이하지만, 기존 행태론 연구를 종합적으로 정리하면 다음과 같은 특징을 나타낸다.

첫째, 가치(value)와 사실(fact)을 구분하여 가치를 연구의 대상에서 제외해야 한다고 주장한다. 그 이유는 행정의 과학화에 있다. 행정학을 과학적인 방법으로 연구하기 위해서는 자연과학처럼 가치 중립적인 연구 방법을 택해야 한다는 것이다. 즉 가치와 윤리의 문제는 검증 가능성이 작으므로 연구의 대상으로 다루어서는 안 된다는 것이다.

둘째, 계량적인 연구 방법이나 기법을 선호한다. 행태주의는 과학적으로 검증된 것만을 합리적인 결과로 받아들이므로 수치나 비율 등으로 나타내는 방식을 선호하게 된다. 또한, 행태론은 개별적인 인간 행위의 집합을 통해서 전체를 설명(예, 조직구성원 일부에 대한 설문 조사를 통하여 전체의 선호나 의식구조를 판단하는 경우 등)하므로 계량적인 기법을 택하게 된다.

셋째, 조직구성원인 인간의 행동 양식을 설명하는 데 초점을 둔다. 행정조직에 대한 과학적 이해를 위해서는 행정인이 어떠한 행위와 결정을 내리고, 이러한 행위와 결정을 내리는 데 영향을 미치는 요소를 파악해야 한다는 것이다.

넷째, 행정을 의사결정의 과정으로 보며, 행정조직도 의사결정의 단위로 본다. 왜냐하면, 개별적인 행정가의 행위는 종국적으로 의사결정과 모두 연관되어 있다고 보기 때문이다. 따라서 행태주의자는 개인적인 행태를 연구하는 것은 의사결정의 과정을 연구하는 것이며, 이는 종국적으로 조직과 행정 현상을 연구하는 것으로 본다.

다섯째, 협동과학 및 종합과학으로서의 성격을 지닌다. 행태주의는 인간 행위에 관한 연구이므로 인접 과학인 심리학, 사회학, 문화인류학 등 협동 연구가 중시된다.

여섯째, 행정문화를 중시한다. 행태론적 접근방법은 행정인의 행위에 영향을 미치는 의식구조, 사고방식, 가치관, 사회적 배경, 행위의 동기 등을 강조한다. 이러한 요소들이 행정문화와 직결되어 있기 때문이다.

Ⅲ. 공헌 및 한계

1. 공 헌

행태주의 접근방식의 등장은 과학적 방법론을 통하여 행정 현상에 대한 경험적이고 실증적인 분석을 가능하게 하였다. 오늘날에도 광의의 행태적 접근방식은 행정 현상을 분석하는 데 크게 이바지하고 있다. 우선, 행태론적 접근방법은 행정의 과학화에 공헌하였다. 기존의 전통행정학에 과학적 방법론을 내장함으로써 행정 현실을 체계적으로 이해하고 분석하는 데 큰 도움이 되었다.

또한, 행정이론의 형성과 연구 기법의 발전에 이바지하였다. 행정 현상에 관한 과학적인 연구의 축적을 통하여 기존 이론의 비판 및 공고화와 새로운 이론의 정립에 이바지하게 되었다.

2. 한 계

행태주의에 대한 비판은 접근방법이 가지고 있는 방식의 특수성으로 인한 것으로 크게 두 가지 측면에서 볼 수 있다. 하나는 행정 현상 연구에서 가치판단의 영역을 제외함으로써 현실 적합성이 떨어진다는 것이다. 복잡한 행정 현상에서 가치의 문제를 제외하는 것은 이론적으로는 가능할지 모르지만, 실제 현실에서는 어렵다는 것이다. 또한, 행정학이 가치의 문제를 다루지 못하게 되면, 현실 문제에 대한 처방을 내리기 어렵고, 실제 행정 문제를 해결하는 데 도움을 주지 못한다는 지적을 받는다.

다른 하나는 연구 방법에서 통계기법의 엄밀·정치한 논리성을 강조하면서 지나치게 형식논리에 빠지기 쉽다는 것이다. 즉 현실의 행정 문제를 이해하고 해결하는 처방전 지식보다는 전문용어로 가득 찬 분석기법들이 오히려 더 중시되는 문제점이 지적되고 있다.

Ⅳ. 후기행태주의와 신행정학의 등장

제2차 세계대전 이후 서구를 풍미했던 행태주의는 행정의 과학화에 이바지하였으나 현실 적합성(relevance)의 문제를 드러내게 되었다. 이에 1960년대에 복잡한 사회 문제에 대한 해결을 위한 사회과학의 역할이 강조되면서 현실 적합성을 높이고자 하는 후기행태주의(post behaviorism)가 등장하게 되었다. 또한, 1970년대에 미국에서는 사회 문제 해결 기제로서 행정가의 역할을 강조하는 신행정학이 등장하게 되었다.

행태주의적 접근방식은 어느 시대를 풍미하고 완전히 사라지는 것이 아니라 행정학의 하나의 방법론으로 오늘날에도 많은 진전을 보인다. 따라서 행정관료뿐 아니라 연구자는 행정 현상을 이해하고 적실성 있는 분석을 위하여 행태주의 접근방법의 일부 연구 기법들을 적절히 활용하는 것이 필요하다.

제6절 후기행태주의

Ⅰ. 등장 배경

1960년대 흑인폭동, 월남전에 대한 반전 데모 등 미국 사회가 당면한 사회 문제 해결에 행태론은 아무런 도움을 주지 못하였다. 행태주의자들의 가치배제에 대한 문제점을 지적하고 새로운 접근방법을 모색하려는 시도들이 나타났으며, 이러한 움직임을 통칭해 후기행태주의(post behaviorism)라고 불리었다. 후기행태주의자는 사회과학 연구뿐 아니라 현실 정치 및 행정에서 가치판단과 가치 선호를 주장하였다. 구체적으로는 1960년대 말 정치학자인 이스턴(David Easton)은 정치학의 새로운 혁명으로 후기행태주의를 선언하였다.

Ⅱ. 후기행태주의의 내용

후기행태주의의 가장 큰 특징은 적실성의 신조(credo of relevance)와 실행 (action)으로 볼 수 있다. 적실성의 신조란 사회과학자들이 그 사회의 현실 문제를 연구 대상으로 삼아 그 연구 결과가 사회 문제 해결에 도움이 될 수 있도록 해야 한다는 것이다. 실행이란 적실성 있는 연구 결과를 정책이라는 현실적인 도구를 통해서 사회에 구현되도록 하는 사회과학자의 역할을 말한다.

행태주의가 내포한 방법론적 특징들에 대한 불만과 비판에서 출발한 후기행 태주의의 내용을 구체적으로 정리하면 다음과 같다.

첫째, 사회 문제의 본질이 연구 기법에 우선해야 함을 강조한다. 후기행태주 의자는 사회 문제를 분석하고 해결하기 위해서는 정확한 분석 도구가 필요하다는 것은 인정하지만, 이보다 더 중요한 것은 분석하고 해결하기 위한 문제의 본질 또 는 목적이라는 것이다.

둘째, 사회 보존보다는 사회변동(social change)에 보다 초점을 두어야 한다는 것이다. 행태주의자의 경험적 분석은 탐구하고자 하는 사실 자체에 관해서만 관심 을 가짐으로써 보수적 이데올로기를 강화했다는 것이다. 반면에 후기행태주의자 는 사실에 대한 분석에만 한정하지 않고 더욱더 넓은 맥락성을 고려하여 사회변동 에 더욱 관심을 두어야 한다는 태도이다.

셋째, 당시의 행태적 연구는 현실사회의 문제에 대한 접근을 저해한다는 것이 다. 후기행태주의는 사회과학은 사회 문제 해결과 인간의 욕구를 충족시키는 것이 필요하다고 강조한다.

넷째, 가치에 관한 연구는 사회과학 연구에 불가피한 요소라는 것이다. 지식 이 올바른 목적을 위해 사용되기 위해서 가치는 이제 연구의 중심으로 고려되어야 한다는 의견이다.

다섯째, 지식인들은 행동으로 사회 문제 해결을 위해 무엇인가 실천함을 강조 한다.

여기서 한 가지 주의할 점은 후기행태주의자들이 사회과학 분석에서 과학적 방법을 부정한 것은 아니라는 점이다. 이들은 행태주의에서 강조된 바와 같이 신 뢰할 수 있는 지식을 획득하기 위해 일정한 기술과 분석 절차가 필요하다는 것은 인정했다. 그러나 이들은 과학자로서 지식의 축적에만 관심을 가져서는 안 되며, 사회 문제를 해결하기 위해 지식이 적절히 이용되어야 한다는 것을 강조한 것이다.

Ⅲ. 행정학과 후기행태주의

행정학에서 후기행태주의 접근방법은 1960년대 말 신행정학자들에 의해 도입되었다. 행정학에 후기행태주의 접근방식의 도입은 사회 문제 해결을 위한 정책의 중요성을 강조하게 되면서 정책 지향적인 연구가 많이 증가하였다. 이에 따라 정책학의 발전에 이바지하게 되었다. 또한, 어떠한 것이 바람직한 사회이며 이를 위해 행정이 추구해야 할 목표는 무엇인가와 같은 정책목표에 관한 문제를 다루는 연구가 증가하게 되었다. 특히 신행정학의 도입으로 사회적 형평성이 행정의 새로운 이념으로 고려되었으며, 행정인의 능동적이며 적극적인 역할이 강조되었다.

결국, 후기행태주의 등장은 행정학에서 신행정학의 태동을 가져왔으며 행정학에 사회 문제의 해결을 위한 적실성 있는 연구를 강조하였다는 데 그 의의가 있다. 특히, 후기행태주의 접근방식은 행정인의 능동적인 자세가 요구되는 오늘날 현대 행정에 적지 않은 영향을 미쳤다고 볼 수 있다.

제7절 신행정학

Ⅰ. 등장 배경

신행정학(New Public Administration)은 1960년대 말 미국에서 일단의 행정학자들이 제기한 기존의 행정학에 대한 비판과 함께 등장했다. 이들의 비판은 이론적인 측면에서는 기존의 행정학, 특히 논리실증주의를 중심으로 한 행태주의가 현실 문제를 해결하는 데는 한계가 있음을 지적하였다. 즉, 가치를 배제한 행태주의는 현실 적합성이 떨어진다는 것이다.

한편, 현실적 측면에서는 1960년대 미국 사회에서 발생한 대학가의 소요, 인종 갈등의 심화와 민권운동의 확산, 빈곤퇴치 요구확산, 월남전을 둘러싼 정치적 혼란 등의 문제들에 대한 해결 필요성이 대두되면서 사회 문제의 처방적 요구에 따라 등장하였다.

이론과 현실 양 측면의 요구에 대해 소장 학자를 중심으로 변화를 수용하는 새로운 학문체계를 정립해야 한다는 필요성이 제기되면서 신행정학이 등장하게 되었다. 이러한 관점에서 볼 때 신행정학의 등장은 행정학의 관심이 비교행정론과 발전행정론 등에서 주로 다룬 후진국 문제에서 미국의 국내 문제로 회귀한 모습을 보인다.

Ⅱ. 신행정학의 특성

신행정학자들은 기존 행정학을 비판하는 정신을 공유했지만, 뚜렷한 정체성이 부족하고, 학자들의 견해가 다양하여 하나의 이론으로 정립되지 못하여 특정한 연구 경향의 하나로만 이해되는 한계를 보인다(오석홍, 2013: 57). 신행정학에서 주장하는 특징적인 연구 경향을 살펴보면 다음과 같다.

첫째, 사회적 형평성을 행정의 중요한 가치로 제시하였다. 신행정학자들은 행정의 역할 중에서 가장 중요한 것은 사회적 형평성을 추구하는 것으로 보았다. 여기서 사회적 형평성이란 공평과 정의의 개념을 함축하는 것으로 사회 및 정치적 가치의 배분에 있어서 불이익을 받는 사람들에게 더 많은 혜택을 주어야 한다는 것이다. 이들은 행정인은 불평등을 일으키는 다양한 제도와 정책에 대해 저항하고 교정하는 도덕적 책임을 져야 한다고 주장하였다.

둘째, 행정의 적실성(relevance)을 강조하였다. 행정의 적실성이란 사회 문제에 대처하거나 이를 해결할 수 있는 능력을 의미한다. 신행정학은 급변하는 행정 환경에 대응하고 사회 문제 해결을 위한 현실 적합성이 높은 행정이론과 정책을 강조하였다.

셋째, 가치문제를 중시하였다. 신행정학은 기존의 행태주의와 달리 행정인은 적극적으로 가치를 확인하고 새로운 가치를 창조하여 이를 실현해야 한다고 주장하였다. 따라서 이들은 후기행태주의 태도를 보인다.

넷째, 고객 중심의 행정을 강조하였다. 행정은 시민 또는 고객을 위한 것이어야 하며 이를 위하여 시민의 요구에 대한 대응성을 높여야 한다고 본다.

다섯째, 조직구조의 새로운 변화를 강조하였다. 신행정학자는 전통적인 비민주적·계층적 조직이론에 반발하면서 분권화와 참여 확대를 지향하는 조직개편을 주장하였다. 이들은 조직의 대응성을 강조하며, 프로젝트팀, 매트릭스 조직과 같은 수평적 구조를 강조하였다.

여섯째, 능동적이고 적극적인 행정의 역할을 강조하였다. 행정인은 사회 문제의 해결 또는 정책의 실현을 위한 책임 있는 능동성을 발휘하여야 하며, 행정조직도 이를 뒷받침해야 한다고 주장하였다.

　　신행정학자들은 기법과 절차의 문제보다는 가치와 목표의 문제를 더 중시하였다. 또한, 행정학의 대응성을 강조하고 행정의 탈관료화를 강조하였다.

Ⅲ. 신행정학의 평가

1. 공 헌

　　신행정학은 기존 행정학의 가치중립성, 기술·기법의 중시, 제도 지향적인 특성을 비판하고 행정의 가치 지향성, 처방적 입장, 고객 지향적 행정을 강조함으로써 새로운 패러다임을 제시했다는 데 그 의의가 크다. 또한, 행정이 추구해야 할 가치로 사회적 형평을 강조하였으며 현실 문제해결을 위한 적실성을 강조하여 행정과 사회현상과의 긴밀도를 높였다. 특히, 조직의 유연성, 고객 지향성 그리고 그 대응성 등이 강조되는 현대 행정의 접근방법에 적지 않은 영향을 미치고 있다.

2. 한 계

　　기존 전통 행정학을 비판하면서 등장한 신행정학도 초기부터 많은 비판에 직면하였다. 그 비판의 핵심은 신행정학의 이론적이고 언어적 주장들의 현실 적합성에 대한 문제 제기이다. 결국, 신행정학 자체가 현실 적합성이 높은 행정학을 주장했지만, 그 자체가 지나치게 이상적이어서 적실성을 가지고 있느냐에 대한 의문이 제기되었다.

　　우선, 신행정학이 강조하는 사회적 형평성이 구체적으로 무엇인지를 판단할 객관적 기준을 제시하지 못하였다. 형평성은 바라보는 시각에 따라 다양하게 정의될 수 있으므로 행정인이 실현하려는 형평성이 무엇인지 각기 다를 수밖에 없다는 것이다.

　　다음으로 신행정학은 사회 문제 해결을 위한 행정의 적극적이고 능동적인 역할을 강조하는데 현실에서 관료에게 재량권을 부여하는 것이 반드시 적절하다고 볼 수는 없다. 오히려 관료에게 부여된 재량은 집단이기주의나 이익집단의 압력 등으로 인해 부작용으로 나타날 가능성도 있다는 것이다.

　　마지막으로 신행정학이 미국 사회의 문제해결을 위한 대안은 될 수 있을지라도 개발도상국에 어려운 측면이 있다. 주로 개발도상국에서는 그 경제적 여건이나 상황이 사회적 형평성이나 삶의 질 향상보다는 경제발전이 더 강조되기 때문이다.

Ⅳ. 결론: 전통행정학, 신행정학 그리고 최근 행정학의 조류

1. 전통행정학과 신행정학의 관계

신행정학은 기존의 행정학을 비판하면서 등장했지만, 전통 행정학을 완전히 부인한 것은 아니다. 즉 신행정학의 주장은 기존의 전통적 행정이론에 사회적 형평성, 현실 적합성, 관료의 능동성, 고객 중심 등의 가치를 상대적으로 더 강조하여야 한다는 것이다. 예컨대, 전통적 행정이론에서 조직관리 기법으로 제시한 계층제와 집권화가 신행정학의 가치와 접목되면서 유연한 조직구조와 분권화(또는 집권과 분권의 조화) 등과 혼합되어 실현될 수 있다는 것이다.

2. 신행정학과 최근 행정학의 경향

신행정학의 등장 초기에 비판 정신과 변화에 대한 노력이 현실과 접목되기 위해서는 조직구조의 변화, 조직인의 의식 변화 등이 수반되지 않으면 어려움이 따를 수 있어 단기간에 변화를 유도하기에는 쉽지 않은 측면도 있다. 그러나 시간이 지남에 따라 고객 지향성, 문제 해결성 등을 강조하는 현대 행정의 조류와 함께 그 현실 적합성이 더욱 높아져 갔다. 따라서 미국에서 소수자 보호를 위한 여러 가지 인권법이 제정되고 고객지향 행정이 주목받았으며 정부 재창조 운동 등이 전개된 것은 신행정학의 영향으로 볼 수 있다. 결국, 신행정학의 주장은 오늘날 행정학의 접근방법에 적지 않은 영향을 미치고 있다(오석홍, 2013: 62).

제8절   공공선택론

Ⅰ. 의 의

공공선택론(public choice theory)은 시장에서의 소비자 선택(choice) 행태를 공공부문에 접목하고자 하는 접근방법이다. 따라서 공공재의 공급자는 정부이며 수요자는 시민으로 간주한다. 공공선택론은 경제학과 정치·행정학의 접목이다. 경제학에서 빌린 소비자 선택 행위는 미시경제학과 합리적 선택 신제도주의에 기초를 두고 있다. 또한, 정치·행정학에서는 시민의 선택을 존중하고 관료제의 대응성을 높여야 한다는 민주정치이론을 그 연원으로 하고 있다.

공공선택론은 경제학적 방법을 적용하지만, 민간 영역에서 적용되는 경제 논리를 그대로 적용하는 것에는 비판적 태도를 보인다. 따라서 정책과정에서 개입하는 형평성이나 민주성과 같은 정치적 요인을 고려한다. 공공선택론은 '비시장적 의사결정 영역에 대한 경제학적 접근', '정치·행정학에 경제학의 적용'이라고 불리기도 한다.

이러한 공공선택론은 1960년대에 집단적 정책결정 행위에 경제학적 방법을 적용해보고자 오스트롬(Vincent Ostrom), 뷰캐넌(James Buchanan), 틸럭(Gordon Tullock) 등에 의하여 시도되었다. 이들은 시장의 영역 밖에서 일어나는 결정 행위를 미시경제학적 분석 방법을 적용하여 체계적으로 분석하고자 하였다.

Ⅱ. 공공선택론의 내용

1. 기본가정

공공선택론은 다음과 같은 가정을 전제하고 있다(김태룡, 2014: 339). 첫째, 개인은 자기 이익 중심적이며 이익 극대화를 추구할 것이라는 가정이다. 그러므로 개인은 공공재를 최소의 비용으로 획득하려고 할 것이다. 따라서 개인은 공동으로 사용하는 공공서비스의 공급과 개선을 위해서 자발적인 의욕을 나타내지 않을 것이다. 이러한 가정은 시민뿐 아니라 관료들도 합리적으로 사익을 추구하는 존재로 본다.

둘째, 공공서비스의 효율적인 공급과 생산은 제도적 장치의 마련을 통해 가능해진다는 가정이다. 공공선택론의 근본 목적은 적절한 제도적 장치를 마련하여 정부실패를 치유하고 시민의 요구를 반영하여 행정의 효율성과 민주성을 달성해야 한다는 것이다. 이러한 가정은 공공선택론이 시민들의 다양한 요구를 반영하고, 행정 내부적으로는 효율적인 공공재 공급을 위한 제도적 장치를 마련하도록 하였다.

2. 특 징

공공선택론은 학자에 따라 연구 경향이 다양하지만, 다음과 같은 공통점이 발견된다(오석홍, 2016; 김태룡, 2014).

1) 가치관: 효율성과 대응성(민주성)

공공선택론이 추구하는 근본 가치는 시민에 대한 대응성과 공공부문의 효율성 제고이다. 정부를 공공서비스의 생산자로, 시민을 소비자로 간주하고 비용의 극소화와 시민 편의 극대화를 동시에 달성할 방안을 찾는 것이다.

2) 현실진단: 공공부문의 공공재 독점으로 인한 비효율성

공공선택론에서는 정부실패 또는 공공부문의 비효율성의 원인을 정부 관료제가 공공서비스를 독점적으로 공급하는 데서 찾고 있다. 공공부문이 공공서비스를 독점적으로 공급함에 따라 시민의 요구에 둔감하고 공급자 중심의 행정이 이루어졌다는 것이다. 따라서 공공선택론은 전통적 정부 관료제를 비판하고 이를 대체할 새로운 공공서비스 공급을 위한 제도적 장치에 관심을 두게 되었다.

3) 연구방법론: 방법론상 개체주의와 연역적 접근

공공선택론은 인간(시민, 관료 등)이 이기적 존재임을 가정하고 이러한 인간이 어떠한 선호와 선택 행태를 나타내는지를 중심으로 연구를 진행한다. 따라서 분석의 기초 단위를 개인에게 두는 방법론상 개체주의 또는 개인주의를 채택한다. 또한, 공공선택론은 연역적 접근방법을 선호한다. 인간 행태에 대한 사익추구라는 가정에 기초하여 논리적이고 엄밀한 이론을 전개한 다음, 이론으로부터 도출된 가설을 현실 자료에 비추어 검증하는 것이다. 결국, 복잡한 정치 및 행정 현상을 몇 가지 가정으로 단순화하고 이를 경제학의 수학적 공식에 의한 연역적 추론을 통하여 분석한다.

4) 대안적 제도와 정책: 다양한 의사결정 구조를 통한 공공부문의 시장경제화

공공선택론은 다양한 의사결정 구조를 강조한다. 수요자인 시민의 선택권을 보장하는 공공재와 공공서비스를 제공하기 위해서 이에 적합한 다양한 조직배열이 필요하다고 본다. 공공선택론은 공공재를 공급하는 정부조직체의 경우 다조직적(multi-organizations) 장치의 유용성을 강조하면서, 제도적 장치를 위해서 '권한의 분산', '관할권의 중첩'을 통한 공공서비스의 경쟁적 공급을 강조한다. 결국, 공공서비스를 공급하는 정부조직은 민간과 정부의 다양한 조직들이 참여하고 다원적 공급체계를 가지는 준시장적 구조(quasi-market structures)를 형성해야 한다고 본다.[23] 예를 들면, 민간산업에서 다양한 통신회사가 무선전화사업을 하듯이 공공서비스부문도 그러한 구조를 가져야 효율성과 민주성이 달성될 수 있다고 보았다.

Ⅲ. 공공선택론의 평가

1. 공 헌

공공선택론은 공공부문이라는 비시장적 영역에 시장경제의 원리를 작동시켜 행정 내부의 효율성과 시민에 대한 대응성을 동시에 달성하려고 시도하였다는 측면에서 큰 의의가 있다. 특히, 엄밀 정치한 미시경제학적 분석을 바탕으로 공공서비스의 공급과 수요에 관한 체계적인 연구를 가능케 하였다.

또한, 행정서비스의 고객 중심주의, 정부조직의 관료제적 경직성 타파, 분권화와 효율성 제고, 시민참여의 확대, 행정에 대한 시장성의 도입 등 공공선택론이 제안한 대안들이 행정개혁의 처방으로 자주 채택되고 있다.

2. 한 계

공공선택론은 다음 몇 가지 점에서 비판을 받고 있다. 첫째, 공공선택론은 경제적 합리성을 지나치게 강조함으로써 인간의 비합리적인 측면을 경시하였다. 개인주의에 내재하는 도구적 합리성이 실제 상황에서는 적용 타당성이 낮을 수도 있기 때문이다.

둘째, 공공선택론은 관료의 사익추구 목적을 너무 강조하였다. 공공선택론에 대한 대안으로 '공공서비스 동기 이론'이 제시되기에 이른다. '공공서비스 동기 이론'에 따르면 관료는 국민에 봉사하려는 윤리의식을 지닌 사람들로 전제된다. 따라서 관료는 개인적인 사적 이익보다는 공동이익을 중시하는 마음으로 행동할 수도 있다는 것이다.

셋째, 공공선택론에서 제시한 실천적 처방들은 현실 적합성이 낮으며 적용이 극히 제한적이라는 것이다. 정부 관료제와 공공재는 시장과 민간기업의 상품과는 다른 특수성을 가지고 있으므로 다양한 의사결정 구조를 형성할 수 있는 영역이 극히 제한적이라는 것이다. 또한, 공공재는 그 비용부담과 산출물은 분리된 경우가 많아 정부 성과를 시장가치로 나타내기가 쉽지 않을 수 있다.

넷째, 공공선택론이 자유 시장의 논리를 공공부문에 도입하는 영역에서 나타날 수 있는 '시장실패'의 문제가 제기된다. 또한, 경쟁과 시장의 논리는 그 자체가

---

23) 공공선택론에서는 준시장적 수단의 활용 방법으로 '수익자 부담'의 활용을 통하여 시민들이 공공재 공급 요구에 신중해지도록 하여 공급 수준을 합리적으로 결정해야 한다거나, 바우처시스템(일정한 양의 바우처를 분배받은 시민들이 그것으로 원하는 공공재를 골라 구입하는 제도)을 활용하여 시민이 공공재 공급 기관을 선택할 수 있도록 하는 등의 다양한 방안이 제시되고 있다(오석홍, 2016: 51).

현상 유지에 치우치는 측면이 강하여 보수주의적 접근이라는 비판도 받는다(이종수 외, 2014: 73).

제9절 현상학적 접근방법

I. 의 의[24]

현상학적 접근방법(現象學的 接近方法, phenomenological approach)이란 인간의식의 본질이나 인간 행위의 주관적 의미를 찾고자 하는 연구 방법이다. 현상학은 후설(Edmund Husserl)을 중심으로 전개된 주관주의적 인식론으로 인간의 마음속에서 현상의 본질을 파악하고, 사회현상의 해석에서는 인간 내면의 가치나 의미의 연구에 중점을 둔다.

현상학은 사회과학 연구에서 주류를 형성해 온 행태주의, 객관주의 및 논리적 실증주의를 비판한다. 실증주의 방식은 행정의 과학화에 이바지하였지만, 행정 현상 연구에 가치를 배제하고 객관적 사실에 집중하여 문제의 본질을 파악하지 못하는 한계가 있다는 것이다. 따라서 현상학은 복잡한 사회현상을 이해하고 기술(description)할 수는 있지만, 이를 과학적으로 검증하여 인과관계를 증명할 수는 없다는 태도로 사회과학 연구에서 질적이고 주관적 방법론을 강조한다.

행정학에서 현상학적 접근방법에 대한 학습은 후설이나 관련 학자들이 제시한 현상학 그 자체에 대한 이해보다는 이를 어떻게 연구나 실무에 적용할 것인가에 대한 고민이 필요하다. 특히 오늘날 지나치게 행정의 객관화, 성과주의 및 시장의 역할이 강조되고 있어 행정인과 국민에 대한 주관적 이해와 공감의 행정이 필요한 시점에서 현상학적 접근방법은 그 의의가 크다고 볼 수 있다. 또한, 행정 현상의 표면적이고 객관적 결과보다는 그 배경에 존재하는 인간의 의식을 파헤쳐 문제의 본질을 이해하기 위해서는 현상학적 접근방법의 적용이 필요하다.

---

24) 여기 한 권의 책이 있다고 가정하자. 그 책은 학생에게는 읽고 공부할 대상으로 인식되지만 고물상에게는 하나의 종이뭉치로 인식될 것이다. 또한 같은 학생이라 하더라도 그 책을 바라보는 느낌은 각자가 다를 것이다. 이렇듯 동일한 대상을 바라보는 인간의 인식은 다르다. 현상학은 각자의 생각으로 바라보는 그 현상의 본질을 파헤쳐 보고자 하는 인식론이자 접근방법이라고 볼 수 있다.

Ⅱ. 현상학적 접근방법의 특징

1. 간주관성 또는 상호주관성의 이해

현상학은 개별 인간을 의식이나 의도성을 가진 능동적 존재로 간주한다. 따라서 이들 개인은 각자의 주관을 가지고 있으며, 이들이 바라보는 사회현상에 대한 인식은 모두 다르다. 따라서 사회현상에 대한 인간의 인식을 이해하거나 기술하기 위해서는 공유된 의미의 집합을 간주관성이나 상호주관성을 통하여 식별하는 것을 강조한다.

2. 가치(value) 지향적 연구

현상학적 접근방법은 과학적 연구 방법이 파악하지 못했던 인간의 주관적 관념, 의식 및 동기 등의 의미를 적절하게 다루고 이해할 가능성을 제시해 준다. 사회 문제나 행정 현상을 단순화하거나 객관화하기보다는 관계된 시민들이 가지는 차별화된 인식과 가치에 관해 기술하거나 이해하는 방식의 접근을 강조한다. 따라서 행정학에서 가치 지향적 연구 방법론이라고 볼 수 있다.

3. 질적 연구 방법

현상학적 접근방법은 연구 대상인 사람을 직접 만나서 인터뷰를 하거나 참여 관찰법 등을 통하여 인간 내면의 의식이나 행위의 의도 등을 이해하고 기술하기 위하여 질적 연구 방법을 취하게 된다. 질적 방법론을 취하면 연구자 개인이 가진 주관적 견해가 연구 결과에 영향을 미치는 것을 배제하기 위하여 환원(일체의 선입견에 관한 판단을 보류하는 것), 괄호 치기(판단을 중지하기 위해 연구자가 가진 모든 믿음을 괄호 안에 집어넣는 것) 등의 방법을 강조하기도 한다.

Ⅲ. 행정학에서 현상학적 방법의 적용

1. 가치(value)연구에의 적용[25]

사회현상은 객관적 사실의 이해만으로 분석이 어려운 경우가 많다. 따라서 사실의 이면에 존재하는 가치 함축적인 문제의 이해는 현상학적 접근방법이 유용할

---

[25] 현상학적 접근법이 사실과 가치의 분리가 아닌 점에서는 신행정학자들의 입장과 유사하다. 그러나 신행정학자들은 행정의 처방적인 부분을 강조하지만 현상학적 접근방법은 사회현상을 설명하고 이해할 뿐 처방이나 실천적 대안을 제시하는 수준에는 이르지 않는다. 다만, 우회적으로 실천적 함의를 제공하는 수준이다(소영진, 2004: 14).

것이다. 예컨대 원자력발전소 설치와 관련하여 정부는 원자력의 안전성이라는 객관적 사실을 주장하지만, 주민들은 지역 이미지 실추, 정부에 대한 신뢰, 각자의 생업에 대한 영향 등 다양한 주관적·가치적 요인들을 복합적으로 고려한다. 이러한 주민들에게 정부에서 주장하는 사실은 의미가 없다고 볼 수 있다(소영진, 2004: 16).

2. 정책문제의 구조화에 주관주의적 방법의 적용

사회 문제를 해결하기 위해서는 이에 대한 정확한 성격, 원인 등을 규명해야 문제를 해결할 수 있을 것이다. 그런데 같은 사회 문제라 하더라도 이를 바라보는 시각은 다양할 수 있으므로 문제의 정의는 단순하지 않다. 이해 당사자들의 다양한 인식을 이해하고 이를 바탕으로 정책문제의 본질을 파악하기 위해서는 현상학적 접근방법이 활용될 수 있을 것이다.

3. 행정 현상이나 사회 문제의 해석과 이해

사회 문제를 증명하는 것이 아니라 해석하고 이를 이해하는 방법으로서의 현상학은 가치가 있을 것이다. 주로 주관적 접근방법은 대상자를 만나서 대화하고 인터뷰하는 과정에서 현상에 대한 이해도를 높이고 이를 재해석하는 과정을 거친다.

4. 관료제 내에서의 인간성 회복과 주체성의 강조

현상학적 접근방법에서는 객관적으로 존재하는 사실이란 있을 수 없으며 모든 것은 인간의 서로 다른 인식이 연관되어 있다고 본다. 따라서 관료제 자체나 이와 관련된 문제 자체보다는 인간에 대한 이해를 바탕으로 문제에 접근하게 된다.

5. 행정실무에서의 적용

공무원은 직접 민원인을 만나보고 "그들이 왜 정책에 반대하고 찬성하는가?" "그 반대와 찬성의 이면에 존재하는 각자의 인식에는 어떠한 차별성과 공통성이 존재하는가?" 등에 대한 깊이 있는 이해가 필요하다. 또한, 상대방의 차별화된 인식을 이해하기 위해서는 감정이입 방법도 필요하다.

Ⅳ. 현상학적 접근법의 유용성과 한계

1. 유용성

현상학적 접근방법의 가장 큰 장점은 기존의 실증주의에 치우친 행정학에 질적인 접근방법의 중요성을 강조하면서 연구 방법의 지평을 넓혔다는 것이다.

또한, 현실 행정에서 자주 부딪치는 행정인과 시민에게서의 가치문제와 그들의 의식 속에 존재하며 잘 드러나지 않는 내면적 인식을 행정연구의 영역으로 끌어들여 왔다는 것은 큰 의의가 있다고 볼 수 있다.

특히 최근 신공공서비스론의 등장과 함께 현상학적 접근법이 재강조되고 있다. 신공공관리론에서는 시민인 고객에 대한 친절, 공평한 서비스 등 공무원의 행위 매뉴얼이 구체적일 수 있지만, 고객이 아닌 주인으로 고려하는 신공공서비스론의 관점에서는 시민들의 다양한 인식의 차별화를 이해하는 접근방법이 유용할 것이기 때문이다.

2. 한 계

현상학적 접근방법이 비판받는 첫 번째 이유는 현상학이 하나의 방법론이라기보다는 인식론에 가깝다는 것이다. 즉 철학적인 인식론이 응용학문의 방법론으로 얼마나 활용 가치가 있느냐에 대한 의문을 제기하는 것이다. 왜냐하면, 이러한 관점에서 보면 현상학은 지나치게 사변적이고 철학적이어서 현실을 이해하고 기술하는 하나의 접근방법이나 이론으로서는 한계가 있기 때문이다.

다음으로 사회현상을 바라보는 주관적 접근방법의 한계가 지적된다. 사회현상을 질적·주관적 접근방법으로 보면 구체적 소규모 사례나 조직 내의 개별적인 행위에 중점을 둘 수밖에 없으며, 다양한 이해관계가 얽힌 복잡한 사회 문제를 분석하는 데에는 많은 시간과 비용이 소요되거나 분석에 한계가 있을 수 있다는 지적이 있다.

제10절 신제도주의

Ⅰ. 의 의

신제도주의(new institutionalism)는 행태주의를 비판하고 구제도주의와의 차별성을 강조하면서 나타났다. 신제도주의자들은 행태주의는 개별국가의 특수성을 인정하기보다는 여러 나라 정치 현상의 보편성과 객관성을 찾아내고 이를 포괄적 이론으로 일반화하는 데 관심이 있다고 비판하였다. 행태주의 분석 방법을 따르면 이미 산업화한 나라 간의 산업 정책의 다양성이나 차별성을 설명하는 데 한계를 느끼게 되었다. 따라서 각국이 다양한 차별화된 산업 정책을 선택하게 된 원인을 찾고자 하였는데, 그 설명요인으로 제도적 특성의 차이에 주목하게 되면서 제도가 관심의 대상이 되기 시작하였다(김태룡, 2014: 345). 결국, 인간 행태의 연구를 통한 일반화를 추구하던 행태주의의 한계를 극복하고 제도라는 더 큰 맥락에서 제도와 인간 행태와의 관계성에 주목하면서 신제도주의가 태동하게 되었다.

한편 신제도주의는 구제도주의와의 차별성을 강조하면서 등장하였다. 구제도주의는 행정기관, 행정기구 등 '유형적이고 공식적인 개별 조직이나 제도'를 '정태적'으로 기술하는 데 집중하였다. 그러나 신제도주의는 제도의 범위를 유형적 제도나 법률뿐 아니라 '비공식적인 규범'까지 확장하였다. 또한, 제도를 단순히 주어진 것으로 보기보다는 제도와 관련 행위자 간의 상호작용을 '동태적'으로 분석한다는 측면에서 구제도주의와 차별화된다.

신제도주의 이론은 하나의 독립된 이론 체계라기보다는 기존의 행태주의와 구제도주의가 가진 분석의 취약점을 보완하고자 하는 다양한 방법론적 시도들(역사적 신제도주의, 합리적 선택 신제도주의, 사회학적 신제도주의)의 유기적 총합으로 볼 수 있다. 신제도주의의 분파는 접근방법이나 방법론, 그리고 강조점이 서로 다르며, 같은 분파 내에서도 학자들에 따라 다양한 관점을 가지고 있어 일률적으로 설명하기는 어렵다.

다만, 이러한 차이를 인정하고 신제도주의 분파가 제도를 바라보는 공통점을 정리하면 다음과 같다(하연섭, 2011). 첫째, 제도란 '사회의 구조화된 측면(조직, 규칙 및 규범 등이 내재화된 상태)'을 말하며 사회현상을 설명할 때에는 이러한 구조화된 측면에 초점을 맞출 필요가 있다.

둘째, 제도는 개인의 행위를 제약하지만, 개인 간의 상호작용 결과로 제도가 변화할 수도 있다. 따라서 제도는 독립변수인 동시에 종속변수이다.

셋째, 제도는 규칙과 법률 등 공식적일 수도 있고, 규범 및 관습 등 비공식적일 수도 있다.

넷째, 제도는 일정한 안정성을 가진다. 일단 형성된 제도는 쉽게 변화하지 않으며 일정 기간 안정성을 지닌다.

Ⅱ. 신제도주의의 유형과 특징

1. 합리적 선택 신제도주의

1) 이론적 배경

합리적 선택 신제도주의는 경제학과 정치학 분야에서 발전되었다. 경제학에서는 베블렌(Thorstein Veblen, 1857-1929)을 비롯한 제도경제학자들에 의하여 발전되었는데, 제도경제학에서는 고전학파 경제학이 가정하는 합리적 경제인과 가격기구에 의한 경제 작동이라는 논리의 비현실성을 지적하였다. 제도경제학자들은 경제분석에서 다양하게 나타나는 인간 행동의 다양한 요인을 인정하고, 가격뿐아니라 법률이나 사회적 관습 등 각종 제도가 경제적 선택에 영향을 미친다는 것을 강조하였다. 이후 1980년대 후반부터 제도분석을 경제학에 도입하려는 노력이 코즈(Ronald H. Coase), 윌리암슨(Oliver E. Williamson), 노스(Douglas North), 오스트롬(Elinor Ostrom) 등에 의하여 시도되면서 합리적 선택 신제도주의의 본격적인 전개가 시작되었다(정정길 외, 2011: 733).

한편, 정치학을 배경으로 한 합리적 선택 신제도주의는 개인이 행하는 정치적 선택 과정에서 주어진 규칙과 제도가 개인 간의 거래비용을 감소시키는 결과를 초래한다는 등의 정치행태를 분석하며 발전하였다. 예를 들면, 미국 의회의 법안처리 과정에서 개별의원들의 주장이 난무하므로 복잡하게 전개되어야 하지만 현실은 비교적 안정적인 모습을 보이는데, 이는 의회 규칙과 위원회 제도가 의원들의 선택에 영향을 미치기 때문으로 분석하였다(김태룡, 2014: 354).

2) 특 징

합리적 선택 신제도주의를 일괄하여 특징을 설명하기는 한계가 있다. 왜냐하면, 연구하는 학자들 사이에서도 관점의 차이가 발생하기 때문이다. 여기서는 그 공통된 특징을 정리하면 다음과 같다(정정길, 2011; 하연섭, 2011).

합리적 선택 신제도주의에서 개인은 이기심을 가지고 자기 이익을 극대화하기 위하여 행동한다. 개인은 '완전한 합리성(complete rationality)'을 가지지는 않을지라도 합리적[26]으로 자기 이익을 추구하는 존재로 본다. 합리적 개인들은 규칙과

---

26) 합리적 선택 신제도주의에서는 인간에 대한 완전한 합리성의 가정을 완화한다. 예를 들면, 선한 가치에 대한 내재적 선호를 지니고 타인을 배려할 줄 아는 인간, 타인과 협력하고자 하나 상대방이 협력하지 않을 때는 개인적으로 비용을 치르고서라도 보복이나 제재를 가하려는 속성을 가진 인간,

절차를 통하여 서로 간의 행위를 강제하기 위하여 제도를 만들게 되는데, 이때 제도는 개인들의 합리적 선택의 집합이라는 것이다.

따라서 합리적 선택 신제도주의에서는 방법론상 개인주의(개체주의)[27]에 입각하여 개개인의 선택이 모여져 제도를 만들어가는 것으로 인식한다. 그런데 개인의 선택들이 모인다고 해서 항상 최적의 결과를 가져오는 것은 아니다. 개인의 선택들이 집단으로 최적의 결과를 초래할 수 있도록 만드는 제도적 장치가 부재할 때는 게임이론에서 죄수의 딜레마(prisoner's dilemma)와 공유지의 비극(the tragedy of the commons)과 같은 결과를 초래할 수도 있다.

한편 합리적 선택 신제도주의에서의 제도의 변화는 새로운 제도를 통하여 이득을 보고자 하는 집단의 세력과 제도를 유지하려는 집단 간의 전략적 선택이나 힘의 불균형으로 인하여 발생하게 된다.

2. 역사적 신제도주의

1) 이론적 배경

정치학에 배경을 둔 역사적 신제도주의는 기존의 행태주의가 정치 현상의 국가 간 차이를 간과하고 일반법칙의 발견에 주력하는 것을 비판하며 각국의 제도가 가지는 독특성을 설명하고자 하였다. 역사적 신제도주의자들은 행위자들을 제약하고 그들 상호 간의 갈등과 협력관계에 영향을 미치는 맥락으로써 제도의 중요성을 강조한다(정용덕 외. 1999: 10). 또한, 시간이 지남에 따라 이러한 맥락이 형성·변화되고 누적되는 역사적 과정을 중시한다.

2) 특 징

역사적 신제도주의의 특징은 다음과 같다. 첫째, 역사적 신제도주의자들은 제도의 개념을 비교적 넓게 정의한다. 그러나 사회학적 신제도주의자들보다는 좁게 해석한다. 역사적 신제도주의자들은 제도란 "행위자 간 상호작용에 영향을 미치는 공식·비공식적 절차·규칙·규범, 관례나 관습 등"으로 정의한다.

둘째, 시간이 지남에 따라 제도가 왜 '지속'하고 '변화'하는가를 설명하는 것이

진화적 과정에서 전통과 관습에서 벗어날 수 없는 인간 등이다(강은숙·김종석, 2010: 222).

27) 방법론적 개인주의(개체주의)는 거대한 사회현상을 미시적 개인으로 환원시켜 설명하는 견해를 취하기 때문에 방법론적 환원주의(reductionism)라고 할 수 있다. 방법론적 전체주의가 사회현상은 개인의 속성으로 환원될 수 없다는 비환원주의적 제도론의 태도를 보이는 데 비해, 방법론적 개인주의의 입장에서 사회현상은 개인의 속성이나 행위의 집합적 결과를 지칭하는 것이기 때문에 개인의 속성과 다른 사회현상이란 있을 수 없다고 본다.

주요 쟁점이다. 이를 분석하기 위해서는 제도와 관련된 행위자들 간의 상호작용을 역사적 맥락에서 다루게 된다. 여기서 초기의 역사적 신제도주의자들은 역사적 맥락으로서의 제도가 행위자의 행위나 선택에 어떻게 영향을 미치는지에 대해 집중하였다. 그러나 최근에는 행위자의 선택 때문에 어떻게 제도가 변화되어 가는지도 관심을 가진다. 따라서 제도와 행위 간의 관계에서 제도의 영향을 강조하지만, 행위자가 제도를 변화시키는 것을 간과하는 것은 아니다.[28]

셋째, 제도의 '지속'과 '변화'를 설명하기 위하여 '경로의존성(path dependency)', '잠금 효과(lock-in effect)', '권력 관계의 불균형성', '우연(contingency)' 등을 강조한다. 제도는 한번 결정되면 그 제도로부터 이득을 얻는 집단들의 지지를 받아 변화가 어렵게 된다는 것이 잠금 효과이며, 이미 형성된 제도가 자기 강화의 과정을 통해 지속하는 것을 경로의존성으로 설명한다. 즉, 제도는 정책형성에 지속력을 발휘하여 정책결정 → 잠금 효과(lock-in effect) → 기존 정책의 지지라는 환류 작용으로 해석되어 정책 지속성의 경로의존성이 나타난다고 한다. 한편 제도와 관련된 행위자 집단 상호 간의 권력의 불균형으로 인하여 제도가 지속 및 변화하는 모습을 설명한다. 또한, 시간이 지남에 따라 나타나는 행위자들이 전혀 의도하지 않았으며 논리적으로 설명할 수 없는 제도의 생성이나 변화를 우연(생물 진화에서의 돌연변이 개념과 유사함)으로 설명한다.

넷째, 역사적 신제도주의는 분석수준에서 방법론상 전체주의를 취한다. 따라서 개별 행위자의 합으로 제도의 지속과 변화를 설명할 수는 없다는 태도며, 개별 행위자의 합을 초월하는 그 무엇이 있음을 인정한다. 이러한 입장은 사회학적 신제도주의와는 유사하지만, 합리적 선택 신제도주의와는 차별화된다.

다섯째, 중범위 수준에서 제도분석을 진행한다. 역사적 신제도주의는 사회 전체의 계급구조와 같은 거시적 수준도 아니며, 개인의 선호를 분석하는 미시적 수준도 아닌, 중간범위 수준[예를 들면, 우리나라 정당제도의 변화, 시(市) 설치 제도의 변화 등]의 분석을 주로 한다.

---

28) 역사적 신제도주의가 행위자들 간의 상호작용을 제약하고 규율하는 제도의 영향에 관심을 두는 것은 사실이지만, 행위자들이 제도를 변화시킬 수 있다는 것도 인정한다. 초기의 연구들은 주로 전쟁, 혁명, 자연재해 등 외부적 충격 때문에 제도가 변화되었다고 보았으나(Krasner, 1988), 최근에는 학습, 아이디어와 이데올로기 등 행위자의 역할에 의한 제도 변화를 설명하기도 한다(Streeck & Thelen, 2005; 하연섭, 2011; 정정길 외, 2011; 남궁근, 2012: 196).

3. 사회학적 신제도주의

1) 이론적 배경

베버(M. Weber) 이래로 사회학자들은 현대의 많은 공공기관과 민간기관이 활용하는 관료제가 조직목표를 달성하는 데 효율적이기 때문에 채택되어 활용된 것으로 간주하였다. 그러나 1970년대의 세계적인 경기침체를 맞이하면서 일단의 사회학자들은 효율적인 과업수행을 위한 도구로 보았던 관료제 구조에 대한 의문을 가지게 되었다(정정길, 2011: 742). 이들 사회학자는 현대의 다양한 조직들에서 발견되는 규칙, 절차 및 제도는 목표 달성을 위하여 효율적이기 때문에 채택된 것만은 아니며, 일종의 문화적으로 형성된 관행이라는 것이다. 결국, 사회학적 신제도주의에서 제도는 그 사회의 문화적 요소들을 전파하는 과정에서 발생한 결과로 본다. 따라서 특정 사회 제도의 형성과정이나 특성은 문화적으로 설명될 수 있다는 기본 전제에서 출발한다.

2) 특 징

사회학적 신제도주의에서 전제하는 개인은 자율적인 행위자가 아니다. 사회구조가 행위자에 우선하며 사회가 개인을 창조한다는 태도를 보인다. 개인은 제도를 자신의 의도대로 만들거나 변화시킬 수 없으며 제도에 종속되는 존재이다. 또한, 개인의 이익이나 선호는 사회적으로 형성된 것으로 본다. 따라서 사회학적 신제도주의는 방법론상 전체주의의 태도를 보인다.

다음으로 사회학적 신제도주의에서는 제도의 개념을 매우 폭넓게 규정한다. 제도는 공식적 규칙이나 절차뿐 아니라 그 사회의 상징체계, 비공식적 도덕, 관습 등을 포함한다. 제도와 문화의 경계가 모호하다고 볼 수 있다. 여기서 제도가 매우 넓게 개념화되는 것은 제도가 인간에게 미치는 인지적 측면의 영향이 강조되기 때문이다. 제도는 인간 행위에 필수적인 인지적 각본을 마련해주어 개인의 행위에 결정적인 영향을 미친다고 보기 때문에 인간 인지에 영향을 미치는 요소들은 모두 제도의 범주에 포함하기 때문이다.

세 번째로 사회학적 신제도주의는 조직이 서로 유사해지는 동질화 과정을 동형화(isomorphism)라는 개념으로 설명한다. 오늘날 동종 업계의 조직구조들이 유사해지는 과정은 경쟁이나 효율성 때문이 아니라 같은 환경에 직면한 다른 조직을 닮도록 만드는 과정 때문이며 이 과정이 동형화라는 것이다. 예를 들면, 균형성과표(BSC: Balanced Score Card) 기반의 성과관리체계[29]와 같은 특정 정책을 중앙정부, 지방자치단체, 준정부 기관 등에서 급속도로 도입·확산하는 과정을 제도적 동형화 현상으로 볼 수 있다. 한편 동형화와 함께 설명되는 것이 제도의 디커플링(decoupling) 현상, 즉 탈동조화 현상이다. 디커플링 현상이란 사회적으로 정당성이 부여된 제도나 행동 방식에 대해 표면적으로는 제도적 압력에 순응하여 새로운 제도나 행동 방식을 도입하면서도, 실질적으로 그 취지에 맞게 운영하거나 활용하지 않음으로써 제도 도입과 실질적 운영 사이에 괴리가 발생하는 것을 말한다.

Ⅲ. 신제도주의 평가

1. 합리적 선택 신제도주의

합리적 선택 신제도주의는 제도와 개인 행태 간의 관계를 개인의 선호라는 미시적 분석 방법을 통하여 비교적 체계적으로 설명하는 데 공헌하였다. 이를 통하여 공공서비스의 공급이나 정책과정에서 제도적인 제약이 행위자의 선택에 어떤 영향을 주는지를 분석하여 행위자들이 정책과정에 참여하는 제도적 경로와 방법을 설계하는 데 함의를 제공한다(정정길, 2011).

그러나 합리적 선택 신제도주의는 자신의 효용 극대화를 추구하는 개인의 선호는 외생적으로 주어졌다는 가정을 할 뿐, 그러한 개인의 선호가 어떻게 형성되었는가에 대한 답은 제공하지는 못한다. 또한, 합리적 선택 신제도주의는 문화가 제도의 형성과 선택에 미치는 영향에 대한 고려가 부족하여 제도의 비공식적인 측면을 간과하게 되고, 이러한 결과로 제도의 동태성을 파악하는 데 한계가 있다는 비판이 제기된다(하연섭, 2011).

2. 역사적 신제도주의

역사적 신제도주의는 제도와 행위자 그리고 시간을 접목하여 시간이 지남에 따라 제도의 지속과 변화를 설명하려고 시도한 것은 제도에 대한 이해의 수준을 높였을 뿐 아니라 제도가 지니는 특성에 대해 주목하게 되는 계기를 마련하였다. 또한, 시간이 지남에 따라 그 사회의 정책이나 행정구조·조직 등의 변화를 행위자 상호 간의 관계 속에서 이해하는 데 도움을 준다. 한편, 역사적 신제도주의는 초기에는 제도의 지속(continuity)과 안정(stability)을 설명하는 데 집중하였지만, 서서히 제도의 변화(change)에 주목하면서 이론적 발전을 보인다(Mahoney & Thelen,

---

29) 이 책 제3편 행정조직론, 제2장 조직관리, 제8절 균형성과표 참조

2010; Streeck & Thelen, 2005; 남재걸, 2012).

그러나 역사적 신제도주의의 가장 큰 약점은 제도의 영향을 받거나 제도를 변화시키는 개인의 행위를 설명할 수 있는 엄밀 정치한 미시적 분석기초가 부족하다는 것이다. 또한, 역사적 신제도주의가 항상 고려하는 '시간'을 실제 연구에서는 '일정한 기간'으로 설정하여야 하는데,[30] 그 기간의 설정에 지나치게 연구자의 주관이 개입된다는 것이다. 이러한 약점들은 역사적 신제도주의가 과학적 엄밀성에 대한 비판을 받는 가장 큰 이유이기도 하다.

3. 사회학적 신제도주의

사회학적 신제도주의는 비공식적 규칙이나 관습뿐 아니라 구성원의 태도나 가치를 포함하는 문화를 제도의 범위에 포함함으로써 행정학에서 문화에 관한 관심을 불러일으켰다는 데 그 의의가 있다. 또한, 사회학적 신제도주의는 특정 사회의 정책들을 단순히 그 정책 자체만을 바라보기보다는 그 사회의 문화적 특성과 함께 이해하게 되어 정책의 사회적 특성을 밝히는 데 도움을 준다.

그러나 사회학적 신제도주의의 가장 큰 약점은 제도의 범위를 지나치게 확대하였다는 데에 있다. 제도의 범위를 문화의 수준으로 확장함에 따라 개인의 다양성보다는 사회 전체의 문화의 영향에 집중하게 됨에 따라 문화결정론이나 제도결정론이라는 비판을 받는다. 또한, 문화의 영향이나 동형화의 개념을 통하여 제도의 형성은 잘 설명할 수 있을지 모르지만, 제도의 변화를 설명하기 쉽지 않다는 한계를 가진다. 왜냐하면, 문화는 짧은 시간에 쉽게 변화하지 않기 때문이다.

제11절 포스트모더니티이론

I. 의 의

20세기 중반 이후, 주류 행정학은 실증주의 관점에서 바람직한 성과를 이루기 위하여 유일 최선의 방안을 발견하는 데 주력하였다. 즉 사회·행정 현상 간의

---

30) 예를 들면 우리나라 경제개발정책의 변화를 역사적 신제도주의로 분석한다면, 1945년부터 2018년 까지를 몇 개의 단계(예시: 1단계 1945–1961)로 구분하여 분석하게 되는데 그 구분 자체에 주관적 의도가 개입될 수밖에 없다는 것이다.

명확한 인과관계가 존재하리라고 믿고 그것을 발견하려고 노력하였다. 또한, 공무원들에게도 이러한 인식론을 갖도록 교육하였다. 따라서 행정학자뿐 아니라 공직자들의 바람직한 모습은 합리적 인간형이었다(김동원, 2005: 1). 이러한 행정학의 주류 흐름은 모더니티(modernity) 접근법의 영향으로 볼 수 있다. 모더니티 접근법은 인간의 주체성과 이성에 대한 신뢰와 합리성에 대한 가정을 바탕으로 사회과학도 자연과학과 같이 과학적으로 연구할 수 있다는 경험주의, 실증주의 접근방법을 가정하였다.

그러나 포스트모더니티(post[31] – modernity)이론은 실증주의적 접근방식을 배격하고 상대주의나 다원주의를 기본관점으로 하고 있으며, '진리의 기준은 맥락의존적이며 상대적'이라고 간주하면서 인간의 이성과 주체성에 대한 신뢰와 합리성에 대한 지나친 강조에 반대한다.

행정학에서 포스트모더니티이론의 쟁점은, 기존에 실증주의 인식에 매몰된 행정인들에게 포스트모더니티 접근방법을 이해시키고, 현실 행정에서 이를 어떻게 적용할 것인가에 대해 고민하고 적용방안을 마련하는 것이라고 볼 수 있다.

Ⅱ. 이론의 특징

1. 인식론: 실증주의와 구조주의에 반대

포스트모더니티이론은 실증주의와 구조주의에 대한 비판으로 등장하여 하나의 새로운 인식론으로 사용되고 있다. 실증주의란 사회현상 상호 간에 인과관계가 존재한다고 믿으며, 연구자는 이를 증명하여 보편적 이론을 발견하고자 한다. 포스트모더니즘은 실증주의적 접근방식을 배격하고 상대주의나 다원주의를 기본관점으로 하여, 특정한 사회 맥락에 따라서 현실에 대한 해석은 달라질 수 있음을 강조한다. 같은 맥락 속에서도 현실에 대한 해석은 다양할 수 있음을 강조한다.

또한, 포스트모더니티이론은 구조주의에도 반대한다. 구조주의자들은 사회구조가 그 구성원들의 신념과 행태를 지배하기 때문에 모든 사회현상은 구조를 통해

---

31) 포스트(post)란 접두어는 우리말로 후기(後期), 탈(脫) 등으로 번역되어 사용되거나 번역되지 않고 원어 그대로 표현되기도 한다. 예를 들면, 후기행태주의(post behaviorism), 탈신공공관리론(post NPM), 포스트 포드주의(post Fordism), 후기 관료적 패러다임(post bureaucratic paradigm) 등이 있다. 이러한 '포스트 명제(post – position)'는 시간적으로 앞선 그 본래의 명제의 논리에 대해 '의존'하는 동시에 '독립'한다는 모순적 입장을 가리킨다. 그러나 비록 포스트란 접두어를 붙이더라도 본래의 명제에 대한 '의존'의 정도는 각기 다르다는 것을 주의할 필요가 있으며, 특히 포스트모더니티이론의 경우는 '의존'보다는 '독립'이 더욱 강하게 나타난다고 볼 수 있다.

이해할 수 있고 예측할 수 있다고 주장한다. 그러나 포스트모더니티이론은 구조와 개인 간의 상호작용 속에서 개인의 주체성과 능동성을 강조하기 때문에 그 과정의 복잡성과 다양성이 매우 심해서 반복적인 규칙을 찾기는 불가능하다고 본다. 따라서 포스트모더니티이론은 인간들 간에 이루어지는 간주관적 언어를 매개로 표현되는 담론(discourse)을 강조한다.

2. 특 징

포스트모더니티는 모더니티의 인식론과 방법론의 한계를 극복하기 위하여 등장하였으며 획일성을 거부하는 새로운 사조이다. 따라서 그 특성을 간단히 정리하기는 어렵지만, 포스트모더니즘 인식론으로 사회현상을 바라보기 위하여 파머 (Farmer, 1995), 폭스와 밀러(Fox & Miller, 1995), 맥스위트(McSwite, 1996) 등이 강조하는 몇 가지 용어에 대한 이해를 통하여 정리될 수 있을 것이다.

1) 상상(想像, imagination)

상상이란 머릿속에서 마음대로 형상화하는 작업이 아니라, 보는 관점에 따라 다양한 가능성(possibilities)을 열어두어야 함을 의미한다. 예를 들면, 돼지는 늑대에게는 먹잇감이지만 회교도들에게는 더러운 동물이듯이 보는 시각에 따라 다르게 상상될 수 있다. 행정인은 이러한 새로운 시각에서 바라보고 이해하는 능력이 필요하다는 것이다. 모던(modern) 시대에 인간은 합리성을 기초로 사고하고 판단하였다면 포스트모던(post-modern) 시대에는 이러한 상상이 일차적 역할을 하고, 합리성은 이차적인 역할을 해야 한다고 본다(Farmer, 1995: 158-177; 김동원, 2005: 6에서 재인용).

2) 해체(解體, deconstruction)

해체는 모던(modern)시대를 살아온 사람들은 대립개념을 이용하여 텍스트(언어, 이야기, 설화, 이론 등)를 조직화하는 경향을 보이는데, 이러한 텍스트에 대한 인식을 분해하는 것을 말한다. 예를 들면, 동양과 서양이라는 용어에 대한 모던적인 생각은 어느 하나를 나머지 다른 것 위에 놓는 경향을 보여 '동양은 서양보다 열등하다'라는 인식이 숨어있다는 것이다. 또한 '우리'라는 대명사를 사용하는 경우에는 여기서 누가 또는 무엇이 배제되었는지를 찾아보는 것이다. 해체는 이와 같은 이원적 대립 구도가 거짓 구분이라는 점을 보여줌으로써 어떤 현상에 내재하는 이원 구조를 분해하는 것이다(Derrida, 1997; 최성욱, 2008).

3) 영역해체(領域解體, de-territorialization)

영역해체는 지식과 학문 상호 간의 경계가 없어지는 것을 의미한다. 학문 간의 경계는 모던(modern)시대에 인위적으로 만들어졌으며, 포스트모던 시대에는 이러한 학문 분과의 경계를 해체하여야 한다고 본다. 행정학도 기존에 고수하던 영역을 파괴하고 비계측적, 탈관료화 시대에 적절한 영역으로 탈바꿈할 필요가 있다는 것이다. 예를 들면, 기존에 행정학의 영역을 해체하고 포스트모던 시대에 맞는 새로운 영역(심리학: 공감, 소외 등, 미학: 디자인, 감상, 건강학: 비만, 여가 등) 등에 대한 접근이 필요하다고 보는 것이다.

4) 타자성(他者性, alterity)

타자성이란 지극히 철학적인 용어로 학자에 따라 다양하게 사용되지만, 일반적으로 '주체성'에 대한 반대의 뜻으로 이해되어, '나 아닌 다른 외부의 것'을 의미한다. 예를 들면, 포스트모던이론에서는 남성 중심적, 이성애자 중심적 사고 틀에서 주변부로 축출된 존재인 여성, 동성애자를 '타자'라는 말로 표현하는 경우가 많으며, 이때의 타자성이란 억압 받고 무시 받는 존재들을 주로 가리킨다. 타자성의 개념을 행정관료에게 적용하면, 공무원이 기존의 주체적 지위를 버리고 외부의 것이 되는 것을 의미한다. 따라서 이를 반행정(anti-administration)의 성격을 띠게 된다고 표현한다. 즉 포스트모던 시대의 공무원들은 권위주의를 버리고 봉사 지향적으로 나아가야 하며, 의사결정은 지역공동체에 개방해야 한다는 것이다. 또한, 관료들에게 기존 질서나 제도를 선호하는 성향을 버리고 오히려 이를 의심하고 원점에서 다시 생각하는 것을 요구한다.

Ⅲ. 행정학에의 포스트모더니티이론의 적용

1. 행정윤리에 적용

모던 시대의 행정윤리는 '정직', '객관성', '신뢰성' 및 '능률성' 등과 같이 보편적 원칙에서 파생된 규범을 따르는 것이었다. 그러나 보편적 기준의 존재를 거부하고 진리의 기준을 맥락 의존적으로 보는 포스트모던 시대의 행정윤리는 어떠한 것인가? 에 대하여 많은 학자의 논의가 전개되고 있다.

이러한 논의 중에는, ⓐ 정의나 평등 등의 본질적 가치를 객관적 대상으로 추구하는 것보다는 감정이입과 간주관성을 통해 시민에 대한 주관적 배려를 지향하는 관계 지향적 윤리를 도입할 필요가 있다는 견해(김동원, 2005), ⓑ 타자에 대한 조건 없는 배려나 보살핌도 중요한 윤리적 요소로 보아야 한다는 견해(이문수, 2012: 669), ⓒ 행정윤리의 판단기준으로 법률이나 규칙도 중요하지만, 행정행위의 의도나 그러한 행정행위가 발생할 수밖에 없는 상황적 맥락이나 시민들의 요구와의 관계성 등을 복합적으로 보아야 한다는 견해 등이 있다.

2. 조직이론에 적용

모던 시대의 관료제에서 구성원들은 규칙에 따라 행동하고 비개인성(impersonality)을 전제로 한 직무 중심의 공식적 관계를 강조한다. 따라서 이성과 합리성으로 대변되는 관료조직에서는 인간의 비합리적이고 감정적인 측면은 경시되었다. 포스트모던 시대의 조직에 대한 접근은 질서와 패턴과 같은 명료한 것에 반대하고 애매성(ambiguity)을 강조한다. 조직에서 애매성을 인정한다면 조직 내에 잠재하는 다양한 관점과 이해나 의견들을 파악할 수 있게 되기 때문이다. 또한, 기존의 조직 연구에서 배제하였던 '감정' 문제를 주요한 요소로 고려한다. 조직의 유형을 조직에서의 감정표현의 정도에 따라 분류하기도 하였다(Martin, Knopoff & Beckman, 1998, 최성욱, 2008에서 재인용).

3. 공무원의 행태변화에 적용

현장 공무원에게도 포스트모더니즘 방식의 이해가 필요하다. 최근에 예측하기조차 어려운 다양한 사회현상이 유발되는 상황에서 이들 현상을 이해하기 위해서는 포스트모더니티이론에서 강조하는 '상상', '해체' 등의 방식이 필요하기 때문이다. 따라서 공무원의 행태변화를 통하여 새로운 사회현상에 관한 이해의 폭을 넓히기 위해서는 감정이입, 공감, 공무원과 시민의 관계에 대한 새로운 인식 등에 대한 교육이 필요할 것이다.

Ⅳ. 포스트모더니티이론의 유용성과 한계

1. 유용성

이성과 합리성에 기초한 베버식 관료제가 여전히 근저에 깔린 현대 행정학에 새로운 변화를 불러일으켰다는 측면에서 포스트모더니티이론은 큰 의의가 있다고 볼 수 있다. 또한, 포스트모더니티이론이 제시한 상상, 해체, 영역해체, 타자성 등은 일선 관료뿐 아니라 연구자에게도 유용한 사고의 틀이나 방향성을 제시하고 있다.

2. 한 계

포스트모더니티이론은 불안정성, 우연성(contingency), 다양성(multiplicity) 등을 강조하는 하나의 언어적 유희에 지나지 않는다는 비판을 받는다. 또한, 과학과 이성에 대한 지나친 비판은 사회의 진보를 무시하여 좌절과 무기력으로 흐를 가능성이 있다는 것이다(김태룡, 2014: 418). 마지막으로 포스트모더니티이론이 제시한 각종 용어를 행정 현장에서 적용하여 사용하기 위해서는 행정관료의 이해를 위한 상당한 시간이 필요할 뿐만 아니라 현재보다는 더 명료한 이론의 구체화 작업이 필요하다.

제12절 신공공관리론

I. 개념 및 등장 배경

신공공관리론(NPM: New Public Management)은 경쟁, 성과 및 고객 지향성 등을 강조하는 민간기업의 경영기법을 도입하여 행정의 효율성을 높이고자 하는 새로운 행정관리 방법이다. 1980년대 이후 등장한 신공공관리론은 전통적 관료제의 비효율성을 비판하고 신자유주의 사조에 기초하고 있으며 시장 메커니즘을 강조하며 민영화, 규제 완화, 작은 정부, 감축 관리, 공공부문에 경쟁 원리 도입 등을 정부 개혁의 방향으로 제시하였다.

당시 각국은 국내적으로는 공공부문의 비효율성에 따른 정부실패의 문제를 바로잡고, 국외적으로는 세계화의 추세에 따른 국가경쟁력을 증대시키기 위하여 공공부문의 효율성을 높이고자 신공공관리론에 바탕을 둔 개혁이 필요하였다. 한편, 신공공관리론은 이론적 배경으로 신제도주의이론(new institutionalism theory) 중에서 합리적 선택 신제도주의[32]로 분류되는 공공선택론(public choice theory), 주인-대리인이론(principal-agent theory), 거래비용이론(transaction-cost theory) 등을 기초로 한다.

---

32) 신공공관리론에 기초한 행정개혁은 신제도주의 중에서 합리적 선택 제도주의 영향이 크다고 볼 수 있다. 신제도주의 관점에서 이루어진 정부 개혁은 기존의 관료제 내부를 나누는 방식(책임운영기관 등), 관료제 내부에 경쟁과 시장기제를 도입하는 방식, 시민을 고객으로 간주하여 고객의 만족을 높이는 방식 등이 있다(김태룡, 2014: 260).

Ⅱ. 주요 내용

신공공관리론은 학자들에 따라 다양하게 정리되고 있지만, 그 특징적인 내용을 정리하면 다음과 같다(홍준형, 1999; 임도빈, 2000; 김태룡, 2014; Lynn, 1998).

1. 정부의 역할과 기능: 방향 잡는 작고 효율적인 정부

전통적 관료제가 대의 민주주의하에서 시민의 대표자인 국회가 만든 법률과 시민이 선출한 대표자들에 의하여 정치적으로 결정된 목표에 따른 정책의 입안과 집행기능을 강조하였다면, 신공공관리론은 정부가 시장에 직접 개입하기보다는 방향 잡기나 촉매자로서의 정부 역할을 강조한다. 정부는 민간부문에서 수행하기 어려운 일만 하고 민간에 이양이 가능한 기능은 민간화하여 더욱 효율적으로 공공서비스를 공급해야 한다고 본다. 정부는 정책과 목표를 설정하면 되지 그 집행까지 책임질 필요는 없다는 것이다.

이러한 작고 효율적인 정부를 위한 구체적인 개혁은 민영화, 감축 관리 등의 모습으로 나타났다. 우리나라에서는 1993년 출범한 문민정부에서 '작지만 강력한 정부'를 국정 목표의 하나로 설정하였으며, 1998년 출범한 김대중 정부에서 '작지만 효율적으로 봉사하는 정부'를 행정혁신 목표로 설정하였다.

2. 행정 가치: 효율성

신공공관리론은 정부의 재정적자를 극복하고 공공부문의 생산성을 증대시킬 필요성에서 등장하였다. 따라서 행정의 경제성, 효율성, 효과성 등의 가치를 강조한다. 신공공관리론은 행정관리의 효율성을 높이기 위하여 자원 배분의 투명성, 거래비용을 최소화해야 한다고 본다. 또한, 정보기술 활용을 촉진하고 새로운 관리기술을 도입하며, 정부조직의 구조를 개혁하여 저비용 고효율의 정부를 만드는 데 가치를 둔다.

2008년 출범한 이명박 정부에서 추진한 지방행정체제 개편은 2개 이상의 지방자치단체 통합을 통하여 비용을 줄이고 효율성을 높이기 위한 대표적인 정책으로 볼 수 있다. 실제 마산시, 창원시 및 진해시가 통합하여 2010년 인구 108만 명의 통합 창원시가 출범하였으며, 마산시와 진해시의 시장, 시의회가 없어져 행정절약은 이루었지만 풀뿌리 민주주의 실현이라는 측면에서는 아쉬운 면이 있다.

3. 관리기법: 경쟁과 성과지향

기존의 전통적 관료제가 지나치게 투입 위주의 통제방식의 행정에 집중하였다면 신공공관리론은 성과에 집중한다. 성과 중심의 관리는 분권화나 권한위임과 과정이 아닌 결과에 대한 책임을 강조한다. 관료에게 미리 설정된 목표를 달성할 수 있도록 재량권을 부여하고 권한을 위임하지만, 그 결과에 대해서는 책임을 지도록 하는 것이다. 따라서 신공공관리론에서는 과정보다는 결과를 중시한다. 또한, 신공공관리론에서는 효율성 증진을 위하여 시장원리인 경쟁을 관리기법으로 도입한다. 공공서비스를 민간부문에 이전하여 경쟁을 촉진하거나 정부 내부에서도 조직 간, 개인 간의 경쟁을 촉진하는 정책을 활용한다.

우리나라에서도 책임운영기관,[33] 개방형 임용제도, 성과급제도, 공공기관경영평가제도 등은 이러한 경쟁과 성과지향의 모습이라고 볼 수 있다.

4. 시민관: 고객

신공공관리론은 민간기업의 고객개념을 공공부문에 도입하여 시민을 만족시키는 고객지향적 행정을 강조한다. 전통적 관료제는 공급자 위주의 행정서비스 제공으로 인하여 시민들의 요구에 대한 대응성이 낮아 불만을 초래하였다. 그러나 신공공관리론은 시민을 행정서비스의 수요자인 고객으로 간주하고 고객을 만족시키는 수요자 중심적인 서비스 공급을 강조한다.

우리나라에서도 1990년대부터 고객 만족 행정이 강조되고, 1998년부터 공공부문에 행정서비스 헌장이 제정되기 시작하였다. 행정서비스 헌장은 시장원리가 적용되기 어려운 공공영역에서도 고객 중심적인 서비스 공급을 보장하기 위한 것이다.

---

33) 책임운영기관이란 정부가 수행하는 사무 중 경쟁 원리의 도입이나 성과관리가 필요한 사무에 대하여 책임운영기관의 장에게 행정 및 재정상의 자율성을 부여하고 그 운영성과에 대하여 책임을 지도록 하는 제도이다. 책임운영기관으로 지정되면 소속부처와 성과계약을 맺고 인사, 예산 등에 자율성을 누리지만 사업성과에 대해서는 책임을 지는 제도이다. 우리나라에서는 1999년 도입되었다. 자세한 내용은 「책임운영기관의 설치 · 운영에 관한 법률」을 참조 바란다.

〈표 1-2〉 전통적 관료제와 신공공관리론 비교

구분	전통적 관료제	신공공관리론
정부 역할	노젓기	방향 잡기(시장을 활용한 촉매자)
	행정국가	작고 효율적인 정부
	직접적인 서비스 공급	시장 활용 및 경쟁 도입(민영화, 민간위탁)
행정 가치	형평성, 민주성	효율성, 경제성
관리기법	투입중심 예산편성	경쟁과 성과지향
시민관	유권자	고객

자료: Osborne & Gaebler(1992); Denhardt & Denhardt(2000: 554)를 기초로 저자 정리.

Ⅲ. 공헌과 한계

1. 공 헌

신공공관리론은 1980년대 이후 각국 정부 개혁의 이론적 근거로 채택되면서 정부 운영의 효율성 증진, 정부 역할에 대한 새로운 변화의 모색, 행정관리 수준의 향상에 이바지하였다는 점에서 의의를 지닌다.

신공공관리론이 각국 행정에 이바지한 가장 큰 의의는 정부 운영의 효율성을 증진했다는 것이다. 작은 정부를 지향하여 정부의 규모를 축소하고, 감축 관리를 통하여 예산을 절감하거나, 비효율적인 정부 영역을 민영화나 민간위탁을 추진하고, 내부관리에도 경쟁 원리를 도입하는 등 행정의 효율성 증진에는 크게 이바지한 것으로 평가된다.

둘째로 신공공관리론이 행정에 이바지한 바는 정부 역할에 대해 새로운 모색을 하게 되었다는 것이다. 신공공관리론이 강조한 시장 메커니즘의 활용은 정부가 모든 것을 해결하려고 하는 것이 바람직하지 않다는 인식이 확산하였다. 이러한 인식의 변화는 신공공관리론에 대한 비판적 대안으로 뉴거버넌스론의 등장에 가교 역할을 하였다고 평가된다.

셋째로 신공공관리론은 공공부문에 기업가적 관리기법의 도입을 장려함으로써 행정관리 수준을 발전시키는 계기를 마련하였다. 공공부문에 경쟁, 성과 중심, 결과지향 등의 새로운 용어가 등장하였으며, 책임운영기관, 개방형 임용, 성과급 등 많은 새로운 관리기법들이 도입되었다.

넷째로 시민을 고객으로 인식함으로써 대응성을 높이는 데 크게 이바지하였다. 행정개혁이 신공공관리론에 바탕을 두면서 '고객 만족 행정'이 강조되고 민원 공무원의 대면 친절도 평가, 일반 공무원들의 전화 친절도 평가 등 시민에 대한 대응성을 높이기 위한 다양한 노력이 시도되었다.

2. 한 계

1980년대와 1990년대에 널리 활용되던 신공공관리론적 정부 개혁은 다음과 같은 비판에 직면하게 되면서 새로운 대안을 탐색하게 되었다.

가장 많이 제기되는 신공공관리론에 대한 비판은 공행정과 사행정의 차이점을 경시하였다는 것이다. 신공공관리론에서 강조하는 시장 메커니즘의 활용이나 민간기업의 관리기법 도입은 공공부문과 민간부문이 가지는 근본적인 차별성으로 인하여 적용의 한계가 있다는 것이다. 정부 관료제는 법적 제약이나 정치적 영향력, 효율성뿐 아니라 형평성이나 민주성 등의 다양한 행정 가치의 고려라는 측면에서 가격 경쟁이 지배하는 시장이나 수익 창출이 목적인 기업경영과는 차별성이 있다는 것이다.

둘째는 행정의 민주적 책임성을 약화시켰다는 비판을 받는다. 민영화, 민간위탁, 시장에서의 경쟁 중시, 분권화, 권한의 위임 등은 모두 시민에 의한 정치적 통제와 행정의 책임성을 약화시키는 결과를 초래하였다. 전통적 관료제는 시민의 요구에 대한 반응성은 낮았지만, 요구의 대상은 명확히 공공영역 내부에 존재하고 있었다. 그러나 신공공관리론은 시민에 의한 정치적 통제나 책임을 부과할 행정서비스가 민영화나 권한의 위임으로 인하여 공공부문 내부에 존재하지 않을 수 있다는 것이다(신영희, 2003).

셋째는 신공공관리론에서는 결과와 성과를 중시하는데 공공부문에서는 그 결과와 성과를 측정하기 어렵다는 것이다. 공공부문은 민간부문과 달리 성과를 계량화하기 어렵다. 또는 성과 평가의 기준은 효율성뿐 아니라 형평성이나 민주성 등 질적 측면을 고려해야 하므로 그 평가 자체가 쉽지 않다는 것이다.

넷째는 시민을 고객으로 보는 것에 대한 한계이다. 정부 관료제가 시민을 만족시키고 고객에 대한 대응성을 높이는 것은 중요하지만, 시민은 '만족'이나 '대응'의 대상이 아닌 정책결정의 진정한 주체이자 정부의 주인이라는 것이다.

제13절 뉴거버넌스론

I. 거버넌스와 뉴거버넌스(New Governance)

1970년대부터 서구에서는 공공부문의 전통적 관리방식이 새로운 과제 수행에 적합하지 않다고 인식하기 시작했다. 정부 기능은 기존의 질서유지 중심에서 보건, 실업·연금보험 등 사회복지 분야로 크게 확대되었다. 그러나 정부는 여전히 표준화된 절차, 계층제적 관료제의 경직성, 폐쇄적 조직구조 등으로 인하여 고객의 요구에 대한 민감성과 서비스 제공의 효율성에 문제를 노출하게 되었다.

이러한 배경하에 1980년대에 들어오면서 정부(government)와 구별되는 국정관리방식으로 거버넌스(governance)라는 용어가 널리 사용되게 되었다. '정부 없는 거버넌스(governance without government)' 또는 '정부에서 거버넌스(from government to governance)로' 라는 구호는 행정이 새로운 방식으로 변해가는 모습을 표현한 것이라 할 수 있다.

거버넌스는 논자에 따라 다양하게 주장되지만 "공공문제 해결에 전통적 정부 관료제뿐 아니라 시장과 네트워크의 활용을 강조하는 행정관리방식"으로 정의된다(정정길 외, 2014: 256). 따라서 거버넌스 논의의 핵심은 기존의 정부 관료제에 의존하던 방식에서 탈피하여 시장과 네트워크를 활용하여 어떻게 효율적이고 민주적인 정책관리를 하느냐의 문제이다.

한편 1990년대에 들어오면서 공공문제가 더욱 복잡 다양화되면서 이를 해결하고 적절한 공공서비스를 공급하기 위해서는 시장과 시민사회의 참여와 이들 사이의 상호작용이 중요하게 인식되었다. 이러한 요구에 따라 거버넌스의 유형으로 뉴거버넌스가 활발히 논의되기 시작하였다. 뉴거버넌스는 기존의 거버넌스에 비하여 정부 이외의 기관이나 시민사회의 역할이 강조되고 이들 상호 간에 이루어지는 협력적 네트워크의 중요성이 더욱 주목받는 것을 의미한다.

따라서 뉴거버넌스는 정부 관료제가 여전히 네트워크의 주도권을 가진 전통적 거버넌스와 구별된다고 볼 수 있다. 또한, 뉴거버넌스는 계층제 중심의 수직적 모형보다는 네트워크 중심의 수평적 모형을 강조하며, 시장 및 시민사회와의 신뢰와 협동에 의한 참여와 조정, 연결과 네트워크를 강조한다.

Ⅱ. 뉴거버넌스의 특징과 유형

1. 특 징

학자들은 대체로 대표적인 정부의 관리 기제로 '계층제를 중심으로 한 정부 관료제', '시장', '네트워크'라는 세 가지를 제시하고 이들을 중심으로 뉴거버넌스 또는 거버넌스의 특징을 설명한다(Rhodes, 1996; Pierre & Peters, 2000; 정정길 외, 2014; 남궁근, 2014). '계층제를 중심으로 한 정부 관료제'는 대의 민주주의 국가에서 공공서비스의 기본적인 공급방식이었으나 명령과 통제에 의존하면서 오늘날 새로운 행정환경에 적절히 대응하지 못하고 있다는 것이다. '시장'은 가격과 교환을 매개로 경쟁을 통한 문제해결을 선호하므로 정부가 최소화되어야 함을 강조하지만 빈번한 시장실패로 인하여 공공문제의 해결에는 한계를 나타내었다는 것이다. 그러나 '네트워크'는 다양한 행위자들의 참여와 이들 상호 간의 의존성과 신뢰를 바탕으로 조정과 문제해결을 이루는 현대 행정에 적절한 관리방식이라는 것이다.

이러한 학자들의 논의를 종합하면 다음과 같은 5가지 뉴거버넌스의 특징을 도출할 수 있다(정정길 외, 2014: 262).

1) 행정의 파트너로서 다양한 행위자의 참여

뉴거버넌스를 통한 공공문제 해결이나 공공서비스 공급을 위해서는 정부뿐 아니라 준정부 기관, 시민단체 등 다양한 관련 행위자들이 참여하는 것이 전제되어야 한다. 공공문제는 관련 행위자들 상호 간에 이해관계가 내포된 문제이므로 이들의 참여와 협력 없이는 실질적인 문제해결이 어렵기 때문이다. 따라서 뉴거버넌스에서는 시민이나 각종 사회단체를 수동적인 통치의 대상으로 보지 않고 통치의 주체이자, 행정의 파트너이며, 서비스의 공동생산자로 간주한다.

2) 정부로부터의 일정한 자율성

뉴거버넌스에 참여하는 행위자들 상호 간의 네트워크는 정부의 명령이나 공식적인 권위에 의하여 형성되는 것이 아니라 자율적 필요성에 의하여 형성된다. 이들은 정부로부터 상당한 자율성을 가지는 상호 의존적인 행위자들이므로 수평적 관계에 의한 네트워크가 형성된다. 또한, 네트워크에 연결된 행위자들은 각자가 달성하고자 하는 목표가 있으며 이러한 목표의 달성은 다른 행위자와 상호 의존적인 교환을 통하여 가능하므로 구성원들 사이에 자발적인 조정이나 협조가 발생한다.

3) 신뢰에 기초한 상호작용

네트워크에 연결된 행위자들은 각자 자신의 이익을 극대화하기 위하여 행동한다. 그러나 행위자들은 각자의 이익만을 위해 행동하는 경우는 갈등과 충돌로 인하여 연결망이 붕괴함에 따른 손실이 발생하는 것을 점차 깨닫게 된다. 결국에는 네트워크 내에서 행위자들 간 상호의존성으로 인하여 서로에게 이득이 되는 전략을 선택하게 되며, 시간이 지남에 따라 신뢰 관계가 형성된다.

4) 협상과 타협을 통한 문제해결

뉴거버넌스에서는 공공문제의 해결과 행정서비스의 공급을 정부 기관이 독점하거나 시장에 전적으로 맡기기보다는 정부와 시장 그리고 시민사회가 함께 협력적인 상호조정과 협의를 통하여 이루어지는 것을 중시한다. 따라서 뉴거버넌스의 문제해결 과정은 필연적으로 정치성을 수반할 수밖에 없다. 뉴거버넌스에서 강조하는 협력과 조정은 개별 행위자들의 경쟁적 이익과 목표를 바탕으로 이루어지는 것이므로 정치적 과정이 매우 중요하다.

5) 정부와 공무원의 역할: 조정자

뉴거버넌스에서의 정부와 관료의 역할은 공공문제 해결과 서비스 공급을 위해 다양한 주체 상호 간에 네트워크가 제대로 작동될 수 있도록 이해관계를 조정하거나 협상을 유도하는 조정자 역할이다.

2. 피터스의 뉴거버넌스 모형

뉴거버넌스의 유형에 대해서는 학자마다 다양하게 제시하고 있으며, 이러한 다양성과 무정형성은 뉴거버넌스의 특징이기도 하다. 따라서 여기서는 뉴거버넌스에 대한 다양한 유형 논의를 일괄하기보다는 국내 학계에서 가장 많이 소개된 피터스의 모형을 살펴보고자 한다.

피터스(Peters, 1996)는 각국이 추구하는 정부 개혁 모형을 시장모형(market model for reforming government), 참여모형(the participatory state), 신축모형(flexible government), 탈규제모형(deregulated model) 등 4가지로 구분하고 이들을 미래 거버넌스 모형(the future of governing)이라고 제시하였다. 피터스가 1996년에 제시한 이들 모형은 기존에 정부(government)라는 계층제적 관료제를 탈피하여 정부와 민간부문과의 네트워크를 강조한 새로운 국정 관리의 방향을 제시하였다는 점에서 그 의의가 크다.

〈표 1-3〉 피터스의 뉴거버넌스 모형

구분	시장모형	참여모형	신축모형	탈규제모형
현실의 문제점 진단	정부의 독점적 조직	계층제 중심의 정부 조직으로 인한 시민 참여의 제한	영속적인 정부 구조	정부 활동에 대한 지나친 내부규제
구조개혁 방안	분권화와 민영화	수평적 조직구조	기존 조직의 신축성 증대 또는 폐지 / 가상조직 활용	구조개혁에 대해 관심이 낮음 / 전통적 계층제 조직에 대해 크게 부정적이지 않음
관리개혁 방안	민간부문의 관리기법 도입	조직 하위계층과 시민들의 참여	탄력적인 인사관리 (임시직, 시간제 등)	계층적 구조를 받아들이되 모든 계층의 참여를 중시함
정책결정 개혁 방안	분권화에 따른 자율적인 결정	하급관료와 시민의 참여에 의한 분권화되고 상향식의 의사결정	새로운 실험적 방법을 선호	정치인보다 관료의 역할 강조(관료가 아이디어와 전문지식이 풍부하므로)
공익의 기준	저비용 / 소비자인 시민들의 선호에 대한 대응성	정책결정 및 행정관리에서 공무원과 시민의 참여 극대화	정부의 비용 절감	헌신적이고 유능한 관료들에 의한 공익 확보

자료: Peters, 1996, 1998.

이들 모형은 기존의 전통적 관료제 정부에 대한 비판적 대안으로 제시된 것이며 각 모형은 나름의 문제 진단, 구조개혁 방안, 관리개혁 방안, 정책결정 방안, 공익의 기준 등이 있다. 이들 모형은 상호배타적이거나 특정 모형이 다른 모형에 비하여 우수하다고 볼 수는 없다.

3. 신공공관리론과의 관계

뉴거버넌스의 특징은 신공공관리론과의 관계 속에서 더욱 명확히 파악될 수 있다. 두 이론은 기존의 전통적 정부 관료제의 비능률, 계층제 중심의 문제해결 방식을 개선하기 위한 행정개혁의 전략으로 제기되었다. 분권적인 문제해결 방식이나 전통적 관료제에 대한 대안이라는 측면에서는 유사성을 지니지만, 두 이론은 차별성이 더 크다고 볼 수 있다. 즉 초기의 거버넌스 논의를 '작은 정부 구현을 위하여 시장을 중심으로 한 거버넌스 구축'으로 보면 신공공관리론과 유사한 맥락에서 이해될 수 있다. 그러나 신자유주의에 의한 시장 중심적 개혁에 대한 부작용을 치유하기 위하여 다양한 행위자들 간의 네트워크를 통한 공공서비스의 공급을 강조한 뉴거버넌스는 신공공관리론에 대한 비판적 대안으로 이해되기도 한다(정정길 외, 2014: 257). 양자의 차별성은 〈표 1-4〉와 같이 정리된다.

〈표 1-4〉 신공공관리론과 뉴거버넌스론의 비교

구분	신공공관리	뉴거버넌스
인식론	신자유주의 / 효율성	공동체주의 / 민주성
가치	결과(outcomes)	신뢰(trust)
관료 역할	공공기업가	조정자
작동 원리	시장 메커니즘과 경쟁	협력적 네트워크
서비스 공급	민영화, 민간위탁	공동 공급 (정부+준정부조직+시민사회 등)
연구 분석 수준	주로 조직 내부	조직 상호 간의 관계

자료: 이종수 외, 2014: 97.

신공공관리론은 신자유주의를 배경으로 효율성을 추구한다면, 뉴거버넌스는 공동체성을 강조하며 참여와 협력이 이루어지는 민주성을 강조한다. 신공공관리론이 행정관리의 성과나 결과를 중시한다면 뉴거버넌스는 사회 구성원들 상호 간의 신뢰와 협력을 중시한다. 신공공관리론은 공무원을 공공기업가로, 뉴거버넌스는 다양한 이해관계의 조정자로 간주한다. 행정의 작동원리나 공공서비스의 공급 방식이라는 측면에서 신공공관리론은 시장을 중심으로 경쟁, 민영화와 민간위탁을 선호한다면, 뉴거버넌스는 정부를 포함한 다양한 행위자들 상호 간의 협력적 네트워크를 통한 공동 공급을 선호한다. 마지막으로 신공공관리론은 행정조직 내부의 효율성이나 성과, 조직 내부 업무의 민간위탁이나 민영화 등을 중심으로 연구·분석하지만, 뉴거버넌스는 정부를 포함한 다양한 행위자 상호 간 관계의 양태나 정도를 중심으로 연구·분석한다.

Ⅲ. 뉴거버넌스의 공헌과 한계

1. 공 헌

뉴거버넌스론의 공헌은 다음과 같다. 첫째, 행정관리 및 정책관리의 범위를 정부조직 내부에서 시장, 시민사회 등과의 관계로 확장했다. 기존에는 정책실패의 원인이 정부 내부의 문제로 인식되었으나 뉴거버넌스론의 등장은 행정이나 정책과정이 시장, 준공공기관, 시민사회 등 사회 전 범위와 관련된다는 인식을 하게 되었다.

둘째는 정책의제 설정, 정책형성 및 정책집행의 과정에서 민간부문과의 협력을 중시하게 되었다. 뉴거버넌스가 등장하면서 민간단체의 참여에 의한 외부주도형 의제설정의 중요성이 부각되고, 정책형성단계에서도 민간부문 참여자들의 영향력에 관한 관심이 증대되었다. 또한, 관료제를 통한 정책집행이 압도적이었던 관행에서 벗어나 다양한 형태의 민관 협력 메커니즘이 중시되었다.

셋째는 정부와 민간부문의 협력은 상호신뢰 회복에 이바지하게 되었다. 협력 초기에는 상호 갈등과 불신이 나타나지만, 정부와 민간부문 간 상호의존성으로 인하여 서로에게 이득이 되는 전략을 선택하게 되며, 시간이 지남에 따라 신뢰 관계가 증대된다는 것이다. 이러한 상호협력과 신뢰성의 회복은 결국 정책의 문제해결력을 증대시키는 결과를 나타낼 수 있다.

마지막으로 이러한 뉴거버넌스의 공헌은 신공공관리론이 강조한 행정의 능률성이나 효율성뿐 아니라 민주성, 신뢰성을 강조하게 되면서 관료제의 민주성 확보를 위한 이론적 기초를 제공하고 있다는 것이다. 참여, 협력, 신뢰, 네트워크 등을 강조하는 뉴거버넌스는 전통적 관료제와 시민사회의 단절성을 극복하는 대안으로서의 가치가 크게 부각되고 있다.

2. 한 계

뉴거버넌스론은 다음과 같은 한계가 지적된다. 첫째는 책임성에 대한 문제이다. 정부를 비롯한 다양한 참여자들의 특정 정책에 대한 협력은 그 정책의 결과에 대한 책임의 귀속문제가 발생한다. 정부와 정부로부터 일정한 자율성을 확보한 행위자들 간의 협력으로 이루어진 어떤 결과에 문제가 발생하였을 때 책임 소재가 불분명하며 책임의 전가 현상이 발생할 수 있다는 것이다.

둘째는 정부와 다른 행위자들 간에 수평적 관계가 형성되기 어렵다는 것이다. 정부는 법·제도 및 정책에 대한 실질적인 담당자이며 예산이라는 막강한 재정을 가진 기관이다. 그런데 이러한 정부와 시민사회가 상호협력하는 것은 가능하지만, 시민사회가 정부로부터 일정한 자율성을 가지거나 정부와 힘의 균형을 이루기는 현실적으로 어렵다는 것이다. 결국, 외형상 뉴거버넌스로 볼 수 있어도, 실질적으로는 정부 주도의 협력이나 정부 주도의 거버넌스가 될 가능성이 있다는 것이다.

셋째는 뉴거버넌스가 행정에 정착되기 위해서는 상당한 장기간이 필요하다. 행정의 내부혁신은 내부의 제도나 조직, 문화와 일하는 방식의 개선을 추진하면 되지만, 뉴거버넌스는 시민사회와의 관계의 변화를 수반하므로 사회 전체의 문화와 연계되어 있기 때문이다. 특히 뉴거버넌스에서 강조하는 정부와 시민사회 간의 신뢰 관계 형성은 비교적 장기간의 상호작용이 필요하게 되며, 여기서 장기간의 정도는 그 나라의 행정문화뿐 아니라 사회문화와 연관되어 결정될 수 있을 것이다.

제14절 신공공서비스론

Ⅰ. 의 의

신공공서비스론(new public service theory)은 '정부의 주인은 시민'이라는 민주주의 원칙을 바탕으로 행정에서 시민을 그 중심에 두는 것을 강조하는 새로운 행정 패러다임이다. 신공공서비스론은 신공공관리론이 추구한 지나친 시장원리의 적용, 시민을 마케팅의 대상인 고객으로 간주, 성과와 효율성에 대한 강조, 민주적인 정당성의 경시 등에 대한 비판적 관점에서 제기되었다. 신공공관리론에서는 기업가적 정부와 관료를 중시하고 능률성을 민주성이나 형평성보다 더 중시하고 있다.

그러나 이는 관료제가 자기 성공적 기제로만 움직이는 모습이며 시민을 위한 민주주의 원칙을 경시한 것으로 비판받을 수 있다. 또한, 행정서비스가 구체적인 시민을 대상으로 이루어진다면 능률성보다는 그 서비스를 받는 시민 생활의 질을 높이는 데 더 집중해야 한다는 것이다.

이러한 신공공관리론의 문제점을 비판하면서 등장한 신공공서비스론은 시민에게 봉사하고, 시민들이 권한을 행사할 수 있도록 제도적 장치나 담론의 장을 만들어주는 정부와 관료의 역할이 필요하다는 규범적 방향성을 제시하고 있다.

Ⅱ. 신공공서비스론의 이론적 배경과 내용

1. 이론적 배경

덴하르트 등(Denhardt & Denhardt)은 2000년 Public Administration Review에 게재한 「The New Public Service: Serving Rather Than Steering」이라는 논문을 통해 신공공관리론의 대안적 행정이론으로서 신공공서비스론을 제시했다. 이들은 여기서 신공공서비스론의 이론적 배경으로 민주적 시민권이론, 공동체와 시민사회, 조직인본주의, 담론이론을 제시하였다(Denhardt & Denhardt, 2000: 552).

첫째, 민주적 시민권(democratic citizenship)이론은 시민이 사익보다는 공익을 위하여 공공문제 해결에 참여하고 지역사회에 대한 소속감을 느끼는 시민의식의 중요성을 강조한다.

둘째, 공동체와 시민사회(models of community and civil society) 모형이다. 이는 오늘날 원자화된 개인들을 공공문제에 대한 의사결정에 참여시키기 위해서는 시민들의 공론장이자 매개집단인 공동체와 시민사회의 역할을 강조한다. 따라서 정부는 시민과 그들의 공동체 간의 관계를 창조하고 촉진하는 임무를 수행해야 한다.

셋째, 조직인본주의(organizational humanism)는 계층 중심의 관료제를 통한 구성원의 수단화와 비인간화를 초래하는 전통적 조직이론을 비판하고 관료의 도덕적이고 자율적인 판단을 강조한다. 이러한 조직인본주의는 신행정학과도 그 맥을 같이하는 것으로 사회적 형평을 달성하기 위한 관료의 적극적인 역할을 강조한다.

넷째, 담론이론(discourse theory)의 영향이다. 이는 공공조직이 기존의 권위와 통제 위주에서 벗어나 시민들의 요구에 더 많은 관심을 가져야 하는데, 이를 위해서는 관료와 시민 그리고 시민들 상호 간의 진지하고 개방적인 담론을 통한 거버넌스 구축을 강조한다. 이러한 공공 담론을 통하여 행정의 정당성과 민주성이 강화될 수 있다는 것이다.

2. 내 용

덴하르트 등(Denhardt & Denhardt, 2000: 553 – 557)이 제시한 신공공서비스론을 정부와 공무원의 역할 그리고 공익과 시민에 대한 시각을 중심으로 정리하면 다음과 같다.

1) 정부의 역할

과거의 행정은 노 젓기(전통 행정학)나 방향 잡기(신공공관리론)를 강조하였지만, 사회가 복잡 다양해지면서 현실에서 정부가 이런 역할을 하기는 어렵게 되었다. 정보화를 통한 정보의 급속한 전파와 공간적 밀접성의 강화는 하나의 정책이나 사건은 예측하기가 어려운 결과를 불러오기 때문이다. 특히 다양한 이해관계자가 얽혀 있는 공공문제의 경우는 더욱 예측하기 어렵게 되었다. 이러한 행정환경의 불확실성 증대는 정부가 구체적으로 할 수 있는 일을 하는 데 집중할 것을 요구하게 되었다. 그것은 바로 시민에게 서비스를 제공하는 것이다. 그런데 신공공서비스론에서 말하는 서비스는 기존에 시민에게 직·간접적으로 제공되는 행정서비스뿐 아니라 시민들이 자신들의 의견을 표명하게 하고 이를 충족할 수 있도록 도와주는 정부의 적극적인 활동을 의미한다.

2) 공무원의 역할

신공공관리론에서는 공무원을 기업가적 사고하는 사람으로 보았다면, 신공공서비스론에서는 공무원을 일반인보다 더 많은 공익에 대한 관심이 있으며 사회에 이바지하고자 하는 자발적 동기를 가진 사람으로 본다. 신공공서비스론에서 공무원은 단순한 서비스 전달자 이상의 역할이 필요하다. 본인의 업무와 관련된 행정서비스에 대해 시민들이 참여할 수 있도록 하고, 이들 간의 담론 과정을 유도하며, 이해관계를 협상·중재하거나 새로운 공유가치를 창조할 수 있도록 도와주는 역할이 요구된다.

3) 공익에 대한 시각

신공공관리론에서는 공익을 개인 이익의 단순 총합으로 보고 있다. 따라서 개인은 항상 제일 나은 선택을 하는 것을 전제하며, 정부는 그 선택을 존중하고 그것을 실현하기 위하여 노력한다. 그러나 신공공서비스론에서는 행정의 본질적 가치인 공익개념은 시민들의 개별적 이익과는 다르다고 전제한다. 공익이란 총합이나 주어진 것이 아니라 서로 다른 사람들이 서로 다르게 인식하는 것을 대화와 담론을 통하여 합일점을 찾는 그 무엇이라고 본다. 결국, 신공공서비스론에서의 공익은 사회적으로 공유된 가치에 대한 시민들 상호 간의 대화와 담론의 결과로 얻어지는 것이다.

4) 시민에 대한 시각

신공공관리론은 시민을 고객으로 간주하여 서비스의 객체로 파악한다. 따라서 신공공관리론에서 공공서비스와 정책은 마케팅의 대상이며 이를 통하여 국민에게 더욱 질 높은 서비스를 보장해주는 데에 그 목적이 있다. 그러나 신공공서비스론에서는 국민을 공공서비스와 정책에 대하여 주체적인 태도를 보이는 민주시민으로 본다. 국민은 세금을 내고 공공서비스를 받는 경제적 객체로만 행위를 하는 것이 아니라, 서비스와 정책의 내용을 결정하는 의사결정의 과정에 참여하는 정치적인 행위자로서의 시민이기도 하다는 것이다. 따라서 정부와 관료는 고객 만족이나 고객의 요구에 반응하는 수준을 넘어서 시민들이 정책에 참여하고 담론을 통하여 서비스의 내용을 결정할 수 있는 장을 만들어주어야 한다는 것이다.

3. 전통행정이론, 신공공관리론 및 신공공서비스론 비교

신공공서비스론의 특징을 전통행정이론이나 신공공관리론과의 10가지 측면에서 비교하면 〈표 1−5〉와 같다(Denhardts & Denhardts, 2000).

〈표 1-5〉 전통행정이론, 신공공관리론 및 신공공서비스론 비교

기준	전통행정이론	신공공관리론	신공공서비스론
이론적 인식기반	초기의 정치이론	경제이론, 실증적 사회과학	민주적 시민권, 공동체와 시민사회, 담론이론, 조직인본주의, 실증주의, 해석학, 비판이론, 포스트모더니티
합리성행태	대의적 합리성 행정인간	기술·경제적 합리성 경제인 또는 자기이익적 의사결정	전략적 또는 공식적 합리성 합리성에 대한 다원적 검증(정치, 경제, 조직적 측면에서)
공익	정치적으로 결정되고 법률로 나타남	개인 이익들의 총합	공유가치에 대한 담론의 결과
공무원의 반응 대상	고객과 유권자	고객	시민
정부의 역할	노젓기(단일하고 정치적으로 정의된 목표에 맞춘 정책의 설계와 집행)	방향잡기(시장을 활용한 촉매자)	봉사(시민과 공동체 집단들 상호 간의 이익을 협상하고 중재하며 공유가치를 창출함)
정책목표 달성기제	기존 정부 기관을 통한 정책 집행	사적, 비영리기구 활용 및 유인체계 창출	행위주체들 간 합의를 바탕으로 공공, 비영리, 사적 기관 연합체 구축
책임성확보	계층제(관료는 민주적으로 선출된 정치책임자에게 책임을 짐)	시장 지향적(사익의 축적이 시민집단을 만족시킴)	다면적(법, 공동체, 정치규범, 전문가적 표준, 시민이익 고려)
행정재량권	제한된 관료의 재량	넓은 재량범위(기업가적 목표 달성을 위해)	재량이 필요하지만 제약과 책임이 수반됨
조직구조	계층적 권위, 고객에 대한 통제와 규제	분권화된 조직	조직 내외의 리더십을 공유하는 협력적 조직
관료의 동기 유발	보수와 수당, 신분보장	기업가 정신, 정부규모를 축소하고자 하는 이념적 욕망	공공서비스, 사회에 봉사하고자 하는 욕구

자료: Denhardt & Denhardt, 2000: 554.

Ⅲ. 신공공서비스론의 유용성과 한계

1. 유용성

행정학의 새로운 패러다임으로서의 신공공서비스론의 유용성은 다음과 같다. 첫째는 행정학의 오랜 논제인 관료제와 민주주의의 관계성 회복에 이바지하는 것이다. 신공공서비스론에서는 시민을 고객이 아닌 주인으로 보아야 함을 강조하고

공공문제와 주요정책에 대하여 시민이 직접 의사결정을 할 수 있도록 참여를 강조한 것은 관료사회에 민주성 확보의 중요성을 재인식시킨 것으로 볼 수 있다.

이러한 관점에서 둘째로 신공공서비스론은 행정에 대한 시민참여를 강조하고 구체적인 방법으로 시민들 상호 간의 담론이나 공론장 또는 지역공동체를 제시하였다. 오늘날 원자화된 개인이 행정에 참여하는 방법으로서의 공동체와 시민사회를 강조하고 시민들의 공론장을 제시한 것은 관료제의 민주성 확보를 위한 현대적 기제를 제시하였다는 데 의의가 있다.

셋째는 신공공서비스론은 고도의 불확실성 사회에서 정부와 공무원이 무엇을 해야 하느냐에 대한 새로운 방향과 행동규범을 제시하고 있다는 것이다. 시민들의 다양한 요구를 파악하기 어려울 뿐 아니라 정부 정책의 효과를 예측하기 어려운 상황에서 정부는 행정서비스 제공, 봉사라는 구체적인 행위에 집중하도록 하는 방향성을 제시하고 있다. 또한, 공무원은 시민들 상호 간의 이해관계를 협상·중재하거나 새로운 공유가치를 창조할 수 있도록 도와주는 임무를 수행할 것을 제시하고 있다. 전통적인 정부에서는 "예, 우리는 그 서비스를 제공할 수 있습니다" 또는 "아니오, 우리는 그렇게 할 수 없습니다"라는 식으로 반응하였다. 그런데 신공공서비스론에서는 "예" 또는 "아니오"라는 식이 아니라, "우리 함께 힘을 모아 우리가 하고자 하는 것이 무엇인지 구체적으로 정해봅시다. 그리고 그것을 함께 해봅시다"라는 식으로 응답해야 한다는 것이다(오세윤 외, 2002: 10).

넷째는 신공공서비스론에서 제시한 이해관계자 상호 간의 담론을 통한 합의나 공유가치의 창출은 오늘날 갈등이 첨예하게 대립하는 사안에 적절히 활용할 수 있을 것이다. 최근 에너지 정책의 전환을 논의하는 '신고리 5·6호기 공론화 위원회'나 대학입시 제도에 대한 쟁점을 다루는 '대입제도 개편 공론화 위원회'는 이러한 신공공서비스론과 그 맥을 같이한다고 볼 수 있다.

2. 한 계

신공공서비스론은 다음과 같은 몇 가지 한계를 지닌다. 첫째는 신공공서비스론의 가장 큰 특징 중 하나는 건전한 시민, 좋은 시민을 전제로 한 가치 지향적 담론이 숨어있다는 것이다(김대성·이현선, 2008). 그러나 시민참여와 관련하여 그 궁극적인 정당성의 토대인 건전한 시민이라는 기초가 흔들리거나, 비록 건전한 시민이 존재한다고 하더라도 참여의 장으로 나오지 않을 때는 관료제가 집권세력의 지배적인 입장만을 반영하는 데 급급할 수 있다는 것이다.

둘째는 일상적인 업무에 지친 관료들이 신공공서비스에서 요구하는 시민들 간 이익 충돌을 중재하고 담론의 장을 만드는 일을 할 수 있을 것인지에 대해 의문이 제기된다. 정부 관료는 주어진 법 규정에 따라 집행하는 것에 익숙하며, 담론과 커뮤니케이션을 통한 공감대의 형성, 수평적 관계에 의한 업무의 수행 등은 익숙하지 않다는 것이다. 따라서 이를 해결하기 위해서는 공직자에 대한 교육을 통하여 새로운 변화에 대해 학습을 할 기회 제공이 필요할 것이다.

셋째는 신공공서비스가 모든 분야에 적용되기는 어렵다는 것이다. 기존 연구에 따르면 환경보호, 소비자 보호 서비스와 같은 규제적 분야에서는 신공공서비스 방식이 적절하고, 민원과 보건 서비스 분야는 신공공관리론이 보다 더 적절한 것으로 나타났다(우양호, 2008).

제15절   사회자본

I. 문제의 제기

최근 사회자본(Social Capital)에 대한 논의가 학문과 행정 실무의 양 측면에서 활발하게 논의되고 있다. 본래 부르디외(Pierre Bourdieu, 1986)와 콜만(James Coleman, 1990)에 의해 사회학적으로 체계화된 이 개념은 푸트남(Robert Putnam, 1995)과 후쿠야마(Francis Fukuyama, 1995) 등에 의해 다양한 학문 분야로 확장되었으며, 행정학에도 적지 않은 영향을 미치고 있다.

특히, 사회자본이 구성원 상호 간의 협동을 강화하는 데 기여하여 사회발전을 지원할 것이라는 긍정적 측면에 대한 연구결과가 부각되면서, 사회자본이 마치 사회발전과 민주주의 성공의 결정적인 독립변수인 것처럼 통용되고 있는 것이 현실이다. 그러나 사회자본을, 자본주의 이데올로기를 사회관계에까지 확장하고 이를 개발도상국에 강요하는 신자유주의자들의 무기(Fine, 2001)라고 보는 견해가 있다. 또한, 사회자본이 오히려 지역이기주의, 지대추구행위 그리고 정실주의의 원천으로 작용할 수도 있다는 부정적 견해(김상준, 2004: 64)들이 제기된다.

따라서 사회자본에 대한 긍정적 측면과 부정적 측면에 대한 이해가 필요하고, 더불어 사회자본을 바탕으로 국가나 지역사회 발전에 어떻게 적용할 것인가에 대한 고민이 필요하다.

II. 사회자본의 내용

1. 개 념

사회자본의 개념은 학문 분야와 학자에 따라 다양하게 정의되고 있어 이들의 공통점을 모아 정리하면, 사회자본이란 "사회 구성원들 간의 상호작용 과정을 통하여 창출되는 무형의 자산"으로 정의될 수 있다.

용어 자체로 살펴보면, '사회(Social)'와 '자본(Capital)'이 결합한 것이다. '사회'는 두 사람 이상이 관계되는 영역을 의미하는 것이며, '자본'이란 사람과 사람 간의 상호관계에서 발생하는 무형의 자원(신뢰, 정보공유, 상호 공감 등)을 의미한다. 여기서 말하는 '자본'은 금전이나 사회간접자본(SOC)과 같은 물리적 자본이나 개인의 역량을 의미하는 인적 자본과는 다른 것으로 사람과 사람과의 관계에서 얻을 수 있는 것이라는 점이 특징이다.

2. 구성 요소

사회자본의 개념을 "사회 구성원들 간의 상호작용 과정을 통하여 창출되는 무형의 자산"으로 정의할 때, 이러한 무형의 자산을 구성하는 요소들은 무엇인가에 대한 의문이 제기된다. 푸트남(Putnam, 1995)은 네트워크, 사회적 신뢰, 규범을 구성원들을 협동할 수 있게 하는 사회자본의 구성요소로 보았다. 학자들은 대체로 푸트남이 제시한 3가지 구성요소에는 동의하면서 참여, 호혜성(reciprocity)[34] 등을 제시하기도 한다(김태룡, 2014: 449). 여기서는 푸트남이 제시한 구성요소를 중심으로 살펴본다.

1) 네트워크에의 참여(Participation in networks)

네트워크란 구성원들 상호 간의 관계구조를 의미한다. 사회 구성원들은 그들 간의 일정한 유대를 기반으로 상호작용이 발생하고 이러한 상호작용의 모습은 연결망의 형태로 나타난다. 그런데 이러한 연결망에의 참여는 구성원 상호 간의 신뢰와 호혜성에 대한 믿음을 바탕으로 이루어진다.

2) 신뢰(Trust)

신뢰는 나의 이해와 관심을 고려하여 타인이 행위를 할 것이라는 기대로 정

---

34) 호혜성은 타인에게 선물을 주거나 받으면 상대방에게 '유사 가치를 되돌려 주어야 하는 도덕적 의무'와 '답례를 받을 것이라는 기대'와 연관된 것으로 설명될 수 있다.

의된다(Lin, 2001). 신뢰는 구성원 상호 간의 장기적인 관계를 통하여 형성될 수 있으며 공동체 구성원의 연대감을 강화하고 협력을 가능하게 하는 요인이다. 그러나 강한 신뢰가 언제나 사회적으로 긍정적인 효과를 나타내는 것은 아니라는 것에 주의할 필요가 있다. 한편 사회자본에서 강조되는 신뢰는 구성원 개인 간의 사적 신뢰와 공동체 자체에 대한 신뢰를 의미하는 공적 신뢰로 구분될 수 있다.

3) 사회적 규범(Social Norms)

사회적 규범은 구성원들이 공유하고 있는 가치를 의미한다. 이러한 규범은 그 사회나 공동체가 나아가야 할 목표를 나타내는 역할을 함과 동시에 구성원들 간의 상호작용을 규율하는 규칙이기도 하다. 결국, 사회적 규범이란 구성원의 행위와 상호작용을 지배하는 성문화되지 않은 공통된 가치를 의미한다.

3. 유 형

사회자본의 유형에 관한 논의는 다양하게 진행되고 있지만 여기서는 가장 대표적인 분류인 교량형 사회자본과 결속형 사회자본으로 나누어 살펴보고자 한다(Onyx & Bullen, 2000; Putnam, 2000).

1) 교량형 사회자본(bridging social capital)

교량형 사회자본은 다양한 사회·문화적 배경을 가진 사람들 간의 네트워크를 통하여 이루어지는 무형의 자원을 의미한다. 교량형 사회자본은 그라노베터(Granovetter, 1973)가 말하는 약한 연결망(weak tie)에 대응된다고 볼 수 있다. 교량형 사회자본은 이질적인 사람들과의 일시적 관계를 나타내지만, 질적 차원의 빈약함을 폭넓고 새로운 관계망으로 보완한다. 결국, 교량형 사회자본은 개인들이 세계관을 확대하고 새로운 자원이나 정보를 얻을 열린 기회를 제공한다. 그러나 교량형 사회자본은 비밀을 공유하고 정서적 지원을 제공하는 데에는 한계가 있다.

2) 결속형 사회자본(bonding social capital)

결속형 사회자본은 유사한 배경과 특성을 가진 사람들 상호 간에 연대와 신뢰에 바탕을 둔 무형의 자원이다. 결속형 사회자본은 그라노베터(Granovetter, 1973)의 강한 연결망(strong tie)과 유사하다. 결속형 사회자본은 학연, 지연, 혈연으로 연결되고 정서적으로 밀접하고 끈끈하게 연결된 구성원들 사이에서 발견된다. 이러한 관계를 통하여 사적 유대는 강화되는 경향이 있고 지속적인 상호 교환성(reciprocity)과 강한 정서적 지지를 제공한다. 그러나 결속형 사회자본은 관계망을 형성하는 개인들의 다양성을 감소시키고, 집단에서의 강력한 충성심으로 말미암아 외부집단에 대한 적대감을 발생시킬 수 있다. 따라서 편협함, 분파주의, 공동체의 폐쇄성은 결속형 사회자본에서 많이 나타날 수 있다.

4. 순기능과 역기능

행정학 분야에서 사회자본 연구는 푸트남의 이론을 따르는 경우가 많아 주로 순기능에 초점을 맞추고 있다. 그러나 사회자본에 대한 긍정적 측면과 부정적 측면을 모두 이해하는 것이 필요하다. 사회자본의 순기능과 역기능을 위에서 언급한 구성요소(네트워크에의 참여, 신뢰, 사회적 규범)를 중심으로 논의하고자 한다.

1) 순기능

사회자본의 순기능으로는 첫째, 사회자본이 강조하는 구성원들의 네트워크 참여는 공동체의 민주주의 실현이라는 측면에서 큰 의의가 있다. 공동체 구성원들의 광범위한 참여를 통하여 민주적 거버넌스를 구축할 수 있게 만든다.

둘째, 구성원 상호 간에 구축된 신뢰는 거래비용을 감소시키고 정보의 흐름을 촉진한다.

셋째, 공유하는 사회적 규범은 일탈하는 사회 구성원을 제재하는 메커니즘으로 작용한다. 후쿠야마(Fukuyama, 1997, 1999)는 구성원들이 공유하는 규범은 부패를 억제하고 내부 갈등을 줄이고, 조정을 쉽게 하며 결속력을 강화하는 작용을 하게 된다고 보았다.

2) 역기능

사회자본의 역기능으로는 첫째, 사회자본에서 강조하는 구성원의 참여는 개인으로서는 그의 행동이나 선택을 강요하여 사적 자유가 제한될 수도 있다.

둘째, 구성원 상호 간 지나치게 강한 신뢰는 오히려 내부적 부패를 증가시키는 요인이 될 수도 있다. 또한, 내부인 상호 간의 신뢰 관계에 의한 거래는 외부인과의 경제적 거래를 배제하는 작용을 할 수 있다.

셋째, 사회적 규범을 공유하는 강한 결속력은 집단의 폐쇄성으로 이어져 주류 사회나 다른 집단에 대해 배타적인 행위를 유발할 수 있다.

Ⅲ. 사회자본과 사이버 공동체

1. 의 의

일반적 공동체와 다른 사이버 공동체와 사회자본과의 관계에 관한 논의가 최근 활발하다. 그 이유는 전통적인 면대면 사회관계와 가상공간 내에서 형성되는 인터넷 이용자 간의 사회적 관계에는 일정한 차이가 존재한다는 것이다. 또한, 사이버 공동체의 확대는 물리적 거리를 축소하고 무한한 확장 가능성 등으로 인하여 전통적 사회자본 논의에 영향을 미칠 것으로 예상하기 때문이다.

2. 사회자본과 사이버 공동체의 관계에 관한 논의

양자의 관계에 관한 논의는 크게 사회자본 강화론, 사회자본 쇠퇴론, 보완론의 세 가지로 구분할 수 있다(송경재, 2006; 한국교육학술정보원, 2006).

1) 사회자본 강화론

사회자본 강화론은 사이버 공동체를 활용하는 사람들이 그렇지 않은 사람들에 비해서 사이버 공간을 매개로 하여 의사소통과 신뢰의 형성이 촉진된다고 보는 관점이다. 강화론을 주장하는 학자들의 실증연구는 가상공동체가 형성된 마을의 경우에 약한 연결망이 형성되고, 인터넷이 연결되지 않은 가구에 비해 이웃에 대해 더 많이 알고 대화하고 있음을 발견하였다(Hamton & Wellman, 2003).

2) 사회자본 쇠퇴론

사이버 공동체가 면대면 의사소통의 기회를 줄여 사회자본의 형성을 방해하거나 쇠퇴시킬 것이라는 관점이다. 사이버 공동체는 공동체 삶의 형성을 실제 공간과 괴리시켜 신뢰 관계의 형성, 사회적 규범의 공유를 더 약화할 것으로 본다. 이러한 근거로는 사회 구성원 상호 간의 정보격차, 면대면 접촉기회의 축소 등을 제시하고 있다. 쇠퇴론을 지지하는 실증연구로는 스위스의 인터넷 사용자 조사를 통하여 사이버 공동체가 사회적 연결망 형성과 유의미한 관계를 찾지 못했으며, 사회연결망을 형성하는 데 도움이 되지도 않는다는 것을 발견한 연구가 있다(Franzen, 2003).

3) 사회자본 보완론

사이버 공동체가 기존의 사회자본을 강화하거나 쇠퇴하는 역할을 하는 정도의 힘을 발휘하지는 못하지만, 기존의 사회적 관계를 유지하는 데 유용한 도구로서 작동한다는 관점이다. 즉, 온라인에서의 활동이 오프라인에서의 시민참여, 네트워크 형성, 자발적 참여를 일정 정도 보완해주는 역할을 할 수 있다는 것이다.

Ⅳ. 사회자본의 적용

1. 적용 영역

사회자본의 적용 영역과 그 개념의 구체성에 대해서는 학자들의 논의가 활발하며 아직 하나의 공감대나 결론에 도달한 것으로 보기는 어렵다. 그러나 여기서는 푸트남의 이론과 최근 행정학계의 일반적인 논의를 바탕으로 한국 행정에의 적용 영역에 대해 논의하고자 한다.

사회자본을 행정실무에 적용하는 영역으로는 크게 세 가지로 구분하여 살펴볼 수 있다. 첫째는 국가라는 전체 측면에서 사회자본을 바라보는 것이다. 이러한 시각에서는 국가발전 또는 선진국의 의미를 사회자본의 축적 정도에 비례한다고 보는 것이다. 따라서 행정의 역할은 각종 법률과 제도의 신뢰성 확보, 참여 민주주의, 올바른 사회적 규범의 제고 등을 위한 지원일 것이다.

둘째는 지방정부나 지역사회 차원에서의 사회자본을 바라보는 것이다. 사회자본 이론에서는 특정 지역이 다른 지역과 차별화되는 중요한 요소가 사회자본의 축적 정도로 보고 있다. 따라서 국가의 하위단위에서 사회자본 형성을 위한 지원이 필요하다. 최근 마을 만들기 사업에서 해당 지역이 지닌 사회자본의 수준에 따라 사업의 성패가 결정될 수 있다는 연구결과들은 이러한 노력의 필요성을 잘 알려주는 사례이다. 따라서 행정은 지역사회 구성원 상호 간의 상호작용을 장려하고, 마을 만들기, 마을 기업, 지역공동체 등에 대한 육성정책을 통하여 마을의 무형적 역량을 키울 수 있도록 지원할 필요가 있다.

셋째는 정부 관료제 내부에서의 사회자본에 관한 논의이다. 정부 관료제 내부에서 상호 간의 신뢰성 확보, 적극적인 의견의 개진, 각종 정부 규범에 대한 전체적 공감대의 형성 등은 행정에 중요한 요소가 된다. 즉 공무원들이 복지부동이라는 비공식적인 규범을 공유하는 경우와 희생과 봉사라는 규범을 공유할 때에 국민에 대한 서비스는 달라질 것이다. 그런데, 정부 관료제 내부에서의 사회자본은 다시 개별 부처나 부처 내의 실, 국, 과 단위로 나눌 수 있으며, 243개의 지방정부도 국, 과별 또는 사업소별로 사회자본의 형성은 다를 수 있다.

2. 확보 방안

1) 국가정책의 방향 설정

국가정책의 목표를 물적 성장과 함께 사회자본의 축적이 진정한 선진국의 길이라는 방향 설정이 필요하다. 참여정부, 박근혜 정부와 문재인 정부에서 국정지표나 정부 혁신의 목표로 '신뢰', '참여', '협력', '사회적 가치' 등의 용어를 사용한 것은 사회자본과 같은 무형적 자산에 대한 중요성을 고려한 것으로 볼 수 있다.

2) 정부와 공무원의 역할

사회자본 형성을 위하여 정부는 뉴거버넌스와 신공공서비스론의 접근방법이 필요하다. 뉴거버넌스에서 정부는 정책의 성과나 결과보다는 과정을 강조하며, 정부, 시민사회 등과의 상호협력관계를 강조하며, 공무원은 다양한 행위자 간 협력을 유도하는 조정자의 임무를 수행하며, 상호 간의 신뢰에 바탕을 둔 협력적 관계를 중시한다.

또한, 신공공서비스론에서는 공익을 주어진 것으로 보기보다는 시민들이 공유하고 있는 가치에 관한 대화와 담론의 결과물로 보고 있으며, 관료조직의 성과나 효율성보다는 '사람'을 중시한다. 관료는 사회의 새로운 방향을 잡고 통제하는 것이 아니라 공유된 가치를 가진 시민들이 지역사회의 문제해결 과정에서 서로 협상하고 중재하는 과정에서 봉사하는 행위자임을 강조한다.

V. 결론: 한계와 전망

사회자본 논의는 개념적으로 불명확한데도 그 현실적 유용성으로 인하여 광범위하게 사용되고 있는 것에 대한 우려가 제기되고 있다. 우선, 사회자본을 실제 측정하는 것이 어렵다는 것이다. 푸트남(Putnam, 1996)은 신문 구독률, 타인 및 제도에 대한 신뢰도 조사, 공동체에 대한 참여의 정도 등을 측정 척도로 제시하였다. 그러나 이러한 것이 지역사회의 무형적 자산을 측정하는 포괄성을 가지고 있다고 보기는 어렵다.

둘째는 사회자본 이론이 가지는 이데올로기적인 비판이다. 사회자본이론은 자본주의 지배세력들이 새로운 자본이라는 개념을 도입하여 이를 사람과 사람의 관계 측면에까지 파고들어 그들의 이데올로기를 개발도상국에 강요하는 신자유주의의 문화적 무기라는 비판도 제기된다[35](Fine, 2001).

셋째는 사회자본 이론은 승자를 옹호하는 보수적 프레임을 만들 수 있다는 것이다. 사회자본은 단기간에 이루어질 수 없으며 누적적이고 장기간의 과정이 필요하다. 따라서 사회자본 이론은 진화적 속성도 가지고 있다고 볼 수 있어, 사회진화론이 식민지 개척에 활용되었듯이 서구 사회의 발전은 우수한 사회자본의 결과라는 잘못된 인식을 심어줄 수 있다는 것이다.

그러나 사회자본은 경제적 효율성과 경쟁을 강조하는 기존의 성장과 발전논의와 차별화되는 것으로 지역사회의 총체적 역량을 강화하는 데 이바지할 것으로 기대된다. 특히 사회자본을 적절히 사용할 때는 자유주의와 자본주의 시장경제의 부각으로 분절화되는 지역사회 정서와 공동체성을 회복할 수 있는 이론으로 행정에서 활용가치는 더 높아질 수 있을 것이다.

> **참고** 사회자본에 대한 학자별 논의
>
> **1. 부르디외(Bourdieu)의 사회자본**
>
> 부르디외(Bourdieu, 1986: 248)는 사회 내에서 계급적 차별의 재생산과 순환을 설명하며 사회 체제에 대한 비판을 위하여 사회자본 개념을 사용하였다. 한 사회 내에서 개인의 관계망과 그가 소속된 집단은 개인에게 사회적 기회와 자원으로 작용하게 되는데 이것이 사회자본이라는 것이다. 그런데 특정 사회에서 부모 세대가 가진 교육·문화적 자원이 그의 자식 세대의 계급 재생산과 긴밀히 연결되듯이, 사회자본도 그 사회의 재생산에 영향을 미치는 은폐된 자본이라는 것이다. 한편 부르디외는 사회자본의 축적은 개인들이 자기 이익을 위한 합리적 선택의 결과와 연관되어 있다고 보았다(김상준, 2004: 69-76).
>
> **2. 콜만(Coleman)의 사회자본**
>
> 미국 사회학계에서 합리적 선택이론(rational choice theory)을 이끌었던 콜만은 "모든 행위는 행위자의 이익 실현을 증가시키는 단일 목적에서 이루어

---

35) 그러나 이러한 비판에 대하여 사회자본 이론은 고도로 발달된 자본주의의 병폐인 가족과 공동체성의 해체를 치유하기 위한 실천적 동기에서 비롯된 것으로 보는 견해도 있다(Coleman, 1990; 김상준, 2004: 76).

진다"(Coleman, 1990: 32)는 명확한 입장을 견지하면서 사회자본이론을 전개하였다. 그는 두 가지 관점에서 사회자본이론에 집중하였는데, 하나는 사회자본이라는 개념이 개별 행위자가 합리적 선택이라는 과정을 반복하면서 그가 소속된 사회의 일정한 규범을 합의하게 되는 과정을 잘 설명해 줄 수 있으며, 역으로 사회가 어떻게 개인의 특정 행위를 촉진하는지에 대한 답을 함께 얻을 수 있는 유용한 이론으로 보았다. 다른 하나는 1980년대 미국 사회에서 가족 가치나 공동체 정신을 회복시키는 데 사회자본이 핵심 이론으로 역할을 할 수 있다고 보았다(김상준, 2004: 76).

콜만에게서의 사회자본이론은 특정 개인이 합리적 선택의 과정을 통하여 특정 사회에 참여하고, 그 특정사회는 개인에게 사회적 관계의 형성을 통하여 다른 사람들의 자원을 동원할 수 있도록 한다는 것을 논리적으로 설명하는 것이다. 따라서 콜만은 사회자본을 "소속된 개인에게 특정한 행동을 가능하게 만들어주는 사회구조 또는 사회적 관계"로 정의한다(Coleman, 1990). 즉 그에게서 사회자본이란 한 개인에게는 없지만, 그 개인이 참여하고 있는 사회적 관계를 통하여 다른 사람들의 자원을 동원할 수 있는 능력을 말한다(박찬웅, 2000: 82).

다음 두 가지 설명을 통하여 콜만의 견해를 더욱 명확히 알 수 있을 것 같다. 하나는 그가 사회자본의 구성요소로 제시한 신뢰에 대한 개념 정의이다. 그는 신뢰를 "위험한 상황에서 효용을 극대화(maximization of utility under risk)하기 위한 전략"으로 보았다. 그는 이해득실을 고려한 신뢰 개념에 따라 경제적 투자의 일부로 신뢰를 보았던 것이다(Coleman, 1990: 99). 이러한 신뢰에 대한 개념 정의를 통하여 개인의 합리적 선택을 설명하였다.

두 번째는 콜만이 제시하는 사회자본에 대한 예시이다. 뉴욕시에 전문 보석상들이 서로 보석을 주고받을 때 문서로 명시하지 않고 상호신뢰 속에서 거래가 이루어져 거래비용을 줄이는 기능을 한다는 것을 예로 들면서, 이들의 신용거래가 가능한 이유를 오랫동안 이어온 관계 속에서 사회자본을 형성했기 때문으로 보았다. 여기서 사회자본은 구성원의 기회주의적 행동을 억제하고 개인들의 자원을 극대화하도록 만들었다는 것이다.

3. 푸트남(Putnam)의 사회자본

푸트남은 사회자본의 대중화에 결정적 역할을 하였다. 최근 우리나라의 행정학, 정치학, 지역학 분야에서 주로 논의되는 사회자본 연구는 푸트남의 개념을 바탕으로 하였다고 하여도 과언이 아니다. 그 이유는 부르디외와 콜만은 사회자본을 주로 개인적 특성을 중심으로 개인과 사회와의 관계를 설명하는 이론적 경향에 치우쳤다면, 푸트남은 이를 현실에 적용하는 데에 집중하였기 때문이다. 그가 1993년에 출판한 「Making Democracy Work」에서 사회자본이 잘 갖추어진 지역사회의 경우는 정치·경제적 성공과 연관된다는 도식을 설명하였는데, 이는 대중들의 관심뿐 아니라 연구자들에게 사회자본과 관련된 사례연구에 대한 욕구를 자극하였다.

푸트남이 말하는 사회자본은 다음 두 가지 특징을 통하여 분명히 설명될 수 있다. 첫째, 그는 사회자본을 공동체가 가지는 자원으로 인식하였다. 따라서 그는 부르디외와 콜만과는 달리 개인이 아닌 지역사회나 공동체를 중심으로 연구하였다. 그는 사회자본을 "(구성원들의) 협력을 촉진하여 사회의 효율성을 증진하는 신뢰, 규범, 네트워크와 같은 사회조직의 특성"으로 정의하였다(Putnam, 1993: 167). 따라서 그는 특정사회 집합체가 가지는 특성을 사회자본으로 보는 도식화를 통하여 현실에서 사회자본의 연구를 확장했다.

이러한 맥락에서 둘째로는 사회자본이 특정 사회의 자원이나 역량을 나타낸다면 이를 어떻게 측정하고 어떻게 향상할 것인가의 문제를 고민하였다. 사회자본을 측정하기 위한 척도로 신문 구독률, 타인 및 제도에 대한 신뢰도 조사, 공동체에 대한 참여의 정도 등을 제시하기도 하였다(Putnam, 1996). 또한, 그는 특정 사회의 바람직한 역량을 사회자본과 동일시하기도 하였으며, 이를 다시 토크빌(Alexis de Tocqueville)의 자치 규범이나 민주주의론과 연관 지어 사회자본의 개념을 정치와 시민문화의 영역으로 확장했다. 즉 사회자본이 축적된 사회는 주민 참여가 증진되어 정치적 역량이 강화된다는 것을 강조하는 것이다.

이러한 두 가지 특징은 행정학계에서 왜 부르디외와 콜만이 아닌 푸트남의 사회자본 개념을 중심으로 논의를 전개하는지를 잘 설명해 준다고 볼 수 있다.

제16절 시차이론

I. 개념 및 등장 배경

시차이론 또는 시차적 접근방법이란 '시간'이라는 요소에 초점을 맞추어 정책이나 제도의 변화과정을 설명하려는 연구 방법이다. 시차이론에서 고려하는 시간적 차이는 변화 시작의 시간적 차이(선후 관계)와 변화 지속의 시간적 차이(시간의 장단기)로 구분된다. 시차이론은 정책이나 제도가 도입·수정되는 과정에서 하위 요소들의 집행 순서 또는 선후 관계, 그리고 하위 요소들의 정책효과가 나타나는 시기(단기 또는 장기)에 따라 결과가 달라질 수 있음을 강조한다. 결국, 시차이론은 사회현상을 발생시키는 주체의 속성이나 행태가 시간적 차이를 두고 변화되는 사실을 연구에 적용하려는 연구 방법인 것이다(정정길 외, 2011: 766). 시차이론은 우리나라의 많은 행정개혁이나 정책들이 실패한 요인으로 그 개혁안이나 정책 자체보다는 전략상의 문제로 보고 시차라는 변수를 고려한 새로운 접근방법으로 정정길 교수에 의하여 제안되었다[36](정정길, 2002a).

사회과학에서 시간을 연구의 중심개념으로 사용한 이론들은 다수가 발견된다. 그 대표적인 것은 진화적 사고이다. 시간이 지남에 따라 변화되는 현상을 설명하는 연구 방법은 생물 진화의 은유를 사회과학에 접목한 것이다. 여기에는 사회진화론을 필두로 진화경제학(evolutionary economics), 신제도주의(new institutionalism)의 분파 중 역사적 신제도주의 등을 들 수 있다. 이들은 모두 시간이 지남에 따라 변화하는 현상을 포착하기 위한 연구들이다. 이들 이론은 시간의 흐름은 주어진 상수로 보고 이에 따른 다른 것들의 변화를 연구하는 것이다.

그러나 시차이론은 시간의 차이를 변수로 보고 있다는 것이 다르다.[37] 시차이론은 진화경제학이나 역사적 신제도주의 등에서 고려한 맥락이나 단순한 시간의 흐름을 좀 더 세분화하여 별도의 변수로 분석하고자 하는 시도로 보인다. 또는 시간의 차이를 중심으로 주요 원인변수들을 식별하고 이들이 결과변수에 미치는 관계를 규명하고자 한다(이시원, 2013: 406).

---

36) 대부분의 행정학 이론이 미국학계를 중심으로 형성되었으나, 시차이론은 우리나라 학자가 독자적인 이론 체계를 구축하였다는 측면에서 의의가 있다.

37) 진화경제학과 역사적 신제도주의에서는 [policy change=time*f(policy, actors, accident, etc)]로 표현될 수 있다면, 시차이론은 [policy change=time*f(**time difference**, policy, actors, etc)]로 표현될 수 있을 것이다.

Ⅱ. 내용 및 특징

1. 내 용

시차이론38)의 주요 내용은 다음과 같이 요약될 수 있다(이시원, 2013).

1) 원인변수들의 작동순서 고려

다수의 원인변수가 있으면 이들의 작동순서에 따라 정책의 결과가 달라질 수 있다는 것이다. 즉 원인변수들이 작동하는 시간적 차이가 결과변수에 영향을 미치는 것을 고려하여야 한다고 본다. 기존의 연구들은 단순히 원인변수와 결과변수로 구분하였지만 시차이론에서는 원인변수들 상호 간에 작동하는 시간의 차이를 고려할 필요가 있다는 것이다.

화학적 변화를 예로 들면 나트륨에 염소를 첨가하면 소금이 되고 이를 물에 넣으면 소금물이 되는데, 나트륨에 먼저 물을 첨가하면 폭발이 일어나고, 이후 염소를 첨가하면 전혀 다른 결과물이 발생한다는 것이다(정정길 외, 2005). 따라서 새로운 제도나 정책을 도입하는 경우에는 다양한 정책요소들의 시간적 우선순위를 고려해야 한다는 것이다.

2) 원인변수의 숙성기간 고려

어떤 정책의 원인변수가 변화하면 즉각적으로 결과변수에 영향을 미친다기보다는 일정한 기간이 지나간 후에 결과변수에 영향을 미칠 수 있다는 것이다. 따라서 원인변수를 작동시킨 후에 얼마의 시간이 지나서 결과변수에 변동이 생길 것인지에 대한 시간의 고려가 필요하다는 것이다.

실제로 특정 정책이나 제도가 시행 초기에는 시민들이 제도에 적응하기 어려워 불만이 나타나거나 부작용이 부각될 수 있지만, 일정 시간이 흘러 제도가 안착하면 그 소기의 목적을 달성하는 예도 있다. 결국, 정책을 평가하는 경우에는 평가의 시점에 따라 결과가 달리 나타날 수 있는 것은 이러한 숙성기간을 어떻게 고려하느냐에 따른 차이로 볼 수 있다는 것이다.

---

38) 정정길 교수(2002a, 2002b)는 초기에는 시차적 접근방법(time-difference approach)이라고 하였으나(정정길, 2002c) 후에 이를 시차이론으로 표현하고(정정길 외, 2011) 있다. 경험적 연구가 축적되고 그 내용이 정형성을 갖추게 됨에 따라 이를 이론으로 표현하고 있는 것으로 보인다. 그러나 여전히 이를 이론으로 볼 수 있느냐에 대한 의문은 제기될 수 있으나 본서에서 접근방법과 이론을 특별히 구분하지 않고 있으며, 행정학을 이해하는 데 양자를 구분할 큰 실익이 없어, 이에 관한 논쟁은 생략한다.

3) 원인변수와 결과변수의 변화과정 고려

현실에서 정책과 관련된 원인변수와 결과변수는 지속해서 변화한다. 따라서 같은 원인변수가 시기에 따라 전혀 다른 결과를 산출하거나, 결과변수들의 변화과정 중에 어느 시점에서 원인변수가 작동하느냐에 따라 결과가 달라질 수 있다. 예를 들면, 현재의 매출액은 같지만 지난 몇 년간 하락추세에 있는 A 기업과 상승추세에 있는 B 기업이 같은 판매 전략을 선택한다고 하더라도 그 결과는 다를 수 있다는 것이다. 이는 같은 원인변수가 결과변수에 다른 영향을 미치는 것은 결과변수의 변화과정에 기인한 것으로 본다.

요약하면 현재가 같아도 과거가 다르면 결과도 다르다고 할 수 있다. 원인변수와 결과변수의 역사가 다르면 전혀 다른 인과관계가 나타난다. 따라서 시차적 측면을 고려하지 않는 연구는 인과관계를 올바르게 파악할 수 없다고 본다(정정길 외, 2011: 759).

2. 특 징

시차이론의 주요 논리를 정리하면 다음과 같은 특징이 발견된다(김상봉 · 강주현, 2008: 11 – 12; 정정길 외, 2005).

첫째, 정책과 제도의 도입 및 수정의 적시성(timing)을 강조한다. 새로운 정책 도입이 성공하기 위해서는 그 내용을 잘 구성하는 것도 중요하지만 정책결과에 영향을 미치는 다양한 하위 요소들의 시간적 배열을 고려할 필요가 있다는 것이다. 따라서 정책이나 제도가 어느 시기에 도입되고 수정되느냐에 따라 그 결과가 완전히 달라질 수 있다.

둘째, 단기와 장기로 변화요소를 구분한다. 제도 관련 변수 중에는 단기간 내에 성과나 결과를 나타내는 것이 있지만, 변화에 장기간이 소요되는 것도 있다. 따라서 제도나 정책을 도입할 때는 그 변화에 드는 시간을 고려하여야 한다.

셋째, 선후 관계(sequence)를 중요하게 여긴다. 새로운 정책 도입에는 여러 요소가 영향을 미칠 수 있는데, 이러한 영향을 미치는 요소들의 시간적 배열이나 우선순위를 정밀하게 고려하여야 한다.

넷째, 정책참여자의 시차도 고려된다. 여기에는 정책참여자 속성의 시차적 변화와 정책참여자의 인지상의 시차 변화로 나누어 볼 수 있다. 정책참여자 속성의 시차적 변화는 새로운 아이디어와 유행을 지지하는 집단들이 과거의 주도집단에 도전하여 구세력을 약화하고 신세력을 강화하는 경우이다. 정책참여자 인지상의 시차 변화는 사실 변화와 인지 간의 시차, 정보획득에서의 시차, 시차에 따른 편견 등이 작용한다(정정길 외, 2011).

Ⅲ. 유용성과 한계

1. 유용성

시차이론의 유용성 평가는 이 이론이 기존의 다른 이론이나 접근방법보다 현실을 분석하기 위한 더 적절한 도구를 제공해 줄 수 있느냐에 달려있다고 본다. 즉 시간이라는 개념을 도입하면서 우리가 보지 못했거나 볼 수 없었던 다른 측면들을 잘 볼 수 있느냐에 본 이론의 유용성 평가의 기준이 될 것이다. 이러한 측면에서 다음과 같은 몇 가지 유용성이 높게 평가된다.

첫째, 시차이론은 시간의 차이에 따른 관련 변수들의 영향이나 관계를 체계적으로 분석할 수 있게 한다. 기존의 연구들은 제도나 정책 연구에서 '시간의 흐름'을 중심으로 보았다면, 시차이론은 '시간의 차이'를 중심으로 분석함으로써 관련된 요소들의 선후 관계, 변화 지속의 시간 등을 더욱 치밀하게 분석할 수 있게 되었다.

둘째, 시차이론은 제도와 정책의 변화를 보다 동태적으로 파악할 수 있게 해준다. 제도와 정책을 동태적으로 파악하기 위해서는 시간의 변화에 따른 행위자 및 사건의 변화를 함께 분석해야 한다. 시차이론은 시간의 변화를 다시 '시간의 차이'로 세분화하여 시간을 중심으로 한 세밀한 분석을 가능하게 하여 제도와 정책의 변화를 보다 동태적으로 분석할 수 있게 해준다.

셋째, 인과관계 추정의 방법론을 더욱 정교하게 하는 데 도움을 준다. 제도와 정책의 변화에 대한 기존의 역사적 신제도주의에서 강조하는 '맥락'은 시간, 행위자 및 상황을 하나의 덩어리로 설명하는 측면이 강하였다면, 시차이론은 시간의 차이를 중심으로 이들을 세분화하고 있다는 것이다.

넷째, 역사적 신제도주의에 미시적 분석기초를 제공하는 데 유용할 것이다. 시차이론은 독자적 이론으로 발전하고 그 유용성도 인정되지만, 역사적 신제도주의에서 고려하는 '시간의 흐름'을 보다 세밀히 분석하는 미시적 분석기초를 제공하는 데 도움을 줄 것이다.

다섯째, 시차이론은 실무에서 활용도가 높을 수 있다. 시차이론이 우리나라 상황에서 각종 개혁정책의 실패에 대한 원인을 찾는 과정에서 창안되었듯이 행정 및 정책 실무에서 큰 도움을 줄 수 있을 것으로 기대된다. 관료들이 시간의 차이에 관한 생각을 바탕으로 정책이나 행정업무를 추진한다면 그 효과성은 더 클 것이기 때문이다.

2. 한 계

이러한 유용성에 대하여 비판도 적지 않게 제기된다. 우선, 시간 현상의 영향을 실제로 측정하는 데 필요한 방법론이 구비되어 있지 않다는 것이다(김태룡, 2014: 498). 인과관계의 변화가 시차로 인한 원인변수와 결과변수의 성숙 효과인지, 아니면 상황 변수의 변화에 의한 것인지를 구분하기 어렵다는 것이다. 특히 시간이 흐름에 따라 원인변수와 결과변수뿐 아니라 다른 모든 변수가 변화하기 때문에 변화하는 변수들을 식별하기는 쉽지 않다는 것이다.

다음으로, 시차이론에서 강조하는 '시간'이라는 개념이 역사적 신제도주의에서 사용되는 주요 개념들인 '맥락', '역사', '제도화', '경로의존' 등의 개념을 대체하기 어렵다는 것이다(하연섭, 2002). 시차이론에서 중시하는 새로운 제도나 정책의 도입·수정을 위한 시차의 문제는 정책 대상들의 '상태의 변화'라는 말로 포용 되는 것이지 '시차의 문제'로 설명할 필요는 없다는 것이다. 결국, 시간의 흐름에 따라 우리가 주목할 것은 시차의 문제가 아니라, '제도 모습의 변화'나 '제도화의 정도'에 대한 것이라는 것이다. 왜냐하면, 이러한 용어 속에는 이미 시차의 문제가 포함되어 있기 때문이다.

이러한 유용성과 한계 논쟁에 대하여 시차이론은 기존의 역사적 신제도주의자들의 분석보다 더 엄밀 정치하다는 것을 구체적인 사례분석의 축적을 통하여 증명할 필요가 있다.

제2편

정책론

정책은 "공공문제의 해결이나 공익가치를 추구하기 위하여 정부가 달성해야 할 목표와 그 실현을 위한 방안"으로 정의될 수 있다. 따라서 정책이란 특정 상황이나 사회 문제에 대하여 앞으로 국가와 사회를 어떻게 만들어가겠다고 하는 정부 개입의 목적과 방안에 대한 상호 관련된 의사결정의 집합체이다.

그런데 공공문제와 공익가치가 무엇인가에 대해서는 의견이 나뉠 수 있다. 또한, 공공문제의 해결과 공익가치의 추구를 위한 방안을 선택하고, 그것을 추진하는 과정에서 더 이익을 보는 집단과 더 손해를 보는 집단이 생길 수 있다. 이렇듯 정책은 필수적으로 가치 배분적인 성격을 가질 수밖에 없다. 따라서 이스턴(D. Easton, 1953: 129)이 말한 "사회에 존재하는 다양한 가치들의 권위적인 배분(authoritative allocation)"이라는 측면에서 정책은 정치와 긴밀한 연관성을 가진다. 정치는 사회의 다양한 집단 간의 협상과 설득 그리고 권력 게임 과정으로 나타나며, 정책의 입법화나 집행과정을 통해서 그 결과가 실현된다. 즉 입법부와 행정부 등 다양한 기관과 집단들의 상호작용이라는 정치과정을 통하여 정책이라는 내용물은 구체화 된다.

정치과정을 통하여 도출되는 속성을 가진 정책은 관련 행위자(actor)를 중심으로 살펴볼 필요가 있다. 다양한 정책과정에 공식·비공식적으로 참여하는 행위자를 식별하는 것은 정책을 이해하는 가장 기본적인 작업이다. 따라서 정책과정에서의 권력과 참여 네트워크를 이해하는 것은 제1장에서 다룬다.

정책을 학습하는 두 번째 작업은 '정책의제 설정 → 정책결정 → 정책집행 → 정책평가'로 이어지는 정책과정을 중심으로 이해하는 것이다. 본서에서는 이를 제2장과 제3장에서 다루고 있다. 정책과정을 크게 4단계로 나누고 각 단계에서 발생하는 관련 쟁점들을 학습하면, 정책을 체계적으로 이해하는 데 도움이 될 것이다.

01

정책 이해

본 장에서는 두 가지 주제를 중심으로 논의하고자 한다. 첫째는 정책 자체에 대한 이해이다. 정책은 다양한 행동방안으로 표현된다. 따라서 정책이 무엇인지를 구체적으로 이해하기 위해서는 그 행동방안의 유형을 구분하여 살펴보는 것이 필요하다. 이것이 정책 유형에 대한 논의이다. 둘째는 정책과정에 참여하거나 권력을 행사하는 다양한 행위자 집단의 존재를 식별하고 이해하는 것이다. 이는 정책과정에서의 권력과 정책 네트워크의 유형을 통하여 살펴본다.

제1절 정책 유형

I. 의 의

정책은 "공공문제의 해결이나 공익가치를 추구하기 위하여 정부가 달성해야 할 목표와 그 실현을 위한 행동방안"으로 정의될 수 있다. 현실에 복잡·다양한 정책을 공통의 속성에 따라 분류하고 유형화하게 되면 개별 정책뿐 아니라 정책의 집합들에 대한 이해도를 높일 수 있을 것이다. 또한, 정책의 유형별 분류는 정책의 내용과 정책과정의 관계를 이해하는 데도 도움을 준다. 즉 정책을 유형화함으로써 각 카테고리에 해당하는 정책들과 관련된 정치적 형태를 식별할 수 있게 된다는 것이다(노화준, 2013: 131). 이러한 맥락에서 로위(T. Lowi, 1964: 687)는 '정치가 정책을 결정한다.'라는 종래의 가정을 반박하고, '각 정책의 인지된 특성이 정책을 만

드는 정치적 동태를 결정한다.'라고 보았다. 결국, 정책 유형화는 정책과정 참여자
들의 행태를 예측 분석하고 이를 관리 통제하는 데 유용한 틀을 제공할 뿐 아니라
정책을 정치과정의 단순한 산출물이 아닌 정치체계에 영향을 미치는 독립변수로
써 이해하는 데 도움을 준다.

　　그러나 정책 유형화는 쉽지 않다. 그것은 다른 학문의 분류와 마찬가지로 모
든 정책이 범주 중 하나에 포함되어야 하는 '포괄성'과 하나의 정책은 하나의 범주
에만 포함되어야 한다는 '상호배타성'이 있어야 하기 때문이다. 정책은 연구자에
의하여 여러 가지로 분류되고 있다. 여기서는 기능별 분류와 정책수행 목적에 따
른 분류를 살펴본다.

Ⅱ. 정책의 기능별(내용별) 분류

　　정책을 보건정책, 노동정책, 교통정책, 복지정책, 정보통신정책, 국방정책, 교
육정책 등 실질적 분야에 따라 분류하는 것을 정책의 기능별 또는 내용별 분류라
고 한다. 이는 정부 부처나 국회의 상임 위원회 분류에서 활용되고 있어 일반인들
이 이해하기에는 편리한 측면이 있다. 또한, 기능별 분류는 정책의 목적과 수단들
을 이해하거나 기능별 정책의 가치를 평가하기 쉽다. 그러나 기능별 분류는 정책
과정에서 집단들 간 갈등과 해결 과정 등에 나타나는 동태적 특성의 공통성을 파
악하고자 하는 정책적 연구의 목적에는 부적합하다고 볼 수 있다.

Ⅲ. 정책 목적(성격)에 따른 분류

　　정부 정책을 정책 목적이나 성격에 따라 분류하려는 시도가 여러 학자에 의
해 이루어졌는데, 그중 널리 알려진 것은 로위(T. J. Lowi)의 분류, 알몬드(G.
Almond)와 파월(B. Powell)의 분류, 리플리(R. Ripley)와 프랭클린(G. Franklin)의 분
류 등이다. 로위는 정책 목적과 수단 선택을 둘러싸고 일어나는 정치의 특성에 따
라 규제정책, 재분배정책, 분배정책, 구성정책 등 4가지로 분류하였다. 알몬드와
파월은 시스템이론의 입장에서 추출정책, 규제정책, 분배정책, 상징정책 등 4가지
로 유형화하였다. 또한, 리플리와 프랭클린은 정책형성 및 집행을 중심으로 분배
정책, 경쟁적 규제정책, 보호적 규제정책, 재분배정책 등으로 분류하였다. 이들 학
자가 분류한 정책 유형들을 중복되지 않게 그 의미를 살펴보면 다음과 같다.

1. 배분정책[1]

배분 또는 분배정책(distributive policy)은 정부가 재화나 공공서비스를 특정 부문에 나누어주는 활동을 말한다. 구체적인 정책 사례로는 도로나 항만건설 등 사회간접자원의 확충, 국·공립학교를 통한 교육서비스의 제공, 기업에 대한 수출보조금 지원, 농어촌 소득증대 사업지원 등을 들 수 있다. 지난 2008년 정부가 첨단의료복합단지를 건설하는 계획을 발표하자 전국의 10여 곳에서 유치경쟁에 나섰다. 정부는 평가과정을 거쳐 '대구·경북 신서혁신도시'와 '충북 오송 생명과학단지'에 첨단의료복합단지를 각각 조성하기로 확정했다. 이 과정에서 지역 정치인, 관료, 시민들이 치열한 유치경쟁을 벌였는데, 이러한 현상은 첨단의료복합단지 건설이 분배정책의 특징을 나타내고 있음을 보여준다.

2. 규제정책

규제정책(regulatory policy)은 정부의 강제력이 직접 동원되는 활동이다. 리플리와 프랭클린은 경쟁적 규제정책과 보호적 규제정책으로 구분하였다.

1) 경쟁적 규제정책

경쟁적 규제정책(competitive regulatory policy)은 특정한 권리나 서비스를 제공하는 권한을 갖고자 하는 다수의 경쟁자 가운데 특정 개인이나 집단에 정부가 그 권리를 부여하는 것을 결정하는 내용의 정책을 말한다. 정부가 특정한 전문 지식이나 자본력을 가진 기업에 일정 기간 사업을 할 수 있는 권한을 부여하고 그 기간 후에는 재심사를 통하여 경쟁력을 높이고 소비자를 보호하려는 목적의 정책이다. 따라서 독과점의 권한을 얻고자 하는 다수의 경쟁자는 서로 치열한 경쟁을 하게 된다. 면세점 사업자 선정, 이동통신 사업자 선정, 특정 노선에 대한 항공 운항권 부여 등이 경쟁적 규제정책의 사례이다.

2) 보호적 규제정책

보호적 규제정책(protective regulatory policy)은 정부가 국민 일반을 보호하기

---

1) 배분정책에서는 로그롤링(log rolling)이나 포크배럴(pork barrel)과 같은 정치행태가 나타난다. 로그롤링은 정치세력이 자기의 이익을 위해 경쟁세력의 요구를 수용하거나 암묵적으로 동의하는 정치적 행위를 말한다. 통나무를 원하는 방향으로 굴리기 위해서는 통나무의 양쪽에 존재하는 '경쟁세력이 서로 동조하거나 협력'해야 하는 것에 비유한 것이다. 포크배럴은 배분정책에 관여하는 사람들이 자신의 정치적 지지 세력을 지원하기 위하여 그 혜택을 '나눠 가지려는 현상'을 말한다. 미국 의회 의원들이 지역구 주민들을 위하여 선심성 예산을 확보하려는 행태에서 비롯된 말이다.

위하여 개인이나 기업의 행위에 일정한 조건을 부여해 규제하는 정책을 말한다. 최저 임금제 도입, 유통기한 표시 의무, 환경보호 정책, 독과점 규제정책, 부당노동행위 금지 정책 등이 여기에 속한다.

3. 재분배정책

재배분정책(redistributive policy)은 고소득층으로부터 저소득층으로 소득을 이전시키는 것을 목적으로 하는 정책이다. 개인 소득세, 상속세 등에 누진세 방식이나 저소득층을 위한 사회보장제도 등이 대표적인 예이다. 재배분정책은 자본가와 노동자, 많이 가진 자와 조금 가진 자라는 계급 대립적 성격이다. 분배정책이나 규제정책과 달리 재배분정책은 재산권 행사가 아니라 재산의 소유를 대상으로 하며, 평등한 대우가 아니라 평등한 소유를 목적으로 하므로 갈등의 수준이 가장 높다는 특징이 있다(남궁근, 2012: 105).

4. 구성정책

구성정책(constituent policy)이란 국가 운영을 위한 기본 규칙이나 구조와 관련된 정책이다. 즉, 구성정책은 정치체계에 대한 투입 부분을 조직화하고 정부조직을 구조화하는 것을 목적으로 하는 정책이다(Lowi, 1972: 300). 선거구의 조정, 정부기구의 개편, 공직자의 보수 등에 관한 정책이 대표적인 구성정책의 예이다.

5. 추출정책

추출정책(extractive policy)은 정부가 민간부문으로부터 인적·물적 자원을 동원하는 것을 목적으로 하는 정책이다. 병역의무를 부과하는 것, 세금을 부과하는 것 등이 그 예이다.

6. 상징정책

상징정책(symbolic policy)은 정치체제의 정당성, 충성심을 확보하기 위하여 시행하는 정책이다. 국기에 경례나 애국가 제창, 국경일 경축 행사, 지폐나 우표에 위인들의 사진을 싣는 경우가 그 예이다.

Ⅳ. 결론: 정책 유형화의 가치와 비판

로위가 정책 유형을 제시하기 이전에는 정책을 정치 또는 정부의 단순한 산출물로 보았다. 그러나 로위는 정책 유형론을 제시하면서 정책의 인지된 특성이 정책을 만드는 정치과정의 특성들을 결정한다고 주장하였다. 이는 정책 연구 발전에 획기적인 전환점이 되었다. 그러나 정책 유형화의 문제점을 지적하는 예도 많다(노화준, 2012: 139).

첫째, 정책과정은 장기간에 걸쳐 진행되므로 정책과정을 단순한 하나의 정책단위나 분류 유형으로 설명하기 어렵다는 것이다. 즉, 시간이 지남에 따라 정치과정 속에서의 집단 간 갈등의 모습이나 정책 결과물들이 다양하게 나타날 수 있으므로 이를 하나의 유형으로 분류하기는 어렵다는 것이다.

둘째, 각 정책 유형들은 상호배타성에 어긋나는 경우가 많다는 것이다. 특히 재분배정책, 규제정책 및 분배정책 간에 중복이 많다는 것이다. 예를 들면, 벤처기업에 대한 보조금 지급은 경제발전이나 고용증진을 위한 목적 달성을 의도한 것이면 분배정책으로 분류될 수 있지만, 대기업이나 기존 기업보다 보호 대상으로서 신규 기업에 대한 보조로 보면 재분배정책으로 분류될 수 있다.

제2절 정책과정에서의 권력

I. 서 론

행정을 "공공문제의 해결이나 공익가치를 추구하는 협동행위의 총체"라고 정의한다면, 정부의 역할은 '공공문제 및 공익가치 추구와 관련된 활동'으로 볼 수 있다. 그런데 현실에서 어떤 사안이 행정의 대상인 '공공문제' 또는 '공익가치 추구'인지에 대한 결정을 누가 하는가에 대한 의문이 제기된다. 즉, 새로운 어떤 정책이 결정된다면 그 정책결정에서 '실질적인 영향력을 행사하는 행위자는 누구인가?'에 대한 의문이 제기되는 것이다. 이러한 의문에 답하는 연구는 주로 정책과정에서 행위자 사이의 권력 관계에 관한 모형 또는 정책결정모형으로서 권력모형이다.

위에서 제시된 의문을 좀 더 세분화하면 하나는 주도적인 정책결정권을 가진 세력이 정부에 있는가 아니면 민간에 있는가에 대한 의문이 제기되며, 다른 하나는 정책과정에의 참여가 소수에 의하여 이루어지는지 아니면 다양한 참여자에 의해서 결정되는지에 대한 의문이 제기된다(정정길 외, 2010: 230).

첫 번째 의문과 관련하여 정책결정의 주도권이 정부에 있다고 보는 대표적인 정책결정모형은 국가조합주의 모형이다. 반면에 주도권이 민간부문에 있다고 보는 모형으로는 정부의 소극적 역할을 강조하는 다원주의론을 들 수 있다. 또한, 국가를 자본가 계급의 도구로 보는 마르크스의 계급국가론도 여기에 해당한다. 한편 신다원주의론은 정부와 민간부문이 동등한 결정 권한을 가지고 있는 모형으로 볼 수 있다.

두 번째 참여 범위와 관련된 의문에서는 소수지배를 강조하는 모형으로 엘리트론, 국가조합주의, 신마르크스주의 모형이 있으며, 다원주의론, 신다원주의, 사회조합주의 모형은 다양한 참여세력을 통한 정책과정을 상정하고 있다.

Ⅱ. 마르크스주의 이론

1. 마르크스의 계급이론

마르크스주의는 경제 관계가 정책결정이나 문화와 같은 다른 영역을 지배한다는 논리에 따라 경제영역에서 지배적인 권력을 가진 자본가 계급이 정책결정을 주도한다고 본다. 마르크스는 생산수단을 소유한 자본가 계급과 그 소유자를 위해서 일하는 노동자계급으로 구분하였다. 그런데 이들 두 계급은 정치와 경제 권력을 차지하기 위하여 경쟁하며 내재적으로 갈등요소를 가지고 있다. 이러한 마르크스의 계급이론에 따르면 자본주의 사회에서 공공정책은 자본가 계급의 이해를 반영한 것으로 이해된다.

또한, 국가를 자본가 계급이 노동자계급을 착취하기 위한 도구로 본다. 결국, 정책의 결정권은 국가 또는 정부를 담당하고 있는 집단이 아니라 자본가들이라는 것이다(신정현, 2005: 131). 따라서 국가는 자본가 계급의 이윤을 증가시킬 목적으로 활용되는 수단에 불과하다는 것이며, 이러한 가정을 국가의 수단이론(instrumental theory of the state)으로 부르기도 한다(김세균·박찬욱·박창재 외, 2005: 511).

2. 신마르크스 이론: 국가의 상대적 자율성

20세기 초반에 마르크스의 계급이론, 특히 자본가 계급의 수단으로서의 국가에 대한 논의는 세계의 많은 국가와 식민지에서 조명을 받았다. 그러나 1960년대 후반에 들어오면서 몇 가지 문제점이 지적되었다(Poulantzas, 1978; 김세균·박찬욱·박창재 외, 2005: 511). 첫째는 어떤 정책이 자본가의 이익을 지원하더라도 그 정책을 반드시 자본가들이 결정하였다는 결론을 내리기는 어렵다는 것이다. 또한, 사회복지정책처럼 자본가의 반대에도 불구하고 채택되는 정책이 있다는 것이다. 두 번째는 전통적인 마르크스주의자는 생산수단이 국가나 이데올로기의 기본구조를 결정한다고 보았다. 그러나 역사적으로 볼 때는 국가가 경제를 조직화하거나 생산 양식을 형성하는 데 결정적인 역할을 담당했다는 것이다.

이러한 반성에 따라 1960년대에 많은 신마르크스주의자가 국가의 활동과 행태에 대한 재해석을 시도하여, 국가의 상대적 자율성(relative autonomy)이라는 개념을 도입하였다. 이 개념을 통하여 이들은 자본가가 반대하는 국가 주도의 정책을 합리적으로 설명할 수 있게 되었다. 신마르크스주의자들 중 1970년대 초반에 풀란차스(N. Poulantzas, 1978)가 제시한 견해가 널리 알려져 있다. 그는 자본가 계급도 단일의 분파가 아닌 여러 분파로 나누어져 있으며, 국가를 이끌어가는 관료들은 비자본가 계급으로부터 충원된다는 사실에 주의를 기울였다. 이러한 자본가들 사이의 갈등 그리고 자본가들과 관료들 사이의 관계로 인하여 국가가 일정 수준의 자율성을 부여받을 수 있다고 보았다. 자율성을 가진 국가는 노동계급에 호의적인 정책을 채택하게 된다. 왜냐하면, 다수인 노동자계급으로부터의 정치적인 압력 때문이다. 그런데 풀란차스는 이러한 정책은 단기적으로는 자본가의 이익에 부합하지 않지만, 장기적으로는 자본가의 이익에 부합하게 된다고 본다. 그 이유는 국가가 자본주의 사회의 생존을 위하여 재산권 보호, 질서유지, 지속적인 이윤축적에 유리한 조건을 조성하여 주기 때문이다. 예를 들면, 자본주의 사회에서 복지국가의 등장은 자본가 계급의 요구에서가 아니라 노동자들의 정치적인 압력 때문이다. 그러나 복지국가에서도 자본주의의 기본적인 명제가 여전히 유지된다. 따라서 이러한 복지국가 정책은 노동계급의 요구에 대응하면서도 자본가 계급이 원하는 재산권 또는 이윤축적을 잠식하지 않는 방식으로 설계되었다는 것이다 (Espring-Anderson, 1985). 결국, 상대적 자율성을 가진 국가의 정책결정은 여전히 자본가의 이익을 지원하는 것으로 여겨진다.

Ⅲ. 엘리트 이론

엘리트 이론은 모스카(G. Mosca), 파레토(V. Pareto) 및 미헬스(R. Michels)의 논의로부터 많은 영향을 받았다. 이 이론은 어떠한 정치·행정체계이든 간에 일반 시민이 정책과정에 영향력을 행사할 가능성은 거의 없다고 보는 이론이다.

1. 고전적 엘리트론

초기의 엘리트론은 마르크스의 지배계급이론을 비판하는 대항 개념으로 모스카와 파레토에 의하여 개발된 개념이다. 마르크스 이론에 의하면 자본주의 사회에서는 소수의 자본가와 다수의 노동자계급으로 구분된다. 이들의 관계는 필연적으로 자본가가 노동자를 착취적이고 갈등적인 계급투쟁을 유발하며 종국적으로 노동자계급이 승리하고 자본주의가 몰락한다는 것이다. 그런데 노동자계급의 지배는 소수의 지배에서 다수의 지배로 전환되는 것이다. 이러한 마르크스 이론은 자유민주주의 이론과 더불어 다수의 대중이 정책결정의 권한을 가진다는 19세기 후반의 정치적 사조를 대변한 것으로 볼 수 있다(서울대 정치학과 교수, 2007: 126).

모스카, 파레토 그리고 미헬스는 계급혁명 후 노동자에 의한 다수지배 사회를 말하는 마르크스 이론에 도전하면서, 대중의 지배를 말하는 자유민주주의 사회에 대한 대안적 개념으로 엘리트론을 제시하였다. 엘리트론은 계급 없는 사회는 있을 수 없으며, 정책과정에서의 권력은 본질적으로 소수 엘리트에 의해 행사될 수밖에 없다는 것이다.

1) 모스카(G. Mosca)의 지배할 능력이 있는 소수집단

모스카는 소수집단은 다수보다 의사소통과 정보의 공유가 비교적 용이하여 구성원들이 쉽게 결속할 수 있다고 보았다. 즉 엘리트들은 조직에서 소수집단의 조직화 능력을 활용하여 자신들과 결집력 있는 세력들을 결합해 조직 전체에 대한 통제력을 발휘하게 된다는 것이다. 그런데 모스카는 이러한 지배할 수 있는 능력을 갖춘 세력은 더 강력한 세력에 의해 해체될 수 있으며, 이들이 새로운 엘리트 세력을 형성하게 된다고 본다(서울대 정치학과 교수, 2007: 127). 결국, 모스카는 조직 장악능력의 유무에 따라 엘리트와 비엘리트로 구분하였으므로 생산수단의 소유 여부에 따라 구분한 마르크스의 입장과는 다르며, 엘리트 집단의 순환을 강조하였다는 측면에서 자본가 계급의 지배를 강조하는 마르크스의 이론과 다르다.

2) 파레토(V. Pareto)의 엘리트 순환론

파레토는 한 사회에서 직·간접적으로 정책결정에 참여하는 통치 엘리트와 정책결정에는 참여하지 않지만, 자신의 분야에서 엘리트 위치(예컨대, 체스 경기 우승자, 올림픽 금메달 수상자, 프로 운동선수 등)에 있는 비통치 엘리트로 구분하였다. 그런데 파레토는 이러한 통치 엘리트, 비통치 엘리트, 일반 대중은 사회적 유동성에 의하여 상호 교체 순환됨을 강조하였다.

3) 미헬스(R. Michels)의 과두제의 철칙(iron law of oligarchy)

미헬스는 가장 민주적일 것이라고 예상되는 독일의 사회주의 정당을 연구하였다. 왜냐하면, 사회주의 정당은 내부조직에서 당원 간 평등과 민주주의를 강조했기 때문이다. 그러나 그는 사회주의 정당에서도 선거에서 승리를 위하여 계층제적 구조를 반영한 소수의 지도자에 의하여 지배당하는 현상을 발견하게 되었다.[2] 그는 이러한 과두제의 철칙은 국가를 포함한 모든 조직에서 적용되는 현상으로 보았다. 결국, 미헬스는 보통 선거권과 대중의 지배라는 민주주의 과정에도 불구하고 대중은 지배할 수 없다고 주장하였다.

2. 1950년대 미국의 엘리트론

고전적 엘리트론은 1950년대 미국에서 사회학자들에 의하여 마르크스의 지배계급 개념과 결합하여 계승되었다. 헌터(F. Hunter)와 밀즈(C. Wright Mills)로 대표되는 이들은 당시 미국 사회에서 지배엘리트의 구체적인 존속형태와 지속성 그리고 정치기능을 실증적으로 분석하고자 하였다. 따라서 이들의 연구는 특정 조직에서의 엘리트 문제를 확장하여 지역사회를 포함한 여러 사회집단 간에 권력의 불균형을 지적하고, 엘리트 집단이 다른 사회집단을 지배하거나 정책과정에 비교적 큰 영향력을 미친다는 것을 강조하였다.

1) 헌터(Hunter, 1963)의 명성방법(reputation method) 연구

헌터는 명성방법을 활용하여 미국 조지아주 애틀랜타시의 권력 관계를 실증하였다. 우선 애틀랜타시(당시 인구 약 50만 명)의 저명 인명록에서 정치계, 경제계, 기업계, 문화계, 언론계 등 여러 정치사회 집단에서 175명의 지도자 예비 명단을 작성하였다. 다음 단계는 그 지역사회의 14명의 저명인사에게 지역사회에 영향력이 큰 지도자 40명을 선정하도록 하였다. 그 결과 이들 40명 중 11명은 상업계, 7명은 제조업계, 5명은 공직의 지도자, 2명은 노동단체의 지도자라는 것을 확인하였다. 그리고 이들은 각자가 자신들의 지위를 명백히 인식하고 있으며, 서로 인근 지역에 모여 살고 있으며, 시내에서 만날 때에는 거의 일정한 장소에서 만난다는 것을 발견하였다. 이를 통하여 헌터는 지역사회의 엘리트들이 강한 응집성을 가지고 정책을 결정하고 정치에 무관심한 일반 대중들은 이를 비판 없이 수용한다는 엘리트론을 지지하였다.

---

2) 급진적 사회변혁을 목표로 하는 독일의 사회주의 정당에서 소수의 지도자나 간부들이 권력을 장악하고 조직의 본래 목표를 추구하기보다는 자기의 권력을 유지·강화하는 데 관심을 가지는 현상을 목표의 대치 현상으로 보기도 한다.

2) 밀즈(Mills, 1956)의 지위방법(positional method) 연구

밀즈는 지위방법에 의하여 미국 전역을 대상으로 한 연구를 통하여 기업체, 정부 관료 그리고 군부 관료가 엘리트의 중심세력을 차지하고 있다는 결론을 내렸다. 그런데 이들 엘리트는 교육, 종교, 혼인 등을 통하여 강력하게 연계되어 있으며 분야별 엘리트 사이에 지위의 교체가 이루어진다는 것을 발견하였다. 결국, 밀즈는 당시 미국에서는 이들 세 그룹이 삼위일체가 되어 중요한 정책결정을 하며 다른 사회집단들은 정책에 적응하는 역할밖에 하지 못한다고 보았다.

3. 신엘리트론: 무의사결정론(non-decision making)

헌터와 밀즈 등이 주장한 엘리트론은 후술하는 다알(Robert A. Dahl) 등의 다원론자들에 의하여 비판받는다. 이러한 다원론자의 비판에 대응하여 엘리트론을 옹호하는 바흐라흐와 바라츠(P. Bachrach & M. S. Baratz)는 '무의사결정(non-decision making)'이라는 개념을 도입하여 엘리트론을 옹호하였다. 이들에 의하면 정책결정에 영향을 미치는 정치 권력은 두 가지 얼굴(two faces of power)이 있으며, 그중 하나는 엘리트 그룹이 자신들에게 유리한 방향으로 정책결정이 이루어지도록 하는 것이며, 다른 하나는 자신들에게 불리하거나 동의하기 어려운 이슈가 정부 내에서 논의되지 못하도록 미리 봉쇄하는 것이다. 이들은 엘리트 집단이 이러한 두 번째 얼굴처럼 자신들에게 불리한 이슈는 거론조차 못 하도록 봉쇄하는 것을 '무의사결정'이라고 하였다.

바흐라흐와 바라츠(1970: 40)는 '무의사결정'의 수단으로 네 가지를 제시하였다. 첫째는 새로운 요구가 정책적 이슈화가 되지 못하도록 물리적 힘을 행사하는 것이다. 둘째는 새로운 변화를 주창하는 사람들에게서 기존에 누리는 혜택을 박탈하거나 새로운 혜택을 제시하여 매수하는 것이다. 셋째는 정치체계 내의 규범이나 절차를 강조하여 새로운 요구가 제시되지 못하도록 하는 것이다. 넷째는 정치체계의 규범이나 규칙, 절차 자체를 수정하여 요구를 봉쇄하는 방법이다.

Ⅳ. 다원주의 이론

다원주의는 다양성, 선의의 경쟁, 다양한 권력의 존재 등을 기본 전제로 하며, 이러한 조건들은 자유민주주의 체제 아래에서 가장 잘 성취될 수 있다고 본다. 다원주의 이론의 대표적 학자는 미국 예일대학교의 정치학자 다알(Robert A. Dahl)과 그의 제자 폴즈비(Nelson W. Polsby) 및 울핑거(Raymond E. Wolfinger) 등이다. 이들의 다원론은 이론 그 자체로서 연구되기보다는 위에서 서술한 엘리트론에 대한 반박에 초점을 두고 있다.

1. 다알(R. Dahl)의 다원론3)

다알은 미국의 뉴헤븐(New Haven)시에서 일어나는 도시의 중요 정책결정 과정을 경험적으로 연구하여 다음과 같은 결론을 내렸다.

첫째, 지난 2세기에 걸쳐 뉴헤븐 지역사회가 과두제로부터 다원주의 사회로 변화하였다는 것이다. 그것은 투표권을 기반으로 한 평민들의 등장이 가장 큰 이유로 보았다.

둘째, 소수 엘리트에 의하여 모든 정책결정이 좌우되는 것이 아니라 영역별로 영향력을 미치는 엘리트가 다르므로 과두제가 아니라 다두제(polyarchy)와 유사하다는 것이다.

2. 신다원주의(neo-pluralism) 이론

다원주의론은 각종 이익집단이 정책과정에 거의 동등하게 영향력을 미칠 수 있다는 가정이 비현실적이라는 비판을 받는다. 또한, 정부의 중립성을 지나치게 강조하였다는 것이다. 즉, 관료들의 이익에 따라 정부가 이익집단의 영향력을 벗어나 독자적인 결정을 내릴 수 있는 능력이 있다는 것을 간과하였다는 비판도 받는다. 정부 내 부처 간 견제와 균형에 의하여 특수이익의 요구를 배제할 수 있다는 것도 비현실적이라는 비판을 받는다.

위와 같은 고전적 다원론의 문제점을 지적하면서 신다원주의 이론이 등장하였다. 신다원주의는 자본주의 국가에서 여러 이익집단 중에서 기업가 집단이 가진 특권적 지위가 현실적으로 정책과정에서 나타나고 있음을 인정한다. 또한, 정부가 중립자적 기능을 하지 않을 수 있음을 인정한다. 마지막으로 정부는 이익집단의 반응에 수동적이기보다는 능동적으로 반응한다고 본다(정정길 외, 2011: 239).

---

3) 다알의 연구를 통하여 다원주의가 일반화되었지만 사실 다원론은 벤틀리(Arthur F. Bently)와 트루만(D. Truman)의 이익집단론이 그 이론적 기초가 되었다. 이익집단론에 따르면 미국의 정치체계는 다음 두 가지 이유 때문에 소수의 특수이익에 좌우되지 않고 다양한 집단의 주장에 부응한다는 것이다. 첫째, 정책결정자들은 잠재집단(potential group, 조직화되어 있지는 않지만, 미래에 조직화할 가능성이 있는 집단)을 고려하여 결정을 내리므로 특수이익에 좌우되지 않는다는 것이다. 둘째, 이익집단의 구성원은 여러 집단에 소속되는 중복회원(multiple membership)이 많아 특정 집단의 이익을 극대화하는 결정을 내리기는 어렵다는 것이다.

V. 조합주의 이론

1. 조합주의의 개념

제2차 세계대전 이전에 파시스트 체제하에서 발전된 조합주의는 중·북부 유럽을 중심으로 미국과는 다른 정부 주도의 관료적 경제계획을 수립·집행하면서 새롭게 시작되었다. 전형적 조합주의는 중요한 공공정책을 기업가 단체의 대표, 노동자 단체의 대표, 정부의 대표가 공동으로 결정하는 정책결정 양식을 의미한다. 유럽 국가들은 이러한 조합주의 협의체를 통하여 민간부문과 시장에 개입하였고 이들에 대한 통제도 강화하였다.

1970년대 이후에 조합주의는 다원주의적 이익대표제에 대한 대안적 이론으로 발전되어 왔으며, 슈미터(Philippe C. Schmitter)는 이러한 정책과정의 특성을 조합주의 이론으로 발전시키는 데 공헌하였다. 조합주의 체제에서의 국가는 이익집단들에게 국가정책결정에 대한 지지를 구하고 정책집행에서 협조와 일정한 부담을 지울 수 있게 된다. 반면, 이익집단은 해당 분야에서 독점적 대표권을 국가로부터 보장받고 국가정책이 효과적으로 수행되도록 협조하게 된다. 즉, 조합주의에서는 국가와 이익집단 간에는 이익의 상호교환 관계가 형성되어 있다.

조합주의 이론의 특징은 다음과 같이 정리될 수 있다(정정길 외, 2011: 246-247).

① 조합주의에서의 국가는 결코 중립적이지 않으며 특정 집단을 차별하거나 우대할 수 있다. 즉, 국가는 자체의 이익을 추구하며 이익집단의 활동을 규제, 포섭 및 억압할 수 있는 독립적인 실체이다.

② 이익집단들은 경쟁보다는 협력이 이루어지고 강제적, 비경쟁적이고 계층제적인 질서에 따라 조직화된다.

③ 정책의 결정 과정에서 국가와 이익집단 사이에 합의 과정이 있으며, 집행과정에서도 이익집단은 집행을 보조하는 임무를 수행한다. 따라서 조합주의하에서 이익집단은 준정부기구나 확장된 정부의 일부분으로 인식되기도 한다.

④ 이익집단은 구성원들의 이익을 대변할 뿐 아니라 국가의 목표 달성에도 기여하게 된다. 즉, 이익집단은 사회적 책임이나 협력과 조화 등의 가치를 중시한다.

2. 국가조합주의와 사회조합주의

조합주의는 국가 역할의 적극성 정도를 기준으로 국가조합주의(state corporatism)와 사회조합주의(societal corporatism)로 구분된다.

국가조합주의는 국가가 민간부문의 집단들에 대하여 강력한 주도권을 행사하는 모형이다. 즉, 국가가 정책을 결정하고 조합을 지도하고 감독하며, 조합이 정책을 집행하는 형태로 이루어진다. 국가조합주의는 주로 후진 자본주의 사회나 권위주의적 국가의 이익대표 체계에서 찾아볼 수 있으며, 우리나라의 1960년대 이후 정부 주도의 산업화 추진과정과 유사하다(김세균·박찬욱·박창재 외, 2005: 517).

사회조합주의는 북유럽처럼 사회경제체제의 변화에 순응하려는 이익집단의 자발적 시도로부터 생성되었다. 사회조합주의는 북유럽뿐 아니라 오스트리아, 이탈리아, 스페인 등 여러 유럽 국가에서 경기침체를 해결하고 사회통합을 촉진하기 위하여 활용됐다. 유럽의 사회조합주의의 정책조정방식인 정책협의제는 다음과 같은 특징을 가진다(남궁근, 2012). 첫째, 사용자 단체와 노동조합이 협상을 통하여 공공정책의 주요 내용을 결정하고, 정부와 관료 그리고 의회 의원들은 이 협상 과정에 참여하여 조정자 역할을 한다. 둘째, 각 이익집단은 부문별, 산업별로 계층화되어 있으며 중앙에서의 협상 과정에서 부문 간 이해 조정과 협상이 동시에 진행된다. 셋째, 정책협의의 주 대상은 고용, 가격, 성장, 무역, 복지 등의 경제 및 사회 정책들이다.

제3절 정책 네트워크

I. 의 의

정책 네트워크(policy network)는 특정한 정책결정 과정에 참여하는 이해 당사자가 상호작용하는 관계망이다. 정책 네트워크는 공사 부문의 다양한 행위자들, 이들 행위자 간의 연계, 그리고 이들이 형성하는 특정 네트워크와 외부와의 경계라는 세 가지 요소로 구성된다(Jordan & Schubert, 1992: 12). 행위자들은 정치인, 공무원뿐 아니라 일반 국민, 시민단체, 특정 이해관계자 등 다양하게 구성될 수 있다. 이들 행위자가 모두 같이 참여하는 것은 아니며, 특정 정책과 그 정책의 결정

상황에 따라 참여 정도와 참여의 모습도 다양하다. 또한, 행위자들 간의 연계는 의사소통이 이루어지는 과정이며 전문 지식, 의견과 상호신뢰와 기타의 자원들이 교환되는 통로이다. 한편, 경계는 공식적인 기관에 의하여 결정되는 것이 아니라 정책결정 환경, 문제의 범위, 국가와 사회 간 거버넌스 정도 등에 의존하여 결정된다.

Ⅱ. 정책 네트워크의 유형

이러한 정책 네트워크의 유형은 다양하게 제시되고 있으나, 여기에서는 일반적으로 언급되고 있는 참여 정도에 따른 정책 네트워크 유형을 살펴보고자 한다.

1. 정책커튼 모형(policy curtain model)

정책커튼 모형은 정책결정과정이 정부 내부의 특정세력에 의하여 독점되는 경우를 설명하는 모형이다. 민간부문 행위자의 접근은 차단되어 정책결정이 정부 내부의 특정세력에 의해 독점된다. 따라서 정부 엘리트는 외부의 영향으로부터 자율적이며 외부세력과의 상호작용이 일어나지 않는다.

2. 하위정부 모형(subgovernment model)

하위정부 모형에서는 입법부, 행정기관과 이익집단이라는 세 부류의 행위자 간의 지속적인 상호작용을 통하여 특정 정책결정을 지배하는 것을 설명한다. 따라서 본 모형을 철의 삼각관계(iron triangles)라고 부르기도 한다. 세 집단은 빈번한 접촉, 각 집단이 제공하는 상호 지지를 기반으로 상호협력이 이루어진다. 여기서 정부 관료의 역할은 입법부의 관계자에게 해당 분야의 전문가적인 지식과 조언을 제공하는 것이다.

3. 정책공동체 모형(policy community model)

정책공동체 모형에서는 하위정부 모형의 참여자(입법부, 행정기관, 이익집단)에 '전문가 집단'을 추가하였다. 여기서 전문가 집단이란 관련 정책에 대해 연구하는 대학, 연구기관의 전문가와 정부 내의 전문 관료들이다. 하위정부 모형으로는 지식·정보사회에서의 전문적인 정책결정의 영역을 설명할 수 없는 한계에 부딪히면서 정책공동체 모형이 제시되었다. 본 모형에서는 전문가 집단이 추가되면서 전문 지식의 제공자로서의 행정관료의 역할은 축소되고 특정 정책과 관련된 관리적 측면에서의 지식 제공자 및 지식 중개자의 역할이 강조된다.

4. 이슈네트워크 모형(issue network model)

　　이슈네트워크는 특정의 정책적 이슈별로 이해관계자나 전문가들이 참여하는 정책망을 강조한다. 이슈네트워크는 공통의 관심을 가진 대규모의 다양한 참여자들이 연결되어 네트워크의 경계를 구분하기 어렵다. 왜냐하면, 특정 이슈에 관해 관심을 가지는 개인이나 집단은 너무나 다양하며 이들은 필요에 따라 입장과 퇴장을 반복하기 때문이다. 이슈네트워크 참여자들은 하위정부 모형과 정책공동체 모형의 구성원들과 일부는 필연적으로 중복되지만, 참여 규모는 훨씬 클 수밖에 없다. 따라서 이슈네트워크의 참여자들은 서로를 확인할 수 없는 경우가 많으며, 특정 개인이나 집단이 여러 개의 이슈네트워크에 중복적으로 참여할 수도 있다. 본 모형에서 행정관료는 자신이 가지고 있는 전문성의 수준에 따라 정책결정에 미치는 영향력이 결정된다. 왜냐하면, 이슈네트워크는 비교적 열린 망이며, 참여자들 상호 간 전문성에 대한 치열한 경쟁이 발생하고 있으므로 영향력을 발휘하려는 관료는 강한 전문성으로 무장하여야 하기 때문이다.

02 / 정책형성과 정책결정

본 장에서는 정책의제가 설정되고 정책결정이 이루어지기까지의 과정을 살펴본다. 정책의제 설정 → 정책분석 → 정책결정이라는 단계별로 주요 이슈와 쟁점을 중심으로 다루고자 한다.

제1절 정책의제 설정

Ⅰ. 서 론

정책형성 과정은 정책문제 또는 정책 이슈가 존재하는 것을 전제로 이를 해결하기 위하여 진행되는 절차이다. 여기서 정책문제 또는 정책 이슈는 정책결정자들이 문제해결을 전제로 토론하게 되는 주제가 되는데, 이를 정책의제라고 부른다. 결국, 정책의제는 의회나 행정부 등 공식적인 권한을 가진 정부 기관에서 문제해결을 의도하여 선택한 정책문제를 말한다.

전통적인 정책연구에서는 정치체제에 의해서 의제화된 것만 다루기 때문에 정책의제 설정 과정은 관심의 대상이 아니었다. 그러나 정치체제에 의하여 받아들여지지 않는 문제까지 파악할 필요성이 제기되면서 정책의제 설정에 대한 중요성이 부각되었다. 만일 어떤 사회 문제가 정책의제로 채택되면 정책대안의 모색, 정책결정, 집행 및 평가과정으로 연결되지만 채택되지 못하는 경우, 그 문제는 방치되거나 무시된다. 따라서 정책의제 설정 단계는 정책결정에서 가장 중요한 단계이다. 또한, 정책의제 설정 과정은 행위자들 간 치열한 정치적 경쟁이 발생하는 동태적인 과정이기도 하다.

Ⅱ. 정책의제 설정에 영향을 미치는 요인

무수한 사회 문제 중에서 아주 일부의 문제만 정부에 의하여 정책의제로 채택되어 해결을 위한 예산 등 자원이 동원된다. 그러나 정책의제로 채택되지 못한 나머지 많은 사회 문제는 그대로 방치된다. 따라서 정책의제 설정 과정에 영향을 미치는 요인에 대한 관심이 증대하였으며, 크게 두 가지 관점에서 접근이 이루어지고 있다. 하나는 '사회 문제의 특성'을 중심으로 분석하는 것이며, 다른 하나는 정책의제 설정 과정에 영향을 미치는 '행위자들 간의 권력 관계'를 중심으로 분석하는 것이다.

1. 사회 문제의 특성

모든 사회 문제가 정책 이슈화되는 것은 아니다. 그렇다면 "어떤 사회 문제가 이슈화될 수 있는가?"라는 의문이 제기된다. 이 질문에 대하여 게르스톤(L. Gerston, 1997)은 의제설정의 격발 메커니즘(triggering mechanism)이라는 개념을 제시하였다. 격발 메커니즘이란 일상적인 문제를 공적 이슈로 전환하는 결정적인 사건 또는 그 사건들의 집합을 말한다(Gerston, 2004: 23). 결국, 격발 메커니즘에 해당하는 사건은 일상적인 사회 문제가 공공정책 이슈로 전환되는 촉매제 역할을 하게 된다. 그런데 어떤 사건이 격발 메커니즘이 될 수 있는지에 대하여 게르스톤은 그 사건의 범위(scope), 강도(intensity), 지속시간(time) 그리고 그 사건과 관련된 자원(resources)의 규모라는 4가지 요소를 제시하였다(Gerston, 2004: 25 – 28). 그는 이 4가지 요소의 상호작용 때문에 사회 문제가 정책의제화 과정에 촉매제가 될 수 있다고 보았다.

1) 사건의 범위

사건의 범위란 격발 메커니즘에 의하여 영향을 받는 사람의 수를 말한다. 어떤 사건이 사회의 많은 사람의 삶에 영향을 미친다면 정치적 의제로 설정되기 쉬울 것이다.

2) 사건의 강도

사건의 강도는 대중들에게 인지된 사건이 가지는 심각성의 정도를 말한다. 어떤 사건에 대하여 대중이 분노와 공포 형태의 강한 관심을 나타내면 정책결정자가 관심을 가질 가능성이 크다. 2014년 세월호 침몰 사고의 경우 일반 대중들의 관심이 집중되었으며 이에 따라 국민안전처가 신설되는 등 다양한 정책들이 형성되고 결정·집행되었다.

3) 사건의 지속시간

사건이 전개되는 시간의 길이도 촉발 메커니즘에 영향을 미친다. 어떤 사건은 곧 소멸하지만 어떤 사건은 장기간 지속한다. 그러나 장기간 지속하는 사건이 단기간에 발생한 사건보다 더 영향력이 있다고 볼 수는 없다. 예컨대, 세월호 침몰 사고의 경우 짧은 지속시간에도 불구하고 큰 영향을 미쳤으며, AIDS 퇴치 문제는 장기간 문제가 제기되었으나 정책의제화되는 데에는 상당한 시간이 걸렸다.

4) 사건과 관련된 자원

사건과 관련된 자원은 문제를 방치할 경우에 발생하게 될 금전적 비용이나 인명피해와 같은 사회적 비용을 의미한다. 문제를 그대로 방치할 경우 피해가 클 것으로 예상하는 경우에 정부의 개입 여지는 더 크다고 볼 수 있다. 그러나 문제 해소를 위해 너무 큰 예산의 투입이 필요한 경우는 오히려 정부가 개입을 하지 않을 수도 있다.

2. 행위자의 영향력

누가 정책의제 설정 과정에서 주도적인 역할을 하느냐와 관련해서는 엘리트론자와 다원론자 간의 논쟁이 유명하다.

1) 엘리트론

엘리트론자들은 국가 내에서 권력을 가진 소수의 엘리트에 의하여 정책의제 설정 과정이 주도된다고 본다. 어떤 사회 문제가 정책의제로 설정될 것인지를 결정하는 것은 엘리트들 사이의 합의에 따라서 이루어진다고 본다. 즉 정책의제 설정 과정은 엘리트 집단이 정책문제를 인지하고 이에 대한 관련 정보를 수집하여 대안을 검토하고 이들을 종합하여 정책결정 엘리트 그룹에서 의제화할 것인지를 합의한다는 것이다.

2) 다원론

다원론자들은 일반 대중들이 이익집단이나 각종 선거 등을 통하여 정책의제 설정에 상당한 영향력을 행사한다고 본다. 대의 민주주의하에서 정부 공직자나 의회 의원들이 정책형성을 결정하는 것은 사실이지만 이들은 일반 대중의 요구에 따라 권한을 행사할 수밖에 없다는 것이다.

3) 무의사결정

엘리트론의 관점을 더욱더 정당화시키는 입장에서 바흐라흐(Bachrach)와 바라츠(Baratz)는 무의사결정(non-decision making)을 주장하였다. 신엘리트론자로 불리는 이들은 엘리트 권력을 두 가지 측면으로 나누어 제시했다. 하나는 엘리트 그룹이 자신들에게 유리한 방향으로 정책결정이 이루어지도록 하는 것이며, 다른 하나는 자신들에게 불리하거나 동의하기 어려운 이슈가 정부 내에서 논의되지 못하도록 미리 봉쇄하는 것이다. 이들은 엘리트 집단이 이러한 두 번째 얼굴처럼 자신들에게 불리한 이슈는 거론조차 못 하도록 봉쇄하는 것을 '무의사결정'이라고 하였다. 무의사결정은 엘리트 그룹들이 자신들의 기득권을 보호하기 위하여 기존의 권력·부·사회적 지위 등의 배분 상태를 변경시키고자 하는 시도가 정치적 의제화 되지 못하도록 사전에 차단하는 권력 행위이다. 결국, 무의사결정은 정책의제가 선정되기 이전에 엘리트 집단이 의도적으로 의제를 선별하는 과정에서 발생하게 된다(류지성, 2019).

Ⅲ. 정책의제 설정 과정의 유형

1. 정책의제화의 수준에 의한 분류

정책의제는 의제화가 진행되는 수준에 따라 의제 모집단, 체제의제, 정부의제, 결정의제 등으로 구분될 수 있다(Birkland, 2011: 169-171).

1) 의제 모집단

의제 모집단이란 정책의제가 될 가능성이 있는 모든 정책 이슈나 사회 문제들을 말한다.

2) 체제의제(공중의제)

체제의제는 사회의 구성원들이 정부가 해결해야 한다고 고려하는 정책 이슈나 사회 문제를 의미한다. 체제의제는 '공중의제'라고 부르기도 한다.

3) 정부의제(제도의제, 공식의제)

정부의제는 정책의 공식적 권한을 가진 정부 행위자가 문제해결을 위해 적극적으로 검토하는 의제를 말한다. 정부의제는 '제도의제' 또는 '공식의제'라고 부르기도 한다. 체제의제는 문제를 확인하는 수준에 그치지만 정부의제는 보다 구체적으로 문제의 극복 방안이나 대안을 담고 있는 것이 특징이다.

4) 결정의제

결정의제란 관련 사회 문제에 대하여 공식적인 권한을 가진 기관에서 정책대안을 마련하여 정책결정이 임박한 의제를 말한다. 따라서 결정의제는 정부의제가 더 진전되어 대통령이나 장관이 결정하기 위하여 검토하고 있는 단계의 의제를 말한다. 정부의제가 된 다음에 결정의제가 되기까지 여러 해가 걸리는 경우도 있으며, 결정의제가 부결되는 예도 있을 수 있다(박천오, 2000).

2. 정책의제 설정 과정에 의한 분류

콥과 로스 등은(Cobb, Ross & Ross, 1976: 132 – 136) 정책의제 설정 과정을 외부주도모형, 동원모형 그리고 내부접근모형으로 구분하였다.

1) 외부주도모형(outside initiative model)

외부주도모형은 민간부문의 특정 집단에 의해 제기된 이슈가 다수의 집단이나 일반 대중이 정부의 공식적인 행위가 필요한 문제로 여기게 되면서 정책의제화되는 경우이다. 그런데 초기에 제기되었던 이슈에 대한 문제와 해결방안은 최종 정책결정이나 집행과정에서 정부 당국에 의해 변형될 수 있다.

2) 동원모형(mobilization model)

동원모형은 정책결정자들에 의해 제기된 이슈가 실질적인 정부의제로 설정되고 정책순응을 확보하기 위하여 공중의제화되는 경우이다. 대체로 정책결정자들에 의하여 정부의제화되고 다각적인 캠페인과 홍보 과정을 통하여 공중의제화되는 과정을 거친 후 최종적인 정책의제로 설정된다.

3) 내부접근모형(inside access model)

내부접근모형은 의사결정자들에게 접근할 수 있는 정부의 내·외부 집단들에 의해 정책이 제안되는 경우이다. 내부접근모형의 정책 주창자들은 대체로 전문적 지식을 가진 집단들이며, 자신들의 주장이 공중의제로 전환되는 것을 원하지 않는다.

Ⅳ. 결 론

정책의제 설정 과정은 정책과정의 첫 단계로서 정책과정 전반에 중대한 영향을 끼친다고 할 수 있다. 따라서 소수 엘리트 집단만의 폐쇄적 네트워크를 통한 무의사결정식의 정책의제 설정이 아닌 다양한 사회 문제들이 정부의제화될 수 있도록 시민사회의 참여를 유도하는 것은 중요하다. 이를 위해서는 서울시의 '천만상상 오아시스'와 같이 정보통신기술을 통해 참여를 유도하는 방안과 이를 활성화하기 위한 정책선도자의 적극적인 관심이 필요하다 하겠다.

제2절 정책의 창 모형

Ⅰ. 의 의

킹던(Kingdon)은 마치(March)와 올센(Olsen)의 의사결정의 쓰레기통 모형을 수정·보완하여 정책의제 설정과 정책대안의 성립과정을 설명하고 있다. 그는 사회 문제 중에서 아주 일부만이 정부의 의사결정의제로 채택되는 과정을 집중 분석하는 과정에서 '복수의 흐름(multiple streams)'을 발견하고 이를 논리적으로 제시하였다. 또한 '복수의 흐름'들이 우연히 만나 사회 문제가 정부의 의사결정의제로 채택되는 기회를 '정책의 창(policy window)'이 열린다고 표현하였다. 그는 이러한 새로운 개념들을 통하여 사회 문제가 정부의 의사결정의제로 전환되어 정책이 만들어지는 맥락을 체계적으로 설명하고 있다(Kingdon, 1995).

Ⅱ. '복수의 흐름'과 '정책의 창'

1. '복수의 흐름'

'복수의 흐름'이란 '문제의 흐름', '정치의 흐름' 및 '정책의 흐름'을 의미하며 이들이 만날 때 사회 문제는 정부의 의사결정의제가 되어 정책결정이 이루어진다는 것이다. 여기서 '문제의 흐름'이란 현실의 사회 문제를 말하는 것으로 정책 이해당사자들과 언론매체 등이 주로 관여하게 된다. '정치의 흐름'은 선거나 정치적인 사건들을 말하며, 대통령이나 국회의원, 이익집단 등이 관여하게 된다. 마지막으로 '정책의 흐름'은 제시된 사회 문제에 대한 구체적 해결방안인 정책대안들로 이루어지며 관련 연구자, 교수, 공무원 등이 관련된다. 이 세 가지 흐름은 관련 행위자가 서로 달라 각각이 독립적으로 움직이는 것이 특징이다.

2. '정책의 창'

세 가지 흐름 중에서 '문제의 흐름'과 '정치의 흐름'이 만나서 정책의제가 설정된다. 그리고 여기에 '정책의 흐름'에서 제시된 문제의 구체적 해결방안인 정책대안이 만나게 되면 '정책의 창'이 열린다고 보았다. 즉 '정책의 창'이란 서로 독립적으로 떠다니던 세 가지 흐름이 결합(coupling)하는 기회이며, 이러한 기회가 되면 정책의 창이 열리게 되고 정부의제는 의사결정의제로 전환되고 정책결정이 이루어진다는 것이다(류지성, 2019).

제3절 정책수단

I. 의 의

정책수단이란 사회 문제해결을 위하여 정부 기관이 사용하는 구체적인 기법(techniques)이나 활동들(activities)을 의미한다. 최근 정책학에서 정책수단에 관한 학문적 연구뿐 아니라 현장에서의 관심도가 높아지고 있다. 그 이유는 정책수단이라는 관점에서 행정학이나 정책학을 바라보았을 때 정책으로 인한 정부와 민간의 관계변화, 정책의 영향 등을 더욱 명확히 파악할 수 있는 장점이 있기 때문이다. 또한, 정책수단 분석을 통하여 시대변화에 따른 행정의 특징을 파악하기에 쉽다. 즉 정부의 일하는 방식은 다양한 형태로 변화하고 있는데 그 변화의 모습을 포착하기 위해서는 정책수단의 변화를 보면 알 수 있다는 것이다(전영한·이경희, 2010). 특히 최근의 뉴거버넌스 경향은 민간과 정부의 협력을 강조하고 있는데, 정부의 정책수단을 분석하면 이러한 현상을 뚜렷이 식별할 수 있다(Salamon, 2002).

II. 정책수단의 유형

정책수단을 이해하기 위해서는 그 종류 또는 유형을 파악할 필요가 있다. 그러나 연구자들의 다양한 분류와 그 분류를 위한 기준을 일괄하여 정리하기는 불가능한 것으로 보인다. 여기서는 최근 국내외에서 가장 많이 활용되는 살라몬(L. Salamon)이 편집한 책으로 정책수단에 대한 백과사전으로 불리는 「The Tools of Government(2002)」에서의 분류와 후드(Hood, 1986), 하울렛과 라메쉬(Howlett & Ramesh, 2003) 등이 제시한 분류를 토대로 크게 4가지 유형으로 구분하고자 한다. 이러한 분류는 일부 국내 학자들이 따르는 유형화 방식이기도 하다(남궁근, 2012; 노화준, 2012).

1. 조직을 활용한 정책수단

조직을 활용한 정책수단은 정부가 국민에게 전달하는 재화와 서비스의 전달 조직을 기준으로 구분한 것이다.

1) 정부 기관의 직접시행

국방, 외교, 경찰 및 소방 등과 같이 정부조직 내 공무원을 활용하여 국민에게 재화와 서비스를 공급하는 방식이다. 새로운 국민적 수요에 대응이 필요한 경우에는 행정조직을 창설하여 정부가 직접 서비스를 공급하는 형식이다.

2) 공기업·공공기관

정부와 민간기업의 중간에 있는 조직으로 정부가 일부 또는 전부를 투자하여 설립한 기업이다.

3) 지역사회 또는 NGO

지역사회, 자선단체나 비정부기구에서 재화나 서비스를 공급하는 형태이다. 이러한 서비스의 공급은 민간단체와 정부의 계약에 의한 방법과 민간단체의 자발적 참여에 의한 서비스의 공동생산의 형태일 수도 있다.

4) 시장을 통한 다양한 조직의 활용

신공공관리론에서 강조하는 정부 혁신의 방식으로 정부가 시장조직을 활용하여 재화나 서비스를 공급하는 방식이다.

① 재산권 경매: 정부가 임의적으로 이전 가능한 권리를 설정하고 이를 기초로 시장이 형성되어 거래를 통한 재화와 서비스가 이전되는 방식이다. 이산화탄소의 배출을 통제하기 위하여 정부가 탄소배출권 제도를 시행하여 탄소배출을 원하는 기업은 배출권을 구입하도록 하는 것이다. 장점은 제도의 시행이 비교적 쉽다는 점이며, 단점은 투기를 조장하거나 수요자의 필요한 정도보다는 가격 지불 능

력의 정도에 따라 구매가 이루어지므로 불평등한 자원 배분이 될 가능성이 크다.

② 공기업의 민영화: 공기업에 대한 정부지분을 매각하여 민영화함으로써 시장원리에 의한 재화와 서비스의 공급을 유도하는 것이다.

③ 바우처(Vouchers, 구매권): 정부가 특정 수혜자에게 현금 대신에 상품권을 지급하여 재화나 서비스를 구매할 수 있도록 하는 제도이다. 바우처 제도의 가장 큰 장점은 수혜자가 재화나 서비스를 선택할 수 있다는 것이다. 또한, 공급자들의 경쟁을 촉진한다는 측면에서 장점이 있다. 예컨대, 저소득층에게 식료품을 구입할 수 있는 바우처를 지급한 경우에 수혜자는 식품 가게에서 원하는 것을 선택하여 구입할 수 있을 것이다.

④ 서비스 구매(POS: Purchase−of−Service) 계약: 정부가 제3자와 계약하여 이들에게 정부예산을 지급하고 국민에게 대신 서비스를 전달하는 방식이다. 정부기관이 직접 서비스를 공급하는 것이 아니라 민간 사업자와 위탁계약을 통하여 간접적으로 서비스를 공급하는 방식이다. 지역사회나 NGO, 민간기업 등과 계약을 통하여 각종 복지 서비스(직업훈련, 공립병원 운영, 학교급식 서비스, 쓰레기 수거 서비스 등)를 공급하는 것이 그 예이다.

2. 권위를 활용한 정책수단

1) 규 제

정부가 가지는 권위인 명령과 통제권에 의한 정책수단은 규제정책에 해당한다. 규제정책은 규제의 영역을 기준으로 경제규제(시장 실패의 문제를 해결하기 위하여 시장 가격과 경쟁 질서에 대한 정부의 개입)와 사회적 규제(개인과 기업의 사회적 행위를 규제하는 것 환경규제, 소비자 안전규제 등)로 구분될 수 있다. 규제의 대상을 기준으로 수단규제, 성과규제, 관리규제로 구분될 수 있고, 규제의 수행 주체에 따라 직접규제, 자율규제, 공동규제 등으로 구분된다.

2) 자문위원회(advisory committee)

정부가 권위를 행사하는 경우에 그 정당성, 민주성 또는 전문성 등의 확보를 위하여 자문위원회를 활용하는 예도 있다. 우리나라에서는 「행정기관 소속 위원회의 설치·운영에 관한 법률」에서 자문위원회의 설치요건(제5조)으로 ⓐ 업무의 내용이 전문적인 지식이나 경험이 있는 사람의 의견을 들어 결정할 필요가 있을 것, ⓑ 업무의 성질상 특히 신중한 절차를 거쳐 처리할 필요가 있을 것을 규정하고 있다.

3. 자금을 활용한 정책수단

자금을 활용한 정책수단은 국민의 세금을 담보로 한 정부의 재정자원을 활용하는 방식이다.

1) 보조금

보조금은 중앙정부에서 지방자치단체로 지원되는 국고보조금, 광역지방자치단체에서 기초지방자치단체로 지원되는 시·도비보조금, 중앙정부 및 지방자치단체에서 민간에게 지원되는 보조금으로 구분될 수 있다. 보조금을 지급하는 정부기관은 수혜 기관이 서비스를 전달하도록 하면서 그 자원의 올바른 사용을 통제 또는 감독하는 경우가 많다.

2) 대출, 지급보증, 정부보험

대출은 정부 기관의 자금을 민간에게 직접 빌려주는 것이다. 지급보증은 특정 대부자들이 민간은행으로부터 빌려주는 경우에 정부가 그 지급을 보증하고 만일 대부자가 갚지 못할 때는 정부가 일부 또는 전부를 갚아주는 형식이다. 우리나라 대학생들의 국가장학금도 이와 유사한 형태로 운영되고 있다. 정부보험은 특정 사건이 발생할 때 정부가 민간 주체의 손실을 보상해 주기로 약속하는 정책수단이다.

3) 조세지출

조세지출은 민간 경제주체에 대해 세제 혜택(조세의 감면, 연기 및 면제)을 통하여 정부가 원하는 행위를 하도록 유도하는 정책수단이다. 정부가 청년 취업을 늘리기 위하여 청년 채용을 늘리는 기업에 세금을 감면해주는 제도나 기업들의 연구개발 지출에 대해 세금감면을 해주는 것이 그 예이다.

4. 정보를 활용한 정책수단

1) 공공정보의 제공

공공정보의 제공은 크게 두 가지 형태로 분류될 수 있다. 하나는 정부가 일반 국민이 보다 다양한 지식과 정보를 습득할 수 있도록 가지고 있는 정보를 공표하는 정책수단이다. 이는 공공정보 캠페인(public information campaign)이라고 불린다 (Howlett & Ramesh, 2003: 114). 다른 하나는 정부 또는 민간이 가지고 있는 정보를 공개하게 하여 국민의 알권리를 충족하고 민간기업의 윤리경영을 실천하도록 하는 것이다. 우리나라의 경우 「공공기관의 정보공개에 관한 법률」이나 각종 개별법을 통하여 국가나 공공기관, 민간기업의 정보공개를 의무화하도록 하고 있다.

2) 권고 또는 설득

정부는 정보공개보다는 더 적극적으로 권고나 설득의 방법도 사용한다. 정부 관료가 민간 주체들의 자발적인 행동을 유도하기 위한 것으로 현실에서는 단순한 대화, 관계자 합동 대책회의, 회합 등의 형식으로 이루어진다. 그런데 이러한 정책수단은 민간 주체의 이해와 일치하거나 그들의 희생과 봉사를 이끌어내야 하는 경우가 많아 성공의 가능성이 작다고 볼 수 있다. 따라서 다른 정책수단과 동시에 사용하는 것이 효과적일 것이다.

Ⅲ. 행정환경의 변화와 정책수단의 변화

정책수단은 정부집행에 있어서 정부 기관이 사용하는 각종 기술과 활동들이다. 그런데 정부가 선택할 수 있는 수단은 위에서 살펴보았듯이 그 종류가 다양하다. 이렇게 다양한 정책수단들은 정부 기관이 지향하는 국정관리 철학의 구체적인 모습으로 구현된다고 볼 수 있다.

그렇다면 정책수단의 분석을 통하여 정부의 성격과 특징을 이해할 수도 있을 것이다. 살라몬(Salamon, 2002)은 시대변화에 따라 정책수단이 변화하는 모습을 정부 패러다임의 변화로 표현하였다. 그는 정부와 민간과의 협력적 활동들이 두드러진 최근의 정책수단을 활용하는 공공관리의 패러다임을 뉴거버넌스 패러다임이라고 명명하였다.

〈표 2-1〉 뉴거버넌스 패러다임

전통적 행정	뉴거버넌스
프로그램과 기관 중시	정책수단 중시
계서제 중심	네트워크 중심
공공부문과 민간부문의 구별	공공부문과 민간부문의 협력
명령과 통제 방식	협상과 설득 방식
관리기술이 필요	권한부여의 기술이 필요

자료: Salamon, 2002: 9.

살라몬이 뉴거버넌스 패러다임의 특징으로 제시한 것으로, 첫째는 기존의 정부정책의 분석 단위는 '기관(agency)'이나 '정책 프로그램(program)'을 중심으로 이루어졌으나, 뉴거버넌스에서는 정책을 분석하는 단위가 정책수단(tools)이 된다는 것이다. 둘째는 기존의 정책수단 사용은 주로 정부의 계서제에 의해서 결정되고 시행되었으나, 뉴거버넌스에서는 공공기관과 제3자와의 네트워크를 통한 협력을 강조한다. 셋째는 기존의 공공부문과 민간부문 간의 엄격한 구분이 아니라 상호 협력하는 관계로의 변화가 강조된다. 넷째는 기존의 행정은 기관의 합리적 운영에 중점을 두면서 명령과 통제방식이 강조되었으나, 뉴거버넌스에서는 공공부문 외의 행위자들과의 협상과 설득의 방식이 강조된다. 다섯째는 전통적 행정학과 신공공관리론(new public management)에서는 거대한 관료제를 관리하는 경영관리 기술을 강조하였으나, 뉴거버넌스에서는 민간부문이나 다양한 협력 파트너들에게 합리적 권한을 부여하는 방식이 강조된다.

제4절 정책분석

Ⅰ. 의 의

정책분석이란 광의로는 정책의제 설정, 정책형성, 정책집행, 정책평가라는 정책과정 전 단계를 포함하는 것으로 볼 수 있지만, 협의로는 정책결정을 위한 사전분석으로 정책대안의 탐색·평가·분석을 의미한다. 정책분석은 정책결정자에게 정책판단의 근거를 제공하기 위한 합리적이고 체계적인 접근방법이다. 따라서 정책분석가의 가장 큰 역할은 정책결정자가 여러 대안 중에서 최적 대안을 선택할 수 있도록 판단하는 데 도움을 주는 것이다.

정책분석은 정책결정을 위한 사전적 작업으로 목표 달성을 위한 바람직한 대안을 선택하는 데 도움을 주기 위하여 목표-대안 간의 논리적 관계를 밝히는 데 중점을 둔다. 정책분석에서 다루는 핵심 쟁점은 정책결정을 내리기 이전까지 단계적으로 고려할 내용을 담고 있는 정책분석 절차를 이해하고 각 절차마다 적절한 분석방법을 선택하는 것이다.

Ⅱ. 정책분석의 절차

1. 정책문제의 구조화

정책대안을 만들기 위해서는 주어진 사회 문제를 정책문제로 구조화하는 작업이 필요하다. 정책문제의 구조화는 사회 현상이나 문제에 관한 다양한 이해관계자들의 인식을 기초로 정부가 해결해야 할 정책문제로 정의하는 과정을 의미한다. 그런데 문제의 구조화 과정에서 구조화된 문제가 당초 실제 문제 상황과 괴리되는 오류가 발생할 수 있다. 문제의 정의나 구체화 과정에서 발생하는 이러한 오류를 '제3종 오류4)'라고 부른다. '제3종 오류'는 문제의 구조화를 잘못하여 실제 문제 상황과 공식적 문제가 일치하지 않는 것을 말한다. 정책문제의 구조화는 다음 별도의 절에서 살펴보도록 한다.

2. 정책 목표설정

정책문제가 정의된 후에는 이러한 문제를 해결하고 달성해야 할 바람직한 미래의 상태를 나타내는 정책목표를 설정해야 한다. 목표의 설정은 동일 수준의 목표 간 우선순위의 결정이나 상하 관계 목표 간의 목표-수단의 관계를 설정하는 작업이 대부분이다.

3. 정책대안의 비교 및 평가

정책목표가 설정되면 해당 목표를 달성하기 위해 사용되어야 할 정책대안을 비교·평가해야 한다. 여러 대안의 우선순위를 평가하는 기준으로는 주로 소망성 기준과 실현가능성 기준이 사용된다.

4. 정책분석결과의 제안

정책분석의 결과를 정책결정자에게 제시하여 최종 선택이 이루어진다.

Ⅲ. 정책분석의 방법

정책분석의 방법은 크게 계량적 기법을 사용하는 양적 분석 방법과 질적 분석 방법으로 구분된다.

---

4) 제1종 오류는 맞는 가설을 배제하는 것이며, 제2종 오류는 틀린 가설을 채택하는 것을 말하며, 제3종 오류는 잘못 만들어진 문제를 해결하려고 하는 오류인 것이다.

1. 양적 분석 방법: 비용편익분석(cost-benefit analysis, B/C 분석)

정책분석의 양적 기법으로는 비용편익분석(또는 편익비용분석이라고도 함), 비용효과분석, 체제분석 등이 있으며, 여기서는 가장 많이 활용되는 비용편익분석을 중심으로 살펴본다.

1) 비용편익분석의 의의

비용편익분석은 주어진 비용으로 최대의 편익을 얻거나 일정한 수준의 편익을 얻기 위하여 최소한의 비용을 투입할 수 있는 대안을 찾아내는 분석기법이다. 여기서 비용이란 정책을 추진하면서 희생되는 사회적 가치로서 기회비용을 의미하며, 편익이란 정책으로 인하여 나타나는 재화나 서비스의 가치를 금전으로 나타낸 것이다.

2) 비교평가의 기준

비용과 편익이 어느 정도 추정되었을 때에는 각 대안을 비교 평가하여야 하는데 비교평가의 기준으로는 순현재가치법, 편익비용비율, 내부수익률 등의 방법이 있다.

(1) 순현재가치법(NPV: Net Present Value)

순현재가치법은 정책에 따른 편익과 비용을 할인율을 적용하여 현재가치로 환산하고, 그 결과인 편익의 현재가치에서 비용의 현재가치를 뺀 것이 순현재가치이다. 따라서 순현재가치는 0보다 크면 그 정책은 타당성이 있는 사업으로 볼 수 있다. 여러 개의 사업을 비교한 경우는 순현재가치가 양수인 것 중에서 가장 큰 값을 선택하면 된다.

(2) 편익비용비율(B/C ratio)

편익비용비율은 편익의 현재가치를 비용의 현재가치로 나눈 것이다. 편익비용비율이 1보다 큰 대안은 일단 경제성이 있는 사업으로 판단된다. 이 기법은 비용편익분석에서 가장 널리 이용되고 있는 비교·평가 기준 중의 하나이다.

(3) 내부수익률(IRR: Internal Rate of Return)

내부수익률은 비용편익분석을 할 때 고려하게 되는 할인율을 알 수 없을 경우에 사용되는 정책대안의 평가 기준으로 비용편익분석에서 편익의 현재가치와 비용의 현재가치가 같게 되도록 하는 할인율을 말한다. 즉, 순현재가치를 영(zero)으로 보는 할인율인 동시에 편익비용비율(B/C ratio)을 1로 정하는 할인율이다. 이

내부수익률의 개념은 사업평가에 적용할 적절한 할인율이 알려지지 않은 경우, 사업평가에 매우 유용한 개념이다.

2. 질적 분석 방법

1) 델파이 기법

델파이 기법은 예측하고자 하는 어느 특정 정책대안에 대하여 서로를 알 수 없는 그 분야의 전문가 집단을 구성하고 전문가들에게 의견을 듣고, 이를 종합하여 다시 전문가들에게 환류하는 과정을 되풀이하여 의견 차이를 좁히고 대안을 찾아가는 방법이다. 1948년 미국 랜드연구소에서 개발되어 군사·교육 등 여러 분야에서 사용되고 있다.

(1) 계량적 델파이

계량적 델파이는 주어진 문제에 대해 자료, 가치 등을 수치로 추정해 내는 데 이용된다(류지성, 2019). 예를 들면, 10년 후의 국내 총인구의 추정과 같은 것이다.

(2) 정책 델파이 기법

정책 델파이는 기존의 델파이 기법을 업그레이드하여 복잡한 정책문제에 활용될 수 있도록 변형한 것이다. 기존의 델파이 기법이 가지고 있는 반복과 환류의 원칙은 유지하고, 여기에 ⓐ 전문가 집단은 초기 단계에는 익명성을 유지하지만, 일정 단계를 지나면 서로 공개적으로 토론할 수 있도록 하고, ⓑ 전문가 선발은 전문성 자체보다는 관련 분야의 식견이나 집단 대표성 등을 고려하고, ⓒ 전문가들 간 합의를 할 수도 있고 갈등이 계속될 수도 있도록 하였다(남궁근, 2012: 663).

2) 교차영향(충격) 분석

교차영향 분석은 두 개 이상의 예측결과들을 결합하여 미래를 예측하는 방법이다(노화준, 2012: 392). 즉 전문가들에게 관련된 사건의 발생 여부에 따라 다른 사건이 발생할 가능성에 대해 주관적인 판단을 유도하는 기법이다(남궁근, 2012: 667).

3) 브레인스토밍

특정 정책대안에 대하여 회의형식을 채택하고, 구성원의 자유발언을 통한 아이디어의 제시를 요구하여 발상을 찾아내려는 방법이다.

4) 시나리오 작성

정책대안이 집행되었을 때 나타나는 일련의 사회적 상황이나 사건들을 추정하여 작성하는 기법을 말한다.

제5절 정책문제의 구조화

I. 의 의

정책대안을 만들기 위해서는 주어진 사회 문제를 정책문제로 구조화하는 작업이 필요하다. 정책문제의 구조화는 사회현상이나 문제에 관한 다양한 이해관계자들의 인식을 기초로 정부가 해결해야 할 정책문제로 정의하는 과정을 의미한다. 그런데 문제의 구조화 과정에서 구조화된 문제가 당초 실제 문제 상황과 괴리되는 오류가 발생할 수 있다. 문제의 정의나 구체화 과정에서 발생하는 이러한 오류를 '제3종 오류'라고 부른다. '제3종 오류'는 문제의 구조화를 잘못하여 실제 문제 상황과 공식적 문제가 일치하지 않는 것을 말한다.

II. 정책문제 구조화의 두 가지 관점

사회 문제를 해결하기 위해서는 이에 대한 정확한 성격, 원인 등을 규명해야 문제를 해결할 수 있을 것이다. 그런데 같은 사회 문제라 하더라도 이를 바라보는 시각은 다양할 수 있으므로 문제의 정의는 단순하지 않다. 예를 들면, 이혼율의 상승이란 통계수치에 대하여 사회적 문제로 인식하는 사람과 여성 해방으로 해석하여 긍정적으로 바라보는 사람이 있을 수 있을 것이다. 이러한 문제정의의 차별성은 크게 두 가지 관점으로 나누어 설명될 수 있다.

1. 객관적 관점

정책문제의 객관적 상태를 강조하는 관점이다. 사회가 원하는 바람직한 상태와 문제가 유발된 현재 상태와의 차이가 정책문제라는 것이다. 정책문제의 원인도 객관적 실체를 규명하여 파악하여야 한다고 본다.

2. 주관적·구성주의적 관점

정책문제가 인간에게 인지될 때에는 객관적 실체로 나타나는 것이 아니라 개인의 사고와 인식으로 재구성된다고 보는 관점이다. 같은 객관적 통계수치라 하더라도 사람에 따라 전혀 다르게 인식될 수 있음을 강조한다. 이를 구성주의적 관점이라고 부르는 것은 정책문제는 객관적으로 실재하는 것이 아니라 정책 이해 당사자들이 사회 문제를 정책문제로 인지할 때 그 문제는 사회적으로 구성된다고 보기때문이다. 인그램, 쉬나이더와 드레온(Ingram, Schneider & deLeon, 2007: 102)은 정책 대상 집단에 대한 인식도 사회적으로 구성된다고 보았다. 이들은 군인, 아동, 어머니, 중소기업가, 주택소유자는 긍정적으로 인식되는 반면, 범죄자, 테러리스트, 게이, 대기업, 노동조합, 오염산업, 극우파, 환경론자 등은 부정적으로 인식된다고 보았다.

Ⅲ. 정책문제 구조화의 기법

정책문제 구조화의 기법으로 많이 활용되는 것을 살펴보면 다음과 같다.

1. 분류분석(classification analysis)

문제 상황을 분류하고 정의하는 데 쓰는 개념 명료화 기법이다. 예를 들면, 빈곤 문제를 정의하는 경우 빈곤의 종류를 절대적 빈곤, 상대적 빈곤, 주관적 빈곤 등으로 분류하거나, 빈곤 자체의 개념을 월 또는 연간소득 수준의 특정 정도를 기준으로 그 이하의 소득 수준으로 분류하는 것이 그 예이다.

2. 계층분석(hierarchy analysis)

문제 상황의 원인을 밝히는 기법이다. 상위계층의 간접적이고 불확실한 원인으로부터 하위계층의 확실한 원인으로 확인해 나가는 기법이다. 예를 들면, 빈곤의 원인을 크게 사회적 원인과 개인적 원인으로 구분하고 개인적 원인을 다시 인적 자본, 개인선택, 상속, 우연성 등으로 나누고, 여기서 우연성은 다시 불운과 행운으로 나누고, 불운을 다시 사기, 교통사고, 고아 등으로 구분하는 방법이다.

3. 경계분석(boundary analysis)

문제의 정확한 정의를 위하여 문제의 범위를 추정하여 그 경계를 설정하는 기법이다. 우선 관련 정책문제를 알 수 있는 이해관계자, 전문가 등에게 정책문제 관련 진술을 듣고 그들의 문제 인식을 파악하여 이를 바탕으로 해당 문제의 경계는 어디까지인지 추정하는 방식이 많이 쓰인다(이찬 외, 2016).

4. 유추법(synetics)

정책문제 간의 유사성을 활용하여 정책문제 구조화에 비교방법을 활용하는 것이다. 교통문제를 분석하기 위하여 만원 버스를 타고 이용객의 불편을 겪어보는 것이나, 핵 공격 방어문제를 구조화하기 위하여 공상과학영화의 장면을 상상하는 방법 등이 그 예이다.

5. 가정분석(assumption analysis)

정책문제에 여러 조직이 관여하고 이들이 가지는 문제에 대한 가정(관점)이 각기 다를 경우에 이를 통합하는 기법이다. 정책참여자들의 가정들을 노출하고 이에 대한 비판적 평가, 주요 가정들의 집합, 가정 통합 등의 과정을 거쳐 상충하는 관점들을 통합하는 기법을 말한다(오석홍, 2013: 497).

6. 브레인스토밍(brainstorming)

문제파악에 도움이 되는 아이디어, 전략 등을 발견하기 위하여 관련 전문가, 이해관계자 등이 자유롭게 토론하는 방법이다.

제6절 정책결정의 이론 모형

Ⅰ. 서 론

정책결정은 공공문제의 해결이나 공익가치를 추구하기 위하여 정책목표와 그 수단을 선택하는 과정이다. 따라서 정책결정은 정책결정 단계에서만 이루어지는 것이 아니라 정책과정의 모든 단계에서 나타난다고 볼 수 있다. 또한, 하나의 정책결정은 그 이전 정책과정에서 누적된 결정의 산물이며, 이후 정책과정에 영향을 미치는 선택이기도 하다.

정책결정에 관한 논의의 핵심은 "더 좋은 정책대안을 선택하기 위해서는 어떠한 절차나 단계를 거치는 것이 바람직할 것이냐?"에 대한 의문을 해결하는 데에 있다. 이러한 의문에 답하기 위하여 다양한 정책결정 모형이 제시되고 있다. 여기서는 다양한 모형들의 특징을 살펴보고자 한다.

Ⅱ. 정책결정의 이론 모형

1. 합리모형(rational model)

합리모형은 정책결정자가 동원 가능한 모든 자원과 정보를 활용하여 검토 가능한 모든 대안에 대한 분석을 기초로 정책을 결정한다는 것을 내용으로 한다. 합리모형은 인간의 전지전능을 가정하고 있어 이상적인 모형으로 현실에서 적용하기에는 불가능하며 주창자도 없다. 그러나 본 모형은 정책결정에 관한 이론적 논의에서 하나의 이상적인 준거 기준으로서의 가치를 가진다.

2. 점증모형(incremental model)

점증모형에서는 정책결정은 기존 결정을 기초로 하여 조금씩 수정 또는 약간의 향상된 상태에서 이루어지는 특성이 있으며, 또한 이렇게 이루어지는 것이 바람직하다고 보는 입장을 취한다. 린드블롬(Lindblom, 1979)과 윌다브스키(Aaron Wildavsky) 등이 대표적인 학자이다. 점증모형은 정책결정의 다원주의적 특성을 강조하며 정치적 합리성을 중요시한다. 점증모형은 정책결정 과정을 현실성 있게 설명하고 있다고 볼 수 있다. 그러나 최고 정책결정자의 판단이 결정적인 정치 상황이나 개혁적인 정책결정 상황을 설명하는 데에는 한계가 있다.

3. 만족모형(satisficing model)

만족모형은 정책결정의 현실 상황에서는 정책결정자의 능력 한계로 인하여 최적의 대안을 선택하기가 어려워, 만족할 만한 수준에서 대안을 선택하게 된다고 본다. 사이몬(H. Simon)과 마치(J. March) 등이 대표적인 학자이다. 만족모형은 인간의 제한된 합리성(bounded rationality)을 전제로 하여 현실 상황에서의 정책결정을 설명하는 데 유용하다는 평가를 받는다. 그러나 정책결정자의 인간적인 한계를 지나치게 강조하고 정책결정 환경이나 정부제도 등 외부요인에 대한 고려가 부족하다는 평가를 받는다.[5]

4. 사이버네틱스모형(cybernetics model)

사이버네틱스(cybernetics)모형은 온도조절기의 원리를 정책결정에 응용한 것이다. 실내온도를 유지하는 정책목표를 설정해 놓으면 온도조절기는 일정한 온도를 유지하도록 '미리 설정된 규칙'에 따라 작동한다. 따라서 사이버네틱스 모형의 핵심은 조직이 미래 상황에 적절한 의사결정을 내릴 수 있는 '일정한 규칙'의 존재이다. 그러나 정책 환경은 복잡하고 다양하여 이를 '일정한 규칙'이라는 틀로 단순화하기는 매우 어렵다. 결국, 사이버네틱스모형은 복잡한 상황보다는 단순하고 반복적인 상황이나 현상유지적인 정책결정에 적합하다고 볼 수 있다. 또한, 이 모형

---

5) 앞에서 다룬 점증모형과 만족모형은 모두 비현실적인 합리모형에 대한 비판과 함께 등장하였다. 그런데 두 가지 모형의 차이점을 명확히 이해할 필요가 있다. 만족모형에서는 개별적인 정책결정자 개인의 인지능력의 한계에 초점을 두고 있는 반면에 점증주의에서는 다수의 정책결정들로 구성된 정책결정의 상황적 맥락에 초점을 맞추고 있다는 점에서 구분된다(남궁근, 2012: 416).

의 성패는 '일정한 규칙'을 담고 있는 조직의 표준운영절차(SOP: Standard Operating Procedure)가 얼마나 정교한지에 달려있다고 볼 수 있다.

5. 혼합탐색모형(mixed-scanning model)

에치오니(A. Etzioni)는 공공문제 해결을 위한 정책결정을 근본적 결정 (fundamental decision)과 세부적 결정(bit decision)으로 구분하고, 정책의 기본방향을 설정하는 근본 결정의 경우는 합리모형에 의하여 탐색하고 특정 문제를 자세히 검토하여 내리는 세부적 결정은 점증모형을 따른다는 것이다. 이 모형은 합리모형을 활용하여 특정 정책과 관련될 수 있는 다양한 영역을 개괄적으로 탐색하고, 이 중에서 특별히 주의를 기울여 분석할 필요가 있는 좁은 영역을 선택하여 점증모형을 활용한 탐색을 통하여 최종 결정을 내린다는 것이다.

6. 회사모형(firm model) 또는 연합모형(coalition model)

회사모형(firm model)은 사이어트(R. Cyert)와 마치(J. March)가 주장한 것으로 연합모형(coalition model)이라고 불리기도 하며, 의사결정의 개인적 차원에서 발생하는 합리성의 한계를 지적한 만족모형을 조직차원에서 적용한 모형으로 볼 수 있다. 조직은 본질적으로 합리성이 제한된 인간들로 구성되어 있으므로 불가피하게 최적화 대신 '만족화'를 추구할 수밖에 없다는 것이다.

조직은 단일의 유기체가 아니라 하위조직으로 구성된 일종의 '느슨한 연결체' 이며, 이러한 하위조직들은 각각 독립된 목표를 지니고 있어 서로 대립하여 갈등이 유발된다고 본다. 이러한 대립과 갈등의 상황을 타협과 협상을 통하여 해결해 나가는 과정을 의사결정의 과정으로 보며, 그 과정에서는 갈등의 준해결(갈등의 완전한 해결이 아닌 타협하는 수준의 해결), 문제 중심의 탐색(나타나는 모든 갈등보다는 중요한 문제 중심으로 대안을 탐색), 불확실성의 회피(불확실한 장기적인 대안을 회피하고 단기적 해결대안 우선 선택), 조직의 학습(조직 내부 갈등극복을 학습하여 목표 달성도가 높아짐), 표준운영절차(SOP)의 활용(갈등 해결을 위한 내부적 절차) 등의 특징이 나타난다고 본다.

7. 최적모형(optimal model)

드로(Y. Dror)는 만족모형과 점증모형의 문제점을 지적하고 정책결정에 있어서 경제적 합리성과 초합리성(정책결정자의 직관, 판단력, 창의성 등)을 합한 최적모형을 제시하였다. 따라서 본 모형에서는 수학적·계량적 방법을 활용하는 합리적·

경제적 분석과 함께 질적 방법에 기초를 둔 정책결정자의 직관적 판단도 정책결정의 중요한 요인으로 고려하고 있다.

그런데, 최적의 정책결정을 위해서는 정책과정이 전체적으로 잘 설계되어 있어야 한다고 보며, 정책결정을 크게 세 단계로 나누었다. 첫 번째 단계는 메타정책결정 단계(meta-policy making stage)로 정책문제와 관련된 가치와 자원을 확인하며, 두 번째는 정책결정 단계(policy making stage)로 최적의 대안을 선택하며, 세 번째는 정책결정 이후 단계(post-policy making stage)로 정책집행 및 평가와 환류로 이루어진다. 이러한 세 단계에서 정책결정자 개인의 합리성과 더불어 직관, 통찰력과 판단력 등의 초합리성이 중요하게 작용한다(류지성, 2019: 360).

8. 쓰레기통모형(garbage can model)

쓰레기통모형(garbage can model)은 코헨(M. Cohen), 마치(J. March), 올슨(J. Olson) 등이 정립한 정책결정 모형이다. 쓰레기통모형은 조직이나 집단의 구성단위나 구성원 사이의 응집력이 아주 약한 상태인 '조직화된 무정부 상태'에서 이뤄지는 의사결정을 강조하는 모형이다. 따라서 상하 관계가 분명하지 않은 대학조직이나 참여자들이 상하계층 관계에 있지 않은 경우(입법 과정에서 정당 상호 간 관계, 정부 내 각 부처 간 관계)에도 적용될 수 있다.

쓰레기통모형 형성의 기본 전제 조건은 ⓐ 문제성 있는 선호(참여자들의 선호가 서로 다르며, 자신의 선호도 정확히 모르는 경우가 있음), ⓑ 불명확한 기술(정책목표와 수단 사이의 인과관계를 명확히 알고 있지 못함), ⓒ 수시 또는 일시 참여자(개인들은 자기 일을 하면서 정책결정에 일시적으로 참여함)라는 특징을 갖는다.

이러한 조건으로 ⓐ 문제의 흐름, ⓑ 해결책의 흐름, ⓒ 참여자의 흐름, ⓓ 의사결정 기회의 흐름이라는 네 가지 요소가 독자적으로 다니다가 우연히 모두 통(can) 안으로 들어와서 모여지게 될 때 의사결정이 이루어진다고 본다.

9. 앨리슨모형(Alison Model)

앨리슨(Allison)모형은 1962년 쿠바 미사일 위기 시 미국 행정부가 여러 정책대안 중 해상봉쇄라는 대안을 채택한 이유를 세 가지 정책결정 차원에서 설명하면서 정립되었다.

첫 번째는 합리적 행위자모형(Model Ⅰ)으로 단일의 합리적 의사결정자로서의 정부에 의해 선택된 활동으로서 정책결정을 바라보는 것이다. 정책결정자로서의 정부를 하나의 행위자로 보는 것은 정부 전체는 문제를 해결하는 데 하나의 목적을 가지며, 정부의 행위는 합리적 선택으로서의 행동이라는 의미를 지닌다는 것이다. 따라서 합리적 행위자모형은 최고관리층이 의사결정을 주도하며 일관된 신호를 가지고 일관된 목표와 평가 기준에 근거해 정책을 결정하는 것을 설명하기 쉽다.

두 번째는 조직과정모형(Model Ⅱ)으로 반독립적인 느슨하게 연결된 정부조직들의 산출물로서 정책결정을 바라보는 시각이다. 국가의 모든 조직은 각자 자신의 문제와 문제해결의 우선순위를 가지며, 표준운영절차(SOP)에 따라 독립적인 의사결정을 하는 것으로 가정한다. 따라서 조직과정모형은 개별 조직의 중간관리자들이 실질적인 정책결정 권한을 행사하는 상황을 설명하기 쉽다.

세 번째는 관료정치모형(Model Ⅲ)으로 독립적인 정치적 참여자들의 정치적 게임의 산물로 정부정책을 바라보는 시각이다. 정책결정 과정에 관계하는 참여자들은 각자 자신의 조직이나 개인의 이해관계에 따라 행동하게 된다는 것이다. 따라서 관료정치모형은 조직 내 개인들이 일정한 재량권을 가진 상황에서 개인들 상호 간 타협하거나 흥정을 통한 정책결정이 이루어지는 것을 설명하기 쉽다.

그런데 실제 정부의 정책결정에서는 특정의 하나의 모형만으로 설명되기보다는 세 가지 의사결정이 동시다발적으로 발생하는 것으로 이해될 수 있다(정정길 외, 2011: 554).

〈표 2-2〉 앨리슨의 세 가지 모형 비교

구분	모형 Ⅰ 합리적 행위자모형	모형 Ⅱ 조직과정모형	모형 Ⅲ 관료정치모형
결정 과정	<중앙정부> 블랙박스: 목표, 대안, 결과, 선택 등으로 구성 블랙박스 내의 정부라는 하나의 행위자의 활동 결과	<중앙정부 리더> A B D E C 느슨하게 연결된 정부조직들이 조직목표, SOP에 의거 활동	<중앙정부> A f g j C D h B k E i 권력을 가진 여러 집단(A-E)들이 다양한 목표(f-k)를 가진 정치게임의 결과
추론 방식	국가적 행위는 목표와 관련된 선택이다.	국가적 행위는 SOP와 기존의 프로그램에 의해 결정된다.	국가적 행위는 다양한 이해관계자 집단 간 협상의 결과물이다.

자료: Allison(1971: 256); 남궁근(2012: 450)에서 재인용.

제7절 정책결정의 정책 딜레마 모형

I. 의 의

정책결정자가 상충하는 정책대안들 가운데 어떤 것도 선택하기 어려운 상황을 정책 딜레마(Policy Dilemma)[6]라 한다. 정책결정자가 어느 한 대안을 선택하였을 때의 기회손실이 크기 때문에 이러지도 저러지도 못하는 상황에 직면하게 되면 정책 딜레마 상태라고 할 수 있다. 실제 현실에서는 행위자 간에 타협하기 어려운 가치나 이익이 대립하여 정책결정자의 관점에서 타협점이나 해결책을 찾기 어려운 경우에 많이 발생한다. 또한, 이익집단 간에 대립이 심할 때 어떠한 대안을 선택하여도 일방이 그 결과를 수용하지 않으려는 상황에서 주로 발생한다.

예를 들면, 동남권 신공항 건설과 관련하여 부산 가덕도와 경남 밀양 지역의 유치를 놓고 관련 지자체와 주민, 공무원들의 치열한 경쟁상황은 정책결정자로서는 일종의 정책 딜레마로 볼 수 있을 것이다. 또한, 외국과의 FTA 체결 협상과 관련한 국내시장 개방과 산업 보호 문제, 4대강 사업과 같은 개발행위와 환경보전 문제 등을 들 수 있다.

II. 배경 조건

1. 선택의 요구

정책결정자가 정책대안 가운데에 반드시 하나를 선택해야 하는 압력이 정책 수혜집단이나 이해당사자 등으로부터 표출된 상태이어야 한다.

2. 정책대안의 특성

갈등상황에 있는 정책대안들은 구체적이고 명료해야 한다. 그러나 그 대안들은 ⓐ 상호 절충이 불가능하고, ⓑ 대안들을 함께 선택할 수 없고, ⓒ 대안들의 가치를 직접 비교할 수는 없으나 각각의 결과 가치가 비슷하며, ⓓ 갈등 대안을 대체할 방안을 만들 수 없다는 특성을 보인다.

---

6) 정책 딜레마 모형은 오석홍, 2013; 배응환·주경일, 2012; 윤견수, 2006, 1993; 소영진, 1999; 이종범, 1994를 참조하였다.

3. 상황적 조건

다음과 같은 상황적 조건들은 정책 딜레마의 상황을 더욱 증폭시킨다. 상황적 조건으로는 ⓐ 이해당사자들이 정부를 불신하는 경우, ⓑ 갈등하는 이해집단 간 권력의 균형이 있는 경우, ⓒ 이해집단들의 내부 응집력이 강한 경우, ⓓ 대안 선택으로 인한 이익이나 수혜의 정도가 큰 경우 등이다.

Ⅲ. 정부의 선택

정책 딜레마 모형은 주어진 맥락에서 선택상황을 전제로 하는 문제해결의 한 유형이다. 따라서 논리적으로 정책결정자가 취할 수 있는 선택유형은 결정을 내리지 않거나 내리거나 둘 중 한 가지이다. 정책결정자의 딜레마 상황에 대한 대응은 크게 비선택과 관련된 대응 및 선택과 관련된 대응 또는 소극적 대응과 적극적 대응으로 나눌 수 있다. 비선택과 관련된 대응이 소극적 대응이라면, 선택과 관련된 대응은 주로 적극적 대응과 관련된다.

1. 비선택과 관련된 결정

정책결정자가 주어진 기간 내에 정책결정에 대한 의사표시를 하지 않는 것이다. 구체적으로 결정을 지연·포기하거나, 결정 책임을 다른 기관이나 사람에게 전가하거나, 다른 정책에 의하여 문제가 해결된 것처럼 하는 것이다.

2. 선택과 관련된 결정

딜레마 상황에서 선택이란 정책결정자가 두 대안 중 하나를 선택하거나 제3의 대안을 선택하는 경우이다. 정책결정자 자신이 직접 또는 간접적으로 대안을 선택하는 유형으로는 ⓐ 정책결정자가 독자적으로 결정하는 방법, ⓑ 회의체 구성이나 투표에 의한 선택, ⓒ 정책문제의 재구성(reframing)을 시도하는 것 등이 있을 수 있다.

03

정책집행과 평가

제1절 정책집행
제2절 정책평가

　　본 장에서는 결정된 정책이 실제 현장에서 집행 및 평가되는 과정에 대해 살펴본다. 정책집행은 관련 행위자인 정책결정자, 집행자 그리고 대상 집단 상호 간의 권력 관계와 정책 내용에 대한 인식의 차이를 중심으로 논의하고자 한다. 정책평가는 평가의 유형과 합리적인 평가방법에 대해 살펴본다.

제1절 정책집행

I. 서 론

　　정책집행이란 결정된 정책의 내용을 구체적으로 실현하는 과정을 말한다. 정책집행은 정책현장에서 정책수단을 활용하여 정책목표를 달성하는 과정인 것이다. 정책과정에서 정책집행이 중요한 이유는 ⓐ 정책결정에서 달성하고자 하는 목표는 정책수단의 실현이라는 정책집행의 과정을 거쳐야 가능하며, ⓑ 정책결정 과정에서 결정된 정책내용은 집행과정에서 더욱 구체적으로 결정되는 과정을 거치게 되며, ⓒ 정책결정은 정부 내부에서 이루어지는 일이지만 정책집행은 일반 국민에게 직접 영향을 미치는 활동이 되기 때문이다(정정길 외, 2011).

　　정책집행의 쟁점은 첫째, 정책결정자와 집행자 간의 관계에서 나타나는 각종 문제점을 극복하는 것이다. 결정된 정책에 대한 문제인식과 정책목표에 대하여 결정자와 집행자가 서로 다르게 생각할 수 있으며, 전달과정에서 내용이 왜곡될 수도 있으며, 서로 간의 차별적 권력 관계로 인한 문제도 나타날 수 있다. 둘째는 결정된 정책 내용에 대하여 정책집행자와 대상 집단의 인식과 행태이다. 이들이 정책 내용에 순응할 수도 있고 불응할 수도 있기 때문이다.

정책집행 연구에서는 이러한 쟁점을 정책집행의 접근방법, 정책집행의 유형, 정책집행상의 순응과 불응으로 나누어 살펴본다.

II. 정책집행의 접근방법

정책집행연구의 접근방법은 하향적 접근방법, 상향적 접근방법 그리고 통합 모형으로 구분될 수 있다.

1. 하향적 접근방법(top-down approach)

하향적 접근방법은 결정된 정책에서 시작하여 이것이 어떻게 집행기관에서 집행준비를 하며, 집행현장에서는 어떠한 일이 발생하는지를 추적하여 연구하는 방법이다. 정책결정의 내용, 상부의 집행지침, 일선 현장의 집행활동의 순으로 위에서 밑으로 관찰의 대상을 이동시키므로 하향식 접근방법이라 한다. 하향적 접근방법은 정책결정자의 입장에서 집행을 보는 시각이다. 따라서 정책결정자가 미리 집행에 필요한 법령이나 제도를 만들어 집행단계를 통제할 수 있음을 강조한다.

그러나 하향적 접근방법은 정책결정자의 입장을 지나치게 강조하여 집행부서나 대상 집단의 시각을 과소평가하였으며, 실제 집행현장에서는 여러 가지 정책이 혼재한다는 점을 간과하고 있다는 비판을 받는다.

2. 상향적 접근방법(bottom-up approach)

상향적 접근방법은 정책의 집행현장에서 집행자의 활동과 대상 집단과의 상호관계 등을 연구의 출발점으로 시작하여 상부의 집행지침이나 정책결정의 내용을 파악하는 연구 방법이다. 집행현장의 일선 관료와 대상 집단의 행태연구에서 시작하여 상부 정책결정 기구의 정책 내용을 분석 대상으로 이동시키므로 상향적 접근방법이라 한다.

상향적 접근방법은 정책이 현장의 집행과정에서 더 명확히 형성되어간다고 보며 여기에 영향을 미치는 것은 최초의 정책결정자가 아니라 일선 관료라는 것이다. 따라서 일선의 집행 요원을 정책전달의 주요 행위자로 간주하고 집행 요원의 행태연구에 중점을 둔다. 특히, 립스키(Lipsky, 1980)는 일선 관료들이 현장에서 재량권을 행사하기 때문에 실질적인 정책결정자 역할을 하게 된다고 보았다. 일선 관료들은 불확실성과 업무 스트레스를 극복하기 위하여 복잡한 자신의 업무를 단순화하는 과정을 통하여 정책집행에 강한 영향을 미친다고 본다.

그러나 상향적 접근방법은 집행현장을 지나치게 강조하고 정책결정자의 영향력을 과소평가했다는 비판을 받는다. 즉, 집행 요원이나 참여자의 행태는 정책결정자가 제시한 지침이나 법령에 영향을 받는다는 점을 경시하였다는 것이다.

3. 통합적 접근

정책집행에 관한 연구들이 축적되어가면서 하향식 접근법과 상향식 접근법을 통합하여 정책집행의 여러 측면을 설명하려는 이론모형을 발전시키려는 노력이 시도되었다. 사바티어(Sabatier, 1986), 엘모어(Elmore, 1985), 윈터(Winter, 1990) 등의 연구들이 있다. 사바티어는 하향적 접근방법에서 분명한 목표, 정책에 대한 적절한 인과적 이론, 법적 구조화 등의 아이디어와 상향적 접근방법에서 유능한 집행자, 이해관계자들의 지지, 사회경제적 조건의 변화 등의 아이디어를 종합하여 제시하였다. 엘모어는 하향적 접근방법에 따라 '정책목표'들을 결정하고 상향적 접근방법에 따라 집행 가능성이 큰 '정책수단'들을 선택하는 방법을 제시하였다. 한편, 윈터는 정책의 결과를 산출하는 데 영향을 미치는 변수로 정책형성과정의 특성, 조직 내 및 조직 간의 집행행태, 일선 집행 관료의 행태, 정책 대상 집단의 행태 등 4가지를 제시하였으며, 여기서 정책형성과정의 특성은 하향식 접근과 연관되고 나머지는 상향적 접근법과 관련된 것으로 보았다(정정길 외, 2011: 695).

그러나 이러한 통합적 접근은 두 모형의 통찰력을 일부 결합할 수는 있지만 진정한 종합은 실패한 것으로 볼 수 있다(류지성, 2019: 507). 두 모형의 통합이 어려운 가장 큰 이유는 두 모형이 전혀 다른 민주주의 모형에 기초를 두고 있다는 것이다. 하향적 접근방법은 대의 민주주의에 바탕을 둔 엘리트 개념에 기초를 두고 있으며, 상향적 접근방법은 정책과 관련된 이해관계자 집단이나 현장 관료의 관심사에 더욱 많은 관심을 가지는 다원주의 모형에 기반하고 있다고 볼 수 있다.

Ⅲ. 정책집행의 유형

정책집행의 유형은 다양하게 분류되고 설명될 수 있으나 주로 나카무라와 스몰우드(Nakamura & Smallwood, 1980: 111－142)의 분류가 가장 일반적으로 사용되고 있다. 여기서도 이들의 분류 기준인 정책결정자와 정책집행자 간의 권력 관계를 기준으로 5가지 집행유형으로 분류하였다. 다섯 번째 집행유형으로 갈 수록 정책집행자의 권한이 더 확대되어 간다.

1. 고전적 기술 관료형(classical technocrats)

정책결정자는 구체적인 목표를 제시하고, 정책집행자는 그 목표를 달성하기 위하여 '기술적 수단'을 마련한다. 정책결정자는 정책집행자에게 기술적 권위(technical authority)를 위임한다. 또한, 정책집행자는 목표를 달성할 수 있는 기술적 역량을 가지고 있다.

2. 지시적 위임자형(instructed delegates)

정책결정자는 명확한 목표를 제시하고 정책집행자에게 '재량적 행정권한'을 위임한다. 정책결정자는 정책집행자에게 정책목표를 달성하는 데 필요한 행정적 권한, 각종 규정의 제정 등의 일반적 권한을 위임하려는 유형이다. 정책집행자 상호 간에 목표 달성을 위한 행정적 수단에 관한 협상이 이루어지며, 집행자들은 이러한 협상의 능력을 갖추고 있다고 본다.

3. 협상자형(bargainers)

정책결정자들이 목표를 설정하지만, 정책집행과정에서 집행자들과 정책목표와 목표 달성 수단에 관하여 '협상'이 이루어진다. 정책결정자와 정책집행자 간에 정책목표나 그 달성 수단에 관하여 미리 합의된 것은 아니다.

4. 재량적 실험가형(discretionary experimenters)

정책결정자는 추상적인 정책목표를 제시하지만, 전문성의 결여, 불확실성으로 인하여 구체적인 목표를 제시할 능력이 없다. 정책결정자는 집행자에게 목표를 구체화하고 그 달성 수단을 마련하도록 광범위한 재량권을 부여한다. 정책집행자는 이러한 과업을 수행할 능력을 갖추고 있다.

5. 관료적 기업가형(bureaucratic entrepreneurs)

정책집행자가 결정자의 권한을 가지고 정책과정을 지배하는 경우이다. 정책집행자는 정책목표를 설정하고 정책결정자가 그 목표를 받아들이도록 설득한다. 정책결정자들은 집행자들이 만든 정책목표와 수단을 받아들인다.

Ⅳ. 정책집행상의 순응과 불응

1. 의 의

현실에서 정책은 결정자의 의도대로 집행되지 않는 경우가 많다. 수립된 정책에 대해 정책집행자와 대상 집단의 반대나 저항이 있을 수 있기 때문이다. 따라서 정책집행과정에서 나타날 수 있는 순응과 불응에 대한 이해를 통하여 정책집행의 현실을 파악하고 적절한 대응책을 마련할 필요가 있다.

정책집행의 순응이란 정책집행자와 정책 대상 집단이 결정된 정책과 일치하는 행태를 보이는 것이며, 불응이란 그 반대의 행태를 말한다. 정책집행의 순응과 불응을 논할 때 두 가지 측면에 주의를 필요로 한다. 첫째는 정책집행상의 순응과 불응은 정책 대상 집단뿐 아니라 정책집행자로서의 일선 행정기관 그리고 중간매개집단(또는 제3부문, 제3섹터 조직으로 정책집행의 책임을 위임받은 개인 또는 집단을 말함)들에서도 나타나는 현상이라는 것이다. 둘째는 완전한 순응이나 완전한 불응이냐의 양자택일의 문제가 아니라 상대적인 차이로 보아야 한다는 것이다(남궁근, 2012: 509-510; 노화준, 2012: 521).

2. 정책순응과 불응의 행태

1) 정책순응의 원인

정책순응의 원인은 크게 네 가지로 분류할 수 있다. 첫째는 강제적 순응이다. 이는 정책불응에 대한 처벌, 벌금, 징계 등 제재가 두려워 정책에 순응하는 것이다. 둘째는 개인적 이익을 위한 순응이다. 정책순응으로 인하여 정책집행자, 정책 매개집단이나 정책 대상 집단의 구성원에게 개인적 이익이 발생할 것을 약속하거나 순응에 따른 개인적 편익이 비용보다 많은 경우에 순응을 선택하게 되는 경우이다. 셋째는 권위 또는 의무감으로 인한 순응이다. 정책의 정당성이나 정책집행자로서 또는 사회 구성원으로서 의무감이나 책임감으로 정책에 순응하는 경우이다. 넷째는 사회적 분위기에 의한 순응이다. 자신이 속한 사회나 집단의 평가나 압력을 두려워하거나 사회적 환경에 적응하기 위하여 순응하는 경우이다.

2) 정책불응의 원인

정책불응의 원인은 위의 정책순응의 원인을 반대로 고려하면 될 것이다. 그러나 좀 더 구체적으로 정책불응의 원인을 살펴보면, 첫째는 정책이나 정책결정자의 문제에서 찾을 수 있다. 정책 자체가 부적절하거나 해당 정책의 정당성이나 정책결정자의 권위가 부족할 때 불응이 있을 수 있다. 둘째는 정책결정자와 정책집행자, 정책 매개집단이나 정책 대상 집단과의 의사전달 과정에 문제가 있을 수 있다. 해당 정책에 대한 구체적 집행에 대한 의사전달이 불분명하거나 왜곡된 경우에 불응이 있을 수 있다. 셋째는 정책을 집행할 자원이나 환경의 문제가 있을 수 있다. 집행예산이 부족하거나 사회적 분위기로 인하여 해당 정책을 집행하는 것이 부적절하다는 판단을 하는 경우이다. 넷째는 정책집행자나 정책매개집단 그리고 정책대상 집단의 개인적 이익을 위한 경우이다. 정책 순응으로 인하여 정치적, 금전적 손해나 조직 내에서의 입지 등에 타격을 받게 되는 경우이다.

제2절 정책평가

I. 서 론

정책평가란 정책의 내용, 집행 및 성과에 대한 적정성을 측정하는 것이다. 정책평가의 목적은 새로운 정책결정과 집행에 필요한 정보를 제공하고, 정책 관련자의 책임성을 규명하고, 정책결정·집행자 및 이해관계자 집단에게 체계적인 정책학습을 가능하게 하는 것이다.

II. 정책평가의 유형

정책평가는 대상, 주체 등에 따라 다양하게 분류될 수 있다. 여기서는 시간의 흐름에 따라 과정평가, 총괄평가, 메타평가로 구분하여 알아보고자 한다.

1. 과정평가

과정평가는 정책이 집행되는 과정을 대상으로 이루어지는 평가이다. 과정평가에는 내부평가자와 외부평가자의 참여를 통해 이루어진다. 과정평가는 그 평가의 목적 및 시기를 기준으로 형성평가(formative evaluation)와 모니터링(monitering)으로 구분된다.

1) 형성평가

형성평가는 정책의 집행과정에서 아직도 수정의 여지가 있을 때 정책 프로그램의 개념화와 설계를 수정·보완하기 위한 평가이다. 형성평가는 정책과정에서의 수단들이 정책목표를 달성하는 데 적절한지에 대해 평가하고 이를 수정하기 위한 것을 목적으로 한다.

2) 모니터링

모니터링은 정책집행의 능률성과 효과성을 달성하기 위한 평가라는 점에서 정책 자체의 문제점을 찾아내는 것을 목적으로 하는 형성평가와 다르다. 모니터링은 정책집행과정에서 정책이 설계된 대로 집행되고 있는지, 당초 예상했던 정책대상 집단이 여전히 존재하고 그 집단에 서비스가 도달하고 있는지를 확인·평가하는 '집행 모니터링'과 정책집행과정에서 나타나는 정책의 산출물이 사전에 예상했던 그것과 비교하거나 투입 활동 대비 그 성과를 비교하는 '성과 모니터링'으로 구분된다.

2. 총괄평가

총괄평가(summative evaluation)는 정책집행이 완료된 후에 당초 정책이 의도한 목적을 달성하였는지를 평가하는 것으로 영향평가, 성과평가, 결과평가, 효과성평가라고 부르기도 한다. 결국, 총괄평가는 정책효과에 대한 평가이며, 일반적으로 정책평가라고 하면 총괄평가를 의미한다고 볼 수 있다. 총괄평가는 주로 외부평가자에 의하여 이루어진다.

3. 메타평가

메타평가(meta evaluation)는 평가에 대한 평가를 의미한다. 평가를 위한 계획, 이미 진행 중이거나 완료된 평가를 다른 평가자가 평가하는 것을 말한다. 메타평가는 평가에 대한 평가, 상위평가, 2차 평가라고 부르기도 한다.

Ⅲ. 정책평가의 방법

1. 정책평가의 인과적 추론과 타당성

정책평가의 핵심은 특정 정책과 그 정책집행의 결과 사이에 인과관계를 확인하는 것이다. 그런데 정책은 다양한 사회·경제·문화적 변수들이 연관되어 있으므로 실제 정책평가에서 그 인과관계를 확인하기는 쉽지 않다. 이러한 인과적 추론의 정확성은 정책평가의 '타당성'으로 나타낸다. 여기서 '타당성'은 경험적 평가를 통하여 정책수단과 정책효과 사이에 인과관계를 얼마나 정확하게 추론하느냐의 정도를 나타낸다. 정책평가의 타당성은 다음과 같은 4가지로 구별된다.

1) 내적 타당성

내적 타당성이란 원인변수와 결과변수 간 인과적 추론의 정확도(정책수단과 정책효과 간의 인과성)를 의미한다. 내적 타당성을 위협하는 요인으로는 선발요인(실험 집단과 통제집단이 다르므로 나타나는 현상), 상실요인(실험 기간에 관찰대상 집단의 일부가 상실됨으로 나타나는 현상), 검사요인(유사한 검사를 반복하여 검사에 대한 친숙도로 인한 현상), 성숙요인(시간의 경과로 인하여 평가대상 집단의 특성이 변화한 현상), 역사요인(평가 기간에 일어난 특정 사건이 결과변수에 영향을 미치는 현상) 등이 있다.

2) 외적 타당성

외적 타당성이란 특정 대상, 환경, 상황, 시기에서의 평가결과에 대한 일반화 의 정도를 의미한다. 즉 특정 정책평가의 결과를 다른 상황이나 집단에 어느 정도 까지 일반화시킬 수 있느냐에 관한 것이다.

3) 구성적 타당성

구성적 타당성이란 이론적 구성요소들이 성공적으로 조직화한 정도를 말한 다. 이론적인 구성개념들을 어느 정도 정확하게 측정수단이나 도구로 조작화하였 느냐에 대한 것이다. 예를 들면, 공무원과 이해관계자 간 상호작용의 변화를 알아 보려고 한다면, '상호작용'을 한 달간 만남 횟수, 전화통화 횟수 등으로 측정하도 록 조작화하는 작업과 관련된 것이다.

4) 통계적 결론의 타당성

통계적 결론의 타당성이란 특정 정책이 결과에 영향을 미쳤는지 영향을 미치 지 않았는지에 대한 통계적인 판단의 정확성을 말한다. 만일 어느 학급에 책상을 모두 교체했더니 학생들의 성적이 3개월 전보다 3점이 높아졌을 때, 3점이라는 통 계적 수치의 변화로 정책효과가 있다는 가설을 채택할 것인지 기각할 것인지에 대 한 문제이다. 통계적 결론의 타당성은 통계학에서 말하는 제1종 오류 및 제2종 오 류와 연관된다. 제1종 오류는 맞는 가설을 배제하는 것이며, 제2종 오류는 틀린 가설을 채택하는 것을 말한다.

2. 정책평가를 위한 사회 실험설계

정책평가를 위한 실험설계의 방법으로는 진실험설계와 준실험설계의 방법이 있으며, 비교집단을 구성하지 않는 비실험 방법도 있다.

1) 진실험설계 방법

진실험 방법은 실험실 실험과 같이 실험집단과 통제집단의 동질성을 확보해 정책효과를 측정하는 방법이다. 진실험은 무작위 표본추출과 무작위 배정에 따라 동질적인 실험집단과 통제집단을 구성하는 것이 전제되어야 한다. 예를 들면 10,000명의 정책 대상 전체 집단 중에서 사회실험을 위하여 500명의 표본을 무작위로 추출하고, 이를 다시 250명씩 실험집단과 통제집단으로 무작위 배정하여 연구하는 것이다.

2) 준실험설계 방법

준실험 방법은 실험집단과 통제집단의 동질성 확보가 어려운 경우에 가능한 실험방법과 유사하게 대상 집단을 구성해 정책효과를 측정하는 방법이다. 준실험 방법으로 자주 사용되는 것을 소개하면 다음과 같다.

(1) 비동질적 통제집단설계

정책대상 그룹을 둘로 나누어 한 그룹에는 정책변수를 처리하고 다른 집단에는 정책변수를 처리하지 않고 사전측정과 사후측정을 하는 방법이다.

(2) 회귀-불연속설계

실험집단과 통제집단에 각각 실험대상을 배정할 때 분명한 기준을 적용하는 방법이다. 성적 우수학생에 대한 장학금 지급이 학생들의 성적 향상에 영향을 미친 정도를 관찰하는 경우, 성적이 4.0 이상의 학생은 실험집단에 4.0 미만의 학생은 비교집단에 포함하는 방식이다. 여기서 불연속이란 성적 4.0점을 기준으로 집단이 단절된 효과를 보이기 때문이다. 이 방식은 투입자원이 부족하여 일부의 대상 집단에게만 희소한 자원이 공급되는 경우의 정책효과 측정에 적합하다.

(3) 단절적 시계열설계

여러 시점에서 관찰되는 자료를 통하여 정책변수의 효과를 측정하려는 방법이다. 예를 들면, 특정 시점에 교통사고를 줄이는 정책을 취하고 그 시점 전후의 교통사고 사망자 수의 추이 변화를 측정하는 경우이다.

(4) 통제-시계열설계

단절적 시계열설계에 통제집단을 더하여 분석하는 방법이다. 예를 들면, 2010년에 교통사고 표지판에 연간 100억 원의 예산을 투입한 지역의 2018년까지의 교통사고 건수의 변화추이를 분석하면서 정책효과를 분석하는 것은 단절적 시계열분석이지만, 여기에 전혀 예산을 투입하지 않은 다른 지역의 동일 기간 사고 건수의 변화추이를 비교하는 것은 통제-시계열설계이다.

3) 비실험 방법

비실험 방법은 비교집단의 구성이 되지 않으면 활용되는 인과 추론의 방법이다. 이러한 방법을 사용하는 것은 통계적 통제에 의한 평가나 인과모형에 의한 추론 등이 있다.

참고 **우리나라 정부업무평가제도**

1. 개 요

우리나라 중앙정부와 지방자치단체의 성과관리 및 업무평가는 '정부업무평가 기본법'에 근거를 두고 있다. 2006년 제정된 '정부업무평가 기본법'은 중앙행정기관, 지방자치단체, 공공기관 등의 정책이나 사업의 계획 수립, 집행과정 및 그 결과에 대한 분석과 평가를 체계적으로 통합관리하는 내용을 담고 있다. 이 법률은 한편으로는 정부 전체의 통합적인 성과관리 및 평가체계를 구축하고, 다른 한편으로는 각종 평가의 남설을 방지하는 역할도 하고 있다(법 제3조). '정부업무평가 기본법'의 내용을 중심으로 우리나라 정부업무평가제도를 살펴보고자 한다.

2. 대상기관 및 총괄 부서

정부업무평가 대상기관은 중앙행정기관, 지방자치단체, 중앙행정기관 또는 지방자치단체의 소속기관, 공공기관 등이다(법 제2조 제2호).

정부업무평가를 총괄하는 행정부서는 국무총리실이며, 관련 주요 결정사항을 심의·의결하기 위하여 국무총리 소속하에 '정부업무평가 위원회'를 둔다. 또한, 국무총리는 위원회의 심의·의결을 거쳐 정부 업무의 성과관리 및 정부 업무 평가에 관한 정책목표와 방향을 설정한 '정부업무평가 기본계획'을 수립하여야 한다(법 제8조 및 제9조).

3. 정부업무평가의 절차와 종류

1) '성과관리 전략계획'[7])과 '성과관리 시행계획'(매년)

---

7) 정부업무평가 공식 홈페이지(evaluation.go.kr)에서는 성과관리 전략계획은 5년 단위로 수립한다고 설명하고 있으나, 정부업무평가 기본법에서는 "최소한 3년마다 그 계획의 타당성을 검토하여 수정·보완

중앙행정기관의 장은 소속기관을 포함한 당해 기관의 전략목표를 달성하기 위한 중·장기계획인 '성과관리 전략계획'을 수립하여야 한다. 또한, 중앙행정기관의 장은 '성과관리 전략계획'에 기초하여 당해 연도의 성과목표를 달성하기 위한 연도별 시행계획인 '성과관리 시행계획'을 수립·시행하여야 한다(법 제5조 및 제6조).

중앙행정기관과 그 소속기관은 '성과관리 전략계획'과 '성과관리 시행계획'을 반드시 수립하여 시행하여야 하지만, 지방자치단체와 공공기관의 경우 의무사항은 아니다(법 제5조 5항 및 제6조 제6항).

2) 집행·점검(각 대상기관)

각 대상기관은 계획에 맞추어 예산과 인력을 투입하여 정책을 집행하고 계획의 추진실태를 점검한다.

3) 평 가

① 중앙행정기관: 중앙행정기관의 평가는 특정평가와 자체평가로 나누어진다. 특정평가는 국정 과제 추진과 국정 성과 창출을 위해 역점 추진하는 주요정책을 중심으로 평가하는 것이며, 자체평가는 중앙행정기관이 기관장 책임하에 소관 정책을 스스로 평가하는 것이다(법 제14~16조 및 제19·20조).

   − 특정평가: 국무총리가 중앙행정기관 관련 시책, 주요 현안시책, 혁신관리 등 특정부문에 대한 평가

   − 자체평가: 중앙행정기관이 소관 정책을 스스로 평가. 단. 국무총리는 중앙행정기관의 자체평가 결과를 확인·점검함

② 지방자치단체: 국정 주요시책이나 국가 위임사무 등의 지방자치단체 추진상황을 평가하는 합동평가와 자치단체장이 스스로 평가하는 자체평가로 구분된다(법 제18조 및 제21조).

   − 합동평가: 행정안전부 장관이 관계 중앙행정기관장과 합동으로 국가 위임사무 등 평가

   − 자체평가: 지방자치단체장 책임하에 고유사무 전반을 평가

③ 공공기관: 경영성과, 정부출연연구기관 연구성과 등을 개별법에 근거하여 평가 한다(법 제22조).

등의 조치를 하여야 한다."(제5조 제2항)라고 규정하고 있다.

4) 환 류

① 평과 결과의 공개 및 보고: 국무총리 및 평가 대상기관의 장은 평가결과를 전자통합 평가체계 및 인터넷 홈페이지 등을 통하여 공개하여야 한다(법 제26조). 또한, 국무총리는 매년 각종 평가결과 보고서를 종합하여, 이를 국무회의에 보고하거나 평가보고회를 개최하여야 한다(법 제27조).

② 기관 차원의 환류: 해당 정책의 문제점이 발견되는 경우에는 이에 대한 개선을 시행하고, 관련 인력의 증감이나 예산관리에 활용된다.

③ 개인 차원의 환류: 해당 정책의 평가결과를 정책을 추진한 개인의 성과와 연계하여 개인 성과관리카드에 반영되어, 전자인사관리 시스템(e-사람)에 기록보관 된다(공무원 성과평가 등에 관한 지침).

제3편

행정조직론

조직이란 "두 사람 이상이 목표 달성을 위하여 의도적으로 구성한 집합체"로 정의된다. 조직의 가장 기초적인 구성요소는 사람이다. 개인과 개인이 함께 집합체의 목표를 달성하기 위하여 상호작용하는 실체가 조직이다.

조직론에서 첫 번째 쟁점은 조직의 구성요소인 '개인'과 조직 전체인 '집합체' 간 관계이다. 조직은 목표 달성을 추구한다. 개인에게도 목표가 존재한다. 그런데 개인목표는 조직구성원마다 다르다. 복잡하고 다양한 개인의 목표와 통일적인 조직목표를 어떻게 조화시킬 것인지가 쟁점이다. 결국, 개인이라는 개별적 구성체와 조직이라는 전체적 구성체가 어떻게 합리적으로 조화되어 서로 만족하고, 바라는 성과를 도출하느냐의 문제이다. 이러한 논의는 제1장에서 조직이론의 발전, 제2장에서 조직목표, 조직인의 특성, 조직인의 동기부여, 리더십 등과 함께 다루고자 한다.

조직론의 두 번째 쟁점은 조직구조이다. 조직구조는 "일정한 기능을 수행하기 위한 구성원들 간 관계의 유형"이다. 쉽게 풀이하면, 조직구조란 사람과 사람 간 상호작용의 방식을 결정하는 틀이다. 두 사람 이상이 존재하는 집합체 내에서 사람과 사람들이 일정한 방식으로 상호작용하도록 만들어주는 기제가 바로 구조이다. 어떻게 그리고 어떤 구조를 만드는 것이 조직이 처한 내·외적 환경에 적절히 대응하여 조직목표를 잘 달성할 수 있을 것인가의 문제가 바로 조직론의 두 번째 쟁점이다. 결국, 조직구성원 간 바람직한 상호작용의 형태를 만들어주는 노력이 조직구조를 설계하고 만드는 작업이다. 이러한 논의는 제1장 제2절 '조직구조' 부분에서 다루고자 한다.

조직론의 세 번째 쟁점은 조직관리이다. 조직관리란 "조직의 목표를 달성하기 위하여 각종 자원을 합리적으로 동원하는 활동"이다. 사실 조직관리는 전술한 조직인과 조직구조에 대한 논의를 통합하여 다룬다고 볼 수 있다. 조직은 목표 달성을 추구하는 집합체이다. 조직관리는 조직이라는 집합체가 합리적이고 효과적으로 목표달성을 이룰 수 있도록 지원하는 활동이다. 결국, 조직인, 구조, 시간, 정보 등을 총동원하여 조직 목표 달성을 위한 적절한 관리방안을 제공하는 것이 조직론의 세 번째 쟁점이다. 이러한 논의는 제2장 조직관리에서 조직목표, 동기부여, 의사전달, 갈등관리, 리더십 등과 함께 다루고자 한다.

01

조직이론과 구조

제1절에서는 조직이론의 시대적 흐름을 가치관, 구조관, 인간관 및 환경관을 중심으로 살펴본다. 제2절에서는 조직구조를 설계하는 과정과 다양한 조직구조의 유형을 알아본다. 제3절에서는 전형적 조직의 유형이라고 할 수 있는 베버의 관료제를 학습하고, 제4절에서 계선기관과 막료기관에 대해 다루고자 한다.

제1절 조직이론의 발전

Ⅰ. 의 의

조직이론은 조직 현상을 체계적으로 분석·설명하고 문제해결을 위한 처방을 제시하는 것이다. 따라서 이러한 조직이론의 시대적 흐름을 정리하는 것은 행정과 관련된 조직 현상에 관한 이해의 폭을 넓히고 배경 정보를 얻는 데 유익하다. 또한, 현실에서 발생하는 조직 현상을 체계적으로 분석할 수 있는 역량을 기르는 데 도움이 된다.

조직이론의 변천은 학자들에 따라 다양하게 구분되고 있다. 여기서는 일반적인 견해를 따라 고전 조직이론, 신고전 조직이론, 현대 조직이론으로 분류한다. 또한, 각 이론의 특징뿐 아니라 이론들의 비교를 통하여 이들의 차별성에 대한 이해를 높이고자 한다.

Ⅱ. 고전 조직이론

1. 개 요

고전 조직이론은 1890년대부터 시작된 초기의 조직연구 경향이나 활동을 묶어 총칭하는 것이다. 테일러(F. W. Taylor)의 과학적 관리론, 귤릭(L. Gulick)과 어윅(L. Urwick) 등에 의한 행정관리론, 베버(M. Weber)의 관료제이론 등을 고전 조직이론으로 볼 수 있다.

고전 조직이론의 공통적 특징으로는 능률이라는 단일 가치 기준을 추구하였으며, 공식적 구조를 중시하였고, 합리적·경제적 인간관에 기초를 두고 있으며, 조직을 폐쇄체계로 간주하였다는 것을 들 수 있다.

2. 과학적 관리론

1) 내 용

미국의 경우 19세기 후반 대량생산체계가 이루어지면서 능률증진 운동의 영향으로 관리 과학화에 관심을 가지게 되었고, 이를 배경으로 과학적 관리론이 등장하게 되었다. 과학적 관리론은 노동자의 작업시간과 동작에 관한 연구, 과업을 실행한 근로자에 대해서 충분한 상여금을 지급하는 과업관리법을 통하여 능률의 극대화를 추구하였다.

2) 공헌과 한계

과학적 관리론은 조직연구에 있어서 과학적 방법 사용의 길을 열었다는 데 그 의의가 있다. 또한, 분업에 대한 상세한 연구, 차별 성과급제도, 동작·시간연구를 통한 직무연구, 과학적 선발과 훈련 등 현대 인사관리 기법에 많은 시사점을 제공하였다(이창원 외, 2012: 52).

그러나 지나친 분업은 조정과 통제비용을 증대시키게 되고, 동료 간의 사회적 유대관계의 중요성을 간과하였다는 비판을 받는다. 또한, 인간을 기계의 부품처럼 취급하고, 수단으로 간주하여 노동력 착취의 이론이라는 비판을 받는다.

Ⅲ. 신고전 조직이론

1. 개 요

신고전 조직이론은 고전적 조직이론에 대한 비판이론들의 연구 경향이나 활동들을 총칭하는 것이다. 즉, 신고전 조직이론은 고전적 조직이론이 전제한 기계적 조직관과 합리적 경제인에 대한 반발로 등장하였다. 따라서 신고전 조직이론은 1930년대 당시 서구사회의 경제적 발전의 결과로 인간을 조직의 부품이 아닌 감정적·사회적 동물로 보는 인간관의 변화에 부응하는 것이었다. 또한, 조직을 둘러싼 환경의 변화가 급격해짐에 따라 고전이론만으로 대처하는 데에는 한계를 느끼면서 인간관계론과 환경유관론이 등장하게 되었다.

환경유관론은 조직은 지속해서 환경의 영향을 받으므로 환경에 적응하기 위하여 노력해야 함을 강조한다. 그러나 조직이 환경에 미치는 영향 문제에 대해서는 소홀했다는 평가를 받는다.

신고전 조직이론의 공통적인 특성으로는 사회적 능률, 비공식 요인의 중시, 사회적 인간관, 환경에 대한 소극적 관심 등이다.

2. 인간관계론

1) 개 요

인간관계론은 1920년대의 호손(Hawthorne) 공장실험에 바탕을 둔 메이요(E. Mayo)의 연구와 결부되고 있다. 호손 공장실험에서 공장 내 조명의 명암에 따라 종업원의 생산결과가 어떻게 다른가를 측정하였으나, 조명이 생산과 별로 관계가 없음을 파악하였다. 실험의 결과 생산성에 영향을 미치는 요인으로 사회적 관계의 중요성이 발견되었다. 구성원은 개인으로서가 아니라 집단의 구성원으로서 행동하거나 반응을 나타내며, 구성원은 경제적인 유인제도보다 비경제적인 보상과 제재에 더 큰 관심을 보인다는 것이다.

2) 공헌과 한계

과거에는 공식조직의 중요성만 부각되었으나, 인간관계론이 대두하면서 공식조직 속의 비공식조직, 집단 상호 간의 관계로서 이루어지는 사회체제로서 조직을 중요시하게 되었다. 또한, 인간관계론의 대두는 민주적, 인간적 관리기법의 발전을 자극하였다.

그러나 조직에서 인간의 감정논리를 지나치게 중시하였고, 공식조직의 구조·기능과의 관계는 거의 고찰하지 않았으며, 조직과 외부 환경과의 문제도 등한시하였다는 비판을 받는다.

3. 후기인간관계론

후기인간관계론은 인간 욕구의 다양성을 받아들이며, 자아실현 또는 자기실현 인간관을 강조한다. 후기인간관계론은 인간관계론이 조직인에 대한 인간적인 관심을 중요시하지만, 그 본질은 조직의 효과성을 높이기 위한 수단에 불과하다고 보았다(유민봉, 2013: 410). 즉, 후기인간관계론은 인간관계론이 조직 중심적인 사고에 빠져있다고 비판하며, 인간 욕구와 감정의 다양성을 가정하고, 자율적으로 판단하는 자아실현 인간관, 조직목표와 개인목표의 통합, 참여 민주주의 등을 강조한다.

후기인간관계론에서 가정하는 자율적 인간은 맥그리거(D. McGregor)의 Y이론, 아지리스(C. Argyris)의 성숙인, 샤인(Schein)의 자아실현 인간형, 매슬로(A. H. Maslow)의 욕구 5단계에서의 자아실현 욕구와 관련성이 깊다.[1]

Ⅳ. 현대 조직이론

현대 조직이론은 고전 이론과 신고전 이론을 수정·비판하면서 1950년대 이후에 등장한 조직 연구의 경향이나 활동을 총칭한다. 현대 조직이론에는 상황론적 조직이론, 주인-대리인 이론, 조직군 생태론, 자원의존이론 등이 있다. 일반적 특징으로는 기계적·사회적 능률뿐 아니라 다양한 가치를 추구하며, 조직구조의 다양성을 인정하며, 자아실현인·복잡인을 강조하며, 조직과 환경의 상호작용을 강조한다.

1. 상황론적 조직이론

상황론적 조직이론(contingency theory)은 모든 상황에 적합한 유일 최선의 조직설계 방법은 없다는 전제에서 출발한다. 조직의 보편적 원리보다는 상황 조건에 따른 조직의 특수성을 강조하는 이론이다. 여기서 상황 조건은 조직 환경을 의미한다.

상황론적 조직이론은 크게 두 가지 특징으로 요약될 수 있다. 첫째는 조직이 처한 상황을 강조하는 것이다. 조직의 상황 조건이 변하면 거기에 따라 조직의 구조 및 관리체계가 다르게 설계되어야 비로소 조직이 효과적이라는 것이다.

둘째는 중범위 수준(middle-range)의 연구를 강조한다. 조직 연구가 하나의

---

1) 본 편 제2장 제2절 조직인의 특성, 제3절 조직인에 대한 동기부여 부분을 참고 바란다.

이론으로 발전하기 위해서는 구체적 분석 틀이 존재해야 한다. 그런데 상황론처럼 조직 환경에 따라 조직설계가 달라져야 한다면 조직 수만큼이나 이론모형이 필요할 것이다. 따라서 상황론에서는 복잡한 상황적 조건들을 분류화하여 범주화한 중범위 수준의 연구를 지향한다.

상황론에서는 조직의 상황 요인으로 조직의 규모, 기술, 환경, 전략 등을 중시하고 이들 요인과 구조 변수 간의 관계를 분석하고 특정한 상황에 적합한 조직을 설계하고자 한다(이종수 외, 2014: 155).

2. 주인-대리인 이론

주인 – 대리인 또는 본인 – 대리인 이론(principal – agent theory)은 경제학의 주인 – 대리인 모형을 조직이론에 적용한 것이다. 대리인 이론에서 조직은 소유주(주인, principal)와 근로자(대리인, agent)의 계약관계로 본다. 본인은 대리인에게 권한을 위임하고 대리인은 본인의 행동을 대신한다. 그런데 이 둘은 각기 자신의 이익 추구를 위해 행동하게 된다. 따라서 주인은 조직의 효과성을 높이도록 대리인에게 유인을 제공하거나 통제하는 방안을 마련하게 된다. 결국, 주인 – 대리인 이론은 주인과 대리인 관계의 효율성을 제약하는 요인(정보의 비대칭성이나 대리인의 기회주의적 행동 등)이나 그 제약 요인의 통제(업무 시간급이나 성과급 등의 보수체계 등)에 관한 연구가 주를 이룬다. 주인 – 대리인 이론의 특징은 다음 세 가지로 요약된다(김병섭 외, 2009: 343 – 353).

첫째, 주인과 대리인 모두 합리적 · 경제적 인간관을 가정한다. 따라서 이들은 자신의 이익을 추구하는 방향으로 행동한다는 것을 전제한다.

둘째, 정보의 비대칭이다. 대리인은 주인보다 업무에 관한 더 많은 정보를 가지기 때문이다.

셋째, 대리인의 기회주의적 행동이다. 이기적인 대리인은 주인보다 더 많은 정보를 가지고 있으므로 노력은 최소화하고 이익은 극대화하려는 기회주의적 행동을 보인다. 이러한 기회주의적 행동으로 인하여 역선택(adverse selection)과 도덕적 해이(moral hazard)가 발생할 수 있다.

이러한 주인 – 대리인 이론은 조직 내에서 인간이 일하게 되는 이유를 체계적으로 설명하는 데 유용하다. 또한, 조직의 병리를 경제학으로 분석하는 데 공헌하였다. 그러나 이기적 인간모형을 전제하여 대리인의 경제적 요인을 지나치게 강조하고 비경제적 요인을 고려하는 데 소홀하였다는 비판을 받는다.

3. 거래비용 이론

거래비용 이론(transaction-cost theory)은 시장에서 조직 간 거래를 통한 비용 뿐만 아니라 조직 내부에서 발생하는 비용을 비교·분석하여 조직 전체 비용을 최소화하려는 접근방법이다. 조직은 지속해서 거래비용을 줄일 수 있는 통제력을 늘려가는 존재로 간주한다. 거래비용 이론의 특징은 크게 세 가지로 정리될 수 있다.

첫째, 조직을 거래비용 감소를 위한 장치로 본다. 조직이 생겨나고 일정한 구조를 가지게 되는 이유를 조직경제학에 기초하여 거래비용을 중심으로 설명한다. 윌리암슨(Oliver Williamson, 1981)은 거래비용이 발생하는 요인으로 거래의 불확실성, 제한된 합리성, 거래상대방의 기회주의적 행태, 거래 대상의 정보비대칭성 등을 들고 있으며, 이러한 거래비용을 줄이기 위하여 시장보다는 조직의 위계질서(계층제)를 통한 거래비용 최소화를 제시하였다.

둘째, 거래비용은 조직이 활동하는 데 필요한 모든 비용(정보수집비용, 협상 비용, 유지비용, 탐색비용 등)을 말한다(김병섭, 2009: 330).

셋째, 조직목표는 외부거래비용과 내부관리비용을 최소화하는 것이다. 또한, 조직은 두 가지 비용을 고려하여 전략적 선택을 하게 된다. 즉, 외부거래비용이 내부관리비용보다 많은 경우에는 합병 등을 통하여 조직을 대규모화하여 계층제 조직을 강화하며, 반대의 경우에는 시장에서 외부계약 관계를 선택하게 된다(이창원 외, 2013: 489).

거래비용 이론은 조직경제학을 적용하여 조직의 생성과 변화(조직합병, 조직 내·외부화: insourcing or outsourcing 등)를 체계적으로 분석하는 데 공헌하였다. 그러나 비용 이외에 조직 효율성을 저하하는 조직실패 요인들을 고려하는 데 소홀했다는 비판을 받는다(오석홍, 2014: 56).

4. 조직군 생태론

조직군 생태론(population ecology theory)은 환경에 가장 적합한 조직특성을 가진 조직들이 선택되고 생존하게 된다는 것을 설명한다. 따라서 조직의 생존 노력은 환경에 대한 적합도를 높이는 방향으로 진행된다는 것이다. 이는 자연과학의 생물진화론(그중에서도 자연선택설)을 조직학에 접목한 것이다. 조직군 생태론의 특징은 크게 세 가지로 정리된다.

첫째, 분석의 단위는 개별조직이 아니라 조직들의 집합체인 조직군이다. 이 이론은 하나의 조직이 아닌 조직의 무리를 대상으로 하여 일정한 범주의 조직들이

제1장 조직이론과 구조 **191**

어떤 유리한 환경을 만나 보존되는가를 주로 분석한다. 따라서 개별조직이 아니라 조직의 무리를 분석의 대상으로 하므로 조직군 생태론이라 부른다(김병섭, 2009: 203).

둘째, 환경에 대한 조직의 적자생존을 설명한다. 환경에 적합한 조직은 선택되어 생존하고 그렇지 못한 조직은 도태된다고 본다.

셋째, 생물진화론을 원용함에 따라 조직 변화에 우연적 요소를 고려한다. 또한, 조직의 변화를 변이, 선택, 보존이라는 진화적 과정이 동시에 발생한다고 본다.

조직군 생태론은 기존의 조직에 대한 분석수준을 개별조직 단위에서 조직군 수준으로 확대하여 조직에 대한 거시적 분석을 가능하게 하였다. 또한, 우연, 돌연변이 등의 개념을 통하여 계획하지 않은 변동을 설명할 수 있다는 장점이 있다. 그러나 지나치게 환경결정론에 치우치면서 조직의 능동적인 측면을 배제했다는 한계를 가진다.

5. 자원의존 이론

자원의존 이론(resource-dependence theory)은 조직과 환경과의 관계에서 조직의 주도적이고 능동적인 역할을 중요시한다. 따라서 조직은 환경에 수동적인 것만은 아니며 환경을 조직에 유리하도록 관리하려는 능동적인 실체라고 본다.

자원의존 이론의 특징은 다음과 같다. 첫째, 조직은 자원획득을 위하여 환경에 의존적이다. 이 이론은 외부로부터 다양한 자원을 얻을 수밖에 없으므로 조직이 환경의존적임을 인정한다. 그런데 자원을 외부에 의존하는 조직은 권력이 약하고, 자원을 공급하는 조직은 권력이 강하다.

둘째, 조직은 환경 의존적 관계를 전략적으로 통제하려고 한다. 조직의 생존을 보장받기 위해서 환경의 제약으로부터 자율성을 얻으려고 한다. 따라서 조직 관리자의 주요한 능력은 바로 핵심자원을 통제하는 것이다.

셋째, 조직은 능동적으로 환경에 영향을 미치게 된다. 조직은 자원을 통제하여 환경(다른 조직)에 대한 의존성은 최소화하고, 다른 조직들의 자기 조직에 대한 의존성은 극대화하도록 한다(명승환·이용훈 외, 2011: 272).

자원의존 이론은 조직과 환경과의 상호영향 관계를 다루었다는 측면에서 의의가 있다. 그러나 자원의존 이론에서 다루는 환경은 일반적 환경이 아니라 특정 환경(조직과 조직 간 관계)이라는 한계를 가진다.

V. 이론의 비교

조직이론의 주요 흐름 간에 차이를 조직 가치관, 조직 구조관, 조직 인간관, 조직 환경관 그리고 연구 및 접근법으로 구분하여 비교한다(민진, 2014: 70-74). 그런데 시대별 조직이론들이 통일성을 가진 것은 아니지만 일반적인 내용을 중심으로 비교하기로 한다.

1. 조직 가치관

고전 조직이론은 주어진 목표를 최소의 비용과 노력으로 달성하도록 하는 기계적 능률성을 강조한다. 반면에 신고전 조직이론은 조직원의 사회적 욕구나 비공식적 인간관계를 중요시하는 사회적 능률성을 강조한다. 현대 조직이론은 기계적 능률성, 사회적 능률성, 효과성, 대응성(환경에 대한) 등 다양한 가치를 강조한다.

2. 조직 구조관

고전 조직이론은 분업과 계층제, 통합과 조정 등 공식적 구조에 관심을 가진다. 반면에 신고전 조직이론은 조직원들 간의 인간관계와 같은 비공식 구조를 중시한다. 현대 조직이론은 공식적 구조와 비공식적 구조뿐만 아니라 임시조직, 가상조직 등 다양한 형태의 조직구조에 관심을 둔다.

3. 조직 인간관

고전 조직이론은 조직인을 합리적·경제적 인간으로 보아 경제적인 욕구 충족을 강조한다. 반면에 신고전 이론은 인간의 사회적·감정적인 측면을 강조하여 비공식적 인간관계, 비경제적 보상 등을 중시한다. 현대 조직이론은 조직 속에서 구성원들의 다양성을 인정하여 상황에 맞는 관리전략이 필요함을 강조하면서 자아실현 인간관, 복잡인 등이 등장한다.

4. 조직 환경관

고전 조직이론에서 조직은 환경과의 상호작용을 고려하지 않은 폐쇄체계로 본다. 신고전 이론에서는 조직이 환경에 영향을 받는 것을 인정하는 소극적 환경관을 취하고 있다. 현대 조직이론에서는 조직과 환경은 상호작용을 반복한다는 적극적 환경관을 가진다.

5. 연구 방법의 특징

고전 조직이론은 보편적 원리를 발견하기 위하여 스스로 과학성을 추구하였지만, 엄밀 정치한 과학성에는 이르지 못하였다. 반면에 신고전 조직이론은 경험주의를 바탕으로 조직 현상을 과학적으로 분석하기 시작하였다. 현대적 조직이론은 신고전 이론의 경험주의에 바탕을 둔 과학성을 더욱 발전시켰다. 또한, 사회과학, 자연과학의 다양한 학문 분야에 걸친 학제 간 연구를 통하여 조직 현상에 분석을 더욱 풍부하게 만들었다.

〈표 3-1〉 주요 조직이론의 비교

구분	고전 조직이론	신고전 조직이론	현대 조직이론
조직 가치관	기계적 능률	사회적 능률	다양한 가치
조직 구조관	공식적 구조	비공식적 구조	다양한 형태의 구조
조직 인간관	경제적 인간	사회적 인간	자아실현·복잡인
조직 환경관	폐쇄체계	환경에 대해 소극적	환경에 대해 적극적
조직 연구 방법	낮은 수준의 과학성	경험 및 과학 강조	과학적, 학제적, 다양성

자료: 민진, 2014: 74.

제2절 조직구조

I. 의 의

조직구조란 '일정한 기능을 수행하기 위한 구성원들 간 관계의 유형'으로 정의될 수 있다. 조직구조를 통하여 조직 내 집단이나 개인 간 의사소통의 방식이나 흐름이 결정된다. 즉, 조직구조는 조직구성원들의 다양한 행위를 체계화하여 조직목표를 달성하도록 하는 무형의 장치인 것이다.

그런데 개별조직들은 업종, 목표, 규모, 기술, 환경뿐만 아니라 구성원의 역할, 권한 등이 모두 다르다. 이러한 개별조직들을 이해하고 설계하기 위해서는 조직구조를 구성하는 기본변수에 대한 식별이 필요하다. 또한, 기본변수들에 영향을 미치는 조직의 특성을 나타내는 상황 변수를 이해해야 한다.

따라서 조직구조를 이해하고 설계하기 위해서는 첫째, 조직구조를 분석할 수 있는 조직구조 변수를 식별해야 하며, 둘째, 이들 변수에 영향을 미치는 조직의 상황 변수를 확인하고, 셋째, 이를 통하여 특정 조직에 알맞은 조직구조의 형태를 설계하는 것이다.

〈그림 3-1〉 조직구조의 변수 간 관계와 조직설계

자료: 민진(2014: 116) 참고.

Ⅱ. 조직구조의 기본변수

조직구조의 기본변수란 조직구조를 분석하고 설계할 때 사용하는 기본단위로 활용되는 개념들이다. 일반적으로 기본변수로는 복잡성, 공식화 및 집권화를 들 수 있다.

1. 복잡성(complexity)

복잡성이란 '조직기구 또는 활동의 분화 정도'를 의미한다. 여기서 분화란 조직이 하위체계나 부분체계로 나누어지는 현상을 말한다. 따라서 분화의 정도가 높으면 조직의 복잡성이 높다고 볼 수 있다. 복잡성은 수평적 분화, 수직적 분화, 장소적 분산으로 구분된다(Hall, 1992: 51-82). 이들 3요소의 정도가 높을수록 조직 복잡성은 높아진다.

수평적 분화는 조직 내 기구의 횡적 분화의 정도를 의미하며, 전문화, 분업화 등의 형태로 나타난다. 수직적 분화란 조직 내 상·하 관계에서 책임과 권한의 배분 정도를 의미하며 계층화의 정도를 나타낸다. 통솔범위, 명령통일, 계층제와 관련된다. 장소적 분산이란 조직의 자원이 지리적으로 분산된 정도를 의미한다.

2. 공식화(formalization)

공식화란 조직 '구성원의 지위와 권한의 성문화 정도' 그리고 '업무 수행의 규칙과 절차의 표준화 정도'를 의미한다. 행정조직에서는 헌법, 법률, 대통령령, 부령 및 각종 규정 등을 통하여 공식화의 정도를 높인다.

조직의 공식화 기준이 높으면 가치관, 성격 등이 다른 구성원들을 조직목표 달성을 위해 노력하도록 규제하기가 편리하다. 또한 표준운영절차(SOP)를 통해 조직의 의사소통 비용을 줄일 수 있으며, 조직 활동의 안정성과 예측 가능성을 높일 수 있다.

그러나 높은 공식화 수준을 가진 조직은 구성원들이 주어진 규정에 따라 업무를 처리하여 재량의 범위가 축소되어 기계적 조직구조를 갖게 된다. 또한, 규정과 절차로 인하여 급변하는 환경변화에 적응성이 떨어질 수 있으며, 조직목표보다도 주어진 규칙과 절차를 우선시하는 동조과잉 현상도 발생할 수 있다.

3. 집권화(centralization)

집권화는 조직의 상위층과 하위층 간의 '의사결정권의 배분 상태'를 의미한다. 의사결정권이 조직의 상위층에 집중된 것을 집권화, 하위층에 많이 위임된 것을 분권화라 한다.

집권화는 업무 수행의 통일성을 촉진하고, 업무의 통합과 조정을 쉽게 하며, 위기 시에 신속하게 대응할 수 있는 장점이 있다. 반면에 단점으로는 관료주의나 권위주의 경향이 나타날 수 있으며, 하위층의 창의성을 감퇴시키고, 현지 실정에 맞는 업무 수행이 어려워질 수 있다.

Ⅲ. 조직구조의 상황변수

조직구조의 형성에 영향을 미치는 내·외부 요인들을 상황변수라고 한다. 상황변수로는 규모, 기술, 환경 등이 주로 제시된다. 이러한 환경변수는 조직구조를 설계할 때 고려해야 할 핵심 요소이다.

1. 규 모

무엇이 조직 규모를 결정하는 변수인가에 대해서 행정조직에서는 통상 '구성원의 수'를 기준으로 파악하고 있다. 조직구성원의 수가 증가하면 내부에 혼란이 증가할 것이다. 따라서 관리자는 조직의 질서를 유지하기 위하여 수평적 분업화,

수직적 계층화, 지역적 분산을 추구하게 되면서 조직의 복잡성은 높아진다. 또한, 관리자는 규칙, 절차 등을 마련하여 구성원의 행동을 공식화함에 따라 공식화의 정도를 높일 것이다. 한편 조직의 규모가 커짐에 따라 의사결정이 필요한 업무의 수가 증가하게 됨에 따라 권한의 위임이 발생하여 분권화를 촉진하게 된다.

2. 기 술

조직 기술이란 투입물을 산출물로 전환하는 조직 내 기법 또는 활동을 말한다. 일반적으로 기술 다양성이 크거나 비일상적인 기술일수록 조직구조는 분화하고 작업규칙이나 업무편람 등은 잘 정비되어 있지 않을 것이므로 복잡성은 높고 공식화는 낮을 것이다. 반면에 일상적인 기술일수록 복잡성은 낮고, 공식화는 높을 것이다. 한편, 기술과 집권화의 관계는 상관도가 낮은 것으로 알려져 있다.

3. 환 경

조직 환경은 조직의 목표 달성과 직접적인 연관을 맺고 있는 과업 환경과 조직에 간접적으로 영향을 미치는 일반 환경으로 크게 나눌 수 있다. 행정조직을 개방체계로 간주하면서 조직구조의 결정변수로 환경의 중요성이 주목받고 있다. 특히 최근 상황론적 조직이론에서는 환경의 특성을 고려하는 조직구조 설계를 중시하고 있다.

조직구조의 결정 요소로서 환경은 그 불확실성과 함께 고려된다. 일반적으로 환경의 불확실성이 높을수록 전문화로 인하여 수평적 복잡성은 높아지지만, 조직의 반응성을 높이기 위하여 수직적 복잡성은 낮아진다(김호섭 외, 2006: 301 – 303). 환경의 불확실성이 증대하면 공식적인 절차와 규칙을 통한 업무 수행보다는 상황 적응적인 대응이 필요해지면서 공식화와 집권화의 수준은 낮아진다.

〈표 3-2〉 조직구조의 기본변수와 상황변수 간 관계

상황변수 기본변수	규모가 클수록	기술이 일상적일수록	환경이 불확실할수록
복잡성	높음	낮음	수평적 분화 확대 수직적 분화 축소
공식화	높음	높음	낮음
집권화	낮음	-	낮음

자료: 위계점 · 이원희, 2010: 633; 명승환 · 이용훈 외, 2011: 290.

Ⅳ. 조직구조의 설계(형태)

개별 행정조직은 조직구조의 기본변수와 상황변수에 따라 적절한 조직구조를 선택하게 된다. 여기서는 조직구조 설계의 고전적 원리를 알아보고, 현실에서 설계될 수 있는 조직구조를 크게 양극단의 두 가지 형태인 기계적 조직과 유기적 조직으로 나누어 살펴보고자 한다.

1. 조직구조 설계의 고전적 원리

1) 의 의

조직의 원리는 19세기 말경 과학적 관리론의 영향을 받은 전통적 조직이론가들에 의하여 제시되었다. 대표적인 학자는 페이욜(Fayol), 어웍(Urwick), 귤릭(Gulick) 등이다. 이들은 복잡한 조직을 합리적이고 능률적으로 관리할 수 있는 일반적인 원칙을 발견하고자 하였다. 그러나 이러한 전통적 조직이론가들의 노력은 사이몬(Simon)과 같은 행태론자들에 의해서 "경험적 검증이 부족하여 격언이나 미신에 불과하다"라는 비판을 받기도 하였다. 고전적 원리는 오늘날 많은 비판을 받고 있지만, 조직설계를 위한 유용한 틀을 제공하고 있다. 지금도 많은 행정조직 설계 및 진단에 활용되고 있다.

2) 고전적 조직의 원리

(1) 분업의 원리

분업의 원리는 '업무는 가능한 세분 해야 한다.'라는 주장에 기초한다. 즉, 조직의 구성원은 될 수 있으면 한 가지의 주된 업무만을 전담해야 한다는 것이다. 이를 '전문화의 원리'라고도 한다.

(2) 부성화의 원리(부처편성의 원리)

부성화의 원리는 하나의 조직에서 여러 개의 하위 단위기구를 만드는 데 적용할 기준인 부처편성의 원리를 말한다. 부성화의 원리는 일정한 기준에 따라 서로 동질적인 업무 단위로 조직단위를 형성해야 한다는 원리를 의미한다.

(3) 조정의 원리

조정의 원리란 '다양한 형태로 분화된 조직의 활동을 통합'해야 한다는 것을 의미한다. 무니(J. D. Mooney)는 조정의 원리를 다른 조직의 원리들을 내포하고 있는 것으로서 '조직의 제1원리'라고 하였다. 왜냐하면, 조직의 원리로 언급되는 분업의 원리, 부성화의 원리, 계층제의 원리, 명령통일의 원리, 통솔범위의 원리 등은 모두 목표 달성에 이바지할 수 있는 조정 장치를 전제로 하고 있기 때문이다.

(4) 계층제의 원리

계층제의 원리란 조직 내 권한이 상·하의 계층을 따라 차등적으로 배분되도록 설계되어야 한다는 것이다. 계층제 조직에서는 상하 간 엄격한 상명하복의 관계가 이루어진다. 계층제는 계층을 통한 의사소통, 갈등 해소 및 업무 위임 등이 쉬운 장점이 있다. 반면에 조직의 경직성이 높으며, 구성원의 창의성을 저해하고, 계층의 수가 증가하면 의사전달의 왜곡이 발생할 수 있으며, 환경변화에 대응성이 약하다는 단점이 있다.

(5) 통솔범위의 원리

통솔범위의 원리란 한 사람의 상관이 감독할 부하의 인원을 적절히 제한해야 한다는 것을 의미한다. 모든 상황에 적합한 일반적인 부하의 수는 도출되지는 않았으며, 감독자의 능력, 업무의 난이도, 구체적 상황 등 다양한 요소를 고려해야 한다.

(6) 명령 통일의 원리

명령 통일의 원리란 조직구성원은 한 사람의 상관으로부터만 지시를 받고, 한 사람의 상관에게만 보고해야 한다는 것이다. 이는 계층적 통로를 통해서만 명령이 전달되어야 한다는 원칙을 의미한다. 명령통일의 원리는 조직 내 안정성에 도움이 되며, 책임 한계를 명확히 하고, 신속한 의사결정이 가능하게 한다는 장점이 있지만, 수평적 조정을 저해하고, 참모 기능을 무력화한다는 단점을 지닌다.

2. 기계적 조직과 유기적 조직

1) 기계적 조직

(1) 특 징

기계적 조직은 고전적 조직모형에 기반을 두고, 관료제 모형에서 가장 잘 나타나며, 권한과 책임이 명확하게 규정되어 있다. 또한, 기계적 조직은 조직구조의 결정변수인 복잡성, 공식화, 집권화의 수준이 모두 높은 조직이다. 그러나 기계적 조직은 외부 환경이 비교적 정태적이고 안정적일 경우에 주로 채택되어 환경변화에 빠른 대응이 어렵다는 단점을 가진다.

(2) 사례: 관료제 조직

관료제는 산업사회로 발전되어 가는 과정에서 사무의 양적·질적 확대에 대응하기 위한 합리적·합법적 지배가 제도화된 대규모 조직을 의미한다. 관료제는 목표 달성의 수단으로 조직의 역할을 강조한다. 관료제 조직의 특징으로는 분업화, 계서제, 업무의 전문성, 문서 주의, 공식적 조직구조, 폐쇄적 조직관을 들 수 있다. 따라서 관료제 조직을 조직구조의 기본변수로 분석하면 복잡성, 공식화, 집권화의 정도가 모두 높게 나타난다. 조직구조의 상황 변수를 중심으로 살펴보면 대규모의 조직, 기술은 비교적 일상적인 업무, 환경은 불확실성이 낮은 것을 알 수 있다.

〈표 3-3〉 기계적 구조와 유기적 구조 비교

구 분		기계적 구조	유기적 구조
조직특성	직무 범위	구체적이고 좁은 직무 범위	포괄적이고 넓은 직무 범위
	규칙과 절차	높은 공식화 수준	낮은 공식화 수준
	책임 관계	분명함	불분명함
	위계질서	계층제 중심	네트워크나 분산된 채널
	인간관계	공식적인 관계	비공식적인 대면 관계
	상호작용	수직적 상호작용	수평적 상호작용
상황조건	조직목표	명확함	불명확
	직무	단순	복잡
	환경	정태적이며 비교적 확실	동태적이며 불확실

자료: Robey(1986: 104); 민진(2014: 138)에서 재인용.

2) 유기적 조직

(1) 특 징

유기적 조직구조는 애드호크라시(adhocracy) 조직에서 가장 잘 나타나며 직무, 권한, 책임 등이 명확하게 규정되어 있지 않다. 유기적 조직은 조직구조의 결정변수인 복잡성, 공식화, 집권화 수준이 모두 낮은 조직이다. 유기적 조직은 외부 환경의 불확실성이 높은 경우에 주로 채택되어 환경변화에 신축적으로 대응할 수 있는 것이 특징이다.

(2) 사 례

① 애드호크라시(adhocracy)

애드호크라시는 관료제에 반대되는 개념으로 사용되고 있다. 관료제가 복잡성, 공식화, 집권화가 높은 조직을 상징적으로 표시한다면 애드호크라시는 기본변

수가 모두 낮아 환경변화에 적응도가 높은 조직을 말한다. 즉, 애드호크라시는 조
직구조가 복잡하지 않고, 형식주의나 공식화에 얽매이지 않으며, 의사결정이 분권
화되어 있다. 순수한 관료제가 없듯이 순수한 애드호크라시란 없으며, 하나의 추
상적 모형이라고 볼 수 있다(이창원 외, 2014: 469-470). 뒤에서 살펴볼 매트릭스 구
조, 위원회 조직, 네트워크 조직, 학습조직 등 모두 애드호크라시에 속하는 조직구
조라고 볼 수 있다.

② 매트릭스 조직(행렬조직, 복합조직)

매트릭스(또는 행렬) 조직이란 전통적인 기능 구조에 수평적 사업구조를 결합
한 복합구조이다. 매트릭스 조직은 기능과 사업구조를 합친 혼합적 구조를 만들
정도의 대규모 조직에서 규모의 경제를 활용하기에 유용하다. 매트릭스 조직은 기
능 구조와 프로젝트(사업) 구조가 서로 보완 관계에 있다. 따라서 한 사람의 부하
는 두 사람의 상사를 가지게 되어 명령통일의 원칙의 적용이 곤란하다.

매트릭스 조직은 전문가 활용을 극대화하고 그들 간 의사소통을 원활하게 할
수 있으며, 복수의 목표를 달성하고자 하면 유리한 구조이다. 그러나 기능 팀과 사
업팀 간 또는 내부 구성원들 사이에 역할, 책임 등과 관련된 갈등이 발생할 가능
성이 크며 권한과 책임의 한계가 불명확하다는 단점을 가진다.

③ 학습조직

학습조직이란 조직구성원 간 의사소통과 협력을 통하여 조직의 문제해결 역
량을 향상할 수 있도록 지속적인 학습활동을 하는 조직이다. 학습조직은 특정한
형태의 조직구조로 되어 있다고 보기는 어렵다. 즉 학습조직이라는 단일 형태의
조직구조는 없으며, 학습조직은 구성원 상호 간의 태도와 상호작용의 관계를 나타
내는 개념이다. 따라서 학습조직은 다양한 형태의 조직유형으로 나타날 수 있다
(권석균, 1998).

학습조직이 가지는 일반적 특징을 정리하면 ⓐ 업무 프로세스 중심의 수평적
구조, ⓑ 구성원들은 목표 달성을 위해 재량권과 책임을 지며, ⓒ 구성원 간 학습
을 촉진하기 위하여 상호 정보의 교환과 공유가 이루어지며, ⓓ 조직구성원 간 협
력을 중시하며, ⓔ 구성원 간 협력과 상호작용을 통하여 적응적인 조직문화를 들
수 있다(Daft, 2010).

④ 네트워크 조직

네트워크 조직은 각기 높은 독자성을 지닌 조직단위나 조직들 사이에 협력적
연계장치로 구성된 조직이다. 여기서 연계장치는 수평적이고 신뢰에 바탕을 둔 협

력관계를 특징으로 한다. 네트워크 조직은 임시적인 관계와 신속한 적응이 강조되어 가상조직이나 임시체계의 속성을 가진다.

네트워크 조직은 한 건물 내에 회계, 디자인, 마케팅, 유통 등 모든 기능을 모아 두는 것이 아니라 이들을 각각 외부에서 독립적으로 수행하는 기업들을 필요에 따라 네트워크를 통해 연결하는 구조이다.

네트워크 조직의 장점은 ⓐ 조직의 유연성과 자율성이 높으며, ⓑ 자원 절약 및 비용 절감을 도모하며, ⓒ 정보통신 기술을 활용하여 시간과 공간의 제약을 극복하며, ⓓ 구성단위 간 통합과 학습을 통한 경쟁력 제고에 기여할 수 있다는 것이다.

반면에 단점으로는 ⓐ 구성단위 간 신뢰 관계가 취약한 경우에는 조직 효용을 기대할 수 없고, ⓑ 외부기관을 직접 통제하는 데 한계가 있으며 감시를 위한 모니터링 비용이 발생하며, ⓒ 권한과 책임소재가 불명확할 수 있으며, ⓓ 조직 경계가 모호하여 정체성과 응집력이 약하며, ⓔ 한 곳의 지연이나 실패는 네트워크 전체의 업무 지연을 일으킬 수 있다는 것이다(오석홍, 2014: 461-432).

⑤ 위원회 조직

위원회 조직은 특정 문제를 심의·결정하기 위하여 두 사람 이상의 위원으로 구성되는 합의제 기구이다. 위원들은 서로 다른 조직이나 기관 출신으로 구성되며 상호 대등한 입장에서 의사결정에 참여한다. 또한, 집단적 의사결정에 대하여 공동으로 책임지는 것이 원칙이다.

현실에서 위원회는 다양한 형태로 운영되고 있다. 우리나라의 경우 「행정기관 소속 위원회의 설치·운영에 관한 법률」에서 행정기관 소속 위원회에 대한 포괄적인 규정을 두고 있다. 같은 법에서는 위원회를 '행정위원회'와 '자문위원회등'으로 구분하고 있다(같은 법 제5조). 행정위원회는 「정부조직법」 제5조에 근거를 두고 있으며 소관 사무의 일부를 독립적으로 처리할 수 있는 합의제 행정기구를 말한다. 따라서 행정위원회는 의사결정의 구속력과 집행력을 가진 기관을 말한다. 여기에는 중앙선거관리위원회, 공정거래위원회, 국민권익위원회, 노동위원회 등이 해당한다. 이러한 행정위원회의 설치는 법률에 따라 할 수 있도록 하고 있다(정부조직법 제5조).

한편, 「행정기관 소속 위원회 설치·운영에 관한 법률」에서 행정위원회를 제외한 모든 위원회를 '자문위원회등'으로 규정하고 있다. 여기에는 의사결정의 구속력이 없는 일반적인 자문위원회(정책자문위원회, 의결위원회 등)와 의사결정의 권한은 있으나 집행권이 없는 각종 위원회(조정위원회, 의결위원회 등)를 포함하고 있다.

위원회 조직의 장점으로는 권한 남용을 방지하고, 대화와 타협을 통한 신중하고 공정한 결정을 기대할 수 있으며, 전문가 지식을 활용하는 데 용이하며, 참여를 통하여 이해관계 조정이 쉽다는 점을 들 수 있다.

그러나 위원회 조직은 의사결정이 지연될 수 있고, 많은 시간과 비용이 소요되며, 위원 간 결정에 대한 책임회피 현상이 발생할 수 있으며, 의사결정이 최적의 대안이 아닌 정치적 타협 때문에 이루어질 가능성이 크다는 단점이 있다.

제3절   관료제

I. 관료제의 개념

관료제(bureaucracy)는 극히 다의적인 개념이며 불확정적인 개념으로 한마디로 정의하기는 쉽지 않지만, 학자들의 정의를 종합하면 관료제란 "계층적 구조를 가진 대규모의 관리조직"으로 정의할 수 있다. 관료제의 개념은 정부조직의 기능과 관련되어 정부 관료제와 동일한 용어로 사용되기도 하지만, 민간기업을 포함한 현대의 대규모 조직에서 공통으로 나타나는 관리기구를 의미하기도 한다.

구체적으로 관료제는 구조적 측면과 기능적 측면으로 구분하여 분석될 수 있다. 관료제의 구조적 측면은 계층제적 형태를 지닌 대규모의 분업조직을 의미한다. 기능적 측면에서의 관료제는 합리성을 지닌 조직인 반면에 역기능과 병리적 현상을 지니며, 권력성을 가지는 조직을 의미한다.

행정학에서 관료제에 대한 쟁점은 크게 두 가지로 구분된다. 하나는 조직의 일반적 현상으로서 관료제의 특징, 순기능 및 역기능을 이해하는 것이다. 이를 통하여 대규모의 조직들에 나타날 수 있는 일반적 특징으로서의 관료제를 이해하는 것이다. 다른 하나는 정부 관료제와 시민과의 관계라는 특수 관계를 중심으로 관료제와 민주주의의 관계를 이해하는 것이다. 특히, 정부 관료제가 어떻게 그리고 어느 정도로 시민들의 뜻을 수렴하여 정책을 수행하느냐의 문제는 현대 행정학의 주요 쟁점이기도 하다. 두 번째 쟁점은 제1편 제2장 제3절 '정부 관료제와 민주주의'에서 다루었으므로 여기서는 첫 번째 쟁점을 살펴본다.

Ⅱ. 관료제 이론의 특징

1. 베버(Max Weber)의 이념형

　　관료제를 이야기하면 우선 막스 베버(Max Weber, 1864–1920)의 이념형(ideal type)을 논의하게 된다. 그는 산업혁명이 무르익은 19세기 후반부터 20세기 초반을 살아가면서 근대 산업사회에 가장 적합한 능률적이고 이상적인 조직모형을 제시하고자 하였다. 그는 존재하는 대규모 조직들의 속성 중에서 특징적인 것을 추상화하여 이념형으로 관료제 모형을 제시하였다.

　　베버는 조직이 가지는 지배(권위)의 정당성을 기준으로 전통적 지배, 카리스마적 지배, 합법적 지배로 구분하였다. 전통적 지배는 역사적 전통에, 카리스마적 지배는 지도자 개인의 능력이나 인품에, 합법적 지배는 성문화된 법령에 각각 그 정당성의 근거가 있다. 세 가지 지배형식 중에서 근대사회를 특징짓는 것은 합법적 지배이며 이것이 바로 관료제적 지배라고 보았다. 즉 그는 법령에 기초한 합법적이고 합리적인 지배형식이 근대 국가의 사회목적을 달성하는 데 가장 적절하다고 보았다.

2. 이념형의 특징

　　베버의 이념형으로서의 합법적 지배가 이루어지는 관료제의 특징은 다음과 같다(Max Weber, 1947).

1) 법규의 지배

　　지배의 정당성은 합법성에 있다. 따라서 관료의 직무, 권한, 업무 수행의 절차 등은 모두 규정된 법규를 따라야 한다.

2) 명확한 관료의 권한

　　관료의 직무와 그 권한의 범위는 명백하게 법규에 규정되어 있다.

3) 계층제적 조직구조

　　조직 내부의 구조는 상하 관계에 의한 계층제의 원리를 따른다. 따라서 모든 직위는 계층제의 질서 내에 포용되며 상급자는 하급자를 감독하게 된다.

4) 전문지식

　　관료는 전문적인 직업 활동을 위하여 특별한 교육과 훈련이 필요하다. 관료의 전문지식은 합법성의 기초가 된다.

5) 직무에의 전념

관료는 정해진 업무시간 내에 업무 수행을 위하여 전념하여야 한다.

6) 문서주의

관료의 결정행위와 업무 수행은 모두 객관적인 문서로 이루어져야 한다.

3. 베버(Weber) 이론의 평가와 비판

1) 평 가

베버의 이념형은 당시에는 정부 관료제가 나아가야 할 방향을 제시하였다는 데 의의를 둘 수 있었다. 이후에는 그의 이론은 관료제 논의의 출발점이 되고 있다. 즉, 대부분의 관료제 논의는 베버의 이념형을 기초로 하고, 이에 대한 수정과 비판이 중심을 이루고 있기 때문이다. 결국, 그가 정립한 합법적 지배형식으로서의 관료제 모형은 행정학, 사회학, 경영학, 법학, 정치학 등을 연구하는 학자들에게 많은 영향을 미친 것이 사실이다.

2) 비판과 수정

그러나 베버의 관료제 이론은 시대적인 제약성을 벗어날 수는 없어, 이후 많은 비판과 수정을 피할 수 없었다.

우선, 1930년대에 사회학자들을 중심으로 베버의 이념형을 비판하였다. 이들은 이념형이 비공식적 조직의 순기능, 비합리적 측면의 순기능, 관료제 자체가 가지는 역기능 등을 간과하였다고 비판하였다.

다음으로 1960년대에 발전행정론자들에 의하여 비판과 함께 전면적인 수정이 제기되었다. 이들은 ⓐ 합법성의 강조는 신속한 사회변화에 적응하기 어려우므로 행정의 합목적성의 개념을 중시하였으며, ⓑ 관료의 전문적 능력뿐 아니라 넓은 이해력과 발전지향적인 자세를 강조하였으며, ⓒ 계층제의 장점도 있지만, 의사소통과 참여를 어렵게 하므로 조정과 통합을 위한 조직형태가 필요하다는 것이다. 발전행정론자들이 베버 관료제에 대한 전면적인 수정을 제기한 것은 베버의 이론은 관료제의 기능을 법에 따른 수동적 역할을 강조하고 행정인의 주도적이고 적극적인 역할을 간과하였기 때문이다.

Ⅲ. 관료제의 역기능

관료제의 역기능 또는 병리현상은 다음과 같다(유종해·이덕로, 2015: 246).

첫째, 동조과잉(同調過剰) 현상이 나타난다. 동조과잉이란 본래 법규를 준수한다는 것은 행정 목적 달성을 위한 수단이지만, 이를 지나치게 강조하여 그 자체가 목적이 되는 현상을 말한다. 즉, 관료제는 목표의 수단화 현상을 초래할 수 있다는 것이다.

둘째, 서면주의(red tape)의 발생이다. 관료제는 모든 사무처리를 서면으로 함에 따라 불필요한 문서작성 절차를 거치게 되며, 번문욕례(煩文縟禮, 번거롭고 까다로운 규칙과 예절로 인하여 거추장스럽고 비능률적임) 현상을 초래한다.

셋째, 무사안일주의이다. 관료들은 적극적으로 새로운 일을 개척하거나 창의적으로 일하기보다는 주어진 업무를 수동적이고 소극적으로 처리하는 행태가 나타난다.

넷째, 인간성의 상실이다. 관료제 조직은 법규의 지배를 강조하고 조직인 상호 간의 인간적이고 비공식적인 관계를 경시하여 몰인정성이 나타날 수 있다.

다섯째, 전문화로 인한 무능이다. 관료제는 전문성을 가진 관료를 요구하는데 이러한 한정된 분야의 전문성은 종합적인 이해력이 부족하며, 타 분야와의 협력이 어려우며, 새로운 환경에 대한 적응력이 떨어진다는 것이다.

여섯째, 변화에 대한 저항이다. 관료제는 사회변동에 적극적이지 못하고 법규에 따르는 현상유지적인 성향이 강하다.

일곱째, 무능한 관료의 승진이다. 관료제는 연공서열이 중시됨에 따라 행정인은 각자의 능력을 넘는 수준까지 승진한다는 피터의 원리[2](Peter Principle)가 작용한다.

여덟째, 파킨슨의 법칙[3](Parkinson Law)이다. 관료들은 자기세력을 확장하려는 욕구가 있어 지속해서 기구와 인력이 증대된다.

---

2) 조직에서 어떤 직책의 적임자를 선택할 때, 그 직책에서 요구되는 직무수행 능력보다 지원자가 현재까지 보여 온 업무성과에 기초해 평가하는 경향이 높다는 원칙이다. 따라서 특정 조직의 고위직이 무능력자로 채워지는 것은 개인보다는 위계조직의 승진 메커니즘 때문에 발생한다는 이론이다.
3) 파킨슨의 법칙이란 공무원의 수는 해야 할 일의 경중이나 일의 유무에 관계없이 상급 공무원으로 출세하기 위해 부하의 수를 늘릴 필요가 있으므로 일정한 비율로 증가한다는 것이다.

제4절   계선기관과 참모기관

Ⅰ. 개 념

계선기관(line services)이란 상·하의 명령복종 관계를 가진 계층구조를 형성하면서 업무를 결정·집행하는 조직의 근간을 이루는 기관을 말한다. 예컨대, 중앙행정기관의 경우는 장관－차관－국장－과장－담당자의 순으로, 지방자치단체의 경우는 시장－부시장－국장－과장－담당자로 이어지는 것을 말한다.

참모 또는 막료기관(staff services)이란 계선기관이 그 기능을 원활히 수행할 수 있도록 지원·조정하는 조직이다. 예컨대, 중앙행정기관의 경우는 차관보, 비서관, 담당관, 대변인 등이 있으며, 지방자치단체의 경우는 기획관, 비서관, 담당관 등이 있다.

Ⅱ. 계선기관과 참모기관의 비교

계선기관과 참모기관의 특징은 다음과 같다(민진, 2014: 159).

첫째, 조직 목표 달성이라는 측면에서 보면, 계선기관은 조직 목표 달성에 직접 공헌한다. 반면에 참모기관은 전문적인 지식이나 자원의 지원을 통하여 조직 목표 달성에 간접적으로 공헌한다.

둘째, 의사결정 및 집행의 권한이라는 측면에서 보면, 계선기관은 의사결정권과 집행권을 가진다. 그러나 참모기관은 의사결정 및 집행권이 계선기관에 비하여 제약되어 있다. 왜냐하면, 기관 본연의 정책을 결정하고 집행하는 것은 계선기관이 수행하고, 참모기관은 이를 보조·지원하는 기능을 수행하기 때문이다. 예를 들면, 군대조직에서 적군을 공격하는 임무는 연대장－대대장－중대장－소대장으로 이어지는 계선기관이 수행하고, 군수물자나 식량 공급을 담당하는 군수처(과)는 보급이라는 지원업무를 집행한다.

셋째, 대외 활동이라는 측면에서 보면, 계선기관은 고객과 직접 접촉하고 봉사하지만, 참모기관은 고객보다는 주로 관리자를 대면한다.

넷째, 책임행정이라는 측면에서 보면, 계선기관은 권한과 책임의 한계가 명백하지만, 참모기관은 조언이나 전문지식을 제공하고 정책에 대한 최종적인 책임을 지지 않는다.

다섯째, 업무에 대한 태도라는 측면에서 보면, 계선기관은 현실 지향적이며 보수적인 성향이 강한 데 반하여, 참모기관은 미래 지향적이며, 개혁적인 성향이 강하다. 이러한 성향의 차이로 인하여 조직 내에서 갈등과 불화의 원인이 되기도 한다.

전통적인 견해에 의하면 계선기관은 결정, 집행, 명령 기능을 주로 수행하고, 참모기관은 조언, 지원 기능을 담당한다. 그러나 현실에서는 그 기능의 구별이 어려울 수 있다. 특히 현대 행정에서 계선기관과 참모기관은 상황에 따라서 같은 기관이 되어 수행하거나 같은 사람이 담당하는 경우도 있다. 따라서 최근에는 계선과 참모로 구분하는 것에 대한 실익이나 의미가 줄어들고 있다.

02 / 조직관리

조직관리란 "조직의 목표를 달성하기 위하여 각종 자원을 합리적으로 동원하는 활동"이다. 다시 말하면, 조직관리는 조직이라는 집합체가 합리적이고 효과적으로 목표를 달성할 수 있도록 지원하는 활동이다. 따라서 본 장에서는 첫째, 조직이라는 전체 집합체의 목표에 대해 알아본다. 둘째는 조직인을 중심으로 그들의 특성, 동기부여와 그들 상호 간의 관계와 연관된 의사전달, 갈등관리 및 리더십에 대해 살펴본다.

제1절 조직목표

I. 의 의

조직목표란 조직이 달성하려는 미래의 바람직한 상태를 의미한다. 결국, 조직목표는 조직의 미래상이다. 그런데 조직목표는 미래지향적이지만 그 영향은 미래에만 미치는 것이 아니라 현재의 조직 활동에도 영향을 미친다. 조직목표는 둘 이상의 사람이 함께 일하는 조직이 나아갈 방향이자 존재 이유를 나타내는 것이다.

조직목표와 관련하여 제기되는 쟁점은 ⓐ 조직이 어떻게 목표를 설정하고, ⓑ 그 설정된 목표가 시간이 지남에 따라 어떻게 유지 또는 변화되어 가는지, ⓒ 개별 조직구성원인 개인의 목표와는 어떠한 조화와 갈등을 보이는지, ⓓ 조직이 목표를 어떻게 활용하는지 등이다.

Ⅱ. 조직목표의 기능

목표가 조직관리에서 차지하는 역할이나 기능은 크게 네 가지로 요약될 수 있다(민진, 2014: 91).

첫째, 조직 활동의 방향을 제시한다. 사람과 구조의 집합체인 조직의 미래 활동에 대한 방향을 제시하는 역할을 하는 것이 조직목표이다. 따라서 조직목표는 업무 수행과정에서 직면하는 여러 가지 대안 가운데서 조직에 적합한 것을 선택하게 하는 기준을 제시한다.

둘째, 조직 활동의 정당성에 대한 근거가 된다. 조직목표는 조직이 존재해야 하는 이유와 활동을 하는 정당성의 근거를 제공한다.

셋째, 구성원의 일체감과 동기부여의 기초를 제공한다. 조직목표는 구성원들이 함께 추구하는 공동의 목표이므로 구성원의 일체감을 느끼게 한다. 또한, 이러한 일체감은 조직에 기여하려는 개인의 동기부여를 유발하기도 한다. 구성원의 일체감과 동기부여는 조직목표와 개인목표와의 관계가 밀접한 관련이 있다. 조직목표와 개인목표가 잘 조화될 때 일체감과 동기부여가 높을 것이다.

넷째, 조직 평가의 기준이 된다. 조직목표는 조직의 성과와 그에 대한 개인·부서 차원의 기여도를 평가하는 기준이 된다. 즉, 조직목표는 조직 전체의 효과성을 판단하거나 부서별 또는 구성원별 실적을 평가·보상을 결정할 때 중요한 기준이 된다. 평가의 기준은 조직목표의 활용과 밀접한 관련이 있다.

이러한 조직목표는 안정성과 역동성을 동시에 가진다. 즉, 조직목표는 시간이 지남에 따라 조직 내외의 행위자 간 상호작용 및 환경의 변화에 따라 변동될 수 있다. 따라서 위의 기능들은 조직목표의 변동과 함께 고려되어야 할 기능이다.

Ⅲ. 조직목표의 변동

조직목표는 조직 내부 행위자 간 상호작용이나 외부 환경의 변화로 인하여 변동하는 특성이 있다. 조직 내외의 환경변화는 목표변동을 초래하고 목표의 변동은 조직의 다른 구성요소들의 활동에 변동을 초래한다. 따라서 목표변동을 이해하는 것은 조직의 역동적이고 동태적인 과정을 이해하는 토대가 된다. 조직 목표변동의 유형은 목표의 승계, 대치, 다원화, 확대 및 축소로 나눌 수 있다.

제3편 행정조직론

1. 목표의 승계(succession)

목표의 승계는 어떤 목표가 다른 목표로 교체되는 현상이다. 당초 목표가 달성되었거나 달성 불가능한 경우에 발생한다.

2. 목표의 대치(displacement)

목표의 대치란 당초 정당하게 설정한 목표가 다른 목표와 바뀌는 것이다. 공식적인 목표와 실제 추구하는 목표가 다르거나, 목표와 수단이 전도되는 현상을 말한다. 규칙·절차와 형식에 집착하는 관료적 형식주의도 목표대치의 한 형태이다. 상위의 추상적 목표를 등한시하고 하위의 구체적·유형적 목표에 더 치중하는 경우에도 발생한다. 또한, 조직 내부 문제에 지나치게 집착하고 조직목표 달성을 등한시하는 때도 여기에 해당한다. 특히 조직 본래의 목표보다는 소수 간부의 권력을 유지·강화하는 데 더 관심을 둔다고 보는 미헬스의 '과두제의 철칙'도 목표의 대치현상이다.

3. 목표의 다원화(multiplication), 확대(expansion), 축소(scaledown)

목표의 다원화는 기존 목표에 새로운 목표가 추가되는 것이다. 목표의 확대는 기존 목표의 범위가 확대되는 것이며, 목표의 축소는 그 범위가 축소되는 것이다.

Ⅳ. 조직목표와 개인목표

조직은 둘 이상의 사람이 모인 집합체이다. 개별구성원과 조직 전체는 각기 목표를 있다. 따라서 성공적인 조직은 개별구성원의 목표와 조직 전체의 목표 사이에 어떤 공존 관계가 설정되어야 한다. 조직목표와 개인목표를 조화·통합시키려는 이론모형으로는 교환모형, 교화모형, 수용모형이 있다(이창원 외, 2013: 335).

1. 교환모형(exchange model)

교환모형은 개인과 조직은 유·무형의 가치를 상호교환하면서 목표의 통합을 이룬다는 것이다. 즉, 조직은 개인 목표 달성에 도움이 되는 보상을 제공하고 개인은 그것에 대한 대가로 조직을 위해 일한다는 것이다. 따라서 조직이 개인에게 주는 보상은 개인이 조직에 일한 만큼으로 한정된다. 교환모형의 인간관은 고전적 조직이론과 인간관계론을 기초로 한다.

2. 교화모형(socialization model)

교화모형은 구성원이 조직목표에 기여하는 행동을 가치 있는 것으로 생각하도록 설득하고 감화시켜 목표 통합을 이루려는 접근방법이다. 구성원을 교화하는 방법으로는 조직목표를 개인목표화하도록 설득하는 적극적 방법과 조직목표 성취에 방해가 되는 개인목표를 포기하도록 하는 소극적 방법이 있다.

3. 수용모형(accommodation model)

조직목표를 설정하고 목표 달성의 방법이나 절차를 결정할 때 개인의 목표를 고려하고 수용하여 조직과 개인의 목표를 통합하려는 접근방법이다. 이 모형은 조직목표와 관련된 일련의 과정에서 개인의 욕구와 필요를 전제 조건으로 취급하고 있다. 수용모형의 인간관은 후기인간관계론과 자아실현적 인간모형을 기본으로 하고 있다.

위의 세 가지 모형 중에서도 수용모형이 가장 현대적인 모형이지만 언제나이 모형이 가장 효과적인 것은 아니다. 현대의 복잡인은 개인별로 욕구 체계가 다르며, 동기유발에 이르는 과정도 다르고, 조직이 처한 외부 환경도 급변하기 때문이다. 따라서 수용모형을 기본으로 하되 적응성과 융통성을 갖춘 조직설계가 필요하다.

V. 조직목표의 활용

조직목표는 전술한 기능에서 보듯이 다양하게 활용될 수 있다. 여기서는 구체적으로 조직목표가 활용되는 조직 성과측정과 관리 수단으로서의 조직목표를 살펴본다.

1. 효과성의 측정

1) 목표모형

목표모형은 조직목표를 조직평가의 기준으로 보는 평가모형이다. 조직의 효과성은 조직목표의 달성 정도로 측정할 수 있다고 본다. 따라서 목표모형에서 조직목표는 경험적으로 확인할 수 있고, 그 성취의 정도는 측정이 가능하다는 것을 전제로 한다. 목표모형에서 조직평가의 지표로 사용되는 목표는 조직의 공식적 생산목표이다.

2) 체제모형

체제모형은 조직을 복수 기능의 체제로 본다. 따라서 체제모형은 조직의 효과성 평가 기준에 조직을 구성하는 복수의 기능을 포함한다. 결국, 체제모형은 조직의 목표보다는 조직을 구성하는 전체적인 기능적 요건을 기준으로 조직을 평가하려고 한다. 체제모형은 조직의 환경에 대한 파악능력, 획득한 자원의 이용 능력, 조직 내부 활동의 유지능력, 환경변화에 대한 대응능력 등이 조직 효과성 판단 기준이 된다(이창원 외, 2014: 364).

3) 이해관계자모형

이해관계자모형은 조직 내·외부의 이해관계자를 만족시키는 정도가 조직 효과성 평가의 기준으로 본다. 이해관계자 접근법에서는 조직에 중요한 이해관계자를 확인하는 능력과 그 이해집단의 요구를 충족시킬 수 있는 능력이 조직 효과성에 영향을 미친다(이종수 외, 2014: 224).

4) 경쟁(합)적 가치모형(competing values approach)

행정조직의 경우 정책결정의 다원성으로 인하여 조직 목표 달성도를 평가하는 가치들이 충돌할 수 있으며 어느 하나의 가치로 측정하기에는 어려움이 많다. 퀸과 로보그(Quinn & Rohrbaugh, 1983)는 조직 효과성을 측정하는 다차원적이고 통합적인 분석 틀인 경쟁적 가치모형을 제시하였다. 이들은 ⓐ 조직구조가 통제를 강조하는지 유연성을 강조하는지, ⓑ 조직의 초점이 조직 내의 인간에게 있는지 조직 자체에 있는지, ⓒ 조직이 가지는 목표와 수단의 관계 특성이라는 세 가지 차원을 조합하여 8가지의 조직 효과성 측정기준을 제시하였다. 또한 ⓐ와 ⓑ를 조합하여 개방체제모형, 합리적 목표모형, 내부과정모형, 인간관계모형 등 4가지 모형으로 제시하였다.

〈표 3-4〉 경쟁적 가치의 4가지 모형

구분	조직구조	조직의 초점	목표-수단 관계	
			목표	수단
개방체제모형	유연성	조직 그 자체	자원획득과 성장	유연성
합리적 목표모형	통제	조직 그 자체	생산성과 능률성	기획과 목표설정
내부과정모형	통제	조직 내 인간	안정성과 균형	정보관리와 의사소통
인간관계모형	유연성	조직 내 인간	인적자원개발	사기와 결집력

자료: Quinn & Rohrbaugh, 1983.

이들 각각의 모형은 조직의 성장단계에 따라 조직 효과성 평가모형으로 선택
돼야 한다고 본다. 예컨대 창업단계에서는 혁신과 자원의 결집이 필요하므로 개방
체제모형으로 평가하고, 비공식적 의사전달이 강조되는 단계에서는 인간관계 모
형을 적용하여 평가하고, 규칙과 절차 및 효율성을 강조하는 공식화 단계에서는
내부과정모형 및 합리적 목표모형이 적절하다는 것이다(이창원 외, 2014: 370-373).

2. 목표관리(MBO)

1) 의 의

목표관리(MBO: Management By Objectives)란 상하 조직구성원의 참여 과정을
통하여 설정된 조직목표를 중심으로 구성원에게 책임을 부과하고, 그 결과를 평가
(환류)하는 제도이다. 결국, 목표관리는 조직목표의 설정, 실행, 평가 등의 과정을
조직관리 기법의 하나로 사용하는 것이다. 목표관리의 핵심적 구성요소는 목표설
정, 참여, 환류 또는 평가라고 할 수 있다. 목표관리는 민주적·참여적 관리기법이
며, 공공부문에서는 예산기법으로 활용되기도 하였다.

2) 과 정

목표관리 과정은 다음 3단계로 구분된다(김병섭 외, 2009: 524).

첫 번째는 목표설정 단계이다. 조직구성원의 참여를 통하여 조직의 공동목표
를 설정하고 하위 목표에 대해서는 상급자와 하급자가 합의하여 설정한다.

두 번째는 목표실행 단계이다. 설정된 목표에 따라 업무를 수행하며 중간목표에
대한 달성도를 평가하여 원래 합의한 목표에 합류시켜 부적절한 목표는 수정한다.

세 번째는 목표 달성 정도에 대한 평가 및 환류 단계이다. 최종결과에 대한
검토평가가 이루어지며, 하위 목표에 대한 수행실적도 평가한다. 또한, 평가결과
에 대해서는 보상과 예산반영으로 환류된다. 환류는 목표관리제에서 동기부여의
중요한 수단이 된다.

3) 장·단점

(1) 장 점

목표관리는 조직목표를 명확히 하고 목표지향적인 조직운영을 통하여 조직의
효과성을 극대화한다. 또한, 참여를 통한 목표설정을 통하여 조직의 상하 간에 의
사소통을 촉진하며, 하위 목표에 대한 평가와 환류를 통하여 구성원의 조직 몰입
도를 높인다.

(2) 단 점

목표관리는 단기적이고 양적인 목표에 치중하여 목표 대치현상을 초래할 수
있다. 또한, 공공조직의 경우에는 목표 달성도의 측정 자체가 어려울 수 있으며,
참여를 통한 목표설정 과정에 시간과 비용이 많이 든다는 단점이 있다.

제2절 조직인의 특성

Ⅰ. 의 의

조직을 구성하는 주요 요소로는 조직구조와 조직인을 들 수 있다. 조직구조는
조직인들 상호 간 관계의 유형을 구성하는 것이며, 이를 통하여 의사소통의 방식
이나 흐름이 결정된다. 그런데 조직인들의 행위에는 차별성이 발생할 수 있으며,
그 차별성으로 인하여 동일한 조직구조 내에서 다른 성과를 나타낼 수도 있을 것
이다. 따라서 조직의 구성원인 조직인의 특성을 파악하고 이에 따른 적절한 관리
전략이 필요하다.

여기서는 조직인의 유형과 태도에 대해서 알아보고자 한다. 조직인의 유형론
은 조직 속 인간의 유형을 구분하여 차별화된 관리전략이 필요함을 제안한 이론들
이다. 조직인의 태도는 개별 조직인이 직무를 수행하는 과정에서의 만족, 몰입, 이
타적 행동 등과 조직관리 전략과의 관계에 대한 내용이다.

Ⅱ. 조직인에 대한 유형론

조직에서 인간을 어떠한 존재로 보느냐에 따라 조직관리 전략이 달라질 수
있다. 조직 내에서 활동하는 인간은 다양한 특성을 나타낼 수 있으며, 이를 어떠한
방식으로 유형화를 하더라도 모두를 포괄할 수는 없을 것이다. 그러나 일정한 틀
에 따라 인간의 유형을 분류하는 것은 관리자에게 유용한 정보를 제시해 줄 수 있
을 것이다.

1. 맥그리거(McGregor)의 X · Y이론

맥그리거(Douglas McGregor, 1960)는 인간의 본질에 대한 기본가정을 두 가지
로 구분하고 X이론과 Y이론이라 이름 지었다. 그는 X이론은 현대 조직에서 부적

합한 이론이며, Y이론을 바람직한 인간관리 전략으로 보았다.

X이론은 인간을 게으르고, 책임의식이 약하며, 변화를 싫어하며, 창의력이 부족하며, 동기부여는 생리적 욕구나 안전욕구에 머무르는 미성숙한 상태로 본다. 따라서 X이론에 기초한 관리전략은 조직구성원을 통제하며 엄격히 감독하는 것이다. 또한, 열심히 일하는 사람에게는 인센티브를 제공하고 그렇지 않은 사람에게는 강제와 벌칙을 주는 '당근과 채찍' 전략이 필요하다.

그러나 현대의 인간은 높은 교육수준과 생활 수준으로 인하여 존경이나 자아실현이라는 높은 단계의 욕구가 있어, X이론을 현대 조직에 적용하는 것은 한계가 있다. 이에 맥그리거는 현대에 이상적인 인간관으로 Y이론을 제시하였다.

Y이론은 인간이 일하는 것은 자연스러운 것이며, 인간은 책임감을 느끼고 있으며, 자기 감독과 자기통제의 능력을 갖추고 있고, 창의력을 지니며, 동기부여는 생리적 욕구에서부터 자아실현 욕구까지 모든 계층에서 유발된다고 본다. 따라서 Y이론에 기초한 관리전략은 조직구성원의 자율성을 인정하고 인간성을 존중하며 자아발전을 유도한다는 전제하에 조직의 목표와 개인의 목표가 통합될 수 있는 조건을 형성하는 것이 중요하다.

2. Z이론

한편 맥그리거가 제시한 X·Y이론에 부합하지 않는 조직관리 상황에 적용되는 제3의 이론인 Z이론이 제시되었다. 그런데, Z이론을 제시한 학자들은 동일한 명칭을 사용하지만, 그 내용은 각기 다르다(오석홍, 2014).

1) 룬트스테트(Lundstedt)의 Z이론(자유방임형 관리방식)

룬트스테트(Sven Lundstedt)는 X이론이 권위주의형, Y이론이 민주형이라면, Z이론은 자유방임형의 관리방식으로 보았다. 그는 조직 내에서 비조직화된 상태 또는 방임된 상태는 바람직하지 않은 경우도 있지만, 순기능도 있을 수 있다고 보았다.

2) 로리스(Lawless)의 Z이론(상황적응적 관리방식)

로리스(David Lawless)는 고정적이고 획일적인 관리전략의 절대성을 의심하면서 상황적응적인 관리전략으로 Z이론을 제시하였다. 현대의 조직관리 방식은 변화하는 행정환경에 대응하여야 함을 강조하며 그러한 조직관리 전략을 Z이론이라 명명하였다.

3) 오우치(Ouchi)의 Z이론(미국에서 사용되는 일본식 관리방식)

오우치(William Ouchi)는 미국에서의 일본식 경영 방식을 지칭하는 개념으로 Z이론을 제시하였다. 미국에서 운영되고 있는 일본식 관리방식의 특징으로는 종신고용제, 조직구성원에 대한 느린 평가, 비전문성에 기초한 모집과 배치, 비공식적 통제, 집단적 의사결정과 집단적 책임, 직원에 대한 전인격적 관심 등을 들 수 있다.

3. 아지리스(C. Argyris)의 미성숙·성숙 이론

아지리스(Chris Argyris, 1957)는 인간의 성격은 미성숙한 상태에서 성숙한 상태로 변화하며, 현재의 성격은 미성숙에서 성숙에 이르는 어느 지점에 있다고 본다. 따라서 조직인은 그 성숙성의 정도에 따라 관리전략이 차별화되어야 한다고 본다.

미성숙한 조직인의 특징은 맥그리거의 X이론과 유사한데, 수동적, 의존적, 단기적 전망, 자아의식의 결여 등의 모습을 보인다. 반면에 성숙한 조직인은 Y이론과 유사한데, 능동적, 독립적, 장기적 전망, 자아의식을 보유하고 있다.

아지리스(Argyris)는 조직의 관리방식에 따라 인간의 성숙성의 정도가 결정될 수 있다고 본다. 따라서 조직의 관리방식으로 직무의 확장이나 참여적 리더십을 통하여 조직인의 성숙을 도와야 함을 강조한다.

4. 샤인(Schein)의 인간모형

샤인(Edgar H. Schein, 1965)은 조직이론의 발달순서에 따라 조직 내 인간의 본질을 합리·경제적 인간형, 사회적 인간형, 자아실현 인간형, 복잡한 인간형으로 구분하였다.

합리·경제적 인간형은 조직 내에서 활동하는 인간은 자신의 이익을 최대화하려고 행동하게 되며 경제적 유인 때문에 동기부여가 된다. 개인이 일한 만큼의 경제적 보상을 지급하는 조직관리 전략이 필요하다. 고전 조직이론에서 상정한 인간관과 연관된다.

사회적 인간형은 인간은 사회적 관계, 집단에 대한 소속감이나 일체감을 통하여 동기부여가 이루어짐을 강조한다. 구성원과의 상호작용, 개인의 감정과 정서적 안정을 위한 인간관계론적 조직관리 전략이 필요하다. 신고전 조직이론이나 인간관계론에서의 인간관과 유사하다.

자아실현 인간형에서는 지속해서 자기를 발전시키고 확장하려고 노력하는 주체로서의 인간을 강조한다. 개인이 긍지와 자부심을 느끼고 스스로 내적 동기부여가 될 수 있도록 촉진자(facilitator)로서의 관리전략이 필요하다. 후기인간관계론, 동기부여의 계층에 따른 욕구의 변화와 성장을 인정하는 성장이론4)(growth theory) 및 현대 조직이론과 연관된다.

복잡한 인간형에서는 인간의 욕구 체계가 다양하고 사람마다 욕구의 차별성이 나타나므로 조직 내의 인간을 특정한 존재로 규정하기보다는 다양한 욕구와 잠재력을 가진 존재로 본다. 조직 내 개인 간의 욕구와 동기의 차별성을 진단하고 그에 따른 관리전략이 필요하다. 상황론적 조직이론과 같은 현대 조직이론에서 바라보는 인간형이라고 볼 수 있다.

Ⅲ. 조직인의 개인적 특성

전술한 유형론에서는 조직인을 일정한 유형으로 분류하였다. 이는 조직인을 몇 개의 집단으로 분류하고 집단별 특성을 파악하고 그에 대한 관리전략을 마련하는 방식이다. 그러나 개인들은 집단으로 분류할 수 없을 정도로 차별성이 크게 나타난다. 따라서 조직관리에서도 개인별 차별성을 인정하고 그에 따른 관리전략이 필요하다. 여기서는 조직인 상호 간의 개인차(individual differences)를 나타내는 것으로 직무만족, 조직몰입, 조직시민행동, 공공봉사동기에 대해 알아본다.

1. 직무만족

직무만족(job satisfaction)이란 조직인이 자신의 직업이나 직무에 대해 느끼는 만족의 정도를 의미한다. 직무만족은 개인들이 자신의 전반적인 직무에 대해 느끼는 정서적 직무만족과 직무와 관련된 특정 요인(임금, 근무 시간 등)에 대한 인지적 만족으로 구분된다.

행정학에서 직무만족에 대한 연구는 주로 직무만족에 영향을 미치는 요인을 찾는 것과 개인의 직무만족에 따른 효과에 대한 연구들이다. 직무만족에는 조직요인(봉급, 승진 가능성, 근무조건, 동료 및 상관과의 관계 등)과 개인적 요인(욕구, 개인적 포부 등)이 영향을 미치는 것으로 알려져 있다(이창원 외, 2012: 143). 한편, 직무만족의 효과는 생산성, 이직률, 조직시민행동 등에 미치는 영향을 중심으로 연구되고 있다.5)

---

4) 인간의 욕구가 시간의 흐름에 따라 성장·변화함을 강조하는 Maslow, Alderfer, Herzberg, McClelland, McGregor, Argyris 등의 주장을 성장이론(growth theory)이라 부른다(오석홍, 2014; 이창원 외, 2014).

5) 대체로 직무만족이 생산성과 조직시민행동에 긍정적 영향을 미치고 이직률을 낮추는 데 영향을 미

2. 조직몰입

　행정학에서 조직몰입이란 행정인이 자신이 속한 정부조직에 대해 가지는 심리적인 애착을 의미한다. 즉, 공무원이 정부조직과 자신을 동일시하며, 조직에 헌신하고자 하는 정도라고 할 수 있다. 직무만족은 개인이 부여받은 직무와 관련된 태도이므로 직무환경이 변화하면 비교적 쉽게 변화할 수 있지만, 조직몰입은 본인이 소속된 조직 전체에 대한 태도이므로 비교적 오래 지속된다는 점에서 차이가 있다(이창원 외, 2012: 146).

　조직몰입에 영향을 미치는 요인으로는 인구통계학적 요인(나이, 근속연수, 교육수준, 성별, 직위와 직급, 결혼 여부), 직무요인(직무의 다양성이나 중요성), 역할요인(역할의 모호성이나 역할 갈등), 조직요인(조직의 공식화나 복잡성의 정도) 등이 있는 것으로 나타나고 있다.

3. 조직시민행동

　조직시민행동(OCB: Organizational Citizenship Behaviour)이란 조직인의 이타적인 행동을 의미한다. 즉 개인에게 공식적으로 요구되는 직무 범위를 넘어서 조직 전체의 기능에 도움이 되는 조직인의 이타적인 활동이다. 조직에서 직원들은 공식적 업무만을 수행하는 것이 아니라 타인에 대한 지원 활동, 사회봉사 활동, 직원들 상호 간 화합을 위한 행사 참여 등 다양한 자발적인 행동을 하게 된다. 이러한 행동이 종국적으로는 조직의 평판을 높이고 조직의 전반적인 효과성에 기여할 수 있다는 연구들이 발표되면서 조직시민행동이 강조되고 있다.

　조직시민행동의 행태는 이타주의, 성실성(양심적이고 시간을 잘 지키며 규칙을 따름), 예의성(타인의 권리를 고려한 행동), 스포츠맨십(불평, 불만 및 험담하지 않기), 시민정신(조직에 대한 책임감) 등의 5가지 행태로 크게 분류된다(Muchinsky, 2006: 452-3).

　지금까지 연구에 따르면 조직시민행동을 유발하는 요인으로는 원만하고 성실성을 가진 성격, 조직의 절차적 공정성에 대한 지각, 조직몰입이 이루어질 때 등이 제시되고 있다(이창원 외, 2012: 150).

　치는 것으로 나타나지만 반드시 그렇다고 볼 수는 없다. 예를 들면, 직무만족과 생산성과의 관계에서 직무의 난이도가 영향을 미치는 것으로 나타나기도 한다(Judge T. A., et al., 2001).

4. 공공봉사동기

공공봉사동기 또는 공공서비스동기(PSM: public service motivation)는 페리 (Perry, 1997; Perry & Wise, 1990)에 의해서 주로 주창됐다. 공공봉사동기는 공·사 부문 종사자들이 상이한 가치 및 욕구 체계를 갖고 있다는 가정에서 출발한다(이 근주, 2005). 공공부문 종사자들은 공공이익을 위해 봉사하려는 윤리의식이 강할 수 있으며, 공직을 단순히 직업으로 인식하기보다는 공공봉사에 대한 소명이나 의 무로 인식하는 경향이 있을 수 있다는 가정에 기초한다(조태준·윤수재, 2009). 전통 적으로 공공봉사동기는 개인이 공공영역의 직업을 선택하게 만드는 이타적이고 금전적 보상에 둔감한 동기개념이다.

공공봉사동기에 대한 정의는 학자들 간 약간의 차이는 있지만 "공공기관에서 지역사회, 국가를 위해 봉사하려는 이타적 동기"로 정의될 수 있다. 따라서 이는 공조직에서 봉사하려는 공무원들이 가지는 동기의 일종이다.

공공봉사동기는 크게 두 부분으로 구분된다. 첫 번째는 직업을 선택하는 데에 있어서 공직을 선택하게 되는 직업선택 동기로서의 개념이고, 두 번째는 공공에 봉사하고, 금전보다 다른 가치를 우선시하는 이타적 행동 결정의 추동 기제를 의 미한다(이명진, 2010).

페리와 와이즈(Perry & Wise, 1990)는 공공봉사동기와 관련해서 다음과 같은 3 가지 기본명제를 제시하고 있다. 첫째, 공공봉사동기가 큰 사람은 공공조직의 구 성원이 될 가능성이 클 것이다. 둘째, 공공조직에서 공공봉사동기는 성과와 정(+) 의 관계가 있다. 셋째, 일반적으로 공공조직에서 공공봉사동기 수준이 높은 사람 의 경우는 실용적인 인센티브에 보다 적게 의존하리라는 것이다.

공공봉사동기는 행정학적 시각에서 공공성을 반영한 공직 동기로서 공공부문 에만 존재하는 고유한 인간의 행태를 설명할 수 있다는 점에서 그 유용성이 있다. 특히 공공봉사동기를 결정하는 하위요인을 식별하게 되면 공직 채용 및 교육 훈련 에 활용도가 높을 것이다.

제3절 조직인에 대한 동기부여

Ⅰ. 의 의

조직은 목표를 설정하고 추진하는 구성적 실체이다. 그런데 그 실체 내에서 활동하고 목표 달성을 추진하는 주체는 구성원인 인간이다. 따라서 구성원의 행태는 조직의 목표 달성에 중요한 요인이 된다. 그러나 조직 내 개인들의 행동은 매우 다양하고 천차만별로 나타난다. 이러한 다양한 구성원들의 행태를 효과적으로 관리하기 위해서는 조직구성원들의 동기를 유발해 행동의 방향을 조직의 목표 달성과 일치시키는 활동이 필요하다.

따라서 조직인의 욕구는 무엇이며, 어떠한 방식으로 동기부여를 할 것인지는 조직관리 전략의 핵심이라 할 수 있다. 여기서는 개인의 동기를 유발하는 요인의 내용을 설명하는 전통적 동기이론인 내용이론과 동기유발 과정을 설명하는 현대적 동기이론인 과정이론으로 나누어 설명하고자 한다.

Ⅱ. 동기부여의 내용이론

동기부여의 내용이론은 조직인이 가진 개인적인 '욕구'가 업무 수행을 위한 동기부여의 주된 요인이라고 본다. 따라서 내용이론은 욕구이론이라고 부르기도 하며, 동기부여에 영향을 미치는 욕구의 강도나 역할에 대하여 체계적인 연구를 전개하였다.

1. 매슬로(Maslow)의 욕구 5단계 이론

매슬로(Abraham H. Maslow, 1970)는 인간이 가지는 욕구를 다섯 단계로 계층화하였다. 그런데 이 다섯 가지 욕구는 한 단계의 욕구가 어느 정도 충족되면 그 다음 단계의 욕구가 다시 새로운 동기를 유발한다. 따라서 이미 채워진 욕구는 더는 동기부여 역할을 수행하지 못한다고 본다. 매슬로가 제시한 다섯 가지 욕구는 다음과 같다.[6]

- 1단계: 생리적 욕구이며, 식욕, 수면욕과 같은 인간의 기초적인 삶에 대한 욕구이다.

---

6) 번역은 국내 행정학 서적에서 주로 사용되는 용어를 따랐으며, 원어는 다음과 같다. psychological needs, safety needs, belonging and love needs, esteem needs, self-actualization needs.

- 2단계: 안전 욕구이며, 사고, 질병, 경제적 불안 등으로부터 벗어나 정상적이고 안전한 삶을 살고자 하는 욕구이다.
- 3단계: 사회적 욕구이며, 애정, 사랑, 사회적 소속감 등 집단에 귀속되거나 다른 사람을 사귀는 것과 관련된 욕구이다.
- 4단계: 존경의 욕구이며, 다른 사람들로부터 존경을 받고 스스로 자존심을 지키고자 하는 욕구이다.
- 5단계: 자아실현 욕구이며, 자신의 능력을 최대한 발휘하여 잠재력을 실현하고자 하는 것으로 자기완성에 대한 욕구이다.

매슬로의 욕구 5단계 이론은 현실에서 욕구가 5단계로 구분되기는 어려우며 욕구가 복합적으로 작용할 수도 있다는 비판을 받는다. 또한, 욕구가 상위수준으로 올라가기보다는 하위수준으로 내려올 수도 있으며, 인간의 욕구는 나이, 환경 등에 따라 지속해서 변화된다는 것을 간과하고 있다는 비판을 받기도 한다.

2. 앨더퍼(Alderfer)의 ERG이론

앨더퍼(Clayton P. Alderfer, 1972)는 매슬로의 욕구 5단계 이론을 수정하여 욕구를 존재(Existence), 관계(Relatedness), 성장(Growth)의 3단계로 분류하였다. 그의 이론은 각 욕구의 첫머리 글자를 따서 ERG이론으로 불린다. 이를 매슬로의 욕구 단계와 비교하면 아래와 같다.

- 1단계: 존재욕구(Existence needs)이며, 생리적이고 물리적인 욕구들로서 허기, 갈증, 작업환경 등과 관련된 것으로 매슬로의 생리적 욕구와 안전욕구의 일부(물리적 안전욕구)와 연관된다.
- 2단계: 관계욕구(Relatedness needs)이며, 인간관계와 관련된 욕구들로서 친교, 소속감, 자존심 등과 관련된 것으로 매슬로의 안전욕구의 일부(대인관계 안전욕구), 사회적 욕구, 존경욕구의 일부(대인관계에서 자존심)와 연관된다.
- 3단계: 성장욕구(Growth needs)이며, 자기발전을 위한 개인적 노력과 관련된 욕구들로서 능력개발, 성취감 등과 관련된 것으로 매슬로의 존경에 대한 욕구 일부(자기확신에 대한 자존심)와 자아실현의 욕구와 연관된다.

앨더퍼의 이론을 매슬로의 이론과 비교하면 개인 욕구의 계층적 구조와 욕구가 단계적으로 만족하며 상위계층으로 진행된다는 측면에서는 서로 유사하다. 그러나 앨더퍼의 이론은 상위 욕구가 충족되지 않거나 좌절되면 하위 욕구를 더 충

제3편
행정조직론

족시키고자 한다는 좌절－퇴행(frustration－recession)의 원리도 제시하였다. 또한, 매슬로는 인간이 일정 시점에서 하나의 욕구만을 작동한다고 보았지만, 앨더퍼는 두 가지 이상의 욕구가 동시에 작용하기도 한다고 보았다.

3. 허즈버그(Herzberg)의 욕구충족 2요인 이론

허즈버그(Frederick I. Herzberg, 1987)는 인간에게는 불만요인(위생요인: hygiene factor)과 만족요인(동기요인: motivator)이라는 서로 별개의 차원인 2개 욕구 요인이 있다고 보았다. 여기서 불만요인은 임금, 직위, 감독, 기술, 작업조건, 안전, 인간관계 등이며, 만족요인은 직무 그 자체, 승진, 책임감, 성취감, 인정감, 능력신장 등이 있다. 불만요인의 제거는 주로 단기적 효과를 가져오는 것이며, 만족요인의 충족은 적극적이며 장기적인 효과를 가져온다고 본다.

그런데 허즈버그(Herzberg)는 이 두 가지 요인을 상호 독립적이고 이원적 구조로 보았다. 만족의 반대는 불만족이 아니라 만족이 없는 상태이며, 불만족의 반대는 만족이 아니라 불만족이 없는 상태라는 것이다. 따라서 불만요인이 제거되어도 만족감을 느끼거나 동기유발이 되는 것은 아니며 단지 불만이 줄어들거나 사라졌을 따름이라는 것이다.

그러나 허즈버그의 이론은 다음과 같은 점에서 비판을 받는다. 전적으로 불만에만 작용하거나 전적으로 만족에만 작용하는 요인으로 구분할 수는 없다는 것이다. 또한, 논리적 오류로서 만족과 동기부여를 동일시하고 있다는 것이다. 만족한 근로자가 반드시 열심히 성과를 올린다는 보장은 없기 때문이다(오세덕 외, 2013: 186).

4. 맥클랜드(McClelland)의 성취동기 이론

맥클랜드(David C. McClelland, 1962)는 개인의 욕구는 사회적 상호작용 과정에서 학습될 수 있으므로 개인마다 욕구의 정도에 차이가 있음을 강조하였다. 그는 학습을 통하여 습득되는 욕구를 성취욕구(need for achievement), 권력욕구(need for power), 친교욕구(need for affiliation)로 구분하였다. 성취욕구는 우수한 성과를 달성하고 싶은 욕구이며, 권력욕구는 타인에게 영향력을 행사하고자 하는 욕구이며, 친교욕구는 다른 사람들과 친근한 관계를 유지하고자 하는 욕구이다. 맥클랜드는 세 가지 욕구 가운데 성취욕구의 중요성을 강조하면서 조직이 성과를 증대시키려면 성취욕구가 높은 직원을 선발하거나 기존 직원의 성취욕구를 향상해야 함을 강조하였다.

Ⅲ. 동기부여의 과정이론

조직인이 조직에서 나타내는 동기를 내용이론으로 설명하는 것은 지나치게 단순화한 것이라는 한계를 가진다. 따라서 학자들은 조직인의 동기부여를 더 면밀하고 체계적으로 설명하고자 하는 노력을 전개하였으며, 그 결과 과정이론(process theory)이 등장하게 되었다. 내용이론이 동기유발의 원인에 집중하는 반면, 과정이론은 동기유발이 되는 과정에 집중한다. 과정이론은 조직인이 욕구충족을 위하여 다양한 행동 대안 중에서 어떠한 생각을 바탕으로 특정 행동을 선택하게 되는가를 밝히는 데 중점을 둔다.

1. 브룸(Vroom)의 기대이론(expectancy theory)

브룸(Victor H. Vroom, 1965)은 욕구충족과 직무수행 사이의 직접적인 관계성에 의문을 제기하고, 동기유발 과정에서 '기대감(expectancy)', '수단성(instrumentality)', '유인가(valence, 또는 유의성으로 번역됨)'라는 요인을 포함하여 설명하였다.

기대감이란 노력을 하면 성과를 달성할 수 있을 것이라는 가능성에 대한 믿음을 의미한다. 예를 들면, 이번 프로젝트를 성공적으로 마무리하면 2주일간의 해외여행으로 보상하겠다는 약속이 있었다면, "내가 열심히 하면, 이 프로젝트를 성공적으로 마무리할 수 있을 것인가?"라는 '노력과 성과달성 간'의 연결에 대한 기대감이다.

수단성이란 주어진 성과를 달성하게 되면 바람직한 보상이 주어질 것인가에 대한 믿음이다. 기대감이 '노력과 성과달성 간'의 관계라면, 수단성은 '성과달성과 보상 간'의 관계이다. 위의 사례에서 이번 프로젝트를 성공적으로 마무리하면, "우리 조직에서 그에 상응하는 보상(2주일간 해외여행)을 나에게 정말로 줄 것인가?"라는 '성과달성과 보상 간'의 관계에 대한 믿음의 정도를 의미한다.

유인가(誘引價)란 개인이 원하는 '보상에 대한 선호의 정도'를 의미한다. 조직인이 받는 보상에 대해 본인이 느끼는 중요성의 정도이다. 위의 사례에서 "2주일간의 해외여행이라는 보상을 내가 어느 정도 선호하느냐"라는 '보상에 대한 선호의 정도'를 의미한다. 해외여행을 싫어하는 사람에게 위의 보상에 대한 유인가는 없거나 낮은 수준일 것이다.

이러한 세 가지 개념을 통하여 동기부여의 강도는 아래의 함수 형태로 표현된다.

$$동기부여의 \ 강도 \ = \ f[\Sigma(기대감 \times 수단성 \times 유인가)$$

브룸의 기대이론에 따르면 조직인에게 동기부여를 위해서는 첫째, 기대감을 고려하여 노력하면 달성할 수 있다고 느낄 수 있는 적정 수준의 성과를 제시할 필요가 있다. 둘째는 성과를 달성하게 되면 반드시 그에 상응하는 보상이 부여될 수 있다는 믿음을 부여할 수 있는 장치가 필요하다. 예를 들면, 성과평가위원회를 합리적으로 운영하거나, 보상의 기준을 체계적으로 제시하는 것 등이 우선되어야 할 것이다. 셋째는 조직인이 실제로 무엇을 보상으로 원하는가에 대한 조사를 바탕으로 보상체계를 구성해야 할 것이다.

〈그림 3-2〉 브룸(Vroom)의 기대이론

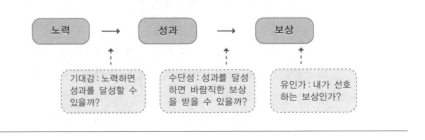

2. 포터(Porter)와 롤러(Lawler)의 업적 · 만족이론(performance-satisfaction theory)

포터와 롤러(Porter & Lawler, 1968)는 브룸의 기대이론의 마지막 과정에 개인의 '만족'을 주요변수로 추가하였다. 이들은 '노력→성과(업적)→보상→만족'으로 이어지는 과정을 상정하였다. '만족'이란 성과에 대한 보상의 정도에 대해 '개인이 느끼는 인식의 상태'이다. 즉 성과가 있으면 보상이 따르게 되는데, 그 보상이 다른 직원과 비교하여 공정하다고 생각하면 만족하게 된다. 그러나 불공평하다고 인식하게 되면 만족을 줄 수 없게 된다. 그런데 이렇게 얻게 된 만족감은 '앞으로 노력하여 성과를 얻으면 공정한 보상을 받을 것'이라는 동기부여에 영향을 미치게 되면서 노력에 영향을 미치기도 한다.

기존의 동기부여 이론들은 구성원의 만족(욕구의 충족)이 직무수행 의욕을 향상하고 이것이 직무성취(업적)의 증대로 나타난다고 보았다. 그러나 포터와 롤러의 업적 · 만족이론은 직무성과(업적)의 수준이 보상이라는 과정을 거쳐 만족을 끌어내는 원인이 된다고 본다. 이는 성과(업적)와 만족 간의 관계에 대한 전통적 시각을 완전히 바꾸어 놓은 이론이 되었다. 즉 '만족 → 직무성취(업적)'라는 전통적 시각과 달리, 포터와 롤러는 '업적 → 만족'이라는 새로운 입장을 제시하였다.

3. 애덤스(Adams)의 공정성이론 또는 형평성이론(equity theory)

애덤스(J. Stacy Adams)의 공정성이론 또는 형평성이론은 조직인의 행위는 다른 사람과의 관계에서 공정성을 유지하는 방향으로 동기가 부여된다는 것이다. 개인은 자신의 투입(노력, 기술 등)과 산출(보수, 승진, 칭찬 등)의 비율을 다른 사람의 그것과 비교해서 대등하면 공정하다고 지각하고, 그렇지 않으면 불공정하다고 느낀다는 것이다(유민봉, 2013: 421).

공정성이론에 따르면 개인이 타인과 비교하여 불공정성을 느끼게 되면 심리적 불안감, 긴장으로 인하여 불공정성을 해소하고 공정성을 추구하는 행동을 하는 동기가 유발된다고 본다. 여기서 불공정성을 해소하는 행동은 자신의 투입을 줄이거나, 업무성과 산출물의 질보다는 양을 늘린다거나, 투입과 산출에 대한 자신의 평가를 바꾸거나, 비교 대상을 바꾸거나, 직장을 그만두거나 하는 등의 방법 중에서 하나를 사용하게 된다(이창원 외, 2012: 185).

따라서 조직 관리자는 조직구성원의 불필요한 심리적 불안감과 불공정 해소를 위한 노력이 나타나지 않도록 모두가 공정하다고 지각하는 보상체계를 마련해야 한다는 것이다.

4. 로크(Locke)의 목표설정이론(goal setting theory)

로크(E. A. Locke)는 개인의 성과는 그가 설정한 목표의 난이도와 목표의 구체성에 의해 결정된다는 목표설정이론을 제시하였다. 목표의 난이도는 목표가 도전적이어서 그것을 달성하기 위한 노력의 정도를 의미한다. 목표의 난이도는 지나치게 높아서 불가능한 정도가 아니면 성과에 긍정적인 영향을 미친다고 본다. 목표의 구체성은 목표의 명확성과 관계되며 계량적·수치적으로 나타낸 목표가 구체성이 높다고 본다. 따라서 "사고 건수를 지금보다 20% 줄이자"와 같이 명확하고 정량적으로 설정하는 것이 "사고를 줄이기 위해 모든 힘을 다해 노력하자"와 같은 목표설정보다는 동기부여에 더 효과적이라는 것이다.

로크는 이러한 기본모형에 더하여 목표에 대한 수용성이나 몰입의 정도 그리고 성과에 대한 보상 등이 개인의 목표 달성에 영향을 미치는 요인으로 추가하였다. 목표에 대한 수용성과 몰입을 높이기 위해서는 목표설정 과정에 조직원의 참여, 현실적 목표의 설정, 보상에 확실한 믿음 등이 필요함을 제시하였다(Griffin & Moorhead, 2014).

제4절 의사전달

Ⅰ. 의 의

의사전달은 '정보를 교환하는 과정'이다. 조직 내에서 행위자 간 상호작용은 의사전달을 통해서 가능하다. 따라서 조직에서 의사전달의 양태는 목표 달성, 조직구조, 의사결정, 구성원의 참여, 리더십, 갈등관리 등을 결정하는 중요한 요소가 된다. 특히 현대 조직관리에서는 복잡인, 조직 학습, 유기체적 구조가 강조되면서 의사전달의 중요성이 더욱 부각되고 있다. 또한 SNS(Social Network Service) 등 정보기술의 급속한 변화는 조직관리에서 의사전달의 중요성을 부각시키고 있다.

Ⅱ. 의사전달의 과정

의사전달의 일반적 과정은 발신자(전달자)가 수신자(피전달자)에게 전달 수단을 통하여 정보를 전달하는 것이다. 순서에 따라 살펴보면 발신자는 자기 생각을 코드화(기호화)하는 과정을 거친다. 코드화의 방법으로는 언어, 그림, 몸짓 등 다양하다. 코드화된 내용은 직접 대면, 서면, 전화, 보고서 등의 미디어(매체 수단)를 통하여 전달된다.

〈그림 3-3〉 의사전달 과정

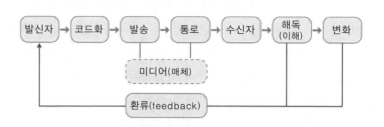

자료: 명승환·이용훈 외, 2011: 331; 이창원·명승환 외, 2004: 464.

수신자는 메시지를 확인하고 해독·이해하게 된다. 수신자는 메시지를 해독하고 발신자에게 즉시 새로운 지시나 정보를 전달하는 피드백 과정을 거칠 수 있다. 또한 수신자는 발신자의 정보를 이해하고 변화를 가져올 수 있다. 여기서 변화는 행태적 변화(상부의 지시를 받은 하급자의 경우), 새로운 지시(관리층의 지시) 등이 있을 수 있다. 수신자가 보내는 환류는 당초의 정보(보고)의 보완이나 새로운 지시 또는 순응하겠다는 의미일 수도 있다. 이러한 환류는 의사전달의 장애를 제거하는 중요한 수단이 된다.

Ⅲ. 의사전달의 유형

의사전달의 유형은 공식화의 유무와 방향성을 기준으로 분류하는 것이 일반적이다.

1. 공식성 유무에 따른 구분

1) 공식적 의사전달

공식적 의사전달은 공식조직 내에서 공식적 통로와 수단에 의하여 이루어지는 의사전달이다. 흔히 계층제적 경로를 통하여 이루어진다.

공식적 의사전달의 장점은 문서화하는 경우는 자료 보존이 용이하고 책임소재가 명확하며, 객관적인 의사소통이 가능하며, 상관의 권위를 유지하기에 쉽다. 단점으로는 주로 문서화에 따라 발생하는 문제점으로 기밀 유지가 어렵고 사건의 배경 등에 대한 전달이 어려우며 환경변화에 적응성이 떨어질 수 있다는 것이다.

2) 비공식적 의사전달

비공식적 의사전달은 조직구성원 간의 비공식적 인간관계를 통하여 이루어지는 것을 말한다. 여기에는 학연, 지연, 혈연이나 입사 동기 등의 유대를 기반으로 자생적인 의사전달이 주로 해당한다. 의사전달의 수단은 사적인 대화를 통한 소문이나 풍문 또는 메모 등이 있다.

비공식적 의사전달의 장점으로는 형식에 구애받지 않으므로 신속한 전달이 가능하며 배후 사정을 자세히 전달할 수 있고, 관리자에 대한 조언 등을 통하여 공식적 의사전달의 부족한 부분을 보완할 수 있으며, 사적이고 개인적인 의사 표현을 통하여 상호 공감 및 연대 의식을 느끼는 등의 개인적인 욕구를 충족시킬 수도 있다.

2. 방향성에 따른 구분

1) 하향적 의사전달

조직의 계층구조를 따라 상급자로부터 하급자로 이어지는 의사전달이다. 여기에는 명령, 지시, 훈령, 예규 등을 통하여 구체적인 업무에 관한 내용이 전달된다. 또한, 게시판, 기관지, 구내방송 등을 통하여 일반적인 정보가 전달되기도 한다.

2) 상향적 의사전달

조직의 계층구조를 따라 하급자로부터 상급자로 이어지는 의사전달이다. 여기에는 품의, 보고, 제안, 고충 상담, 의견제시 등이 있다. 상향적 의사전달은 하향적 의사전달의 오류를 시정하는 장점도 있지만, 하급자가 상급자에게 부정적 정보를 걸러내고 전달하는 경우에 정확성이 훼손될 우려도 있다.

3) 수평적 의사전달

수평적 의사전달은 조직에서 동일 계층 수준의 구성원이나 부서 간의 정보전달을 의미한다. 여기에는 회람, 공람, 사전협조 제도, 회의, 위원회 등이 해당한다. 현대 행정조직에서는 개인 및 조직 간 갈등 해결을 위한 수단으로 수평적 의사전달이 특히 강조되고 있다.

Ⅳ. 의사전달의 장애 요인과 극복 방안

1. 장애 요인

1) 구조적 장애 요인

의사전달을 저해하는 구조적 요인으로는 계층제, 전문화, 집권화를 들 수 있다(이창원 외, 2014: 301-302).

(1) 계층제

계층제 내에는 상·하 간 역할, 지위, 권력, 정보의 양의 차이로 인하여 의사전달의 왜곡이 생길 수 있다. 부하의 의견을 듣는 데에 소홀한 상급자의 일방통행식 태도나 상관의 비위를 거스를 이야기는 말하지 않으려는 부하의 방어적 태도도 의사전달의 장애 요인이다. 또한, 계층의 수가 증가할수록 의사전달의 통로가 길어 왜곡이 발생할 가능성이 크다.

(2) 전문화

전문화에 의한 의사전달의 왜곡은 주로 수평적 관계에서 발생한다. 전문화로 인하여 소관 분야별 부서를 편성하게 되면 각 부서는 경쟁 관계에서 부서 이기주의, 할거주의, 비밀주의 등으로 인하여 왜곡 현상이 발생할 수 있다.

(3) 집권화

집권화는 적은 수의 인원에게 많은 양의 정보가 집중되는 현상이 발생한다. 이로 인하여 다량의 정보를 제대로 관리할 수 없는 문제가 생기게 된다.

2) **과정적 장애 요인**

과정적 장애 요인은 왜곡, 누락, 정보의 과부하 등을 들 수 있다. 왜곡은 의사전달 과정에서 정보가 변조되는 것을 말한다. 누락은 의도한 메시지 일부만이 수신자에게 전달되는 것이다. 정보의 과부하는 메시지의 양이 처리할 수 있는 용량을 초과하면 발생한다(이창원 외, 2014: 304).

2. 극복 방안

1) **구조적 장애 요인에 대한 극복 방안**

계층제로 인한 장애 요인은 상향식 의사전달을 장려하거나 위급 시에는 차상급자에게 직접 보고하는 방안이 제시될 수 있다. 전문화로 인한 장애 요인은 수평적 의사전달을 장려하고 조직 내 부서 간 정보교류를 활성화하는 제도적 장치를 마련하는 것이다. 집권화의 장애 요인은 정보의 양보다는 질에 따라 보고와 전달 체계를 달리하는 방안이 필요하다.

2) **과정적 장애 요인에 대한 극복 방안**

왜곡과 누락에 대처하는 방법으로는 정보전달의 가외성(redundancy), 확충 장치를 마련하는 것이다. 정보 과부하에 대한 대처방안은 보고 시간을 주, 일, 시간 단위로 조정하는 방법, 정보에 대한 우선순위를 정하여 낮은 순위의 정보는 차하급자나 비서, 참모에게 처리하게 하는 방법 등이 있다(이창원 외, 2014: 304).

제5절 갈등관리

Ⅰ. 의 의

갈등이란 개인 또는 조직 간의 대립적·적대적 상호작용을 의미한다(이창원 외, 2014: 275). 갈등은 둘 이상의 주체 간 목표, 욕구 및 동기가 충돌하고 이러한 충돌을 당사자들이 인식하는 것을 전제로 한다. 갈등은 인식의 문제이므로 당사자가 갈등을 인지하지 못한다면 갈등은 없다고 볼 수 있기 때문이다.

이러한 갈등은 조직에서 발생하는 보편적 현상이다. 따라서 갈등관리는 조직의 존립을 위한 필수적인 행위이다. 그런데 갈등관리는 갈등을 해소하거나 방지하는 것만을 의미하는 것이 아니다. 갈등관리는 조직에 유익한 갈등을 조성하는 일까지 포괄하는 활동을 말한다.

갈등관리를 논의하는 쟁점은 우선 갈등을 바라보는 관점과 기능에 대한 이해가 필요하다. 또한, 갈등의 유형별 원인과 관리전략을 이해하고 구체적 사례에 대한 갈등관리 능력을 기르는 것이다.

Ⅱ. 갈등 관점의 변화와 기능

1. 갈등관의 변천

1) 고전적 갈등관

갈등에 관한 고전적 관점은 갈등이 없는 상태가 이상적인 상태이므로 갈등을 제거의 대상으로 보았다. 또한, 직무의 명확한 규정, 적합한 조직인의 선발 및 훈련을 통하여 갈등을 제거할 수 있다고 보았다.

2) 행태주의적 갈등관

행태주의자들은 갈등은 모든 조직에서 자연스럽게 발생하는 것으로 본다. 갈등은 완전히 제거할 수 있는 것이 아니며 피할 수 없다. 따라서 조직은 갈등을 인정하고 받아들여야 한다.

3) 현대적 갈등관

행태주의적 갈등관이 갈등을 인정하는 수준에 머물렀다면 현대적 갈등관은 갈등을 조직 발전에 활용할 필요가 있다고 본다. 현대적 갈등관은 갈등은 조직에 부정적일 수도 있고 긍정적일 수도 있음을 인정한다. 그리고 갈등의 좋고 나쁨은 갈등의 유형에 따라 다르다고 본다(이창원 외, 2014: 275). 따라서 건설적인 갈등은 장려하고, 병리적 갈등은 최소화하거나 순기능이 발휘될 수 있도록 관리가 필요하다는 입장이다.

2. 갈등의 기능

1) 순기능

갈등의 순기능은 갈등이 조직에 긍정적인 방향으로 해결되었을 때 나타난다. 갈등의 순기능으로는 ⓐ 조직의 불안 요소가 해결되었으므로 조직 발전의 계기가 되며, ⓑ 조직 내 갈등 과정에서 발생하는 상호 간 선의의 경쟁은 조직 전체의 쇄신을 도모하는 계기가 되며, ⓒ 갈등 해결 과정에는 조직의 문제해결 능력, 창의력, 융통성 등이 향상된다.

2) 역기능

갈등의 역기능은 갈등이 해결되지 못할 경우에 나타난다. 갈등의 역기능으로는 ⓐ 조직구성원에게 불안감을 조성하고 발전을 저해하며, ⓑ 조직구성원의 사기를 저하하고, ⓒ 구성원과의 조직부서 간 위화감이 조성될 수 있다.

Ⅲ. 갈등의 유형별 관리전략

조직 내에서 발생하는 갈등은 직무갈등, 과정갈등, 관계갈등으로 분류할 수 있다(이창원 외, 2014: 276).

1. 직무갈등

직무갈등은 업무의 목표와 내용에 관한 갈등이다. 조직목표에 대한 구성원이나 부서별 해석이 다를 수 있으며 목표를 실행하기 위한 하위 목표에 대한 인식의 차이가 발생하는 경우이다. 이 경우에는 당사자가 공동으로 추구해야 할 상위 목표를 제시하거나보다 구체적인 목표를 제시하는 전략이 필요하다.

2. 과정갈등

과정갈등은 일을 처리하는 과정에서 발생하는 갈등이다. 실제 업무처리 과정에서 조직구성원 간뿐만 아니라 부서 간 다양한 형태의 갈등이 발생할 수 있다. 과정갈등은 조직 내 부서이기주의, 자원의 한정성 등으로 인하여 발생하는 갈등이다. 조직의 자원을 증대하거나 상호의사소통을 증진, 조직구조의 변경, 공식적 권한을 가진 상사의 명령·중재, 상호 양보와 타협 등의 방법이 있을 수 있다.

3. 관계갈등

관계갈등은 직장 내 대인관계에서 발생하는 갈등이다. 공식·비공식적인 대인관계로 인한 부서 내 갈등으로 의사전달의 장애, 상대방에 대한 역할 기대의 차이 인지와 인지·태도의 차이, 상호 가치관의 차이, 역할 기대의 차이 등으로 발생한다. 관계갈등은 의사전달의 장애 요소를 제거하고, 직원 간 소통의 기회를 제공해야 한다.

제6절 리더십

I. 의 의

리더십(leadership)은 목표 달성을 위하여 조직 내 개인이나 집단의 활동에 영향을 미치는 기술이다. 리더십은 리더(leader)와 추종자(follower) 그리고 조직 내·외의 상황적 요인(situation)이 상호작용하는 과정이다. 결국 리더십(L)은 리더(l: leader), 추종자(f: follower) 그리고 상황적 변수(s: situation)의 함수로 표현될 수 있다.

$$L = f(l, \ f, \ s)$$

리더십은 목표 달성을 위한 효율적인 집단활동을 조장하고, 조직 내 갈등을 중재·조정하며, 구성원의 동기유발과 정서적 유대를 지원하고, 조직의 공식적 구조의 불완전성을 보완한다.

따라서 조직에서 리더십의 중요성은 1930년대 인간관계론 이후 지속적으로 강조되어 오고 있다. 리더십과 관련된 주요 쟁점은 리더십을 결정하는 요인을 찾는 것과 주어진 상황에서 적절한 리더십을 찾는 것이다. 전자는 리더십 이론의 발전을 통하여 이해할 수 있으며, 후자는 리더십 유형에 대한 논의와 관련되어 있다.

Ⅱ. 리더십 이론의 발전

리더십 이론은 리더십의 결정요인이 무엇인지에 대한 관심을 중심으로 다음의 세 가지 이론으로 분류할 수 있다.

1. 자질론(속성론·특성론: trait approach)

자질론은 리더가 가지는 자질에 따라 리더십이 결정된다고 본다. 리더의 자질이 있는 사람은 어떤 상황에서도 지도자가 될 수 있다고 전제한다. 따라서 자질론에 기초한 리더십 연구는 주로 성공적인 지도자의 지적, 정서적, 육체적, 개인적인 특성을 규명하는 데 집중했다.

그러나 자질론은 유명한 지도자들이 모두 동일한 자질이 있는 것은 아니므로 지도자가 갖추어야 할 보편적인 자질은 찾기 어렵다는 비판을 받는다. 또한, 지도자의 리더십 발휘는 집단의 특성이나 상황에 따라 달라질 수 있다는 것을 간과하였다.

2. 행태론(behavioral approach)

행태론은 리더의 행태를 중심으로 부하의 행태변화 그리고 리더와 부하 간의 관계변화를 설명하려는 접근방법이다. 행태론은 어떤 사람이든 리더가 될 수 있으며 리더십은 훈련으로 학습될 수 있다고 전제한다. 대표적인 연구로는 다음 세 가지를 들 수 있는데, 이들 세 가지 연구의 공통점은 리더의 행태를 '인간 중심'과 '직무 중심'의 두 차원으로 나눈다는 것이다.

1) 오하이오 주립대학교 리더십 연구

미국 오하이오 주립대학교에는 오하이오 그룹이라 불리는 행태론적 리더십 연구가 있었다. 이들은 리더십 행태를 구조주도형(initiating structure)과 배려형(consideration)으로 구분하였다. 구조주도형은 임무 중심적인 리더십으로 부하에게 지시하거나 역할을 규정해주거나 직무성과가 저조한 부하에게 성과를 높이도록 독려하는 등 리더의 행태를 말한다. 배려형은 인간관계 중심의 리더십으로 우호적이거나 개방적인 자세로 부하를 생각해주는 리더의 행태이다. 이들의 연구는 배려와 구조 주도 모두가 리더십에 어느 정도의 영향을 미친다는 결론을 내렸지만, 양자가 어느 정도의 영향을 어떻게 미치는지에 대한 일관된 연구결과는 도출하지 못하였다(이창원 외, 2014: 237).

2) 미시간 대학교 리더십 연구

미국 미시간 대학교에서도 미시간 그룹이라는 행태론적 리더십 연구가 있었다. 이들은 리더십 유형을 '직원 중심형'과 '생산 중심형'으로 구분하여 분석하였다. 연구결과 인간관계 측면을 강조하는 '직원 중심형'에서 높은 생산성을 나타내는 것으로 나타났다.

3) 블레이크와 머튼의 관리망 모형(managerial grid)

블레이크와 머튼(Blake & Mouton)은 리더십 발휘의 기준을 '직원에 대한 관심'과 '생산에 대한 관심'으로 나누고 이를 중심으로 다섯 가지 리더십 유형을 구분하였다. 다섯 가지 유형은 무기력형(impoverished: 두 가지 모두 낮음), 컨트리 클럽형(country club: 생산관심 낮음, 직원관심 높음), 임무형(task: 생산관심 높음, 직원관심 낮음), 절충 또는 중도형(middle-of-the-road: 두 가지 모두 중간), 팀 또는 단합형(team: 두 가지 모두 높음) 등이다. 이 중에서 팀형이 가장 이상적이라고 보았다(오세덕 외, 2013: 126).

3. 상황론(situational approach)

상황론은 리더의 자질이나 행태가 아닌 주어진 상황이 리더를 만든다는 생각에서 시작된다. 상황론은 행태론에서 강조한 '인간중심'과 '과업중심'의 리더십 분류를 유지하면서 여기에 '상황 변수'(리더와 부하의 관계, 부하의 성숙도, 부하의 특성 및 기타 상황 등)를 추가하여 분석하는 것이 특징이다.

1) 피들러의 상황이론

피들러(Fielder)는 상황통제 변수로 '리더와 부하 간의 관계', '과업구조', '리더의 지위 권력'을 제시하였다. 어떤 리더십의 유형을 발휘할 것인가는 세 가지 상황적 변수가 어떻게 결합하느냐에 따라 결정된다는 것이다. 연구결과 상황이 매우 불리(부하와의 관계가 나쁘며, 과업은 비구조화, 권력은 약함)하거나 매우 유리한 경우에는 임무 중심형 리더십이 효율적이며, 중간 정도인 경우는 인간관계 중심형의 리더십이 효율적으로 나타났다.

2) 허시와 블랜차드의 3차원모형

허시와 블랜차드(Hersey & Blanchard)는 부하의 성숙도를 상황 변수로 사용하였다. 그는 기존 학자들이 리더십의 분류 기준으로 사용하였던 인간관계 중심형과 과업 중심형에 부하의 성숙도라는 상황 변수를 추가하였다. 따라서 이 모형을 3차원 모형이라고 부르기도 한다. 연구결과 부하의 성숙도가 낮거나 높은 경우는 과업 중심형 리더십(낮은 경우는 직접지시, 높은 경우는 부하에게 위임)이, 성숙도가 중간인 경우는 인간관계 지향적인 리더십이 유리하다고 보았다(오세덕 외, 2013: 135).

3) 하우스(R. J. House)의 경로-목표모형(path-goal theory)

하우스(House)의 경로-목표모형은 부하들의 목표 달성에 필요한 지시, 후원하거나 정보, 자원 등을 제공하는 것이 리더의 역할이라고 본다. 리더십은 부하의 특성과 상황에 따라 다를 수 있다고 본다. 따라서 이를 상황론의 한 유형으로 본다. 이 모형은 부하들의 동기유발을 강조한다. 경로-목표라는 용어는 지도자는 부하들이 업무의 '경로'를 명확히 해주어 '목표'에 이르는 과정을 용이하게 해야 한다는 것을 의미한다(오세덕, 2013: 135). 이 모형은 리더십을 지시적 리더십(과업 중심의 리더십), 후원적 리더십(인간관계 중심의 리더십), 참여형 리더십(구성원의 참여를 강조하는 리더십), 성취 지향적 리더십(도전적인 작업 목표를 제시)으로 구분하였다.

4) 리더십 대체이론

리더십 대체이론(Leadership replacement theory)은 리더십 대체물 접근법(Leadership substitutes approach)이라고도 불리며, 기존의 리더십이론과 달리, 리더십과 관련성이 낮은 요소를 규명하는 이론이다. 즉 리더가 리더십을 발휘하려고 하지만 그 효과성을 감소시키는 요인이나, 반대로 리더십을 발휘하지 않더라도 조직이 효과적으로 운영되는 경우에 그 상황적 요인을 찾고자 하는 것이다. 만일 그 상황적 요인을 통제할 수 있다면 한편으로는 리더의 통솔이 없더라도 조직구성원들의 행동을 유도하여 조직의 목표를 달성할 수 있을 것이며, 다른 한편으로는 리더의 통솔력을 높일 수 있을 것이다.

커(Kerr)와 저미어(Jermier)는 리더 역할의 중요성을 감소시키는 상황 요인으로 대체물(substitutes)과 중화물(neutralizers)을 제시하고 있다(Kerr & Jermier, 1978). 대체물이란 리더의 도움 없이도 부하의 역할과 임무를 명확하게 하여 구성원에 대한 통제 효과를 가져오는 것을 말다. 이들이 제시한 리더십 대체물에는 ⓐ 부하 요인으로는 능력·경험의 존재, 높은 독립 성향, 높은 전문 성향, 조직 보상에 대한 무관심 성향 등이며, ⓑ 과업요인은 명확하고 반복적인 과업, 방법상 별다른 차이가 없는 과업 등이며, ⓒ 조직요인은 높은 공식화 정도, 규칙과 절차의 엄격성, 강한 응집력 등과 같은 상황 요인이다.

제3편 행정조직론

리더십 중화물은 리더십의 영향력을 감소시키는 요인들을 의미한다. 예를 들면, 부하가 권위주의적 성향을 선호하는 경우에 배려심 강한 리더의 리더십은 큰 효과가 없는 중화물이 된다는 것이다(백복기, 2011).

Ⅲ. 현대적 리더십의 유형

자질론, 행태론, 상황론으로 발전된 리더십 이론은 최근 급변하는 환경변화와 복잡한 조직인 등으로 인하여 현대적 적용의 한계를 노출하고 있다. 따라서 최근에는 리더십을 연역적으로 접근하기보다는 구체적 사례를 중심으로 하거나 특정 상황에 맞는 리더십을 강조하는 귀납적인 접근이 주를 이룬다. 따라서 여기서는 현대적 리더십으로 행정학 교과서에서 언급되는 몇 가지를 알아보고자 한다.

1. 카리스마적 리더십(charismatic leadership)

카리스마적 리더십은 리더의 특출하고 신비로운 성격과 능력으로 인하여 부하들이 리더와의 일체감을 느끼게 하여 영향력을 행사하는 리더십이다. 카리스마적 리더십의 행동 특성은 뛰어난 비전, 개인적 위험 감수, 관습에 얽매이지 않는 전략의 구사, 상황에 대한 정확한 평가, 부하들에 대한 계몽, 자신감 부여, 개인적 권력의 활용 등이다(오세덕 외, 2013: 149). 최근 카리스마적 리더십에 대한 연구는 리더의 특성과 행동에 대한 부하들의 지각이 리더십의 핵심변수라는 데에 비중이 점차 커지고 있다(이창원 외, 2014: 235).

2. 변혁적 리더십(transformational leadership)

변혁적 리더십은 인본주의·평등·정의 등과 같은 상위수준의 도덕적 가치와 이상에 호소해 부하들의 의식을 더 높은 단계로 끌어올리려는 노력이나 자극을 통하여 부하에게 영향력을 행사하는 지도력이다. 리더는 부하들의 고차원적 욕구를 자극하거나 부하들이 조직을 위해 개인적인 관심을 초월하도록 유도함으로써 부하를 변화시킨다. 따라서 부하는 리더에 대한 신뢰와 존경을 느끼고 더 동기화된다. 카리스마적 리더는 부하들로부터 극단적 존경을 받고 무조건적인 복종을 받지만, 변혁적 리더는 부하들이 자율적, 자아실현적이고 이타적으로 되도록 하는 지도자라고 할 수 있다(오세덕 외, 2013: 149-151).

변혁적 리더십을 다음의 네 가지로 구분하여 설명하기도 한다(Bass & Avolio, 1990). 첫째는 카리스마적 리더십으로 리더가 현재 상태를 극복하고자 하는 의지를 확고하게 표명하여 신념과 자긍심을 부하에게 심어주는 것이다. 둘째는 영감적 리더십으로 리더가 부하에게 도전적 목표와 미래에 대한 비전을 받아들이고 추구하도록 격려하는 것이다. 셋째는 개별적 배려로 리더가 개인적인 존중감을 전달하고 각 부하의 특정한 요구를 이해하고 특별한 관심을 보이는 것이다. 넷째는 지적 자극으로 리더가 부하에게 기존의 관습과 사고를 벗어나 다른 시각에서 생각하게 함으로써 새로운 관념을 불러일으키는 것이다.

3. 거래적 리더십(transactional leadership)

거래적 리더십은 리더와 부하 간에 무엇인가 가치 있는 것을 상호교환함으로써 추후 부하에게 영향력을 행사하는 리더십이다. 리더는 부하에게 적절한 보상이나 지원을 제공하고 부하는 그에 상응하는 노력을 통하여 리더가 제시한 과업을 달성하는 것이다(유민봉, 2013: 294). 리더는 부하들과 합리적이며 타산적인 교환관계를 설정하려고 한다.

4. 팔로어십(followership)

팔로어십은 리더와 부하들 간의 효과적인 상호작용을 통하여 추종자들의 역할을 강조한다. 효과적인 추종자들은 적극적이며 책임과 자율성을 지니고 비판적인 사고를 한다고 본다. 현대 사회에서 소수의 지도자에게만 의존할 수는 없으며, 창의적인 사고하는 직원들도 조직의 중요한 자산이라는 사고에 기초를 두고 있다. 따라서 팔로어십에 대한 연구는 리더가 아닌 팔로어를 분류하고 이들의 특성을 분석한다(오세덕 외, 154-155; 이창원 외, 2014: 257).

제7절 총체적 품질관리

Ⅰ. 의 의

총체적 품질관리(TQM: Total Quality Management)는 고객 만족을 위하여 조직 구성원의 참여하에 조직의 과정, 산출물, 서비스를 지속해서 개선하는 장기적·전략적 관리 철학이다. 총체적(total)이라는 말은 고객의 만족도까지 포함하는 조직의 전 과정에 적용한다는 의미이다. 품질(quality)은 고객의 기대 수준 이상의 품질 향상을 추구한다는 것이다. 관리(management)는 이러한 조직 능력을 개발하는 과정을 지속해서 추진한다는 의미가 포함되어 있다(오세덕 외, 2013: 287).

Ⅱ. 특 징

TQM의 특징은 다음 세 가지로 요약될 수 있다(김호섭 외, 2012: 422).

첫째, 고객 지향성이다. 조직의 활동은 고객의 욕구를 충족시키는 데 주어져야 한다고 본다. 조직의 질을 결정하는 것은 고객이라고 본다. 여기서 고객은 조직 외부 고객뿐만 아니라 내부 구성원도 포함된다.

둘째, 지속적인 개선이다. TQM은 중단 없는 과정이다. 그것은 고객의 욕구나 기대는 지속해서 변하기 때문이다.

셋째, 권한의 이양과 구성원의 참여이다. 고객을 만족시키기 위해서는 서비스를 전달하는 구성원들에게 권한을 부여해야 한다. 구성원들의 참여를 강조하는 것은 내부 고객 만족의 차원과 구성원의 자발적인 문제해결을 유도하기 위한 것이다.

Ⅲ. 공공부문 적용의 한계

TQM을 정부조직에 적용하기에는 한계가 있다. 우선, 행정서비스는 제품이 아니므로 그 서비스의 질을 측정하기 어렵다. 또한, 정부가 봉사하는 고객은 기업의 고객처럼 명확하지 않으며, 정부조직은 정치적 환경의 유동성으로 장기적이고 지속적인 추진이 어렵다는 것이다.

제8절 균형성과표(BSC)

Ⅰ. 의 의

균형성과표(BSC: Balanced Score Card)는 재무적 지표뿐만 아니라 비재무적 지표를 활용하는 조직성과 평가 시스템이다. 이는 1992년 카플란과 노턴(R. Kaplan & D. Norton)이 최초로 제시하였다. 이들은 기존의 기업 성과 평가가 재무적 관점만을 반영함으로써 무형의 비재무적 가치를 경시했다고 비판했다. 따라서 이들은 구성원의 역량이나 고객의 신뢰와 같은 비재무적이고 무형의 성과를 평가에 반영해야 한다고 주장했다. 균형성과표는 사기업뿐 아니라 우리나라의 중앙행정기관을 포함한 공공기관에서 광범위하게 사용하고 있는 성과시스템이다.

Ⅱ. BSC의 4가지 관점

BSC의 4가지 관점은 재무적 관점과 3가지의 비재무적 관점(고객관점, 업무처리 관점, 학습과 성장관점)으로 나누어진다.

첫째, 재무적 관점은 재무 지표를 의미하여 기업조직에서 가장 중요한 성과지표이다. 재무 지표는 전통적인 결과로 나타내는 성과지표이며, 매출액, 자본 수익률, 예산대비 성과 등이 있다.

둘째, 고객관점은 고객이 원하는 재화와 서비스를 제공하고 있는지를 확인하는 것이다. 공공부문에서는 고객관점을 가장 중요시한다. 고객관점의 성과지표로는 정책 순응도, 고객 만족도, 잘못된 업무처리 건수, 불만 민원접수 건수, 삶의 질에 대한 통계, 신규 고객 증감 등이 포함될 수 있다(유민봉, 2013: 658).

셋째, 업무처리(business process)관점은 고객이 원하는 목표를 달성하기 위하여 행정 내부의 일 처리 방식에 대한 적법성·적절성을 확인하는 것이다. 지표로는 주민 참여, 정보공개, 의사소통, 적법절차 등을 들 수 있다.

넷째, 학습과 성장관점은 4가지 관점 중에서 성과 목표를 달성하는 데 장기적이고 기본 토대가 되는 것이다. 여기에는 구성원의 능력개발이나 직무 만족과 같은 인적 자원의 역량에 대한 부분이 포함된다. 성과지표로는 교육 훈련 프로그램, 직무 만족도 등이다.

Ⅲ. BSC의 특징

BSC의 특징으로는 관점의 균형과 다양한 기능을 들 수 있다.

첫째, BSC는 다양한 관점의 균형을 추구한다. 재무적 관점과 비재무적 관점의 균형, 조직의 내부관점(직원)과 외부관점(고객)의 균형, 과정과 결과의 균형, 단기적 목표와 장기적 목표의 균형이다.

둘째, BSC는 단순한 성과 평가 시스템을 넘어 조직의 전략적 관리 및 의사소통의 도구이기도 하다. 조직의 전략목표를 중심으로 부서와 개인의 목표가 설정되는 과정을 통하여 조직목표의 전략적 관리가 자연스럽게 이루어진다. 또한, 이러한 과정은 조직의 전략적 부서 및 개인의 업무 수행 계획을 연결함으로써 조직 내 의사소통의 도구가 된다.

제4편

인사행정론

앞 편에서는 행정조직론을 학습하였다. 조직은 '두 사람 이상의 관계'가 기본 단위가 되었다. 즉 어떻게 하면 두 사람 이상 사이의 관계를 더 바람직스럽게 하여 조직의 성과를 극대화하느냐의 문제를 해결하기 위하여 고민하는 것이 조직론의 주된 쟁점이었다.

그러나 인사행정은 '사람 그 자체에 대한 관리'라고 볼 수 있다. 정부에서는 그 사람을 공무원이라고 부르고, 그 공무원은 정부 활동의 주체가 된다. 따라서 인사행정이란 '정부조직의 주체인 공무원을 관리하는 활동'을 말한다. 최근에는 조직의 일원이 되는 사람을 비용이 아닌 조직발전에 결정적 역할을 하는 전략적 자원으로 인식해야 한다는 측면에서 인사행정을 인적자원관리로 부르기도 한다.

인사관리는 그 나라의 역사적 배경이나 문화적 환경에 따라 운영방식이 다르다. 어떤 나라는 20대의 젊은 인재를 채용하여 60세에 퇴임할 때까지 신분을 보장하고 안정적인 업무 수행을 할 수 있는 제도를 선호하지만, 다른 어떤 나라는 나이에 상관없이 전 직급에 공직 문호를 개방하고 신분보장을 하지 않는 것을 선호하기도 한다.

그런데, 그 나라가 어떠한 인사행정 제도를 채택하느냐에 따라 공직의 구조(폐쇄형/개방형, 계급제/직위분류제 등), 인사관리의 방식(근무성적평정, 교육훈련, 퇴직관리 등), 공무원의 행동규범(신분보장, 정치적 중립성 여부, 공무원단체 활동 등)도 달라진다. 본 편에서는 인사행정의 각종 제도를 살펴보고, 다음으로 공직 구조, 인사관리의 방식, 공무원의 행동규범 등에 대한 구체적인 내용을 다루고자 한다.

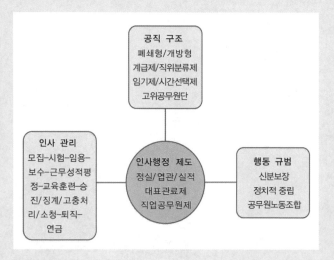

01
인사행정 제도

각국이 선택하고 있는 공직구조, 인사관리, 행동규범 등은 어떠한 인사행정 제도를 선택하고 있느냐와 연관된다. 따라서 인사행정 제도는 인적자원관리의 프레임이라고 할 수 있다.

제1절 정실주의와 엽관주의

I. 논의의 쟁점

20세기 초반 이후 각국은 실적주의의 빠른 정착을 위하여 정실·엽관주의의 요소를 제거하는 데 중점을 두고 인사행정제도를 설계하였다. 그러나 20세기 후반부터 실적주의 중심의 인사제도는 소극적이고 경직적으로 운영되는 결과를 초래한다는 비판을 받고 있다. 이에 따라 신축적이고 효율적인 인사관리를 위하여 적극적인 인사행정이 강조되고 있다.

적극적인 인사행정은 과거의 정실주의와 엽관주의 요소를 그대로 받아들이는 것이 아니라 이를 현대적으로 재해석하고 실적제의 보완요소로서 고려하는 것이다. 따라서 현대 인사행정의 발전적 이해를 위해서는 과거의 정실주의와 엽관주의를 이해할 필요가 있다.

특히, 이들 제도의 등장 배경과 발달과정의 특수성을 이해하여 현대 인사행정에서의 적용 가능성과 한계를 파악할 필요가 있다. 또한, 제도 상호 간의 공통점과 차이점을 식별하는 작업을 통하여 실적제에 대한 이해도를 넓힐 수 있을 것이다. 마지막으로 우리나라의 정실·엽관주의 요소들이 존재하고 있는지를 알아봄으로써 이들이 적극적 인사행정에 이바지하는 바가 무엇인지 파악할 수 있을 것이다.

Ⅱ. 정실주의

1. 의 의

정실주의란 공직 임용을 인사권자의 혈연·지연·학연이나 정치적 충성심 등 개인적 연고를 중심으로 이루어지는 인사행정의 원리를 말한다. 정실주의는 19세기 중엽까지 영국에서 발달한 제도이다.

2. 발달과정

영국은 다른 유럽국가와 달리 근대적이고 체계화된 공무원제도가 발달하지 못하였다. 19세기 중엽까지 국왕이나 의회 지도자들이 정치적 세력 확장을 위한 수단으로 관직을 활용하였으며 이러한 과정에서 정실주의라는 제도가 형성되었다.

영국의 정실주의는 두 가지로 구분된다. 하나는 절대군주 시대에 국왕이 자신의 정치세력을 확장하기 위하여 충신이나 영향력을 지닌 사람에게 관직을 임명하는 것이며, 이를 은혜적 정실주의라고 부른다. 다른 하나는 1688년 명예혁명 이후에 국왕의 권위가 약해지자 의회를 장악한 지도자들이 그들의 지지자들에게 관직을 임명하는 관행이며, 이를 정치적 정실주의라고 부른다.

Ⅲ. 엽관주의

1. 의 의

엽관주의(獵官主義, spoils system)는 공직에의 임용을 특정 정당에 대한 충성도나 공헌도를 기준으로 하는 인사제도이다. 엽관주의는 19세기 중엽 미국에서 나타난 교체 임용주의(principle of rotation in office)를 가리키는 말이며, 여기서 교체임용은 선거라는 전쟁에서 승리한 정당이나 지도자가 관직이라는 전리품(spoils)을 가지고 기존의 공무원을 자기편 사람으로 바꾸는 것을 말한다. 따라서 엽관주의를 spoils system이라고 부른다.

2. 발달과정

미국의 초대 워싱턴 대통령(George Washington, 1789–1797)은 공직임용의 원칙으로 인물의 적격성을 강조하였다. 그가 강조하는 공직 적격자는 당시 사회적 분위기를 고려하면, 한편으로는 개인적 인품과 사회적 지위를 가진 상류계층에서 나올 수 있는 것이며, 다른 한편으로는 비당파성을 고려한 것이었다. 그러나 그의 집권 후반기부터는 안으로는 자신과 정치적 뜻을 같이하는 연방주의자를 선호하게 되었으며, 밖으로는 누구나 공직에 임용될 수 있어야 한다는 사회적 분위기가 나타나기 시작하였다.

1829년 국민의 직접선거로 취임한 잭슨 대통령(Andrew Jackson, 1829－1837)은 연두교서에서 사회적 지위와 무관하게 평범한 보통 사람들도 공직에 임용될 수 있다는 공직의 대중화와 정당에 대한 공헌도를 기준으로 새로운 공무원을 임용하는 교체 임용주의(공직 순환주의)를 선언하여 엽관주의 인사제도를 공식적으로 채택하였다. 이러한 공직의 대중화와 교체 임용주의는 잭슨 대통령의 정치적 지지집단인 서부 개척민과 하위계층의 가치관을 반영한 것으로 볼 수 있다. 이후 엽관주의는 확대되어 남북전쟁이 끝나는 1860년대 중반에 절정을 이루었으나 그 폐해에 대한 문제점도 지적되면서 쇠퇴하게 되었다.

3. 장단점

미국의 특수한 정치·행정적 상황에서 등장한 엽관주의는 인사행정의 장단점이 함께 나타났다.

1) 장 점

첫째, 행정의 민주화와 민주주의 평등이념 구현에 기여하였다. 일부 상류층이 독점하던 공직을 일반 대중에게 개방하여 참여기회를 확대하여 민주주의 이념에 부합하는 관료임용이 이루어졌다는 것이다.

둘째, 정당정치의 발달에 이바지하였다. 선거에서 승리한 정당이 공직을 장악하여 충성도와 공헌도가 높은 당직자에게 공직을 부여함으로써 결속력을 강화하고 정당의 정치이념이나 공약의 강력한 추진이 가능해졌다는 것이다.

셋째, 행정의 대응성과 책임성이 강화되었다. 선거에서 국민의 지지를 받은 정당이 관료를 구성하고 다음 선거에서 다시 국민의 심판을 받으므로 행정에 대한 민주 통제가 강화되고 대응성과 책임성이 제고되는 효과가 있다는 것이다.

넷째, 관료의 특권화 및 공직의 침체를 방지할 수 있었다. 엽관주의는 선거의 승패에 따라 공직을 대거 교체하므로 일부 공직자의 특권화나 장기간 근무에 따른 침체를 방지할 수 있다.

2) 단 점

첫째, 공직에의 기회균등을 저해하는 측면이 있다. 집권 정당에 대한 충성도를 기준으로 공직임용이 이루어져 일반 국민의 공직참여 기회가 오히려 줄어들 수 있다는 것이다.

둘째, 관료가 집권 정당의 도구로 전락하는 현상이다. 정부관료제가 특정 정당에 예속됨으로 인하여 행정의 정치적 중립성과 국민에 대한 대표성이 저하될 수 있다.

셋째, 행정의 전문성과 능률성을 확보하기 어렵다. 관료를 개인의 능력이나 자격과 무관하게 정당에 대한 공헌도를 기준으로 임용함에 따라 복잡해지는 행정관리 업무를 처리하기 힘들게 되었다.

넷째, 행정의 계속성 확보와 직업공무원제 확립이 어렵다. 선거로 인하여 집권 정당이 교체될 때마다 대규모의 공무원 교체가 발생하여 행정의 계속성 및 안정성의 확보가 어렵게 되었다.

Ⅳ. 정실주의와 엽관주의 비교

정실주의와 엽관주의는 실적제와 대비되는 측면에서 같은 것으로 간주하기도 하지만 그 역사적 배경이나 구체적인 제도의 내용은 명확히 구별된다.

첫째, 정실주의는 영국의 절대왕권과 의회 세력의 강화과정에서 나타났다면, 엽관주의는 미국 민주주의의 성장 과정에서 민주주의 평등이념과 정당정치의 발달을 계기로 등장하였다.

둘째, 정실주의는 주로 혈연·지연·학연 등 개인적 연고성을 중심으로 관직에 임용되지만, 엽관주의는 정당에 대한 충성도와 공헌도를 기준으로 임용된다.

셋째, 정실주의는 소규모의 공직자를 대상으로 이루어지며 한번 임용되면 종신적 신분보장이 이루어지지만, 엽관주의는 선거 이후 정권교체에 따라 대규모의 공직자가 교체되며 다음번 선거에서 패배하면 공직에서 물러나야 하므로 신분보장이 되지 않는다.

〈표 4-1〉 정실주의와 엽관주의 비교

구분	정실주의	엽관주의
시대	- 15-19세기 영국	- 19세기 미국(1829년 잭슨 대통령 이후)
임용요인	- 정치적 당파성뿐만 아니라 혈연·지연·학연 등 개인적 연고성 - 개인적 연고에 따라 관직 부여	- 정치적 당파성 등 집권 정당이나 집권자에 대한 충성도 - 집권 정당과 관료 간의 동질성 확보
적용방식	- 소규모의 결원보충이나 승진 전보 등에 활용	- 정권교체에 따른 대규모 채용
신분보장	- 종신적 보장 - 신분보장 강함	- 단기적 보장(임기 내) - 신분보장 약함

자료: 김렬, 2014: 39.

V. 현대 한국행정에서 정실주의와 엽관주의

우리나라는 고려시대와 조선시대의 음서제도가 영국의 정실주의와 유사한 형태로 볼 수 있다. 1949년 국가공무원법에서 인사행정의 기본원칙이 실적주의에 있음을 천명한 바 있다. 따라서 대한민국 정부 수립 이후에는 공식적인 정실주의에 의한 인사제도는 인정되지 않았다. 실제로 1961년까지 정실주의에 의한 인사행정의 모습은 사라지지 않았지만, 최근 한국행정에서 정실주의 모습은 찾아보기 어렵다.

엽관주의의 모습은 1952년부터 1961년까지의 시기에 정당정치에 의한 엽관제와 유사한 형태의 인사가 가장 활발하게 나타난 시기로 볼 수 있다. 이후에는 주로 장·차관 등 정무직이나 대통령비서실 등에서 정치적 임용의 형태가 나타났다. 최근 우리나라에서도 미국의 엽관주의와는 다르지만 유사한 요소를 찾아볼 수 있으며, 세 가지 대표적인 사례를 제시하고자 한다.

첫째, 대통령비서실의 경우 일반직 공무원의 20% 범위에서 임기제 공무원을 임용할 수 있으며, 고위공무원단에 속하는 공무원 정원의 30% 범위에서 3급 또는 4급 별정직공무원으로 대체할 수 있도록 하였다〔대통령비서실 직제(대통령령), 제10조)〕. 이는 대통령의 국정 시책을 잘 실현할 수 있는 사람을 공직에 임용될 수 있도록 길을 열어둔 것이다.

둘째, 중앙행정 부처의 직제(대통령령)에서도 장관 밑에 장관 정책보좌관 2~3명을 둘 수 있고, 고위공무원단이나 3급 상당 또는 4급 상당 별정직공무원으로 보하도록 하고 있다. 이는 장관의 정책을 뒷받침할 수 있는 전문인력을 채용할 수 있도록 한 것이다.

셋째, 국가 공공기관의 임원에 대한 실질적인 임명권을 행사하는 경우이다. 2023년 현재 국가 공공기관은 총 347개이다(기획재정부 공공기관 경영정보 공개시스템, www.alio.go.kr). 이러한 공공기관의 임원은 대통령선거 이후 대거 교체되는 현상이 발생하며, 임기를 마치지 못하고 교체되는 경우도 빈번하다.

제2절　실적주의

Ⅰ. 의　의

실적주의(merit system)란 공무원의 임용, 승진, 평가 등이 개인의 실적에 따라서 결정되는 인사제도이다. 여기서 실적은 개인의 능력, 자격, 기술, 업적, 성과 등을 의미한다. 실적주의는 일정한 자격과 능력을 갖춘 사람은 누구에게나 공직취임, 승진, 보상의 기회를 부여한다는 점에서 민주적이며 능력 본위의 인사행정원리라고 할 수 있다. 실적주의는 대부분의 현대 국가에서 인사행정의 기본원칙이 되고 있다.

실적주의 논의의 쟁점은 본 제도가 성장·발달한 역사적 배경이나 제도형성의 계기와 방식을 이해하고 이를 바탕으로 제도의 특징을 파악하는 것이다. 왜냐하면, 본 제도의 현대적 한계는 제도의 형성과정에서 배제되었던 요소들을 흡수하면서 극복될 수도 있기 때문이다. 이러한 측면에서 실적제를 보완하는 적극적 인사행정을 이해할 필요가 있다. 또한, 실적주의는 직업공무원제도와 같지는 않지만 직업공무원제 확립에 기반이 될 수 있으므로 양자를 함께 이해할 필요가 있다.

Ⅱ. 실적주의의 등장 배경

1. 등장 배경

19세기 중반 이후 자본주의와 산업화의 급속한 진전으로 정부의 역할이 확대되는 행정 국가화 현상이 발생하였다. 행정 국가화 현상은 행정기능의 복잡·전문화를 수반하면서 유능한 공무원을 요구하게 되었다. 그러나 기존의 엽관주의로 임명된 공직자는 전문성에 한계를 나타내고, 공직의 대량 교체로 인하여 행정의 계속성과 안정성이 저해되는 문제가 발생함에 따라 엽관주의 요소를 제거하고자 하는 요구가 나타났다.

또한, 엽관주의는 정당정치를 기반으로 하는데 당시 정당이 소수의 지도자에게 지배되고 특정한 국민의 이익을 대변한다는 문제가 제기되었다. 이에 정당정치에 예속된 행정의 독립적 역할의 필요성을 강조하는 정치행정 이원론이 힘을 얻게되었다. 이러한 시대적 요구에 따라 실적주의 인사행정 제도가 등장하게 되었다.

2. 영국과 미국의 실적제

영국의 경우는 산업혁명 이후에 급격한 산업화를 겪으면서 정부의 역할은 확대·강화되었으나 기존의 정실주의에 따라 임명된 공직자의 무능함에 대한 비판의 목소리가 높아지게 되었다. 이에 1870년 '제2차 추밀원령'에 의하여 정실주의 요소를 대부분 삭제하고 실적주의를 확립하게 되었다. '제2차 추밀원령'에서는 "공무원은 원칙적으로 공개경쟁시험에 의하여 임용된다"라고 명확히 규정하였다.

미국의 엽관주의는 잭슨(Jackson) 대통령 시대에 시작하여 남북전쟁이 끝나는 1860년대에 절정을 이루었다. 그러나 엽관주의의 폐해에 대한 비판의 목소리가 높아지자 쇠퇴하기 시작하였으며, 1881년 가필드(Garfield) 대통령이 공직분배에 불만을 품은 엽관주의자에게 취임 4개월 만에 피살되었다. 이를 계기로 1883년 상원의원 펜들턴(G. H. Pendleton)에 의해 제안된 「펜들턴법(The Pendleton Civil Service Reform Act)」이 제정되면서 실적주의가 성립되었다. 동법의 내용은 영국의 추밀원령과 유사하며, 독립적이고 초당적인 인사위원회의 설치, 공개경쟁시험에 의한 공무원의 채용, 공무원의 정치 활동 금지 등을 주요 골자로 하고 있다.

Ⅲ. 실적주의의 특징

1. 특 징

실적주의가 지향하는 바는 '정치적 영향력의 배제'와 '능력 중심의 인사'로 볼 수 있다. 정치적 영향력의 배제는 엽관주의를 극복하기 위한 대안이며, 능력 중심의 인사는 행정의 능률화를 위한 것이다. 실적주의의 특징은 아래 네 가지로 요약된다.

1) 공직에의 기회균등

공직에의 기회균등이란 모든 국민에게 공무원이 될 기회를 공평하게 부여하여야 한다는 것이다. 주어진 공평한 기회에 따라 실질적인 임용은 경쟁이라는 원칙에 의하여 이루어진다. 따라서 기회균등을 보장하기 위해서는 공개와 경쟁에 의한 임용이라는 실적주의 원칙이 적용되어야 한다.

2) 능력·성적주의와 공개경쟁시험

모든 인사행정은 개인의 자질을 기준으로 이루어진다. 이러한 능력·성적을 기준으로 한 임용이 보장되기 위해서 공개경쟁의 원칙이 적용된다.

3) 정치적 중립성

공무원의 정치적 중립이란 공무원은 당파성을 떠나 자신의 지식·경험에 의하여 공평하게 공익을 추구하여야 한다는 것을 의미한다. 그러나 현대 행정에서 정부 관료는 정책수립과 정책결정에 깊이 관여하고 있는 것이 현실이다. 따라서 이러한 공무원의 정치적 중립성이 행정가가 정치로부터 단절되어야 한다는 것은 아니다.

4) 공무원의 신분보장

공무원은 정치적 영향력이나 상관의 자의적 결정에 따라 신분 관계가 위협받지 않는다는 것이다. 공무원의 신분보장은 행정조직의 안정성과 계속성을 보장하고 개인에게는 법규에 따른 공평무사한 행정을 가능하게 하는 장치이기도 하다.

2. 장단점

1) 장 점

실적제의 장점은 앞에서 언급된 특징에서 찾을 수 있다. 공직에 임용될 균등한 기회가 주어지며, 공개경쟁을 통한 능력에 따른 임용이 이루어지므로 행정의 능률화와 전문화를 가능하게 하며, 공무원의 정치적 중립성은 공무원이 공평하게 공익을 추구하게 하며, 신분보장은 행정의 안정성과 계속성을 보장하게 한다.

2) 단 점

실적제의 단점도 앞에서 언급된 특징의 한계에서 찾을 수 있다. 첫째는 기회균등의 한계이다. 실적제의 학력이나 자격증 등의 요건과 공개경쟁은 그러한 능력이나 자격을 갖추기 어려운 사회적 약자에게는 불리할 수 있다는 것이다. 둘째는 실적주의가 말하는 실적과 공개경쟁에서 실제로 실적을 객관적으로 평가하기 어렵다는 것이다. 실제 자격 요건이나 시험내용이 직무와의 연관성이 낮은 경우도 많기 때문이다. 셋째는 공무원의 정치적 중립성은 개인의 정치적 자유라는 기본권에 대한 침해요소가 있을 수 있으며, 지나친 중립성의 강조는 정치지도자의 정치이념을 실현하는 데 어려움이 따를 수 있다는 것이다. 마지막으로 공무원의 신분보장은 공직의 역동성을 저해하고 공무원의 특권화와 보수화를 초래할 가능성이 있다는 것이다.

Ⅳ. 실적주의의 보완: 적극적 인사행정

1. 적극적 인사행정의 의의

실적주의가 정실·엽관주의의 부정적 요소를 극복하는 데 제도설계의 중점을 둠에 따라 인사행정이 소극적으로 운영되는 문제점이 제기되었다. 실적주의를 보다 적극적으로 해석하여 인사행정의 신축성과 생산성을 높이고자 하는 노력이 전개되었는데, 이를 '적극적 인사행정'이라고 부른다. 따라서 '적극적 인사행정'은 실적주의의 기본원리를 따르지만 이를 시대변화에 맞추어 재해석 및 보완한 것이다.

2. 적극적 인사행정의 내용

적극적 인사행정은 실적제의 특징과 함께 살펴보면 더욱 구체적으로 이해할 수 있다. 적극적 인사행정은 실적주의가 배제하였던 엽관주의적 요소를 일정 부분 흡수하고자 한다. 행정이나 정책이 집권 정당이나 정치지도자의 정치적 이념과 별개로 이루어질 수 없으므로 장·차관이나 대통령실 등에 정무직으로 임용하거나 고위공무원에 대한 정치적 임용을 허용하는 것이다.

다음으로 기회균등의 적극적 해석이다. 실적주의가 추구하는 기회균등은 장애인이나 소외계층에게는 실질적으로 기회가 제공되기 어려운 측면이 있다. 따라서 실질적인 형평성을 실현하기 위하여 대표관료제를 도입한다.

세 번째는 실적주의의 환경 적응적 변화로 신공공관리론적 요소를 받아들이는 것이다. 기존의 실적주의 요소에 경쟁, 성과, 분권을 인사행정에 도입하는 것이다. 실적주의의 신분보장으로 인한 공직 침체를 방지하기 위하여 외부 개방형 임용을 확대하여 경쟁을 더욱 촉진한다. 보수체계를 성과 중심으로 개편하여 개인과 부서의 성과를 강조한다. 더불어 중앙인사기관에 집중되었던 인사 기능을 각 부처에 위임하는 분권화를 추진한다.

V. 우리나라의 실적주의

1. 실적주의 규정

우리나라는 1949년 국가공무원법이 제정될 때부터 실적주의를 인사행정의 기본원칙으로 채택하고 있다. 실적주의의 특징을 중심으로 우리나라의 규정을 살펴보면 다음과 같다.

공직에의 기회균등과 관련한 법 규정으로는 헌법 제11조와 제25조에서 평등권과 공무담임권을 규정하고 있고, 국가공무원법 제35조에서는 평등의 원칙을 규정하고 있다.

능력·성적주의와 공개경쟁시험과 관련해서는 국가공무원법 제2조(경력직공무원의 정의), 제26조(임용의 원칙), 제28조(공개경쟁 채용시험), 제40조(승진), 제50조(교육훈련), 제51조(근무성적평정) 등이 있다.

공무원의 정치적 중립성과 신분보장 규정으로는 헌법 제7조 제2항에서 "공무원의 신분과 정치적 중립성은 법률이 정하는 바에 의하여 보장된다."라고 하고 있으며, 국가공무원법 제65조에서 정치 운동 금지, 동법 제8장에서는 신분보장에 관한 전반적인 규정을 두고 있다.

2. 우리나라 실적주의의 쟁점

우리 현실에서 실적주의에 대한 논의의 쟁점은 크게 두 가지로 구분된다. 하나는 실적주의의 네 가지 특징을 어떻게 시대환경의 변화와 국민 요구에 대응하여 적절하게 변형하여 사용할 것인가의 문제이다. 이는 실적주의 제도의 환경 적응적 변화의 문제이며 변화의 내용뿐 아니라 시대변화와 연동될 수 있도록 적절한 시기를 선택해야 하는 시간의 고려도 중요하다.

다른 하나는 실적주의 적용의 가장 큰 한계의 하나인 실적의 측정을 얼마나 정확히 할 수 있느냐의 문제이다. 공무원의 업무성과에 대한 측정뿐 아니라 공개경쟁 채용시험의 내용과 실제 업무와의 연관성을 높이는 것도 필요하다.

제3절 대표관료제

Ⅰ. 의 의

　　대표관료제(representative bureaucracy)란 공무원들의 인적 구성 비율은 그 국
가 전체의 인적 구성 비율을 반영하여야 한다는 원리가 적용되는 관료제이다. 일
국가에는 인종, 종교, 성별, 지역 등 다양한 사회집단들이 존재하는데, 그 개별 집
단들이 전체 인구에서 차지하는 비율만큼이나 전체 공무원에서 차지하는 비율을
유지하여야 한다는 것이다. 즉 전체 사회세력들의 축소판이 정부 관료제의 모습으
로 나타나야 한다는 것이 대표관료제이다. 이 개념은 1944년 킹슬리(J. Donald
Kingsley)의 저서 「Representative Bureaucracy」에서 비롯되었다.

　　대표관료제는 실적제의 문제점을 보완하고 관료제 구성의 '국민 대표성'을 확
보하여 '관료제 내부에 민주주의 원리'를 도입하기 위한 제도로 현대 인사행정에
서 강조하는 '적극적 인사행정'의 제도적 요소로 크게 주목받고 있다.

　　대표관료제 논의의 쟁점은 대표관료제 대상 집단의 선택문제, 그 집단에 어느
정도의 정원을 할당할 것인가의 문제, 대표관료와 일반 공무원을 원하는 사람과의
형평성의 문제 등이 있을 수 있다. 따라서 대표관료제를 적용하기 위해서는 국민
적 공감대, 사회 통합의 필요성 등에 대한 광범위한 분위기 형성이 우선되어야 할
것이다.

Ⅱ. 대표관료제 필요성과 비판 논의

1. 필요성의 논거

1) 공무원 조직의 대표성 강화

　　현대 대의제 민주주의 체제에서의 국가 체제는 국민 대표성을 확보하는 것이
필요하다. 국민의 대표로 선출된 국회의원이 법률을 제정하게 하지만 그 법률을
집행하는 정부 공무원의 대표성도 중요하다는 것이다. 따라서 공무원 조직이 국민
에 대해 봉사하고 책임지는 행정을 위해서는 국민 대표성을 가지기 위한 제도적
수단으로 대표관료제가 필요하다는 것이다.

2) 적극적 의미의 기회균등을 통한 실적주의 폐단 시정

　　실적주의에서 강조한 소극적 의미의 기회균등을 통한 공개경쟁 채용은 사회

적 약자나 소외계층에게는 그러한 기회를 얻을 수 없는 한계가 있다는 것이다. 실질적인 기회균등을 위해서는 사회적 약자나 소수 민족, 일부 지역 주민들에게는 특수한 채용 제도를 통한 공직 임용의 기회를 제공해야 한다는 것이다.

3) 관료제 내부통제의 강화

관료제 구성의 국민 대표성을 확보한다면 다양한 출신 집단 상호 간의 통제가 이루어져 행정의 내부통제가 강화될 수 있다. 특히 최근 관료제의 비대화, 전문화 및 복잡화로 인하여 행정의 외부통제에 대한 실효성이 약화하고 있다는 비판이 제기되면서 내부통제의 수단으로 대표관료제의 필요성이 강조된다.

2. 대표관료제에 대한 비판 논거

1) 역차별의 문제

사회적 약자나 소수 세력에 대한 임용이나 승진에서의 특별한 배려는 다수에 대한 차별이 될 수 있다는 것이다. 대표관료제로 임용되는 경우에 모집 인원 외의 추가합격 방법을 적용한다고 하더라도 총 정원의 증가를 가져오고, 이는 다음연도 전체 모집 인원 수를 줄여 역차별의 문제가 발생할 수 있다는 것이다.

2) 집단이기주의의 우려

특정 사회집단을 대표하여 관료로 임용된 경우에 자신의 출신세력의 이익을 지나치게 주장하여 집단이기주의의 폐단이 나타날 수 있다. 이러한 적극적 대표성이 지나치면 사회 전체의 분열을 조장할 수도 있다는 것이다.

3) 관료의 사회화를 통한 변화

대표관료제로 임용된 공직자가 관료조직에서 생활하면서 내부 사회화 과정을 통하여 변화할 수 있으므로 그의 출신 집단에 대한 이익 대변이나 내부통제는 이루어지기 어렵다는 것이다. 일단 관료로 임용되면 새로운 직장에 적응하고 그 직장 내의 주도 세력의 영향력 때문에 행태가 변화할 수 있다는 것이다.

4) 대표성의 판단에 대한 기술적 한계

사회의 다양한 집단 중에서 어떠한 기준에 의하여 대표관료제로 임용되는 집단을 선정할 것인가의 문제와 대표관료제로 임용을 결정한다고 하더라도 그 수적 비율의 결정에 대한 기술적인 한계가 존재한다. 특히 관료조직의 총 정원은 큰 변화가 없지만, 공직자들은 끊임없이 퇴직과 신규채용을 반복하기 때문에 사회집단별 공무원 할당 수를 산정하기 어렵다는 것이다.

Ⅲ. 우리나라의 대표관료제

1. 의의: 균형인사정책

우리나라 인사행정은 실적주의를 원칙으로 하고 대표관료제적인 요소를 보완하고 있음을 국가공무원법에 명백히 규정하고 있다. 이러한 대표관료제적 요소를 '균형인사정책'으로 표현하고 있다(공무원임용령(대통령령) 제8조의2).

> ◆ 「국가공무원법」 제26조(임용의 원칙)
>
> – 공무원의 임용은 시험성적·근무성적, 그 밖의 능력의 실증에 따라 행한다. 다만, 국가기관의 장은 대통령령 등으로 정하는 바에 따라 장애인·이공계전공자·저소득층 등에 대한 채용·승진·전보 등 인사관리상의 우대와 실질적인 양성평등을 구현하기 위한 적극적인 정책을 실시할 수 있다.

2. 주요 내용

우리나라의 대표관료제 요소를 찾아보면 양성평등 채용목표제, 장애인 고용우대정책, 저소득층 우선 임용 정책, 지방인재 채용목표제, 과학기술인재 우대정책 등이 있다.

1) 양성평등 채용목표제

양성평등 채용목표제는 여성과 남성의 평등한 공무원 임용기회를 확대하기 위하여 한시적으로 운영되고 있다. 이는 여성 또는 남성이 시험실시 단계별로 선발예정 인원의 일정 비율 이상이 될 수 있도록 선발예정 인원을 초과하여 여성 또는 남성을 합격시킬 수 있도록 하는 제도이다.

현재 우리나라는 국가공무원법 제26조에서 양성평등을 구현하기 위한 국가의 적극적인 정책실시의 근거를 두고, 같은 법 시행령에서 여성 또는 남성의 선발예정 인원 초과합격(공무원임용시험령 제20조)을 가능하게 하였다. 채용목표 인원은 시험실시단위별 합격예정 인원에 30%를 곱한 인원수로 한다(균형인사지침(인사혁신처 예규)).[1]

양성평등 채용목표제가 적용되는 시험은 ⓐ 5급 공무원 공개경쟁 채용시험, 외교관 후보자 선발시험, ⓑ 7급 공무원 공개경쟁 채용시험, ⓒ 9급 공무원 공개경쟁 채용시험이다. 대상 시험 중에서 선발예정 인원이 5명 이상인 시험단위를 그 대상으로 하고 있다. 다만, 교정직렬·보호직렬 및 성별 구분 모집 직렬은 적용을 제외하고 있다(균형인사지침).

또한, 우리나라의 양성평등 채용목표제는 한시적으로 운영하고 있다. 최초 제도 시행 이후에 기한은 계속 연장되어 오고 있다. 기간을 한정한 것은 시대변화나 관련 채용 분야에서의 양성평등의 정도 등을 분석하여 제도의 실시 여부를 재검토하고자 하는 취지이다. 따라서 공무원 임용에서 양성평등의 이슈가 사라지지 않는다면, 만료기한은 연장될 가능성이 크다. 2023년 현재 양성평등 채용목표제 적용 기한은 2027년 12월 31일까지로 정하고 있다(균형인사지침 Ⅶ. 행정 사항 참조).[2]

2) 장애인 고용 우대정책

장애인 고용 우대정책은 '장애인 의무 고용제', '장애인 구분 모집제' 및 '장애인 초과 합격제'로 구분된다. '장애인 의무 고용제'는 국가와 지방자치단체의 장은 장애인을 소속 공무원 정원에 대하여 일정 비율 이상을 고용하여야 하는 제도이다(장애인고용촉진 및 직업재활법 제27조).

'장애인 구분 모집제'는 공무원 선발예정 인원의 일부를 장애인(중증장애인 포함)만 응시할 수 있도록 시험을 분리하여 실시할 수 있도록 하는 제도이다(국가공무원법 제26조, 공무원임용시험령 제2조 및 제20조의3).

'장애인 초과 합격제'는 장애인만 응시할 수 있도록 분리하여 실시한 결과 장애인 대상 분리시험 외의 시험의 합격자가 받은 점수 이상을 받은 장애인에 대해서는 시험실시 단계별로 선발예정 인원을 초과하여 합격시킬 수 있다(공무원임용시험령 제20조의5).

---

1) 기존에는 검찰사무직의 경우 20%를 적용하였으나, 검찰직 9급 공채 여성 비율 증가('13년 42.8%, '16년 64.2%, '19년 59.1%)에 따라 검찰직의 양성평등 채용목표제 비율 특례를 삭제하였다(2019년 12월 균형인사지침 일부 개정 이유).

2) 한편, 여성의 공직 진출을 장려하기 위하여 공직선거법 제47조 제3항에서는 "정당이 비례대표 국회의원선거 및 비례대표 지방의회 의원선거에 후보자를 추천하는 때에는 그 후보자 중 100분의 50 이상을 여성으로 추천하되, 그 후보자 명부 순위의 매 홀수에는 여성을 추천하여야 한다."라고 규정하고 있다. 또한, 공공기관의 운영에 관한 법률(제24조의2)에서는 공기업과 준정부기관은 양성평등을 위한 임원임명 목표제를 시행하도록 하고 있다.

3) 저소득층 우선 임용 정책

저소득층에 대한 임용 우대정책으로 '저소득층 구분 모집제'와 '저소득층 초과 합격제'가 시행되고 있다. 공무원 선발예정 인원의 일부분은 저소득층에 속하는 사람(국민기초생활 보장법에 따른 수급자 또는 한부모가족지원법에 따른 보호 대상자에 해당하는 기간이 계속하여 2년 이상인 사람을 말함)만 응시할 수 있도록 분리하여 실시할 수 있도록 하고 있다(국가공무원법 제26조, 공무원임용시험령 제2조). 다만, 저소득층 구분 모집제는 9급 공무원 채용시험에 한정하고 있다(공무원임용시험령 제20조의4).

'저소득층 초과 합격제'는 저소득층만 응시할 수 있도록 분리하여 실시한 결과 저소득층 대상 분리시험 외의 시험의 합격자가 받은 점수 이상을 받은 저소득층에 대해서는 시험실시 단계별로 선발예정 인원을 초과하여 합격시킬 수 있다(공무원임용시험령 제20조의4).

4) 지방인재 채용목표제

시험실시기관의 장은 지방인재의 공무원 임용기회를 확대하는 데 필요하다고 인정하는 경우에는 5급 공개경쟁 채용시험, 외교관 후보자 선발시험, 7급 공개경쟁 채용시험에서 한시적으로 지방인재가 선발예정 인원의 일정 비율 이상이 될 수 있도록 선발예정 인원을 초과하여 지방인재를 합격시킬 수 있다(공무원임용시험령 제20조의 2; 균형인사지침 Ⅶ. 행정 사항). 여기서 '지방인재'란 서울특별시를 제외한 지역에 있는 대학의 졸업(예정)자 또는 서울특별시를 제외한 지역에 있는 학교를 최종적으로 졸업·중퇴하거나 재학·휴학 중인 사람을 말한다.

5) 과학기술인재 관련 정책

과학기술인재에 대한 우대정책은 이공계 전공자의 임용확대와 재직 공무원의 행정직과 기술직 간 불균형 시정으로 나누어 볼 수 있다. 임용확대는 지방공무원의 기술인재 추천채용제를 들 수 있다. 이 제도는 국가공무원의 지역인재 추천채용제와 유사한 제도로 기술 분야의 고등학교 이상 졸업자를 추천받아 일정 기간 수습으로 근무하게 하고 기술 분야 일반직 공무원으로 채용하는 것이다(지방공무원법 제25조의4).

재직하고 있는 이공계 전공자의 행정직과 기술직 간 불균형 시정을 위해서 2004년부터 국가공무원의 '4급 이상 기술직·이공계 공무원 임용확대 5개년 계획'을 추진하였다. 특히, 우수한 이공계 인력의 공직 진출 기회를 확대하기 위하여

5급 신규채용인원의 40% 이상을 이공계 인력으로 채용하도록 노력할 의무를 인사혁신처장과 중앙행정기관의 장에게 부여하고 있다(균형인사지침 Ⅴ. 이공계 공무원 인사관리).

제4절　직업공무원제

Ⅰ. 의　의

직업공무원제란 유능한 젊은이들이 공직을 보람 있는 일로 생각하면서 평생토록 봉사할 수 있도록 하는 인사제도를 말한다. 직업공무원은 우리나라의 경력직 공무원에 해당한다. 경력직공무원은 실적과 자격에 따라 임용되고 그 신분이 보장되며 평생 공무원으로 근무할 것이 예정되는 공무원을 말한다(국가공무원법 제2조).

직업공무원제의 등장 배경은 다음과 같다. 첫째, 행정기능이 복잡·다양화됨에 따라 전문 공무원의 필요성과 행정의 계속성과 안정성을 위하여 등장하였다. 둘째, 각국의 정치체제를 보완하기 위한 수단으로도 발전되었는데, 내각의 교체가 빈번한 내각책임제를 채택하고 있는 나라에서 그 필요성이 강하게 요구되면서 등장하였다. 셋째, 각국의 공직 구조와도 연관되어, 폐쇄형인 계급제의 전통을 가진 영국, 프랑스, 독일 등 유럽 여러 나라에서는 일찍부터 확립된 바 있으나, 개방형인 직위분류제를 채택하고 있는 미국, 캐나다의 경우는 실적주의는 수립되어 있으나 직업공무원제는 발전되어 있지 않다.

Ⅱ. 직업공무원제의 특징

직업공무원제는 그 개념에서 나타나듯이 '공직을 보람 있는 일'로 생각하면서, '평생토록 봉사'할 수 있는 제도적 장치를 마련해야 한다. 따라서 직업공무원제의 특징 또는 확립요건은 공무원들이 공직에 보람을 느끼고 장기근속을 할 수 있는 아래와 같은 제도적 장치를 마련하는 것이 필요하다.

첫째, 직업공무원제는 실적주의를 기본전제로 한다. 젊고 유능한 인재를 장기근속하게 하기 위해서는 공직에의 기회균등, 능력주의, 공무원의 정치적 중립성, 신분보장이 필요하다.

둘째, 직업공무원제는 개방형보다는 폐쇄형 임용제, 그리고 직위분류제보다는 계급제와 친숙한 제도이다. 폐쇄형 인사체제의 경우는 승진에 대한 기대로 인하여 능력개발 및 장기근속의 가능성이 더 커지기 때문이다. 계급제하에서는 담당 직무가 없어지더라도 다른 직무의 일을 처리할 수 있으므로 신분보장을 상대적으로 강하게 받을 수 있기 때문이다.

셋째, 공직에 대한 높은 사회적 평가와 적절한 보상 체계가 필요하다. 젊고 유능한 인재를 유치하고 또 장기근속하게 하기 위해서는 공직에 대한 높은 사회적 평가가 필수적이다. 또한, 공무원의 생활안정을 위한 적절한 보수와 연금이 주어져야 한다.

넷째, 인력수급계획의 수립이 필요하다. 한번 공직에 임용되면 평생토록 봉사하는 제도를 유지하기 위해서는 중장기적으로 안정적인 인력수급계획이 필요하다. 특히, 재직 공무원의 나이 구조, 이직률, 능력발전 등을 고려한 체계적인 계획이 수립되어 있어야 한다.

다섯째, 공직자의 능력발전 프로그램이 필요하다. 장기간 공직에 복무함에 따른 능력의 정체를 방지하고 직장이 자신의 능력발전에 도움이 된다는 인식을 가질 수 있도록 지속적인 교육 훈련이 필요하다.

Ⅲ. 실적주의와의 관계

1. 제도의 차이점

실적주의와 직업공무원제는 전혀 별개의 제도이지만 상호 밀접한 연관성을 가지고 있다. 첫째, 실적주의가 직업공무원제의 성립요건이긴 하지만, 실적주의를 실시한다고 하여 직업공무원제가 성립되는 것은 아니다. 둘째, 직업공무원제는 공무원의 장기근무를 원칙으로 하고 있으나 실적주의는 장기근무를 반드시 요구하지는 않는다. 셋째, 직업공무원제는 폐쇄형을 취하고 있지만, 실적주의는 반드시 폐쇄형을 취할 필요는 없다. 넷째, 유럽에서 직업공무원제의 형태인 직업 관료제는 일찍이 수립되었지만, 실적주의를 기초로 한 것은 아니었다. 다섯째, 미국에서 실적주의가 수립된 것은 19세기 말이었지만 직업공무원제의 필요성을 논의하기 시작한 것은 1930년대부터이다.

2. 현대 인사행정의 경향

이러한 차이점에도 불구하고 두 제도는 서로 수렴해 가는 현상을 보인다. 직업공무원제가 강한 유럽의 경우는 그것을 약화하고 실적제 요소를 더욱 강하게 가미하고 있다. 반면에 실적주의를 수립한 미국에서는 점차 직업공무원제 요소를 확대하고 있는 경향이다. 이렇듯 현대 인사행정에서는 환경변화와 시대적 요구에 맞게 직업공무원제와 실적주의를 적절히 조화시키고 있는 것이 특징이다.

Ⅳ. 직업공무원제의 장·단점

직업공무원제의 장단점은 본 제도가 가지는 특징으로부터 기인한다. 장점은 특징이 가지는 긍정적 영향이며, 단점은 부정적 영향이다.

1. 장 점

직업공무원제의 가장 큰 장점은 공무원의 장기근속을 통하여 행정의 안정성과 계속성을 유지할 수 있다는 것이다. 둘째는 공직을 보람 있는 일로 생각하고 사회적으로 높은 평가를 받으므로 우수인력의 유치와 유지를 할 수 있다는 것이다. 셋째는 장기간 근무를 통하여 다양한 업무를 수행할 기회를 얻음에 따라 개인의 능력발전에 이바지하게 되며, 이를 통하여 정책결정 및 행정관리 기능을 담당하는 고위직 공무원의 양성에 유리하다. 넷째, 장기근속을 통하여 공직에 대한 높은 직업의식과 사명감을 가질 수 있다.

2. 단 점

직업공무원제의 단점은 장점의 이면에 존재하는 부정적 측면이다. 직업공무원제는 폐쇄형과 계급제를 특징으로 하여 일반 행정가의 양성에는 유리하지만, 전문행정가를 배출하기가 어렵다는 것이다. 장기근무와 신분보장은 공직의 침체와 보수화를 불러올 수 있으며, 공무원을 특권 집단화할 가능성도 있다. 또한, 유능한 인재를 유치하기 위한 자격 제한은 공직 임용의 기회균등을 저해할 수 있다.

Ⅴ. 우리나라 직업공무원제와 최근의 경향

우리나라는 직업공무원제를 채택하고 있다. 우리나라 공무원의 대부분을 차지하고 있는 경력직공무원은 "실적과 자격에 따라 임용되고 그 신분이 보장되며, 평생 동안 공무원으로 근무할 것이 예정되는 공무원을 말한다"라고 국가공무원법 제2조에서 명백히 규정하고 있다. 또한, 실적주의, 폐쇄형 임용제, 계급제, 일반 행정가 중심, 정치적 중립성과 신분보장 등 직업공무원제에 필요한 제도적 장치들을 제공하고 있다.

그러나 최근 급변하는 행정환경, 신공공관리론의 등장 등으로 인하여 기존의 직업공무원제를 보완하고자 하는 노력이 나타나고 있다. 새로운 시도들은 모두 직업공무원제의 단점을 보완하고 기존의 장점을 보다 강화하기 위한 것들이다. 즉 직업공무원제의 제도적 요소들에 대해 약간의 수정·보완을 통한 약점을 극복하기 위한 것이다.

이러한 노력에는 직위분류제를 확대 시행하여 계급제로 인한 무능을 극복하고 전문행정가를 양성하며, 개방형 임용제를 도입하여 공직의 침체를 극복하고, 신분보장을 일부 개선하기 위하여 고위공무원단 제도를 도입하여 공무원의 보수화 및 특권화에 따른 폐해를 바로잡고자 하는 것이 여기에 해당한다.

제5절 중앙인사기관

Ⅰ. 의 의

중앙인사기관은 중앙정부의 인사행정을 총괄하는 인사행정기관이다. 중앙인사기관은 정부 인사의 전문성 및 통일성을 확보하고 국가의 인력 수급계획을 수립·시행하고, 나아가 공무원의 권익 보호 기능을 수행하는 데 필요하다.

중앙인사기관의 구체적인 기능은 크게 네 가지로 분류된다. 첫째는 인사행정에 관한 규정을 제정하는 것이다. 공무원의 임용, 교육훈련, 승진, 보수, 행동규범 등 인사행정 전반에 대한 명령이나 규칙을 제정한다. 둘째는 법령에 따른 인사행정 사무를 집행한다. 기본적인 인사행정 사무뿐 아니라 장기적인 인력계획의 수립이나 새로운 시책의 도입 등에 대한 업무도 담당한다. 셋째는 공무원의 권리구제 기능을 수행한다. 행정기관의 위법 또는 부당한 처분을 받은 공무원이 제기한 소청을 판단(재결)하는 권한을 가지며, 그 결정은 처분청을 기속한다. 넷째는 각 부처 인사행정기관에 대하여 통제, 감시 및 자문의 기능을 수행한다.

Ⅱ. 중앙인사기관의 조직 형태

중앙인사기관의 조직 형태는 독립성과 합의성을 기준으로 분류하면 〈표 4-2〉와 같다. 현실적으로 각국은 독립 합의형이나 비독립 단독형을 취하거나, 이

〈표 4-2〉 중앙인사기관의 조직 형태

독립성＼합의성	합의적	단독적
독립적	위원회형(독립 합의형)	(독립 단독형)
비독립적	(비독립 합의형)	부처형(비독립 단독형)

자료: 김렬, 2014: 141.

들의 변형이나 독립 단독형이나 비독립 합의형을 채택하고 있다. 후자는 그 형태가 다양하여 절충형으로 부르고 있다(김렬, 2014: 142; 박천오 외, 2016: 80).

1. 위원회형(독립 합의형)

독립 합의형 또는 위원회형은 행정 수반과 정부 부처로부터 분리되어 '독립'이며, 신분과 임기를 보장받는 초당파적 위원으로 구성되므로 '합의형'이다. 독립 합의형은 독립성과 합의성을 가지는 장점으로 인하여 엽관주의를 배제하고 인사행정의 정치적 중립성을 확보하는 데 쉽고, 합의제에 의한 공정하고 신중한 의사결정이 장점이다. 또한, 인사행정의 계속성과 안정성을 확보하는 데 유리하다.

그러나 행정 수반으로부터 독립된 합의체이므로 책임소재가 불분명하고 의사결정이 지연되거나 행정 수반의 정책수행을 위한 수단으로 인사행정을 활용하는 데 한계가 있다.

독립 합의형의 조직 형태를 취하는 사례는 1883년부터 1978년까지 존속했던 미국 연방인사위원회(U.S. Civil Service Commission)와 1978년 미국 공무원제도개혁법에 따라 설립된 실적제 보호 위원회(Merit System Protection Board)가 있다. 일본 인사원의 경우도 내각 관할에 있지만, 실질적으로 내각과 부처에서 독립한 합의제 기관이다(박천오 외, 2016: 85).

2. 부처형(비독립 단독형)

비독립 단독형 또는 부처형은 정부 부처에 속하는 하나의 기관으로 편성되어 행정 수반에 의하여 임명된 한 사람의 기관장에 의해 관리되는 중앙인사기관이다. 이 형태는 행정 수반이 정책수행의 수단으로 인사정책을 강력히 추진할 수 있으며, 한 사람의 기관장에 의하여 운영되므로 신속한 의사결정과 책임소재의 명확성, 상황변화에 대한 신축적인 대응이 가능하다는 장점이 있다.

그러나 인사행정의 정실화를 초래할 수 있으며, 기관장의 자의적이고 독선적

결정이 있을 수 있고, 기관장의 교체가 잦은 경우는 인사행정의 계속성과 일관성
이 저해될 수 있다.

1978년 공무원제도개혁법에 따라 설치된 미국의 인사관리처, 프랑스의 인사
행정처, 일본의 내각 총리대신 소속 하의 총무성 인사은급국, 영국의 공무원 장관
실 등도 여기에 속한다(박천오 외, 2016: 80).

3. 절충형

절충형은 위원회형과 부처형에 속하지 않는 변형된 형태를 말한다. 현대 인사
행정은 환경변화에 적응하고 전문성 및 중립성도 유지해야 하는 일정의 딜레마에
놓여있다고 볼 수 있다. 따라서 대부분 국가는 위원회형이나 부처형 중에서 어느
하나를 선택하기보다는 양자를 적절히 조합한 절충형을 선택하는 경우가 대부분
이다(박천오 외, 2016: 80).

Ⅲ. 우리나라의 중앙인사기관

우리나라의 중앙인사업무는 인사행정업무와 준사법적인 소청 심사업무로 구
분할 수 있다. 소청 심사업무는 소청심사위원회를 두어 공무원의 권리구제에 대한
공정성을 확보하고 있다. 그런데 우리나라의 중앙인사기관은 이러한 인사행정업
무와 소청 심사업무를 함께 수행하는 것이 특징이다. 우리나라 중앙인사기관의 조
직에서는 소청심사위원회를 그 소속기관으로 하고 있다(인사혁신처 및 그 소속기관
직제(대통령령) 참조).

중앙인사업무는 총무처와 행정자치부(총무처와 내무부가 통합 후 명칭)에서 수행
하여 오다가, 1999년 5월 대통령 직속의 중앙인사위원회가 설립되었다. 중앙인사
위원회의 위원장과 위원의 임면권은 대통령에게 있었다. 2008년 이명박 정부 출
범과 함께 중앙인사위원회의 기능이 행정안전부로 이관되었으며, 세월호 사건 이
후인 2014년에는 국무총리 소속의 인사혁신처로 그 기능이 이관되었다.

그런데 우리나라 중앙인사기관이 어느 조직 형태에 속하느냐에 대해서는 학
자들 사이에 이견이 있다.

우선, 중앙인사기관이 부처에 소속되었던 행정자치부, 안전행정부와 현재의
인사혁신처는 부처형으로 보는 것이 다수의견으로 보인다(김렬, 2014: 148; 박천오 외
2016: 80). 그러나 이 시기에도 공무원의 권리구제를 위한 소청심사위원회는 직무
상 독립되고 위원들의 신분도 법률에 따라 보장되므로 이를 독립된 위원회로 볼

수 있음을 강조하여 절충형(부처형＋소청심사위원회＝절충형)으로 보는 견해도 있다 (박천오 외, 2016: 81).

또한, 중앙인사위원회로 운영된 시기(1999. 5－2008. 2)를 위원회형으로 보는 견해와 절충형으로 보는 견해로 나누어진다. 중앙인사위원회를 절충형으로 보는 견해는 위원회라는 명칭을 사용하지만, 대통령의 직속기관이며, 대통령에 의하며 임면되고 실질적인 운영은 오히려 부처형에 가까웠다는 것이다(박천오 외, 2016: 81). 이를 위원회형으로 보는 견해는 그 논거가 명확하지는 않지만, 그 명칭 자체와 기존 부처형과의 차별성 등에 근거하고 있는 것으로 보인다(김재기 외, 2013: 508; 박천오 외, 2016: 88).

02 / 공직 구조

공직 구조는 일과 사람을 어떠한 형태로 분류하고 구분하느냐에 대한 문제와 연관된다. 일을 중심으로 분류하는 직위분류제, 사람을 중심으로 분류하는 계급제, 일정한 기준에 따라 그룹별로 구분하는 공무원의 분류, 특정 그룹의 공무원을 통합관리하는 고위공무원단제도 등은 공직 구조의 설정과 연관된다고 볼 수 있다. 한편 개방형과 폐쇄형 인사제도는 제도로서의 성격을 가지고 있긴 하지만 제도 내에서 운용될 수 있는 구조적 속성이 더 강하다고 볼 수 있어 여기서 다루기로 한다.

제1절 개방형과 폐쇄형 인사제도

I. 의 의

"조직의 어느 직급에서 신규 공무원을 채용하느냐?"와 "내부승진의 범위를 어디까지 한정하느냐?"를 기준으로 개방형 인사제도와 폐쇄형 인사제도로 구분된다. 개방형은 모든 직급에서 채용할 수 있고 내부승진의 범위가 제한적이며, 폐쇄형은 조직의 최하위 계층에서 신규 충원이 이루어지며 내부승진의 범위가 넓다.

우리나라는 폐쇄형 인사제도를 기초로 하고 개방형 인사제도를 보완적으로 운영하고 있다. 우리나라의 개방형 인사제도로는 고위공무원단제도, 개방형 직위제, 민간 전문가의 공직 파견 근무제, 민간경력자 채용제 등이 대표적이다.

Ⅱ. 개방형 인사제도

개방형 인사제도는 공직의 모든 직급에 외부로부터의 신규채용이 허용되는 인사체제이다. 상위 직급에 결원이 생길 경우, 내부승진에만 의존하지 않고 조직 외부로부터의 신규채용에 의해서도 충원할 수 있도록 운영되는 인사제도이다.

개방형 인사제도는 넓은 인력시장에서 유능한 인적자원을 선택할 수 있고, 공직의 전문성을 향상하고, 성과주의적 관리의 발전을 촉진한다는 장점이 있다. 그러나 재직 공무원의 승진기회가 축소되어 사기를 저하하고, 잦은 공무원의 교체로 인하여 행정의 안정성을 저해한다는 단점이 있다.

Ⅲ. 폐쇄형 인사제도

폐쇄형 인사제도는 최하위 계층에서만 신규채용이 이루어져 내부승진을 통해서만 상위계층으로 올라갈 수 있는 공직 구조를 말한다. 폐쇄형 인사체제는 일반 행정가를 강조하고 계급제에 입각하고 있으며 공무원의 장기근무를 전제로 하고 있다는 점에서 직업공무원제의 기초가 된다. 따라서 폐쇄형 인사제도의 장단점은 직업공무원제의 그것과 유사하다.

제2절 계급제와 직위분류제

Ⅰ. 공직 분류의 의의

공직 분류란 사람과 일을 일정한 기준에 따라 구분하여 배열하는 것을 말한다. 정부조직에는 많은 사람과 다양한 종류의 직무가 존재한다. 이를 개별적으로 관리하기보다는 일정한 기준에 따라 집합체로 분류하여 효율적으로 관리하기 위해서는 공직 분류가 필요하다.

공직 분류는 크게 계급제와 직위분류제의 두 가지 방식으로 구분된다. 계급제는 '사람'을 중심으로 공직을 분류한다. 즉, 자격, 능력, 지위, 신분과 같은 사람의 특성에 따라 계급을 부여한다. 따라서 특정 계급에 해당하는 사람을 먼저 선발하고 그 계급에 해당하는 직무를 맡기는 방식이다.

직위분류제는 '일(직무)'을 중심으로 공직을 분류한다. 일의 종류, 곤란도 및 책임도 등을 기준으로 직위를 분류하며, 할 일을 먼저 결정하고 사람을 선발하는 방식이다.

최근 각국의 공직 분류체계는 양자를 조화하는 방향으로 진행되고 있다. 영국은 계급제에 직위분류제를 가미하고 있으며, 미국은 직위분류제의 문제점을 극복하기 위하여 계급제적 요소를 추가하고 있다.

Ⅱ. 계급제와 직위분류제의 비교

1. 특 징

1) 역사적 배경의 차이

계급제는 주로 농업사회로부터의 오랜 관료제 전통을 지닌 영국, 독일, 프랑스, 일본, 우리나라 등에서 운용되고 있으나, 직위분류제는 신분적인 계급제도의 전통 없이 산업화가 실현된 미국에서 발달하였다.

2) 폐쇄형과 개방형 임용제

계급제는 본질적으로 폐쇄형 임용제를 기초로 한다. 따라서 신규채용은 가급적 최하위 계급에서 이루어지며 상위계층에서의 결원은 승진이나 전보를 통하여 채우게 된다. 반면에 직위분류제는 모든 직위에 신규채용을 허용하는 개방형 임용제를 기초로 한다. 만일 어떤 직무가 없어지면 그 담당자는 퇴직하게 되고, 새로운 직무가 생기면 새로운 담당자를 찾게 된다.

3) 일반행정가와 전문행정가

계급제는 인사이동의 폭이 넓기 때문에 다양한 직무를 수행할 수 있는 일반행정가를 지향한다. 따라서 신규채용 시에도 전문지식보다는 일반적인 지식이 강조된다. 반면에 직위분류제는 동일직무로만 인사이동이 가능하므로 전문행정가를 선호한다. 따라서 채용 시에도 전문능력을 기준으로 채용한다.

4) 강한 신분보장과 미약한 신분보장

계급제에서는 공무원의 신분은 자신의 직무가 아닌 공직 전체 속에서의 하나의 직업인으로 간주하기 때문에 상대적으로 강한 신분보장이 특징이다. 반면에 직위분류제에서 공무원은 해당 직무를 담당하는 사람에 한정되므로 그 직무의 필요성이 사라지면 공직을 유지하기 어려워 신분보장이 약하다.

2. 장단점

계급제와 직위분류제의 장단점은 서로 대비되지만, 구체적으로 살펴보면 다음과 같다.

1) 계급제

계급제는 공무원 채용 후 여러 직위를 순환 근무할 수 있으므로 신축적인 인사정책이 가능하며, 신분보장이 되기 때문에 직업공무원제 수립에 용이하고, 순환 근무로 인하여 부서 간 협조체제를 유지하기 쉬우며, 다양한 직무를 수행함에 따라 직원의 조직 전체에 대한 조직 몰입도를 높일 수 있다. 그러나 직무에 대한 몰입도는 직위분류제에 비하여 낮은 편이며, 동일 계급에 대해서는 직무의 종류나 성격과 관계없이 같은 보수가 지급되기 때문에 직무급 체계를 확립하기 어렵고, 인사행정의 형평성과 객관성을 확보하기 어려우며, 행정의 전문화에 부응하지 못하고, 신분보장이 되기 때문에 무사안일에 빠지거나 특권 집단화할 우려가 있다.

2) 직위분류제

직위분류제는 '동일직무 동일보수원칙'이 구현되어 구성원을 동등하게 대우할 수 있어 보수구조를 개선하는 데 쉬우며, 인사행정의 형평성과 객관성을 확보하기 적절하고, 개인의 전문성에 따른 적재적소 배치가 가능하며, 재직자의 교육훈련 수요를 파악하는 데 쉬우며, 직원들의 직무에 대한 몰입도를 높일 수 있고, 행정의 전문화에 이바지한다.

그러나 전문적 행정관리에 역점을 둠으로써 상위 계급에서의 업무 통합이 어렵고, 다른 직무로의 전직이 어려우므로 인사관리의 탄력성과 신축성이 결여되고, 직업공무원제의 확립을 어렵게 하고 신분보장이 위협을 받는다.

Ⅲ. 우리나라의 공직 분류

우리나라의 공직 분류는 계급제를 원칙으로 하고 직위분류제를 가미하고 있다. 역사적으로 계급제의 전통을 가지고 있었으며 정부 수립 후에는 직위분류제적 요소를 가미하기 위한 다양한 노력을 기울였으나 큰 성과를 보지 못하였다.[3] 1981년에는 국가공무원법에 직위분류제에 관한 제3장을 별도로 신설하여 직위분류제를 추가하기 위해 노력하고 있다.

---

3) 1963년에 「직위분류법」을 제정하였으나 활용되지 못하고 1973년에 폐지되었다(김렬, 2014: 105).

우리나라는 계급제를 원칙으로 하고 있으므로 직위분류제적 요소를 알아보는 것이 더 의미 있을 것으로 보인다. 우선 그 실시가 쉬운 기관, 직무의 종류 및 직위부터 단계적으로 직위분류제를 시행할 수 있도록 법으로 규정하고 있다(국가공무원법 제24조). 또한, 모든 인사 및 조직 관련 법규에 '직위'라는 용어를 사용하고 있으며, 공무원의 분류를 직군, 직렬, 직류 등으로 종적인 구분과, 등급과 직급 등으로 횡적 분류를 사용하고 있는 것은 직위분류제적인 요소로 볼 수 있다(김렬, 2014: 106). 특히, 2006년부터 고위공무원의 계급을 폐지하고 직무 등급제를 적용하였으며, 개방형 임용제를 확대하였는데 이들도 직위분류제적인 요소이다.

제3절 직위분류제 수립 절차

Ⅰ. 의 의

직위분류제는 '일(직무)'을 중심으로 공직을 분류한다. 일의 종류, 곤란도 및 책임도 등을 기준으로 직위를 분류한다. 따라서 '직위'를 철저한 계획과 합리적인 과정을 통하여 분류하는 것이 필요하며, 고도의 전문성이 요구된다. 한편 직위분류제에서는 몇 가지 기술적인 용어를 사용하게 되는데 이를 이해할 필요가 있다. 여기서는 우리나라 국가공무원법에서 정의하고 있는 주요용어를 살펴본다.

Ⅱ. 수립절차

일반적으로 직위분류제 수립절차는 크게 6단계로 나누며, 직무분석과 직무평가의 과정이 핵심이라고 볼 수 있다.

1. 준비단계

직위 분류 작업을 추진하기 이전에 관련 법적 근거를 마련, 구체적인 작업계획을 입안, 분류대상 직위의 범위 결정 등이 이루어진다.

2. 직무조사

분류될 직위의 직무에 대한 자료를 수집하고 기록하는 과정이다. 공무원 개인이 수행하고 있는 업무에 대한 직무 기술서를 만드는 과정으로 질문지, 개별 면접이나 현장 관찰 방법 등을 동원한다. 직무 기술서를 통하여 작업의 내용, 책임도, 난이도, 자격 요건 등을 파악하게 된다.

3. 직무분석

각 직위의 직무를 유사한 종류별로 종적으로 분류하는 단계이다. 예컨대, 일반행정, 재경, 전산, 환경, 건축, 토목 등 유사한 업무끼리 묶는 작업이다. 직무분석을 통하여 직군, 직렬, 직류 등 유사도별 구분이 이루어진다.

4. 직무평가

직무평가는 직무의 곤란한 정도와 책임도 등에 따라 횡적으로 계층화하는 작업이다. 〈그림 4-1〉에 나타난 바와 같이 각 등급에 상당하는 업무끼리 묶는 작업이다. 직무평가는 직무의 상대적 수준이나 등급을 구분해 주기 때문에 조직 내의 계급체계, 보수 등을 결정하는 기초가 된다. 이러한 직무평가의 방법은 크게 계량적 방법과 비계량적 방법으로 나누어진다.

1) 계량적 평가방법

(1) 점수법

직무를 구성요소로 분해하고 요소별로 중요도에 따라 숫자에 의한 점수를 부여한 후, 각 점수를 계산하여 직무별 가치를 평가하는 방법이다.

(2) 요소비교법

요소비교법은 1926년 점수법이 가지는 평가요소의 비중 결정과 점수 부여의 임의성을 극복하고자 개발되었다. 가장 핵심이 되는 몇 개의 기준직무를 선정하고 각 직무의 평가요소를 기준직무의 평가요소와 결부시켜 비교함으로써 모든 직무의 상대적 가치를 결정하는 방법이다.

2) 비계량적 평가방법

(1) 서열법

서열법은 가장 오래되고 간단한 방법으로 전체적 · 포괄적인 관점에서 각 직무를 상호 비교하여 순위를 결정하는 방법이다. 평가자가 종업원의 직무수행에 있어 요구되는 지식, 숙련도, 책임 등을 고려하여 상대적으로 가장 단순한 직무를 최하위에 배정하고, 가장 중요하고 가치가 있는 직무는 최상위에 배정함으로써 순위를 결정하는 방법이다.

(2) 분류법

분류법은 서열법에서 좀 더 발전된 방식으로 어떠한 기준에 따라 사전에 만들어 놓은 등급에 각 직무를 적절히 판정하여 맞추어 넣는 평가방법이다. 등급 분류는 직무의 수, 복잡도 등에 따라서 달라진다.

5. 직무명세서의 작성

직무명세서란 각 직급의 특징을 설명하는 문서이다. 여기에는 직급의 명칭, 직무의 내용, 자격 요건, 보수액, 채용방법 등이 명시된다. 따라서 직무명세서는 해당 직위의 사람을 채용하거나 그 사람에 대한 교육훈련, 근무성적평정 등을 수행할 때 기초자료로 활용된다.

6. 정 급

정급이란 구체적인 직위를 특정 직급에 배정하는 작업이다. 예컨대, 〈그림

〈그림 4-1〉 직위 분류의 과정

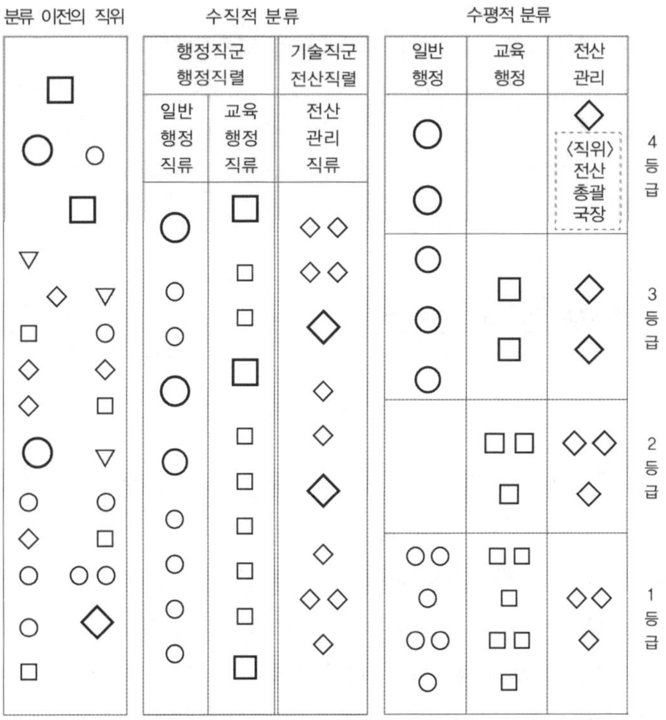

자료: 박천오 외, 2016: 103; 김렬, 2014: 87.

4 – 1)에서 전산총괄국장 직위를 2급으로 할 것인지 3급으로 할 것인지를 결정하는 것이다.

Ⅲ. 직위분류제의 주요용어

우리나라 국가공무원법(제5조)에서 정의하고 있는 직위분류제의 주요용어는 다음과 같다.

① 직위(職位): 1명의 공무원에게 부여할 수 있는 직무와 책임
※ ○○국장, ○○과장 등은 그 사람의 직위를 부르는 것이다.

② 직급(職級): 직무의 종류·곤란성과 책임도가 상당히 유사한 직위의 군
※ ○○○부이사관, ○○○서기관, ○○○사무관 등은 그 사람의 직급을 부르는 것이다.

③ 정급(定級): 직위를 직급 또는 직무등급에 배정하는 것

④ 직군(職群): 직무의 성질이 유사한 직렬의 군

⑤ 직렬(職列): 직무의 종류가 유사하고 그 책임과 곤란성의 정도가 서로 다른 직급의 군

⑥ 직류(職類): 같은 직렬 내에서 담당 분야가 같은 직무의 군

⑦ 직무등급: (직무의 종류는 다르나)직무의 곤란성과 책임도가 상당히 유사한 직위의 군

제4절   공무원의 분류

Ⅰ. 의 의

공무원의 분류란 인사관리에서 공통성과 차별성을 부과하기 위하여 공무원을 일정한 기준에 따라 구분하는 것을 말한다. 공직에는 다양한 유형의 공무원이 존재한다. 이를 개별적으로 관리하기보다는 일정한 기준에 따라 집합체로 분류하여 효율적으로 관리하기 위해서 공무원의 분류가 필요하다.

공무원의 분류 중 가장 일반적인 분류로 볼 수 있는 국가공무원과 지방공무원, 경력직과 특수경력직공무원에 대해 알아보고, 추가로 최근 행정실무에서 분류하고 있는 임기제 공무원과 시간선택제 공무원에 대해 살펴본다.

II. 국가공무원과 지방공무원

국가공무원은 중앙정부에서 근무하는 공무원을 말하며, 지방공무원은 지방자치단체에서 근무하는 공무원을 말한다. 예외적으로 지방자치단체에 근무(파견근무는 제외)하는 국가공무원의 경우는 별도의 법률로 그 정원을 통제하고 있다.[4]

국가공무원은 국가공무원법의 적용을 받으며, 지방공무원은 지방공무원법의 적용을 받는다. 그러나 두 법은 기본원리가 같으며, 공무원의 종류 구분, 계급, 직위 분류체계, 임용 방식, 신분보장, 보수 및 연금제도 등 인사행정 전반에 걸쳐 거의 동일하다.

III. 경력직 공무원과 특수경력직 공무원

1. 경력직 공무원

경력직 공무원이란 실적과 자격에 따라 임용되고 그 신분이 보장되며 평생 동안(근무기간을 정하여 임용하는 공무원의 경우에는 그 기간을 말한다) 공무원으로 근무할 것이 예정되는 공무원을 말한다. 경력직 공무원은 일반직 공무원과 특정직 공무원으로 구분된다.

일반직 공무원은 기술·연구 또는 행정 일반에 대한 업무를 담당하는 공무원을 말한다. 통상 공무원이라고 말하는 경우는 일반직 공무원을 지칭하는 경우가 많으며, 가장 좁은 의미의 공무원을 말한다.

특정직 공무원은 법관, 검사, 외무공무원, 경찰공무원, 소방공무원, 교육공무원(교원, 장학사 등), 군인, 군무원, 헌법재판소 헌법연구관, 국가정보원의 직원과 특수 분야의 업무를 담당하는 공무원으로서 다른 법률에서 특정직 공무원으로 지정하는 공무원을 말한다. 특정직 공무원은 각 직종의 특성에 따라 개별 법률에 의해 자격, 신분보장, 계급, 복무, 정년 등에 관한 사항이 정해진다. 예를 들면, 경찰공무원의 경우는 경찰공무원법에서, 국가정보원 직원의 경우는 국가정보원법에서 규정하고 있다. 따라서 일반직 공무원과 같은 일률적인 직위 분류체계나 계급체계는 없다. 그러나 특정직 공무원도 실적에 의하여 임용되고 신분이 보장되는 직업 공무원이라는 점에서는 일반직 공무원과 같다.

---

4) 「지방자치단체에 두는 국가공무원의 정원에 관한 법률」이 있으며, 동법에서는 특별시·광역시의 부시장 및 도·특별자치도의 부지사 등 소수의 국가공무원에 대하여 지방자치단체에 근무하는 것을 허용하고 있다.

2. 특수경력직 공무원

특수경력직 공무원이란 선거로 취임하거나 고도의 정책결정 업무와 관련되거나 특정한 업무 수행을 위하여 임용되는 공무원을 말한다. 특수경력직 공무원에게는 원칙적으로 실적주의나 직업공무원제가 적용되지 않으며, 정무직 공무원과 별정직 공무원으로 구분된다.

정무직 공무원은 ⓐ 선거로 취임하는 공무원, ⓑ 임명할 때 국회의 동의가 필요한 공무원, ⓒ 고도의 정책결정 업무를 담당하는 공무원, ⓓ 고도의 정책결정 업무를 담당하는 공무원을 보조하는 공무원을 말한다. 선거로 취임하는 공무원을 제외하고는 정무직 공무원의 임용 방식 및 절차 등에 대하여 별도로 규정된 법률은 없다. 다만, 정무직 공무원의 보수, 복무 등은 국가공무원법의 적용을 받는다.

별정직 공무원은 비서관·비서 등 보좌업무 등을 수행하거나 특정한 업무 수행을 위하여 법령에서 별정직으로 지정하는 공무원을 말한다. 별정직 공무원은 별도의 자격 기준에 의하여 채용되므로 보직 관리, 신분보장, 정년 등에 관하여 일반직 공무원에게 적용되는 기준이 그대로 적용되지는 않는다. 다만, 정무직 공무원의 경우와 같이 보수, 복무 등은 국가공무원법의 적용을 받는다.

Ⅳ. 임기제 공무원과 시간선택제 공무원

1. 임기제 공무원

경력직 공무원은 특별한 사유가 없으면 정년까지 근무할 것이 보장되는 직업공무원이다. 그러나 경력직 공무원이지만 임용 기간이 미리 정해진 공무원이 있는데, 이것이 임기제 공무원이다. 임기제 공무원제도는 과거 계약직 공무원제도가 확대·개편되면서 명칭이 바뀐 것이다. 임기제 공무원은 임기 동안에는 경력직 공무원과 같은 법령을 적용받지만, 채용, 전보, 전입, 전직, 겸임, 파견, 인사교류, 승진, 강임, 휴직 등에는 적용에 제한을 받는다.

국가공무원법 제26조의5에서는 "임용권자는 전문지식·기술이 요구되거나 임용관리에 특수성이 요구되는 업무를 담당하게 하려고 경력직공무원을 임용할 때에 일정 기간을 정하여 근무하는 공무원(임기제 공무원)을 임용할 수 있다"라고 규정하여 임기제 공무원에 대한 근거를 제시하고 있다. 또한, 공무원 임용령(제3조의2 및 제22조의5)에서 상세히 규정하고 있다. 임기제 공무원은 일반임기제 공무원, 전문임기제 공무원, 시간선택제 임기제 공무원, 한시임기제 공무원으로 구분된다.

〈표 4-3〉 임기제 공무원의 종류

구분	내용	임용기간
일반임기제 공무원	- 경력직 공무원의 정원에 해당하는 직위에 임용되는 임기제 공무원	5년
전문임기제 공무원	- 특정 분야에 대한 전문적 지식이나 기술 등이 요구되는 업무를 수행하기 위하여 임용되는 임기제 공무원	
시간선택제 임기제 공무원	- 통상적인 근무시간보다 짧은 시간(주당 15 – 35시간)을 근무하는 공무원 으로 임용되는 일반임기제 공무원(시간선택제 일반임기제 공무원) 또는 전문임기제 공무원(시간선택제 전문임기제 공무원)	
한시임기제 공무원	- 휴직 · 병가 · 특별휴가 중인 공무원의 업무를 대행하기 위하여 1년 6개월 이내의 기간 동안 임용되는 공무원으로서 통상적인 근무 시간보다 짧은 (주당 15 – 35시간) 시간을 근무하는 임기제 공무원	1년 6개월

자료: 공무원임용령 제3조의2, 제22조의5.

2. 시간선택제 공무원

공무원의 통상적인 근무 시간은 주당 40시간이다. 통상적인 근무 시간보다 짧게 근무(주당 15~35시간)하는 공무원을 시간선택제 공무원이라고 부른다. 국가공무원법(제26조의2)에서는 "국가기관의 장은 업무의 특성이나 기관의 사정 등을 고려하여 소속 공무원을 대통령령 등으로 정하는 바에 따라 통상적인 근무 시간보다 짧게 근무하는 공무원으로 임용할 수 있다"라고 하여 시간선택제 공무원에 대한 근거 규정을 두고 있다.

시간선택제 공무원은 채용방식에 따라 시간선택제 채용 공무원과 시간선택제 전환 공무원으로 구분된다. 시간선택제 채용 공무원은 통상적인 근무 시간보다 짧은 시간을 근무하기 위하여 신규 채용된 일반직 공무원을 말한다. 반면에 현직 공무원이 통상적인 근무 시간보다 짧은 시간을 근무할 것을 원하여 전환된 경우에는 시간선택제 전환 공무원이라 한다.

시간선택제 공무원의 1일 근무 시간은 최소 3시간 이상으로 하여 시간 단위로 정하고, 점심시간은 근무 시간에서 제외한다. 또한, 시간선택제 공무원의 근무 시간과 유형은 기관의 업무 형편 및 인력운영 상황 등을 고려하여, 오전 · 오후 단위 등 다양한 형태로 운영할 수 있으나, 격주제 또는 격월제로 근무는 금지하고 있다(공무원 임용규칙(인사혁신처 예규) 제95조).

한편 국가공무원법에서는 시간선택제 채용 공무원으로 신규 채용된 이후에 다시 통상적인 근무 시간 동안 근무하는 전일제 공무원으로 임용되려고 할 때는 어떠한 우선권도 인정하지 않는다고 명확히 규정하고 있다(국가공무원법 제3조의3 제3항). 이는 전일제 공무원 임용에서의 형평성을 유지하려는 조치로 보인다.

〈표 4-4〉 시간선택제 공무원의 채용방식에 따른 구분

구분	대상/내용	근무 시간
시간선택제 채용 공무원	- 통상적인 근무 시간보다 짧은 시간을 근무하기 위해 신규 채용된 일반직 공무원(임기제 공무원은 제외)	주당 15 – 35시간
시간선택제 전환 공무원	- 현직 공무원이* 통상적인 근무 시간보다 짧은 시간을 근무할 것을 원하여 전환된 경우	

* 시간선택제 채용 공무원, 시간선택제 임기제 공무원 및 한시임기제 공무원은 제외.
자료: 공무원임용령 제3조의3, 제57조의3.

제5절 고위공무원단제도

I. 의 의

우리나라의 고위공무원단제도는 실·국장급 국가공무원을 다른 공무원과 분리하여 범정부적 차원에서 통합관리하는 인사제도이다. 정부조직에서 실·국장급 공무원은 정책결정 및 관리에 핵심적 역할을 담당하기 때문이다. 따라서 고위공무원은 계급, 보수, 성과관리, 교육훈련, 신분보장 등이 다른 공무원들과 차별화된다. 고위공무원단제도의 도입 취지는 범정부적 통합관리를 통하여 고위공무원을 적재적소에 활용하고, 개방형 임용을 통한 경쟁을 촉진하고 인사운영의 융통성을 높이며, 개인의 성과 책임을 강화하여 정부 전체의 역량을 높이는 데 있다.

고위공무원단제도는 미국에서 1978년 공무원개혁법에 따라 최초 도입한 이후 영국, 호주, 캐나다 등이 도입하였으며, 우리나라에서는 2006년 7월 1일부터 시행되고 있으며, 국가공무원법(제2조의2, 제28조의6 등) 및 고위공무원단 인사규정(대통령령) 등에서 규정하고 있다.

Ⅱ. 고위공무원단제도의 주요 내용

1. 구 성

고위공무원단은 가급과 나급으로 구분되며, 중앙행정기관 실장(가급), 국장급 (나급) 공무원이 대상이다. 일반직·특정직·별정직의 약 1,500여 명 공무원으로 구성된다. 부지사·부시장·부교육감 등 지방자치단체에 국가공무원으로 보하는 일부 고위직도 고위공무원단에 포함된다.

2. 충원방식

고위공무원의 충원방식은 직위의 형태에 따라 다르다. 고위공무원단의 직위 는 개방형 직위, 공모 직위, 자율 직위로 구분된다. 개방형 직위의 충원은 민간인 의 응시가 가능하여 공무원과의 경쟁을 통하여 선발한다. 그러나 개방형 직위 중 에서 경력개방형 직위에는 공무원의 응시가 불가하고 민간인만 응시할 수 있다. 공모 직위는 부처의 구분 없이 공무원 간 경쟁을 통하여 선발한다. 자율 직위는 부처 내의 공무원 중에서 선발한다.

고위직 개방을 확대하고 경쟁을 촉진하기 위하여 개방형 직위의 경우는 각 부처 고위공무원단 직위 총수의 20%, 공모 직위의 경우는 30% 범위에서 지정하 도록 하고 있다〔개방형 직위 및 공모 직위의 운영 등에 관한 규정(대통령령)〕.

〈표 4-5〉 고위공무원 충원방식

구분	충원 요건	직위 지정
개방형 직위	민간인, 공무원 응시 가능 ※ 단, 경력개방형 직위는 공무원 응시 불가	각 부처 고위공무원단 직위 총수의 20% 범위 내에서 지정
공모 직위	타 부처 공무원 응시 가능	각 부처 고위공무원단 직위 총수의 30% 범위 내에서 지정
자율 직위	부처 내 공무원 중에서 선발	개방형·공모 직위 지정 외의 직위

3. 충원과정

고위공무원의 충원과정은 ⓐ 고위공무원단 후보자 교육, ⓑ 역량평가, ⓒ 인 사심사, ⓓ 임용의 과정을 거친다. 고위공무원단 후보자 교육은 4급 이상 공무원 을 대상으로 실시할 수 있으며, 민간인의 경우는 본인이 원하면 가능하다. 다음으로 고위공무원이 되기 위해서는 역량평가를 통과하여야 한다5)(제3장 제5절 역량평가 참조). 또한, 고위공무원임용심사위원회의 인사심사를 통과하여야 한다. 고위공무원임용심사위원회는 인사혁신처장이 위원장이 되며 민간인 7인이 포함된다. 마지막으로 모든 고위공무원은 대통령에 의해 임용된다.

4. 성과평가(성과계약등 평가)

고위공무원단의 성과평가는 '성과계약등 평가'에 따른다. '성과계약등 평가'는 고위공무원 및 4급 이상 공무원에게 적용되는 근무성적평정제도이다. 연초에 소속 기관장과 성과계약을 체결하고 1년간의 성과를 다음연도 초에 평가(연1회 평가)하는 방식이다. 고위공무원단의 평가 등급은 5개 등급으로 하되, 최상위 등급은 20% 이하의 비율로, 하위 2개 등급(미흡, 매우 미흡)의 인원은 10% 이상의 비율로 분포하도록 하고 있다.

5. 적격심사

적격심사는 고위공무원으로서 성과와 책임을 제대로 수행하고 있는지를 심사하는 제도이다. 적격심사는 '고위공무원임용심사위원회'에서 실시한다. 적격심사의 대상은 성과계약등 평가에서 최하위 등급을 총 2년 이상 받은 경우, 최하위 등급을 1년 이상 받고 정당한 사유 없이 6개월 이상 직위를 부여받지 못한 경우, 정당한 사유 없이 직위를 부여받지 못한 기간이 총 1년에 이른 경우, 조건부 적격자가 교육훈련을 이수하지 아니하거나 연구과제를 수행하지 아니한 경우 등이다. 적격심사에서 부적격 판정을 받으면 직권면직할 수 있다(국가공무원법 제70조 및 제70조의2).

6. 보수체계

고위공무원단의 보수체계는 '직무성과급적 연봉제'이다. '직무성과급적 연봉제'에서 보수는 기본연봉과 성과연봉으로 구분된다. 기본연봉은 기준급(개인의 경력 및 누적성과를 반영)과 직무급(직무의 곤란성과 책임성 정도를 반영)으로 구분되며, 성과연봉은 전년도 '성과계약등 평가' 결과에 따라 등급별로 차등 지급된다.

---

5) 그러나, 지방공무원이나 민간인을 국가공무원으로 보하는 지방자치단체 및 지방 교육행정기관의 고위공무원으로 신규 채용하는 경우와 일부 고위공무원단 직위(비서관, 정책보좌관, 비상안전기획관, 대통령경호처의 경호업무 관련 직위 등)에 임기제 공무원 또는 별정직 공무원으로 임용하는 경우에는 역량평가를 실시하지 아니할 수 있다(고위공무원단 인사규정 제9조).

7. 신분보장

고위공무원단은 신분보장에 관한 기본적인 법 적용은 일반직 공무원과 유사하지만, 다음 두 가지 측면에서 일반직 공무원과 비교하여 그 신분보장의 정도가 낮다. 첫째는 적격심사에 의하여 직권면직이 가능하다는 것이다. 일반직 공무원은 형의 선고, 징계처분에 의하지 아니하고는 면직을 당하지 않지만, 고위공무원단은 적격심사에 의해서 면직처분이 가능하다. 둘째는 고위공무원단 가급의 경우는 그 '의사에 반하는 신분 조치'를 할 수 있도록 국가공무원법 제68조에 규정하고 있다. 따라서 언제든 직권면직할 수 있다.

8. 인사관리

고위공무원단의 임용권은 대통령에게 있지만, 기관 내부에서의 전보 · 휴직 · 복직 · 직위해제 및 파견 등은 기관장에게 위임되어 있다. 그런데 고위공무원단은 전 부처의 고위공무원을 통합하여 관리하고 있다. 따라서 각 부처 장관이 타 부처 공무원을 임용 제청할 수 있도록 제도적으로 보장하고 있으며, 개방형 직위와 공모직위에는 부처 구분 없이 지원할 수 있다. 또한, 계급을 폐지하고 '직무등급'을 도입함으로써 '신분'이 아닌 '일' 중심의 인사관리를 하고 있다. 과거 1~2급의 계급을 폐지하고 직무와 직위에 따라 인사관리를 하고 있으며, 계급에 구애되지 않는 폭넓은 인사로 적격자를 임용할 수 있게 되었다.

III. 결 론

기존의 계급제(1~2급)에서 고위공무원단제도의 도입 이후 가장 큰 변화는 충원방식과 충원과정에서의 차별화이다. 외부임용이나 부처 간 경쟁에 의한 임용은 고위공무원단 상호 간뿐 아니라 외부 민간인과의 경쟁을 촉진하였다는 점에서 의의가 있다. 또한, 충원과정에서는 모든 대상자가 역량평가를 거치도록 하여 대상자의 기초적 역량을 평가하고 있다. 인사혁신처의 역량평가는 상당히 객관적이고 심층적으로 이루어져 고위공무원단 대상자의 자질 평가에 크게 기여하고 있다.

그러나 성과 중심의 관리와 부처별 통합된 인사관리라는 측면에서는 그 실효성이 크다고 보기 어렵다. 물론 3급 이하의 직급보다는 성과연봉의 비중이 높기는 하지만 여전히 개인의 성과보다는 담당 직위의 특성이 더 영향을 미치고 있다는 지적이다. 또한, 개방형 직위와 공모직위의 경우 부처 간 상호교류나 나눠먹기식의 인사를 통하여 그 제도의 취지를 퇴색시키는 측면도 있다.

03 / 인사관리

인사관리는 모집, 시험, 선발, 채용, 교육훈련, 근무성적평정, 성과관리, 역량평가, 인사이동, 징계, 보수, 퇴직, 연금 등의 일련의 과정을 포괄하는 것이다. 그러나 본 장에서는 인사관리에 해당하는 내용 중에서 주요한 몇 가지 과정을 중심으로 살펴보고자 한다.

제1절 시험의 타당성과 신뢰성

Ⅰ. 의 의

시험의 목적은 해당 직무에 적합한 인물을 선발하는 것이다. 그런데 시험으로 직무에 적합한 인물인지를 측정하는 것은 일정한 한계를 지닌다. 따라서 시험에서의 쟁점은 이러한 한계를 최대한 극복하는 것이며, 시험이 선발 도구로서의 효용성이 있는지를 판단하는 기준으로 시험의 타당성과 신뢰성이 중요하게 고려된다.

Ⅱ. 타당성

타당성이란 시험이 측정하고자 하는 것을 실제로 측정할 수 있는 정도를 나타낸다. 타당성은 그 평가방법에 따라 기준타당성, 내용타당성, 구성타당성으로 나눌 수 있다.

1. 기준타당성

채용 예상 직무에서 필요로 하는 수행능력에 대한 예측의 정확성을 말한다. 시험성적과 본래 시험에서 예측하고자 했던 기준 사이에 얼마나 밀접한 상관관계가 있느냐에 대한 것이다. 결국 '시험성적'과 '직무수행실적'이라는 두 가지 요소 간의 상관계수로서 측정될 수 있다. 기준타당성의 검증방법에는 크게 두 가지가 사용된다.

① 예측 타당성 검증: 시험에 합격한 후 근무성적평정 결과와 채용성적을 비교하는 방법
② 동시 타당성 검증: 출제하려는 시험을 재직 중인 사람들에게 실시한 후 그 성적을 업무실적과 비교하는 방법

2. 내용타당성

직무수행에 필요한 지식, 기술, 태도 등을 시험이 어느 정도 측정할 수 있느냐의 문제와 관련된다. 예를 들면, 특정 직무 수행과정에서 법률해석과 조문작성 능력이 요구된다면, 이러한 능력을 시험에서 어느 정도 반영하여 측정할 수 있느냐와 관련된다. 내용타당성은 전문가 집단에 의한 검증방법이 주로 사용된다.

3. 구성타당성

이론적으로 구성한 능력요소를 시험에서 얼마나 정확하게 측정할 수 있느냐와 관련된 문제이다. 예컨대, 위의 내용 타당도에서 '법률해석'과 '조문작성'을 어떻게 실제 시험문항으로 조작화하였느냐에 대한 것과 관련된다.

Ⅲ. 신뢰성

시험의 신뢰성은 시험의 측정 도구로서의 일관성을 말한다. 만일 시험을 반복하여 실시한 경우에 항상 유사한 점수를 얻게 된다면 그 시험은 신뢰성이 높다고 볼 수 있다.

Ⅳ. 타당성과 신뢰성의 관계

신뢰성은 타당성의 전제조건이다(타당성↑→ 신뢰성↑). 신뢰도가 낮은 측정은 타당도가 낮다. 따라서 신뢰성이 높아야 타당도가 높을 수 있다. 그러나 신뢰성이

높다고 항상 타당도가 높은 시험이 되는 것은 아니다. 한편, 타당성이 높은 측정은 항상 신뢰성이 높으나, 타당성이 낮다고 신뢰성까지 낮다고 단정할 수는 없다.

제2절 교육훈련

Ⅰ. 의 의

교육은 개인의 잠재력을 종합적으로 개발하는 것이며, 훈련은 구체적 직무에 필요한 능력을 보충하는 것이다. 교육훈련의 목적은 일차적으로 공무원 개인의 변화와 발전을 유도하는 것이며, 이를 통하여 정부조직 전체의 생산성과 능률성을 향상하며, 스스로 자율적인 업무 수행을 가능하게 하여 통제나 감독의 필요성을 줄일 수 있다.

Ⅱ. 교육훈련의 목적

교육훈련의 목적 또는 그 중요성은 조직 차원과 개인 차원으로 나누어 볼 수 있다.

1. 조직 차원

교육훈련을 통하여 조직인의 업무능력 향상은 조직의 효율성을 향상시킨다. 또한, 조직구성원의 한 사람인 조직인이 나쁜 아니라 동료, 상관, 부하와의 관계에 대한 이해도를 높임으로써 조직 분위기 혁신에도 기여하게 된다.

2. 개인 차원

교육훈련을 통하여 개인은 자아실현과 직무수행 능력 배양을 통하여 직무만족도를 향상할 수 있다. 또한, 구체적인 역량개발이나 학위 취득 등을 통하여 자신의 능력발전에 긍정적인 효과를 기대할 수 있다.

Ⅲ. 교육훈련 방법

교육훈련 방법은 다양하게 분류되지만 여기서는 최근 현대적인 방법으로 기관에서 많이 활용하는 방법을 소개한다.

1. 액션러닝(action learning)

교육훈련 참가자들이 팀을 구성하여 전문가의 도움을 받아 실제 업무와 관련된 문제를 해결함으로써 학습을 하는 훈련방법이다. '행함으로써 배운다.'(Learning by Doing)라는 학습원리를 바탕으로 4~6명을 한 팀으로 구성하며, 실천현장에서 발생하는 문제를 다양한 아이디어를 도출하고 실제 적용하는 과정에서 발생하는 학습을 강조한다.

2. 역할연기(role playing)

행정사례나 문제를 연기로 꾸며 실제처럼 재현해 봄으로써 문제를 완전히 이해시키고 그 해결 능력을 촉진하는 교육훈련의 방법이다. 인간관계 등에 관한 사례를 몇 명의 피훈련자가 나머지 피훈련자들 앞에서 실제 행동으로 연기하고, 사회자가 청중들에게 그 연기 내용을 비평·토론하도록 한 후 결론적인 설명을 하는 훈련방법을 말한다.

3. 감수성훈련(sensitivity training)

대체로 15명 정도의 집단을 대상으로 조작된 상황에서 타인과의 상호작용을 통하여 구성원의 태도 변화를 위한 훈련이다. 감수성훈련은 실험실훈련 또는 T집단 훈련이라고도 부른다. 조직발전의 기법으로 많이 활용되고 있다.

4. 현장훈련(OJT: on the job training)

실제 현장에서 직무를 수행하면서 해당 직무에 필요한 지식과 기술을 배우는 훈련방법이다. 업무에 필요한 지식을 직접적이고 효율적으로 습득할 수 있는 장점은 있지만, 직장 내 감독자나 훈련자의 역량에 따라 훈련 성과가 달라질 수 있고 많은 사람을 동시에 훈련하기에 어렵다는 것은 단점이다.

5. 모의훈련(simulation)

피훈련자가 직무수행 중 직면하게 될 상황을 설정하고, 그 설정된 상황에 대처하도록 하는 훈련방법이다. 이론과 실제의 괴리를 줄여 피훈련자가 학습한 지식을 현실 상황에 적용하는 능력을 높일 수 있다.

6. 사례연구(case study)

피훈련자에게 실제 사례를 토의하도록 하여 그로부터 문제의 원인과 해결책을 찾게 하는 교육훈련 방법이다(김렬, 2014: 330). 사례연구는 피훈련자의 흥미와 학습 동기를 유발하고 현장에 대한 문제 인식과 해결역량 향상에 이바지할 수는 있지만, 특정 사례를 일반화하기 어려운 단점이 있다.

제3절 근무성적평정

I. 의 의

근무성적평정이란 '근무'와 관련된 '성적'을 '평가하여 결정'하는 것을 말한다. 행정조직이 추구하는 목적을 달성하기 위해서는 구성원의 직무수행 성과에 의존하게 된다. 따라서 근무성적평정을 통하여 구성원의 직무수행 성과를 객관적으로 평가하고 보상하는 것은 조직의 효과성 증진과 개인의 동기 유발을 위하여 중요하다.

근무성적평정 논의의 쟁점은 첫째는 누가(평가자), 누구를(평정 대상자), 언제(평가 시기), 무엇을(평정 항목) 평정할 것인가를 선택하는 문제이다. 둘째는 기술적인 측면에서 어떠한 평정방법을 선택하여 평가의 오류를 줄이고 객관성을 확보하느냐의 문제이다.

II. 근무성적평정의 목적

초기의 근무성적평정은 행정관리론의 입장에서 능률성 향상과 통제를 위한 수단으로 사용되었다. 그러나 행정환경의 변화에 따라 공무원의 능력발전과 동기 유발을 위한 목적이 강조되고 있다. 또한, 행정에 성과주의가 도입되면서 근무성적평정은 성과관리의 수단으로 그 중요성이 주목받고 있다. 오늘날 근무성적평정의 목적은 조직 차원과 개인 차원으로 나누어 살펴보면 다음과 같다(유민봉·박성민, 2014: 566).

1. 조직 차원에서 목적

근무성적평정은 조직의 효과성 향상을 위한 도구로써 사용된다. 첫째, 근무성적평정은 시험성과의 상관관계를 조사함으로써 시험의 타당성을 검증할 수 있다. 둘째, 근무성적평정을 통하여 공무원의 능력이나 실적 등을 객관적으로 평가함으로써 인사행정에 필요한 합리적 기준을 제공한다. 셋째, 근무성적평정은 조직의 상·하 간 공식적인 의견교환이 이루어지는 장이며 이를 통하여 상호 이해와 협조를 증진하고 종국적으로는 조직의 효과성을 향상한다. 넷째, 근무성적평정을 통하여 조직의 구성원들에게 부족한 역량이 무엇인지 파악할 수 있게 함으로써 교육훈련계획, 경력개발계획 등을 위한 기초를 제공한다.

2. 개인 차원의 목적

근무성적평정은 공무원 개인의 근무성적에 대한 객관적인 평가결과를 제시함으로써 자신을 돌이켜보는 기회를 제공하고 나아가 자신에게 적절한 능력발전을 도모하게 한다. 또한, 근무성적평정을 통하여 개인의 성과와 목표 달성도에 대한 상급자의 평가결과를 제공함으로써 직무수행에 대한 동기를 유발할 수 있다.

Ⅲ. 우리나라의 근무성적평정

우리나라의 현행 근무성적평정은 고위공무원단과 4급 이상 공무원을 대상으로 하는 '성과계약등 평가'와 5급 이하 공무원을 대상으로 하는 '근무성적평가'로 나누어진다.[6]

1. 성과계약등 평가

1) 대상·시기 및 항목

고위공무원단 및 4급 이상 공무원을 대상으로 '성과계약등 평가' 방식이 적용된다. 연초에 평가자와 평가 대상자가 성과계약을 체결하고 매년 12월 31일을 기준으로 평가를 시행한다. 평가항목은 성과목표 달성도, 부서 단위의 운영 평가결과, 그 밖에 직무수행과 관련된 자질이나 능력 등을 평가한 결과 중에서 하나 또는 그 이상으로 정할 수 있다.

2) 평가·확인자 및 평가결과 공개

성과계약등 평가에서 평가자는 평가 대상자의 상급·상위 감독자 중에서 소속기관장이 지정한 자가 되며, 확인자는 평가자의 상급·상위 감독자 중에서 소속기관장이 지정한 자가 된다. 평가가 완료되면 평가 대상자에게 그 결과를 공개하여야 한다. 다만, 소속 장관은 필요하다고 인정하는 경우에는 평가결과의 공개에 대하여 달리 정할 수 있다. 또한, 대상 공무원은 평가자의 평가결과에 이의가 있는

---

6) 근무성적평정과 관련된 규정은 국가공무원법 제40조의2(승진방법) 및 제51조(근무성적의 평정), 공무원 성과평가 등에 관한 규정(대통령령), 공무원 성과평가 등에 관한 지침(인사혁신처 예규)을 참고 바란다.

경우에는 확인자에게 이의를 신청할 수 있다.

3) 평가 등급 및 결과의 활용

평가 등급의 수는 3개 이상으로 하며 인원 비율은 부처에서 자율적으로 결정한다. 그러나 고위공무원단의 경우는 5개 등급으로 하되, 최상위 등급은 20% 이하의 비율로, 하위 2개 등급(미흡, 매우 미흡)의 인원은 10% 이상의 비율로 분포하도록 하여야 한다. 소속 장관은 성과계약등 평가결과를 평가대상 공무원에 대한 승진임용·교육훈련·보직 관리·특별승급 및 성과상여금 지급 등 각종 인사관리에 반영하여야 한다. 특히 고위공무원단의 경우는 적격심사에도 활용된다.

2. 근무성적평가

1) 대상·시기 및 기준

근무성적평가는 5급 이하 일반직 공무원(연구직, 지도직 포함)에 대한 성과평가 방식이다. 연간 2회(6월 말, 12월 말) 실시된다. 평가 기준은 근무실적과 직무수행능력을 기본으로 하되, 필요시에는 직무수행 태도(무단결근, 지각, 대민 불친절 등)와 부서 단위 평가결과(민원만족도, 전화친절도 등)를 추가하는 것도 가능하다.

2) 평가·확인자 및 공개

근무성적평가에서 평가자는 평가 대상자의 상급·상위 감독자 중에서 소속기관장이 지정한 자가 되며, 확인자는 평가자의 상급·상위 감독자 중에서 소속기관장이 지정한 자가 된다. 평가가 완료되면 평가 대상자에게 그 결과를 공개하여야 한다. 다만, 소속 장관은 필요하다고 인정하는 경우에는 평가결과의 공개에 대하여 달리 정할 수 있다. 또한, 대상 공무원은 평가자의 평가결과에 이의가 있는 경우에는 확인자에게 이의를 신청할 수 있다.

3) 근무성적평가위원회

근무성적평가 결과를 고려하여 평가대상 공무원에 대한 근무성적평가 점수를 정하고 근무성적평가 결과의 조정·이의신청 등에 관한 사항을 처리하기 위하여 승진후보자명부 작성 단위기관별로 근무성적평가위원회를 둔다. 이 위원회에서는 평가결과를 기초로 하여 전체 평가 대상자를 상대 평가하여 순위를 정하고 등급을 구분한다. 이때 평가 등급의 수는 3개 이상으로 해야 한다.

4) **평가 등급 및 결과 활용**

평가 등급의 수는 3개 이상으로 하고 구체적인 인원 비율은 부처에서 자율 결정하도록 하고 있다. 다만, 최상위 등급은 20% 비율로, 최하위 등급의 인원은 10%의 비율로 분포하도록 하고 있다. 소속 장관은 근무성적평가의 결과를 평가대상 공무원에 대한 승진임용·교육훈련·보직 관리·특별승급 및 성과상여금 지급 등 각종 인사관리에 반영하여야 한다.

Ⅳ. 근무성적평정의 방법

우리나라의 근무성적평정의 방법은 다양하게 분류될 수 있으나 여기서는 우리나라에서 적용하고 있는 방식을 중심으로 서술하면 다음과 같다.

1. 도표식 평정법

도표식 평정법은 다수의 평정 요소를 설정하고 요소마다 등급을 구분하고 해당 등급에 표시하도록 하는 방법이다. 도표식 평정은 평정자가 직관을 바탕으로 빠르게 작성할 수 있고, 이를 점수화하기 편리하다는 장점이 있다. 그러나 평정 요소나 등급의 추상성이 높아 평정자의 자의적인 해석 때문에 이루어지기 쉬우며, 다른 평정 요소에 의해 영향을 받는 연쇄효과가 나타나기 쉽다. 우리나라의 근무성적평가는 도표식을 변형하여 사용하고 있다(〈표 4-6〉에서 '3. 직무수행능력 평가' 부분 참조).

2. 강제배분법

강제배분법은 도표식에서 나타나기 쉬운 집중화, 관대화 경향을 배제하기 위하여 평정 등급에 일정한 비율을 강제로 적용하는 방식이다. 우리나라 근무성적평가의 경우는 평정자와 확인자의 평정 단계에서는 강제배분법이 적용되지 않으나, 근무성적평정위원회에서 각 평정 그룹 내(각 계급별로 그룹화함)에서 등급을 부여하는 데에는 활용되고 있다. 즉 우리나라의 근무성적평가에서 평가 등급의 수는 3개 이상으로 하고 최상위 등급은 20% 비율로, 최하위 등급의 인원은 10%의 비율로 분포하도록 하고 있는데 이는 강제배분법의 일종이다.

3. 자기평정법

자기평정법은 피평정자가 스스로 자신의 업무실적을 작성하고 이를 상급자인 확인자로부터 확인을 받는 방법이다. 우리나라에서는 피평정자가 자신의 근무실적을 스스로 작성하도록 하고 있어, 자기평정법도 일부 적용하고 있다고 볼 수 있다. 〈표 4-6〉에서 '2. 근무실적 평가' 부분(성과목표, 업무비중, 주요실적)은 피평가자 본인이 작성한다.

4. 다면평가

다면평가란 상급자뿐 아니라 동료, 하급 공무원과 민원인 등 다양한 평가 주체들이 평가에 참여하는 제도이다. 360도 평가라고도 하며 상급자에 의하여 이루어지는 하향식 인사 평가의 문제점을 보완하기 위하여 도입되었다. 다면평가의 평가자 집단은 평가대상 공무원의 실적·능력 등을 잘 아는 업무 관련자로 구성하는 것이 필요하다. 현재 우리나라에서는 다면평가의 결과를 "해당 공무원에게 공개할 수 있다"(공무원 성과평가 등에 관한 규정, 제28조)라고 규정하여 공개 여부에 대해서는 기관장에게 재량의 여지를 주고 있다. 다면평가 결과는 "역량개발, 교육 훈련 등에 활용하도록 하고, 승진, 전보, 성과급 지급 등에는 참고자료로 활용"하도록 하고 있다(공무원 성과평가 등에 관한 지침).

다면평가는 다양한 사람들이 참여하는 평가제도이므로 평가의 객관성과 공정성을 확보하기에 쉽다는 장점이 있다. 또한, 조직 내외의 사람들과 원활한 인간관계를 중시하여 민주적 리더십과 분권적 조직문화에 기여한다. 반면에 다면평가는 개인의 능력보다는 친밀도에 의하여 평가가 이루어져 인기투표로 흐를 가능성이 있으며, 소신에 따른 적극적인 업무추진보다는 부하나 고객의 눈치를 의식하는 행정을 할 가능성이 크다.

V. 근무성적평정 과정의 오류

근무성적평정 과정에서 나타나기 쉬운 오류를 살펴보면 다음과 같다.

① 상동적 오차(stereotyping): 평정의 요소와 관계가 없는 성별·출신학교·출신 지역 등에 대해 평정자가 갖는 편견이나 선입견이 평정에 영향을 미치는 오류

② 유사착오: 평정자 자신과 성향이 유사한 부하에게 후한 점수를 주는 오류

③ 대비착오: 평정 대상자를 바로 직전의 피평정자와 비교함으로써 발생하는 오류

④ 집중화 경향: 평정자가 모든 피평정자들에게 대부분 중간 수준의 점수를 주는 심리적 경향과 관련된 오류

⑤ 관대화 경향: 평정 결과의 분포가 우수한 쪽에 집중되는 경향으로 인해 발생하는 오류

⑥ 엄격화 경향: 평정 결과가 부정적인 방향으로 집중되는 경향으로 발생하는 오류

⑦ 연쇄효과: 한 평정 요소에 대한 평정자의 판단이 연쇄적으로 다른 요소의 평점에도 영향을 주는 효과와 관련된 오류, 헤일로 효과(halo effect)라고도 함

⑧ 규칙적 오류: 어떤 평정자가 다른 평정자들보다 언제나 좋은 점수 또는 나쁜 점수를 주게 됨으로써 나타나는 규칙적 오류

⑨ 총체적 오류: 평정자의 평정 기준이 일정치 않아 관대화 및 엄격화 경향이 불규칙적으로 나타나서 발생하는 오류

⑩ 시간적 오류: 전체 기간의 근무성적을 평가하기보다는 초기의 업적에 영향을 크게 받는 첫머리 효과와 최근의 실적이나 능력을 중심으로 평가하는 막바지 효과로 인한 오류

〈표 4-6〉 우리나라 공무원 근무성적평가서

공무원 근무성적평가서

□ **평가대상기간 :**

성 명	소 속	직 위	직 급	현직급임용일	현보직일

1. 담당업무

2. 근무실적 평가(50점)

연번	성과목표 또는 단위과제	업무 비중(%)	주 요 실 적	평가결과(예시) 성과산출실적 또는 과제해결정도	소계 점수
1				┼┼┼┼┼ ① ② ③ ④ ⑤	
2					
3					
추가업무					
추가업무					
총 점					

3. 직무수행능력 평가(50점)

연번	평가요소	배점	정 의	평가등급	소계 점수
1	기획력	9점	· 창의적인 시각을 가지고 문제를 예측하고 실행가능한 계획을 만든다. · 효과적인 설명이 가능하도록 일목요연한 계획을 만든다.	┼┼┼┼┼ ① ② ③ ④ ⑤	
2	의사전달력	6점	· 표현이 간결하면서도 논점이 빠지지 않도록 문서를 만든다. · 논리적이면서 설득력 있는 말로 설명을 한다.	┼┼┼┼┼ ① ② ③ ④ ⑤	
3	협상력	6점	· 상대방의 의도를 적절히 파악하여 자신의 입장을 설득한다. · 서로 상반되는 이해관계에 대하여 효과적으로 조정을 한다.	┼┼┼┼┼ ① ② ③ ④ ⑤	
4	추진력	5점	· 맡은 업무에 책임감을 가지고 목적한 바를 완수한다. · 열정을 가지고 환경적인 불리함을 극복한다.	┼┼┼┼┼ ① ② ③ ④ ⑤	
5	신속성	5점	· 계획된 일정에 따라 지연됨이 없이 일을 처리한다. · 주어진 과제에 대한 집중력을 가지고 예상되는 소요시간 보다 빨리 일을 처리한다.	┼┼┼┼┼ ① ② ③ ④ ⑤	
6	팀워크	8점	· 타인을 존중하며 팀원들과 협조적인 분위기를 만든다. · 타인의 적절한 요구와 건설적인 비판을 수용한다.	┼┼┼┼┼ ① ② ③ ④ ⑤	
7	성실성	5점	· 무단조퇴·무단결근 등 조직운영에 장애가 되는 행위를 하지 않는다. · 맡은 업무 및 조직의 발전에 헌신적인 자세를 갖는다.	┼┼┼┼┼ ① ② ③ ④ ⑤	
8	고객· 수혜자지향	6점	· 업무와 관련하여 국민이나 내부수혜자(타 공무원)가 원하는 바를 이해하며, 그들의 요구를 충족하도록 배려하는 능력	┼┼┼┼┼ ① ② ③ ④ ⑤	
총 점					

4. 평가자 의견 및 종합평가

성과면담 결과 및 평가자 의견				
성과면담 실시일				
평가자 최종의견 (면담결과 포함)		근무실적		직무수행 능력
	우수한 점			
	보완할 점			
평가등급 및 점수				

평가자 직위(직급):　　　성명:　　　　서명:

확인자 직위(직급):　　　성명:　　　　서명:

자료: 공무원 성과평가 등에 관한 지침[별지 제4호 서식].

참고 **경력평정, 가점평정 및 승진후보자 명부**

1. 경력평정

경력이란 직업상의 경험을 의미한다. 경력평정은 그 사람의 경력과 직무수행역량 간에 연관성이 있다는 전제에서 시작된다. 경력평정은 대체로 계량화된 숫자로 기준이나 평가결과가 표현(연 또는 월 단위의 경력 기간을 점수로 산정)되므로 객관성이 높고, 연공서열 중심의 평정이므로 조직의 안정성이나 계속성 확보 그리고 직업공무원제 확립에 기여한다. 그러나, 인재의 발탁을 저해하고, 연공서열 중시로 공직 침체나 보수화를 초래할 수 있다(김렬, 2014: 317).

경력평정 대상은 평정 기준일 현재 승진 소요 최저 연수에 도달한 5급 이하 공무원(연구사 및 지도사 포함)이다. 경력평정 시기는 근무성적평가 시기와 동일하게 이루어진다. 경력평정 점수는 승진후보자 명부 작성 시에 5~10% 반영된다.

2. 가점평정

가점평정이란 일정한 요건에 해당하는 공무원에게 근무성적평정과 경력평정 점수와는 별도로 승진후보자 명부 작성 시에 가산해 주는 평정이다. 가점평정은 인사상 특별한 혜택으로 조직의 목표 달성을 위하여 직원들의 헌신적인 노력을 유도하는 강력한 제도적 장치이다. 가점평정은 승진후보자 명부 작성 시에 반영되며, 소속 장관이 5점의 범위 내에서 자율적으로 항목이나 기준을 정하도록 하고 있다(공무원 성과평가 등에 관한 규정 제27조).[7]

3. 승진후보자 명부

국가공무원법(제40조, 제40조의2 및 제51조)과 공무원 성과평가 등에 관한 규정에 따르면 5급 이하 공무원의 성과평가는 크게 근무성적평가, 경력평정, 가점평정으로 구분되며, 세 가지 평가결과를 합산하여 승진후보자 명부를 작성하게 된다. 승진후보자 명부를 작성하기 위한 평정점은 근무성적평가 점수

---

7) 공무원 성과평가 등에 관한 지침(인사혁신처 예규)에 예시로 제시된 기준은 우수성과(국민 접점 분야, 국정과제, 업무혁신 우수자), 전문성(직무 관련 자격증), 직무특성(특정 직위 근무, 특수지 근무), 기타 소속 장관이 별도로 정하는 항목 등이다.

(70점 만점), 경력평정 점수(30점 만점)를 합산한 100점을 만점으로 하고, 가점 해당자에 대해서는 5점의 범위에서 그 가점을 추가로 합산한 점수를 승진후보자 명부의 총평정점으로 한다. 그런데, 근무성적평가와 경력평정 점수는 그대로 반영되지 않고, 승진후보자 명부 평정점수 100점 중, 근무성적평가 점수는 90~95%, 경력평정 점수는 5~10%가 될 수 있도록 반영하여 작성한 다[8](공무원 성과평가 등에 관한 규정 제30조).

제4절 공무원의 인사 및 성과 기록 관리

Ⅰ. 의 의

공무원의 개인 인적사항과 업무수행에 따른 성과를 적절히 기록 및 보관하는 것은 효율적인 인적자원관리의 출발점이다. 개인에게는 자신의 업무 수행역량을 객관적으로 파악하게 하고, 필요 역량개발을 위한 동기를 부여하고, 향후 적절한 보직 경로를 예상할 수 있게 한다. 또한, 조직 차원에서는 특정 직위에 필요한 인재를 객관적 자료를 토대로 발굴·임용할 수 있고, 인적자원을 다양한 관점에서 비교 평가할 수 있는 합리적 자료를 확보하게 한다.

기존의 인사 기록카드는 경력과 신상 위주로 기록되어 있어 각종 인사행정에서 활용성이 낮았으며 개인의 성과를 종합적으로 나타내지 못한다는 비판이 제기되었다. 이에 따라 정부는 공무원 인사 기록·통계 및 인사사무 처리 규정(대통령령)을 제정(2004년)하여, 인사 기록 및 인사사무 처리에 관한 절차와 공무원 인사관리의 전자화를 위한 시스템의 구축·운영 등에 필요한 사항을 규정하고 있다.

Ⅱ. 주요 내용

공무원의 인사 관련 기록은 인사 기록과 성과 기록으로 구분된다. 인사 기록은 인적사항, 임용사항, 임용 전 경력·시험 및 임면 사항, 포상·징계 사항, 역량개

---

8) 인사혁신처는 2022년 관련 규정을 개정하여, 당초 20%까지 반영할 수 있었던 경력 평정점을 10%까지만 반영할 수 있도록 하여, 경력 평정의 반영비율을 축소하고 실적과 성과 중심의 공무원 성과평가 체계를 강화했다(공무원 성과평가 등에 관한 규정 제30조 및 개정 이유). 경력평정에 관한 상세한 내용은 공무원 성과평가 등에 관한 지침(인사혁신처 예규) Ⅲ. 경력평정을 참고 바란다.

발사항 등 개인 자체의 특성을 나타내는 항목으로 구성된다(공무원 인사·성과 기록 및 전 자인사 관리 규칙).

성과 기록은 업무수행에 따른 성과와 관련된 정보를 주로 담고 있으며, 성과관리카드에 기록·보관된다. 성과관리카드의 기록 대상 정보는 ① 근무성적평정 결과, ② 성과급 등급(고위공무원단에 속하는 공무원 및 5급 이상 공무원 해당) 또는 성과 상여금 지급 등급, ③ 다면평가 결과(당사자의 다면평가 점수와 동일 직급 평가 대상자의 평균 점수를 기록), ④ 정책평가 정보(정부업무평가[9] 결과), ⑤ 감사결과 정보(감사원 감사, 자체 감사 등이 포함) 등이다(동 규칙 참조).

이러한 공무원의 인사 및 성과 기록은 전자인사관리 시스템(e-사람)[10]으로 기록·유지·보관하여야 한다(공무원 인사기록·통계 및 인사사무 처리 규정 제6조의2). 전자인사관리 시스템인 e-사람에서는 인사, 급여, 성과평가, 교육훈련, 복무 등과 관련된 자료를 통합관리하고 있다.

Ⅲ. 활 용

인사 및 성과 기록은 보직 관리, 승진, 직위 공모, 교육훈련 대상자 선발 등 각종 인사관리에 자료로 활용된다. 특히 고위공무원단의 인사심사에는 필수자료로 사용된다. 또한, 5급 이상 공무원의 경우는 국가인재 데이터베이스와 연계되어 해당 공무원이 정부산하기관장 등에 심사 후보자가 되었을 때 관련 자료를 활용하도록 하고 있다.

제5절 **역량평가**

Ⅰ. 의 의

역량이란 조직의 목표 달성과 연계하여 뛰어난 직무수행을 보이는 고성과자의 차별화된 행동특성과 태도를 의미한다(인사혁신처, 2017: 7). 기존의 능력개념이

---

9) 본서 제2편 제3장 제2절 정책평가 <참고> 우리나라 정부업무평가제도 참조 바람
10) 각 중앙행정기관의 인사업무를 지원하는 '표준인사관리시스템'과 인사혁신처의 인사정책 및 인사업무처리를 돕는 '중앙인사정책지원시스템' 모두를 말한다. 또한, '표준인사관리시스템'과 '중앙인사정책지원시스템'을 연계한 전체 시스템을 일컫기도 한다.

개인 측면의 보유 자질에 초점을 맞춘 것이라면, 역량은 조직 측면에서 조직의 성과 창출을 위한 자질이라 할 수 있다. 역량평가란 특정 개인의 직무역량을 평가하는 것을 말한다.

우리나라의 공무원 역량평가는 2006년 7월 고위공무원단 제도 시행과 동시에 최초로 실시하였고, 2015년부터는 중앙부처의 과장 직위에도 의무화하였다.

II. 종류 및 내용

현재 인사혁신처에서 시행하는 역량평가는 고위공무원단 역량평가와 과장급 역량평가로 구분된다.

1. 고위공무원단 역량평가

고위공무원단 제도 도입에 따라 고위공무원으로서 요구되는 역량을 갖췄는지를 사전에 검증하기 위해 역량 평가제를 시행하고 있다. 고위공무원으로 임용되기 위해서는 역량평가를 통과하여야 한다. 그러나, 일부 직위의 경우는 예외적으로 역량평가를 시행하지 아니할 수 있다(고위공무원단 인사규정, 제9조).

2018년 현재 역량평가는 6개 역량(문제인식, 전략적 사고, 성과지향, 변화관리, 고객만족, 조정·통합)으로 나누어 4개 실행과제(1:1 역할수행, 1:2 역할수행, 서류함기법, 집단토론)를 평가하며 6명의 피평가자를 9명의 평가위원이 평가한다.

2. 과장급 역량평가

2010년 공무원 임용령에 과장급 역량평가 실시근거를 마련하였으며, 2015년부터는 역량평가를 통과한 사람만이 과장 직위에 신규채용, 승진임용, 전보될 수 있도록 의무화했다. 과장급 역량평가는 6개 역량(정책기획, 성과관리, 조직관리, 의사소통, 이해관계조정, 동기부여), 4개 실행과제(1:1 역할수행, 발표, 서류함기법, 집단토론)를 6명의 피평가자와 6명의 평가위원이 평가한다.

제6절 인사이동

I. 의 의

　　인사이동은 현재의 직위에서 다른 직위로 옮겨가는 모든 형태의 변동을 의미한다. 인사이동은 조직 내부에서 이동시키는 것이므로 신규채용과 같은 '외부임용'과 구별하여 '내부임용'이라고 부르기도 한다. 인사이동은 적재적소의 인력배치를 통하여 조직구성원의 능력 발휘와 조직의 성과달성을 위한 목적으로 사용된다. 인사이동은 크게 수직적 인사이동과 수평적 인사이동으로 구분된다.

II. 수직적 인사이동

1. 승 진

　　승진이란 상위 직급에 결원이 발생하였을 때 그보다 하위 직급의 공무원을 임용하는 것을 말한다.[11] 승진의 기준에는 경력과 실적이 주로 고려된다(국가공무원법 제40조). 경력에는 근무 연한, 경험 등이 포함되며, 실적에는 근무성적평정, 교육훈련 성적, 시험성적 및 상벌의 기록, 인사권자의 개인 판단 등이 포함된다. 폐쇄형 인사제도에서는 승진에 의한 결원보충을, 개방형 인사제도에서는 신규채용을 원칙으로 한다.

2. 강 임

　　강임은 하위 직급으로 이동하는 것을 말한다. 고위공무원단의 경우는 고위공무원단에 속하는 일반직 공무원을 고위공무원단 직위가 아닌 하위 직위에 임명하는 것을 말한다. 공무원은 형의 선고, 징계처분 또는 법에서 정하는 사유가 아니고는 본인의 의사에 반하는 강임을 당하지 아니하도록 엄격히 제한하고 있다. 강임의 조건은 ⓐ 직제 또는 정원의 변경이나 예산의 감소 등으로 직위가 폐직되거나 하위의 직위로 변경되어 과원이 된 경우, ⓑ 본인이 동의한 경우이다. 조건 ⓐ에 의하여 강임된 공무원은 상위 직급에 결원이 생기면 우선 임용된다.[12] 그러나 본

---

11) 승진과 달리 '승급'은 직급의 변동 없이 동일한 등급 내에서 호봉이 높아지는 것을 의미한다. 특별한 사유가 없으면 매년 1호봉을 '승급'하는 것이 일반적이다.

12) 행정실무에서는 조건 ⓐ에 의한 강임보다는 본인이 원하는 조건 ⓑ에 의한 강임의 사례가 더 많다. 특히 타 부처·지방자치단체로 이동을 원하는 경우에 본인 스스로 강임(전입 부처에서 하위 직급의 전입을 원하는 경우)하여 전입하는 사례가 많이 발생한다.

인이 동의하여 강임된 공무원은 본인의 경력과 해당 기관의 인력 사정 등을 고려하여 우선 임용될 수 있다(국가공무원법 제73조의4). 강임은 하위 직급으로 이동한다는 측면에서는 강등과 유사하지만, 징계처분이 아니라는 점에서 징계처분의 하나로 이루어지는 강등과는 구별된다.

Ⅲ. 수평적 인사이동

1. 전보와 전직

전보는 직무의 종류가 같은 직렬의 동일한 직급 내에서 부서의 이동을 의미하며, 같은 직급 내에서의 보직 변경 또는 고위공무원단 직위 간의 보직 변경이다. 승진이나 강임이 아닌 같은 부처 내에서의 통상적인 인사이동은 대부분 전보 발령이라고 볼 수 있다. 그러나 전직은 다른 직렬의 동일 직급으로 이동하는 것을 말한다. 예를 들면, 일반행정직렬로 입사하였으나 추후 토목직렬로 바꾸는 경우이다.

양자의 공통점은 동일한 직급 내에서 직위가 변동되는 수평적 인사이동이라는 점이다. 전보와 전직은 경력직 공무원을 대상으로 하며, 정무직과 별정직 공무원의 전보와 전직은 원칙적으로 허용되지 않는다. 한편 전직은 직렬을 바꾸는 것이므로 전직시험을 거치는 것이 원칙이다.

2. 겸 임

겸임은 공무원 1인에게 둘 이상의 직위를 부여하는 것을 말한다. 겸임은 직위와 직무 내용이 유사하고 담당 직무수행에 지장이 없다고 인정하는 경우에 인정된다. 우리 국가공무원법(제32조의3)에서는 일반직 공무원은 대학교수 등 특정직 공무원이나 관련 교육·연구기관이나 기관·단체의 임직원과 서로 겸임하게 할 수 있다고 규정하고 있다. 겸임은 겸직과 구분하여야 한다. 겸임은 정부조직 내부에서 직위를(예외적으로 사립대학 교수나 공공기관의 임직원) 겸하는 것이며, 겸직은 정부조직 외부의 직위를 겸하는 것이 대부분이다. 또한, 겸임은 임용권자가 필요하다고 인정하는 경우에 허용되지만, 겸직은 개인적 필요에 따라 이루어진다(김렬, 2014: 230). 따라서 겸임은 원칙적으로 허용되지만, 겸직은 원칙적으로 금지되며 예외적으로 소속기관장의 허가가 있으면 허용된다(국가공무원법 제64조).

3. 파 견

파견이란 자신의 소속을 바꾸지 않고 일시적으로 다른 기관에서 근무하거나 교육훈련을 받는 것을 말한다. 파견 공무원의 보수는 원 소속기관에서 받지만, 지휘 및 감독의 권한은 파견된 기관장에게 있다. 현재 우리나라에서 파견의 범위는 외국기관·국제기구·민간기관에의 파견 등 인사교류가 활발하게 인정되고 있다. 공무원의 외국기관, 국제기구, 민간기관에의 파견이 인정되며, 민간 전문가도 "국가적 사업의 공동 수행 또는 전문성이 특히 요구되는 특수 업무의 효율적 수행 등을 위하여 필요하면" 정부에서 파견근무를 할 수 있도록 하고 있다(국가공무원법 제32조의4).

4. 전입과 전출

전입과 전출은 국회, 법원, 헌법재판소, 선거관리위원회와 행정부 상호 간, 중앙정부와 지방자치단체 간, 지방자치단체 상호 간에 공무원의 수평적 인사이동을 말한다. 전입은 타 기관의 공무원을 받아들이는 것이며, 전출은 자기 기관 소속의 공무원을 타 기관으로 보내는 것을 말한다. 전입·전출이 파견과 다른 것은 파견은 소속의 변경이 없이 다른 기관에서 근무하는 것이지만, 전입·전출은 소속을 완전히 바꾸는 것이다. 우리나라에서 공무원의 전입은 원칙적으로 시험에 의하며 그 시험의 일부나 전부를 면제할 수 있다(국가공무원법 제28조의2).

5. 인사교류

인사교류는 행정기관 상호 간, 행정기관과 교육·연구기관 또는 공공기관 간에 인력을 상호교류하는 제도이다(국가공무원법 제32조의2). 인사교류의 방식은 파견, 전보, 휴직, 전입·전출 등으로 이루어지며 대체로 일정 기간 1:1 교환 근무의 형태를 띠는 것이 보통이다.

현재 인사혁신처에서 이루어지는 인사교류는, ⓐ 공무원 개인 간 1:1 상호교류 형식(개인적인 사정으로 인한 상호교류), ⓑ 중앙부처 상호 간, 중앙부처와 지방자치단체 간 인사교류(이 경우에는 해당 공무원에게 원 소속기관 복귀 후에는 희망 보직 및 승진 시 우대 등의 인센티브를 부여하고 있음), ⓒ 정부와 공공기관 간, 정부와 대학·연구기관 간 교류, ⓓ 민간근무 휴직[13]이 운영되고 있다.

---

13) 공무원이 휴직하고 민간기업에 근무하면서 민간부문의 업무수행방법, 경영기법 등을 습득하고 민간에서는 공무원의 전문지식과 경험을 활용함으로써 민·관 간 이해 증진 및 상호 발전을 도모하기 위한 제도이다. 휴직대상 공무원은 재직기간이 3년 이상인 일반직 및 외무공무원이며 휴직 기간은 최초 계약 기간은 1년의 범위 내에서 하되, 총 3년까지 휴직이 가능하다.

제7절 징 계

I. 의 의

징계는 공무원이 본인에게 주어진 의무위반에 대한 제재이다. 징계의 목적은 교정과 예방이다. 이미 발생한 의무위반 행위자에게 징계처분을 내림으로써 잘못된 행동이나 품성을 바로잡는 것이다. 또한, 다른 유사한 의무위반 행위가 발생하지 않도록 예방하는 목적도 가진다.

공무원의 징계는 징계위원회에서 의결한다. 국가공무원의 경우는 5급 이상은 중앙징계위원회(국무총리 소속으로 설치됨)에서, 6급 이하의 경우는 보통징계위원회(각 기관에 설치)에서 의결한다. 징계위원회는 위원 5명 이상의 출석과 출석위원 과반수의 찬성으로 의결하되, 의견이 나뉘어 출석위원 과반수의 찬성을 얻지 못한 경우에는 출석위원 과반수가 될 때까지 징계 등 혐의자에게 가장 불리한 의견에 차례로 유리한 의견을 더하여 가장 유리한 의견을 합의된 의견으로 본다(공무원 징계령 제12조 제1항).[14]

II. 징계의 종류

국가공무원법(제79조)에서는 다음의 6가지 징계의 종류를 규정하고 있다. 견책과 감봉은 경징계, 정직, 강등, 해임 및 파면은 중징계로 구분하는 것이 일반적이다.

1. 견 책

견책은 잘못에 대하여 훈계하고 회개하게 함에 그치는 처분으로 6개월(금품 및 향응 수수, 성희롱 및 성매매 등의 경우에는 6개월을 더한 기간) 동안 승진 및 승급이 제한된다.

2. 감 봉

감봉은 1개월 이상 3개월 이하의 기간 동안 보수의 3분의 1을 감한다. 또한,

---

14) 예를 들면, 징계위원 6명이 각각 견책, 감봉, 정직, 강등, 해임, 파면 의견을 제시한 경우, 가장 불리한 의견인 파면 1명, 해임 1명 순으로 과반수인 4명이 될 때까지 더하여, 총 4명에 도달하는 정직으로 의결된다.

감봉 기간이 끝나는 날부터 12개월(금품 및 향응 수수 관련이나 성희롱 및 성매매 등의 경우에는 6개월을 더한 기간) 동안 승진 및 승급이 제한된다.

3. 정 직

정직은 1개월 이상 3개월 이하의 기간으로 하고, 정직 처분을 받은 자는 그 기간 중 공무원의 신분은 보유하나 직무에 종사하지 못하며 보수는 전액을 감한다. 또한, 정직 기간이 끝나는 날부터 18개월(금품 및 향응 수수 관련이나 성희롱 및 성매매 등의 경우에는 6개월을 더한 기간) 동안 승진 및 승급이 제한된다.

4. 강 등

강등은 1계급 아래로 직급을 내리고(고위공무원단에 속하는 공무원은 3급으로 임용하고, 연구관 및 지도관은 연구사 및 지도사로 한다) 공무원 신분은 보유하나 3개월간 직무에 종사하지 못하며 그 기간 중 보수는 전액을 감한다. 또한, 강등 기간이 끝나는 날부터 18개월(금품 및 향응 수수 관련이나 성희롱 및 성매매 등의 경우에는 6개월을 더한 기간) 동안 승진 및 승급이 제한된다.

한편, 2023년 국가공무원법 개정(제80조 제6항 신설)을 통하여 휴직 기간과 강등·정직·감봉의 징계처분 집행 기간이 겹치는 경우, 휴직 기간 중에는 징계처분의 집행을 정지하도록 하였다.

5. 해 임

해임은 공무원을 강제로 퇴직시키는 처분이며, 해임된 공무원은 향후 3년간 공무원에 임용될 수 없다. 해임의 경우에는 퇴직급여를 감액하지 않는 것이 원칙이지만, 금품 및 향응 수수, 공금의 횡령·유용으로 해임된 경우에는 퇴직급여의 4분의 1 및 퇴직수당의 4분의 1이 감액된다(공무원연금법 제64조 및 공무원연금법시행령 제55조).

6. 파 면

파면은 공무원을 강제로 퇴직시키는 처분이며, 향후 5년간 공무원에 임용될 수 없다. 퇴직급여의 2분의 1 및 퇴직수당의 2분의 1이 감액된다.

Ⅲ. 유사 용어

징계처분은 아니지만, 직무에 종사하지 못하거나 신분 관계가 소멸하는 것으로 직위해제, 직권면직, 당연퇴직, 의원면직 등이 있다. 이들 용어는 징계처분과 유사한 효력을 발휘하기도 하지만 징계와 구별되는 개념이므로 별도로 논의한다.

1. 직위해제

직위해제는 현재 맡은 직위를 더는 수행하지 못하도록 하는 인사상 조치이다. 직위해제 처분을 받으면 공무원 신분은 유지하지만, 직무에는 종사할 수 없다. 직위해제는 정해진 사유에 해당하면 임용권자의 판단에 따른 인사상의 조치이지만, 징계는 공무원의 의무위반에 대하여 징계위원회의 의결을 거쳐 이루어지는 처벌이다. 임용권자가 직위해제 처분을 내리기 위해서는 국가공무원법이 규정한 직위해제 사유에 해당하여야 한다. 또한, 법에 정한 직위해제 사유가 소멸하면 임용권자는 지체 없이 직위를 부여하여야 한다. 국가공무원법(제73조의3)에 정한 직위해제 사유는 ⓐ 직무수행 능력이 부족하거나 근무성적이 극히 나쁜 자, ⓑ 파면·해임·강등 또는 정직에 해당하는 징계 의결이 요구 중인 자, ⓒ 형사 사건으로 기소된 자(약식명령이 청구된 자는 제외한다), ⓓ 고위공무원단에 속하는 일반직 공무원으로서 적격심사를 요구받은 자, ⓔ 금품 비위, 성범죄 등 대통령령으로 정하는 비위행위로 인하여 감사원 및 검찰·경찰 등 수사기관에서 조사나 수사 중인 자로서 비위의 정도가 중대하고 이로 인하여 정상적인 업무 수행을 기대하기 현저히 어려운 자 등이다.

2. 직권면직

직권면직은 임용권자의 결정에 따라 공무원 관계가 소멸하는 것을 말한다. 일정한 사유에 해당하면 임용권자가 공무원의 신분을 박탈하는 것이다. 국가공무원법에서는 직권면직의 사유[15]를 명확히 규정하고 있다(제70조).

3. 당연퇴직

당연퇴직이란 공무원이 법률에 정해진 사유에 해당하면 신분 관계가 당연히 소멸하는 것을 말한다. 따라서 당연퇴직은 임용권자의 면직처분을 필요로 하지 않으며 법률에 해당하는 사유가 발생하면 자동으로 신분 관계가 소멸한다. 형의 선고를 받거나 임기제 공무원의 근무 기간이 만료된 경우 등이다(국가공무원법 제69조).

---

15) "직제와 정원의 개폐 또는 예산의 감소 등에 따라 폐직(廢職) 또는 과원(過員)이 되었을 때", "고위공무원단에 속하는 공무원이 적격심사 결과 부적격 결정을 받은 때" 등 총 7가지 경우를 제시하고 있다.

4. 의원면직

의원면직은 공무원 본인의 의사표시 때문에 공무원 관계가 소멸하는 것을 말한다. 공무원 자신이 임용권자에게 사표를 제출하는 경우이다.

제8절 보 수

Ⅰ. 공무원 보수의 특징

보수는 공무원이 근무의 대가로 받는 재정적 보상이다. 공무원에게 보수는 사기와 근무 의욕에 영향을 미치는 경제적 유인이지만, 한편으로는 국민의 세금이 그 재원이며 정부지출에서 큰 비중을 차지하고 있어 정치적 통제의 대상이 되기도 한다. 또한, 공무원의 보수는 국가 전체 경제에 미치는 영향이나 민간기업의 보수와 비교하여 결정하게 되는 특징이 있다. 따라서 공무원의 보수는 근로자인 공무원의 요구, 고용주인 정부의 견해와 정치적 통제자인 국민의 요구를 함께 고려해야 할 뿐 아니라 경제 정책적 효과와 국가 전체 근로자의 보수 수준 등을 검토해야 한다.

민간기업과 비교할 때 공무원 보수는 다음과 같은 특징을 가진다. 첫째는 정부에는 다양한 업무가 존재하고 직무별 노동에 대한 대가 환산이 어려워 동일노동에 대한 동일보수의 원칙이 실행하기 어렵다. 둘째, 민간기업의 보수는 근로자와 사용자의 합의에 따라 결정되지만, 공무원은 일반적으로 노동권의 제약을 받고 있어 합의에 따른 결정이 어렵다. 셋째, 공무원의 보수 수준은 사회 일반의 보수 수준에 비해 낮은 편이다. 공무원에게는 보수 이외의 신분보장이나 연금 등의 보상이 있기도 하지만 국민의 세금으로 충당한다는 점에서 인상을 억제하는 여러 요인이 작용하기 때문이기도 하다.

Ⅱ. 보수 수준 결정의 기본원칙과 결정요인

1. 기본원칙

1) 대외적 비교성

공무원의 보수 수준은 민간기업의 그것과 비교하여 결정되어야 한다. 민간기업의 임금보다 지나치게 낮으면 우수인력의 공직 유치가 어려워지고 공무원의 사기 저하가 우려될 수 있으며, 반면에 민간기업의 임금보다 지나치게 높으면 국민의 정치적 통제와 정부지출의 증대 문제가 제기될 수 있다. 우리나라에서는 법률로 "민간부문의 임금 수준과 적절한 균형을 유지하도록 노력하여야 한다."라고 규정하고 있다(국가공무원법 제46조 제2항).

2) 대내적 형평성

대내적 형평성은 정부조직 내에서 직무와 계급 등의 차이에 따른 보수의 격차가 합리적으로 이루어져야 한다는 것이다. 예를 들면, 계급 간에 보수의 격차가 지나치게 큰 경우에는 하위직의 불만이 크고, 반면에 지나치게 작으면 능력발전이나 근무 의욕이 저하되므로 적정한 보수의 격차가 필요하다. 최근 실무에서는 성과에 따른 인센티브 성격을 가진 성과상여금의 적정 액수와 관련하여 대내적 형평성과 성과에 따른 차별성 간의 논쟁이 제기되고 있다.

2. 보수 수준의 결정요인

공무원의 보수 수준을 결정하는 요인으로는 경제적 요인, 사회·윤리적 요인, 인사 정책적 요인, 보수 이외의 편익요인으로 나누어 볼 수 있다.

경제적 요인으로 민간기업의 임금 수준, 정부의 지급 능력, 물가수준 등을 고려해야 한다. 민간기업의 임금 수준은 대외적 비교성을 고려하는 것이며, 정부의 지급 능력은 국민의 담세능력과 연관된다. 물가수준을 고려하는 이유는 보수가 명목상의 금액보다는 실질 구매력이 반영되어야 하기 때문이다.

사회·윤리적 요인으로 공무원에 대한 사회적 인식과 최저생계비를 고려해서 결정되어야 한다. 공무원은 공익을 추구하는 봉사자이기 때문에 보수의 상한을 제한하고자 하는 사회적 인식을 고려해야 한다. 또한, 공무원과 그 가족의 최저생활 수준을 고려하여 결정되어야 한다.

인사 정책적 요인으로 성과와 동기부여 효과를 고려하여야 한다. 보수는 공무원의 근무 의욕 및 업무능률이나 성과제고 등을 고려해야 한다. 또한, 소극적으로는 불만 해소 요인으로 고려할 필요도 있다.

보수 이외의 편익요인으로 연금, 신분의 안정성, 사회적 평가 등을 고려해야 한다. 보수는 매월 지급되어 단기적인 생활 수준을 결정하지만, 연금이나 신분보장 등은 장기적인 경제생활과 연관되므로 이를 함께 고려하여야 한다. 또한, 사회적 평가는 경제적 요인을 상쇄할 수 있는 심리적 보상의 정도와 연관된다.

Ⅲ. 우리나라의 공무원 보수[9]

우리나라의 공무원 보수체계는 크게 호봉제와 연봉제로 구분된다. 호봉제는[16] 6급[17] 이하, 연봉제는 5급 이상의 일반직·별정직 공무원 등에게 적용된다.

1. 호봉제

호봉제는 호봉에 따라 봉급이 결정되는 제도이다. 호봉은 대체로 매년 정기승급을 통하여 자동으로 올라가므로 연공급 성격의 보수제도이다. 6급 이하의 일반직과 별정직 공무원, 경찰, 소방, 군인 등에게 적용된다. 호봉제 공무원의 보수는 기본급인 봉급과 부가급인 각종 수당으로 이루어진다. 호봉제 적용 공무원에게는 1년간 추진한 업무실적에 따라 별도의 '성과상여금'을 지급하고 있다. '성과상여금'의 지급방법은 소속 장관이 기관특성 등을 고려하여 개인별로 차등 지급하거나 부서별로 차등 지급할 수 있다. 개인별 지급은 근무성적평정 결과와 기타 정부업무 평가 등의 결과를 반영할 수 있으며, 다면평가 자료는 참고자료로 활용할 수 있다.

2. 연봉제

연봉제는 개인의 능력, 실적 및 공헌도에 대한 평가결과에 따라 연간 보수 총액이 결정되는 임금체계이다. 현재 우리나라의 연봉제는 고정급적 연봉제, 직무성과급적 연봉제, 성과급적 연봉제로 구분되며, 모두 수당이 별도 지급되고 있다.

① 고정급적 연봉제: 차관급 이상 정무직을 대상으로 개별직위마다 고정된 연봉을 지급한다. 성과측정이 어려운 정무직을 대상으로 미리 결정된 고정급을 지급하는 형태이다.

② 직무성과급적 연봉제: 고위공무원단에 속하는 공무원에게 적용된다. 기본연봉과 성과연봉[18]으로 이루어지며, 기본연봉은 기준급과 직무급으로 구분된다. 기준급은 개인의 경력 및 누적성과를 반영하여 책정하며, 직무급

---

16) 우리나라 공무원 보수에 대한 자세한 내용은 국가공무원법, 공무원보수규정(대통령령), 공무원 보수 등의 업무지침(인사혁신처 예규)을 참고 바란다.

17) 호봉제는 4급 이하(과장급 제외) 공무원에게 적용되었으나, 2017년 1월 공무원보수규정을 개정하여 6급 이하로 적용기준을 낮춤에 따라 5급 이상은 성과급적 연봉제를 시행하도록 하였다.

18) 성과연봉은 전년도 업무성과에 대한 평가결과에 따라 차등하여 당해 연도의 총연봉에 포함되는 것이다. 그러나 성과상여금은 당해 연도 성과에 대해 연도 말 또는 다음연도 초에 일괄지급하는 것을 말한다. 한편, 전년도 업무실적 평가 기간 중 징계처분을 받은 고위공무원에 대해서는 특별한 사유가 없는 한 성과연봉을 지급하지 않는다(공무원보수규정 제70조 제4항).

은 직무의 곤란성 및 책임성 정도를 반영하여 책정한다. 성과연봉은 전년도 '성과계약등 평가' 결과에 따라 차등 지급되는 성과급이다. 성과급적 연봉제보다 각 평가 등급별 지급률의 차등 폭이 큰 것이 특징이다.

③ 성과급적 연봉제: 고위공무원단에 속하지 않는 1~5급 및 임기제 공무원에게 적용된다. 기본연봉과 업무실적에 따라 차등 지급되는 성과연봉으로 구분된다.

〈표 4-7〉 우리나라 호봉제와 연봉제의 보수체계

종류		대상	내용
호봉제		- 6급 이하	- 호봉에 따라 봉급 결정 - 근무성적평가 결과에 따라 '성과상여금' 지급
연봉제	고정급적 연봉제	- 차관급 이상 정무직	- 개별직위마다 고정된 연봉 지급
	직무성과급적 연봉제	- 고위공무원단	- 기본연봉(기준급과 직무급)과 성과연봉('성과계약 등 평가' 결과에 따라 차등 지급)으로 나누어 지급
	성과급적 연봉제	- 1-5급 및 임기제 공무원	- 기본연봉과 성과연봉으로 나누어 지급 - 4급 이상은 '성과계약등 평가' 결과를 5급은 '근무성적평가' 결과를 반영하여 성과연봉을 책정함

제9절 공무원 연금

I. 의의 및 적용대상

공무원 연금제도는 장기간에 걸쳐 근무한 공무원에 대해 그 대가를 퇴직 후에 금전적으로 보상해주는 사회보장제도의 하나이며, 인사 행정상의 보상 체계이다. 우리나라 공무원 연금제도는 1960년에 시작되었으며 공무원연금법에 근거하고 있다. 공무원 연금의 적용대상은 국가공무원법, 지방공무원법, 그 밖의 법률에 따른 공무원과 대통령령으로 정하는 국가나 지방자치단체의 직원이 해당한다. 그러나 군인 및 선거 때문에 취임한 공무원은 제외된다. 군인은 군인연금법의 적용을 받으며, 선거 때문에 취임하는 공무원은 국민연금의 적용을 받는다. 다만, 대통령은 '전직대통령 예우에 관한 법률'에 의하여 별도의 연금을 받게 된다.

II. 재원조달 및 비용부담 방식

1. 재원조달 방식

연금의 재원조달 방식은 적립방식(funded system)과 부과방식(pay-as-you-go system)으로 구분된다. 적립방식은 가입자가 낸 보험료(contributions)를 적립하여 기금을 설치하고 그 기금과 운용수익을 연금급여의 재원으로 충당하는 방식이다. 부과방식은 수급자에게 연금을 지급할 때마다 그 비용을 가입자로부터 매년 각출하는 방식이다. 대체로 부과방식은 특정 시점 수급자의 연금급여의 재원을 그 당시 근로 세대의 보험료에서 구하는 방식을 취하고 있다.

우리나라 공무원 연금의 재원조달에 대한 기본적인 방식에 대해서는 학자들에 따라 구분을 달리하고 있다. 공무원과 정부가 연금기금을 적립하고 퇴임 후에 연금을 수급하는 형태이므로 '적립방식'으로 보는 견해(오석홍, 2013: 647; 김렬, 2014: 469), 현재 공무원과 정부가 현재의 수급자들 연금의 일부를 부담하므로 이를 '부과방식'으로 보는 견해(박천오 외, 2016: 413; 이종수 외 2014: 287)로 나누어진다.

제도 시행 초기에는 공무원 개인과 정부로부터 각각 보험료를 징수하여 일정한 기금을 보유했으므로 적립방식으로 볼 수도 있었다. 그러나, 최근 연금 총액이 부족하여 위험준비금 정도의 약간의 기금만을 보유한 채, 현재 연금 지급액의 대부분은 현재의 공무원과 정부가 부담하고 부족분은 다시 정부가 지원하는 방식으로 운영되고 있다. 따라서 현재의 공무원 연금의 재원조달방식은 부과방식으로 볼 수 있다.

현재의 연금운영을 살펴보면, 2018년도에 수급자들이 받은 공무원 연금 총액은 13.6조 원이었으며, 당해 연도에 공무원과 사용자인 정부가 각각 5.65조 원씩을 부담하였으나, 2.3조 원이 부족하여 정부가 이를 추가로 부담하였다(2018년도 공무원연금통계).

2. 비용의 부담방식

연금의 재원을 누가 부담하느냐에 따라 기여제(contributory plan)와 비기여제(non-contributory plan)로 구분된다. 기여제는 연금급여에 드는 비용을 정부와 공무원 본인이 부담하는 제도이다. 비기여제는 정부가 전액 그 비용을 부담하는 방식이다. 우리나라 공무원 연금급여는 이에 드는 비용을 공무원과 정부가 공동으로 부담하고 있는 기여제[19] 방식을 채택하고 있다.

그러나 연금수급자가 늘어나면서 급여 지출이 보험료 수입을 초과하기 시작하였다. 이에 따라 2001년도부터는 공무원연금법(제71조)을 개정하여 종전의 공무원과 사용자인 정부가 50:50으로 부담하던 방식에서 이를 초과하는 비용에 대해서는 정부가 추가로 보전함으로써 사용자인 정부의 책임이 강화되었다.

Ⅲ. 개정 공무원연금법의 주요 내용

재정적자를 줄이고 소득재분배 기능을 연금에 포함하자는 여론과 함께 2015년에 공무원연금법이 크게 개정되었다. 최근 개정된 공무원연금법의 주요 내용을 살펴보면,

첫째, 연금지급 개시 연령이 65세로 연장하였다. 기존에는 임용연도에 따라 60세(2009년 이전 임용), 65세(2010년 이후 임용)로 구분하였으나 이를 일괄 65세로 단계적으로 연장하는 것이다.

둘째, 연금 수급 요건을 10년 이상 재직자로 하였다. 기존에는 20년 이상 재직자에게만 연금 수급을 가능하게 하였으나 이를 10년 이상으로 변경하였다.

셋째, 연금비용을 부담하는 재직기간을 최대 36년까지로 하였다. 기존에는 33년까지 인정되었으나 이를 최대 36년까지 단계적으로 연장하였다.

넷째, 이혼 시 혼인 기간이 5년 이상인 경우에는 연금액의 1/2을 법원의 결정에 따라 배우자에게 지급할 수 있도록 하였다. 기존에는 이와 관련된 공무원연금법 규정은 없었으나 새롭게 추가하였다.

---

19) 공무원 개인은 본인의 기준소득월액의 9%를 기여금으로 내며, 정부는 보수예산의 9%를 부담금으로 낸다(공무원연금법 제67조 및 제71조).

04 / 공무원의 행동규범

제1절 공무원의 신분보장과 권익보호
제2절 공무원의 정치적 중립
제3절 공무원의 단체 활동

본 장에서는 공무원의 개인적 차원에서의 신분보장과 권익보호의 절차 그리고 정치적 중립성을 살펴본다. 또한, 공무원단체 차원에서의 활동을 우리나라의 법 규정을 중심으로 알아본다.

제1절 공무원의 신분보장과 권익보호

Ⅰ. 신분보장

공무원의 신분보장이란 법률에 정한 사유와 절차에 의하지 아니하고서는 본인의 의사에 반하는 불리한 처분을 받지 아니하는 것을 의미한다. 공무원의 신분보장은 실적제와 직업공무원제 수립에 기여하고, 직업적 안정성 제고, 행정의 중립성과 공정성 확보하기 쉽다는 장점이 있다. 그러나 재직 공무원의 능력개발을 저해하고, 무사안일과 적당주의를 초래하며, 특권 집단화할 우려가 있다는 문제가 제기되기도 한다.

우리 헌법에서는 "공무원의 신분과 정치적 중립성은 법률이 정하는 바에 의하여 보장된다."(제7조 제2항)라고 신분보장의 원칙을 명확히 규정하고 있다. 또한 국가공무원법(제68조)에서는 "형의 선고, 징계처분 또는 이 법에서 정하는 사유에 따르지 아니하고는 본인의 의사에 반하여 휴직·강임 또는 면직을 당하지 아니한다"라고 규정하고 있다.

신분보장은 직업공무원제도의 적용을 받는 경력직공무원이 대상이 되며, 특수경력직공무원은 원칙적으로 신분보장의 대상이 아니다. 경력직공무원 중에서 1급 공무원, 고위공무원단 가급에 속하는 공무원의 경우는 대상에서 제외된다(국가공무원법 제68조). 한편, 시보 임용[20] 기간 중에 있는 공무원의 경우도 신분보장의 대상에서 제외된다(국가공무원법 제29조 제3항).

우리나라에서는 공무원 신분보장의 실효성을 확보하기 위한 권리구제 제도로 소청심사제도를 두고 있다. 또한, 공무원의 개인적인 애로사항이나 불만 해결을 위하여 고충심사제도를 두고 있다. 전자는 신분보장을 위한 소극적인 제도이며, 후자는 직장생활의 질적 수준을 보장하는 적극적인 신분보장 수단이라고 할 수 있다.

II. 권익보호

1. 소청심사제도

1) 의 의

소청심사제도란 공무원이 '징계처분', '의사에 반하는 불리한 처분'이나 '부작위'에 대하여 이의를 제기하는 경우 이를 심사 및 구제하는 절차이다. 소청심사제도는 행정심판[21]의 일종으로 행정소송 이전의 필수적인 전심절차이므로 소청심사를 거치지 아니하고는 행정소송을 제기할 수 없다. 소청심사제도의 근본적인 목적은 공무원의 권리구제에 있지만, 인사권자들의 자율통제와 신중한 행동을 촉진하는 목적도 있다. 소청심사의 대상은 '징계처분', '불리한 처분'이나 '부작위[22]' 등 위법적 사항에 한해 제기될 수 있으며, '부당한 사항'은 고충심사의 처리 대상이 된다.

---

20) 시보임용이란 공무원 임용시험에 최종 합격한 사람을 정규 공무원으로 임용하기 전에 일정한 기간 교육훈련이나 실무를 익히도록 하기 위한 일종의 수습임용을 의미한다. 국가공무원법(제29조)에서는 5급 공무원을 신규 채용하는 경우는 1년, 6급 이하의 공무원을 신규 채용하는 경우에는 6개월간 각각 시보로 임용하고, 그 기간의 근무성적이나 교육훈련 성적과 공무원으로서의 자질을 고려하여 정규 공무원으로 임용하도록 하고 있다. 시보공무원은 국가공무원법상 공무원에서 제외되는 것은 아니며, 그 직무상 행위를 하거나 형법 또는 그 밖의 법률에 따른 벌칙을 적용할 때는 공무원으로 본다(국가공무원법 제39조 제4항).

21) 소청심사의 대상이 되는 사건은 행정심판의 대상이 되지 못한다. 왜냐하면, 소청심사라는 특별한 불복절차를 규정하고 있는 경우에는 일반적인 행정심판을 제기하는 것을 허용하지 않고 있기 때문이다(행정심판법 제3조 제1항 참조).

22) 부작위란 행정청이 당사자의 신청에 대하여 일정한 처분을 하여야 할 법적 의무가 있음에도 행정행위를 하지 않는 경우이다. 예컨대, A 공무원이 1년간 휴직을 마치고 소속기관에 복직 신청을 하였는데 소속기관에서 아무런 행위를 취하지 않아 사실상 복직을 하지 못하게 된 경우에 A는 소속기관의 부작위에 따른 이의신청(소청심사청구)을 할 수 있다.

2) 소청심사위원회

행정기관 소속 공무원의 소청심사기관으로 인사혁신처에 소청심사위원회를 두고 있다. 또한, 국회, 법원, 헌법재판소 및 선거관리위원회 소속 공무원의 소청 심사기관으로는 국회사무처, 법원행정처, 헌법재판소사무처 및 중앙선거관리위원 회사무처에 각각 해당 소청심사위원회를 두고 있다. 한편 지방공무원의 경우는 각 시·도 지방소청심사위원회에서 심사한다. 인사혁신처에 설치된 소청심사위원회는 위원장 1명을 포함한 5명 이상 7명 이하의 상임위원과 상임위원 수의 2분의 1 이상인 비상임위원으로 구성하되, 위원장은 정무직으로 보한다.

공무원의 심사청구가 접수되면 청구인 또는 대리인에게 반드시 진술의 기회 를 부여하여야 하며, 그렇지 않은 경우의 결정은 무효로 하고 있다. 소청심사위원 회는 심사청구가 접수된 날로부터 60일 이내에 결정을 하여야 하며, 불가피한 경 우에는 30일을 연장할 수 있다.

소청 사건의 결정은 재적 위원 3분의 2 이상의 출석과 출석위원 과반수의 합 의에 따르되, 의견이 나뉠 경우에는 출석위원 과반수에 이를 때까지 소청인에게 가장 불리한 의견에 차례로 유리한 의견을 더하여 그 중 가장 유리한 의견을 합의 된 의견으로 본다.[23)]

소청심사위원회의 결정은 처분행정청을 기속한다. 소청심사위원회의 결정에 처 분행정청이 불복하는 경우는 다시 심사를 요구할 수 없다. 그러나 청구인이 불복하 는 경우에는 결정서를 송달받은 날로부터 90일 이내에 행정소송을 제기할 수 있다.

2. 고충심사제도

1) 의 의

고충심사제도는 공무원이 인사·조직·처우 등 각종 직무 조건과 그 밖에 신 상 문제에 대하여 불만 사항이 있는 경우에 이를 권한을 보유한 기관에 심사를 청 구하여 해결하기 위한 제도이다. 고충심사제도의 목적은 공무원의 개인적인 애로 사항이나 불만을 해결하는 것이며 이를 통하여 개인의 조직 적응력을 높이고 직무 능률을 향상하는 데 있다. 고충심사는 '인사상담'과 그 사유는 유사하지만 '인사상 담'은 공무원이 스스로 문제를 해결하는 데 도움을 주려는 면담 활동이지만, 고충 심사는 객관적인 위원회의 판단을 구한다는 의미에서 차이가 있다.

---

23) 제4편 제3장 제7절 징계 부분 참조

2) 고충심사위원회

고충심사위원회는 보통고충심사위원회와 중앙고충심사위원회로 나누어진다. 보통고충심사위원회는 임용권자 단위에서 구성되며 설치기관에 소속된 6급 이하 공무원, 연구사·지도사 등에 대한 심사를 맡고 있다. 중앙고충심사위원회의 기능은 인사혁신처 소청심사위원회에서 관장하며, 5급 이상 공무원, 연구관·지도관 등의 심사청구와 보통고충심사위원회의 심사를 거친 재심 청구된 것을 심사한다. 한편, 지방공무원의 고충심사에 대해서는 지방자치단체에 설치된 인사위원회에서 담당한다. 고충심사위원회의 결정은 기속력이 없다.

〈표 4-8〉 소청심사제도와 고충심사제도의 비교

구분	소청심사제도	고충심사제도
목적	- 공무원의 권리구제	- 공무원의 개인적인 애로사항이나 불만의 해결
대상	- 징계처분, 불이익 처분, 부작위	- 인사·조직·처우 등 각종 직무 조건과 그 밖에 신상 문제
심사기관	- 소청심사위원회 ※ 지방공무원: 시·도 지방소청심사위원회	- 중앙고충심사위원회(소청심사위원회에서 관장, 5급 이상) - 보통고충심사위원회(해당 기관에 설치, 6급 이하) ※ 지방공무원: 각 지방자치단체 인사위원회
결정 효력	- 처분행정청을 기속함	- 기속력 없음

제2절 공무원의 정치적 중립

Ⅰ. 의 의

공무원의 정치적 중립이란 공무원이 직무를 수행할 때에 국민 전체에 대해 봉사자로서 집권 정당과 특수이익과 관계없이 법적 의무와 공직윤리로서 중립성을 유지하는 것을 의미한다. 공무원의 정치적 중립성은 정당정치의 발달과 함께 공평한 행정행위가 강조되면서 직업공무원제와 실적제 등의 인사제도와 함께 강조되는 행동규범이다.

공무원의 정치적 중립성은 두 가지 차원에서 논의될 수 있다. 하나는 정치적 압력으로부터 공무원을 보호하는 것으로 직업공무원제도와 다양한 신분 보장제도가 이를 지지하는 제도들이다. 다른 하나는 공무원 본인이 정치적으로 중립적인 태도를 보이고 정치에 참여하거나 관여하지 않아야 한다는 것이다. 전자에 대한 부분은 공무원의 신분보장이나 직업공무원제 등에서 논의되었으므로, 본 장에서는 주로 후자에 대한 부분을 중심으로 논의하고자 한다.

II. 정치적 중립의 필요성과 한계

1. 필요성

공무원의 정치적 중립의 필요성 논거는 첫째, 공무원은 국민 전체에 대한 봉사자이므로 특정 정당의 이익이나 당파적 특수이익에 편중되어서는 안 된다는 것이다. 둘째는 행정이 정치적 영향력에 좌우되지 않고 전문적이고 중립적으로 추진되어야 한다는 것이다. 셋째는 선거 과정에서 중립성을 지킴으로써 민주적 기본질서를 확립하는 데 필요하다는 것이다. 넷째는 정실 임용으로 인한 부패와 비리의 발생을 방지하고 이를 통해 실적주의를 확립하는 데 필요하다.

2. 한 계

최근에는 공무원의 정치적 중립성에 대한 문제점도 제기되는데, 이러한 논의의 핵심은 공무원의 기본권 침해와 시대적 상황의 변화에 따른 제도 변화의 필요성이다.

각종 법률에서 공무원의 정치적 중립을 규정하는 것은 민주시민의 한사람으로서 정치에 참여하고자 하는 참정권의 제한이 될 수 있다는 것이다. 따라서 공무원의 정치적 중립성을 일괄적으로 규정하기보다는 꼭 필요한 직무나 계급 등을 고려해야 한다는 논의가 제기된다.

또한, 공무원의 정치적 중립성의 강조는 미국의 경우는 엽관제의 폐해, 우리나라의 경우는 과거 공무원의 정치참여와 선거 개입의 역사 등에 따른 것이다. 그러나 최근 공직사회에서는 실적제의 정착과 직업윤리가 어느 정도 확보되어가고 있어 정치적 중립성에 대한 변화의 필요성이 제기되고 있다.

III. 해외 국가에서 공무원의 정치적 중립성

각국 정부에서는 공무원의 정치적 중립성을 완화하는 방향으로 전개되고 있다. 그러나 한국과 일본의 경우는 여전히 공무원의 정치적 중립성을 강하게 요구하고 있는 편이다.

1. 미 국

미국은 엽관주의의 폐해를 겪으면서 공무원의 정치적 중립성을 강하게 요구하였다. 공무원의 정치적 중립성을 규정한 법률로는 1883년의 펜들턴법(Pendleton Act)과 1939년에 제정된 해치법(Hatch Act)이 있다. 펜들턴법은 실적제의 원칙을 규정하면서 공무원의 정치적 중립성을 담고 있다. 해치법은 연방공무원의 선거 관련 부패행위 및 정치자금과 관련된 규제를 담고 있으며, 1993년 클린턴 정부 당시에 대대적인 개정작업을 통하여 정치적 중립성 관련 규정은 일부만 남아있고 완화되거나 폐지되었다(박천오, 2016: 462).

2. 영 국

영국의 경우는 직무의 성격이나 계급에 따라 정치 활동의 허용 정도가 다르다. 상위계층 공무원의 경우는 정당 가입만 허용하지만, 중위계층의 공무원은 국회의원 후보직을 제외하면 기관장의 허가를 받으면 모든 정치 활동이 허용된다. 하위계층의 공무원은 모든 정치 활동이 허용되지만, 선거에 출마하기 위해서는 사직하여야 한다.

3. 독 일

독일 공무원은 정치 활동이 자유로운 편이다. 공무원은 신분을 그대로 유지하면서 하원의원에 출마할 수 있으며, 선거에 낙선되면 공무원 신분을 유지할 수 있다. 만일 당선되면 공무원을 사직하지만, 하원의원을 그만두면 다시 공직에 복직할 수 있다(김재기 외, 2013: 607).

4. 일 본

일본의 경우는 비교적 엄격히 공무원의 정치 활동을 규제하는 편이다. 국가공무원법에 공무원은 정당 활동이나 정치적 목적을 가진 기부금 등에 대한 수취 금지규정을 두고 있다. 공무원은 공직선거의 후보자가 될 수 없으며 정치 단체의 임원이나 정치적 고문의 역할도 할 수 없다(박천오, 2016: 463).

Ⅳ. 우리나라 공무원의 정치적 중립

1. 규 정

우리나라는 공무원의 정치적 중립성을 비교적 엄격히 규정하고 있다. 헌법 제

7조 제2항에서 "공무원의 신분과 정치적 중립성은 법률이 정하는 바에 의하여 보장된다."라고 하여 공무원의 정치적 중립성을 명확히 하고 있다. 또한, 국가공무원법 제65조에서는 공무원의 정치 활동을 금지하는 규정을 두고, 공직선거법 제9조에서는 공무원의 선거 개입행위를 금지하고 있다.

2. 현 실

과거보다는 공무원의 정치적 중립성이 어느 정도 확보되었다고 볼 수 있지만, 여전히 현실에서 중립성 훼손으로 인한 문제점이 제기된다. 첫째는 중앙부처 고위공무원단의 인사와 관련된다. 각 부처의 국장급인 이들의 인사를 대통령실에서 관여하게 되면서 당사자인 공무원의 관점에서 정치적으로 자유로울 수 없다는 것이 현실이다. 둘째는 지방자치단체에서 4년에 한 번 선거로 단체장이 교체되면서 공무원들의 줄서기가 심각하다는 문제가 제기된다.

그러나 한편으로는 국회의원선거나 지방선거에서 후보자로 출마하기 이전에 공직을 사퇴해야 하는 규정을 완화하여 독일과 같은 제도의 도입 필요성도 제기되기도 한다.

Ⅴ. 정치적 중립의 확립방안

공무원의 정치적 중립성 확보 방안은 제도의 개선이라는 문제 이전에 의식의 개선이 필요하다는 것이 일반적인 견해이다(박천오, 2016: 464).

1. 정치적 환경의 변화

공무원의 정치적 중립이란 행정의 노력만으로 되는 것이 아니라, 공무원이 중립을 지킬 수 있는 안정적이고 민주적인 정치적 조건이 필요하다.

2. 공무원의 의식변화

공무원 스스로 직업윤리와 행동규범을 지키는 노력이 필요하다. 또한, 공익의 수호자로서 자부심과 동시에 책임감을 느끼고 능동적으로 정치적 중립성을 지키려는 의식이 필요하다.

3. 국민의 의식변화

공무원의 선거 개입이나 부당한 직업공무원에 대한 정치적 인사 등에 대하여 국민적 감시와 통제가 필요하다.

제3절 공무원의 단체 활동

I. 의 의

공무원의 단체 활동이란 넓은 의미로는 공무원들이 근로 조건의 유지·개선과 복지 증진을 위하여 자율적으로 조직하는 모든 단체를 의미하며, 좁은 의미로는 공무원 노동조합의 형태를 갖춘 단체의 활동만을 의미한다.

공무원의 단체 활동은 공무원의 권익 보호, 사기 향상 및 직업윤리 확립과 부패방지에 기여하며, 조직 내부의 민주화를 촉진하고, 인사행정에 대한 정치적 개입을 배제하고 공무원의 중립성을 확보하는 데 기여하여 실적제를 강화24)하고, 행정의 투명성과 효율성을 제고하는 장점이 있다. 반면에 공무원의 단체 활동은 국민 전체의 이익이 아닌 공무원 집단의 지나친 사익추구행위가 나타나고, 조직의 관리층과 비관리층 간의 갈등, 연공서열을 강조함에 따른 실적주의 인사행정 저해, 행정개혁 추진이 어려워 행정의 비효율을 야기할 수 있다.

II. 공무원의 단체 활동 관련 제도

우리나라는 사실상 노무에 종사하는 일부를 제외하고, 공무원에게 노동기본권을 허용하지 않았다. 외환위기 극복을 위해 1998년 발족한 노사정위원회는 이른바 '2·6 사회협약'으로 공무원의 노동기본권을 단계적으로 허용하기로 합의했다. 이에 따라 1단계로 1999년 1월 1일부터 '공무원직장협의회의 설립·운영에 관한 법률'이 시행됨에 따라 6급 이하의 일반직 공무원 등이 근무환경 개선·업무능률 향상 및 고충처리 등을 위해 직장협의회를 설립할 수 있도록 허용하였다. 2006년 1월에는 '공무원의 노동조합 설립 및 운영 등에 관한 법률'이 시행됨에 따라 6급 이하의 일반직 공무원 등이 공무원 노동조합을 결성할 수 있는 제도적 장치가 마련되었다.

따라서 현재 우리나라 공무원의 단체 활동은 공무원 노동조합과 공무원직장협의회가 법적으로 허용되고 있다.

---

24) 공무원의 단체활동은 인사행정에 대한 정치적 개입을 배제하고 공무원의 중립성을 확보하는 데 기여하는 측면에서는 실적제를 강화하지만, 연공서열을 강조함에 따라 실적제를 저해하는 측면도 있다.

1. 공무원 노동조합

공무원의 노동기본권 보장은 헌법과 법률에서 규정하고 있다. 헌법 제33조 제2항은 "공무원인 근로자는 법률이 정하는 자에 한하여 단결권, 단체교섭권 및 단체행동권을 가진다."라고 규정하고 있으며, 그 구체적인 사항은 법률에 위임하고 있다.

우리나라의 공무원 노동조합은 '교원 노동조합'(교원의 노동조합 설립 및 운영 등에 관한 법률 적용)과 '교원 외의 공무원 노동조합'으로 구분되고, 후자는 다시 '현업기관의 공무원 노동조합'(국가공무원법 제66조 제1항 단서에 따른 사실상 노무에 종사하는 공무원)과 그 외의 '일반 공무원 노동조합'(공무원의 노동조합 설립 및 운영 등에 관한 법률 적용)으로 구분된다. 여기서는 「공무원의 노동조합 설립 및 운영 등에 관한 법률」의 적용을 받는 '일반 공무원 노동조합'을 중심으로 다루고자 한다.

1) 단결권 보장

공무원 노동조합의 최소 설립단위는 헌법기관(행정부·국회·법원·헌법재판소·선관위), 자치단체(특별시·광역시·도, 시·군·구, 시·도 교육청)로 제한하고 있으며, 노동조합을 설립하려는 사람은 고용노동부장관에게 설립신고서를 제출하여야 한다. 2개 이상의 단위에 걸치는 노동조합(복수노조)이나 그 연합단체도 가능하다.

노동조합의 가입범위는 일반직 공무원, 특정직(외무영사·외교정보기술직렬 외무공무원, 소방공무원 및 교육공무원)·별정직 공무원 그리고 퇴직공무원이다[25]. 그러나, ⓐ 업무의 주된 내용이 다른 공무원에 대한 지휘·감독권을 행사하거나 다른 공무원의 업무를 총괄하는 공무원, ⓑ 업무의 주된 내용이 인사·보수 또는 노동관계의 조정·감독 등 노동조합의 조합원 지위를 가지고 수행하기에 적절하지 아니한 업무에 종사하는 공무원, ⓒ 교정·수사 등 공공의 안녕과 국가안전보장에 관한 업무에 종사하는 공무원은 노조에 가입할 수 없다(동법 제6조 제2항). 한편, 노조 활동을 전담하는 전임자는 노동조합으로부터 급여를 지급받으면서 노동조합의 업무에만 종사할 수 있으나, 휴직하여야 한다.

2) 단체교섭권 보장

정부 교섭 대표는 최소 설립단위 기관의 대표자로 국회사무총장·법원행정처

---

25) 2021년 동 법률 개정으로 기존 '6급 이하'라는 직급 기준을 폐지하고, 퇴직공무원까지 그 범위를 확대하였다(동법 제6조 제1항 제1호 및 제4호).

장·헌재사무처장·중앙선관위사무총장·인사혁신처장(행정부를 대표)·광역/기초 자
치단체장·시도 교육감이 된다.

교섭대상은 조합원의 보수·복지 그 밖의 근무조건 등에 해당하는 사항이 되
며, 정책 결정에 관한 사항, 임용권의 행사 등 그 기관의 관리·운영에 관한 사항
으로 근무조건과 직접 관련되지 아니하는 사항은 교섭의 대상이 될 수 없다.

단체교섭이 결렬된 경우에는 당사자의 어느 한쪽 또는 양쪽은 중앙노동위원
회에 조정을 신청하여 조정에 임할 수 있다. 법령·조례·예산에 의하여 규정되는
내용과 법령·조례 등 위임받아 규정되는 내용은 단체협약의 효력이 인정되지 아
니하나 정부는 성실히 이행할 의무를 진다.

3) 쟁의행위 및 정치 활동의 금지

국가공무원법 제66조에서는 사실상 노무에 종사하는 공무원을 제외하고는 공
무원의 노동운동이나 집단행동을 금지하고 있다. 또한, 공무원의 노동조합 설립
및 운영 등에 관한 법률 제11조에서도 공무원은 "노동조합과 그 조합원은 파업,
태업 또는 그 밖에 업무의 정상적인 운영을 방해하는 일체의 행위를 하여서는 아
니 된다."라고 규정하고 있다. 또한, 노동조합과 그 조합원의 정치 활동도 금지하
고 있다(동법 제4조).

2. 공무원직장협의회

1999년 1월에 「공무원직장협의회의 설립·운영에 관한 법률」이 시행됨에 따
라 공무원의 근무환경 개선, 업무능률 향상 및 고충처리 등을 위한 직장협의회의
설립근거가 마련되었다.

1) 설 립

국가기관, 지방자치단체 및 그 하부기관에 근무하는 공무원은 기관 단위로 직
장협의회를 설립할 수 있다. 또한, 국가기관 또는 지방자치단체 내에 설립된 협의
회를 대표하는 하나의 연합협의회를 설립할 수 있다(동법 제2조의2).[26]

직장협의회를 설립한 경우 그 대표자는 소속기관의 장에게 설립 사실을 통보하
여야 한다. 또한, 직장협의회에는 협의회의 업무를 전담하는 공무원은 둘 수 없다.

---

26) 기존에는 연합회 설립이 불가하였으나, 2022년 동법 개정으로 하나의 연합협의회는 설립할 수 있
　　도록 허용하였으며, 가입 범위에 대한 직급 제한(6급 이하)을 폐지하였다.

2) 가입범위

직장협의회에 가입할 수 있는 공무원은 일반직 공무원 및 이에 준하는 특정직(외무영사·외교정보기술직렬 외무공무원, 경찰공무원, 소방공무원)·별정직 공무원이다. 그러나, ⓐ 업무의 주된 내용이 지휘·감독권을 행사하거나 다른 공무원의 업무를 총괄하는 업무에 종사하는 공무원, ⓑ 업무의 주된 내용이 인사, 예산, 경리, 물품 출납, 비서, 기밀, 보안, 경비 및 그 밖에 이와 유사한 업무에 종사하는 공무원은 직장협의회에 가입할 수 없다.

3) 협의 사항

직장협의회는 기관장과 ⓐ 해당 기관 고유의 근무환경 개선에 관한 사항, ⓑ 업무능률 향상에 관한 사항, ⓒ 소속 공무원의 공무와 관련된 일반적 고충에 관한 사항, ⓓ 소속 공무원의 모성보호 및 일과 가정생활의 양립을 지원하기 위한 사항, ⓔ 기관 내 성희롱, 괴롭힘 예방 등에 관한 사항, ⓕ 그 밖에 기관의 발전에 관한 사항을 협의한다.

〈표 4-9〉 공무원 노동조합과 공무원직장협의회 비교

구분	공무원 노동조합	공무원직장협의회
성격·목적	- 공무원의 노동기본권 보장	- 근무환경 개선, 업무능률 향상, 고충처리 등
설립단위	- 최소설립 단위 제한 (2개 이상의 단위에 걸치는 노동조합이나 그 연합단체 가능)	- 기관 단위로 설립, 하나의 연합협의회 가능
설립신고	- 고용부장관에게 설립신고	- 소속기관장에게 설립 사실 통보
가입범위	- 원칙: 일반·특정직(외무영사·외교정보기술직렬 외무공무원, 소방공무원, 교육공무원)·별정직 공무원, 퇴직공무원 - 금지: 지휘·감독·업무 총괄 공무원, 인사·보수업무 종사 공무원 등	- 원칙: 일반·특정직(외무영사·외교정보기술직렬 외무공무원, 경찰공무원, 소방공무원)·별정직 공무원 - 금지: 지휘·감독 공무원, 인사·예산·물품 출납·비서·경비·자동차운전 등 업무종사 공무원
전임자 지위	- 전임 가능, 휴직	- 전임 금지
교섭/협의 대상	- 노조 관련 사항, 보수·복지·기타 근무조건에 관한 단체교섭 및 단체협약 체결	- 근무환경 개선, 업무능률 향상, 고충 처리, 모성보호, 일과 가정의 양립 지원, 성희롱, 괴롭힘 예방 등에 관한 협의

제5편

재무행정론

재무행정에서의 쟁점은 '정치적 합리성'과 '경제적 합리성', '입법부의 통제'와 '행정부의 재량' 사이에서 적절한 제도적 장치를 마련하는 것이라고 볼 수 있다.

예산의 정치적 합리성은 "정부 재원을 어디에 누구를 위하여 투입할 것인가?"라는 가치 배분의 문제와 관련된다. 즉, 예산을 이해관계자들 간의 정치적 갈등과 타협의 산물로 이해한다. 그런데 경제적 합리성은 "어떻게 정부 재원으로 사회 후생을 극대화할 것인가?"에 대한 문제와 관련된다. 정치적 합리성과 경제적 합리성이 일치하게 된다면 금상첨화일 것이다. 그러나 현실은 그렇지 못하다. 현실에서는 이러한 두 가지 합리성이 충돌하는 경우가 많다.

한편 각종 예산제도는 입법부의 통제와 행정부의 재량을 조화하기 위한 노력의 산물이라고 볼 수 있다. 예산은 재정 민주주의의 관점에서 국민의 대표인 입법부가 행정부를 통제하는 하나의 형식이다. 따라서 정부는 국회가 사전에 의결해준 예산의 목적과 용도를 지켜야 할 의무가 있다. 그러나 국회의 예산 승인 이후에 환경 변화로 인하여 예산의 내용이나 집행 시기를 변경할 필요성에 대비해 행정부의 재량을 인정할 필요성도 제기된다. 이러한 이유로 예산집행의 신축성을 유지할 수 있는 제도적 장치가 마련되어 있다.

재무행정론은 일반적인 원칙이나 이론뿐 아니라 국가재정법을 중심으로 우리나라 예산과정이나 운영의 특징을 이해하는 것도 필요하다. 일반적인 재무행정론의 주요 쟁점들이 우리나라 상황에서는 어떤 제도적 장치를 통하여 실현되고 있는지에 대한 이해가 필요하다.

01
예산 총론

예산 총론은 예산에 대한 기초적인 이해를 위한 내용으로 구성되었다. 예산이 가지는 개념, 기능, 원칙, 종류 및 예산결정 이론 등을 알아본다. 예산의 일반적인 원칙이나 종류와 우리나라에서의 구체적인 제도와의 비교를 중심으로 살펴본다. 또한, 예산결정 이론은 정치적 합리성과 경제적 합리성이라는 큰 틀을 바탕으로 최근의 모형들을 소개한다.

제1절 예산의 의의와 기능

I. 예산의 개념과 속성

예산이란 일정 기간 정부의 수입과 지출에 관한 계획을 말한다. 또한, 예산은 정부의 활동을 위한 세입과 세출을 나타내는 계획서이기도 하다. 회계연도 동안에 정부가 수행하는 활동을 위하여 필요한 자금은 얼마이며, 무엇을 위하여 지출할 것이며, 그 자금은 어떻게 조달할 것인가에 대해 화폐단위로 표시한 문서이다.

예산은 다음과 같은 속성을 지닌다. 첫째, 예산은 정부의 미래계획을 나타낸다. 예산은 정부가 향후 달성하고자 하는 활동과 관련된 재원의 세입과 세출에 대한 계획서이다.

둘째, 예산은 정부의 정책을 보여주며 정책추진의 수단이기도 하다. 예산은 정책추진을 위해 소요되는 재원의 규모를 나타내고, 구체적으로 어떠한 수단으로 목적을 달성할 것인지를 나타낸다.

셋째, 예산은 정보제공의 도구이다. 예산은 정부의 활동과 이에 수반되는 각종 재원의 획득과 지출에 대한 정보를 제공한다.

넷째, 예산은 일종의 계약서이다. 예산은 행정부가 국민의 세금을 어떻게 사용하겠다는 국민과 한 약속이며, 예산을 승인해준 입법부와의 약속이며, 집행기관 상호 간의 약속인 것이다.

다섯째, 예산은 경제적 속성과 정치적 속성을 동시에 가지고 있다. 예산은 자금을 어떻게 효율적으로 활용할 것인지에 대한 고민이 담겨 있기도 하지만, 누구에게 어떻게 배분할 것인가에 대한 정치적 문제도 담겨 있다.

Ⅱ. 예산과 법률과의 관계

1. 예산 법률주의와 비법률주의

법률과 예산에 관한 최종 결정 권한은 국민의 대표기관인 입법부에 있다. 예산은 회계연도마다 편성되어 입법부의 심의를 거쳐 확정된다. 법률은 제·개정 시에 입법부의 의결을 거쳐 확정된다. 따라서 예산을 법률과 같은 형식으로 다룰 것인지, 아니면 예산을 법률과 구분하여 별도의 형식으로 다룰 것인지에 대한 논의가 있을 수 있다. 전자를 예산 법률주의, 후자를 예산 비법률주의(예산주의 또는 의결주의라고 부르기도 함)라고 한다. 예산 법률주의는 예산이 법률과 같은 형식을 취하게 되어 세입법, 세출법의 형식으로 의결된다. 미국, 영국, 독일, 프랑스 등이 이러한 법률의 형식으로 예산을 결정한다. 예산 비법률주의는 예산은 법률과 달리 독특한 형식으로 의결되는 것이다. 우리나라, 일본, 스위스 등 일부 국가만이 이러한 비법률주의를 따른다(서보건, 2010; 김용만, 2012).

2. 예산과 법률의 차이

우리나라는 전술한 바와 같이 예산 비법률주의를 따르고 있다. 따라서 예산은 법률과는 다른 형식으로 의결되고 있다. 예산과 법률의 차이를 정리하면 〈표 5-1〉과 같다.

법률은 정부와 국회가 제안할 수 있지만, 예산안은 정부만이 제안할 수 있으며, 법률은 제출 및 심의기한에 제한이 없지만, 예산안은 제출과 심의기한에 제한이 따른다. 법률은 국회에서의 수정에 대해 어떠한 제한도 없지만, 예산안은 국회가 삭감은 할 수 있지만 증액하거나 새로운 비목을 설치하는 경우는 정부의 동의

〈표 5-1〉 예산과 법률의 관계

구분	법률	예산
제안권자	정부와 국회	정부
국회 심의 범위	수정에 제한 없음	증액이나 새로운 비목 설치 불가
대통령 거부권 행사	가능	불가
공포 절차	필요	불필요
대인적 효력	국가기관, 국민 모두 기속	국가기관만 기속
지역적 효력	원칙상 국내에 한정됨	국내외 효력 발생
상호 관계	법률로써 예산 변경 불가	예산으로 법률 개폐 불가

자료: 윤영진, 2016: 123.

를 받아야 한다. 법률은 대통령의 거부권 행사가 가능하지만, 국회가 승인한 예산에 대해서는 거부권을 행사할 수 없다. 법률은 공포함으로써 그 효력이 발생하지만, 예산은 공포라는 별도의 절차를 요구하지 않으며, 국회의 의결로써 확정된다. 법률은 정부와 국회뿐 아니라 일반 국민에게 기속력이 있지만, 예산은 행정부를 기속할 뿐이다. 법률은 원칙적으로 국내에만 효력을 가지지만, 예산은 국내외에 모두 효력을 가진다. 법률로써 예산의 변경이 불가능하며, 예산으로 법률의 개폐도 불가능하다.

Ⅲ. 예산의 기능

예산 또는 재정의 기능은 머스그레이브(Richard A. Musgrave, 1959)가 분류한 경제안정화 기능, 소득분배 기능, 자원배분 기능이 가장 많이 사용되고 있다. 이 세 가지 기능은 예산의 기능이기도 하지만 일국의 예산이 올바른 기능을 하고 있는지를 판단하는 규범적 기준이기도 하다.[1]

---

1) 최근 지방자치단체의 예산액이 증가하면서 지방정부의 예산기능에 대한 논의가 활발하다. 그런데 지방정부의 경우는 자원배분 기능이 강하며, 경제안정화 기능과 소득분배 기능은 현실적으로 매우 미흡할 수밖에 없다. 한편, 소득분배 기능은 최근의 고령화와 복지 수요의 증대 등으로 인하여 지방정부 수준에서의 기능이 증가되고 있는 것이 현실이다. 그러나 특정 지역에 과도한 재배분 정책은 그 지역 내 고소득자가 다른 지역으로 이주할 수도 있으며, 가난한 지방자치단체에서 많은 복지비를 지출하는 것은 다른 지역 주민들의 세금을 사용하는 결과를 초래하는 것이므로 지방자치단체의 소득분배 기능도 국가보다는 제한적이다.

1. 자원배분 기능

자원배분 기능이란 가격 기제에 의한 효율적인 자원배분이 불가능할 때 정부가 경제에 개입하여 사회 후생을 증가시키는 방향으로 자원을 배분하는 것을 말한다. 이러한 정부의 자원배분 기능을 수행하기 위한 정책수단은 크게 두 가지로 구분된다. 하나는 국방, 국공립 교육, 고속도로의 건설 등과 같이 정부가 직접 재화와 서비스를 공급하는 경우이며, 다른 하나는 각종 세금이나 벌금 등을 통하여 민간의 자원배분 과정에 간접적인 영향을 미치는 경우로 구분된다(하연섭, 2014: 15).

또한, 정부의 자원배분 기능은 그 주체에 따라 중앙 정부 수준의 공공재와 지방정부가 공급하는 지역공공재(local public goods)로 구분된다. 국가 수준의 공공재는 국방이나 외교 등이 있으며, 지역공공재는 공원, 지방도로, 쓰레기 처리, 상·하수도 시설 등이 있다.

2. 소득분배 기능

조세나 정부지출(사회복지비 등)과 같은 재정정책을 수단으로 하여 정부는 개인 소득량의 변화를 유도하고 이를 통하여 소득배분 상태를 변화시킬 수 있다. 따라서 국가 재정은 재화와 용역 그리고 정부의 서비스를 누구에게 어떻게 배분할 것인가에 대해 영향을 미치게 된다. 구체적으로 정부의 소득분배 정책으로는 세입 측면에서는 소득세, 상속세, 증여세 등에 누진율을 적용하는 것 등이며, 세출 측면에서는 소외계층에 대한 사회복지비 지출 등을 들 수 있다.

그런데 정부의 소득분배 정책의 쟁점은 '무엇이 적정한 소득 재배분이냐'에 대한 의문에 답하기가 쉽지 않다는 점이다. 이는 가치판단의 문제이며 현실적으로는 정치적 과정을 통하여 결정될 수밖에 없을 것이다.

3. 경제안정화 기능

경제안정화 기능이란 물가의 안정, 완전고용, 국제수지의 균형을 달성하기 위하여 정부가 경제에 개입하는 것을 말한다. 이러한 경제안정화를 위해서 정부가 추진할 수 있는 경제정책은 통화정책과 재정정책으로 크게 구분될 수 있다.

통화정책은 이자율과 통화량을 조절·통제하기 위해 통화 당국이 직접적으로 사용하는 정책 도구를 말한다. 일반적인 수단으로는 크게 공개시장 조작(open market operation)·재할인율 정책(rediscount rate policy)·지급준비율 정책(reserve requirement policy)으로 구분된다. 재정정책은 조세와 정부지출의 수준을 조작함으로써 경제활동에 영향을 미치는 정책수단을 말한다. 예를 들어, 개인 차원에서 조세의 감소는 소비의 증가를 가져올 것이고, 이것은 경제활동을 촉진할 것이며, 기업 차원에서 조세 부담의 감소는 투자를 자극할 것이다. 대규모 공공사업 등을 통한 정부지출의 증가는 경기를 확장하는 효과가 기대되며, 역으로 정부지출의 감소나 조세수입의 증가는 경제활동을 위축시키는 효과를 유발할 수 있다.

제2절 예산의 분류와 예산서의 형식

I. 의 의

예산의 분류란 세입·세출 예산을 일정한 기준에 따라 유형별로 나타낸 것이다. 따라서 예산의 분류는 예산이 표현된 예산서의 형식을 결정하게 된다. 예를 들면, 조직별로 예산을 분류하여 사용하는 경우는 국가 예산서의 형식은 정부조직법에 나온 정부 부처 순으로 정리되어 있으며, 기능별 분류를 따르는 경우는 정부 활동을 중심으로 일반행정, 외교·통일, 국방, 교육 등으로 예산서에 표현될 것이다.

따라서 예산의 분류는 행정부의 예산편성 및 집행 그리고 입법부의 예산심의 과정뿐 아니라 예산에 대한 일반 국민의 이해와 경제에 미치는 영향 분석 등을 위해 용이한 정보를 배열하는 방법이기도 하다. 예산에 다양한 분류방법이 존재하는 것은 예산서에 나타난 정보의 용도와 목적이 다양하기 때문이기도 하다.

아래에 소개된 예산분류의 유형은 학자들뿐 아니라 실무에서 가장 일반적으로 활용되는 분류방법이다. 그런데 이들 분류 방식은 독립적으로 사용되기보다는 혼합적으로 이용되는 경우가 많다.

II. 예산분류의 유형

1. 조직별 분류(소관별 분류)

예산의 조직별 분류란 예산을 편성하고 집행하는 기관이나 조직단위로 분류하는 방법이다. 사실 예산은 편성, 심의, 집행, 감사 등에서 부처별로 진행된다. 예를 들면, 우리나라의 예산편성은 행정안전부, 문화체육관광부, 보건복지 등 부처별로 이루어지고, 국회에서는 부처가 소속되는 소관위원회에서 일차적으로 다루게 되며, 예결위원회에서도 부처별로 일정을 잡아서 심의하게 된다. 조직별 분류를 소관별 분류라고도 한다.

조직별 분류는 품목별 분류와 함께 전통적인 분류방법이다. 우리나라는 세입 예산과 세출 예산 모두 조직별 분류를 활용하고 있다. 일반적으로 조직별 분류는 기능별 분류나 품목별 분류와 함께 사용된다.

2. 품목별 분류(성질별 분류)

예산의 품목별 분류란 예산을 지출 대상별로 분류하는 방법이다. 세출 예산 과목인 '장 – 관 – 항 – 세항 – 세세항 – 목 – 세목' 중에서 목과 세목에 해당하는 것이 지출 대상이며 품목에 해당한다. 품목별 분류는 성질별 분류라고도 한다.

품목별 분류는 조직별 분류와 함께 예산의 가장 기본적인 분류 중의 하나로 여러 나라에서 활용되고 있다. 특히 품목별 분류는 지출 대상인 품목을 중심으로 예산을 분류함으로써 정부 관료의 재량성이 줄어들어 통제 지향적인 분류라고 할 수 있다.

3. 기능별 분류(시민을 위한 분류)

예산의 기능별 분류란 정부의 활동 기능에 따라 예산을 분류하는 방식이다. 예산의 기능별 분류는 정부가 무엇을 하고 있는지에 대해 명확히 알 수 있는 구분이다. 따라서 기능별 분류는 정부 활동에 대해 개략적인 정보를 제공해 주는 장점이 있어, 일반 시민들이 이해하기에 쉽다고 하여 '시민을 위한 분류(citizen's clas-sification)'라고 부르기도 한다.

우리나라의 세출 예산 과목 중에서 '장 – 관'이 기능별 분류에 해당한다. 현재의 프로그램 예산제도에서는 '분야 – 부문'에 해당한다. 기능별 분류는 정부 활동을 중심으로 한 것이므로 각국을 비교하기에 편리하다. 따라서 IMF의 정부재정통계편람과 UN의 정부 기능분류 등이 기능별 분류를 취하고 있다.

4. 경제성질별 분류(경제적 분류)

예산의 경제성질별 분류란 예산이 국가 경제에 미치는 영향을 기준으로 분류하는 방법이다. 거시경제 지표인 실업, 인플레이션, 국제지수 등에 미치는 영향을 파악하는 데 적합하게 예산을 분류하는 것이다. 가장 많이 사용하는 경제성질별 분류는 경상계정과 자본계정으로 나누거나, 국민소득을 구성하는 소비, 투자, 저축 등으로 구분하는 방법이다. 경제성질별 분류는 경제적 분류라고 부르기도 한다.

우리나라의 통합예산(통합재정: '제4절 예산의 종류' 참조)은 경제성질별 분류를 활용하고 있다.

Ⅲ. 우리나라 예산서의 분류 체계

우리나라의 중앙 정부는 2007년부터 프로그램 예산제도를 도입하였으며, 지방자치단체는 2008년부터 중앙 정부와 유사한 사업 예산제도를 도입하였다. 우리나라의 프로그램 예산제도는 예산서의 과목체계를 사업(프로그램) 중심으로 편성하는 것이다.[2]

전통적인 세출 예산의 기본 과목체계는 '장－관－항－세항－세세항－목－세목'으로 이루어져 있다. 장, 관, 항은 국회의 의결을 거쳐서 상호융통(이용이라 함)이 가능한 입법과목이며, 세항, 세세항, 목, 세목은 행정부 재량에 의하여 융통(전

〈표 5-2〉 우리나라 중앙 정부 예산서의 과목체계

		입법과목 ←	→ 행정과목			
장	관	항	세항	세세항	목	세목
분야	부문	프로그램	단위사업	세부사업	편성 비목	통계 비목
기능별 분류		프로그램(사업)별 분류			품목별 분류	

〈예시〉 문화관광체육부* 예산체계 일부 요약

문화 및 관광	문화 예술	종교문화지원	종교문화활동 및 보존지원	종교문화활동지원	인건비	상용임금
					운영비	일반수용비
						복리후생비
					여비	국내여비
						국외여비
				종교문화 유산 보존	민간이전	민간경상보조
					자치단체 이전	자치단체 경상보조
		콘텐츠 산업 육성	콘텐츠산업 진흥 환경 조성	문화산업정책개발 및 평가	운영비	일반수용비
					업무추진비	사업추진비
					민간이전	민간경상보조
	관광	외래관광객 유치	국제관광교류	관광외교 역량강화	해외이전	국제부담금
				관광 발전지원 사업(ODA)	민간이전	민간경상보조

* 2019년도 문화체육관광부 예산에서는 일반회계에는 문화 및 관광의 1개 분야, 문화예술, 관광, 체육, 문화 및 관광일반 등 3개 부문, 29개의 프로그램으로 구성되어 있다.
자료: 윤영진, 2016: 95; 문화체육관광부, 2019년도 예산 각목명세서.

---

2) 실제 중앙부처의 예산분류는 프로그램 예산제도를 도입하고 있지만, 국가재정법(제21조 및 47조)에서는 장·관·항 등의 용어를 그대로 사용하고 있다.

용이라 함)이 가능한 행정과목이다.

우리나라의 프로그램 예산제도는 분야-부문-프로그램-단위사업-세부사업-편성 비목-통계 비목으로 구성되어 있다. 항-세항-세세항을 사업 중심(프로그램-단위사업-세부사업)으로 편성한 것이 특징이다. 이를 프로그램 예산제도라고 부르고 있다.

〈표 5-2〉에 나타난 바와 같이 우리나라의 프로그램 예산제도에서는 기능별 분류(분야, 부문), 프로그램별 분류(프로그램, 단위사업, 세부사업), 품목별 분류(목, 세목)를 혼용하여 사용하고 있다(윤영진, 2016: 95). 또한, 부처별로 구분하여 예산서를 만드는 것은 소관별 분류라고 할 수 있다.

제3절　예산의 원칙

I. 의　의

예산은 국민에게 얼마만큼의 세금을 거두고 그 돈을 어디에 어떻게 사용할 것이라는 계획이 담긴 문서이다. 예산은 국민의 대표기관인 입법부의 승인에 따라 성립되고 국민의 대리인인 행정부 관료에 의하여 집행하게 된다. 입법부는 예산에 대하여 더욱 많은 통제를 통하여 국민의 세금이 제대로 사용되고 있는지에 대해 집행부를 감시하고자 할 것이며, 집행부는 스스로 자율적이고 효율적인 집행을 통하여 환경 변화에 대응하며 본래의 목적을 달성하고자 할 것이다. 예산과정은 입법부의 통제와 집행부의 재량 사이에서 갈등의 연속이라고 볼 수 있다.

이러한 예산의 내용과 운영과정에서 지켜야 할 일정한 규범적인 원칙이 제시되고 있는데 이를 예산의 원칙이라고 한다. 학자들은 대체로 전통적인 입법부 우위의 통제 지향적인 예산원칙과 행정부의 재량을 강조하는 현대적 예산원칙으로 구분하여 설명하고 있다. 오늘날 이 두 가지 원칙은 예산의 내용과 운영에 함께 내포되어 있다고 볼 수 있다. 다만 이렇게 구분하여 설명하는 실익은 예산과정이나 내용의 무게중심이 입법부 통제 중심에서 행정부의 재량을 강조하는 경향으로 변화하는 모습을 포착하기에 쉽기 때문이다.

Ⅱ. 전통적 예산원칙

전통적인 예산원칙은 입법부 우위의 통제 지향적인 예산원칙을 의미한다. 따라서 국민의 대표기관인 입법부가 행정부의 예산편성과 집행에 대한 통제, 그리고 행정부 관료가 지켜야 할 규범을 중심으로 이루어진 원칙이라고 볼 수 있다(신무섭, 2014: 124).

1. 예산 공개의 원칙

예산 운영의 모든 과정과 내용이 국민에게 공개되어야 한다는 원칙이다. 국가재정법 제9조에서는 "정부는 예산, 기금, 결산, 국채, 차입금, 국유재산의 현재액 및 통합재정수지 그 밖에 대통령령이 정하는 국가와 지방자치단체의 재정에 관한 중요한 사항을 매년 1회 이상 정보통신매체·인쇄물 등 적당한 방법으로 알기 쉽고 투명하게 공표하여야 한다."라고 재정정보의 공표를 규정하고 있다. 예산 공개의 원칙은 국민의 알 권리와 재정 민주주의의 원리에 기초한 당연한 결과라고 할 수 있다.

그러나 일부 국방비와 국가정보원 예산의 경우는 비공개할 수 있다. 국가정보원의 경우는 총액으로 예산을 요구할 수 있도록 하고 있으며, 국회 정보위원회의 위원에게도 예산의 내역을 공개하거나 누설하지 않을 의무를 부여하고 있다(국가정보원법 제12조).

2. 예산 명료성의 원칙

예산은 국민이 알기 쉽게 편성되어야 한다는 것이다. 수입과 지출에 대한 내용이 합리적으로 분류되어 표현되어야 함을 의미한다. 예산 명료성의 원칙은 예산 공개 원칙의 전제 조건이 된다.

그러나 국가재정법(제37조)에서는 총액계상제도를 허용하고 있다. 이는 정부 사업의 세부내용을 미리 확정하기 곤란한 사업의 경우는 총액으로 예산을 계상할 수 있도록 하고 있다.

3. 예산 단일성의 원칙

하나의 회계연도에는 하나의 회계만 있어야 한다는 원칙이다. 즉, 단일 회계연도에는 본예산과 일반회계만이 있어야 한다는 것이다. 이 원칙은 예산 명료성의 원칙과 관련성이 깊다고 볼 수 있다.

제5편 재무행정론

그러나 현실의 예산은 단일성의 원칙을 지킨 경우는 거의 없다. 우리나라 예산에서 본예산 이외에 추가경정예산이나, 일반회계 이외에 특별회계나 기금은 모두 단일성의 원칙에 예외가 된다.

4. 예산 사전의결의 원칙

예산은 행정부의 집행에 앞서 입법부의 사전의결을 받아야 한다는 원칙이다. 예산안이 회계연도 개시 전까지 국회를 통과하지 못할 때, 행정부가 예산안이 입법부에서 의결될 때까지 특정 경비만 전년도 예산에 준하여 지출할 수 있도록 하는 준예산 제도는 예산 사전의결의 원칙에 대한 예외이다.

5. 예산 한정성(한계성)의 원칙

예산 한정성의 원칙은 입법부가 한정한 목적, 금액, 기간을 지켜야 한다는 원칙이다. 즉 예산 한정성의 원칙은 ⓐ 예산의 목적 외 사용 금지, ⓑ 계상된 금액 이상의 초과지출 금지, ⓒ 회계연도 경과의 금지를 의미한다.

여기에 대한 예외로는 예산의 전용과 이용, 이월, 계속비, 추가경정예산[3] 등이 있다.

6. 예산 완전성의 원칙(예산 총계주의 원칙)

예산 완전성의 원칙은 모든 세입과 세출은 예산에 계상되어야 한다는 원칙이다. 예산 총계주의 원칙 또는 예산 포괄성의 원칙이라고도 한다. 예산 완전성의 원칙은 다음 두 가지를 포괄해야 함을 의미한다. 첫째는 일반회계, 특별회계, 기금 등을 모두 포함해야 한다. 둘째는 회계 내 계정 간 거래나 회계 간 거래도 총계로 포함해야 함을 의미한다. 즉, 일반회계 내에서 계정 간 거래나 일반회계와 특별회계 간 거래 등에서 중복 계상된 부분도 포함시켜 순계[4]가 아닌 총계로 계상하여야 한다는 것이다. 여기에 대한 예외로는 전대차관[5]을 들 수 있다.

---

3) 추가경정예산을 본예산에 대한 초과지출을 허용하는 것이므로 이를 한정성의 원칙의 예외로 보는 견해가 있다(윤영진, 2016: 50; 이종수 외, 2014: 312).

4) 예산은 일반회계와 특별회계 간, 특별회계와 특별회계 간, 회계 계정 내 계정 간, 일반·특별회계와 기금 간, 기금 상호 간에 거래가 이루어진다. 예를 들면, 일반회계에서 100억 원을 상하수도특별회계로 전출금을 보내면 상하수도특별회계에서는 100억 원의 전입금이 생기는 내부거래가 발생한다. 이 경우 양 회계에서 중복으로 계상되게 되는데 이렇게 중복 계산된 것을 예산총계라고 하며, 중복 계산된 내부거래를 제외한 것을 예산순계라고 표현한다.

5) 전대차관이란 기획재정부 장관을 차주로 하여 외국의 금융기관으로부터 외화자금을 차입하여, 자금의 실수요자인 국내 사업수행자에게 전대하는 차관방식을 말한다.

7. 예산 통일성의 원칙

예산 통일성의 원칙이란 특정한 세입과 특정한 세출을 직접 연계하여서는 안 된다는 것이다. 국가의 모든 수입은 일단 국고에 편입되고 여기서 다시 지출이 이루어지므로 특정한 수입을 특정한 사업을 위하여 사용해서는 안 된다는 원칙이다. 이 원칙의 예외로는 특별회계, 목적세, 수입대체 경비[6] 등이 있다.

8. 예산 엄밀성의 원칙

예산 엄밀성의 원칙이란 예산은 결산과 일치하여야 한다는 것이다. 국회가 집행 이전에 의결한 정부 예산은 집행 이후의 결산과 일치하여야 한다는 원칙이다. 이를 예산 정확성의 원칙이라고도 한다. 예산과 결산이 완전히 일치하기는 현실적으로 불가능하다. 따라서 국회가 사전에 의결한 예산은 행정부의 집행과정에서 차이가 발생할 수는 있지만, 그 정도가 너무 커서는 안 된다는 의미로 해석되어야 한다.

〈표 5-3〉 예산의 원칙과 예외 사항

원칙	내용	예외 사항
공개성	예산의 전 과정과 내용을 국민에게 공개	국방비와 국가정보원 예산
명료성	국민이 알기 쉽게 편성	총액계상 제도
단일성	하나의 회계연도에 하나의 회계만 존재	추가경정예산, 특별회계, 기금
사전의결	행정부 집행에 앞서 입법부 사전의결	준예산
한정성(한계성)	입법부가 한정한 목적, 금액, 기간을 지킴	전용과 이용, 계속비, 예비비, 추가경정예산
완전성	모든 세입과 세출은 예산에 계상되어야 함	전대차관
통일성	특정 세입과 특정 세출을 연계해서는 안 됨	특별회계, 목적세, 수입대체 경비
엄밀성(정확성)	예산은 결산과 일치해야 함	

Ⅲ. 현대적 예산원칙

현대적 예산의 원칙은 행정부에 더욱 많은 재량을 부여하는 원칙들이 제시되고 있다. 그러나 이러한 현대적 예산의 원칙에 대한 국내외 학자들의 통일된 견해

---

6) 수입대체 경비란 '국가가 특별한 용역 또는 시설을 제공하고 그 제공을 받은 자로부터 비용을 징수하는 경우의 당해 경비' 또는 '수입의 범위 안에서 관련 경비의 총액을 지출할 수 있는 경우의 당해 경비'를 의미한다(국가재정법 시행령 제24조). 예를 들면, 외무부 공관에서 여권발급 비용을 자체 경비에 충당하는 경우이다.

가 있는 것은 아니며 대체로 행정부에 더욱 많은 재량과 책임을 부여는 원칙들이 제시되고 있다. 현대적 예산의 원칙으로는 다음과 같다.

첫째, 행정부에 의한 계획의 원칙이다. 예산이란 행정부의 사업계획을 반영하여 마련된 것이어야 한다.

둘째, 행정부 책임의 원칙이다. 행정부는 입법부가 허용한 범위 내에서 가장 효율적으로 집행할 책임이 있다.

셋째, 보고의 원칙이다. 예산의 과정은 정부 각 기관으로부터 제출되는 재정보고에 기초하여 이루어져야 한다.

넷째, 적절한 수단의 원칙이다. 행정부는 예산관리의 책임을 이행하기 위한 적절한 조직과 수단을 가지고 있어야 한다.

다섯째, 다원적 절차의 원칙이다. 다양한 행정 활동의 유형에 맞게 적절한 예산 절차상의 조치도 필요하다.

여섯째, 행정부 재량의 원칙이다. 예산집행의 효율성을 위하여 행정부에 부여하는 재량의 범위를 가급적 넓혀주어야 한다.

일곱째, 신축성의 원칙이다. 환경 변화에 따라 예산집행의 시기를 적절히 조절할 수 있도록 해야 한다.

여덟째, 예산기구 상호성의 원칙이다. 중앙예산기관과 정부 각 기관의 예산담당 조직 간에 상호협력관계가 설정되도록 하여야 한다.

Ⅳ. 국가재정법의 예산원칙

우리나라 국가재정법(제16조)에서는 정부가 예산의 편성 및 집행에 있어서 지켜야 할 원칙으로 다음의 6가지를 제시하고 있다.

① 정부는 재정 건전성의 확보를 위하여 최선을 다하여야 한다.
② 정부는 국민 부담의 최소화를 위하여 최선을 다하여야 한다.
③ 정부는 재정을 운용함에 있어 재정지출 및 조세지출의 성과를 제고하여야 한다.
④ 정부는 예산과정의 투명성과 예산과정에의 국민참여를 제고하기 위하여 노력하여야 한다.
⑤ 정부는 예산이 여성과 남성에게 미치는 효과를 평가하고, 그 결과를 정부의 예산편성에 반영하기 위하여 노력하여야 한다.

⑥ 정부는 예산이 온실가스 감축에 미치는 효과를 평가하고, 그 결과를 정부의 예산편성에 반영하기 위하여 노력하여야 한다.

위의 여섯 가지 원칙은 예시적이고 선언적 의미가 있으며, 여기에 나열되지 않았지만, 예산의 기본 원칙들은 지켜져야 할 것이다. 또한, 국가재정법에서는 회계연도 독립의 원칙(제3조), 재정정보 공표의 원칙(제9조), 예산 총계주의(제17조), 예산의 목적 외 사용 금지(제45조)를 규정하고 있다.

제4절 예산의 종류

I. 의 의

예산의 종류는 그 기준에 따라 여러 가지로 나누어진다. 우선 세입과 세출의 성질에 따라 일반회계와 특별회계로 구분된다. 예산 성립 시기 또는 절차상 특징에 따라 수정예산, 본예산, 추가경정예산으로 구분되며, 재정 목적에 따라서는 조세지출 예산, 통합재정(예산), 성인지 예산으로 구분된다.

한편, 일정한 구분 기준을 찾기는 어렵지만, 기금, 공공기관 예산, 신임예산도 예산의 종류에서 설명하기 위하여 기타로 분류하였다.

II. 세입과 세출의 성질에 따른 종류: 일반회계, 특별회계

1. 일반회계

일반회계란 조세수입 등을 주요 세입으로 하여 국가의 일반적인 세출에 충당하기 위하여 설치한다(국가재정법 제4조 제2항).

2. 특별회계

특별회계는 특정한 세입으로 특정한 세출에 충당함으로써 일반회계와 구분하여 회계 처리할 필요가 있을 때 법률로써 설치할 수 있다. 국가재정법 제4조 제3항에서는 특별회계의 설치 요건으로 "국가에서 특정한 사업을 운영하고자 할 때," "특정한 자금을 보유하여 운용하고자 할 때"로 제한하고 있다.

Ⅲ. 예산 절차상(성립 시기) 특징에 따른 종류: 수정예산, 본예산, 추가경정예산

1. 수정예산

정부가 국무회의 심의와 대통령의 승인을 거쳐 회계연도 개시 120일 전까지 국회에 제출하는 예산을 '예산안'이라고 한다(국가재정법 제33조). 그런데 이렇게 행정부가 국회에 '예산안'을 제출한 이후에 부득이한 사유로 인하여 그 내용의 일부를 수정하고자 하는 때에, 국무회의의 심의를 거쳐 대통령의 승인을 얻어 국회에 다시 제출하는 예산을 '수정예산안' 또는 '수정예산'이라고 한다(국가재정법 제35조). 따라서 수정예산은 입법부의 예산 심의 중에 행정부가 예산편성 내용을 변경하여 다시 제출하는 것을 말한다.

2. 본예산

이렇게 제출된 '예산안' 또는 '수정예산안'이 정기국회에서 다음 회계연도 예산으로 의결 확정되면 이를 '본예산' 또는 '당초예산'이라고 부른다.

3. 추가경정예산

본예산이 확정되었지만 이에 대한 변경을 가할 필요가 있는 경우, 정부는 '추가경정예산안'을 편성하여 국회에 제출할 수 있다. 이렇게 제출된 '추가경정예산안'이 국회를 통과하면 '추가경정예산'이라고 부른다. 우리 국가재정법 제89조에서는 '추가경정예산안'을 편성할 수 있는 조건을, ⓐ 전쟁이나 대규모 재해가 발생한 경우, ⓑ 경기침체, 대량실업, 남북관계의 변화, 경제협력과 같은 대내·외 여건에 중대한 변화가 발생하였거나 발생할 우려가 있는 경우, ⓒ 법령에 따라 국가가 지급하여야 하는 지출이 발생하거나 증가하는 경우인 세 가지로 제한하고 있다. 이러한 제한은 과다한 추가경정예산안 편성을 사전에 방지하려는 취지이다(국회예산정책처, 2018: 68).

Ⅳ. 예산 불성립 시 예산집행 방식에 따른 종류: 준예산, 잠정예산, 가예산

예산안은 회계연도 개시 전에 입법부의 승인을 받아야 집행될 수 있다. 그러나 만일 정부의 예산안이 입법부의 승인을 받지 못하는 경우에는 새로운 회계연도에 정부가 국민의 세금을 집행할 권한을 가지지 못하여 국정이 마비될 수 있다. 따라서 각국은 이러한 예산 불성립 시를 대비하여 행정부가 경비를 지출할 수 있는 제도를 미리 마련해 놓고 있다.

1. 준예산

현재 우리나라에서는 준예산 제도를 활용하고 있다. 준예산은 예산안이 회계연도 개시 전까지 국회를 통과하지 못하는 경우에 행정부가 예산안이 입법부에서 의결될 때까지 특정 경비에 한하여 전년도 예산에 준하여 지출할 수 있도록 하는 제도이다. 헌법 제54조에서는 다음의 목적을 위한 경비는 전년도 예산에 준하여 집행할 수 있도록 하고 있다.

① 헌법이나 법률에 의하여 설치된 기관 또는 시설의 유지·운영

② 법률상 지출의무의 이행

③ 이미 예산으로 승인된 사업의 계속

한편 준예산에 의하여 집행된 예산은 당해 연도의 예산이 확정된 때에는 그 확정된 예산에 따라 집행된 것으로 본다(국가재정법 제55조).

2. 잠정예산

잠정예산은 예산이 성립되지 않은 경우에 행정부가 잠정적으로 예산을 편성하여 국회에 제출하고 국회의 사전의결을 얻어 사용하는 제도이다. 영국, 일본처럼 의원내각제 국가에서 주로 채택하고 있으나, 각국의 운영 방식은 약간씩 다르다.

3. 가예산

가예산 제도는 국회에서 예산안이 의결되지 못한 경우, 국회는 1개월 이내에 가예산을 의결하여 행정부가 집행할 수 있도록 하는 것이다. 잠정예산과 유사하나 예산의 유효기간이 1개월인 점이 다르다. 가예산은 1948년 정부 수립 후부터 1960년 제3차 헌법 개정 전까지 제1공화국 때 사용되었던 제도이다.

Ⅴ. 재정 목적에 따른 종류: 조세지출 예산, 통합재정(예산), 성인지 예산

예산서를 작성하는 재정 목적에 따라 조세지출 예산, 통합재정, 성인지 예산 등으로 구분해 볼 수 있다.

1. 조세지출 예산

1) 조세지출의 개념

조세지출(tax expenditures)이란 특정 활동이나 집단에 세제상의 감면이나 면세의 혜택을 부여하는 것을 말한다. 예산을 통한 지출은 정부의 자금이 직접 지출되

는 경우라면 세제상의 감면이나 면세는 간접적인 지출에 해당한다. 따라서 이를 조세지출이라고 부르며, 세금의 감면액이나 면세액만큼의 보조금을 준 것과 같은 효과를 발행시키므로 숨겨진 보조금(hidden subsidies)이라고 부르기도 한다(윤영진, 2016: 115). 조세지출은 구체적으로 비과세, 면세, 세액공제, 특혜세율 등의 조세우대 조치로 나타난다.

2) 조세지출 예산

조세지출 예산이란 조세지출로 인하여 발생하는 세수 감소액을 종합적으로 정리해서 나타낸 것이다. 사실 조세지출은 세출 예산에서 보조금을 지급하는 것과 유사한 결과를 초래하는 것이므로 국회의 심의대상이 되어야 한다는 인식에서 조세지출 예산이 등장하게 되었다.

우리나라는 2011년부터 국회에 제출하는 예산안에 조세지출 예산서를 첨부하도록 하여 조세지출 예산제도를 채택하고 있다(국가재정법 제34조). 국회에 제출하는 조세지출 예산서에는 조세감면, 비과세, 소득공제, 세액공제, 우대세율적용 또는 과세이연(세금납부의 연기를 의미함) 등 조세특례에 따른 재정지원(조세지출)의 내용이 포함되어 있어야 한다. 또한, 조세지출 예산서는 직전 연도 실적과 해당 연도 및 다음 연도의 추정금액을 기능별·세목별로 분석한 보고서로 형태로 작성·제출되어야 한다(조세특례제한법 제142조의2).

2. 통합재정(예산)

통합재정 또는 통합예산이란 일반회계, 특별회계, 기금 등 정부의 모든 재정 활동을 일괄적으로 표시함으로써 재정이 경제에 미치는 영향을 파악하고자 만들어진 예산제도이다. 이는 사실상 한 나라의 재정 규모를 나타내는 지표라고 할 수 있다. 일국의 재정이 중앙 정부와 지방자치단체 그리고 일반회계, 특별회계, 기금 등으로 나누어져 있는 경우는 재정 활동의 전체를 일괄하여 파악하기 어려워 정부 재정의 경제적 효과를 정확히 측정하는 데 한계가 있었다. 따라서 통합재정을 도입함으로써 재정이 경제에 미치는 영향을 정확히 파악할 수 있고, 경제정책의 수단으로 재정정책을 활용하기 용이하도록 도입되었다(하연섭, 2018: 67).

우리나라의 통합재정에는 중앙 정부, 지방자치단체, 일반회계, 특별회계, 기금(비금융성기금을 의미하며, 금융성기금은 제외됨), 지방 교육재정을 포함하여 작성되고 있다. 또한, 통합재정에 기초한 통합재정수지[7]를 매월 발표하고 있다. 국가재정법에서는 국가재정운용계획의 수립 시에 통합재정수지에 대한 전망과 근거 및 관리계획이 포함되도록 하였으며(동법 제7조 제2항 제6호), 정부가 재정정보를 공표할 때도 통합재정수지를 공표하도록 의무화하고 있다(동법 제9조 제1항).

3. 성인지 예산

1) 개 념

성인지 예산(gender responsive budgeting)이란 당해 예산이 여성과 남성에게 미치는 효과를 예산편성·심의·집행·결산의 전 과정에서 검토함으로써 정책의 성별 형평성과 공정성을 높이려는 제도이다. 예산이 성별에 미치는 영향을 체계적으로 분석하여 재원의 남·여 차별적 배분을 시정하고 양성평등을 구현하는 데 그 목적이 있다. 우리나라에서는 2010년 예산안 편성부터 중앙 정부에 성인지 예산제도를 도입하였으며, 2011년부터는 기금 사업에도 적용하였으며, 2013년부터 지방자치단체에도 의무적으로 적용하였다.

성인지 예산의 법적 근거는 양성평등 기본법, 국가재정법, 성별영향 평가법 등이 있다. 양성평등 기본법 제16조 제1항에서는 "국가와 지방자치단체는 관계 법률에서 정하는 바에 따라 예산이 여성과 남성에게 미치는 영향을 분석하고 이를 국가와 지방자치단체의 재정 운용에 반영하는 성인지(性認知) 예산을 실시하여야 한다."라고 규정하고 있다. 국가재정법에서는 예산의 원칙(제16조 제5호), 예산서의 작성(제26조) 등에서 성인지 예산서 작성을 의무화하고 있다. 성별영향 평가법(제9조)에서는 성별영향 평가의 결과를 성인지 예산서 및 기금운용계획서에 반드시 반영하도록 하고 있다.

2) 내 용

(1) 성인지 예산서와 성인지 결산서

국가재정법에서는 성인지 예산서와 성인지 결산서 작성을 의무화하고 있다. 정부는 예산이 여성과 남성에게 미칠 영향을 미리 분석한 성인지 예산서를 작성하여야 하며(국가재정법 제26조), 이를 예산안의 첨부 서류로 국회에 제출하여야 한다(동법 제34조 제9호). 성인지 예산서에는 성평등 기대효과, 성과목표, 성별 수혜 분석 등을 포함하여야 한다(동법 제26조 제2항).

또한, 정부는 여성과 남성이 동등하게 예산의 수혜를 받고 예산이 성차별을 개선하는 방향으로 집행되었는지를 평가하는 성인지 결산서를 작성하여야 한다.

---

7) 통합재정수지는 통합재정을 기초로 해당 기간 순수한 수입에서 순수한 지출을 차감한 수지이다(하연섭, 2018: 69를 참조 바람).

성인지 결산서에는 집행실적, 성 평등 효과분석 및 평가 등을 포함하여야 한다(국가재정법 제57조).

성인지 예산제도는 기금에도 적용하고 있다. 따라서 정부는 성인지 예산·결산서와 마찬가지로 성인지 기금운용계획서와 성인지 기금 결산서를 작성하여 국회에 제출하여야 한다.

(2) 대상 사업

성인지 예산서의 대상 사업은 기획재정부와 여성가족부가 선정기준을 제시하고, 각 부처에서 자율적으로 대상 사업을 선정하여 제출하도록 하고 있다(국회예산정책처, 2017: 5). 성인지 대상 사업 선정기준으로는 양성평등 정책 기본계획 추진사업, 전년도 성인지 예산서 작성사업, 기타 성별 영향 분석이 가능한 사업이다.

(3) 성인지 예산 현황

국회에 제출된 「2022년도 성인지 예산서」에 따르면, 33개 중앙관서의 302개 대상 사업을 포함하고 있는데, 예산 규모로는 32조 7,123억 원으로 정부 총예산의 5%를 차지하고 있다(국회예산정책처, 2022: 4).

4. 온실가스감축인지 예산

1) 개 념

온실가스감축인지 예산제도란 정부가 운용하는 예산과 기금이 온실가스감축 및 기후변화에 미치는 영향을 평가하고, 그 결과를 정부의 예산편성과 집행 및 결산 등 재정 운용 과정에 반영하는 것을 의미한다(국회예산정책처, 2022: 3). 본 제도는 온실가스감축을 통한 탄소 중립 및 기후변화 대응이라는 국가 및 전 지구적 차원의 환경 목표를 달성하기 위하여 예·결산 제도에 도입된 것이다.

온실가스감축인지 예산제도는 2021년 개정된 국가재정법 및 국가회계법에 따라 2022년 1월 1일부터 시행되고 있으며, 성인지 예산제도와 동일한 방식으로 정부의 예산·기금 편성 및 결산 절차에 포함되어 이루어진다.

2) 내 용

정부는 예산에 대해서는 온실가스감축인지 예산서를, 기금에 대해서는 온실가스감축인지 기금 운용계획서를 작성하여 예산안 및 기금 운용계획안의 첨부 서류로 국회에 제출(회계연도 개시 120일 전까지)하여야 한다(국가재정법 제27조 및 제68조의3). 여기에는 예산 및 기금이 온실가스감축에 미칠 영향을 미리 분석하여 온실가스감축에 대한 기대효과, 성과목표, 효과분석 등의 내용이 포함되어야 한다.

또한, 결산 시에도 정부는 예산이 온실가스를 감축하는 방향으로 집행되었는지를 평가하여 집행실적, 온실가스감축 효과분석 및 평가 등의 내용을 포함한 온실가스감축인지 결산서 및 온실가스감축인지 기금 결산서를 제출하여야 한다.

2023년도 온실가스감축인지 예산안(기금운용계획서 포함)의 대상 사업은 13개 중앙관서의 장이 제출한 288개로 전체예산 규모는 11조 8,828억 원이다.

VI. 기타 예산의 종류: 기금, 공공기관 예산, 신임예산

국민의 세금이 포함된 국가의 예산은 원칙적으로 입법부에 사전의결을 받아야 한다. 그러나 예산 운영의 탄력성이나 자율성을 부여하기 위하여 예외가 인정되기도 한다. 기금은 2007년부터 예산과 유사한 수준으로 국회의 통제를 받고 있으며, 공공기관 예산은 확정 예산을 국회에 제출하도록 하고 있다. 신임예산은 예산 총액만 입법부에서 정하고 구체적 지출 결정은 행정부에 위임하는 제도이다.

1. 기 금

1) 개념 및 현황

기금은 국가의 특정한 목적을 위하여 세입·세출 예산의 일반적인 원칙이나 제약에서 벗어나 신축적으로 자금을 운용하기 위하여 관리하는 특정한 자금이다. 기금은 정부 출연금, 민간의 부담금, 차입금, 운용수입 등이 주요 재원이다. 2021년 운영 실적 기준으로 국민연금기금, 공무원연금기금 등 68개의 기금이 있으며, 약 863조 원의 자금을 운용하고 있다(기획재정부, 2022).

2) 예산과의 차이 및 기금의 특징

국가재정법 제5조에서는 국가가 특정한 목적을 위하여 특정한 자금을 신축적으로 운용할 필요가 있을 때에 한하여 법률로써 기금을 설치할 수 있도록 하고 있다. 또한, 기금은 세입 예산이나 세출 예산에 의하지 아니하고 운용할 수 있도록 하고 있다. 기금을 예산과 별도로 운영할 수 있도록 하는 것은, ⓐ 특정한 분야에 지속적이고 안정적인 자금 지원이 필요하거나, ⓑ 자금집행의 탄력성이 필요한 경우에 예산보다 기금의 운영이 더 편리하며, ⓒ 예산이 1년 단위로 편성·지출되지만, 기금은 조성된 자금을 계속 적립해 나갈 수 있으며, ⓓ 특정 수입과 특정 지출의 연계가 가능하여 예산 통일성의 원칙에 어긋나기 때문이다(윤영진, 2016: 58). 예를 들면, 국민연금기금의 경우 지출 소요의 변화를 정확히 예측하기 어렵고 집행 도중에 수시로 수정해야 할 필요성이 제기될 수 있으며, 개인으로부터 부담금을 받아 지속적으로 축적해야 하며, 개인의 부담금을 연금과 연계시켜 사용하기 때문에 기금의 형식으로 하는 것이 적절할 것이다.

한편, 기금의 수가 증가하고 자금 운용 규모가 커지면서 국회 통제의 필요성이 제기됨에 따라 국가재정법에서는 기금을 예산과 유사하게 국회의 통제를 받도록 하고 있다. 기금 운용계획안을 회계연도 개시 120일 전까지 국회에 제출하고, 국회 본회의의 의결을 받아야 한다(국가재정법 제68조). 만일 국회에서 기금 운용계획안이 의결되지 못하면 준예산과 유사하게 집행된다(국가재정법 제85조). 결산의 경우도 예산에 준하는 국회의 통제를 받는다. 또한, 국회는 기금에 대해 국정감사를 실시 할 수도 있다(국가재정법 제83조). 기금의 경우도 성인지 기금운용계획서와 성인지 기금 결산서를 작성하여야 한다(국가재정법 제68조의2 및 제73조의2).

그러나 기금의 경우는 운용의 자율성과 탄력성을 강화하기 위하여 기금운용계획 중 주요항목 지출금액의 20~30%의 범위 안에서는 국회에 제출하지 않고 대통령의 승인으로 변경할 수 있거나, 여유자금 운용으로 계상된 지출금액, 다른 법률의 규정에 따른 의무적 지출금액 등도 국회에 제출하지 아니하고 기금운용계획을 변경할 수 있도록 하고 있다(국가재정법 제70조).

2. 공공기관 예산

1) 의 의

공공기관[8]이란 공공기관의 운영에 관한 법률(이하 '공공기관 운영법'이라 칭함)에 적용을 받는 기관을 말한다. 동법에서 규정하고 있는 공공기관의 지정요건을 요약하면 "정부의 투자·출자 또는 정부의 재정지원 등으로 설립·운영되는 기관으로서 일정 요건에 해당하여, 기획재정부장관이 매년 지정한 기관"으로 정의될 수 있다(공공기관 운영법 제4조).

과거 우리나라의 공기업은 정부 부처 형태, 공사 형태, 주식회사 형태로 구분하였는데, 2007년부터 정부 부처 형태는 정부기업 예산법의 적용을 받고, 공사 형태와 주식회사 형태는 공공기관 운영법의 적용을 받는다. 따라서 정부기업 예산법

---

8) 여기서 논하는 공공기관은 국가 공공기관을 말하며, 지방자치단체가 설립하고 운영에 관여하는 지방 공기업(지방공사·공단) 등은 제외한다. 지방공기업은 그 분류체계가 여기서 논하는 공공기관과 전혀 다름에 주의하여야 한다. 지방 공기업에 대해서는 지방 공기업법을 참조하기 바란다.

의 적용을 받는 정부기업은 공공기관으로 분류되지 않음에 주의하여야 하며, 정부기업에 근무하는 직원은 공무원이지만, 공공기관에 근무하는 직원은 공무원이 아니다. 정부기업 예산법의 적용을 받는 정부기업으로는 우편사업, 우체국 예금사업, 양곡관리사업, 조달사업의 4개 사업이 있다. 이들 정부기업은 관계 중앙부처에서 특별회계로 관리·운영된다.

공공기관의 예산은 기관장이 편성하고 이사회에서 확정하며, 국회의 심의대상이 아니다. 그러나 공공기관에 대한 국민의 대표기관인 국회의 감시를 위하여 공기업·준정부 기관이 확정된 예산과 그 예산이 변경된 경우에는 지체 없이 국회 소관 상임위원회에 그 내용을 제출하도록 하고 있다(공공기관 운영법 제40조 제8항). 또한, 공기업과 준정부 기관의 결산을 국회에 보고하도록 하고 있다(공공기관 운영법 제43조 제6항).

2) 공공기관의 유형

공공기관 운영법에서는 공공기관을 공기업, 준정부 기관, 기타 공공기관으로 구분하고 있다. 공기업은 시장형 공기업과 준시장형 공기업으로 구분하고, 준정부 기관은 기금관리형과 위탁집행형 준정부 기관으로 구분하고 있다(공공기관 운영법

〈표 5-4〉 공공기관 지정 기준

구분		지정 기준
① 공기업		- 직원 정원 300명 이상, 총수입액 200억 원 이상, 자산규모 30억 원 이상 - 총수입액 중 자체수입액 비중 50% 이상인 기관
	■ 시장형	- 자산규모가 2조 원 이상이고, 총수입액 중 자체수입액 비중 85% 이상 　예) 한국가스공사, 인천국제공항공사, 한국전력공사 등
	■ 준시장형	- 시장형 공기업이 아닌 공기업 　예) 한국조폐공사, 한국마사회, 한국철도공사 등
② 준정부 기관		- 직원 정원 300명 이상, 총수입액 200억 원 이상, 자산규모 30억 원 이상, - 총수입액 중 자체수입액 비중 50% 미만인 기관
	■ 기금관리형	- 중앙 정부 기금을 관리하는 기관 　예) 국민연금공단, 근로복지공단, 공무원연금공단 등
	■ 위탁집행형	- 기금관리형이 아닌 준정부 기관 　예) 한국장학재단, 한국연구재단 등
③ 기타 공공기관		- 공기업과 준정부 기관을 제외한 기관 중에서 정부가 지정한 기관 　예) 한국행정연구원, 과학기술정책연구원, 국토연구원 등

자료: 공공기관 운영법 및 시행령, 기획재정부 보도자료 '2023년도 공공기관 지정'(2023. 1. 30.)

제5조 및 동법 시행령 제7조). 동법에서는 공공기관의 전반적인 운영뿐 아니라 예산 회계에 관한 규정을 담고 있다.

3. 신임예산

신임예산은 입법부가 예산 총액만을 결정하고 세부적인 지출 내용은 행정부에 위임하는 예산제도이다. 이 제도는 지출 내용과 액수를 미리 추측하기 어려운 전시나 국가의 안전보장상 그 내용을 밝히기 곤란할 경우에 사용된다.

제5절 예산결정 이론

I. 의 의

예산이론 또는 예산결정 이론이란 예산과정에서 나타나는 다양한 현상들에 대한 체계적인 이해와 설명을 제공하는 모형이라고 할 수 있다. 예산결정이란 기본적으로 배분에 관한 문제를 결정하는 것이다. 따라서 다양한 행위자들이 관여하는 배분의 과정에서 발생하는 현상을 체계적으로 분석하는 시각을 가진다는 것은 예산연구자와 실무자에게 모두 중요하다.

1940년 미국의 키(V. O. Key, Jr.)는 자원배분에서 "어떤 근거로 X달러를 B사업 대신에 A사업에 배분하도록 결정하느냐?"의 문제에 대해서 학자들이 관심을 기울이지 않는다고 지적하였다. 그리고 그는 경제적 합리성에 기초한 접근을 제시하였다. 그러나 1960년대에 윌다브스키(A. B. Wildavsky)는 예산과정을 정치과정으로 이해해야 한다는 이론을 발표하였다. 그는 예산을 연구하는 것은 정치를 연구하는 것이며, 정치과정을 통한 예산결정은 점증주의적인 것일 수밖에 없다고 주장하였다.

이러한 합리주의와 점증주의는 오랫동안 각기 다른 방식으로 예산 현상을 설명하고 이해하는 이론으로 자리 잡고 있다. 그러나 최근에는 합리주의와 점증주의를 대체하고자 하는 예산이론들이 다양한 학문적 배경을 가진 학자들에 의해 제시되고 있다. 여기에는 다중합리성 모형, 단절균형 모형, 공공선택 이론, 거래비용 이론, 구조 결정 이론(이정희, 2010), 조직과정 모형(윤영진, 2016: 275), 모호성 모형(신무섭, 2014: 264) 등이 있다. 제시되고 있는 예산결정의 모든 이론을 학습하는 데에는 한계가 있으므로, 본서에서는 전통적인 합리주의, 점증주의와 더불어 최근 예산결정 이론으로 볼 수 있는 다중합리성 모형, 단절균형 모형을 다루고자 한다.

Ⅱ. 합리주의(총체주의) 모형

1. 개 념

합리주의 또는 총체주의(synopticism) 예산결정이란 합리적 분석과 선택에 의한 예산결정 모형을 말한다. 예산결정과 관련된 모든 요인을 종합적으로 고려하여 자원배분에 대한 합리성을 추구하는 것이다. 따라서 예산결정자는 문제해결과 관련된 모든 정보를 종합적이고 체계적으로 파악할 수 있으며, 합리적으로 행동한다는 것을 전제로 설명하는 모형이다. 합리주의 예산결정 모형은 경제학의 한계효용, 기회비용 등 계량적 분석방법을 통하여 경제적 합리성에 입각한 과학적인 분석기법을 활용한다.

한편, 합리주의 예산결정은 규범적 성격이 강하지만, 후술하는 점증주의 방식은 실증적 성격이 강하다. 왜냐하면, 점증주의는 실제 예산결정 과정에서 나타나는 현상을 이론 모형에 담아 현실을 잘 설명하려고 하였다면, 합리주의는 예산결정 과정은 이렇게 '해야 하는 것'을 제시하고 있다고 볼 수 있기 때문이다. 합리주의를 구현하고자 하는 예산 개혁은 계획예산제도(PPBS), 영기준 예산제도(ZBB)를 들 수 있다.

2. 특 징

합리주의는 목표 달성을 위해서 예산배분을 경제적 합리성이 보장되도록 하여야 한다는 것이다. 따라서 목표를 설정하고, 목표 달성을 위한 대안을 탐색하고, 각 대안에 대한 비용과 편익을 분석하고, 대안을 선택하는 과정을 거치게 된다.

1) 목표와 수단분석의 중시

합리주의는 설정된 목표를 달성하기 위한 수단인 다양한 대안을 고려하고, 그 대안 가운데 가장 적절한 것을 선택한다. 따라서 목표 달성을 위한 수단에 대한 체계적이고 과학적인 분석이 핵심이다.

2) 거시적 배분과 미시적 배분을 고려

합리적 자원의 배분을 위하여 거시적 배분과 미시적 배분을 함께 고려한다. 여기서 거시적 배분이란 국가 전체의 사회 후생함수를 고려하여 공공재와 민간재

제5편 재무행정론

간의 배분을 의미하며, 미시적 배분이란 정부 내의 각 사업 간의 예산 배분을 말
한다(윤영진, 2016: 254).

3) 계량적 분석기법의 활용

목표 달성을 위한 대안을 탐색하고 대안 간 상호비교를 위하여 비용-편익분
석, 체제분석 등의 과학적이고 계량적인 분석기법을 사용한다.

3. 장점 및 단점

합리주의는 목표와 수단을 연계하고, 목표 달성을 위한 합리적 대안을 선택하
기 위하여 과학적인 분석기법을 활용하여 예산배분의 경제적 합리성을 추구하였
다는 것은 큰 장점이다. 예산결정 과정에서 행정관료에게 합리적 분석을 위한 도
구를 제시했다는 측면에서도 의의가 있다.

그러나 합리주의 예산결정은 다음과 같은 비판을 받고 있다. 우선 합리주의는
"의사결정자는 완전한 지식과 정보를 바탕으로 결정을 할 수 있다."라는 기본 가
정에 문제가 있다고 본다. 현실적으로 예산결정 과정에서 지식과 정보의 한계는
있을 수밖에 없으며, 미래에 대한 분석을 통하여 정확한 결과를 예측하는 것도 불
가능하다는 것이다. 또한, 합리주의를 따라 예산결정을 할 경우에는 많은 시간과
비용이 소요된다는 것이다. 공공부문에서 과학적 분석의 한계도 문제점으로 지적
된다. 비용편익 분석을 통하여 대안을 탐색·선택하지만, 공공부문의 특성상 그
효과를 계량화하기가 어렵다는 것이다. 마지막으로 예산과정에서 나타나는 복잡
한 정치적 상호작용을 고려하지 않았다는 것이다.

Ⅲ. 점증주의 모형

1. 개 념

점증주의(incrementalism) 예산결정 모형은 현 연도의 예산액을 기준으로 다음
연도의 예산을 배정하는 예산결정 방식을 말한다. 점증주의는 전술한 합리주의와
대비되는 모형이다. 점증주의는 합리주의의 기본전제를 완화하여 현실의 불확실
성과 인간 능력의 한계를 전제로 한다. 의사결정자의 정보획득 능력, 시간과 비용
등을 고려하였을 때, 현실에서 예산의 결정은 현존 상태에서 소폭의 변화를 통한
수정·보완의 형태가 될 수밖에 없다는 것이다. 전술한 합리주의가 경제적 합리성
을 추구하면서 예산결정 과정에서 따라야 할 규범적 측면을 강조하였다면, 점증주

의는 정치적 합리성을 추구하면서 예산결정 과정에서 나타나는 현실을 적절히 설명하고자 하는 실증적인 측면을 강조하고 있다.

점증주의 모형은 많은 학자의 기여가 있었지만, 린드블럼(Charles E. Lindblom, 1959; Braybrooke & Lindblom, 1970)이 정책결정 분야, 윌다브스키(Aron Wildavsky)가 예산결정 분야(1988)에서 이론적 진전을 이루었다고 볼 수 있다.

2. 특 징

1) 제한된 합리성과 한정된 비교

점증주의는 제한된 정보와 인간 능력의 한계를 전제로 한다. 따라서 불확실한 현실적 상황에서 복잡한 문제를 단순화하거나 주어진 대안 중에서 일부에 대한 비교·분석을 진행할 수밖에 없다.

2) 분할적 결정과 정치적 조정

예산과정에 참여하는 행위자는 각 부처, 중앙예산기관, 입법부의 각종 위원회, 이익집단과 시민단체 등이다. 그런데 이들은 각기 독립성을 가지고 결정에 공식·비공식적으로 참여하게 된다. 따라서 점증주의 결정방식은 이러한 각 행위자 집단의 분할적(disjointed) 결정을 내포하고 있다(Braybrooke & Lindblom, 1970). 그런데, 분할적 결정을 하는 다양한 행위자들이 상호조정과 타협 때문에 합의에 도달되어야 예산이 최종 결정되는 것이다. 결국, 점증주의에서는 최종 결정이 최선인지는 알 수 없지만, 분할적 결정을 하는 다양한 행위자들 상호 간에 정치적 타협과 조정의 산물이 된다.

3) 소폭의 변화

제한된 합리성과 정치적 협상으로 인하여 다음 연도 예산은 현재 연도 예산에서 소폭의 증감이 발생할 따름이다.

3. 장점 및 단점

점증주의 예산결정 모형의 장점은 첫째, 예산결정의 현실적 실태를 정확하게 묘사하였다는 것이다. 따라서 현실의 불확실한 예산과정에 대한 설명과 이해를 위해서는 적절한 모형이라는 것이다. 둘째, 예산과정에서 발생하는 정치적 과정을 잘 나타내는 모형으로 볼 수 있다. 오늘날 다원주의 사회에서 관련 이해관계자 집단들이 예산 확보를 위한 갈등과 조정의 과정은 경제적 합리성으로는 설명하기 어렵기 때문이다.

그러나 점증주의 예산결정 방식은 다음과 같은 비판을 받는다. 첫째, 소폭의 변화를 점증이라고 하는데, 어느 정도가 점증이고, 무엇이 점증인지에 대해 잘 설명하지 못한다. 금년에 비해 내년도 예산이 10% 증가했다면 점증이고 30% 증가했다면 점증이 아닌지에 대한 판단 기준이 부재하다. 또한, 점증의 대상이 정부 전체예산을 두고 하는 것인지, 아니면 개별 사업 예산을 대상으로 하는 것인지가 불명확하다(윤영진, 2016: 265).

둘째, 점증주의는 예산결정을 위한 체계적인 전략이나 방향을 제시하지 못할 뿐 아니라 일반 관료들에게 예산과정에서 활용할 수 있는 분석기법을 제공하지 못하고 있다. 예산과정에서 발생하는 정치적 타협과 조정 등 현실 설명력은 있지만, 정부 관료가 보다 나은 예산결정을 위하여 해야 할 일이 무엇이라는 것에 대한 명확한 규범적 방법을 제시하지 못하는 한계가 있다.

셋째, 예산결정에 대한 점증주의적 설명방식은 기존의 기득권을 보장하는 보수적인 색채가 강하다는 비판을 받는다. 따라서 급격한 예산의 변화나 재정 혁신안에 대한 설명력이 부족하다는 한계를 가진다.

Ⅳ. 다중합리성 모형

1. 개 념

다중합리성(multiple rationalities) 모형은 다양한 합리성에 근거하여 예산과 관련된 결정을 하게 된다는 것을 설명하는 이론이다. 예산과정에서 예산결정자와 예산결정 조직이 경제적 합리성이라는 하나의 기준이 아닌 다양한 합리성을 추구할 수 있음을 강조한다. 여기서 다양한 합리성에는 경제적 합리성, 정치적 합리성, 사회적 합리성,[9] 기술적 합리성,[10] 법적 합리성, 실용적 합리성, 형식적 합리성, 실제적 합리성 등이 제시되고 있다(이정희, 2010).

서마이어(Kurt M. Thurmaier)와 윌로비(Katherine G. Willoughby)가 대표적인 학자이다. 이들은 미국 주 정부의 예산실(Central Budget Office)에서 이루어지는 예산결정 맥락을 분석하여 본 모형을 제시하였다.

---

9) 서마이어와 윌로비(2001)는 사회적 합리성이란 사회적 정당성과 연관된 것으로 예산이 사회적 가치를 반영하거나 사회 통합에 기여한다고 한다면 그 예산은 사회적 합리성이 있다고 본다는 것이다.

10) 서마이어와 윌로비(2001)가 말하는 기술적 합리성은 단일 사업에 대한 능률성, 경제적 합리성은 전체사업에 대한 효과성의 의미와 유사하다고 볼 수 있다.

2. 특 징

1) 중앙예산기관 예산분석가의 예산결정 맥락 분석

서마이어와 윌로비는 주 정부 예산실 예산분석가의 역할, 합리성의 유형, 예산기구의 정향을 중심으로 예산결정 과정을 설명하고 있다. 주 정부의 예산실(중앙예산기관)은 주지사와 각 부서의 중간위치에 존재한다. 예산실은 부처의 예산요구를 주지사에게 전달하고, 실제 예산과 정책을 분석하고, 예산과정을 관리하며, 예산결정에 상당한 영향력을 행사한다. 그런데 예산실에서 실질적인 결정에 영향을 미치는 사람은 예산분석가들이다. 이들은 단순한 재정 분석의 수준을 넘어서 정책분석가의 역할을 수행하며, 주지사를 보좌하면서 예산결정에 상당한 영향력을 행사한다. 이러한 주 정부 예산실의 예산분석가들은 정치적·재정적 환경, 조직의 역할, 정향, 주지사, 다른 기관과의 커뮤니케이션, 예산순환주기를 고려하여 적합한 합리성을 반영하여 의사결정을 하게 된다(이정희, 2010).

예산실의 역할은 반대자(adversary), 전달자(conduit), 촉진자(facilitator), 정책분석가(policy analyst), 지지자(advocate) 등으로 구분되며, 정향은 통제, 관리, 기획 그리고 정책 등으로 구분된다. 만일 예산실이 통제 정향을 가지고 있으면 예산분석가들은 부서의 예산을 모으고 수입과 지출을 일치시키는 전통적인 예산 의사결정 방식을 취하게 된다. 따라서 예산분석가들은 전달자, 촉진자, 반대자의 역할이 강하게 나타나며, 기술적·법률적·경제적 합리성을 검토하는 경우가 많을 것이다. 한편 예산실이 강한 정책지향을 가진 경우에 예산분석가들은 예산집행보다 정책을 개발하고 예산형성을 예산통제보다 중요시하며, 적극적인 정책형성의 역할을 하게 된다. 따라서 예산분석가들은 전달자, 촉진자, 정책분석가, 지지자 등의 역할을 수행하며 사회적·경제적·정치적 합리성을 검토하는 경우가 많다(신무섭, 2014: 282).

2) 거시적 결정과 미시적 결정의 연계

다중합리성 모형은 거시적인 예산결정과 미시적인 예산결정의 상호 연계를 시도한 모형이다(윤영진, 2016). 주 정부 수준에서 거시적 예산결정은 시장의 정책방향성, 시 재정 상황 등이며, 미시적 예산결정은 직업 관료 수준에서의 사업의 우선순위 결정이다. 시장과 각 부서의 연결고리를 담당하는 예산실에 대한 분석을 통하여 거시·미시적 결정을 연계하여 설명하였다는 것이 특징이다.

3. 장점 및 단점

다중합리성 모형은 다음과 같은 이론적 공헌을 하였다. 첫째, 예산결정에 영향을 미치는 요인으로 기존의 경제적 합리성 위주에서 탈피하여 다양한 합리성들을 제시하였다. 기존의 완전한 합리성과 제한된 합리성 이론은 경제적 효용 이외의 다양한 가치를 반영하지 못한 측면이 있는 데 반해, 다중합리성 모형은 이런 요소들을 이론화하여 다양한 변수들을 설명변수로 제시할 수 있는 이론적 틀을 제공하고 있다.

둘째, 다중합리성 모형은 실제 중앙 정부 또는 지방정부 수준에서 이루어지는 정부 내의 예산결정 과정을 비교적 잘 설명하였다는 것이다. 본 모형은 미국 주정부뿐 아니라 우리나라의 중앙 정부의 기획재정부, 지방자치단체의 기획실에서 이루어지는 예산결정의 메커니즘에도 설명력을 가진다고 볼 수 있다.

그러나 다중합리성 모형은 다음과 같은 한계를 가진다(이정희, 2010: 107). 첫째, 본 모형은 설명·기술(記述)중심의 이론으로 예측력이 낮다. 중앙예산기관을 중심으로 예산결정의 소용돌이 흐름에 대한 설명력은 높지만, 앞으로 특정 정부의 예산결정을 예측하는 수준에는 이르지 못하였다.

둘째, 본 모형에서 새롭게 제시한 개념들 상호 간에 인과관계를 밝히지 못하고 있다. 예산기구의 정향과 예산분석가의 역할, 합리성의 유형을 제시하고 있는데, 이들 상호 간의 인과관계를 경험적으로 규명하는 작업이 필요하다. 본 모형이 예측모형으로서의 수준에 이르지 못한 것은 이러한 인과관계의 규명이 부족하기 때문으로 보인다.

셋째, 다중합리성 모형에서 제시한 합리성의 유형이 임의적으로 제시되고 있다는 것이다. 경제적 합리성 이외에 제시하는 합리성의 유형에 대한 연구자들 간의 합의가 존재하지 않아 임의적으로 제시되고 있다. 또한, 경제적 합리성 이외의 다른 합리성들에 대한 측정도 어렵다는 한계를 지닌다.

V. 단절균형 모형

1. 개 념

단절균형(punctuated equilibrium) 모형은 정책이나 예산이 장기간에 걸친 점증적 변화와 단기간의 급격한 변화가 발생한다는 것을 함께 설명하는 이론이다(신무섭, 2014: 272). 단절균형 모형에서 단절점(punctuations)은 제도의 변화를 의미하는 것으로 균형이 파괴되고 급격한 정책이나 예산의 변화가 발생하는 것을 의미한다 (Jones et al., 2003). 균형(equilibrium)은 비교적 안정적인 상태를 의미하며, 예산이 점증적인 변화를 보이는 기간을 의미한다. 단절균형 모형은 정책이나 예산이 균형 상태에서 안정을 지속하다가 어떤 조건에서 급격한 변화에 의한 단절을 경험하고 다시 균형 상태가 지속한다는 것을 포괄적으로 다루는 이론이다. 단절균형 모형은 점증주의의 한계를 극복하기 위하여 등장하였다(정정길 외, 2011). 점증주의는 제한 된 합리성을 가정하고 정치적 협상을 강조하므로 예산 일부에 대한 증감을 설명하 는 데 유용하였으나, 급격한 예산이나 정책변동을 설명하는 데에는 한계가 있었다.

예산이론에서 단절균형 모형의 등장은 예산결정 이론의 새로운 변화로 볼 수 있다. 왜냐하면, 기존의 예산이론은 예산 현상이나 과정에 한정하여 이론적 전개 를 하였으나, 단절균형 모형은 예산과정의 초점을 사회갈등과 연계하여 설명하고 있다. 본 모형에서는 예산을 사회갈등을 해소하는 정책수단의 산물로 보고 있다. 이러한 측면에서는 단절균형 모형은 정책 도구의 관점에서 접근한 예산이론으로 볼 수 있다(윤성채, 2014).

2. 특 징

단절균형 모형에서는 예산과정에서 안정 상태에서의 점증적 변화와 불안정 상태에서의 급격한 변화를 정책 하위체제와 거시정치체제 그리고 정책독점과 이 를 붕괴시키는 메커니즘으로 설명한다.

1) 정책 하위체제와 거시정치체제

단절균형 모형에서는 정책 하위체제와 거시정치체제에서 정책이나 예산 변화 의 폭이 다르게 나타난다고 본다. 정책 하위체제는 관료, 입법부 보좌관, 이익집 단, 전문가들이 관여하고 있으며 이슈 네트워크, 철의 삼각(iron triangle) 등을 포함 한다. 이들은 특정 집단의 관점에서 개별 정책이나 예산에 관심을 가지므로 서로 병렬적(parallel process)으로 사고하고 행동한다. 이러한 정책 하위체제에서의 병렬 적인 접근은 예산과 정책의 미미한 변화의 원인이 된다.

그러나 거시정치체제는 대통령이나 국회 청문회, 국정감사 또는 언론이나 대 중들이 주목하는 이슈와 연관된다. 따라서 거시정치체제에서는 하위정치체제보다 더 큰 규모와 영향력이 있을 수 있어 정책과 예산의 큰 변화 가능성이 열리게 된다. 특히 거시정치체제에서는 하위정치체제에서 병렬적으로 다루던 정책과 예산을 순 차적(serial process)으로 다루게 된다. 왜냐하면, 국민적 관심 사항이기 때문에 한꺼

번에 다루기 어렵고 사안별로 순차적으로 다루게 되기 때문이다(True et al., 2007). 예를 들면, 문재인 정부가 들어오면서 시작된 에너지 전환정책은 기존의 원자력 중심의 에너지 정책에 대한 근본적인 변화를 추진하는 것으로 전 국민적인 관심 사항이 되었으며 본 정책과 예산에 대해서 국회 차원의 별도 논의가 진행되었다.

단절균형 모형은 하위정치체제에서 병렬적으로 예산과 정책을 다루게 되어 비교적 안정적이지만, 거시정치체제에서는 중대하고 논쟁적인 사안을 순차적으로 다루게 되어 급진적인 변화가 일어날 수 있다고 보았다.

2) 정책독점(policy monopoly)과 단절점

단절균형 모형에서는 예산이나 정책이 오랜 기간 큰 변화 없이 점증적인 변화를 보이는 이유로 정책독점을 제시한다. 정책독점이란 소수의 특정한 정책행위자들만이 정책의 하위시스템을 지배하여 정책결정에 대한 독점적 권한을 행사하는 것을 말한다. 정책독점이 발생하면 소수의 정책행위자만이 정책의제를 독점적으로 관리하게 되면서 정책이나 예산의 결정이 비교적 안정적으로 이루어진다는 것이다.

그런데 정책독점에 대한 비판적인 관심이 고조되거나, 새로운 집단이 정책독점에 도전하거나, 특정 정책이나 예산이 대중의 관심 사항으로 변화하게 되면, 정책독점이 붕괴할 수 있다. 정책독점에 대한 이러한 경쟁적 상황은 정책과 예산을 정책 하위체제에서 거시정치체제 수준으로 이동시키게 되며 그 정도에 따라서는 정책이나 예산이 급격한 변화를 겪게 되는 단절점이 나타날 수 있다는 것이다 (True et al., 2007; 강보경·문승민, 2018: 304).

3. 장점 및 단점

단절균형 모형은 예산의 점증적 변화뿐 아니라 현실에서 관찰되는 급격한 변화를 포괄하여 설명하였다는 점에서 기존의 점증주의 모형의 이론적 진전으로 볼 수 있다. 또한, 예산결정에서 시민과 대중적 관심의 중요성을 포함하였다는 것이다(이정희, 2011). 정책 하위체제와 정책독점의 변화에 영향을 미치는 것으로 대중적 관심이 제시되었는데, 이는 대중매체가 발달한 현대사회에서 재정 배분의 주요 요인이 될 수 있기 때문이다.

그러나 단절균형 모형은 과거의 변화를 설명하는 데에는 유용할 수 있으나, 미래를 예측할 수 있는 모형으로 부적절하다는 한계를 지닌다. 왜냐하면, 본 모형에서는 예산의 급격한 변화가 발생하는 단절점을 예측하는 것이 핵심인데, 현실에서 언제 단절이 발생할 것인지 예측하기 어렵기 때문이다. 또한, 실제 연구에서 무엇이 단절이고 무엇이 균형 상태인가를 판단하기 어렵다는 한계가 있다. 어느 정도의 변화를 단절로 볼 수 있느냐에 대한 결정은 지극히 연구자의 주관에 의존할 수밖에 없다. 특정 시점에서 정책과 예산에서 급격한 변화가 나타난다고 하더라도 그것이 특정 시점에서 갑자기 등장하였다기보다는 다년간에 누적된 결과의 산물일 수도 있다는 것이다.

02 / 예산과정

예산과정이란 예산편성, 예산심의, 예산집행, 결산의 4단계로 이루어진다. 예산과정은 일정한 시간적 흐름에 따라 반복되는데, 예산이 시작되어 4단계 과정이 마무리되는 기간을 예산주기 또는 예산순기라고 부른다.

우리나라의 예산은 '회계연도 독립의 원칙'에 따라 한 회계연도(1년) 동안만 효력을 갖는 것이 원칙이지만, 예산과정은 한 회계연도를 넘어서 해당 회계연도 전후의 회계연도에 걸쳐 진행됨에 따라 예산주기는 3년이 소요된다. 예를 들면, 2020년도 예산은 2019년도에 편성과 심의절차를 거치게 되고, 2020년에는 집행을 하게 되며, 2021년에는 집행된 예산에 대한 결산을 하게 된다. 예산의 편성과 집행은 행정부에서 이루어지며, 심의와 결산은 입법부인 국회에서, 회계검사는 감사원에서 이루어진다.

제1절 예산편성

I. 의 의

예산편성은 행정부가 다음 회계연도의 세입과 세출에 대한 계획을 만드는 과정을 의미한다. 따라서 예산편성은 1년 동안의 세입과 세출의 규모를 산정하고 그 내역을 표시하는 작업일 뿐만 아니라 정부 활동과 재원을 연결하는 과정이기도 하다.

우리 헌법(제54조 제2항)에서는 예산편성권을 정부에 부여하고 있다. 오늘날 대부분 국가에서는 우리와 같이 행정부에서 예산편성 권한을 가지고 있는데, 이를 행정부 제출 예산제도(executive budget system)라고 한다. 행정부에서 예산을 편성하는 것은, ⓐ 정부 활동이 복잡하고 전문성을 요구하고 있으며, ⓑ 집행의 당사자가 편성함으로써 예측 가능성을 높이고 자기 책임성을 강화할 수 있으며, ⓒ 행정 수반과 중앙예산기관, 각 부처 예산담당 부서 등의 관료조직을 통하여 각 분야 예산을 통합·조정할 수 있으며, ⓓ 방대한 자료에 대한 행정부의 자체작성과 수정과정을 거침으로써 입법부의 예산심의를 용이하게 하기 위한 목적이 있다.

Ⅱ. 예산편성 과정의 특성

1. 예산편성 과정의 일반적 행태

정부의 예산편성 과정에서 중요한 행위자는 행정 수반, 중앙예산기관의 장·차관 및 담당 실·국·과장, 각 부처의 장·차관 및 예산담당 부서와 사업 담당 부서, 정당, 이익집단 등이라고 볼 수 있다. 각 부처의 사업 담당 부서에서는 조직의 생존, 자신 업무에 대한 사명감, 관료적 속성 등 다양한 이유에서 예산을 증액하고자 하는 욕구를 나타낸다. 그러나 각 부처의 예산담당 부서에서는 부처 전체 차원에서의 조정을 위하여 이를 삭감하고자 하는 성향을 나타낼 수밖에 없다. 왜냐하면, 예산은 한정되어 있기 때문이다.

그런데 중앙예산기관과 각 부처의 예산담당 부서와의 관계에서는 부처 예산담당 부서는 자신의 부처 사업을 옹호하고 예산을 증액하고자 하는 태도를 보이며, 중앙예산기관은 전 정부 차원에서 한정된 예산의 사용을 위하여 이를 감액하고자 하는 자세를 보인다.

이러한 예산편성 과정의 일반적 행태는 정부 전체 차원에서의 자원 배분의 효율성과 개별 사업수행자 입장에서의 사업의 중요성이 충돌하는 과정의 연속이라고 볼 수 있다. 따라서 여러 방식을 제도화하여 이러한 대립적인 견해들을 조율할 수 있도록 하는 것이 예산편성 과정에서의 절차라고 볼 수 있다. 이러한 절차는 크게 하향적이고 거시적 측면에서의 과정과 상향적이고 미시적 측면에서의 과정으로 구분할 수 있다.

2. 하향적(거시적) 과정과 상향적(미시적) 과정

하향적인 예산과정은 행정 수반과 중앙예산기관을 중심으로 정부 전체의 예산운용에 대한 총액 규모와 배분에 대한 기본방향이나 틀을 결정하고 이를 각 부처에 하달하는 방식이며, 거시적 예산과정이라고 부른다. 상향적 예산과정은 각 부처에서 요구한 예산을 중앙예산기관에서 취합하여 조정하는 과정을 말하며, 미시적 예산과정이라고 부른다.

실제의 예산과정은 하향적 과정과 상향적 과정이 혼합되어 일어난다. 예를 들면, 기획재정부에서 예산편성지침을 각 부처에 통보하는 것은 하향적 과정이라고 볼 수 있으며, 각 부처에서 예산요구서를 작성하여 기획재정부에 제출하는 것은 상향적 과정이라고 볼 수 있다. 예산편성 과정에의 쟁점은 하향적 과정과 상향적 과정에 대한 제도화 모습을 살펴보는 것과 동시에 현실에서 나타나는 힘의 관계를 파악하는 것이라고 볼 수 있다.

우리나라에서는 하향적 예산과정을 제도화하기 위하여 2004년부터 총액배분 자율편성 예산제도를 도입하였으며, 이를 Top-down 예산제도라 부르기도 한다(제3장 제5절 참조).

Ⅲ. 예산편성의 절차

정부의 예산편성 절차는 국가재정법에 개략적인 내용이 규정되어 있다. 특히 2014년 국가재정법 개정으로 정부 예산안 국회 제출기한이 회계연도 개시 120일 전으로 변경되었다(국가재정법 제33조). 이는 헌법(제54조 제2항)에 규정한 90일보다 30일 앞당긴 것이며, 국민의 대표인 국회의 예산심의 기간을 늘리려는 조치이다. 또한, 최근에는 기금에 대한 통제를 강화하기 위하여 예산안과 기금 운용계획안의 작성 및 국회 제출 일정이 동일하게 되었다.

1. 국가재정운용계획 수립지침의 통보

기획재정부장관은 국가재정운용계획의 수립을 위한 지침을 마련하여 당해 회계연도의 전년도 12월 31일까지 각 중앙관서의 장에게 통보하여야 한다(국가재정법 시행령, 제2조). 국가재정운용계획은 향후 5년을 대상으로 하는 국가의 중기적인 재정계획서이다. 본 지침을 통보받은 각 중앙관서의 장은 중기사업계획서를 제출하게 되고, 기획재정부에서는 이를 분석ㆍ조정하여 국가재정운용계획을 마련하여 국무회의 심의, 대통령 승인을 거쳐 회계연도 개시 120일 전까지 예산안과 함께 국

제2장 예산과정 **355**

회에 제출하여야 한다.

2. 중기사업계획서의 제출

각 중앙관서의 장은 매년 1월 31일까지 당해 회계연도부터 5회계연도 이상 기간 동안의 신규 사업 및 기획재정부장관이 정하는 주요 계속사업에 대한 중기사업계획서를 기획재정부장관에게 제출하여야 한다(국가재정법 제28조). 중기사업계획서 제출은 예산뿐 아니라 기금도 그 대상이 된다(국가재정법 제66조).

각 부처가 제출한 중기사업계획서는 기획재정부에서 작성하는 국가재정운용계획의 기초가 되며, 다음 연도 예산안 편성 및 기금 운용계획안 수립을 위한 부처별 지출한도액 설정에도 기초자료가 된다.

3. 예산안 편성지침 및 기금 운용계획안 작성지침의 통보

기획재정부장관은 국무회의의 심의를 거쳐 대통령의 승인을 얻은 다음 연도의 예산안편성 지침과 기금 운용계획안 작성지침을 매년 3월 31일까지 각 중앙관서의 장 및 기금관리 주체에게 통보하여야 한다(국가재정법 제29조 제1항 및 제66조 제2항). 또한, 기획재정부장관은 예산안 편성지침을 국회 예산결산특별위원회에 보고하여야 한다(동법 제30조). 이는 국회가 예산심의 과정에서 동 편성지침을 참고하기 위함이다.

기획재정부에서는 예산안 편성지침과 기금 운용계획안 작성지침을 함께 만들어 각 부처에 통보한다. 지침의 주요 내용은 다음 해의 재정운용 여건, 예산안 편성 방향 및 요구서 작성지침, 기금 운용계획안 작성 방향 및 구체적 작성지침 등으로 구성되어 있다(기획재정부, 2018c).

한편, 총액배분 자율편성제도의 시행으로 인하여, 예산안 편성지침과 기금 운용계획안 작성지침에 중앙관서별 지출 한도와 기금별 지출 한도를 포함하여 통보하게 된다(국가재정법 제29조 제2항 및 제66조 제3항).

4. 각 부처의 예산요구서 및 기금 운용계획안 작성 및 제출

각 중앙관서의 장 및 기금관리 주체는 예산안 편성지침과 기금 운용계획안 작성지침에 나타난 지출한도액의 범위 내에서 다음 연도의 예산요구서와 기금 운용계획안을 작성하여 매년 5월 31일까지 기획재정부장관에게 제출하여야 한다(국가재정법 제31조 제1항 및 제66조 제5항).

이때 예산요구서에는 그 소관에 속하는 다음 연도의 세입 및 세출 예산·계속비 · 명시 이월비 및 국고채무 부담행위 요구서가 포함되어야 하며, 예산의 편성 및 예산관리 기법의 적용에 필요한 서류를 첨부하여야 한다(동법 제31조 제2항).

전술한 바와 같이 우리나라는 프로그램 예산제도를 도입하고 있어, 각 중앙관서에서는 예산서의 과목체계를 사업(프로그램) 중심으로 편성하게 된다.

5. 기획재정부의 예산요구서, 기금 운영계획안, 국가 재정 운용계획안 조정

5월 31일까지 각 중앙관서와 기금관리 주체의 예산요구서와 기금 운영계획안이 기획재정부에 제출되면 6월부터 본격적인 조정 작업이 시작된다. 기획재정부의 예산안 및 기금 운영계획안에 대한 조정 작업은, ⓐ 당초 지침에 통보한 대로 작성되었는지에 대한 기술적인 부분 검토, ⓑ 각 중앙관서 및 기금관리 주체 기관의 예산담당자뿐 아니라 사업담당자들의 의견을 청취, ⓒ 개별 사업의 타당성과 사업별 우선순위의 검토, ⓓ 대통령의 공약사항이나 정부의 정책 중요도, ⓔ 중앙 정부의 사업지원 예산과 관련된 지방자치단체의 의견(주로 시 · 도지사협의회와 협의)을 수렴하고, ⓕ 당정 협의회를 통하여 여당의 의견 수렴 등 다양한 내부 분석과 외부 협의 절차를 거친다.

통상 각 부처에서 제출한 예산요구서는 기획재정부에서 삭감될 것을 고려하여 과도하게 제출되는 경우가 많았으나, 총액배분 자율편성 예산제도가 도입되면서 이러한 점은 개선된 것으로 나타났다. 기획재정부에서는 전 국가적 차원에서 정책의 조율, 사업의 타당성 등을 중심으로 조정한다고 하지만, 각 부처에서는 부처의 예산담당 부서가 결정한 사업 우선순위가 기획재정부의 예산조정 과정에서 빈번히 변경되는 등 기획재정부의 간섭은 여전하다고 느끼는 것으로 나타났다(최종하 · 양다승, 2015).

한편, 각 부처가 제출한 중기사업계획서에 기초하여 기획재정부에서는 국가재정운용계획을 마련하는 작업을 진행한다. 기획재정부에서는 분야별 작업반을 편성하고 공개토론회를 개최하여 향후 5년간의 재정 운용 방향 및 분야별 중점 투자 방향에 대한 외부 전문가, 관계부처, 지자체, 국민의 의견을 폭넓게 수렴하는 절차를 거친다.

6. 정부 예산안, 기금 운영계획안, 국가 재정 운용계획안의 확정 및 국회 제출

각 부처에서 제출한 예산요구서, 기금 운용계획안, 국가재정운용계획안에 대한 기획재정부의 조정을 마치면, 국무회의의 심의를 거쳐 대통령의 승인을 받아, 회계연도 개시 120일 전(9월 3일)까지 국회에 제출하여야 한다(국가재정법 제33조 및

제68조). 정부가 국회에 제출하는 예산안은 총칙, 세입·세출 예산, 계속비, 명시이월비와 국고채무 부담행위 등 5개 부문으로 구성된다(동법 제19조). 또한, 예산안에는 세입세출예산 총계 및 순계표, 세입세출예산 사업별 설명서, 성인지 예산서, 온실가스감축인지 예산서, 조세지출 예산서, 국고채무 부담행위 설명서 등 예산심의에 필요한 서류들을 첨부하여야 한다(국가재정법 제34조).

〈그림 5-1〉 정부 예산안, 기금 운영계획안, 국가 재정 운용계획안 편성 절차

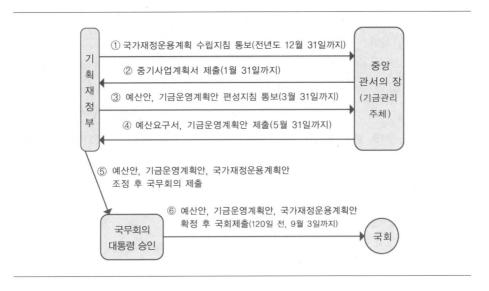

제2절 국가재정운용계획

I. 의 의

국가재정운용계획은 향후 5년을 대상으로 재정운용에 대한 계획을 수립하고 이를 매년 연동계획11)을 통하여 수정하는 국가의 중기적인 재정계획서이다. 국가재정운용계획은 국가재정법 제7조에 규정되어 있으며, 기존의 중기재정계획을 대

---

11) 연동계획 또는 연동식 계획이란 매년 지난 1년을 삭제하고 새로운 1년을 추가하여 계획을 새롭게 변경하면서 유지해 나가는 제도이다. 예를 들면, 2019년도에 「2019 – 2023 국가재정운용계획」을 수립하였다면, 다음 연도에는 「2020 – 2024 국가재정운용계획」을 수립하게 된다.

신하여 2004년부터 도입·운영되고 있다. 국가재정운용계획은 중장기적 시각에서 국가의 재정 운용 방향과 주요 분야별 투자계획을 제시하여 재정 운용의 건전성과 효율성을 높이기 위한 것이다. 국가재정운용계획은 국무회의 심의사항이며, 정부 예산안과 함께 회계연도 개시 120일 전까지 국회에 제출하여야 한다.

Ⅱ. 기능 및 수립절차

1. 기 능

국가재정운용계획의 기능은 다음과 같다(윤영진, 2016: 149). 첫째, 계획과 예산을 연계하는 제도적 장치로서 기능한다. 국가재정운용계획은 단연도 중심의 예산과 중기적인 계획을 연계해 예산편성의 합리성을 높이기 위한 제도이다.

둘째, 총량적 재정규율을 위한 제도적 장치로서 기능한다. 재정 건전성 유지를 위하여 예산 및 기금총액에 대한 효과적인 통제장치가 된다는 것이다.

셋째, 배분적 효율성을 달성하는 기능을 수행한다. 국가재정운용계획은 정부의 전략과 비전에 따라 재정투입의 우선순위를 정하는 전략적인 자원배분의 실행기능을 수행한다.

2. 절 차

국가재정운용계획은 다음 단계를 거쳐 국회에 제출된다(기획재정부, 2018b). ⓐ 기획재정부장관은 전년도 12월 31일까지 각 부처에 국가재정운용계획 수립지침을 통보한다(국가재정법 시행령 제2조). ⓑ 각 부처는 동 지침에 따라 부처별 중기사업 계획서를 작성하여 매년 1월 31일까지 기획재정부에 제출한다. ⓒ 기획재정부에서는 분야별 작업반을 편성하고 공개토론회를 개최하여 향후 5년간의 재정 운용 방향 및 분야별 중점 투자 방향에 대한 외부 전문가, 관계부처, 지자체, 국민의 의견을 폭넓게 수렴하는 절차를 거친다. ⓓ 국회에 제출하기 30일 전에 국가재정운용계획 수립 방향에 대해 국회 기획재정위원회에 보고하여야 한다. ⓔ 국가재정운용계획안은 예산안과 함께 국무회의를 거쳐 확정되고 회계연도 개시 120일 전까지 국회에 제출되어야 한다.

3. 내 용

국가재정운용계획에는 예산분 아니라 기금에 대한 장기 계획도 포함된다. 국가재정운용계획에 포함되어야 할 구체적 내용은 재정 운용의 기본방향과 목표,

중·장기 재정전망 및 근거, 분야별 재원 배분계획 및 투자 방향, 재정 규모 증가율 및 그 근거, 의무지출의 증가율 및 산출내역, 재량지출의 증가율에 대한 분야별 전망과 근거 및 관리계획, 세입·세외수입·기금수입 등 재정수입의 증가율 및 그 근거, 조세 부담률 및 국민 부담률 전망, 통합재정수지에 대한 전망과 근거 및 관리계획, 중장기 기금재정 관리계획, 그 밖에 대통령령이 정하는 사항 등이다(국가재정법 제7조 제2항).

제3절 예비 타당성 조사

I. 의 의

정부는 대규모 사업에 대한 예산을 편성하기 위하여 미리 예비 타당성 조사하고, 그 결과를 요약하여 국회 소관 상임위원회와 예산결산특별위원회에 제출하여야 한다(국가재정법 제38조). 예비 타당성 조사 제도는 대규모 사업의 적정 투자시기, 재원조달 방법 등에 대한 타당성 검증을 통해 예산 낭비를 방지하고 재정운영의 효율성을 제고하기 위한 제도이다.[12]

예비 타당성 조사는 국가의 재정 운용 차원에서 대상 사업의 정책적 의의와 경제성을 판단하는 것이며, 타당성이 있는 것으로 판단되면 사업을 시행하는 주무부처에서 '타당성 조사'를 통하여 더욱 세부적인 수준에서 분석이 이루어진다(국가재정법 제39조 및 건설기술진흥법 제47조).

예비 타당성 조사의 핵심은 대규모 국책사업의 시행을 원하거나 반대하는 정부 기관이나 이해관계자들에게 사업 시행의 적절성 여부를 공정하게 판단해 주는 것이다. 이를 위하여 국가재정법(제38조)에서는 예비 타당성 조사의 주체, 대상 사업, 제외사업, 관련 자료의 공개 등에 관해 규정하고 있다.

---

12) 본 제도가 도입된 1999년부터 2022년 12월 말까지 실시된 총 예비 타당성 조사 사업 건수는 986건, 총사업비는 484.3조 원 규모이다. 이 중 635(64.4%)건의 경우 타당성이 있는 것으로 분석되었으나, 351(35.6%)건 사업은 중·장기적인 검토가 필요한 것으로 평가되었다(국회예산정책처, 2022: 151).

Ⅱ. 대상 사업과 선정과정

국가재정법에서는 예비 타당성 조사 시행 대상 사업은 기획재정부장관에 의한 결정(동법 제38조 제1항)과 국회의 의결에 의한 조사요구(동법 제38조 제4항)로 나누어 규정하고 있다.

1. 기획재정부장관에 의한 선정

예비 타당성 조사를 실시하는 사업으로 선정되기 위해서는 국가재정법에서 규정하고 있는 대상 사업에 포함되어야 하며, 대상 사업에 포함된다고 하여 모두 예비 타당성 조사하는 것은 아니며, 기획재정부장관에 의해 조사 실시 대상 사업으로 선정되어야 한다.

1) 예비 타당성 조사 대상 사업

예비 타당성 조사 대상 사업은 총사업비가 500억 원 이상이고 국가의 재정지원 규모가 300억 원 이상인 신규 사업으로서, ⓐ 건설공사가 포함된 사업, ⓑ 지능 정보화 기본법에 따른 지능 정보화 사업, ⓒ 과학기술기본법에 따른 국가 연구개발 사업, ⓓ 그 밖에 사회복지, 보건, 교육, 노동, 문화 및 관광, 환경 보호, 농림해양수산, 산업·중소기업 분야의 사업(제출된 중기사업계획서에 의한 재정지출이 500억 원 이상 수반되는 신규 사업) 등이 해당한다(국가재정법 제38조 제1항).

한편, 국가재정법(제38조 제2항)에서는 공공청사, 교정시설, 초·중등 교육 시설의 신·증축 사업, 국가유산 복원사업이나, 국가안보와 관계되거나 보안이 필요한 국방 관련 사업, 법령에 따라 추진되는 사업, 지역 균형발전, 긴급한 경제·사회적 상황 대응 등을 위하여 국가 정책적으로 추진이 필요한 사업 등은 예비 타당성 조사 대상 제외사업으로 규정하고 있다.

2) 선정과정

국가재정법에 규정된 대상 사업에 해당하면 기획재정부장관이 중앙관서의 장의 요구에 따라서 또는 직권으로 선정할 수 있다. 예비 타당성 조사 요구서가 제출되면 기획재정부장관은 사업계획의 구체성, 사업추진의 시급성, 국고지원의 요건, 지역균형발전요인(R&D사업의 경우, 기술개발의 필요성) 등 대상 사업선정 기준에 따라 검토한 후 재정사업평가 자문위원회를 거쳐 대상 사업을 선정한다. 사업을 추진하고자 하는 주관부처의 입장에서는 기획재정부장관이 결정하는 조사실시 대상 사업에 선정되는 것이 우선 과제이다. 실제 예비 타당성 조사 신청사업 중 약 60% 정도만이 조사 실시 대상 사업으로 선정되고 있다(하연섭, 2018: 352).

2. 국회의 예비 타당성 조사 요구

국회가 그 의결로써 예비 타당성 조사 실시를 요구하는 사업에 대해서는 기획재정부장관이 반드시 조사실시를 하여야 한다(국가재정법 제38조 제4항). 국회가 의결로써 요구하는 사업은 국가재정법에 규정된 대상 사업의 범위에 한정될 필요는 없다.

Ⅲ. 예비 타당성 조사 내용

선정된 대상 사업에 대한 예비 타당성 조사는 기획재정부장관의 요청으로 한국개발연구원(KDI) 공공투자관리센터(PIMAC)에서 총괄하여 수행하며, 국가연구개발사업의 경우에는 한국과학기술기획평가원(KISTEP)에서 총괄하여 수행한다. 각 수행기관은 조사의 일관성 제고를 위하여 일반지침 또는 부문별 표준지침에 따라서 조사를 수행한다(국회예산정책처, 2018: 110).

예비 타당성 조사는 경제성 분석, 정책적 분석, 지역균형발전 분석을 수행한 후, 각 분석결과를 토대로 다기준 분석방법(multi-criteria analysis)의 일종인 계층화분석(Analytic Hierarchy Process: AHP) 기법을 활용하여 종합적인 최종 결론을 내

〈그림 5-2〉 예비 타당성 조사의 분석체계

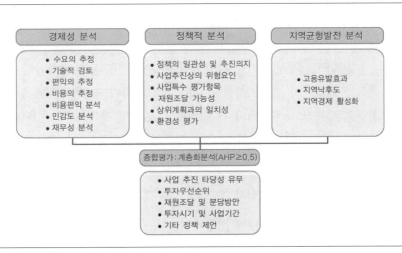

자료: 국회예산정책처, 2018: 111.

린다. 경제성 분석은 비용—편익 분석, 민감도 분석 등을 실시하고, 정책적 분석은 재원조달의 가능성, 상위계획과의 일치성, 환경성 평가 등을 하며, 지역균형발전 분석은 지역 간 형평성 제고를 위해 고용유발 효과, 지역경제 파급효과, 지역낙후도 개선 등 지역개발에 미치는 요인을 분석한다. 종합평가는 세 가지 분석결과를 바탕으로 계량화된 수치로 도출하는데, AHP ≥ 0.5이면 사업 시행이 타당한 것으로 판단된다(국회예산정책처, 2018: 111).

제4절 예산심의

I. 의 의

예산심의란 행정부에서 제출한 예산안을 입법부가 검토하고 의결하는 절차를 의미한다. 국민의 대표기관인 입법부가 다음 연도의 국가 살림에 대해 최종적으로 검토·분석하여 결정하는 과정인 것이다. 이러한 국회의 예산심의는 행정부의 활동을 감시하는 기능, 정부가 추진하고자 하는 사업계획을 승인하는 기능, 정부의 세입과 세출에 대해 결정하는 기능, 경제적·정치적 합리성을 바탕으로 가용자원을 배분하는 기능을 수행한다.

II. 예산심의 절차

1. 시정연설

회계연도 개시 120일 전인 9월 3일 이전에 정부 예산안이 국회에 제출되면 국회 본회의에서 정부(대통령)의 시정연설이 있다(국회법 제84조 제1항). 대통령의 시정연설은 통상 국무총리가 대신하며, 주로 정치적 이슈에 대한 내용이 많으며 예산안에 대한 구체적인 내용보다는 정부의 정책방향 등에 대한 추상적인 내용이 대부분을 차지한다.

2. 상임위원회의 예비심사

본 회의에서 대통령의 시정연설 이후에는 각 부처 소관 상임위원회[13]에서 예

---

13) 우리나라 중앙부처는 기능별로 분류되어 있는데, 국회의 상임위원회도 주로 정부의 부처에 맞추어

비심사가 진행된다. 소관 상임위원회는 해당 부처의 업무보고, 소관 법률에 대한 검토, 국정감사 등을 통하여 해당 부처의 업무를 자주 접하여, 예산안에 대한 이해 정도가 대체로 높은 편이다. 소관 상임위원회는 예산안에 대한 1차적인 예비심사를 진행하게 된다. 소관 상임위원회의 예비심사는 다음과 같은 절차로 진행된다.

① 예산안 제안 설명: 소관 부처의 장이 예산안에 대한 개략적인 제안 설명을 한다.

② 전문위원의 예산안 검토 보고: 국회 상임위원회 소속 전문위원이 소관 예산에 대한 검토 보고를 한다.

③ 대체 토론: 소관 상임위원회 소속 국회의원들은 정부 예산안에 대해 정책질의와 일반적 토론을 하게 된다. 주로 기관장에 대한 정책질의가 대부분이다.

④ 소위원회의 심사와 계수 조정: 대체 토론까지의 소관 상임위원회 전체회의는 모든 소관 상임위원이 참여하게 된다. 이후 일부 위원으로 구성되는 예산·결산 및 기금심사소위원회에서 심도 있는 심사가 이루어진다. 여기서 계수 조정도 하게 된다.

⑤ 예비심사 결과보고서 채택: 다시 상임위원회 전체회의가 열리고 여기서 소위원회의 보고서를 중심으로 예비심사 결과보고서를 채택하여 국회의장에게 전달된다. 국회의장은 상임위원회 예비심사보고서와 정부 예산안을 함께 예산결산특별위원회에 회부하게 된다.

3. 예산결산특별위원회의 종합심사

예산결산특별위원회(예결위)는 50인으로 구성되는 상설 특별위원회이며 임기는 1년이다(국회법 제45조). 종합심사는 다음과 같은 순서로 진행된다.

① 공청회 개최: 예결위는 예산안, 기금 운용계획안 및 결산에 대하여 공청회를 개최하여야 한다(국회법 제84조의3). 공청회의 개최 시기는 특별한 제한이 없으며, 2019년 예산안의 경우 예결위는 전체회의 이전에 공청회를 먼저 실시하였다.

② 예산안 제안 설명: 예결위에서 기획재정부장관이 예산안에 대한 제안 설명을 하게 된다. 본 제안 설명은 정부의 정책 방향과 예산안의 부문별 주요 내용 등으로 구성된다.

구성되어 있다. 교육부는 국회의 교육위원회, 외교부와 통일부는 국회의 외교통일위원회, 문화체육관광부는 국회의 문화체육관광위원회 등으로 소관 상임위원회가 구성되어 있다.

③ 전문위원의 예산안 검토 보고: 예결위 소속 전문위원의 예산안에 대한 검토 보고가 있다.

④ 종합 정책질의: 예결위 소속 위원들이 관계 장관들을 상대로 종합정책 질의가 이루어진다.

⑤ 부별 심사와 계수 조정: 예결위 전체회의에서 종합정책질의를 마치면, 분과위원회별 부별 심사와 계수 조정이 이루어진다. 계수 조정은 예산안등조정위원회에서 하게 된다.

⑥ 예결위 전체회의에서 의결: 예산안등조정위원회에서 계수 조정 작업을 마치면 예결위 전체회의에 보고되고 채택 여부가 결정된다. 통상 예결위 전체회의에서는 예산안등조정위원회의 안을 수정 없이 채택하고 있다.

〈그림 5-3〉 국회의 예산안 심의절차

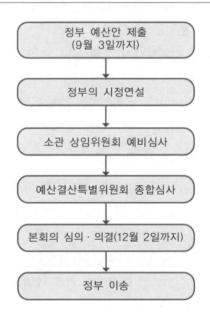

자료: 국회예산정책처, 2018: 83.

4. 본회의 심의 · 의결

예결위의 종합심사가 채택되면 예산안은 본회의에 상정되며, 예결위 위원장의 심사보고와 국회의원들의 토론을 거쳐 최종 의결된다. 대체로 본 회의에서는 수정 없이 의결되고 있다.

그런데 국회는 정부의 동의 없이 금액을 증액하거나 새로운 비목을 설치하지 못한다(헌법 제57조). 따라서 증액되거나 새로운 비목을 설치한 경우에는 정부의 동의 절차가 필요하다.

국회는 회계연도 개시 30일 전까지 예산안을 의결해야 하며, 12월 31일까지 예산안을 국회가 의결하지 못하는 경우에는 전년도 예산에 준하여 집행하게 된다. 국회가 예산안을 의결하면 예산은 확정되어 본예산으로 효력이 발생된다. 법률과 달리 대통령의 공포 절차를 필요로 하지 않으며, 대통령은 거부권도 행사할 수 없다.

Ⅲ. 우리나라 국회의 예산심의의 특징과 문제점

우리나라는 대통령 중심제라는 특징으로 인하여 의회의 다수당이 집행부를 구성하는 의원내각제에 비하여 국회의 예산심의 과정이 상대적으로 엄격하다고 볼 수 있다. 또한, 예산안 심의가 본회의 중심이 아니라 상임위원회와 예결위 중심으로 심의되고 있으며, 국회가 의결한 예산은 법률의 형식과 다른 예산의 형식으로 효력을 갖는다. 최근 학자들의 우리나라 국회 예산심의 과정에 대한 실증연구를 종합하면 다음과 같은 특징과 문제점이 나타나고 있다.

1. 예산안의 상향식 심사

우리나라 국회의 예산심사과정은 상임위원회의 예비심사 이후에 예결위의 심사를 하게 된다. 상임위원회는 소관 부처의 소관 사업만을 중심으로 검토하므로 국가 전체적인 전략적 자원배분에 대해 논의할 수 없다. 다음 단계인 예결위 심사에서도 국가 전체의 재정 총량에 대한 결정이 아니라 개별 사업에 대한 미시적 심사에 집중하게 된다. 이러한 상향식 심사로 인하여 총량적 재정규율과 예산배분의 효율성을 제고하기 어렵다는 것이다. 따라서 우선적으로 예결위 심사에서 예산총액과 분야별 재원배분 방향이 결정된 다음에 상임위원회에서 개별 사업을 심사하는 것이 적절하다는 것이다(구경복 외, 2012).

2. 정치적 쟁점과 예산의 연계

예산이 정치적 성격을 가지는 것은 너무나 당연하지만, 우리나라 국회에서는 예산심의가 지나치게 당파적 정쟁의 수단으로 이용되고 정치적 수단으로 활용된다는 것이다. 따라서 합리적 자원배분이 이루어지기 어렵다는 문제점이 있다. 이로 인하여 새해 예산안이 법정시한 내에 처리된 경우보다도 법정처리시한을 넘긴 경우가 더 많다는 것이다(김용만, 2012).

3. 국회의원의 과도한 지역구 챙기기

예산안 국회심의 과정은 국가 재정이라는 전체적인 시각에서 다루어져야 하며 개별 사업도 자원배분의 합리성이라는 측면에서 이루어져야 한다. 그러나 현실의 예산심의 과정은 개별 국회의원들이 자신의 지역구 챙기기 모습이 강하게 나타난다. 개인적인 요구사항을 쪽지에 적어 와서 예결위 위원에게 전달하거나 예산심의 과정에 반영하고자 한다고 하여 이를 '쪽지 예산'이라고 부르고 있다. 국회 예산 심의과정에 대한 실증연구에 따르면, 국회에서 심의되는 사업 중 편익이 특정 지역에 국한되는 사업의 경우 국회 심의 이후 증액되는 경향이 뚜렷이 나타나고 있다는 것이다(김상수·김영록, 2018).

4. 상임위원회의 옹호자 역할

소관 상임위원회와 소관 부처 간에는 사업에 대한 공감대가 형성된 경우가 많다. 따라서 예산심의 절차에서 소관 상임위원회가 소관 부처의 이해관계를 대변하는 역할을 하는 경우가 자주 나타난다는 것이다(구경복 외, 2012). 또한, 국회의원 입장에서는 자신이 감독하고 있는 소관 부처의 업무 중 관심 있는 사업에 대해 예산증액의 필요성을 느끼거나 전술한 바와 같이 지역구 예산에 대해 증액하면서 옹호자 역할을 하게 된다.

제5절 예산집행

I. 의 의

예산집행이란 국회가 승인한 예산에 기초하여 국가의 수입과 지출을 관리·실행하는 모든 활동을 말한다. 결국, 예산집행은 예산서에서 정한 국가의 재정 활동을 수행하는 과정이다. 예산집행은 입법부가 승인한 재정수입과 지출 그리고 정책이나 사업의 목적을 달성하는 것이므로 행정부가 입법부의 의도를 잘 지키도록 하는 예산통제가 가장 중요하다. 그러나 국회의 예산 승인 이후에 환경 변화로 인하여 예산의 내용이나 집행 시기를 변경할 필요성에 대비해 행정부의 재량을 인정할 필요성도 제기된다. 이러한 이유로 예산집행의 신축성을 유지할 수 있는 제도적 장치가 마련되어 있다.

　예산집행은 예산통제를 통한 입법부의 의도 구현과 예산 승인 후에 여건변화에 대한 행정부에 재량을 위하여 집행의 신축성 간에 적절한 조화가 필요하다. 다만, 집행의 신축성 방안은 예외적으로 인정되는 것이며 예산집행의 핵심은 국회가 승인한 예산의 목적이 달성될 수 있도록 집행하는 것이다.

Ⅱ. 예산집행의 절차

1. 예산의 배정

　예산의 배정이란 국회에서 승인된 예산을 중앙예산기관이 각 중앙관서의 장에게 일정한 시기별로 일정한 금액을 나누어주는 것을 말한다. 우리나라에서는 각 중앙관서의 장이 기획재정부장관에게 예산 배정요구서를 제출하면, 기획재정부장관이 국무회의의 심의를 거친 후 대통령의 승인을 얻어 분기별로 각 부처에 배정한다(국가재정법 제42조).

　이러한 배정제도는 국가 수입인 세입이 1년 동안 분산되어 들어오며,[14] 정부의 지출은 재정정책과 연관되어 일정한 계획(예산의 조기집행 억제 또는 조기집행 유도 등)에 의하여 이루어질 필요가 있기 때문이다. 예를 들어, 예산의 조기집행으로 유효수요를 증대하고 이를 통하여 경기를 부양하고자 하는 의도가 있는 경우에 정부는 가급적 상반기 내에 많은 예산을 배정하여 조기 지출을 유도하고자 할 것이다.

2. 예산의 재배정

　예산의 재배정이란 각 중앙관서의 장이 배정받은 예산액을 하급기관에서 집행할 수 있도록 위임해주는 것을 말한다(국가재정법 시행령 제17조). 즉 예산의 배정은 국가 전체예산을 총괄하는 기획재정부에서 각 중앙관서에 분기별로 사용할 예산을 할당하는 작업이라면, 예산의 재배정이란 각 중앙관서의 예산담당 부서에서 각 사업부서로 사용할 예산을 할당하는 작업이다.

　이러한 예산의 배정과 재배정은 중앙예산기관과 각 중앙관서의 예산담당 부서에서 예산을 계획적이고 효율적으로 집행하기 위한 통제장치라고 볼 수 있다.

---

14) 만일 조세수납액과 지출액의 차이에 따라 일시 여유자금이나 부족분이 발생하게 되면, 여유자금은 국고금의 통합계정을 통하여 관리하고, 부족자금은 재정증권 및 한국은행 일시차입금 등으로 조달하게 된다(국회예산정책처, 2018: 132).

3. 자금의 배정

예산의 배정과 재배정이 총괄적인 계획이라면, 여기에 실제 자금의 이동이 수반되어야 한다. 이를 자금의 배정이라고 한다. 예산의 배정이 마무리되면 그 배정에 기초하여 연간, 월 단위 자금계획을 수립하여 자금 배정이 이루어진다. 현재 우리나라는 국고금을 통합하여 하나의 계정으로 관리[15]하고 있어, 실제 자금이 각 중앙관서로 이동하는 것은 아니다. 다만 자금의 배정이 이루어져야 각 중앙관서에서는 실제 지출행위를 할 수 있게 된다. 예산의 배정이 이루어졌을 때는 지출행위는 할 수 없으며, 지출원인행위는 가능하다. 즉, 예산의 배정과 재배정이 이루어졌을 때 담당 부서에서는 민간 사업자와 특정 계약을 맺을 수 있으며, 자금의 배정이 이루어져야 동 계약에 따른 자금의 지급이 가능해진다. 한편, 국고 자금의 효율적이고 투명한 관리를 위하여 국고금 관리법이 제정되어 2003년부터 시행되고 있다.

4. 자금의 집행

자금배정에 따라 각 중앙관서에서는 실제 자금의 집행이 이루어진다. 각 중앙관서에서의 자금집행 과정에서에서 발생할 수 있는 부정행위나 착오를 방지하기 위하여 재무관, 지출관을 별도로 임명하도록 하고 있다(국고금관리법 제22조). 재무관은 지출원인행위를 담당하며 각 중앙관서의 장이나 장으로부터 위임받은 소속 공무원이 맡게 된다. 지출관은 자금의 지출을 담당한다. 재무관으로부터 서류를 받고, 그 서류에 기초하여 채권자에게 계좌로 이체하여 지급한다(동법 동조 제4항).

Ⅲ. 예산집행의 신축성 유지 방안

국민의 대표기관인 국회에서 의결된 예산(본예산)에 따라 행정부에서 집행하여야 한다. 그러나 행정환경의 변화와 예측하지 못한 사건의 발생 등으로 인하여 당초 예산의 목적을 달성하기 어려운 경우에 대비하여 예산집행의 신축성을 위한 장치가 필요하다. 결국, 예산집행의 신축성은 국회의 정부에 대한 통제를 완화하고 행정부에 일정한 재량성을 부여하기 위한 제도이다.

우리나라에서 예산집행의 신축성 확보를 위한 제도는 크게 사업 내용의 신축성 확보와 시기의 신축성 확보로 구분될 수 있다. 그런데 이러한 구분은 강학상

---

15) 통합계정에서만 국고금 잔고를 보유하고, 각종 일반·특별회계에 설치된 계좌는 무(無)잔고로 유지함으로써 국가 전체의 국고금 수급조절을 통합계정에서 총괄적으로 수행하고 있음(국회예산정책처, 2018: 132).

편의를 위하여 구분되는 것이며 배타성을 가진 구분으로 보기는 어렵다. 왜냐하면, 추가경정예산의 경우는 사업 내용의 신축성뿐 아니라 시기에 대한 신축성(명시이월의 내용을 포함)도 부여하고 있기 때문이다.

1. 사업 내용의 신축성

1) 이용과 전용

예산의 이용과 전용은 행정부에게 입법부에서 승인한 '분류의 범주들 상호 간'에 융통성을 어느 정도 그리고 어떻게 부여할 것인가에 대한 문제를 해결하기 위한 제도이다. 세출 예산은 장·관·항·세항·세세항·목·세목 등으로 분류된다. 여기서 장·관·항은 입법과목이라 하여 입법부의 강한 통제가 작용하며, 세항·세세항·목은 행정과목이라 하여 상대적으로 행정부의 재량을 강하게 부여하고 있다.

(1) 예산의 이용

이용은 예산이 정한 각 기관 간 또는 각 장·관·항(입법과목) 간에 상호 융통하는 것을 말한다. 이용은 원칙적으로 허용되지 않으나, 예산집행상의 필요에 따라 미리 예산으로써 '국회의 의결'을 얻은 때에는 기획재정부장관의 승인을 얻거나 기획재정부장관이 위임하는 범위 안에서 가능하다. 다만, 이용 사유인 '예산집행상의 필요'가 지나치게 폭넓게 인정되고 있는 문제를 감안하여, 2016년부터 이용의 사유를 ⓐ 법령상 지출의무의 이행을 위한 경비 및 기관운영을 위한 필수적 경비의 부족액이 발생하는 경우, ⓑ 환율변동·유가변동 등 사전에 예측하기 어려운 불가피한 사정이 발생하는 경우, ⓒ 재해대책 재원 등으로 사용할 시급한 필요가 있는 경우, ⓓ 그 밖에 대통령령으로 정하는 경우로 한정하고 있다(국가재정법 제47조 제1항).

(2) 예산의 전용

전용은 각 세항·세세항·목(행정과목) 사이에 상호 융통하는 것을 말한다. 이는 예산의 목적 범위 안에서 재원의 효율적 활용을 위한 것으로, 각 중앙관서의 장은 기획재정부장관의 승인을 얻거나 기획재정부장관이 위임하는 범위 안에서 전용할 수 있다.

그러나 전용의 허용범위에 대해서 국가재정법에서는 비교적 세밀히 규정하고 있다. 전용 시에는, ⓐ 사업 간의 유사성, ⓑ 재해대책 재원 등으로 사용할 시급한 필요성, ⓒ 기관운영을 위한 필수적 경비의 충당을 위한 것인지 여부 등을 종합적으로 고려하도록 하고 있다(국가재정법 제46조 제1항). 또한, 2014년부터는 국가재정법(제46조 제3항)에 전용의 허용범위를 추가하여, ⓐ 당초 예산에 계상되지 않은 사업을 추진하거나, ⓑ 국회가 의결한 취지와 다르게 사업 예산을 집행하기 위한 전용은 허용되지 않도록 규정하고 있다.

2) 예산의 이체

이체는 정부조직 등에 관한 법령의 제·개정 또는 폐지로 인하여 중앙관서의 직무와 권한에 변동이 있는 때 예산을 변경시키는 것을 말한다(국가재정법 제46조 제2항). 정부조직에 관한 법령으로는 정부조직법,[16] 각 부처와 그 소속기관 직제[17] (대통령령), 각 부처와 그 소속기관 직제시행규칙(부령)이 있다. 이들의 변경에 따라 관련 업무가 이관되면 여기에 수반되는 예산도 변경되며 이를 이체라고 표현한다는 것이다.

3) 예비비

예비비는 예측할 수 없는 예산 외의 지출 또는 예산 초과지출에 충당하기 위하여 계상한 금액을 말한다. 따라서 예비비는 예산 한정성의 원칙에 예외가 되는 제도이다. 예비비는 일반 예비비와 목적 예비비로 구분된다(국가재정법 제22조 제1항). 일반 예비비는 사용 용도의 제한이 없으나 일반회계 예산 총액의 100분의 1 범위 내에서 편성할 수 있으며, 목적예비비는 총액의 제한은 없으나 용도를 제한하여 편성한다. 다만, 공무원의 보수 인상을 위한 인건비 충당을 위해서는 목적 예비비를 편성할 수 없도록 하고 있다(동법 동조 제2항).

국가재정법(제51조)에서는 예비비를 기획재정부장관이 관리하도록 하고 있다. 이는 총액으로 국회의 의결을 받아 확정된 예비비의 특성을 고려하여 예비비 사용의 책임소재를 명확하게 하려는 것으로 볼 수 있다(국회예산정책처, 2018: 130).

---

16) 우리나라 정부조직의 각 '부'와 '청' 단위의 개편은 정부조직법을 개정하여야 가능하다. 따라서 국회가 법률로써 하는 행위인 정부조직이 개편되면 이에 따라 국회가 승인한 예산의 변경은 당연하다. 본 규정을 둔 것은 우리나라의 경우 법률과 예산은 다른 형식으로 의결되고 법률로써 예산 변경이 불가하므로 이를 보완하기 위한 것이다. 따라서 명령이 아닌 '법률'의 개정에 의한 이체는 예산집행의 신축성 확보 방안이라기보다는 국회가 결정한 법률에 대한 국회 자체의 보완 조치의 하나라고 볼 수 있다.

17) 정식 명칭은 '국토교통부와 그 소속기관 직제', '행정안전부와 그 소속기관 직제' 등의 형식으로 되어 있다. 직제는 '국' 단위까지의 조직과 업무 내용을, 직제 시행규칙은 '과' 단위까지의 조직과 업무 내용을 담고 있다.

4) 추가경정예산

국회가 심의·확정한 예산을 변경할 필요가 있을 경우 정부는 추가경정예산안을 편성하여 국회에 제출할 수 있다(헌법 제56조). 추가경정예산안은 본예산 확정 이후 당해 연도에 추가적인 재정수요가 발생할 경우 편성할 수 있다. 본예산안이 국회에 계류 중인 경우에는 수정예산안의 제출이 가능하므로 추가경정예산안을 제출할 수 없다.

추가경정예산안의 편성 절차는 기본적으로 본예산안과 동일하다. 그러나 추가경정예산안을 편성할 때는 예산편성지침의 작성 등 일부 절차가 생략되며, 국회에 제출할 때에도 예산안의 첨부 서류 일부를 생략할 수 있다(국가재정법 제36조). 왜냐하면, 명시된 예산안 편성에 필요한 모든 첨부 서류를 작성하여 제출할 경우에는 제출 시기가 지연되어 집행부의 예산편성 시기가 늦어질 수 있기 때문이다 (국회예산정책처, 2018: 69).

2. 사용 시기의 신축성

1) 예산의 이월

예산의 이월이란 당해 연도 예산을 다음 연도에 넘겨서 사용하는 것을 말한다. 매 회계연도의 세출 예산은 원칙적으로 이월하여 사용할 수 없다(국가재정법 제48조). 따라서 이월은 회계연도 독립의 원칙의 예외이며, 집행의 시기에 대한 신축성을 부여하는 제도이다. 이월에는 명시이월과 사고이월이 있다.

(1) 명시이월

명시이월이란 세출 예산 중 경비의 성질상 연도 내에 지출을 끝내지 못할 것이 예측되어 미리 국회의 승인을 얻은 후 다음 연도에 이월하여 사용하는 것을 말한다(국가재정법 제24조). 명시이월비는 정부가 국회에 제출하는 예산안에 포함된 5개 부문(예산총칙, 세입세출예산, 계속비, 명시이월비 및 국고채무부담행위) 중 하나이다. 정부는 당초 예산 또는 추가경정예산에 명시이월비를 계상하여 국회의 승인을 받을 수 있다.

(2) 사고이월

사고이월이란 연도 내에 지출원인행위를 하고 불가피한 사유로 인하여 연도 내에 지출하지 못한 경비와 지출원인행위를 하지 아니한 그 부대 경비에 대한 이월을 말한다(국가재정법 제48조 제2항). 예를 들면, 국토교통부에서 도로건설 공사에 대한 계약을 A 회사와 10월에 체결하였지만 불가피한 사유로 12월 31일까지 건설 공사가 마무리되지 않아 다음 회계연도에서 그 비용을 지불하는 경우이다. 명시이월과 달리 사고이월은 국회의 사전 승인을 요구하지 않는다.

명시이월은 다음 회계연도에 다시 이월하여 사용할 수 있으나, 사고이월은 재이월할 수는 없다(국가재정법 제48조 제2항).

2) 계속비

계속비란 완성에 수 년도를 필요로 하는 공사나 제조 및 연구 개발사업의 경우에 그 경비의 총액과 연부액(年賦額: 연도별 할당 예산액)을 정하여 미리 국회의 의결을 얻은 범위 안에서 수 년도에 걸쳐서 지출할 수 있는 예산을 말한다(국가재정법 제23제). 따라서 이는 이월과 마찬가지로 회계연도 독립의 원칙의 예외를 인정한 제도이다. 계속비는 정부가 국회에 제출하는 예산안에 명시해야 할 5개 부문(예산총칙, 세입세출예산, 계속비, 명시이월비 및 국고채무부담행위) 중 하나이다.

국가재정법(제23조 제2항)에서는 국가가 지출할 수 있는 연한은 그 회계연도부터 5년 이내로 하고 있으며, 사업 규모 및 국가 재원 여건상 필요한 경우에는 예외적으로 10년 이내로 할 수 있도록 하고 있다. 계속비의 연도별 연부액 중 당해연도에 지출하지 못한 금액은 계속비 사업의 완성연도까지 계속 이월하여 사용할 수 있다(국가재정법 제48조 제3항).

3)

국고채무 부담행위는 당해 연도에 예산 확보 없이 국가가 채무를 지는 행위를 말하며 미리 예산으로써 국회의 의결을 얻어야 한다(국가재정법 제25조 제1항). 국고채무 부담행위란 법률에 의한 것, 세출 예산 금액 범위 내의 것, 계속비의 총액 범위 내의 것 이외에 채무를 부담하는 행위를 말한다. 따라서 국고채무 부담행위란 현재 세출 예산이나 계속비로 계상되지 않은 금액을 국회가 행정부에게 빌려서 사용할 것을 승낙하는 것이다. 국고채무 부담행위는 정부가 국회에 제출하는 예산안에 명시해야 할 5개 부문(예산총칙, 세입세출예산, 계속비, 명시이월비 및 국고채무부담행위) 중 하나이다.

제6절 정부회계

Ⅰ. 의 의

정부회계란 정부의 재정 관련 활동을 분석, 기록, 요약, 평가, 해석하고 그 결과를 기록하는 것이다. 예산이 1년 동안 재정지출에 대한 계획을 담고 있다면, 회계는 이미 이루어진 정부 활동을 기록하고 의사결정에 정보를 제공하게 된다.

최근 정부회계는 그 기록의 방식(단식부기, 복식부기)과 경제적 거래에 대한 인식 기점의 기준(현금주의, 발생주의)에 대한 논의가 활발하다. 우리나라도 국가회계법(동법 제11조 제1항)에 발생주의와 복식부기에 의한 회계 처리를 규정하고 있으며, 2011 회계연도 결산부터 국회에 발생주의와 복식부기 방식의 재무제표를 제출하도록 하였다.

Ⅱ. 현금주의와 발생주의

경제적 거래에 대한 인식을 기준으로 현금주의와 발생주의로 구분된다. 현금주의는 현금이 입금 또는 출금되는 시점을 기준으로 거래가 발생하였다고 보는 것이며, 발생주의는 현금의 입출과는 상관없이 실질적으로 경제적 행위(계약이나 거래)가 발생한 시점을 기준으로 인식하는 방식이다. 예를 들면, 정부 건물에서 발생하는 감가상각의 경우, 현금주의에서는 기록되지 않지만, 발생주의에서는 비용으로 기록된다. 또한, 미지급 비용과 미수 수익금의 경우, 현금주의에서는 기록되지 않지만, 발생주의에서는 부채와 자산으로 기록된다(곽지영, 2014).

Ⅲ. 단식부기와 복식부기

정부회계는 기장방식에 따라 단식부기와 복식부기로 구분된다. 단식부기는 단일 항목의 증감을 중심으로 기록하는 방법이다. 개인적으로 수첩에 오늘 지출을 기록하는 형식이 단식부기이다. 따라서 단식부기는 현금의 증감을 수반하는 회계 처리를 하는 현금주의에 주로 채택된다. 이런 단식부기에서는 보유하고 있는 부채나 자산은 별도의 장부로 표시하게 된다.

한편, 복식부기는 거래의 기록을 차변(왼쪽)과 대변(오른쪽)으로 나누어 이중기록한다. 복식부기에 따른 거래의 결과는 차변과 대변의 합계가 반드시 일치하여야 한다. 복식부기는 거래의 영향을 상반된 입장에서 파악하여 별도의 기록을 남기는 것으로, 발생주의에서 주로 채택한다(곽지영, 2014).

예를 들면, 문화체육관광부에서 1,000억 원의 자금을 투입하여 박물관을 새롭게 지었을 경우, 단식부기는 세출 예산에서 시설비, 부대 경비 등으로 1,000억 원이 지출 처리된다. 그러나, 복식부기에서는 박물관이라는 자산의 증가가 차변에 기록되고, 대변에는 현금 및 현금성 자산 1,000억 원(자산 감소)을 함께 기록한다(윤영진, 2016: 428).

단식부기는 기록이 용이하고 관리비용이 저렴하다는 장점이 있지만, 정부 재정상태에 대한 총괄적 파악이 곤란하고, 주로 현금을 수반하는 거래만 측정하며, 자기검증 기능이 없다는 한계가 있다. 따라서 더 나은 제도인 복식부기를 사용하는 것이 시대적 조류에 맞다고 볼 수 있다. 복식부기는 재정상태에 대한 총체적인 파악이 가능하고, 대차대조표상에 거래 결과가 나타나므로 검증이 용이하여 내부 통제가 가능한 장점이 있다.

제7절　디지털예산회계시스템[18]

I. 의　의

디지털예산회계시스템(dBrain system)은 재정의 전 과정을 온라인으로 수행하고, 각종 국가재정정보를 연계·분석하는 통합재정정보 시스템이다. 즉, 예산편성·집행·결산·성과관리 및 회계 등 재정업무 전체가 하나의 시스템에서 이루어지도록 구축되었으며, 실무에서는 이를 dBrain 또는 dBrain⁺라고 부른다.

기존에는 중앙 정부와 지방자치단체의 재정정보나 중앙 정부의 예산과 결산이 별도의 시스템에서 전산 관리되었으나, 2007년 디지털예산회계시스템이 도입되면서 하나로 통합 관리되게 되었다. '디지털예산회계시스템 운영 지침(기획재정부 훈령)'에서 상세히 규정하고 있다.

---

18) 디지털예산회계시스템에 대한 내용은 한국재정정보원 홈페이지(www.kpfis.or.kr)를 참조하였다.

II. 특 징

1. 재정 활동 전반을 지원

디지털예산회계시스템은 중앙 정부의 예산편성, 집행, 자금관리, 국유재산/물품 관리, 채권/채무, 회계결산까지 모두 하나의 시스템에서 처리할 수 있도록 구성되어 있다.

2. 재정혁신 뒷받침

디지털예산회계시스템은 국가재정운용계획수립, 예산총액배분 자율편성제도, 성과관리예산제도 등 재정혁신을 지원하기 위해 프로그램 예산체계를 기반으로 구축되었으며, 자금과 자산·부채를 상호 연계 관리하고 국가 재정의 재무정보를 정확히 산출할 수 있도록 복식 부기·발생주의 회계제도를 반영하여 재정위험관리를 지원한다.

〈그림 5-4〉 디지털예산회계시스템의 구성도

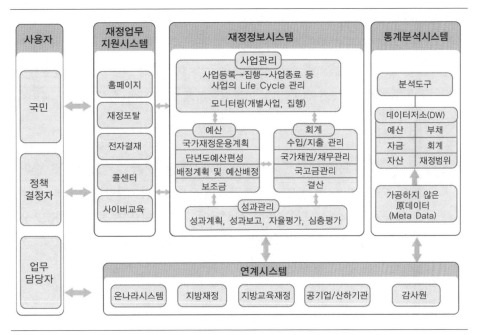

자료: 한국재정정보원 홈페이지(www.kpfis.or.kr).

3. 성과관리 지원

성과 중심의 효율적인 사업추진을 위해 과제를 설정하고 연간 목표와 그에 대한 실적을 계획, 보고하며 평가를 통하여 성과와 예산의 연계를 관리하는 성과관리시스템을 보유하고 있다. 성과관리시스템은 부처별 성과목표·지표를 설정하고 그에 대한 개요, 근거, 실적 등을 보고서로 관리하며, 자율평가, 심층평가 등을 통한 과제평가 및 조치 등의 기능을 지원한다.

4. 재정의 실시간 관리

재정자금출납의 전 과정을 전자화하고 이를 기반으로 재정운영현황을 실시간으로 파악할 수 있도록 구성되어 있다.

5. 재정통계 분석정보 산출

분야별·부처별·기능별 등 여러 측면에서 통계분석을 수행하여 과거 실적, 현황, 예측 등 다양하고 정확한 통계분석 자료를 제공하고, 정부의 정책 결정이 올바르게 이루어질 수 있도록 지원하고 국민에게도 상세한 재정정보를 투명하게 제공하고 있다.

6. 기존 공공부문의 재정시스템을 포괄하는 연계시스템

중앙부처와 지방정부, 산하단체, 공기업 등 전 공공부문의 재정정보를 투명하게 관리하고, 국가의 재정을 일목요연하게 파악하여 통합적으로 관리할 수 있다.

Ⅲ. 구 성

디지털예산회계시스템은 사업관리·예산·회계·통계분석 등 단위업무 시스템과 외부 연계시스템으로 구성되어 있으며, 중앙·지방 공무원과 일부 공공기관 사용자들은 재정 포털을 통해 시스템에 접속하여 업무를 처리하고, 생산된 주요 재정정보를 국민에게 홈페이지를 통해 제공하고 있다.

제8절 결 산

Ⅰ. 의 의

결산이란 예산에 의하여 수입과 지출이 이루어진 실적을 확정적 계수로 표시하는 행위이다. 결산은 원칙적으로 예산과 일치해야 하지만 현실적으로 일치하는 것은 불가능하다. 왜냐하면, ⓐ 세입예산의 경우는 추정액에 불과하여 실제 징수액과는 차이가 발생하며, ⓑ 세출 예산의 경우는 이월, 이용 및 전용, 불용액의 발생 등으로 결산과 차이가 발생하기 때문이다.

결산은 예산과정에서 마지막 단계이며 그 기능은 다음과 같다. 첫째, 행정부를 통제하는 수단이 된다. 결산은 예산집행 실적을 나타낸 것인데, 국회는 결산 승인권을 통하여 이를 통제한다. 둘째는 환류 기능이다. 결산 보고서 및 국회의 결산심사 결과는 다음 연도 예산의 편성·심의·집행과정에 반영된다. 셋째, 정보 산출 기능이다. 결산보고서는 그 나라의 재정정보를 나타낸다. 결산은 예산집행 실적이나 관련 정보를 국민에게 보고 및 공개하는 것이다. 넷째, 행정부의 집행책임에 대한 판단과정이다. 국회가 결산을 승인한다는 것은 행정부의 예산집행 책임을 해제하는 법적 효과를 가진다고 볼 수 있다.

Ⅱ. 결산의 과정

정부의 결산 과정은 국가재정법, 국가회계법, 국고금관리법 등에 규정되어 있다. 이는 출납사무 완결, 각 중앙관서의 결산보고서 등의 작성 및 제출, 기획재정부의 국가결산보고서 작성 및 국무회의 심의, 감사원의 결산 검사, 국가결산보고서의 국회 제출 등으로 이루어진다.

1. 출납사무의 완결

출납사무의 완결이란 국고에 수입금의 수납과 지출금 지급을 종료하고 국고금 출납 장부를 마감하는 것을 말한다. 당해 회계연도에 수입과 지출이 마무리되어야 결산을 할 수 있으므로 출납사무의 완결은 결산의 전제 요건이 된다. 국고관리법(제4조의2)에서는 한 회계연도에 속하는 세입·세출의 출납에 관한 사무는 다음 연도 2월 10일까지 완결하도록 규정하고 있다.

2. 결산보고서 작성 및 제출

출납장부가 마감되면 각 중앙관서의 장(또는 기금관리주체)은 그 소관에 속한 일반회계 · 특별회계 및 기금을 통합한 '중앙관서 결산보고서'를 작성하여, 2월 말까지 기획재정부장관에게 제출되어야 한다(국가재정법 제58조).

기획재정부장관은 각 중앙관서 결산보고서를 통합하여 '국가결산보고서'를 작성한 후, 국무회의 심의를 거쳐 대통령의 승인을 받고, 4월 10일까지 감사원에 제출해야 한다(국가재정법 제59조).

3. 감사원의 결산 검사(회계 검사)

감사원은 기획재정부로부터 받은 국가결산보고서에 대한 회계검사를 실시한다. 주로 수입과 지출, 재산의 취득 · 보관 · 관리 및 처분 등에 대한 검사를 실시하여 정부지출의 합법성과 정확성을 확인한다. 그 결과에 따라 변상 책임에 대한 판정, 징계 · 문책 요구, 시정 · 개선요구, 고발 등의 조치를 취하게 된다(감사원법 제12조 제1항). 감사원은 결산 검사보고서를 5월 20일까지 기획재정부장관에게 보내야 한다(국가재정법 제60조). 국가결산보고서에는 결산개요, 세입세출결산(기금의 수입지출결산), 재무제표 그리고 성과보고서가 포함된다.

4. 국가결산보고서 국회 제출

감사원으로부터 송부받은 국가결산보고서를 정부는 5월 31일까지 국회에 제출해야 한다(국가재정법 제61조).

5. 국회의 결산심의

국회의 결산심의 과정은 국회법에 규정되어 있다. 결산심의 과정은 소관 상임위원회의 예비심사, 예산결산특별위원회의 종합심사, 본회의 심의 · 의결 등으로 예산심의 과정과 유사하게 이루어지며, 정부의 시정연설이 없는 것이 예산과의 차이점이다. 한편 예산의 심의 · 의결 기한이 정해져 있듯이 국회는 결산에 대한 심의 · 의결을 정기회[19] 개회 전까지 완료하여야 한다(국회법 제128조의2).

국회는 결산의 심사결과 위법 또는 부당한 사항이 있는 때에 국회의 본회의 의결 후 정부 또는 해당 기관에 변상 및 징계 조치 등 그 시정을 요구할 수 있으며, 정부 또는 해당 기관은 시정 요구를 받은 사항을 지체 없이 처리하여 그 결과

---

19) 정기회는 매년 9월 1일에 집회한다. 다만, 그날이 공휴일인 때에는 그다음 날에 집회한다(국회법 제4조).

를 국회에 보고하여야 한다(국회법 제84조 제2항). 또한, 국회는 사안을 특정하여 감사원에 감사를 요구할 수 있으며, 감사원은 감사 요구를 받은 날부터 3개월 이내에 감사결과를 국회에 보고하여야 한다(국회법 제127조의2).

Ⅲ. 우리나라 결산 과정의 문제점과 개선 대안

현재 우리나라의 결산 과정에 대한 실증분석 연구에 의하면 가장 큰 문제점은 결산의 내용이 다음연도 예산편성·심의·집행과정에 환류가 되지 않는다는 것이다(오영민·신헌태, 2017). 우선, 감사원의 결산 검사 과정에서 지적을 받은 사업의 경우 예산에 거의 환류되지 않고 있다는 것이다. 그 이유로는 감사원에 결산 전문 인력이 부족하여 결산 검사 정보의 질이 낮은 것이 원인으로 지적된다. 또한, 국회의 예산결산특별위원회의 결산 심사에서 지적된 내용도 예산심의에 거의 활용되지 않는 것으로 분석되었다. 예를 들어, 국회의 시정요구는 2010년 1,107건에서 2014년 1,812건으로 증가하였으나 시정 요구 건수 중, 200건은 과거 지적내용이 개선되지 않아 반복된 것이며, 62건은 3년 연속 시정이 요구된 지적내용이기 때문에 제도적 개선이 요구되고 있다(이현우, 2016).

이러한 문제점에 대한 대안으로는(오영민·신헌태, 2017), 첫째, 감사원에 결산 검사 전담 조직을 구성하고 현재 직무감찰 인력이 수행하고 있는 합법성 위주의 검사를 정책분석평가 위주의 상시 결산 검사 체제로 전환할 필요성이 있다. 둘째, 국회의 시정 요구에 대한 정부의 관심과 이행률을 높이기 위해서는 시정 요구 불이행 사업에 대해서는 예산조정이나 재심의 등의 제도를 도입하는 것도 필요하다. 셋째, 결산의 법정기한이 정기국회 이전까지로 국회법에 정해져 있으나 이를 개정하여 예산안 심사 전에 결산을 종료하도록 하여 결산심사 결과를 예산심의과정에 대한 활용도를 높일 필요가 있다. 넷째, 국회의 결산심사 과정에 청문회와 같은 국민이 참여할 수 있는 제도를 도입하여 국민의 관심을 높여 관련 사업들이 예산과정에서 더 많이 조정될 수 있도록 할 필요가 있다(김광묵, 2015).

제9절 재정 민주주의 실현을 위한 제도적 보완

I. 의 의

재정 민주주의란 국민의 세금으로 이루어진 국가 재정에 대해 납세자인 국민의 권리가 보장되어야 한다는 것이다. 여기서 국민의 권리를 보장하는 것은 제정과정에서 의사를 반영하고, 감시·통제하고, 시정을 요구할 수 있도록 하는 것이다. 예산의 편성 권한을 행정부에 부여하고, 심의·의결권을 입법부에 부여하는 것도 재정 민주주의 실현을 위한 기본적인 장치라고 볼 수 있다. 최근 국민의 직접적인 참여에 의한 의견을 반영하고 감시·통제의 효율화를 위하여 다양한 제도적인 장치들이 마련되고 있다. 즉 재정 민주주의 실현을 위한 제도적인 노력은 끊임없이 지속되고 있는 것이다.

재정 민주주의 실현을 위한 보완적 제도들은 크게 두 가지 측면에서 논의될 수 있다. 하나는 제정 과정에 참여를 통한 의견의 반영이다. 제정 과정에 국민의 의사를 반영할 수 있도록 재정정보를 공표하거나, 참여예산제도를 운영하는 것이다. 다른 하나는 사후적인 통제장치이다. 재정을 잘못 사용한 것에 대해 납세자 소송제도, 국민감시제도, 정보공개청구제도 등을 운영하는 것이다.

II. 참여와 재정정보의 공개

1. 참여예산제도

1) 의 의

참여예산제도는 예산과정에 국민 또는 주민의 참여를 보장하고 의견을 반영할 수 있는 제도적 장치를 마련하는 것이다. 협의의 참여예산제도는 예산의 편성과정에서의 참여를 보장하는 것이며, 광의의 참여예산제도는 예산 전 과정에서의 참여를 의미한다. 현재 우리나라의 참여예산제도는 주로 예산편성 단계에서의 국민이나 주민의 참여를 보장하는 데 집중하고 있다. 참여예산제도는 국민이나 지역의 주민이 직접 예산과정에 참여한다는 의미에서 재정 민주주의를 실질적으로 구현할 수 있는 제도라고 할 수 있다. 우리나라에서는 국가 예산의 경우는 국민참여예산제도가, 지방자치단체의 경우는 주민참여예산제도가 시행되고 있다.

2) 국민참여예산제도

국민참여예산제도는 2019년도 예산편성부터 시행되고 있다. 우리나라의 국민참여예산제도는 국민이 예산사업의 제안, 심사, 우선순위 결정 과정에 참여함으로써 재정운영의 투명성을 제고하고, 국민의 예산에 대한 관심도를 높이는 제도이다. 따라서 예산의 편성과정을 중심으로 진행된다.

(1) 근 거

국가재정법에서 예산의 원칙으로 "정부는 예산과정의 투명성과 예산과정에의 국민참여를 제고하기 위하여 노력하여야 한다."(동법 제16조 제4호)라고 규정하고 있지만, 국민이 예산과정에 참여할 수 있는 실질적인 제도는 없었다. 그러나 2017년 12월 국가재정법 시행령에 국민참여예산제도 시행을 위한 근거를 마련하였다. 이에 따라 2018년 3월 기획재정부에서 국민참여예산제도 운영지침을 시달하면서, 2019년도 예산편성부터 국민참여예산제도가 시행되게 되었다.

〈국민참여예산제도 관련 국가재정법 시행령 규정〉

제7조의2(예산과정에의 국민참여) ① 정부는 법 제16조 제4호에 따라 예산과정의 투명성과 국민참여를 제고하기 위하여 필요한 시책을 시행하여야 한다.
　② 정부는 예산과정에의 국민참여를 통하여 수렴된 의견을 검토하여야 하며, 그 결과를 예산편성 시 반영할 수 있다.
　③ 정부는 제2항에 따른 의견 수렴을 촉진하기 위하여 국민으로 구성된 참여단을 운영할 수 있다.
　④ 제1항에 따른 시책의 마련을 위하여 필요한 구체적인 사항은 기획재정부장관이 정한다.

국가재정법 시행령에 따르면 정부는 예산과정의 투명성과 국민참여를 제고하기 위한 시책을 시행하여야 하고, 국민참여를 통하여 수렴된 의견을 검토해야 할 의무가 있다. 그러나 그 검토 결과에 대한 예산반영은 정부의 재량에 맡기고 있다.

(2) 시행절차

기획재정부의 '국민참여예산제도 운영지침'에 따르면 다음과 같은 절차를 통하여 참여예산안이 확정된다.

① 모든 국민 또는 단체는 온라인과 오프라인을 통하여 예산사업에 대한 제안을 할 수 있음

② 각 부처는 소관 국민제안사업에 대해 적격성 점검 실시, 기획재정부 그리고 국민참여예산지원협의회[20]와 상호협의를 거쳐 최종적으로 사업예산편성 여부를 결정

③ 각 부처에서는 소관 사항에 대해 예산요구서를 작성하여 기획재정부에 제출

④ 기획재정부에서는 각 부처에서 요구한 참여예산 후보 사업에 대해, 네티즌의 의견조사, 일반 국민에 대한 설문 조사, 예산 국민참여단 투표 등을 통하여 참여예산안을 선정

⑤ 이후에는 일반예산안과 동일한 절차를 통하여 정부의 예산안으로 확정되어 국회에 제출

그런데 국민이 제안한 참여예산사업은 각 부처에 할당된 총액예산의 한도에 포함되지 않도록 하였다.

3) 주민참여예산제도

주민참여예산제도는 2005년 지방재정법 개정으로 도입되었으며, 2011년 의무규정으로 개편되면서 지방자치단체에 전면 시행되었다. 주민참여예산제도의 구체적인 내용은 각 자치단체의 조례로 정하고 있으며, 예산편성단계에서의 주민참여를 다루고 있다. 대부분 지방자치단체는 주민참여예산위원회를 구성·운영하고 있으며, 이를 통하여 주민의 의견을 수렴하고 있다. 따라서 주민참여예산위원회를 어떻게 구성하고 운영하느냐의 문제가 지방자치단체의 주민참여예산제도의 핵심 쟁점이 되고 있다(서정섭, 2018).

(1) 근 거

지방재정법은 주민참여의 원칙을 명시하고 있다. 즉, 자치단체장은 대통령령이 정하는 바에 따라 지방예산편성과정에 주민이 참여할 수 있는 절차를 마련하여 시행하여야 한다고 명시하였다(지방재정법 제39조). 또한, 동법에서는 지방자치단체장 소속으로 주민참여 예산기구를 둘 수 있도록 하였다. 한편 지방자치법시행령에서는 주민참여의 절차를 규정하고 있다. 주민참여예산제도의 구체적인 내용은 각 지방자치단체의 조례로 정하도록 하고 있다.

---

20) 예산과정에 대한 전문성 보완을 위해 국민참여예산제도 운영의 전 과정에 자문위원으로 활동하며, 민간전문가와 공무원으로 구성된다.

(2) 내 용

① 주민참여예산기구

지방재정법에서는 지방자치단체장 소속으로 주민참여예산위원회 등 주민참여예산기구를 둘 수 있도록 하였다(제39조 제2항). 주민참여예산기구에서는 ⓐ 주민참여예산제도의 운영에 관한 사항, ⓑ 주민참여예산제도를 통하여 수렴한 주민의 의견서의 내용에 관한 사항, ⓒ 그 밖에 지방자치단체의 장이 주민참여예산제도의 운영에 필요하다고 인정하는 사항을 심의하게 된다. 주민참여예산기구의 구성 · 운영과 그 밖에 필요한 사항은 해당 지방자치단체의 조례로 정하도록 하고 있다.

② 주민참여의 방법과 절차

지방예산 편성과정에서의 주민참여 방법으로는, ⓐ 주요사업에 대한 공청회 또는 간담회, ⓑ 주요사업에 대한 서면 또는 인터넷 설문 조사, ⓒ 사업공모, ⓓ 그 밖에 주민 의견 수렴에 적합하다고 인정하여 조례로 정하는 방법 등이 있다(지방재정법시행령, 제46조 제1항).

③ 의견서 제출과 평가

주민참여예산제도의 실질화를 위하여 지방자치단체의 장은 주민참여예산제도를 통하여 수렴한 주민의 의견서를 지방의회에 제출하는 예산안에 첨부하도록 하고 있다(지방재정법 제39조 제3항). 또한, 행정안전부 장관은 지방자치단체별 주민참여예산제도의 운영에 대하여 평가를 실시할 수 있도록 하였다(동법 동조 제4항).

2. 예산심의 과정에서의 참여

예산심의는 국민의 대표인 입법부에서 이루어진다. 전 국민이 참여하여 예산심의를 하는 것은 현실적으로 불가능하므로 국민의 대표를 선출하여 재정통제를 하도록 한 것이다. 따라서 주민참여는 예산의 편성과 집행과정에서 주로 논의된다. 예산심의는 국민의 대표에 의해 이루어지기도 하며, 특별한 제도적 장치가 없다 하더라도 국민은 지역구 국회의원들이나 관련 국회 상임위원회 위원에게 의견을 제출할 수 있다. 이는 의회민주주의의 당연한 원리라고 할 수 있다.

비록 이러한 의회민주주의 원리가 작동한다고 하더라도, 보다 더 견고한 주민참여 장치를 확보하기 위하여 예산결산특별위원회에서 예산안, 기금 운용계획안 및 결산에 대하여 '공청회'를 개최하도록 국회법에서 규정하고 있다(국회법 제84조의3). 예결위의 '공청회'는 통상 관련 전문가들의 정부 예산안 등에 대한 발표로 진행되며, 예결위 전체회의 이전에 실시하고 있다.

3. 재정정보의 공개제도

1) 의 의

재정정보의 공개란 국민의 알 권리 충족을 위하여 국가 재정의 주요사항을 투명하게 공표하는 것을 의미한다. 재정정보에 대한 공개는 재정 민주주의 실현의 필수요소이다. 왜냐하면, 국민이 제정 과정에 참여하기 위해서는 투명성과 정보의 공개가 선행되어야 하기 때문이다. 또한, 국민의 세금으로 이루어진 국가 재정이 어떻게 사용되고 있는지에 대해 납세자인 국민에게 알리는 것은 재정 민주주의 실현의 시작이기도 하다.

2) 내 용

국가재정법(제9조)에서는 재정정보의 공표를 명시하고 있다. 첫째, 정부는 예산, 기금, 결산 등 국가와 지방자치단체의 재정에 관한 중요한 사항을 매년 1회 이상 정보통신매체·인쇄물 등 적당한 방법으로 알기 쉽고 투명하게 공표하여야 한다(제1항). 둘째, 각 중앙관서의 장은 해당 중앙관서의 세입·세출 예산 운용상황을, 각 기금관리 주체는 해당 기금의 운용상황을 인터넷 홈페이지에 공개하여야 한다(제4항).

한편, 지방자치단체의 재정의 경우는 지방재정공시제도가 시행되고 있다. 모든 지방자치단체의 장은 재정공시제도운영계획에 따라 재정공시안을 작성, 지방재정공시심의위원회에서 심의·확정 후 공시하여야 한다(지방재정법 제60조). 또한, 행정안전부 장관은 지방자치단체의 재정 상황을 분석·평가하고 그 결과를 토대로 지방자치단체를 구분한 통합공시와 비교공시를 할 수 있도록 하고 있다(동법 제60조의2).

Ⅲ. 재정 감시·통제 제도

1. 납세자 소송제도

1) 의 의

납세자 소송제도는 납세자인 시민이 직접 예산집행의 부정과 장비를 감시하고 이를 시정할 권리를 행사하는 제도이다. 즉 국가나 지방자치단체의 예산이 위법하게 사용된 경우에 이를 환수할 수 있는 소송을 제기할 수 있는 권한을 납세자에게 부여하는 제도이다(김상조·김선득, 2004). 따라서 납세자 소송제도는 예산 낭비를 막기 위한 가장 강력한 수단일 뿐만 아니라, 납세자의 참여권을 제도적으로 보장함으로써 참여 민주주의를 실현하기 위한 실질적인 제도이다. 납세자 소송은 국가 또는 공공기관이 법률에 위반되는 행위를 한때에 직접 자기의 법률상 이익과 관계없이 그 시정을 구하기 위하여 제기하는 민중소송(행정소송법 제3조)의 일종으로 볼 수 있다.

우리나라에서는 납세자 소송제도 인정을 위해서 몇 차례 법률안이 제출되었으나 국가 수준에서의 납세자 국민소송제도 입법이 되지 않은 상태이다. 그러나 지방자치단체에서의 주민소송제도는 지방자치법 개정을 통하여 도입하여 2006년부터 실시되고 있다.

미국의 경우는 연방정부와 지방정부 수준에서의 납세자 소송제도를 인정하고 있으며, 일본의 경우는 지방정부 수준에서의 납세자 소송인 주민소송제도를 인정하고 있다(국회예산정책처, 2012).

2) 우리나라의 주민소송제도

우리나라의 경우는 국민소송제도는 인정하고 있지 않지만, 지방자치단체에서의 주민소송제도는 지방자치법에 규정하고 있다. 우리나라의 주민소송제도는 지방자치단체의 주민이 자신의 개인적인 권리와 이익의 침해가 없더라도, 해당 지방자치단체가 재무회계와 관련하여 위법한 행위나 업무를 게을리 한 사실에 대해 법원에 시정을 청구할 수 있는 제도이다(지방자치법 제22조).

그런데 우리나라의 주민소송제도는 주민감사청구 전치주의를 채택하고 있다. 따라서 주민소송을 청구하기 위해서는 주민감사를 우선적으로 청구하여야 한다. 주민감사청구란 일정 수[21] 이상의 주민이 해당 지방자치단체와 그 장의 권한에 속하는 사무의 처리가 법령에 위반되거나 공익을 현저히 해친다고 인정되면, 시·도에서는 주무부 장관에게, 시·군 및 자치구에서는 시·도지사에게 그 감사를 청구할 수 있게 한 제도이다(지방자치법 제21조).

지방자치단체의 재무회계와 관련하여 위법한 사항이나 업무를 게을리 한 사항과 관련되어 주민감사청구를 하였으나 그 결과에 불복이 있는 경우에는 주민감사청구에 참여한 주민은 누구라도 그 지방자치단체의 장을 상대방으로 하는 주민소송을 제기할 수 있다.

---

21) 감사를 청구할 수 있는 자격은 시·도는 300명, 서울특별시와 광역시를 제외한 인구 50만 이상 대도시는 200명, 그 밖의 시·군 및 자치구는 150명을 이내에서 그 지방자치단체의 조례로 정하는 18세 이상의 주민 수 이상의 연서(連署)로 가능하다(지방자치법 제21조 제1항).

2. 예산국민감시제도

1) 의 의

예산국민감시란 일반 국민이 법령을 위반하여 예산(또는 기금)을 불법 지출한 사례를 발견한 경우에 이에 대한 증거를 중앙관서의 장(또는 기금관리 주체)에게 제출하여 시정을 요구할 수 있도록 한 제도이다. 이러한 예산국민감시제도는 국가재정법(제100조)에서 규정하고 있다. 예산국민감시제도는 예산의 집행과정에서 발생하는 불법 행위에 대해 통제하는 제도이지만, 예산 절감과 관련한 제안도 포함하고 있다(국가재정법 시행령, 제51조).

2) 내 용

모든 국민은 누구나 예산 낭비신고센터에 예산 또는 기금의 불법지출에 대한 시정 요구, 예산 낭비신고, 예산 절감과 관련된 제안 등을 접수할 수 있다. 또한 각 중앙관서의 장 또는 기금관리주체는 예산 낭비신고센터를 설치·운영할 의무를 진다. 예산 낭비신고, 예산 절감과 관련된 제안을 받은 중앙관서의 장 또는 기금관리 주체는 그 처리결과를 신고 또는 제안을 한 자에게 통지하여야 한다. 중앙관서의 장 또는 기금관리 주체는 예산 낭비신고, 예산 절감과 관련된 제안 등을 한 자에게 예산 성과금을 지급할 수 있다(국가재정법시행령, 제51조 및 제51조의2).

03 / 예산 개혁

전술한 바와 같이 재무행정의 쟁점은 '입법부의 통제'와 '집행부의 재량' 사이에 적절한 제도적 장치를 마련하는 것이다. 따라서 예산제도 개혁과정은 행정환경의 변화에 따라 통제와 재량을 만족하는 합리적인 제도를 찾고자 하는 노력의 일환이라고 볼 수 있다. 결국, 예산제도 개혁의 흐름은 입법국가에서 행정국가로 변모하는 과정, 그리고 행정의 민주성과 효율성에 대한 무게중심의 변화를 반영하고 있다.

제1절 품목별 예산제도

I. 개념 및 내용

품목별 예산제도(line-item budgeting)는 예산을 지출 대상 물품별로 비용을 계상하여 예산을 편성하는 방식이다. 여기서 품목 또는 물품은 책상, 의자, 시멘트, 인건비 등으로 표시된다. 품목별 예산제도는 지출품목에 따라 예산을 상세히 분류함에 따라 행정 책임의 소재를 명확히 하고 외부통제가 용이하도록 하는 통제지향적 제도이다.

품목별 예산제도에서 주요 관심의 대상은 정부 활동에 투입되는 지출품목이다. 따라서 지출품목과 그 비용에 관한 정보와 이와 관련된 회계기술이면 관리할 수 있다. 또한, 각 품목에 대한 비용은 엄격히 통제하지만, 그것이 궁극적으로 달성하고자 하는 목적에 대한 고려 수준은 낮다.

한편, 품목별 예산제도는 사업수행의 혁신을 추구하여 예산을 절감하는 데에는 관심이 낮고, 개별 품목에 대한 비용 절감이나 예산증액에 관심을 가진다. 따라서 품목별 예산은 예산에 관한 의사결정 방식이 점증주의적인 특징을 가진다.

품목별 예산제도는 선진국이나 우리나라에서 가장 오래 사용된 예산편성 방식이며, 현재에도 예산편성에 가장 기초가 되는 방식이라고 볼 수 있다.

Ⅱ. 장점 및 단점

1. 장 점

품목별 예산제도는 다음과 같은 장점이 있다. 첫째, 회계 책임과 통제를 용이하게 한다. 품목별로 지출된 예산이 명확하게 나타나므로 회계 책임을 묻거나 행정통제에 편리하다. 둘째는 일반 시민이나 정치인들이 이해하기 쉽다는 것이다. 품목별로 계상된 예산서는 일반 국민이나 정치인들이 쉽게 이해하고 통제할 수 있는 장점이 있다. 셋째는 예산의 변화를 명확히 파악하는 데 도움을 준다. 즉, 품목별 단가나 수량의 변화를 통하여 예산의 증감이 결정되므로 전년도 예산과 금년도 예산을 비교하기가 쉽다.

2. 단 점

품목별 예산제도의 단점으로는 정부가 각 예산 품목의 구입을 통하여 추진하는 목표가 무엇인지에 대한 파악이 어렵다는 것이다. 즉 정부가 무엇을 얼마에 구매하는지는 잘 알지만, 왜 구매하는지는 알 수 없다는 한계를 가진다. 또한, 품목별 예산제도는 예산 운영의 신축성을 확보하기 어렵다. 지출품목이나 그에 대한 수량과 금액이 예산서에 명확히 나와 있으므로 집행부로서는 환경 변화에 융통성 있게 예산을 집행하는 데 어려움이 있다는 것이다.

제2절 성과주의 예산제도

Ⅰ. 개념 및 내용

성과주의 예산제도(performance budgeting)는 정부가 하는 활동(activities)을 기

초로 예산을 편성하는 제도이다. 따라서 어떤 품목을 구입하느냐에 중점을 둔 품목별 예산제도와 구별된다. 성과주의 예산제도는 예산과목을 사업별이나 활동별로 산정하여 편성한다. 구체적인 예산 산정을 [단위 원가×필요 사업량=예산액]으로 계산한다. 예를 들면, '○○도로건설 10㎞'라는 사업이 있다면, 1㎞당 건설비가 15억 원이라면, 15억 원×10㎞=150억 원이라는 예산이 산출된다. 따라서 예산서에는 부서 전체의 인건비, 물품비가 아니라, 개별 사업에 따른 단위 원가와 예산액이 표시된다.

성과주의 예산제도는 예산의 형식이 프로그램(사업) 중심으로 변화하는 것이므로 사업의 목표에 대한 정확한 기술이 예산서에 포함되어야 한다. 성과주의 예산제도는 예산과 사업을 연계시키기에 유용하며, 부서에서 추진하는 구체적 사업이나 활동에 집중하게 됨에 따라 관리에 중점을 두는 예산제도이다.

미국의 경우는 제1차 후버위원회(the Hoover Commission)의 권고에 의해 소개되었고, 우리나라에서는 1961년 국방부와 보건사회부 등에서 시도하였으나 1964년에 중단되었다.

Ⅱ. 장점 및 단점

1. 장 점

성과주의 예산제도의 장점으로는 첫째, 행정의 능률성 향상에 기여할 수 있다는 것이다. 투입에 대한 정보와 산출(output)정보가 나타나므로 능률성 평가가 가능하며, 이는 다음 회계연도에도 제공될 수 있을 것이다.

둘째, 일반 국민이 예산서를 보면 정부 활동의 내역을 쉽게 알 수 있다. 성과주의 예산제도는 사업별, 활동별로 예산이 편성되기 때문에 정부의 활동을 쉽게 파악할 수 있는 장점이 있다. 또한, 국회에서 예산심의 시에도 심의를 용이하게 한다.

셋째, 예산과정의 과학화에 기여한다. 단순한 품목별로 예산을 더하는 차원을 넘어 단위 원가를 계산하고 여기에 전체사업량을 곱하는 것이기 때문에 기존 예산과정과 비교하면 좀 더 과학적인 계산이 필요하다.

2. 단 점

성과주의 예산제도의 단점으로는 단위 원가의 산정이 쉽지 않다는 것이다. 여러 부서가 공동으로 투입되는 경우 또는 한 부서에서 여러 가지 사업을 수행하는 경우에는 공동경비의 배분 문제나 간접비[22] 문제 등으로 인하여 단위 원가의 산정이 어렵다.

　또한, 성과주의 예산에서의 성과는 산출을 중심으로 측정되므로 사업의 목표 달성 정도('○○도로건설 10㎞' 포장을 통한 교통사고율 감소 등)는 측정이 어렵다. 개별 사업에 대한 산출(output)에만 관심을 가지고 본질적인 목표를 달성하였느냐에 대한 결과(outcomes)는 측정하지 못하는 한계를 가진다. 따라서 개별 사업의 장기적인 계획이나 목표와의 연계성도 낮다는 한계가 지적된다.

제3절　계획예산제도

I. 의　의

　계획예산제도(Planning Programming Budgeting System: PPBS)는 정부가 추진하고자 하는 목표가 담겨 있는 '계획(plan)'과 이를 추진하고자 하는 구체적인 '사업(program)' 그리고 사업에 소요되는 '예산(budget)'을 연결시키는 제도이다. 정부가 추진하고자 하는 목표를 설정하고 그 목표를 달성할 수 있는 계획을 세우고, 그 계획을 실현할 수 있는 구체적인 실행계획을 만들고, 이를 뒷받침하는 예산을 편성하는 방식이다.

　계획예산제도는 장·단기 목표의 설정 → 목표 달성을 위한 대안(program)의 탐색 → 각 대안(program)에 대한 비용과 편익 비교분석 → 최적 대안(program)의 선정 → 예산의 편성의 과정을 따른다. 계획예산제도에서는 각 사업 대안(program)을 비교·분석하여 최적의 대안을 찾아내는 기법이 중요하다. 따라서 계획예산제도는 체제분석, 비용·편익분석 등 계량적인 분석기법을 기초로 예산편성의 합리성을 극대화하기 위하여 도입되었다.

　계획예산제도는 미국의 맥나마라(Robert McNamara) 국방부 장관에 의해서 1961년에 국방부에 처음 도입되었으며, 존슨(Lyndon Johnson) 대통령에 의하여 1965년 전 연방정부를 대상으로 활용되었으나, 1971년 닉슨(Richard Nixon) 대통령 시절에

---

22) 간접비(overhead cost, indirect cost)란 재화나 용역의 생산 서비스와 직접 관련되지 않고 발생하는 간접비용을 말함. 공무원 임금이나 생산재 원가 등은 직접원가에 포함되지만, 함께 사용하는 전기료, 보험료, 복리비용 등은 간접비용 품목이 된다.

전 연방정부 차원의 사용은 중단되었다. 그러나 미국 국방부에서는 계획예산제도가 일부 사용되어 오고 있다. 우리나라에서는 1971년부터 국방부에서 도입하여 사용해 왔으며, 여전히 국방예산에 계획예산제도의 형식을 우리 실정에 맞게 조정하여 사용해 오고 있다.

오늘날 공식적으로 계획예산제도를 활용하지는 않지만, 목표 달성에 대한 대안의 비교분석, 사업의 목표와 결과의 고려, 다년도 예산의 운영, 예산편성을 위한 다양한 분석기법의 활용, 회계정보시스템의 활용 등은 계획예산제도의 영향이라고 볼 수 있다(하연섭, 2018: 250).

Ⅱ. 특 징

1. 프로그램 구조화(program structure)

계획예산제도는 장기적인 계획과 1년 단위로 편성되는 예산을 연계시키기는 매개로 실행계획 또는 구체적 사업을 나타내는 프로그램(program)을 제시한 것이 특징이다. 계획예산제도는 계획(plan) – 사업(program) – 예산(budget)의 관계를 만드는 것이며 여기서 핵심은 사업(program)을 세부화 또는 구조화하는 작업이다. 프로그램(사업)은 구체적으로 program category(사업군) → program sub – category(하위사업) → program element(사업요소)로 세분화한다. 여기서 사업요소는 최종 산출물이며 예산편성의 기본 요소가 된다. 예를 들면, program category는 국방부의 국방 5개년 계획 중에서 중요한 10가지 하위분야(병력, 수송, 전투 장비 등)별 달성목표를 연계한 것을 말하며, program sub – category는 병력 분야를 다시 훈련병, 전투병, 일반병 등으로 구분하여 구체적 목표와 연계한 것이다. program element(사업요소)는 훈련병의 경우 생활관 환경 개선, 급식 개선, 가족 지인 연락 서비스 개선, 기술 훈련 개선 등 구체적인 산출물에 대한 사업비를 산정한다.

2. 중장기적 계획에 따른 예산의 편성

계획예산제도는 단일 회계연도에 초점을 맞추기보다는 달성목표에 맞추어 사업의 시작부터 종료까지를 고려하여 예산을 배분하게 된다. 따라서 정부가 달성하려는 장기적 목표에 따라 단기적 예산이 배분된다.

3. 하향식 예산과정

계획예산제도는 중장기 목표를 설정하고 이를 달성하기 위하여 사업을 선정하고 예산을 배정하게 되므로 하향식 예산과정을 따르게 된다. 각 부처는 정부 전체 또는 해당 부처의 중장기 목표에 따라 구체적 사업을 선정하고 예산을 편성하게 된다. 따라서 정부의 재정 자원 배분은 품목별 예산이나 성과주의 예산과 비교하면 집권적으로 이루어진다.

4. 계량적 분석기법의 활용

계획예산제도는 목표를 설정하고, 목표 달성을 위한 다양한 사업 대안(program)을 비교·분석하여, 최적의 대안을 찾아내는 기법이 중요하다. 따라서 체제분석, 비용·편익분석 등 계량적인 분석기법을 예산편성과정에 활용한다.

Ⅲ. 장점 및 단점

1. 장 점

계획예산제도의 가장 큰 장점은 합리적 자원 배분을 위한 다양한 노력을 강구하고 있다는 것이다. 구체적으로는 목표와 수단을 연계하고, 목표 달성을 위한 합리적 대안(program)을 선택하기 위하여 과학적인 분석기법을 활용하고 있다.

두 번째 장점은 의사결정의 일원화 및 관련 정보의 통합화가 가능하다는 것이다. 계획과 예산과정이 통합되고, 의사결정에 필요한 다양한 대안들이 포괄적으로 분석되고 정보의 제공 또한 통합적으로 이루어진다. 따라서 정보와 의사결정이 최고관리층에 집중되어 신속하고 종합적인 의사결정에 따른 장단점이 동시에 나타난다.

세 번째는 부서 중심의 예산편성이 아니라 프로그램(사업)을 중심으로 예산이 배분되므로 부서별 이기주의나 부서별 장벽을 극복하는 데 유리하다.

2. 단 점

그러나 계획예산제도의 단점으로는 다음의 다섯 가지가 제시된다. 첫째, 의사결정의 집권화로 인한 문제이다. 장점에서 보았듯이 정보와 의사결정 권한이 대통령이나 부처의 장관에게 집중되면서 개별 부서에서 판단할 수 있는 재량의 여지가 축소되었다는 것이다. 이는 정책과 현실 간의 괴리나 사업부서의 소극적 업무추진의 원인이 될 수 있다.

둘째, 계량화와 비용편익 분석에 어려움이 따른다. 사업요소(program element)는 계량화할 수 있는 최종산물로 표현되어야 하는데, 정부 사업의 경우는 계량화가 어려운 경우도 많다. 또한, 비용편익 분석을 통한 대안을 탐색하는 데에는 많은 시간과 비용이 소요되는 단점이 있다.

셋째, 두 번째 단점의 연장선에서 계획예산제도는 계산 작업에 필요한 정보를 산출하기 위하여 지나치게 과다한 서류작업이 필요하다는 것이다.

넷째, 프로그램 구조화(사업구조, program structure)가 쉽지 않다는 것이다. 프로그램 구조화는 계획예산제도의 필수적 절차인데 현실에서는 목표설정 자체가 어려울 수 있으며, 목표가 설정된 이후에도 하위 구조화 작업이 쉽지 않다는 것이다.

다섯째, 공무원과 의회의 소극적인 태도이다. 각 부처의 사업부서 공무원은 복잡한 분석기법과 편성방법을 제대로 이해하기 어려워, 예산부서의 결정에 따라가기에 급급할 수 있다. 또한, 의회는 예산과정에서 정치적인 고려해야 하는 데, 계획과 예산이 연계된 체계적인 예산편성에 자신들의 정치적 고려를 첨가하기 쉽지 않아 계획예산제도에 소극적인 태도를 보일 수 있다.

제4절 영기준 예산제도

I. 의 의

영기준 예산제도(ZBB: Zero Base Budgeting)는 과거의 관행을 고려하지 않고 모든 사업에 대해 전면 재검토하는 예산편성 방식이다. 영기준 예산제도는 예산 배분에 관하여 기존 세력의 기득권을 전혀 인정하지 않는다는 측면에서 점증주의 예산과정과는 정반대의 제도이다. 점증주의를 극복하고 경제적 합리성을 추구한 예산제도라고 볼 수 있다. 영기준 예산제도는 정부의 경비 절감과 감축 관리를 위하여 주로 선택된다.

영기준 예산제도는 민간부문에서 사용되던 방식을 미국에서 조지아주 카터 주지사가 1972년에 처음 도입하였고, 1976년 그가 대통령에 당선되면서 연방정부에도 도입하였으나, 1981년 레이건 행정부에서 폐기되었다. 우리나라는 1983년 예산편성에 영기준 예산방식을 일부 도입한 적이 있다.

한편, 영기준 예산제도와 같은 원리를 적용한 입법방식으로 일몰법(日没法: sunset laws)이 있다. 일몰법은 일정한 기간이 지나면 정부의 사업 또는 조직이 폐지되도록 규정하는 것을 말한다. 일정한 기간은 주로 5년에서 10년이다. 일몰법은 기존 사업과 지출을 재검토하여 불필요한 것은 폐지한다는 점에서 영기준 예산제도와 유사한 측면이 있다. 그러나 일몰법에 따른 심사는 입법기관이 하지만 영기준 예산제도에 의한 심사는 행정부의 예산편성과정에서 주로 행해진다.

Ⅱ. 예산편성 과정

영기준 예산제도의 예산편성 절차는 의사결정 단위(decision unit)의 확인, 의사결정 패키지(decision package)의 작성, 우선순위(ranking) 결정, 예산 배분의 과정을 따른다.

1. 의사결정 단위의 확인

의사결정 단위란 예산편성에서 고려하는 결정의 단위, 즉 예산편성의 기본 단위를 말하며, 조직단위나 사업단위일 수도 있다.

2. 의사결정 패키지의 작성

의사결정 패키지는 일종의 예산요구서이다. 따라서 사업의 목표, 사업의 내용, 사업수용의 비용효과 분석, 사업 폐지 또는 삭감 시의 예상 효과, 목표 달성을 위한 대안적 방법 등을 담고 있다. 본 패키지의 가장 큰 특징은 사업 대안이나 금액 대안에 대한 정보를 담고 있다는 것이다. 즉 최소한의 기본 수준의 예산 패키지, 현재 수준의 예산 패키지, 개선된 수준의 예산 패키지 등 대안을 만들어 보고서에 담아야 한다.

3. 우선순위의 결정

의사결정 패키지들 상호 간에 우선순위를 결정하는 것이다. 하나의 부처에서 우선순위를 매기고 이를 다시 중앙예산기관에서 우선순위를 매겨 전 정부 차원에서 순서가 매겨진다.

4. 예산 배분

우선순위가 확정된 사업에 대해 순위별로 예산이 배정되며, 할당된 예산을 초과하는 순위 사업에 대해서는 예산이 배분되지 않는다.

Ⅲ. 장점 및 단점

1. 장 점

영기준 예산제도의 장점으로는 첫째, 합리적 의사결정과 합리적인 재원 배분을 가능하게 한다는 것이다. 영기준 예산제도는 기득권을 인정하는 점증주의 방식을 탈피하여 모든 사업에 대한 대안 분석과 평가 등 근본적인 재평가가 이루어진다는 측면에서 합리성을 추구하는 예산제도이다. 특히 의사결정 과정에서 비용 편익에 대한 분석뿐 아니라 대안에 대한 자료도 검토된다는 측면에서 자원 배분과 의사결정의 합리성을 동시에 추구한다고 볼 수 있다.

둘째, 예산과정에서 구성원들의 참여를 촉진하는 장점이 있다. 사업이나 부서의 실무자는 스스로 사업의 필요성이나 비용편익 분석, 대안에 대한 제시 등을 통하여 예산에 대한 관심을 증대한다. 또한, 일선 실무자가 만든 예산요구서인 의사결정 패키지를 기준으로 최종 결정이 이루어지므로 상향적인 의사결정이 나타나는 특징이 있다.

셋째, 정보의 생산과 유통이 원활하게 이루어진다. 의사결정 패키지를 작성하기 위해서는 현재 조직의 업무량이나 사업추진 역량 등을 작성하게 되는데, 이러한 정보들은 조직관리에 유용한 정보가 될 수 있다는 것이다. 또한, 특정 사업에 대해서는 다양한 대안을 제시하게 되므로 사업에 대한 정보도 풍부하게 축적할 수 있다.

2. 단 점

영기준 예산제도의 단점으로는 첫째, 과다한 시간과 노력이 소모된다는 것이다. 사업이나 부서 담당자의 입장에서는 의사결정 패키지를 만드는 작업에 많은 시간이 소요될 것이며, 실제 사업을 추진하는 것보다 더 힘들 수 있다. 예를 들면, 미국의 영기준 예산제도 활용 사례에서 보면, 국방부의 경우는 의사결정 패키지가 30만 개, 조지아주의 경우는 1만 개가 넘었다고 한다(이영조·문인수, 2002). 영기준 예산제도의 합리성 추구는 공무원들에게 과다한 업무량을 부여하는 결과를 낳았다.

둘째, 우선순위 결정의 어려움이다. 많은 의사결정 패키지를 대상으로 우선순위를 결정하는 것은 어려운 작업이라는 것이다. 특히, 의사결정 패키지는 담당자에 의해서 과학적으로 작성되었지만 이에 대한 우선순위를 결정하는 최고 결정자의 작업은 합리적이고 과학적인 방식이 아니라 직관에 의존할 수밖에 없다는 것이다.

제5편 재무행정론

셋째, 점증주의적 예산요인에 대한 극복의 어려움이다. 정부조직에는 경직성 경비(인건비, 기관 유지비 등)가 많으며, 관료들의 보수적이고 예산증액을 지향하는 성향으로 인하여, 영기준 예산을 적용하기에 현실적인 어려움이 따른다.

제5절 총액배분 자율편성 예산제도

I. 의 의

총액배분 자율편성 예산제도(top-down budgeting)는 각 부처 1년 예산의 지출한도액은 중앙예산기관이나 행정부에서 설정하고, 결정된 지출한도액 내에서 각 부처에 예산편성의 자율권을 인정하는 제도이다. 우리나라는 참여정부 시절인 2004년부터 도입되었다. 현재 국가재정법에서는 예산과 기금에 총액배분 자율편성 예산제도를 채택하고 있다. 총액배분 자율편성 예산제도는 하향식 예산제도, 탑다운(Top-down) 예산제도라는 이름으로 불리기도 한다.

각 부처의 1년 지출한도액은 국가재정운용계획에서 미리 정한 금액을 기초로 결정되므로 총액배분 자율편성 예산제도는 국가재정운용계획이 전제되어야 한다. 기획재정부 장관은 매년 3월 31일까지 예산안 편성지침과 기금 운용계획안 작성 지침에 중앙관서별 지출 한도와 기금별 지출 한도를 포함하여 통보하게 된다(국가재정법 제29조 제2항 및 제66조 제3항).

총액배분 자율편성 예산제도는 재정 분권화를 강조하지만 국가재정운용계획을 기초로 하여 결정된 지출 한도 내에서 부처의 자율성을 인정하므로 하향식 예산제도이다. 즉 우리나라에서 본 제도를 도입하게 된 배경은 기존의 상향식 예산제도의 한계 인식에서라고 볼 수 있다. 기존의 상향식 예산제도는 단연도 예산편성 중심이기 때문에 장기적인 시각이 어려웠으며, 개별 사업을 중심으로 검토되어 전 국가적 사업들의 우선순위에 대한 고려가 부족하였으며, 투입중심의 재정 관리로 성과관리가 미흡했다.

II. 특 징

총액배분 자율편성 예산제도는 다음과 같은 특징을 지니고 있다(하연섭, 2018: 124; 권기헌, 2018: 443).

1. 국가의 전략적 재정계획과 연계

총액배분 자율편성 예산제도는 다음 연도의 국가 재정지출의 총량을 결정하고, 이에 따라 국가 주요사업에 대한 우선순위를 정하고, 각 부처의 지출 한도를 설정해 준다. 따라서 전 국가 차원에서 총 재정에 대한 전략적 배분의 계획이 마련되고 이에 따라 자율적인 편성이 이루어지므로 국가의 전략계획과 각 부처의 자율이 조화를 이루고자 하는 것이 특징이다.

2. 부처의 자율과 책임 강조

각 부처의 지출 한도 내에서 자율과 책임을 지고 예산을 운용하게 되며, 자체적인 전략계획 수립이 가능하다. 또한, 각 부처는 예산집행에 대한 성과에 책임을 지게 된다.

3. 관계기관, 전문가와 국민의 참여 강조

총액배분 자율편성 예산제도는 하향식 제도이지만 이미 결정된 국가재정운용계획을 기초로 하므로 참여와 민주성의 문제가 해소된다. 국가재정운용계획을 수립하기 위해서는 외부 전문가, 관계부처, 지자체, 국민의 의견을 폭넓게 수렴하는 절차를 거쳐야 하기 때문이다.

Ⅲ. 장점 및 단점

1. 장 점

총액배분 자율편성 예산제도는 다음과 같은 장점이 있다. 첫째, 예산증가를 억제하여 낭비적 예산행태를 줄일 수 있다는 장점이 있다. 미리 지출할 예산의 총액을 결정한 상태에서 예산편성이 이루어지므로 예산을 과도하게 요구하는 현상이 줄어들었다. 과거에는 각 부처에서 제출한 예산요구서는 기획재정부에서 삭감될 것을 고려하여 과도하게 제출되는 경우가 많았으나, 본 제도가 도입된 이후에는 이러한 현상은 줄어들게 되었다(함성득 외, 2010; 이강호, 2006).

둘째, 국가적 차원의 전략적 자원 배분이 가능하다. 국가재정운용계획과 연계하여 예산 배분의 우선순위를 바탕으로 각 부처의 지출량이 할당되므로 국가적 수준의 전략적 자원 배분이 가능하다.

셋째는 목표 및 성과관리를 지원하는 기능을 수행한다. 부처별 지출 한도가 결정된 상태에서 각 부처는 그 부처의 목표와 연계하여 예산 배분을 함으로써 예산과 성과를 연계하고 성과관리를 지원하게 된다.

2. 단 점

우리나라에서 총액배분 자율편성 예산제도를 실시한 지 10년이 지난 후, 공무원에 대한 설문 조사와 관련 자료를 분석한 논문은 다음과 같은 단점을 제시하였다(최종하·양다승, 2015).

첫째, 예산사정 과정에서 기획재정부의 미시적이고 집권적인 재정통제가 여전하며, 부처가 사업 우선순위를 조정한 이후에도 기획재정부의 예산사정 과정에서 빈번히 변경되고 있음이 발견되었다.

둘째, 국회의원들의 지역구 예산 확보 행태가 예산심의 단계에서 정부 예산안 편성단계로 이동하면서 국회의 영향력이 계속되고 있음이 발견되었다. 이와 같은 기획재정부의 미시적이고 집권적인 재정통제방식과 국회의원의 지역구 예산 확보 행태는 부처의 자율성을 저해하는 것으로 나타났으며, 그 정도는 기획재정부의 영향력이 더 크게 나타났다.

셋째, 일선 부처가 성과제고 노력을 기울이고 있음에도 불구하고 성과정보와 예산 항목이 체계적으로 연계되지 않아 그러한 노력이 부처의 자율성 제고로 이어지지 못하고 있었다.

넷째, 각 기관의 영향력 변화에 대한 분석결과, 총액배분 자율편성 예산제도의 도입 이후 기획재정부와 국회의 영향력이 커졌지만, 해당 사업부서의 영향력은 오히려 감소한 것이 발견되었다. 예를 들면, 부처의 예산담당 부서가 사업 우선순위를 조정한 후에도 기획재정부의 예산조정 과정에서 빈번히 변경되는 것이 발견되었다.

제6절 새로운 성과주의 예산제도

I. 의 의

새로운 성과주의 예산제도(new performance budgeting)는 성과관리를 예산부문에 도입하고 예산집행의 '결과(outcomes)'에 초점을 맞추는 예산제도이다. 결과지향 예산제도 또는 결과중심 예산제도(result oriented budgeting; outcome-based budgeting), 임무중심 예산제도(mission budgeting)라고 부르기도 한다. 과거의 성과주의 예산제도가 산출(outputs)에 초점을 두었다면 새로운 성과주의 예산제도는 진정한 의미의 성과라고 할 수 있는 결과(outcomes)를 성과측정의 기준으로 본다(오석홍, 2016: 722).

1980년대 중반 이후에 OECD 국가들은 경제성장률은 둔화하는 반면에 정부지출은 여전히 증가 일로를 보여, 재정적자와 국가채무의 누적이라는 문제를 극복하고자 하였다. 이러한 재정위기에 대응하고자 신공공관리론에 입각한 예산 개혁을 추진하게 되었는데, 그것은 행정부에 예산에 대한 자율성과 융통성을 부여하고 책임성을 확보할 수 있도록 성과평가를 도입하는 것이었다. 따라서 성과평가를 예산과 연계시킨 것이 새로운 성과주의 예산제도라고 할 수 있다.

미국은 클린턴 행정부 시절인 1993년도에 「정부성과 결과법(GPRA: Government Performance and Results Act)」을 제정하여 예산과 사업성과 정보를 통합하는 시도를 하였다. 우리나라에서는 기존의 예산회계법을 2007년 국가재정법으로 개편하여 재정사업에 대한 성과계획서 및 성과보고서의 작성을 의무화하는 성과중심의 재정운영을 하고 있다.

Ⅱ. 기존의 성과주의 예산제도와 비교

새로운 성과주의 예산제도는 1950년대의 성과주의 예산제도와는 다음과 같은 차별성을 가진다. 첫째, 과거의 성과주의 예산제도는 정부의 업무, 활동이나 산출(outputs)에 집중하지만(능률성 강조), 새로운 성과주의 예산제도는 결과(outcomes)와 영향(impacts)에 초점(효과성 강조)을 맞춘다.

둘째, 기존의 성과주의 예산제도가 비용절감을 위한 재무적 관점에서 접근하였다면, 새로운 성과주의 예산은 정부 활동에 대한 전체적인 평가 정보를 공유 및 환류하여 정책, 인사, 감사 등 행정 활동 전반에 활용하고자 한다.

〈표 5-5〉 산출과 결과 측정 예시

분야	산출(outputs)	결과(outcomes)
교육	졸업생 수	취업비율
대중교통	운행거리, 승객 수	이용객 수(%), 정시 운행(%)
경찰	순찰 시간, 구속자 수	사건처리 비율(%), 시민 만족도

자료: Mikesell(1995: 188); 윤영진(2016: 362)에서 재인용.

제5편 재무행정론

셋째, 과거의 성과주의 예산제도가 합법성과 능률성을 추구하였다면, 새로운 성과주의 예산제도는 집행의 재량과 결과에 대한 책임을 강조한다.

Ⅲ. 운영절차와 특징

1. 운영절차

1) 목표체계 설정

해당 부처의 임무에서 출발하여 실·국 단위의 전략목표와 과 단위의 성과목표를 설정하고 이에 따른 구체적인 재정사업을 설정한다. 예를 들면, 전략목표가 '깨끗한 대기 환경 조성'이라면, 성과목표는 '자동차 배출가스 절감', 재정사업은 '천연가스 자동차 보급', '자동차 인증검사 장비 확충' 등이 될 수 있다.

2) 성과지표 개발

목표 달성 여부를 객관적으로 측정할 수 있는 성과지표를 설정하는 단계이다. 성과지표는 투입-과정(활동)-산출-결과(영향을 포함할 수 있음)의 단계별로 작성되어야 한다. 예를 들면, 위의 '천연가스 자동차 보급'사업의 경우는 투입지표로 예산액, 인력 수, 조직단위 등이며, 과정지표는 천연가스 자동차 보급을 위한 각종 홍보실적, 관련 기관 간 협의 횟수, 관련 법제도 개정 노력도 등이며, 산출지표는 신규 천연가스 자동차 보급 대수, 결과지표는 대기오염도가 될 수 있다.

〈그림 5-5〉 공공서비스 성과관리의 논리

자료: 윤영진, 2016: 361.

3) 성과계획서 작성

각 부처가 당해 연도에 달성하고자 하는 구체적 목표치를 사전에 제시하는 단계이다. 성과계획서에는 성과지표에 대한 목표치를 제시하는 것으로 과거의 실적, 목표치 등을 함께 제시하여 비교할 수 있도록 한다. 또한, 성과지표를 어떻게 검증할 것인지에 대한 것도 함께 제시한다.

4) 성과보고서 작성 및 환류

예산집행을 완료한 다음 해에 전년도의 예산집행 성과보고서를 작성하여 성과지표의 목표치와 실적치를 비교하여 그 결과를 다음 연도 예산편성에 반영하여 제도개선에 활용하는 과정이다.

2. 특 징

새로운 성과주의 예산제도의 특징은 다음과 같다(하연섭, 2018: 262).

1) 목표와 연계한 성과측정

각 부처의 미션(mission)을 설정한 후, 실·국별 목표와 부서 단위의 목표로 체계를 설정하고, 이를 다시 성과측정 지표와 연계함으로써 정부 성과관리에 하나의 구성요소가 된다.

2) 신축적 집행

새로운 성과주의 예산제도는 결과에 대한 책임을 강조한다. 따라서 사업부서에서는 사업의 수행방법에 대해서는 상당한 자율성을 가진다.

3) 보고 및 환류와 인센티브의 제공

예산편성 시에 성과계획서와 결산 시에 성과보고서를 통하여 결과중심의 성과를 평가하고 이를 다음연도 예산편성에 반영한다. 보고된 성과에 기초하여 사업수행기관에 재정 인센티브가 제공될 수 있다. 또한, 개별 부처의 입장에서는 실·국 단위 또는 과 단위로 성과를 평가하여 부서별 또는 개인별 인센티브를 제공할 수도 있다.

Ⅳ. 공헌 및 한계

1. 공 헌

새로운 성과주의 예산제도의 공헌은 첫째, 결과중심의 정부 활동을 유도하였다는 것이다. 성과와 예산을 연계함으로써 정부 예산의 효과성을 증진하였다. 또한, 각 부처에서 목표에 집중하게 함으로써 결과(outcomes) 중심의 정부 활동을 유도하였다.

둘째는 예산 운용의 투명성과 재정 민주주의에 기여하였다. 성과계획서와 성과보고서 그리고 각종 재정정보가 공개되면서 국회의 효율적인 재정통제를 제고

시켰고, 일반 국민의 정부 재정 상황에 대한 접근성을 높였다.

셋째는 행정의 전반적인 관리능력 향상에 기여하였다. 새로운 성과주의 예산 제도에서 강조하는 결과는 목표의 우선순위와 측정에 대한 관심과 함께 사업의 성 과모니터링을 통한 환류와 개선 등에 집중하게 함으로써 행정관리의 수준을 향상 시켰다. 또한, 디지털예산시스템이나 총액배분예산제도와 연계하여 전반적인 예산 관리능력도 향상시켰다.

2. 한 계

새로운 성과주의 예산제도의 가장 어려운 측면은 성과측정의 문제이다. 공공 부문에서의 성과측정이 어려운 원론적인 문제도 있지만, 성과측정 지표의 대표성 과 신뢰성에 대한 문제가 지적된다. 본 제도는 산출(outputs)보다는 결과(outcomes) 나 영향(impacts)을 측정하는데 그 지표의 대표성이나 신뢰성을 보장하기 어렵다는 것이다(국회예산정책처, 2016).

두 번째는 각 부처에서는 새로운 성과주의 예산제도를 기획재정부의 새로운 통제수단으로 인식하여 소극적인 자세를 취하고 있거나 자발적인 참여가 부족하다 는 것이다. 또한, 자율평가에 대해서는 지나치게 관대하게 평가하는 경향도 있다.

세 번째는 환류를 통한 내년도 예산편성에 반영하는 정도가 미미하다는 것이 다. 본 제도의 장점은 보고를 통한 정보의 공유인데, 전년도 예산과정에서의 문제 점을 당해 연도 예산편성에 반영해야 하는데, 이러한 환류의 과정이 형식적이어서 학습효과가 낮다는 것이다.

V. 우리나라의 새로운 성과주의 예산제도

우리나라에서는 새로운 성과주의 예산제도를 반영하여 재정성과 관리제도를 운용하고 있다. 우리나라의 재정성과 관리제도는 성과목표 관리제도, 재정사업 자 율평가제도, 재정사업 심층평가제도로 구성되어 있다.[23)

1. 재정성과 목표관리제도

재정성과 목표관리제도는 재정사업의 성과목표와 이를 측정할 수 있는 성과 지표를 설정하고 성과지표의 목표치 달성 여부를 평가하여 그 결과를 재정운영에 반영하는 제도이며, 2003년에 도입되었다.

---

23) 우리나라의 재정성과관리제도 관련 자료는 한국조세재정연구원 재정성과평가센터 홈페이지 (http://cpem.kipf.re.kr)를 참조 바란다.

제5편

재무행정론

각 부처에서는 전술한 새로운 성과주의 예산제도 운영절차에 따라 목표체계 설정 → 성과지표개발 → 성과계획서 작성 → 성과보고서 작성 및 환류의 절차로 이루어진다. 결국, 부처 입장에서는 목표와 성과지표를 담고 있는 성과계획서와 성과계획서에서 목표한 바를 어느 정도 달성하였는지에 대한 성과보고서를 작성 하여야 한다.

2021년 개정 국가재정법에서 기획재정부장관에게 '재정사업 성과관리 기본계획'을 5년마다, '재정사업 성과관리 추진계획'을 매년 수립하게 하고, 이를 국무회의에 보고하는 의무를 부여하였다(제85조의4). 또한, 각 중앙관서의 장 및 기금관리 주체는 재정사업 성과목표관리를 위하여 매년 예산 및 기금에 관한 성과목표·성과지표가 포함된 성과계획서 및 성과보고서(국가회계법 제14조 제4호에 따른 성과보고서를 말함)를 작성하여야 한다(제85조의6).

성과계획서는 정부 예산안의 국회 제출 시에 첨부 자료로 제출한다(국가재정법 제34조 제8호 및 제85조의7). 성과보고서는 국가결산보고서와 함께 국회에 제출해야 한다(국가회계법 제14조 제4호).

2. 재정사업 자율평가제도

재정사업 자율평가제도는 2005년에 도입되었다. 본 제도는 미국의 부시 행정부에서 2002년에 도입한 사업평가방식인 PART(Program Assessment Rating Tool)를 벤치마킹한 것이다. 미국의 PART는 각 부처가 5년을 주기로 모든 사업을 자체평가하고, 예산처는 그 평가결과를 점검하고 예산편성에 활용하는 방식이다.

재정사업 자율평가제도는 예산, 기금이 투입되는 모든 재정사업이 평가대상이며, 중앙관서의 장과 기금관리 주체가 자율적으로 소관 사업을 평가한다. 다만, 각 부처는 자율평가의 과정 및 결과를 상세히 외부에 공개함으로써 평가결과에 대해서는 부처 스스로 책임을 져야 하며, 미흡하다고 평가한 사업에 대해서는 성과 관리 개선대책을 마련하여야 한다.

3. 재정사업 심층평가제도

재정사업 심층평가제도는 2006년에 도입되었으며, 자율평가와 달리 기획재정부에서 직접 평가한다. 따라서 본 평가는 각 부처의 자율평가결과에 대한 추가적 평가이며, 기획재정부에서 정부 전체라는 시각으로 예산 낭비나 중복을 찾아내기 위한 평가이다. 재정사업 심층평가의 대상 사업은 국가재정법 시행령 제39조의3에서 다음의 4가지로 한정하고 있다. ⓐ 재정사업 자율평가 결과 추가적인 평가가 필요하다고 판단되는 사업, ⓑ 부처 간 유사·중복 사업 또는 비효율적인 사업추진으로 예산 낭비의 소지가 있는 사업, ⓒ 향후 지속적 재정지출 급증이 예상되어 객관적 검증을 통해 지출 효율화가 필요한 사업, ⓓ 그 밖에 심층적인 분석·평가를 통해 사업추진 성과를 점검할 필요가 있는 사업 등이다.

제6편
지방자치론

지방자치제도의 근본 목적은 실질적인 민주주의의 실현이다. 그런데 지방자치제도에는 다음과 같은 몇 가지 쟁점이 서로 독립적이지 않게 연관되어 있다. 첫째는 국가와 지방 간의 권한 배분을 의미하는 분권의 문제이다. 일반적으로 말하는 권력분립은 입법권, 행정권 및 사법권 사이의 수평적 3권분립을 의미하지만, 지방자치에서의 권력분립이란 국가와 지방정부 사이의 수직적 권력분립을 의미한다. 국가와 지방 간의 수직적 분권의 문제는 지방 간 수평적 균형 또는 불균형의 문제와 독립되어 고려될 수 없다. 왜냐하면 수직적 분권의 강화는 수평적 불균형을 초래할 수 있기 때문이다. 따라서 둘째는 지방자치단체 상호 간의 균형 또는 불균형의 문제를 고려해야 한다. 예를 들면, 경기도 수원시와 경상북도 청송군은 인구, 재정력 등에서 큰 차이를 보이는데 동일한 권한을 가진 지방자치단체로 간주하는 것이 적절한지의 문제가 제기된다. 셋째는 지방자치단체와 주민과의 관계이다. 지방자치를 통한 실질적 민주주의를 실현하기 위해서는 다양한 주민참여가 전제되어야 하기 때문이다. 만일 지역주민의 참여가 저조하다면, "국가로부터 지방으로의 분권을 지속해서 실시하여야 하느냐?"라는 질문에 답하기 위해서 첫 번째 쟁점을 다시 고민해야 할 것이다.

01

지방자치의 본질과 이론

본 장에서는 "지방자치는 왜 필요한가?", "지방자치와 관련된 이론 모형이나 원칙은 어떤 것이 있는가?"라는 물음에 답하고자 한다. 우선 지방자치의 본질 또는 필요성에 대해 다양한 시각에서 학습한다. 다음으로 지방자치의 역사적 흐름을 주민자치와 단체자치라는 측면에서 살펴보고, 지방자치와 관련된 모형이나 원칙에 대해 알아본다. 특히, 보충성의 원칙은 중앙정부와 지방정부 그리고 지방정부와 주민 간의 역할 배분이라는 측면에서 오늘날 그 논의가 주목받고 있다.

제1절 지방자치의 본질(필요성)

I. 지방자치의 개념

지방자치란 "국가의 하위 단위에서 일정한 지역의 주민이 자치기구를 구성하여 그 지역의 공공문제를 스스로 처리하는 것"을 의미한다. 지방자치의 개념을 구성하는 주요 용어는 '국가', '지역', '주민', '자치기구', '공공문제', '스스로' 등을 구체적으로 살펴보면, 첫째, 지방자치는 '국가'의 존재를 전제로 고려되어야 한다. '국가' 없는 지방은 있을 수 없다. 둘째, 지방자치는 일정한 공간적 범위인 '지역'을 기초로 이루어진다. 셋째, '주민'은 지방자치의 주체이며, '주민'이 없으면 지방자치는 성립될 수 없다. 넷째, '자치기구'는 지방자치를 위한 주민의 대표기관 즉, 지방정부를 의미한다. 다섯째, '공공문제'는 지역사회와 관련된 각종 해결과제뿐 아니라 공익 가치를 추구하는 활동과 관련된 것을 의미한다. 여섯째, '스스로' 처리한다는 것은 국가나 다른 지방정부로부터의 간섭이 없다는 것이며, 재정적 역량뿐 아니라 조직, 인사 기타 영역에서 자주적인 권한을 가지고 있다는 의미이다.

현대사회에서 지방자치의 중요성이 강조되는 이유는 지방자치가 행정의 효율적인 수행 형식에 그치는 것이 아니라, 국가권력 구조나 운영에서 본질적인 원리의 하나로 기능하기 때문이다. 오늘날 지방자치는 민주국가의 기초 원리이며 수직적 권력분립의 제도적 장치이다.

Ⅱ. 국가와 사회 그리고 지방자치

지방자치는 국가 내에서 이루어지며, 국가가 그 활동을 제도적으로 보장한다. 그런데 "국가는 왜 지방자치를 보장하는가?", "국가에 지방자치가 왜 필요한가?"에 대한 의문을 해소하는 것이 지방자치를 이해하는 첫걸음일 것이다.

국가는 사회를 기초로 하여 사회 구성원인 개인이 능력을 발휘하게 하고, 사회 전체의 질서를 유지하고, 외국으로부터 사회를 보호하기 위해 존재한다. 국가는 한편으로는 사회가 자율적으로 기능하게 하고, 다른 한편으로는 사회를 통합·조정하기 위하여 헌법이나 법률 등의 규범을 마련한다.

사회의 자율성을 바탕으로 국가로의 참여와 투입이 정치·경제·사회·문화·교육 등 전반에서 역동적이고 활발히 진행되기 위해서는 사회에 좀 더 조직적이고 체계적인 기구가 필요하다. 지방정부는 지역의 주민이 만든 자치기구이며, 해당 지역의 문제를 스스로 해결하기 위해 조직과 재원을 가지고 있으며, 주민대표성과 민주적 정당성을 가지고 조례라는 규범을 가진 합리적이고 체계적인 조직체이다.

특히, 현대 국민국가는 중앙정부를 구성하는 거대한 관료조직이 움직인다. 그런데 개인 그리고 개인들의 집합체인 사회는 무수히 많은 수가 존재하지만 국가에 비하여 지나치게 파편화되어 있다. 국가가 거대한 관료조직을 바탕으로 획일성, 강제성을 강조하며 사회를 통제하려고 할 때 사회가 직접 이를 방어하기는 쉽지 않다.

결국, 지방자치는 사회의 다양성을 국가에 전달하는 투입 기능을 수행하며, 지역사회에서 생활 민주주의를 실천하게 하며, 국가의 독단으로부터 사회를 보호하는 견제 기능도 수행한다. 이것이 국가가 지방자치를 보장하고 국가에 지방자치가 필요한 이유이다. 따라서 국가를 대표하는 중앙정부의 활동과 사회를 대표하는 지방정부의 자치활동 사이에 합리적인 경계선을 찾고, 이를 어떻게 제도적으로 보장할 것인가에 대한 것이 현대 지방자치의 핵심 과제 중 하나이다.

Ⅲ. 지방자치와 민주주의[1]

지방자치는 지역적 민주주의의 표현이자 국가 민주주의의 구성원리로 간주한다. 지역주민들의 자치능력 향상을 통해 민주정치에 필요한 민주 시민의식 함양에 지방자치가 큰 역할을 할 수 있기 때문이다. 지방자치가 민주정치 발전에 이바지하는 측면을 보다 구체적으로 살펴보면 다음과 같다(김병준, 2010: 18-20; 안용식 외, 2007: 58-60; 김석태, 2019).

첫째, 국가라는 거대한 응집된 기관은 파편화된 국민을 조종하기 쉬워 자칫 독재 정부로 흘러 민주주의를 저해할 수 있다. 이러한 문제를 해결하기 위하여 국가와 국민 사이에 중간 기구가 필요하며, 이 중간 기구가 국가의 독재나 독단적 결정을 제어하는 기능을 할 수 있다. 여기서 중간 기구가 바로 지방정부이다.

둘째, 주민에게 지리적으로 근접한 지방정부의 존재는 민주주의의 중요한 요소인 주민참여를 쉽게 한다. 이러한 참여를 통하여 지역주민들은 스스로 문제를 해결하는 자기 결정, 자기 집행 그리고 자기 책임을 통하여 '풀뿌리 민주주의'를 실현하게 된다.

셋째, 지방정부는 지역주민에 의하여 직접 선출된 지방자치단체장과 지방의회 의원들에 의해 운영되므로 지역주민의 의견을 반영하기 유리하다. 특히, 지방정부는 국가보다 소규모의 지리적 공간으로 구성되어 주민과 지역 정치인과의 긴밀성이 더 높고 소통이 용이하다.

넷째, 지방정부에의 참여, 선거 등을 통하여 지역주민들은 자연스럽게 민주주의를 학습하게 되어, 지방자치 그 자체가 '민주주의 훈련장'이자 '민주주의의 초등학교'가 된다.

그러나 지방자치와 민주주의의 긍정적 관계를 부정하는 견해도 있어, 이를 요약하면 다음과 같다(김석태, 2019; 김병준, 2010: 21-24; 안용식 외, 2007: 56-58).

첫째, 국가의 독단적 결정을 방지하기 위하여 지방정부가 존재해야 한다는 주장은 민주주의가 성숙하기 이전인 프랑스 혁명이나 20세기 이전의 이야기라는 것

---

[1] 토크빌(Tocqueville, Alexis de, 2000)과 팬터브릭(Panter-Brick, Keith, 1954)은 지방자치와 민주주의의 상관관계를 강조하지만, 랭그로드(Langrod, Georges, 1953)와 벤슨(Benson, G. C. S., 1941)은 지방자치와 민주주의는 본질적인 상관관계가 없다고 주장한다.

이다. 의회민주주의가 발달한 현재는 각 지역에서 선출된 국회의원들이 국가의 독단적 결정을 견제하고 있다. 또한, 중간 기구가 필요하다면 어느 정도의 면적과 인구를 가진 지방정부이어야 하는지에 대해 불명확하다는 문제가 있다.

둘째, 바쁜 현대인이 일상에서 지방정부에 참여한다는 것이 현실적으로 어렵다는 점이 지적된다. 더군다나 지리적으로 근접한 정부에 더 많은 참여가 있다고 보는 것은 단정에 불과할 수 있다.

셋째, 일부 사례 연구에 따르면 지방정부의 정책 결정이 소수의 지역사회 엘리트들에 의해 장악되는 경우가 존재한다는 것이다. 또한, 지역사회에서 특정 집단(특정 학교 동문회, 문중 등)이 지역의 주요 정책 결정에 보이지 않는 힘으로 작용하는 때도 많다.

넷째, 지방자치를 통하여 학습하는 민주주의는 대통령 선거나 국회의원 선거와 같은 중앙정치를 통해서도 가능하다. 지방자치를 통하여 주민들은 자기 지역 이익을 중요시하는 관행을 습득하며, 지방자치제도는 지역이기주의를 고착화하는 제도적 장치의 역할을 할 수도 있다.

이러한 지방자치와 민주주의의 긍정적 관계를 부정하는 주장은 지방자치가 민주주의에 부정적인 영향을 미친다는 것이 아니라, 지방자치 자체가 민주주의를 보장하는 제도적인 장치는 결코 아님을 강조한 것이다.

그러나 오늘날 지방자치는 국민주권의 기본원리에서 출발하여 주권의 지역적 주체로서의 주민에 의한 자기 통치의 실현이라는 측면에서 민주주의를 위한 중요한 요소임을 부정하기는 어려울 것으로 보인다(최창호·강형기, 2019: 56; 허영, 2019: 868).

Ⅳ. 지방자치와 권력분립

일반적으로 말하는 몽테스키외(Montesquieu)의 권력분립은 입법권, 행정권 및 사법권 사이의 수평적 3권분립을 의미하지만, 지방자치에서의 권력분립이란 국가와 지방정부 사이의 수직적 권력분립을 의미한다(홍정선, 2018: 16; 김배원, 2008: 222). 국가 운영을 담당하는 중앙정부가 아닌 독립된 법인격을 가진 지방정부에 일정한 자치권 배분을 권력분립적 요소로 보기 때문이다.

그런데 구체적으로 수직적 권력분립이 무엇을 의미하는 것인가에 대해서는 좀 더 살펴볼 필요가 있다. 즉, 수평적 권력분립에서 권력의 내용인 3권은 명확하지만, 수직권 권력분립은 그 내용이 행정권만을 의미하는 것인지 입법권과 사법권도 포함되는 것인지에 대해 의문을 가질 수 있다. 일반적으로 현대 단일국가에서 입법 · 행정 · 사법의 체계성과 통일성이라는 관점에서는 수직적 권력분립이라고 하더라도 사법권은 그 대상에서 제외되는 경우가 많고, 입법권도 국회가 정한 법률이 지방의회가 정한 조례보다 우월한 효력을 부여함에 따라 제한되는 것이 현실이다.

지방자치학자들은 수직적 권력분립을 간단히 '지방분권'이라고 표현하고 있다(최창호 · 강형기, 2014: 746; 이달곤 외, 2012: 56). 그리고 국가와 지방 간의 집권과 분권을 의사결정권(decision making)이 어디에 있느냐에 따라 구분하고 있다. 결국, 지방자치학자들 논의의 핵심은 입법 · 사법 · 행정권 중에서 행정 권한을 중심으로 분권의 문제를 다루고 있다고 볼 수 있다. 이는 현행 헌법과 지방자치법의 규정을 충실히 따르는 현실주의적 논의라고 볼 수 있다.

수직적 권력분립은 수평적 권력분립과 다른 시각에서 바라보아야 한다고 본다. 수평적 권력분립이 '견제와 균형'의 원리라면, 수직적 권력분립 또는 지방분권은 '다양성과 부분 의사의 존중'의 원리가 적용되어야 한다고 본다. 지방자치제도는 국가와 지방의 권력적 대등 관계에서 필요한 상호 견제와 균형을 위한 제도가 아니라 지방의 다양성이나 정치적 다원주의를 지원하고, 전체 의사의 우월성이 아니라 지역의 부분 의사를 존중하는 측면에서 제도의 설계가 이루어져야 하기 때문이다.

V. 지방자치와 효율성

행정 관리적 측면에서 지방자치의 이념으로 가장 많이 논의되는 것은 효율성이다. 그런데 학자들이 논의하는 지방자치의 이념이나 가치 또는 효용으로서의 효율성은 최광의 효율성 개념으로 이해되어야 한다(김병준, 2010: 25; 안용식 외, 2007: 60). 지방자치의 이념으로 효율성을 제시하는 논거는 다음과 같다.

첫째, 지방자치는 지방정부가 지역사회의 문제에 적극적으로 대응하게 한다. 지방자치단체장이나 지방의회 의원은 주민에 의해 선출되므로 지역주민의 요구에 민감하게 반응할 수밖에 없다.

둘째, 지방정부는 하나의 독립된 단일기관이므로 주민이 필요로 하는 행정을 종합적으로 처리할 수 있다. 예를 들면, 중앙정부는 여성가족부, 환경부 등으로 분리되어 있지만, 지방정부는 시장 · 군수 · 구청장의 지휘 아래 종합적인 지원이 가능하다. 이러한 기관 단위의 종합행정은 일사불란한 대응으로 주민에 대한 반응성을 높일 뿐 아니라 행정의 효율성도 높일 수 있다.

셋째, 지역사회에서는 주민들의 자발적 참여에 의한 행정서비스를 생산하는

것이 가능하고 이는 행정비용을 절감할 수 있다(김병준, 2010: 27). 예를 들면, 자율
방범대, 쓰레기 줍기 행사, 한 부모 가정 돕기 등을 통하여 주민들이 자발적으로
문제해결이 가능하게 한다.

넷째, 거대한 중앙정부보다는 상대적으로 소규모인 지방정부에서 행정이나
정책 실험이 가능하다. 예를 들면, 현재 대통령제 정부형태를 취하고 있는 우리나
라에서 의원내각제를 도입하고자 할 때, 먼저 지방정부에 이와 유사한 형태를 적
용하여 실험하는 방법도 있을 수 있다.

마지막으로 지방정부 상호 간에 경쟁을 통하여 더욱 품질 높은 공공 서비스
를 공급할 수 있다.

그러나 지방자치가 효율성을 보장하는 장치는 아니라고 주장하는 학자들은
지방자치가 국가 차원에서는 엄청난 비효율성이 유발될 수 있음을 강조한다.

우선, 지방자치는 지방정부 상호 간의 갈등과 마찰, 지역이기주의로 인하여
국가 전체 차원의 이익을 저해할 수 있다.

둘째, 지방자치는 중앙정부에 의한 일사불란한 집행을 어렵게 하는 측면이 있
다. 국가계획을 집행하는 데 있어서 지방의 저항이나 갈등으로 인한 비용 발생이
크다는 점이 자주 지적된다.

셋째, 지방정부 간 경쟁이 효율성에 이바지할 수도 있지만, 오히려 불필요한
경쟁과 마찰로 인하여 낭비를 초래할 수도 있다.

이처럼 지방자치와 효율성의 관계도 지방자치와 민주주의의 관계와 마찬가지
로 지방자치라는 제도 자체보다는 그 운영에 따라 결과가 달라질 수 있음에 주의
할 필요가 있다.

VI. 지방자치와 지역공동체

지방정부 자체를 주민들의 공동체로 바라보는 시각은 지방자치학계의 전통적
인 인식이라고 볼 수 있다. 현재도 많은 학자가 지방자치 기능으로 공동체 의식
함양, 애향심의 제고, 지역 정체성 확립, 지역공동체 형성, 지역 고유의 문화발전
등을 제시하고 있기 때문이다(최창호·강형기, 2014: 63; 강용기, 2014: 67; 김현조,
2009: 55). 하나의 시·도나 시·군·구에 소속되고 있다는 인식은 주민들의 공동체
의식이나 지역 정체성을 형성하게 된다.

국가가 국가 정체성을 기초로 형성되었던 것과 마찬가지로, 지역주민들이 지
역에 대해 가지는 특정한 생각이나 의식은 지역 정체성을 형성하는 요인이 된다

(김영일, 2009: 116). 따라서 국가와는 다른 지역이라는 또 하나의 정치적 행위자 또는 정치적 단위를 등장시켜 국가에 대한 투입 기능뿐 아니라 견제 기능도 활성화하게 된다.

제2절 지방자치의 두 가지 역사적 흐름
- 주민자치와 단체자치 -

Ⅰ. 의 의

지방자치는 연혁적으로 영국의 자치 경험을 바탕으로 발달한 '주민자치'와 독일과 프랑스의 지방분권 역사를 기초로 하는 '단체자치'에서 그 유래를 찾을 수 있다. 지방자치의 주요 행위자 집단을 국가-지방정부-주민으로 설정할 때, 지방정부와 주민의 관계를 개선하는 것이 더 나은 자치라는 사상으로 발전된 것이 주민자치이며, 국가와 지방정부 간의 관계를 개선하여 지방분권을 이루는 것이 더 나은 자치라는 사상으로 발전된 것이 단체자치이다.

지방자치의 역사를 주민자치와 단체자치로 단순 구분하여 살펴보는 것은 다양한 형태로 생성·발전된 지방자치를 두 가지 계보로 분류화하여 각각의 특성에 대한 이해를 돕고, 특정 국가가 채택한 지방자치제도가 두 가지 흐름과 어떤 관계가 있는지 확인하는 데 용이하기 때문이다.

Ⅱ. 주민자치와 단체자치

1. 주민자치[2]

영국을 중심으로 발달한 자치 사상을 이념적 기초로 하는 '주민자치'는 지역주민 스스로에 의한 자율적인 사무처리가 그 '주민들의 고유 권한'이라는 관점에서 출발하였다. 따라서 지방자치제도는 주민이 스스로 다스리는 '민주주의 원리'를 충실히 실현하는 장치로 여겼다. '주민자치' 논의의 무게중심은 자치행정에의 주민

---

[2] 지방자치 교과서뿐 아니라 행정실무에서 사용되는 '주민자치'라는 용어는 한편으로는 '단체자치'에 대비되는 개념으로, 다른 한편으로는 지역주민 스스로의 의사와 책임으로 처리하는 활동을 포괄하는 용어로 사용되어 중의적 의미를 내포하고 있다고 볼 수 있다.

참여였으며, "어떻게 주민이 스스로 다스리는 합리적인 절차와 제도를 만드느냐"에 대한 고민이 역사적 발전과정에서 쟁점이었다.

이러한 측면에서 '주민자치'를 정치적 의미의 자치라고도 한다. '단체자치'와 달리 '주민자치'에서 지방정부는 주민의 자치기구로서의 성격만을 가지므로 이원적 기관형태(집행기관과 지방의회로 분리)나 자치사무와 위임사무의 구별이 있을 수 없다. 한편, 지역주민이 가지는 고유의 자치권 보장을 강조하는 '주민자치'는 개별 사무별로 주민 자치권의 고유성을 보장하는 형태인 개별적 수권방식을 채택하였다.

2. 단체자치

독일과 프랑스를 중심으로 발달한 지방분권 사상을 이념적 기초로 하는 '단체자치'는 지역에 관한 사무의 자율적인 처리가 '지방정부의 고유 권한'이라는 관점에서 출발하였다. 따라서 지방자치제도는 국가와 지방과의 관계에서 지방정부에 독립된 법인격을 부여하고 자율적인 사무처리 권한을 부여하는 것과 관계된 '지방분권'을 실현하는 장치로 여겨졌다. '단체자치' 논의의 무게중심은 국가와 지방정부와의 관계에서 지방의 자치권을 보호하고 실현하는 것이다.

이러한 측면에서 '단체자치'를 법률적 의미의 자치라고도 한다. '단체자치'에서는 지방정부의 자치기구는 고유사무와 국가에서 위임한 사무를 처리하여야 하므로 이원적(집행기관과 지방의회)으로 구성된다. 한편, 단체자치는 국가로부터 지역의 사무처리 기능을 부여받게 되므로 국가의 권한에 속하는 사무를 제외하고는 지방정부의 권한 사항으로 부여하는 포괄적 수권방식을 통하여 상호권한을 배분하게 된다.

〈표 6-1〉 주민자치와 단체자치의 비교

구분	주민자치	단체자치
발달 국가	영국	독일, 프랑스
이념적 원리	민주주의 (정치적 의미의 자치)	지방분권 사상 (법률적 의미의 자치)
자치의 중점	주민의 권리 보호	국가에 대한 지방정부의 독립과 권리 보호
지방정부의 형태	기관통합형	기관대립형
사무의 구분	사무 구분 없음	자치사무와 위임사무 구분
권한 배분 방식	개별적 수권방식	포괄적 수권방식

Ⅲ. 주민자치와 단체자치의 통합

주민자치와 단체자치는 유럽 각 나라의 역사적 전통이나 정치사상과 불가분의 관계가 있는 것으로 이들 나라의 지방자치제도 발전에 많은 영향을 미친 것은 사실이다. 그러나 오늘날에는 이러한 획일적인 구분에 대한 비판이 제기되고 있다(최창호·강형기, 2014: 83). 왜냐하면, 현대 자유민주주의 국가에서의 지방자치는 민주주의를 실현하기 위한 제도적 장치로 간주하여 '단체자치'적 요소와 '주민자치'적 요소의 적절한 조화가 모색되고 있기 때문이다(헌법재판소 2006. 2. 23. 2005헌마 403).

또한, 지방자치를 두 계보로 나누는 형식논리보다는 지방자치의 이념이나 본질을 올바르게 파악하고, 지방자치제도를 합리적으로 설계하고 운영하는 것이 더 중요하기 때문이다. 특히, 현실적으로 모든 현대국가에서는 이러한 두 개념의 특징을 적절히 혼합하여 채택하고 있기도 하다.

따라서 오늘날 대부분 학자는 두 계보의 차이를 역사적 발전과정의 차이에 불과한 것으로 보고, 양 개념을 통합적으로 이해할 것을 강조하고 있다(최창호·강형기, 2014: 83; 임승빈, 2014: 11).

제3절 정부 간 관계의 이론 모형

Ⅰ. 의 의

정부 간 관계(IGR: Inter-Governmental Relations)는 하나의 국가 내에서 중앙정부와 일정한 자치권을 보유한 여러 계층의 지방정부 간에 형성되어 있는 관계를 의미한다(김병준, 2010: 564). 앞에서 살펴본 지방정부의 성격 논의가 국가 내에서 지방정부의 존재 이유나 특성과 관련된 논의라면, 정부 간 관계는 제도의 현실적인 설계에서 중앙정부와 지방정부 상호 간의 권력관계 설정을 의미한다.

각국의 정부 간 관계는 그 나라의 역사, 문화, 권력관계 등에 따라 다양하게 나타나며, 이를 일정한 분류 기준에 의하여 모형화한 것이 정부 간 관계의 이론 모형이다. 따라서 여기서 소개된 이론 모형은 정부 간 관계를 바라보는 사고의 틀을 제공하는 데 의의가 있다고 볼 수 있으며, 현실에서 정부 간 관계는 그 수만큼 이나 다양할 것이다.

Ⅱ. 단방제 국가에서의 정부 간 관계 논의

단방제 국가에서 중앙정부와 지방정부 간의 관계는 '상호 간의 권력관계'를 기준으로 크게 대리인 모형(agent model), 지배인 모형(stewardship model), 동반자 모형(partnership model), 권력 – 의존 모형(power – dependency model)으로 나눌 수 있다(Elcock, 1994; Rhodes, 1981).

1. 대리인 모형(agent model)

지방정부가 중앙정부의 대리인이라고 보는 견해이다. 따라서 중앙정부의 명 령과 지시를 수행하는 것이 지방정부의 역할이라고 본다. 지방정부는 중앙정부의 부서에 지나지 않으며 국가정책을 집행하는 수단에 불과하며 지방정부의 자율권 은 인정되지 않는다.

2. 지배인 모형(stewardship model)

지방정부는 중앙정부가 정해 준 기본원칙의 범위 내에서 상대적 자율성을 가 진다고 보는 견해이다. 지방정부는 상당한 수준의 자율성을 가지지만 이러한 자율 성은 중앙정부가 허용한 한도 내에서 존재한다는 것이다. 또한, 중앙정부는 지방 정부에 준 권한을 언제든 회수할 수 있는 권한을 가진다. 중세 귀족사회에서 귀족 인 토지주와 그 토지를 소작하는 지배인과의 관계에 가깝다고 보아 지배인형으로 이름 붙였다. 즉, 지주는 지배인에게 기본적인 원칙을 정해 주고, 지배인은 그 원 칙 내에서 자율권을 가지고 행동한다. 이들의 관계에서 토지주는 언제든 지배인의 권한을 뺏을 수 있는 권한을 가진다.

3. 동반자 모형(partnership model)

중앙정부와 지방정부를 동반자적이고 대등한 관계로 보는 것이다. 지방정부 는 자율적으로 사무를 처리할 수 있는 고유한 자치사무를 가지며, 중앙사무의 경 우는 중앙정부와 기능적 협력 관계를 통하여 처리하게 된다. 이 모형은 기본적으로 중앙과 지방이 대등하다고 전제하므로, 양자는 때로는 갈등 관계와 때로는 상호협력적인 관계를 맺게 된다. 한편, 대등한 관계를 강조하므로 중앙정부의 통제에 대해서는 그 수용 여부를 지방정부가 결정할 수 있다고 본다.

4. 권력-의존 모형(power-dependency model)

권력－의존 모형은 기존의 대리인 모형과 동반자 모형이 비현실적임을 비판하고 현실 설명력을 높이기 위하여 로즈(Rhodes, 1981)에 의하여 제시된 모형이다. 로즈는 대리인 모형은 지나치게 중앙정부 중심적인 관계를 설정하고, 동반자 모형은 대등한 관계를 강조하여 모두 현실을 설명하기에 부족하다고 보았다.

로즈는 중앙정부와 지방정부는 각각 동원 가능한 자원이 서로 다르므로 서로에게 필요한 자원을 교환하는 과정을 통하여 상호의존적임을 강조하지만, 기본적으로 중앙정부의 우월한 입장은 인정한다. 즉, 중앙정부는 법적 자원이나 재정적 자원에서 우월한 위치에 있지만, 지방정부는 현장의 정보와 서비스 공급 조직이라는 자원을 지니고 있다. 따라서 지방정부는 중앙정부에 예속되지 않고, 그렇다고 대등하지도 않으며, 상호의존성을 지닌다는 것이다. 이 모형은 상호의존 모형(reciprocal relationship model) 또는 로즈(Rhodes) 모델이라고 부르기도 한다.

Ⅲ. 연방국가에서 정부 간 관계 논의

라이트(Wright, 1988)는 연방국가인 미국에서 정부 상호 간의 권력관계와 기능적 상호의존관계를 기준으로 연방정부, 주정부, 지방정부의 관계를 조정권위형, 중첩권위형, 내포권위형으로 구분하였다.

1. 조정권위 모형(coordinate-authority model)

조정권위 모형에서 연방정부와 주정부는 대등한 권한을 가지고 지방정부는 주정부에 귀속되어 행정기관의 역할을 하고 있다. 여기서 주정부는 독자적인 자치권을 가지고 있으며, 연방정부에 의하여 주정부의 권한이 축소될 수 없다. 연방정부와 주정부는 협력이나 상호의존관계가 형성되지 않으며, 상호 독립적이다. 그러나 지방정부는 주정부에 귀속되어 하나의 행정기관으로서 존재하게 된다.

제6편 지방자치론

2. 중첩권위 모형(inclusive-authority model)

연방정부, 주정부, 지방정부는 모두 독립된 존재로서 일정한 권한을 가지는 모형이다. 따라서 이들 상호 간에는 협력과 경쟁 관계가 형성된다. 롸이트(Wright)는 본 모형이 미국의 정부 간 관계를 가장 잘 설명[3]하고 있으며, 이상적인 관계로 설명하고 있다.

3. 내포권위 모형(overlapping-authority model)

연방정부, 주정부, 지방정부가 수직적 포함관계를 형성하는 모형이다. 여기서 정부 간 관계는 종속적이며, 하위정부는 행정적 관리체계로서의 성격을 가진다.

〈그림 6-1〉 롸이트(Wright)의 정부 간 관계 모형

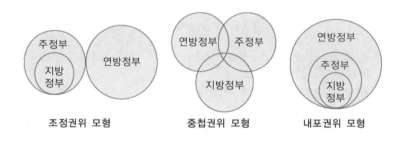

조정권위 모형   중첩권위 모형   내포권위 모형

자료: Wright, 1988: 40.

제4절 보충성의 원칙

Ⅰ. 개념 및 유래

1. 개 념

보충성의 원칙(principle of subsidiarity)이란 "상위의 사회적 단위는 개인이나

---

3) 그러나 일반적으로 미국의 정부 간 관계를 바라보는 견해는 다양하며, 어느 특정 모형이 현재의 정부 간 관계를 모두 설명하기는 어렵다고 볼 수 있다.

하위의 사회적 단위가 그 기능을 수행하지 못할 경우만 개입해야 한다는 원칙"이다. 보충성의 원칙은 개인을 우선시하고 존중한다. 개인은 사회의 가장 기본적인 구성체이며 사회가 그 가치를 인정받는 출발점이다. 이러한 개인에서 출발하여 개인과 개인이 모인 가족, 지역사회, 지방정부, 국가 등으로 이어지는 공동체 단위 상호 간의 관계를 규율하는 것이 보충성의 원칙이다.

최근 지방자치의 지도원리로 보충성의 원칙이 논의되고 있다. 보충성의 원칙을 지방자치에 접목하면, 지방정부의 기능이 지역에 존재하는 다양한 사회구성체의 기능에 비하여 보충적인 것처럼, 중앙정부 기능은 지방정부 기능 대비 보충적이어야 한다는 것이다. 따라서 중앙정부 기능은 지방정부 기능을 보완해 주는 데 그쳐야지 지방정부 기능을 무시하거나 흡수하는 것은 허용되지 않는다는 것이다(허영, 1985: 132).

2. 유 래

1) 가톨릭교회의 사회회칙

보충성의 원칙은 아리스토텔레스(Aristotles), 토마스 아퀴나스(Thomas Aquinas), 존 로크(John Locke) 등에 의해 철학적 개념으로 다루어졌으며, 이후 가톨릭 신학의 사회이론에서 그 체계성을 갖추게 되었다. 보충성 원칙의 개념을 처음 체계적으로 제시한 것은 1931년 로마교황 피우스 11세(Pius XI)가 반포한 사회회칙 '사십 주년(Quadragesimo Anno; the 40th Year)'에서 찾아볼 수 있다.[4] '사십 주년'에는 기본적으로 개인을 모든 질서의 중심으로 보고, 국가 중심주의에 의한 개인과 사회의 권위가 훼손되는 것을 방지하고자 하는 내용을 담고 있다.

2) '유럽 지방자치 헌장'과 '세계 지방자치 헌장'

보충성의 원칙이 지방자치의 지도원리로 도입된 것은 유럽평의회에서 1985년 10월에 채택되어 1988년 9월에 시행된 '유럽 지방자치 헌장(European Charter of Local Self-Government)'이다. 이 헌장에는 "원칙적으로 공적 책임은 주민에게 가장 가까운 단체가 우선하여진다. 다른 단체에 책임을 맡길 때는 해당 업무의 정도나 본질 그리고 효율성이나 경제성 등을 고려해야 한다(article 4-3)."라는 규정

---

4) 사십 주년은 로마교황 레오 13세의 사회문제에 대한 회칙인 '새로운 사태' 반포 40주년을 기념한 것이다(홍성방, 2007: 605).

을 두어 보충성의 원칙을 간접적으로 표현하고 있다. 이 자치헌장에서는 보충성의
원칙(principle of subsidiarity)이라는 용어를 직접 사용하지는 않고 있다.

그러나 1997년 만들어진 '세계 지방자치 헌장 초안(The Draft World Charter of
Local Self-Government)'에서는 직접 보충성의 원칙을 언급하고 있다. 이 헌장은
'유럽 지방자치 헌장'을 기초로 작성되었음에도 보충성의 원칙이라는 용어를 직접
사용한 것은 시간이 지남에 따라 보충성의 원칙이 강조되어 가고 있음을 보여준다.

Ⅱ. 내용 및 기능

1. 내 용

보충성의 원칙이 지니는 구체적인 내용은 다음과 같다.

첫째, 어떤 자율적인 행위나 의사결정은 개인이나 소규모 공동체가 상위 단위
의 공동체 보다 우선되어야 한다는 것이다. 개인이나 소규모 공동체가 스스로 할
수 있는 일에 더 큰 단위의 공동체가 개입하는 것은 부적절하다는 것이다. 개인이
나 소규모 공동체의 자율성이 우선 고려되어야 한다는 것이다.

둘째, 개인이나 소규모 공동체가 스스로 해결할 수 없는 문제의 경우에만 상
위 단위 공동체가 개입하여 문제해결을 지원할 수 있음과 동시에 지원할 의무도
부담한다는 것이다.

셋째, 상위 단위 공동체가 개인이나 소규모 공동체를 지원하는 경우, 그 개입
의 정도는 부족한 부분을 보충하거나 보조하는 한도에 그쳐야 한다는 것이다(한귀
현, 2012: 249).

2. 기 능

지방자치와 관련하여 보충성의 원칙은 국가와 지방정부가 각각 어떠한 기능
과 역할을 담당해야 하는지를 규정하는 기능 배분의 원칙이다. 따라서 보충성의
원칙은 지방의 자율성을 보장하기 위하여 중앙정부에 의한 개입이나 규제에 대한
한계를 설정함과 동시에 일정한 경우에 국가의 개입 의무나 개입 요구에 대한 정
당성을 부여하는 원칙이 된다(홍석한, 2019: 13).

보충성의 원칙이 지니는 지방자치와 관련된 기능을 좀 더 구체적으로 살펴보
면, 소극적 기능과 적극적 기능으로 세분될 수 있다. 소극적 기능이란 국가는 지방
정부가 감당할 수 있는 사무는 자율에 맡겨져야 하며, 지방정부가 자율적으로 사

무를 수행할 수 없는 경우에만 국가의 개입이 정당화된다는 것이다. 적극적 기능이란 지방정부 스스로 해결할 수 없는 문제는 지방정부가 국가의 개입을 요구할 수 있으며 국가도 이를 해결할 의무를 진다는 것이다.

이렇게 국가가 개입하는 경우 필요한 최소한의 개입에 그쳐야 한다. 또한, 국가 차원에서 통일적인 정책수행이 필요하더라도 보충성의 원칙을 지키는 범위 내에서 가능하다는 것이다.

한편, 보충성의 원칙은 국가와 지방정부와의 관계뿐 아니라 지방정부와 지역사회 공동체나 주민 개인과의 관계에서도 적용된다. 특히, 최근 다양한 지역공동체가 활발히 활동하고 있으며, 이들과 지방정부와의 관계 설정에도 이러한 보충성의 원칙이 고려되어야 할 것이다.

Ⅲ. 우리나라 지방자치에 있어서 보충성의 원칙 적용

1. 헌법상 원리의 논의

우리 헌법 제8장 제117조와 제118조에서 언급된 지방자치에 관한 규정에서 보충성의 원칙을 도출할 수 있는가에 대한 문제가 제기된다. 본 헌법 조항은 지방자치의 본질적 내용은 언급하고 있지만 이로부터 직접 보충성의 원칙을 도출할 수는 없다는 것이 헌법학자들의 견해로 보인다(한귀현, 2012: 253; 홍성방, 2007: 603; 홍석한, 2019: 18). 따라서 보충성의 원칙은 지방자치의 본질이나 가치에 따라 요청되는 기본원리라고 보아야 할 것이다(한귀현, 012: 253; 김석태, 2005: 105).

2. 지방자치법과 보충성의 원칙

지방자치법에서는 중앙과 지방, 광역과 기초 간의 사무 배분의 원칙으로 보충성의 원칙을 규정하고 있다. 즉, 지방자치법 제11조 제2항에서 "국가는…사무를 배분하는 경우 지역주민 생활과 밀접한 관련이 있는 사무는 원칙적으로 시·군 및 자치구의 사무로, 시·군 및 자치구가 처리하기 어려운 사무는 시·도의 사무로, 시·도가 처리하기 어려운 사무는 국가의 사무로 각각 배분하여야 한다."라고 하여 보충성의 원칙을 규정하고 있다.

또한, 지방자치법 제14조 제3항에서는 "시·도와 시·군 및 자치구는 사무를 처리할 때 서로 겹치지 아니하도록 하여야 하며, 사무가 서로 겹치면 시·군 및 자치구에서 먼저 처리한다."라고 하여 보충성의 원칙을 더욱 명확히 하고 있다.

제5절 티부 모형(Tibout Model)

Ⅰ. 의 의

공공재는 비경합성과 비배제성이라는 특성상 일단 공급되면 시민들을 소비로부터 배제하는 것은 어렵다. 또한, 시민들은 공공재에 대한 자신의 선호를 나타내지 않고 무임 승차하려는 경향을 보인다. 따라서 응익원칙[5])에 의한 시장가격을 적용할 수 없어 효율적인 공급을 어렵게 한다.

그러나 우리가 일반적으로 받아들이고 있는 이와 같은 공공재 공급의 비효율성에 대해 티부(Charles M. Tibout, 1956)는 새로운 가설을 제시하고 이를 증명한다. 즉, 티부는 지방정부에 의하여 지역공공재의 공급이 이루어질 때 응익원칙에 의한 가격설정이 가능하다는 것을 증명하였다. 티부에 따르면 시장에서 소비자의 구매행위와 유사하게 시민들은 자신이 거주할 지역을 선택할 때에 그 지역의 지방세와 공공 서비스의 정도를 고려하여 자신의 선호를 가장 잘 충족시켜 주는 지방정부를 선택하게 된다는 것이다. 시민들이 '지방정부 쇼핑'이라는 자신의 선호를 나타냄으로써 최적 수준의 지방 공공재를 공급할 수 있게 된다는 것이다.[6])

티부의 이러한 연구 결과는 국가 공공재와 달리 지방 공공재의 경우에는 효율적 공급이 가능하다는 새로운 시각을 제시할 뿐 아니라, 지방분권에 대한 논리적 기초 제공에 크게 이바지하였다.

Ⅱ. 주요 내용

1. 발에 의한 투표

티부는 각 지방정부가 독자적으로 지역 공공재 공급에 관한 결정을 내리는 분권화된 체제가 공공재의 효율적인 배분을 가져온다는 것을 입증하였다. 즉, 여러 개의 지방정부가 존재하고 사람들이 자유롭게 이주할 수 있다면, 지역 공공재의 배분이 효율적으로 이루어지게 된다는 것을 입증하는 모형을 제시하였다.

티부에 의하면 사람들이 제약 없이 자유롭게 다른 지역으로 이주할 수 있다

---

5) 공공 서비스의 이익을 받는 자가 그 이익의 양에 따라 비용을 부담하는 원칙을 의미한다.
6) 우리나라에서 티부 모형과 유사한 형태는 교육 서비스를 선호하여 일부 인기 학군 지역으로 이주하는 현상, 세금이 적게 나오는 지역을 선택하여 자동차를 등록하는 경우 등을 들 수 있다. 다만, 이러한 현상이 나타나기 위해서는 지방정부가 재정정책의 자율을 가지고 있어야 할 것이다.

면 각 개인은 자신이 선호하는 재정정책이 시행되는 지역에서 거주하는 것을 선택하게 될 것이라고 하며 이를 '발에 의한 투표(voting with the feet)'라고 표현하였다 (Tibout, 1956). 모든 사람이 자유롭게 자신이 선호하는 지역으로 발에 의한 투표가 가능하다면 지역공공재의 공급과 조세부담 등에 대해 비슷한 선호를 나타내는 사람들끼리 같은 지역에 모여 살게 될 것이다. 왜냐하면, 사람들의 지방정부 재정 프로그램에 대한 선호는 각자의 소득 수준과 체계적인 관계가 있기 때문이다.

티부 모형에 의하면 더 이상 주민들의 이동이 발생하지 않는 경우를 최적의 자원 배분이 이루어진 균형 상태로 본다. 따라서 이러한 균형 상태에서는 지역 공공재 공급의 파레토 효율성이 달성된 것이라고 할 수 있다. 결국, 자유로운 이동성이 보장되어 발에 의한 투표가 가능하다면 최적의 자원 배분이 이루어질 수 있다고 본다.

티부 모형이 현실에서 실현된다면 지방정부의 자율적인 재정 운영이 사회 후생을 극대화한다는 데에 의문을 제기할 수 없을 것이다. 그러나 본 모형은 다음에 논의하는 몇 가지 엄격한 가정을 전제로 이루어질 수 있다.

2. 티부 모형의 가정

티부 모형은 다음과 같은 가정을 전제하여 성립된다.

1) 다수의 지역사회(지방정부)가 존재

지역 공공 서비스의 소비자이자 유권자인 시민들이 선택할 수 있는 지방정부의 수가 많아야 한다.

2) 완전한 정보

각 지역이 제각기 다른 재정 프로그램을 제시하여 경쟁하는 체제가 이루어지기 위해서는 모든 사람이 지역마다 재정 프로그램이 어떻게 다른지에 대해 정확하게 알고 있다는 것이 전제되어야 한다.

3) 완전한 이동성

각 개인은 자신이 선호하는 재정정책이 시행되는 지역으로 자유로운 이동이 가능해야 하며, 이동에 있어서 어떠한 비용도 소요되지 않아야 한다. 따라서 이사 비용도 고려되지 않는다.

4) 규모의 경제가 존재하지 않음

공공재를 생산하는 데 소요되는 단위당 비용이 불변으로 유지된다는 뜻이다. 만약 규모의 경제가 있다면 규모가 큰 일부 지방정부만이 존재하는 상황이 나타나 경쟁체제의 성립이 어려워질 것이다.

5) 외부성이 존재하지 않음

각 지역이 수행한 사업에서 나오는 혜택을 그 지역주민들만 누릴 수 있다는 가정이 필요해진다. 왜냐하면, 인근 지방정부에 거주하는 주민이 정(+)의 외부효과를 누리게 되면 거주지를 바꾸지 않기 때문이다.

6) 고용기회는 거주지 결정에 영향을 미치지 않음

사람들이 거주지를 결정할 때 자신의 직장 위치는 고려대상에서 제외되며, 순전히 지방정부의 재정정책에 따라 이동이 이루어진다는 것이다. 결국, 시민들은 일터인 직장에 다니면서 생계를 유지하는 것이 아니라, 주식이나 채권의 배당 수입에 의존하여 생계를 유지하는 것으로 전제된다.

Ⅲ. 티부 모형의 한계와 정책적 함의

1. 한 계

1) 비현실적 가정

티부 모형의 기본가정은 완전경쟁 시장의 성립조건과 매우 유사하다. 완전경쟁 시장이 성립하는 데 필요한 조건이 충족되기가 어려운 것처럼, 티부 모형의 기본가정의 충족도 매우 어렵다. 또한, 고용기회가 거주지역의 결정에 영향을 미치지 않는다는 가정도 비현실적이다. 이는 모든 시민이 배당 수입이나 연금 수급자인 경우만이 가능하기 때문이다.

2) 공평성의 문제

티부 모형의 기본가정이 충족되면 효율성의 측면에서는 만족할 만한 결과를 얻을지 모르지만, 공평성의 측면에서는 바람직하지 못한 결과를 얻을 수 있다. 티부적인 세계에서는 부유한 사람들과 가난한 사람들이 따로 떨어져 끼리끼리 모여 살고 불평등한 공공 서비스에 대한 수혜가 있을 수 있기 때문이다. 만일 소득과 공공 서비스에 대한 수요가 정(+)의 관계를 보이는 경우, 부유한 사람들의 지역은 공공 서비스의 질이 좋지만, 가난한 사람들의 지역은 공공 서비스의 질이 열악할 수 있다(하연섭, 2015: 401).

2. 정책적 함의

1) 재정 분권화를 위한 정책

티부 모형은 재정분권을 통하여 각 지역주민의 선호에 대한 대응성을 높일 수 있으며, 지방정부 간 경쟁을 촉진하여 지방 공공재의 효율적인 배분이 가능함을 증명한 것이다. 따라서 본 모형은 지방세 및 지방재정조정제도 등 지방정부의 재정에 영향을 미치는 각종 제도가 지방의 자율성을 증진하고 지역 간 경쟁을 촉진할 수 있도록 설계될 필요가 있음을 시사한다.

2) 주민 이동성의 촉진

티부 모형이 가정한 거주 이동성의 촉진은 주민들이 원하는 지방정부를 쉽게 선택하게 하며 지방정부 간 경쟁을 촉진하는 요인이 된다. 따라서 수도권 광역교통망과 같은 교통망의 확충은 지방정부 간 경쟁을 촉진하는 요인이 될 수 있을 것이다.

3) 재정정보의 공개

주민들이 어떤 지역으로 이동할 것인지를 결정하기 위해서는 각 지방정부가 제공하는 조세정책이나 공공 서비스에 대한 정보가 공개되어야 한다. 따라서 지방정부 재정정보의 공개는 재정정책의 투명성이라는 목적도 있지만, 지방정부 선택을 위한 자료가 될 수도 있다는 함의를 제공한다.

4) 시 · 군 · 구 통합의 문제점 제기

지방정부 통합의 논리로 가장 많이 제시되는 것은 규모의 경제를 통한 행정 효율성의 증진이다. 그러나 티부 모형에 따르면 지방정부의 통합은 주민들의 지방정부 선택의 범위를 좁히고, 지역 공공재의 경쟁적 공급을 어렵게 할 수 있다는 문제점이 제기된다.

오츠(Oates)의 분권화 정리

공공재 공급에서 지방정부의 역할을 강조한 것으로 티부 모형 외에 오츠(Wallace E. Oates)의 분권화 정리(Decentralization Theorem)도 많이 인용된다. 오츠는 중앙정부의 일률적 지역 공공재 공급이 비용 절약(규모의 경제)이나 외부효과가 없다면, 지방정부가 공공재를 공급하는 것이 최소한 같거나 더 효율적이라는 것을 증명하였다. 즉, 중앙정부는 공공재를 획일적으로 공급하지만, 지방정부는 주민의 선호를 반영하여 공급하므로 더 파레토 효율적이라는 것을 증명한 것이다. 다만 공공재의 공급비용은 중앙정부와 지방정부가 같고 외부효과가 없다는 가정이 전제된 것이다(Oates, 1972, 1993; 전상경, 2009).

02/ 지방자치제도

제1절 지방자치단체의 구성요소

I. 서 론

지방자치단체[7]란 일정한 구역과 주민을 기초로 하고, 국가로부터 부여된 일정한 자치권을 행사하는 공공 법인체이다. 지방자치단체의 공간적인 구역, 주민의 범위, 자치권의 정도 등은 그 나라 국민의 제도적 선택의 결과라고 볼 수 있다. 여기서는 일반적으로 가장 많이 논의되는 지방자치단체의 구성요소로 구역, 주민, 자치권에 관하여 살펴본다.

II. 구 역

구역은 지방자치단체의 자치권이 미치는 지리적인 영역을 의미한다. 따라서 모든 지방자치단체는 배타적인 자신의 구역을 가진다. 구역은 지방자치단체 주민

---

7) '지방자치단체'는 지방자치법에 규정한 법적·공식적인 용어이지만, 학술적으로는 '지방정부'라는 용어를 사용하기도 한다.

의 범위를 결정하고 자치권이 미치는 공간적 범위이다.

우리나라에서는 지방자치단체의 구역으로 육지에 대해서는 명확한 경계선을 설정하였지만, 해상에 대해서는 경계를 구분하지 않고 있다. 해상에 대해 경계선을 구분하지 않는 것은 해상을 지방자치단체의 구역으로 인정하지 않는 것은 아니며 일종의 행정적 조치의 미비라고 볼 수 있다. 왜냐하면, 어업권과 관련된 서로 다른 지자체 소속 어민들 상호 간에 해상경계에 대한 법적 분쟁은 발생하고 있기 때문이다.[8] 그런데 공유수면을 매립할 경우에는 그 매립지가 속할 지방자치단체는 행정안전부 장관이 결정하게 된다(지방자치법 제5조 참조). 이러한 해상경계선의 불비로 인하여 공유수면 매립지에 대한 분쟁도 지속되고 있다. 예를 들면, 평택·당진항 매립지에 대한 평택시와 당진시의 분쟁, 새만금 매립지에 대한 군산시, 부안군, 김제시 간의 분쟁 등이 있다.

Ⅲ. 주 민

주민은 지방자치단체가 가지는 자치권의 주체이자 객체이며, 지방자치의 가장 중요한 요소이다. 주민이 없으면 지방자치가 성립될 수 없기 때문이다. 우리나라 지방자치법은 "지방자치단체의 구역 안에 주소를 가진 자는 그 지방자치단체의 주민이 된다"라고 규정하고 있다(지방자치법 제16조).

1. 주민과 국민

주민은 국민이라는 용어와 법적으로 엄격히 구분된다. 국민은 대한민국 국적을 가진 자를 말하며, 국적법에서 그 요건을 정하고, 대한민국 국민의 권리 의무는 일반 법률에서 다루고 있다. 그러나 주민은 지방자치단체의 구역 안에 주소를 가진 자를 말하며, 지방자치법, 주민투표법, 주민등록법, 주민소환에 관한 법률 등에서 주민이 될 수 있는 조건, 권리와 의무를 구체적으로 규정하고 있다.

2. 외국인

국민과 주민의 가장 큰 차이점은 주민에는 일정한 조건을 충족하는 외국인[9]을 포함하는 경우가 있다는 것이다. 주민에게 인정되는 주민투표, 주민발안, 주민소환의 권리는 외국인인 주민에게도 인정된다. 다만, 피선거권은 외국인에게는 부

---

8) 대표적인 사례는 전라남도와 경상남도 어민 간의 해상경계분쟁이다(조정찬, 2005).
9) 여기서 일정한 조건이란 출입국관리법 제10조(체류자격)의 규정에 따른 영주의 체류자격 취득일 후 3년이 경과한 18세(일부 권리는 19세) 이상의 외국인을 의미한다.

여하지 않고 있다. 공직선거법(제16조)에서는 자치단체장과 지방의원의 피선거권이 있는 사람을 "해당 지방자치단체의 관할 구역에 주민등록이 되어 있는 주민으로서 25세 이상의 국민"으로 한정하고 있기 때문이다.

Ⅳ. 자치권

지방자치단체는 국가가 부여하는 자치권의 범위 내에서 자치를 할 수 있다. 따라서 어떠한 자치권을 부여할 것인가는 각국의 특성에 따라 달라질 수 있다. 통상 자치권은 자치입법권, 자치사법권, 자치행정권, 자치재정권으로 구분된다.

1. 자치입법권

국가가 법률이나 명령으로 공적 권위를 행사하듯이 지방자치단체도 구역 내에서 효력을 발휘할 수 있는 공적 권위를 가진 규정을 만들어 운영할 필요가 있다. 이렇게 지방자치단체가 구역 내에서 공적 권위를 가진 일종의 지역 차원의 법률이나 규칙을 만들 수 있는 권한을 자치입법권이라 한다.

우리나라의 지방자치단체는 자치입법권으로 조례와 규칙제정권을 가진다. 조례는 해당 지방의회가 법령의 범위 안에서 제정한다. 다만, 주민의 권리 제한 또는 의무 부과에 관한 사항이나 벌칙을 정할 때는 법률의 위임이 있어야 한다(지방자치법 제28조). 규칙은 자치단체장이 법령이나 조례가 위임한 범위에서 그 권한에 속하는 사무에 관하여 제정하는 것을 말한다. 그러나 지방자치단체가 가지는 조례와 규칙제정권은 일정한 입법한계를 가진다. 그것은 법률이나 명령, 상급지방자치단체의 조례나 규칙을 위반하여서는 아니 된다는 것이다.

2. 자치사법권

자치사법권이란 지방자치단체가 만들어서 운영하는 자치법규를 위반했을 때 그 지역의 독자적인 재판기구를 통하여 판결을 내릴 수 있는 권한을 의미한다. 예를 들면, 조례를 위반하는 사안에 대해서 그 지자체의 사법부가 재판하고 일정한 벌칙을 부과하는 것이다. 우리나라에서는 인정되지 않고 있는 권한이다.

3. 자치행정권

자치행정권이란 지방자치단체가 자기 권한에 속하는 사무를 스스로 처리할 수 있는 권한을 의미한다(김병준, 2010: 334). 지방자치단체가 자기구역 내에서 수행하는 관리행정, 규제행정, 집행행정에 대한 권한을 의미한다. 이러한 자치행정권은 자치인사권이나 자치조직권을 포함한다.

4. 자치재정권

자치재정권이란 지방자치단체를 운영·관리하는 데 필요한 재원을 확보할 수 있는 권한을 의미한다. 자치재정권은 지방자치단체가 독자적인 행정을 수행하는 데 필요한 재원에 대한 권한을 의미하며, 지방세 및 세외수입 등의 부과·징수를 할 수 있는 권한을 포함한다.

제2절 지방자치단체의 종류와 지방자치 계층

Ⅰ. 의 의

단일 국가 내에서 각 지역은 각기 다른 역사적, 문화적, 경제적, 지형적 특성을 지니고 있다. 따라서 이들 지역에 어느 정도의 통일성과 차별성을 부여할 것인가에 대한 결정이 필요하다. 지방자치단체의 종류와 계층은 이러한 국가 내의 지역들 상호 간 권한 부여의 방식에 대한 차이에서 나타나는 제도적 모습이다.

Ⅱ. 지방자치단체의 종류

지방자치단체에는 독립적인 권리와 의무의 주체가 되는 법인격이 부여된다. 따라서 자연인과 마찬가지로 소송의 당사자가 될 수 있으며 독자적인 의사결정의 주체가 된다. 우리나라 지방자치법(제3조 제1항))에서도 '지방자치단체는 법인으로 한다'라고 법인격 부여를 명확히 하고 있다. 따라서 지방자치단체는 법인격이 부여되지 않은 지방행정기관(예를 들면, 동사무소, 행정구청 등)과 구별된다. 이렇게 독자적인 법인격이 부여된 지방자치단체는 크게 보통지방자치단체와 특별지방자치단체로 구분된다.

1. 보통지방자치단체

보통지방자치단체란 그 존립 목적이나 수행기능이 포괄적이고 종합적인 성격을 지닌 지방자치단체이다. 우리나라의 광역지방자치단체인 특별시, 광역시, 특별자치시, 도 및 특별자치도와 기초지방자치단체인 시, 군, 자치구는 모두 보통지방자치단체이다.

2. 특별지방자치단체

특별지방자치단체는 특정한 목적을 수행하기 위하여 설치된 지방자치단체이다. 따라서 그 구역이나 사무, 조직, 기능 등이 특수한 지방자치단체를 의미한다. 예를 들면, 지방자치단체인 A 시와 B 시를 하나의 구역으로 설정하고 경찰업무만을 수행하는 특별지방자치단체를 설치하는 경우를 가정해 볼 수 있다. 이렇게 되면 기존의 A 시와 B 시는 보통지방자치단체로서의 일반적인 행정기능을 수행하고, 경찰업무는 새롭게 만든 특별지방자치단체가 수행하게 된다.

◆ 구별할 개념: 지방행정기관

지방행정기관이란 국가 또는 지방자치단체의 사무를 지역적으로 처리하기 위하여 현지에 설치된 행정기관이다. 지방행정기관은 법인이 아니며, 국가의 하급기관인 경우도 있으며, 지방자치단체의 하급기관인 경우도 있다. 지방행정기관은 특별지방행정기관과 일반지방행정기관으로 구분된다.

- 특별지방행정기관
특별지방행정기관은 지방에 있는 중앙부처 소속 전문분야의 행정기관을 말한다. 지방경찰청, 지방병무청, 지방노동청, 지방환경청 등이 여기에 해당한다. 특별지방행정기관은 중앙부처의 행정기관이므로 중앙부처 소속의 직원이 근무하게 되며, 모든 행정 권한은 해당 중앙부처에 종속된다.

- 일반지방행정기관
일반지방행정기관은 관할 구역 안의 사무를 포괄적이고 종합적으로 처리하는 지방행정기관이다. 행정시, 행정구, 읍·면·동 등이 대표적 예이다. 지방자치단체가 국가나 상급자치단체의 기관위임사무를 수행할 때는 국가나 상급자치단체의 일반지방행정기관으로서 지위에 서게 된다.

Ⅲ. 지방자치 계층

1. 의 의

지방자치 계층이란 보통지방자치단체 상호 간의 수직적 구조를 의미한다. 지방자치 계층은 같은 자치 구역 내에 몇 개의 보통지방자치단체가 존재하느냐를 기준으로 단층제와 중층제로 구분된다. 하나의 자치 구역 내에 하나의 보통지방자치단체가 모든 지방사무를 맡아서 처리하는 경우를 단층제, 하나의 자치 구역 내에 둘 이상의 보통지방자치단체가 지방사무를 분담하여 처리하는 경우를 중층제라고 부른다.

한편, 지방행정 계층은 지방자치 계층과 구별해야 할 개념이다. 지방행정 계층이란 지방자치단체와 일반지방행정기관을 포함한 계층을 의미한다. 예를 들면, 경기도 용인시 수지구 죽전동으로 이어지는 계층구조의 경우, 지방자치 계층은 2층제(경기도-용인시)이지만, 지방행정 계층은 4층제(경기도-용인시-수지구-죽전동)가 된다.

2. 단층제와 중층제의 장단점 비교

단층제의 장점은 중층제의 단점에 해당하며, 단층제의 단점은 중층제의 장점에 해당한다. 단층제의 장점은 ⓐ 단층제는 중층제에 비하여 행정의 지연과 비효율을 줄일 수 있으며, ⓑ 행정책임을 명확히 할 수 있으며, ⓒ 국가가 직접 해당 지자체에 특별한 권한 부여를 통하여 지역의 특수성을 살리기 유리하며, ⓓ 행정의 신속성을 확보하는데 용이할 수 있다는 것이다.

반면에 단층제의 단점은 ⓐ 광역행정 추진이 어려우며, ⓑ 자치단체 간 갈등이 발생하였을 때 이를 조정하기 곤란하고, ⓒ 재난이나 행정 공백이 발생하였을 때 중앙정부가 직접 개입해야 하므로, ⓓ 중앙정부의 행정 부담이 과도하게 증대될 수 있다는 것이다.

3. 우리나라의 자치계층

우리나라 지방자치단체는 광역지방자치단체와 기초지방자치단체로 구분된다. 광역지방자치단체에는 특별시, 광역시, 특별자치시, 도, 특별자치도가 있으며, 기초지방자치단체에는 시, 군, 구(자치구)가 있다. 우리나라는 중층제인 자치 2층제와 단층제를 혼합하고 있다. 제주특별자치도[10]와 세종특별자치시는 단층제이며, 나머지 지역은 모두 자치 2층제이다.

〈그림 6-1〉에 나타난 바와 같이 특별시, 광역시, 특별자치시, 도, 특별자치

---

10) 2023년 7월 현재 제주특별자치도는 지방행정체제 변화를 위한 다양한 검토가 진행되고 있어, '제주특별자치도 설치 및 국제자유도시 조성을 위한 특별법' 제10조 등에 규정된 계층제를 확인하기 바랍니다.

도는 정부의 직할(直轄)로 두고, 시는 도 또는 특별자치도의 관할 구역 안에, 군은 광역시11) · 도 또는 특별자치도의 관할 구역 안에 두며, 자치구는 특별시와 광역시의 관할 구역 안에 둔다(지방자치법 제3조).

〈그림 6-2〉 우리나라의 자치계층과 행정계층

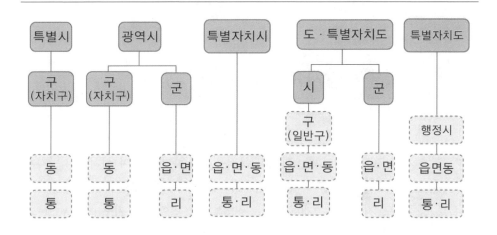

특별자치도의 경우에는 법률이 정하는 바에 따라 관할 구역 안에 시 또는 군을 두지 아니할 수 있다(지방자치법 제3조). 특별자치도는 단층제인 제주특별자치도만 있었으나, 최근 강원특별자치도(2023년 6월)와 전북특별자치도(2024년 1월)가 설치되면서, 지방자치법 제3조를 개정하여 특별자치도에 관한 조문을 보완하였다.

한편, 지방자치단체 내의 하부 행정 구역으로 행정시, 지방자치단체가 아닌 구(일반구 또는 행정구), 읍·면·동, 통·리가 있다(지방자치법 제3조 제3항).

ⓐ 행정시: 제주특별자치도는 그 관할 구역에 지방자치단체가 아닌 행정시를 두고 있다(제주특별자치도 설치 및 국제자유도시 조성을 위한 특별법 제10조).

ⓑ 행정구(일반구): 특별시·광역시 및 특별자치시가 아닌 인구 50만 명 이상의 시에는 자치구가 아닌 구를 둘 수 있도록 하고 있다. 이렇게 인구 50만 명 이상 시에 설치된 구는 자치구와 구분하기 위하여

---

11) 광역시에 설치된 군은 부산광역시 기장군, 인천광역시 강화군과 옹진군, 대구광역시 달성군과 군위군, 울산광역시 울주군 등이다.

일반구 또는 행정구로 불린다.

ⓒ 읍·면·동: 군에는 읍·면, 자치구에는 동을 두며, 시에는 도시의 형태를
갖춘 지역에는 동을 그 밖의 지역에는 읍·면을 둔다(지방자치법
제3조 제3항 및 제4항).

ⓓ 통·리: 동에는 통을 두고, 읍·면에는 리를 둔다.

제3절 특별지방자치단체

Ⅰ. 의 의

특별지방자치단체는 특정한 목적을 수행하기 위하여 설치된 지방자치단체이다.
따라서 그 구역이나 사무, 조직, 기능 등이 특수한 지방자치단체를 의미한다. 영국
잉글랜드 지역에서 2개 이상의 지방정부가 연합 청소기구(Joint Waste Authorities)
또는 연합 소방기구(Combined Fries and Rescue Authorities)를 설립하여, 청소나 소
방에 관한 사무를 담당하는 특별한 지방정부를 설립·운영하고 있는 것은 특별지방
자치단체 사례이다(남재걸, 2022: 146).

최근 지방자치의 활성화를 위하여 특별지방자치단체의 필요성이 강조되면서,
2021년 1월 전부개정된 지방자치법에 특별지방자치단체 관련 구체적인 내용이 규
정되어 제도의 실현이 가능하게 되었다.

Ⅱ. 필요성 및 한계

특별지방자치단체가 필요한 이유로는 ⓐ 보통지방자치단체에 대한 보완적 기
능을 수행하고, ⓑ 광역적 행정수요에 대응하고, ⓒ 지방자치단체 상호 간 강력한
제도적 협력을 가능하게 하기 때문이다.

반면에 특별지방자치단체 제도의 한계로는 ⓐ 특별지방자치단체의 난립으로
인하여 기존의 보통지방자치단체 중심의 자치제도에 혼란을 초래할 수 있으며, ⓑ 보
통지방자치단체와 특별지방자치단체 간에 조정이 곤란하여 갈등이나 할거주의가 발
생하거나, ⓒ 행정과 서비스 공급의 책임소재 불분명 등을 들 수 있다(최창호·강형기,
2019: 181).

Ⅲ. 우리나라 특별지방자치단체

지방자치법에 규정된 특별지방자치단체 관련 규정 내용을 중심으로 살펴보고 자 한다.

1. 설립 목적 및 법적 지위

지방자치법(제199조 제1항)에서는 "2개 이상의 지방자치단체가 공동으로 특정한 목적을 위하여 광역적으로 사무를 처리할 필요가 있을 때는 특별지방자치단체를 설치할 수 있다"라고 하여, 설치의 조건으로 '2개 이상의 지방자치단체'가 필요하며, 사무 범위는 '특정한 목적'과 '광역적 사무'라는 조건이 충족되어야 한다.

지방자치법에서는 특별지방자치단체 설치에 참여하는 지방자치단체를 구성 지방자치단체라고 부르고 있다. 또한, 특별지방자치단체는 독립된 행정 단일체로서 권리능력이 있는 법인으로 설치되도록 하고 있다(지방자치법 제199조 제3항).

2. 설치 절차: 규약 → 구성 자치단체 의회 의결 → 행정안전부 장관 승인

특별지방자치단체의 설립 절차는 ⓐ 2개 이상의 구성 지방자치단체가 상호 협의 과정을 통하여 규약을 정하고, ⓑ 구성 지방자치단체의 지방의회 의결을 거치고, ⓒ 행정안전부 장관의 승인을 받아야 한다(지방자치법 제199조 제1항). 행정안전부 장관은 특별지방자치단체의 설치를 승인할 때는 해당 사무와 관련된 중앙행정기관의 장 또는 관계 시·도지사에게 그 사실을 알려야 한다(제199조 제2항).

3. 구 역

구역은 특별지방자치단체의 영향력이 미치는 공간적 범위이다. 특별지방자치단체의 구역은 구성 지방자치단체의 구역을 합한 것으로 하는 것이 원칙이다. 그러나 특별지방자치단체의 사무가 구성 지방자치단체 구역의 일부에만 관계되는 등 특별한 사정이 있을 때는 해당 지방자치단체의 일부만을 구역으로 할 수 있다(지방자치법 제201조).

4. 규 약

특별지방자치단체는 권한의 범위와 내용 및 기관의 구성과 운영 등에 대한 기본적 내용을 담고 있는 규약에 따라 설치·운영된다. 구성 지방자치단체가 특별지방자치단체의 규약을 변경하고자 할 때는 구성 지방자치단체의 지방의회 의결을 거쳐 행정안전부 장관의 승인을 받아야 한다(지방자치법 제202조 제2항).

5. 의회, 단체장 그리고 공무원

특별지방자치단체의 의회 의원은 구성 지방자치단체의 의회 의원으로 구성된다. 구성 지방자치단체의 의회 의원은 특별지방자치단체의 의회 의원을 겸할 수 있도록 하고 있다(지방자치법 제204조 제2항). 지방의회는 규약으로 정하는 사무 범위 내에서 조례를 제정할 수 있다(지방자치법 제210조).

특별지방자치단체의 장은 규약으로 정하는 바에 따라 특별지방자치단체의 의회에서 선출된다(지방자치법 제205조 제1항). 특별지방자치단체의 장은 해당 의회에서 간선제로 선출되며, 구체적으로 어떠한 방법으로 선출할 것인지에 대해서는 규약으로 정하도록 하고 있다. 구성 지방자치단체장이 특별지방자치단체의 장을 겸할 수도 있다(지방자치법 제205조 제2항).

특별지방자치단체는 법인으로 독립적인 행정 단일체이므로 소속 공무원을 채용할 수 있으며, 구성 지방자치단체로부터 파견된 공무원이 근무할 수도 있다(지방자치법 제205조 제3항).

6. 경비의 부담

특별지방자치단체의 주요 재정수입은 ⓐ 제공하는 행정서비스에 대한 이용자들의 사용료, 수수료 등의 수입, ⓑ 구성 지방자치단체의 분담금, ⓒ 국가 또는 시·도로부터 재정적 지원으로 구분된다. 보통지방자치단체와 달리 지방세 과세권은 주어지지 않고 있으나(지방자치법 제210조), 지방채를 발행할 수 있다(지방자치법 제210조).

7. 가입, 탈퇴

특별지방자치단체에 가입하거나 특별지방자치단체에서 탈퇴하려는 지방자치단체장은 해당 지방의회의 의결을 거쳐 특별지방자치단체의 장에게 가입 또는 탈퇴를 신청하여야 한다(지방자치법 제208조 제1항). 가입과 탈퇴 절차는 설치 절차를 준용하고 있어, 행정안전부 장관의 승인이 필요하며, 승인할 때 행정안전부 장관은 그 사실을 관계 중앙행정기관의 장 또는 시·도지사에게 알려야 한다(제208조 제3항, 제199조 제1항 및 제2항).

Ⅳ. 보통지방자치단체와 비교

특별지방자치단체와 보통지방자치단체의 특징을 비교하면 <표 6-2>와 같다.

〈표 6-2〉 보통지방자치단체와 특별지방자치단체의 특징 비교

구분	보통지방자치단체	특별지방자치단체
설치	• 법률	• 행정안전부 장관 승인
구성원	• 구역 내의 주민	• 구성 지방자치단체
구역	• 관할 구역 전체	• 구성 지방자치단체의 전부 또는 일부
사무	• 구역 내 종합적 사무	• 규약에서 정하는 사무만 가능
입법	• 조례 및 규칙제정권	• 조례 및 규칙제정권 단, 규약에서 정하는 사무 범위 내
재정	• 지방세 부과 · 징수 • 사용료 · 수수료 · 분담금 · 지방채	• 구성 지방자치단체의 분담금 • 사용료 · 수수료 · 분담금 · 지방채
의회	• 의결기관 • 주민의 직접선거	• 의결기관 • 주민의 간접 대표로 구성 - 구성 지방자치단체 의회 의원
단체장	• 지방자치단체 대표권 • 주민의 직접선거	• 특별지방자치단체 대표권 • 특별지방자치단체 의회에서 간접 선출
직원	• 지방자치단체의 공무원	• 특별지방자치단체 소속 공무원과 구성 지방자치단체에서 파견된 공무원
주민소환	• 주민소환 가능	• 주민소환 불가능

보통지방자치단체는 법률로 설치되고 특별지방자치단체는 행정안전부 장관의 승인으로 설치된다. 지방자치단체 구성요소인 구역, 주민, 자치권이라는 측면에서도 양자는 구별된다. 보통지방자치단체는 관할 구역 전체에 그 권한이 미치지만, 특별지방자치단체는 구성 지방자치단체의 전부 또는 일부를 관할 구역으로 정할 수 있다. 보통지방자치단체의 구성원은 지역 내의 주민이지만, 특별지방자치단체는 구성 지방자치단체가 구성원이다.

또한, 보통지방자치단체는 포괄적이고 종합적으로 사무를 처리하지만, 특별지방자치단체는 규약으로 정하는 사무만을 처리한다. 보통지방자치단체와 특별지방자치단체는 조례 및 규칙제정권과 사용료, 수수료, 분담금 등을 부과하거나 지방채를 발행할 수 있다. 그러나 특별지방자치단체는 규약에서 정하는 사무 범위 내

에서 조례와 규칙을 제정할 수 있으며, 지방세를 부과·징수할 수 없다.

지방의회 의원과 단체장의 선출 방식에서 양자는 큰 차이를 보인다. 보통지방자치단체의 의회 의원은 주민의 직접선거로 선출되지만, 특별지방자치단체의 의회 의원은 규약으로 정하는 바에 따라 구성 지방자치단체의 의회 의원으로 구성한다. 보통지방자치단체의 장은 주민의 직접선거로 선출되지만, 특별지방자치단체의 장은 그 의회에서 간선 된다. 특히, 보통지방자치단체의 직원은 그 소속 공무원으로 구성되지만, 특별지방자치단체는 그 소속 공무원과 구성 지방자치단체로부터 파견된 공무원으로 구성된다. 특별지방자치단체는 단체장과 지방의원을 주민 직선으로 선출하지 않음에 따라 주민소환권이 적용되지 않는다.

제4절 지방의회와 지방자치단체장

I. 의 의

지방자치단체도 국가와 마찬가지로 주민의 대표로 구성된 의결기관과 행정집행기능을 수행하는 집행기관이 필요하다. 우리나라는 1949년 지방자치법이 제정된 시점부터 2023년 현재까지 기관대립형만을 채택하였다. 다만, 제주특별자치도의 경우에는 기관구성을 달리할 수 있도록 하였으나(제주특별자치도 설치 및 국제자유도시 조성을 위한 특별법 제8조), 기관대립형을 그대로 취하고 있다.

그러나 최근 지방자치단체별 다양성이 없는 일률적인 기관구성 형태에 대한 반성과 기관구성에 대한 자율권을 지방자치단체에 부여하지 않은 것에 대한 문제점이 제기되면서, 2021년 1월 지방자치법 전부개정을 통하여 지방자치단체별로 기관구성 형태를 달리 정할 수 있는 법적 근거를 마련하였다. 따라서 개별 지방자치단체는 주민투표를 통하여, 지방자치단체장의 선임 방법을 포함한 기관구성 형태를 달리 정할 수 있다(지방자치법 제4조 제1항 및 제4항).

II. 기관통합형과 기관대립형

의결기관과 집행기관을 어떠한 형태로 구성할 것인가는 각국의 역사와 문화뿐만 아니라 해당 지방의 특성이 고려되기도 한다. 즉, 모든 지방정부를 같은 형태로 구성하는 국가가 있는 반면에 지방정부 구성에 대한 권한을 지방정부에 부여하기도 한다.

이렇듯 나라마다 그리고 지방마다 다양성을 가진 지방정부의 형태를 분류·유형화하기는 매우 어려운 작업이다. 그러나 여기서는 의결기관과 집행기관이 단일기관으로 구성되는지 아니면 분리되어 각각의 기능을 수행하는지에 따라 기관통합형과 기관대립형으로 구분하여 살펴보고자 한다.

1. 기관통합형

기관통합형은 의원내각제와 유사한 구조이며, 주민 직선으로 선출된 의회가 의결 기능과 집행기능을 함께 수행하는 형태이다. 대체로 지방의회의 의장이 지방자치단체장 직을 수행한다.

기관통합형의 장점으로는 ⓐ 의결을 담당한 주체가 집행을 담당하므로 책임정치의 실현과 정책의 일관성 유지에 유리하며, ⓑ 의결기관과 집행기관 간의 불필요한 갈등을 줄일 수 있으며, ⓒ 다수의 위원이 의결과 집행에 관여하게 되어 민주적이고 신중한 행정에 유리한 점 등을 들 수 있다.

반면에 단점으로는 ⓐ 지방의회 의원이 집행부서를 장악하므로 행정의 전문성이 부족할 수 있으며, ⓑ 지방의회와 주민들의 의견이 상반되어 충돌하면 이를 견제·중재할 기관이 부재하여 의회에 의한 권력 남용 현상이 초래될 수 있으며, ⓒ 선거로 선출된 의원은 각자의 정치적 기반과 색채가 강하여 행정의 총괄조정이 어렵다는 점을 들 수 있다.

2. 기관대립형

기관대립형은 대통령중심제와 유사한 구조이며, 의결기관과 집행기관을 분리하여 상호 견제와 균형을 이루는 형태이다. 의결기관인 지방의회 의원과 집행기관의 장은 주민의 직접선거로 선출되는 것이 일반적이며, 우리나라와 일본에서 채택하고 있으며, 미국의 '시장－의회형'도 기관대립형에 해당한다.[12]

기관대립형의 장단점은 기관통합형의 그것과 정반대이다. 즉, 기관대립형의 장점으로는 ⓐ 집행기관을 전담하는 행정가가 존재하므로 행정의 전문성을 기할 수 있으며, ⓑ 지방의회와 주민들의 의견이 상반되는 경우 이를 중재하거나 견제

---

12) 기관대립형은 집행기관의 수장인 시장과 의결기관인 의회가 분리하여 상호 견제와 균형의 관계에 있는 '시장－의회형'이 대부분이다. '시장－의회형'은 집행기관과 의결기관 중 어느 기관의 권한이 더 강한가를 기준으로 집행기관이 더 강한 강시장형과 지방의회가 더 강한 약시장형으로 구분된다.

와 균형의 원리에 따라 권력의 편중이나 남용을 방지할 수 있으며, ⓒ 집행기관의 장에 의하여 행정의 총괄조정에 유리하다는 점을 들 수 있다.

그러나 기관대립형의 단점으로는 ⓐ 의결기관과 집행기관의 분리로 인하여 상호 책임을 전가하는 현상이 초래될 수 있고, ⓑ 두 기관 간 불필요한 갈등이 유발될 수 있으며, ⓒ 행정이 지방자치단체장 주도하에 독단적으로 흐를 가능성 등을 들 수 있다.

Ⅲ. 지방의회

우리나라의 지방의회는 광역지방자치단체와 기초지방자치단체에 각각 설치되는 광역의회와 기초의회로 구분된다. 지방의회는 다음과 같은 기능을 수행한다.

1. 주민의 대표기관으로서 최고의 의사결정기관

지방의회는 주민에 의하여 선출된 의원들로 구성되는 주민의 대표기관이다. 또한, 지방의회는 지역의 예산을 심의 · 의결하며, 결산을 승인하고 지역 현안이나 주요 정책에 대하여 의견을 제시하며, 조례를 제 · 개정하며, 법령에 규정된 것을 제외한 사용료 · 수수료 · 분담금 등의 부과와 징수를 결정하는 등 지방자치단체의 최고의 의사결정 기관으로서의 역할을 수행한다.

2. 지방의 입법기관

지방의회는 자치법규인 조례를 제 · 개정할 수 있는 입법기관이다.

3. 집행부에 대한 감시와 견제기관

지방의회는 조례 및 예산안의 심의, 서류 제출 요구 및 출석답변요구권, 행정사무 감사권 및 조사권을 통하여 집행기관을 견제하는 기능을 수행한다.

Ⅳ. 지방자치단체장

1. 지방자치단체장의 지위

지방자치단체장은 한편으로는 지방자치단체를 대표하며, 다른 한편으로는 중앙정부의 국가위임사무를 집행하는 기관으로서의 역할을 수행하는 이중적인 지위를 가진다.

1) 지방자치단체 대표의 지위

지방자치단체장인 시·도지사 및 시장·군수·구청장은 지방자치단체 전체를 대표하는 지위를 가진다. 대통령이 국가의 원수로서 국가를 대표하듯이 지방자치단체장은 지방자치단체를 대표한다.

2) 집행기관장의 지위

지방의회와 대칭적 관계를 가진 집행기관의 기관장으로서 지위를 가진다. 이는 대통령이 행정부의 수반인 것과 유사하다.

3) 국가의 일선 지방행정기관장의 지위

지방자치단체장은 국가의 일선 지방행정기관장의 지위를 가진다. 지방자치단체에서 처리하는 국가의 위임사무는 크게 단체위임사무와 기관위임사무로 구분되며, 기관위임사무를 처리하는 데 자치단체장은 중앙정부의 일선 지방행정기관장의 지위를 가진다. 예를 들면, 호적, 병무, 선거 사무 등은 전국적인 통일을 요구하는 사무이므로 중앙행정기관의 장이 각 지방자치단체의 행정기관에 업무를 위임하여 처리하게 되는데, 이러한 업무를 처리할 때는 지방자치단체장은 일선 지방행정기관의 지위를 가지게 된다.

2. 지방자치단체장의 권한

지방자치단체장의 권한은 지방사무에 대한 포괄적이고 종합적인 권한을 가지므로 상당히 광범위하다. 여기서는 그 주요 권한만을 설명하기로 한다.

1) 지방의회에 대한 권한

① 의안 발의권 및 출석 발언권

지방자치단체장은 조례안을 포함한 지방의회에서 의결할 의안을 발의할 수 있다(지방자치법 제76조). 또한, 지방자치단체장이나 관계 공무원은 의회에서 행정사무 처리 상황을 보고하거나 의견을 진술하고 질문에 응답할 수 있다(동법 제51조).

② 조례공포 및 재의 요구권

지방자치단체장은 지방의회로부터 의결된 조례안을 이송받으면 20일 이내에 공포하여야 한다. 지방자치단체장은 이송받은 조례안에 대하여 이의가 있으면 20일 이내에 이유를 붙여 지방의회로 환부(還付)하고, 재의(再議)를 요구할 수 있다. 이 경우 지방자치단체장은 조례안 일부에 대하여 또는 조례안을 수정하여 재의를 요구할 수 없다(지방자치법 제32조).

③ 임시회 및 위원회 소집 요구권

지방자치단체장은 지방의회 의장에 임시회 소집을 요구할 수 있으며(지방자치법 제54조), 지방의회가 폐회 중인 경우에는 위원회 소집을 요구할 수도 있다(동법 제70조 제2항).

④ 선결처분권

지방자치단체장은 ⓐ 지방의회가 성립되지 아니한 때(의원이 구속되는 등의 사유로 의결정족수에 미달하게 될 때), ⓑ 지방의회의 의결사항 중 주민의 생명과 재산 보호를 위하여 긴급하게 필요한 사항으로서 지방의회를 소집할 시간적 여유가 없거나 지방의회에서 의결이 지체되어 의결되지 아니할 때에는 선결처분(先決處分)을 할 수 있다(지방자치법 제122조). 이러한 지방자치단체장의 선결처분은 지체 없이 지방의회에 보고하여 승인을 받아야 하며, 지방의회의 승인을 받지 못하면 그 선결처분은 그때부터 효력을 상실한다.

2) 지방행정에 대한 권한

① 규칙제정권

지방자치단체장은 법률이나 명령 그리고 그 지방자치단체의 조례가 위임한 범위에서 그 권한에 속하는 사무에 관하여 규칙을 제정할 수 있다(지방자치법 제23조).

② 직원에 대한 임면권 및 제청권

지방자치단체장은 집행부 직원을 지휘·감독하고 법령과 조례·규칙으로 정하는 바에 따라 그 임면·교육훈련·복무·징계 등에 관한 사항을 처리한다(지방자치법 제105조).

그러나, 지방의회 사무기구의 사무직원에 대한 인사권자는 지방의회 의장이다(지방자치법 제103조 제2항). 지방의회 사무직원의 임명권은 지방자치단체장에게 있었으나, 2021년 1월 지방자치법 개정을 통하여 지방의회 의장에게 부여하였다.

③ 관리 및 집행권

지방자치단체장은 자치사무, 단체위임사무, 기관위임사무에 대한 종합적인 관리 집행권을 가진다. 보조기관, 소속 행정기관, 하급행정기관에 대한 지휘 및 감독권을 행사한다. 또한 지방자치단체장은 조례나 규칙으로 정하는 바에 따라 그 권한에 속하는 사무의 일부를 관할 지방자치단체나 공공단체 또는 그 기관(사업소·출장소를 포함한다)에 위임하거나 위탁할 수 있다(지방자치법 제117조).

제5절 　지방자치단체의 사무

Ⅰ. 의 의

지방자치단체는 그 구역 내의 행정사무를 처리한다. 그런데 지방자치단체는 국토라는 영역 내에 존재하므로 중앙정부의 사무와 중복될 수 있다. 또한, 자치 2계층제를 기본으로 하는 우리나라의 경우에는 광역지자체와 기초지자체 간에 사무의 중복도 발생할 수 있을 것이다. 따라서 지방자치법에서는 국가와 광역지자체 및 기초지자체 간의 사무 배분의 기본원칙과 사무의 내용에 대해 규정하고 있다. 여기서는 지방자치법을 중심으로 우리나라 공공사무의 배분 원칙과 유형에 대해 알아본다.

Ⅱ. 국가사무

국가사무란 국가 전체에 걸쳐서 통일성을 유지해야 하는 사무나 외교, 국방 등 국가의 존립에 필요한 사무로 중앙행정기관에 속하는 사무이다. 국가사무는 중앙행정기관이 직접 수행하거나 지방자치단체나 그 장에게 위임하여 처리하기도 한다.

한편, 지방자치법(제15조)에서는 지방자치단체가 처리할 수 없는 국가사무로 다음과 같은 사무를 예시하고 있다. 다만, 법률에 이와 다른 규정이 있는 경우에는 지방자치단체도 국가사무를 처리할 수 있도록 하고 있다.

< 지방자치단체가 처리할 수 없는 국가사무(지방자치법 제15조) >

1. 외교, 국방, 사법(司法), 국세 등 국가의 존립에 필요한 사무
2. 물가정책, 금융정책, 수출입정책 등 전국적으로 통일적 처리를 할 필요가 있는 사무
3. 농산물·임산물·축산물·수산물 및 양곡의 수급 조절과 수출입 등 전국적 규모의 사무
4. 국가종합경제개발계획, 국가하천, 국유림, 국토종합개발계획, 지정항만, 고속국도·일반국도, 국립공원 등 전국적 규모나 이와 비슷한 규모의 사무
5. 근로기준, 측량단위 등 전국적으로 기준을 통일하고 조정하여야 할 필요가 있는 사무
6. 우편, 철도 등 전국적 규모나 이와 비슷한 규모의 사무
7. 고도의 기술이 필요한 검사·시험·연구, 항공관리, 기상행정, 원자력개발 등 지방자치단체의 기술과 재정능력으로 감당하기 어려운 사무

Ⅲ. 지방자치단체의 사무

지방자치단체에서 처리하는 사무는 크게 자치사무와 위임사무로 구분된다. 자치사무란 지방자치단체가 자기의 책임과 부담 하에 처리하는 사무로서 그 지방자치단체의 존립 목적에 필요한 사무들이다. 이를 고유사무라고 부르기도 한다.

위임사무란 중앙정부나 상급 지방자치단체의 사무이지만 법령에 의하여 지방자치단체 또는 그 장에게 위임하여 처리하는 사무를 말한다. 위임사무는 다시 단체위임사무와 기관위임사무로 구분된다.

단체위임사무란 법령에 의해 국가 또는 상급 지방자치단체로부터 해당 '지방자치단체(지방의회 + 지방자치단체장)'에 위임된 사무이며, 기관위임사무는 해당 '지방자치단체장(집행부)'에게 위임된 사무이다. 따라서 단체위임사무는 지방의회가 관여할 수 있지만, 기관위임사무는 지방자치단체장에게 위임되어 지방의회가 관여할 수 없다. 단체위임사무는 해당 지방자치단체와 전국적인 이해관계를 동시에 가지는 사무들이 이해 해당되며, 기관위임사무는 전국적인 이해관계를 가지는 통일적인 사무들이다.

사무의 위임은 경비의 부담을 수반한다. 따라서 자치사무는 지방자치단체가 스스로 부담하는 것이 원칙이며, 단체위임사무는 지자체와 위임기관이 공동으로 부담하며, 기관위임사무는 전액 위임기관이 부담해야 한다.

지방의회에서는 자치사무의 경우는 완전한 관여가 가능하지만, 단체위임사무의 경우는 전국적인 이해를 가지는 부분에 대해서는 제한적인 관여를 할 수밖에 없으며, 기관위임사무의 경우는 극히 제한적인 관여만 가능하다. 지방자치법 제49조 제3항에서는 기관위임사무이지만 국회와 시·도의회가 직접 감사하기로 한 사무 외에는 그 감사를 각각 해당 시·도의회와 시·군 및 자치구의회가 할 수 있도록 하고 있다. 그러나, 그 감사의 정도는 현실적으로 제한적일 수밖에 없을 것이다. 왜냐하면 그 사무의 내용은 전국적 통일을 요하는 사무이기 때문에 해당 지방의회가 특별히 감사할 내용은 극히 제한적이기 때문이다.

상급기관의 감독은 자치사무의 경우에는 원칙적으로 감독이 불가하지만, 자치사무라 하더라도 위법적인 처리는 당연히 상급기관에서 감독이 허용될 수 있을 것이다. 단체위임사무의 경우에는 합법성뿐 아니라 제한적으로 합목적성도 감독할 수 있으며, 기관위임사무는 보다 더 적극적으로 합목적성에 대한 감독이 가능할 것이다.

〈표 6-3〉 지방자치단체 사무의 종류 비교

구분	자치사무 (고유사무)	위임사무	
		단체위임사무	기관위임사무
법적 근거	• 지방자치법 제13조 제1항 및 제2항	• 지방자치법 제13조 제1항 후단	• 지방자치법 제115조, 제116조
사무 성질	• 해당 자치단체가 자기의 책 임과 부담하에 처리하는 사무 • 해당 자치단체에만 이해관 계가 있는 사무	• 법령에 의하여 국가 또는 광역자치단체로부터 위임된 사무 • 해당 자치단체와 전국적(광 역적)인 이해관계를 동시에 가지는 사무	• 법령에 의하여 지방자치단 체장에게 위임된 사무 • 전국적(광역적)인 이해관계 가 있는 사무
경비 부담	• 자치단체 자체 부담 • 국가, 광역자치단체에서 보조는 가능함	• 자치단체와 위임기관의 공 동 부담이 원칙	• 전액 위임하는 기관에서 부담이 원칙
지방 의회 관여	• 완전한 관여	• 관여 가능	• 원칙적 관여 불가 • 다만, 감사는 가능, 국회와 상급 자치단체가 직접 감 사하기로 한 사무 외에는 가능(제49조 제3항)
	• 조례제정 가능	• 조례제정 가능	• 조례제정 대상 아님
상급 기관 감독	• 원칙적 감독 불가 • 단, 합법성에 대한 감독은 가능(제188조 제5항, 제190 조, 제192조)	• 합법성, 합목적성 감독 가능 (제185조, 제188조, 제192조)	• 합법성, 합목적성 감독 가능 (제185조, 제189조)
사무 예시	• 상하수도, 가로등 설치 등 자치단체 자체에서 운영하는 사무, 읍·면·동의 명칭과 구역의 변경사무, 중고생의 수업료 및 입학금 지원 사무	• 판례 없음	• 대통령·국회의원선거 관련 지방선거업무, 법령이나 조 례로 위임받은 도로의 유지 관리 사무

Ⅳ. 사무배분의 원칙

우리나라 지방자치법에서는 지방자치단체 간 사무배분의 원칙으로 비경합성의 원칙과 보충성의 원칙을 규정하고 있다.

1. 비경합성의 원칙

지방자치법에서는 시·도와 시·군 및 자치구는 사무를 처리할 때 서로 경합하지 아니하도록 하여야 함을 명시하고 있다(제14조 제3항 전단). 이는 사무중복으로 인한 비효율성을 피하기 위한 제도적 장치로 볼 수 있다.

2. 보충성(현지성)의 원칙

지방자치법에서는 시·도와 시·군 및 자치구는 사무가 서로 경합하면 시·군 및 자치구에서 먼저 처리한다(제14조 제3항)라고 규정하고 있다. 이는 지방자치단체에서 처리하는 사무는 원칙적으로 지역주민을 위한 사무이므로 지역주민과 보다 근접한 기초자치단체에서 처리하는 것이 지방자치의 원리에 적합하다는 원칙을 천명한 것이다. 따라서 이를 보충성의 원칙 또는 현지성의 원칙이라고 부른다. 보충성의 원칙이라고 부르는 이유는 지방자치단체의 사무는 원칙적으로 기초자치단체의 사무이며 광역과 중앙정부는 이에 대해 보충적인 역할을 수행하는 것이 원칙이라는 의미이다.

◆ 특별시, 광역시 및 대도시 등에 대한 특례

지방자치법과 지방자치분권 및 지방행정체제개편에 관한 특별법 등에서는 서울특별시, 광역시, 인구 50만 이상 대도시, 세종특별자치시 및 제주특별자치도에 대한 행정특례를 규정하고 있다. 이들 지자체는 다른 지방자치단체와는 다른 차별성으로 인하여 특별히 행정이나 재정적인 특례를 둘 필요가 있기 때문이다. 지방자치법(제11장)에서는 포괄적인 규정을 두고 있으며, 지방자치분권 및 지방행정체제개편에 관한 특별법에서는 사무, 조직 및 재정특례를 구체적으로 규정하고 있다. 특히, 지방자치법 제198조에서는 인구 100만 이상 대도시를 '특례시'로 부르고 있다.

제6절 지방재정

I. 의 의

지방재정이란 "지방자치단체의 수입과 지출 그리고 중앙정부 및 상급자치단체와의 재정 관계와 자금 활동의 총체"로 정의된다. 지방자치단체란 일정한 구역과 주민을 기초로 하고, 국가로부터 부여된 일정한 자치권을 행사하는 공공 법인체이다. 그런데 이러한 공공 법인체가 행정서비스를 공급하기 위해서는 재원이 필요하며, 그 재원은 스스로 자체 수입으로 조달하기도 하지만, 국가나 상급자치단체로부터 지원받기도 한다. 따라서 국가재정이 국세 수입의 정도에 의존하여 계획되는 것과는 달리, 지방재정은 지방세뿐만 아니라 중앙정부 및 상급자치단체와의 재정 관계에 영향을 받는다.

지방재정에서의 쟁점은 "지방자치라는 제도적 장치에 부합하는 재정적인 자립이 이루어지느냐?"라는 것이다. 그런데 지방자치단체의 재정자립을 위해서는 국세의 지방세 이전이라는 조치가 필요한데, 이렇게 될 경우에는 지방자치단체 상호 간에 불균형이라는 문제가 발생할 수 있다. 왜냐하면, 수도권의 자치단체들은 세금을 거둬들일 세원이 많지만, 농촌의 시·군들은 세원이 부족하여 국세를 지방세로 이전하더라도 가난을 면하기 어렵기 때문이다. 따라서 지방재정에 대한 제도설계는 '자치단체의 재정적인 자립'과 '자치단체 상호 간 불균형의 시정'이라는 딜레마를 극복하는 것이 핵심이라고 볼 수 있다.

여기서는 지방자치단체의 수입과 위의 딜레마를 극복하기 위한 지방재정조정제도에 대하여 알아보고, 지방재정의 평가모형으로 재정자립도와 재정자주도에 대해 알아본다.

Ⅱ. 지방자치단체의 수입

지방자치단체의 자체재원은 크게 지방세와 세외수입으로 구분된다. 지방채는 자체재원은 아니지만, 광의의 지방자치단체 수입에 포함되므로 여기서는 함께 다루기로 한다.

1. 지방세

1) 의 의

지방세(local tax, 地方稅)는 지방자치단체가 행정서비스 공급에 필요한 재원을 목적으로 지역 내의 주민, 재산 또는 기타 특정 행위에 대하여 개별적 보상 없이 강제적으로 부과·징수하는 재화이다. 지방세는 지방자치단체의 자주적인 수입으로 지방자치단체 수입 중에서 가장 기본적이고 중요한 자원이다. 따라서 지방세 수입의 정도는 지방자치 활성화의 중요한 요인이 된다.

2) 분 류

지방세는 징수목적에 따라 보통세와 목적세, 징수 주체에 따라 도세와 시·군세, 특별·광역시세와 구세로 분류된다.

① 보통세와 목적세

보통세(ordinary tax)는 조세의 징수목적이 일반적인 경비를 충당하기 위하여 부과·징수하는 세(稅)를 말한다. 우리나라의 지방세로 보통세는 9가지의 종류가 있다.

목적세(earmarked tax)는 충당하여야 할 경비를 특별히 정하고 그 경비의 지출에 의해 직접 이익을 받는 자에게 그 부담을 요구하는 세(稅)를 말한다. 우리나라의 지방세 중에서 목적세는 광역지방자치단체에서 부과하는 지역자원시설세, 지방교육세의 두 가지 종류가 있다.

② 도(道)세와 시(市)·군(郡)세, 특별·광역시(市)세와 구(區)세

지방세의 과세 주체에 따른 구분으로 광역과 기초자치단체 간 구분이다. 그런데 이러한 구분은 지방자치단체 재원의 효율적인 배분 측면에서 각 세입 실태와 지방자치단체 간 재정 형편을 고려하여 정책적으로 배분한 것이지 특정 조세 이론에 근거하여 구분한 것은 아니다.

〈표 6-4〉 현행 지방세의 분류[13]

특·광역시	특·광역시세(9)	보통세(7)	취득세, 레저세, 자동차세, 지방소득세, 지방소비세, 담배소비세, 주민세*
		목적세(2)	지역자원시설세, 지방교육세
	자치구세(2)	보통세(2)	재산세**, 등록면허세
도	도세(6)	보통세(4)	취득세, 등록면허세, 레저세, 지방소비세
		목적세(2)	지역자원시설세, 지방교육세
	시·군세(5)	보통세(5)	재산세, 주민세, 자동차세, 담배소비세, 지방소득세

 * 광역시의 경우 주민세(재산분 및 종업원분)는 구세로 귀속된다(지방세기본법 제8조).
** 서울특별시의 경우에는 재산세를 특별시분 재산세와 구분재산세로 나누어 50%씩 공동과세 하도록 하고 있다(지방세기본법 제9조). 그런데 이렇게 조성된 특별시분 재산세는 특별시가 전액을 구에 교부하여야 한다.

---

13) 제주특별자치도와 세종특별자치시는 기초지자체가 없으므로 11개의 세목 모두 자체 지방세 세원이지만, 강원특별자치도와 전북특별자치도의 경우는 기초지자체가 그대로 있으므로 도세만 세원이 된다.

2. 지방세외수입

1) 의 의

지방세외수입은 국가가 아닌 '지방'의 재원으로, 세금이 아닌 그 외의 수입이라는 뜻에서 '세외(稅外) 수입'이다. 좀 더 세부적으로 분류하면 지방재정수입 중 지방세, 지방교부세, 각종 보조금, 지방채, 보전수입 및 내부거래 등을 제외한 일체의 자체수입을 의미한다.

지방세외수입은 지방자치단체의 자주재원이므로 의존 재원인 지방교부세, 국고 보조금과 다르다. 또한 같은 자주재원인 지방세와 비교하여 강제성은 낮지만 신장성과 다양성이 높다는 특징이 있다.

2) 종 류

지방세외수입 중 반드시 숙지할 필요성이 있는 대표적인 몇 가지 용어를 설명하면 다음과 같다.

① 사용료: 사용료는 공공시설의 사용으로 인하여 얻는 편익에 대한 보상으로 징수하는 것을 말한다. 개별적인 보상원칙에 의거 징수한다는 점에서는 수수료와 같으나, 수수료가 지방자치단체의 '특별한 활동에 의하여 이익'을 받는 경우에 부과되는 데 반하여 사용료는 지방자치단체의 '공공시설을 이용'함으로써 이익을 받는 경우 부과된다는 점이 다르다. 예) 도로 사용료, 하천 사용료, 시장사용료, 입장료 수입 등

② 수수료: 수수료는 지방자치단체가 특정인에게 제공한 특별한 활동(행정서비스)에 대하여 그 비용의 전부 또는 일부를 징수하는 것이다. 수수료는 주민서비스 향상의 요청에 따라 그 종류가 다양화되고 있으며 양적으로도 증가하고 있다. 예) 쓰레기처리 봉투 판매 수입, 제 증명 발급 수수료, 인허가 수수료 등

③ 부담금 또는 분담금: 부담금 또는 분담금이란 지방자치단체의 재산 또는 공공시설의 설치로 인하여 주민의 일부가 특별한 이익을 받는 경우 그 비용의 일부를 징수하는 공과금으로 수익자 부담금 또는 특별 부담금이라고도 한다. 부담금은 개별 사업마다 법률로써 그 징수 근거[14]가 정해져 있는 경우가 대부분이다.

---

14) 예를 들면, 수도법 제71조에서는 "수도사업자는 수도공사를 하는 데에 비용 발생의 원인을 제공한 자 또는 수도시설을 손괴하는 사업이나 행위를 한 자에게 그 수도공사·수도시설의 유지나 손괴 예방을 위하여 필요한 비용의 전부 또는 일부를 부담하게 할 수 있다"라고 원인자 부담금 및 손괴자 부담금을 규정하고 있다.

3. 지방채

1) 개념 및 종류

지방채는 지방자치단체가 재원 마련을 위하여 과세권을 실질적인 담보로 자금을 조달하는 채무 행위이다. 지방채의 발행 주체는 지방자치단체, 특별지방자치단체, 지방자치단체 조합이다(지방재정법 제11조 제4항, 지방자치법 제210조). 지방자치단체가 직영하는 공기업을 제외한 지방공사나 지방공단의 차입금은 지방채라고 볼 수 없다.

지방채는 발행형식에 따라 지방채증권(증권발행채)과 차입금으로 구분할 수 있다. 지방채증권은 지방자치단체가 증권발행의 방법으로 차입하는 지방채이며, 발행 방법에 따라 ⓐ 모집공채(불특정 다수를 대상으로 투자자를 모집하여 발행), ⓑ 매출공채(인허가나 차량 등록 등 특정 행정서비스를 받는 주민이나 법인을 대상으로 원인 행위에 첨가하여 강제로 증권을 매입하도록 하는 공채), ⓒ 교부공채(공사대금을 나중에 지급할 것을 약속하며 발행하는 공채)로 나눌 수 있다. 지방자치단체에서는 매출공채를 가장 많이 활용하고 있다. 매출공채의 명칭은 도시철도공채, 지역개발공채, 상·하수도공채 등으로 사용된다. 차입금은 증서차입채라고 부르기도하며, 시중은행에서의 대출, 해외 차관 등의 방식이다.

2) 지방채 발행 총액 한도제

우리나라는 2006년부터 지방채 발행 총액 한도제를 시행하고 있다. 지방채 발행 총액 한도제란 지방자치단체는 총액 한도액(지자체의 전전년도 예산액의 10% 범위 내에서 산정됨)의 범위 내에서는 지방의회의 의결을 거쳐 지방채를 발행할 수 있으며, 한도액 범위를 넘으면 행정안전부 장관과 '협의'를 하도록 하는 제도이다.[15] 다만, 외채의 경우는 한도액 범위 안이라도 외환 위험관리 차원에서, 지방의회의 의결 전에 행정안전부 장관의 '승인'을 얻어야 한다.[16]

---

15) 지방채 발행 한도액을 초과하는 경우 행정안전부 장관과 협의하지만, 그 초과의 범위가 대통령령으로 정하는 일정 수준을 넘어서면 협의가 아니라 행정안전부 장관의 '승인'을 받도록 하고 있다(지방재정법 제11조 제3항).
16) 그러나, 제주특별자치도의 경우는 '제주특별법(제126조)'에 따라 제주특별자치도의 발전과 관계가 있는 사업을 위하여 필요한 경우에는 지방재정법(제11조) 규정에도 불구하고, 도의회 의결을 거쳐 외채 발행 및 지방채 발행 한도액 범위를 초과한 지방채 발행을 할 수 있도록 하였다.

Ⅲ. 지방재정조정제도

1. 의 의

지방재정조정제도(local fiscal adjustment system)란 ⓐ 중앙정부가 지방자치단체에, ⓑ 광역자치단체가 기초자치단체에서 재정을 이전하는 장치를 포괄하여 이르는 말이다.

지방재정조정제도의 목적은 다음과 같다. 첫째, 지방자치단체에 최소한의 행정수준(natinal minimum)을 유지하는 데 필요한 재원을 보장해 주고자 하는 제도이다.

둘째, 지방재정조정제도는 국가와 지방자치단체 간 수직적 재정 불균형을 시정하기 위한 제도적 장치이다. 국가재정과 비교하여 지방자치단체의 경우 재원확보 능력이 서비스의 공급의무와 불일치하여 재정 불균형 문제가 발생하는데 이를 수직적 재정 불균형이라고 한다. 결국 수직적 재정 불균형의 문제는 국가와 지방자치단체 간의 재원과 기능 배분의 문제와 연관된다. 또한 우리나라의 경우는 후술하는 수평적 불균형 문제와 연관되어 있다고 할 수 있다.

셋째, 지방재정조정제도는 지방자치단체 상호 간의 수평적 재정 불균형을 시정하기 위한 제도적 장치이다. 개별 지방자치단체 상호 간에는 세입 능력 및 세출 수준의 차이로 인하여 재정력 격차가 발생하는데 이를 수평적 재정 불균형이라 한다. 만일 수평적 재정 불균형을 방치할 경우, 서로 다른 지방자치단체에 거주하는 주민들 상호 간에 행정서비스나 재정상 불평등한 대우를 받게 되는 현상이 발생한다

넷째, 지방재정조정제도는 국가적 관심사에 대한 지방자치단체의 참여와 관심을 촉구하게 하는 제도적 장치이기도 하다. 특히 국고보조금이 이에 해당한다.

다섯째, 지방재정조정제도는 재난, 안전 관리 등 지방자치단체에 발생하는 예측할 수 없는 재정적 수요에 대응하기 위한 장치이기도 하다. 특별교부세가 여기에 해당한다.

2. 중앙정부와 지방자치단체 간의 재정조정

우리나라에서는 일반회계로 중앙정부가 지방자치단체에 재정적인 지원을 할 수 있는 방법은 지방교부세와 국고보조금이라는 두 가지 방법이 있다. 두 제도 모두 지방자치단체의 입장에서는 자체 수입이 아닌 중앙정부로부터 지원되는 의존재원이라는 공통점이 있다.

그러나, 지방교부세는 일부 사용 용도를 특정한 경우(특별교부세와 소방안전교부

세)도 있지만 대체로 일반재원의 성격이 강하고, 국고보조금은 사용 용도가 한정된 특정재원이다. 따라서 지방교부세는 그 사용에 있어서 지자체에 일정한 재량성이 주어지지만, 국고보조금은 중앙부처가 요구하는 국가위임사무나 시책사업에 한정하여 사용되므로 지자체의 재량성은 거의 없다고 볼 수 있다.

1) 지방교부세

(1) 의 의

지방교부세는 국가가 지방자치단체의 재정 부족분을 보전하고 지방자치단체 간 재정 불균형을 줄이기 위해 국세의 일부를 지방자치단체에 지원해주는 제도이다. 지방교부세는 국세의 일부를 지방자치단체에 지원해주는 것이므로 자치단체의 입장에서는 의존재원이다. 또한, 지방교부세는 원칙적으로 용도를 특정하지 않고 지원하므로 일반재원의 성격을 가진다. 다만, 특별교부세와 소방안전교부세는 특정재원으로서의 성격을 가진다.

지방교부세 제도는 지방교부세법에 근거를 두고 있는 지방 공유(共有)의 고유재원으로서의 성격을 가진다. 지방교부세법(제4조)은 지방교부세의 재원으로, ⓐ 내국세의 19.24%에 해당하는 금액(보통교부세와 특별교부세), ⓑ 종합부동산세 총액(부동산교부세), ⓒ 담배에 부과하는 개별소비세 총액의 100분의 45에 해당하는 금액(소방안전교부세)으로 한다고 규정하고 있다. 이는 국세수입 중 일정 비율은 당연히 지방교부세가 된다는 것을 의미하는 것으로서, 지방교부세가 단순히 국고에서 지원되는 교부금이 아니라 본래 지방자치단체가 국가와 공유하는 고유재원이라는 것이다. 이처럼 지방교부세는 그 명칭에서도 나타나듯이 국가가 교부하는 '세(稅)'이고, 본래 지방자치단체의 세수입인 것을 국가가 대신 징수하여 일정한 기준에 따라 지방자치단체에 재배분하는 일종의 간접 과징(過徵) 형태의 지방세라고 할 수 있다.

(2) 지방교부세의 종류

지방교부세에는 보통교부세, 특별교부세, 부동산교부세 및 소방안전교부세가 있다.[17] 이들은 각각 그 재원이나 지원조건 및 용도가 다르다(지방교부세법 제4조).

① 보통교부세: 내국세 총액의 19.24%를 그 재원으로 하는 총액에서 97%에

---

[17] 2021년도 지방교부세 규모는 중앙정부 본예산 기준 51.7조 원이다. 이중 보통교부세는 44.5조 원으로 전체의 86.06%를 차지하여 그 비중이 매우 크다. 다음으로 부동산교부세로 4.9조 원(9.54%), 특별교부세 1.3조 원(2.66%), 소방안전교부세 0.9조 원(1.75%) 순이다. 한편, 2021년도 국고보조금은 약 69.4조 원 규모이다(행정안전부, 2021: 74).

해당하는 금액이 보통교부세에 해당된다. 보통교부세는 기준재정수입액이 기준재정 수요액에 미달하는 지자체에 그 미달액을 기초로 교부한다. 따라서 자치단체의 자체재원으로 행정서비스 비용을 충당하지 못하는 자치단체에 교부하는 것으로 가장 큰 액수이면서 가장 기본적인 교부세이다.

② 특별교부세: 내국세 총액의 19.24%를 그 재원으로 하는 총액에서 3%에 해당하는 금액이 특별교부세에 해당된다. 특별교부세는 보통교부세 산정과정에서 발생하는 획일성과 일회성을 보완하여 지방교부세제도 전체의 타당성을 확보하기 위한 제도이다. 교부대상은 지역 현안 수요, 시책 수요, 재난 및 안전 관리 수요에 사용되며, 용도를 지정하여 교부할 수 있다.

③ 부동산교부세: 국세인 종합부동산세 전액을 재원으로 하여 지방자치단체에 교부한다. 부동산교부세는 지방자치단체에서 자주적인 판단으로 사용할 수 있는 일반재원이다.

④ 소방안전교부세: 담배에 부과하는 개별소비세액의 45%에 해당하는 금액을 재원으로 한다. 소방안전교부세는 소방사무, 재해위험시설 예방 및 개선, 주민 안전 관리 등에 드는 재원을 보전하는 데 사용된다.

〈표 6-5〉 지방교부세의 종류별 재원, 지원조건 및 용도

종류	재원		지원조건 및 용도
보통교부세	내국세 총액의 19.24%	97%	- 기준재정수입액이 기준재정수요액에 미달하는 지자체에 그 미달액을 기초로 교부함. - 용도를 지정하지 않은 일반재원
특별교부세		3%	- 보통교부세로 포착하지 못하는 지역 현안 수요와 재해 대책 수요, 국가적 장려사업 등 - 용도를 지정한 특정재원
부동산교부세	종합부동산세 전액		- 용도를 지정하지 않은 일반재원
소방안전교부세	담배에 부과되는 개별소비세 총액의 45%		- 소방분야와 안전분야에 사용(특정재원)

2) 국고보조금

국고보조금이란 국가가 특정 시책이나 사업을 위하여 지방자치단체에 지원하는 재원이다. 국가가 국가위임사무와 시책사업 등 목적사업의 범위를 한정하여 그 경비의 전부 또는 일부를 지방자치단체에 보조하는 것이다. 따라서 국고보조금은 특정재원이며, 의존재원으로서의 성격을 가진다.

3. 광역과 기초자치단체 간의 재정조정

광역지자체와 기초지자체 간에도 중앙정부와 지자체 간의 재정조정제도와 유사한 제도가 운영되고 있는데, 이를 조정교부금과 시·도비 보조금이라 부른다.

1) 조정교부금

광역지방자치단체가 기초지방자치단체의 재정을 조정하는 조정교부금제도는 국가와 지방자치단체 간의 지방교부세와 유사한 성격을 가진다. 즉, 광역자치단체의 보통세 중 일정액을 지역 내 기초지방자치단체에 일정 비율로 교부하는 것이다. 본 제도의 취지도 지방교부세제도와 유사하게, ⓐ 기초지방자치단체에 일정한 수준의 재정력을 보장하고, ⓑ 기초지방자치단체 상호 간의 재정 불균형을 해소하기 위함이다. 여기에는 특별시와 광역시에서의 자치구 조정교부금과 도와 광역시에서의 시·군 조정교부금으로 구분된다.

① 자치구 조정교부금: 특별시와 광역시의 보통세 중 일정액(대체로 약 20~23% 정도로 정하고 있음)을 자치구에 교부하는 것이다. 그 교부의 비율은 특별시와 광역시의 조례로 정하고 있다.

② 시·군 조정교부금: 도와 광역시[18]의 보통세 중 일정액을 재원으로 한다. 즉, 지역 내 시(인구 50만 미만)·군에서 거두어들인 광역시·도세의 27%(인구 50만 이상의 시와 자치구가 아닌 구가 설치되어 있는 시의 경우에는 47%)를 재원으로 한다. 이렇게 확보된 재원을 도와 광역시의 관할구역 안의 시·군에 일정한 비율(인구, 징수실적, 재정력 등)로 교부한다.

2) 시·도비 보조금

국가가 지방자치단체에 지원하는 국고보조금과 유사하게 광역지방자치단체가 기초지방자치단체에 특정한 시책이나 사업을 위하여 지원하는 것을 시·도비 보조금이라고 한다. 따라서 이는 국고보조금과 마찬가지로 반드시 특정한 사업을 위하여 사용되어야 하는 특정재원이다.

Ⅳ. 지방재정의 평가: 재정자립도와 재정자주도

지방재정의 평가는 다양한 방법으로 이루어질 수 있지만 여기서는 재정자립도와 재정자주도를 알아본다.

---

18) 광역시에 군이 있는 경우도 있기 때문이다.

1. 재정자립도

　　재정자립도란 지방자치단체의 전체 재정수입 중 자체 충당 능력을 나타내는 분석지표이다. 이는 일반회계의 세입 중 지방세와 세외수입의 비율로 측정하며 일반적으로 비율이 높을수록 세입징수기반이 좋은 것을 의미한다. 재정자립도 산출 공식은 다음과 같다.

> 재정자립도 = (지방세 + 세외수입) × 100 / 일반회계 예산규모

　　재정자립도는 자치단체 총수입에서 자체수입(지방세 + 세외수입)의 비중을 의미하는 것으로, 의존재원(지방교부세, 국고보조금, 조정교부금 등)의 증가율이 자체수입 증가율보다 큰 경우 재정 규모가 증가하더라도 재정자립도는 하락할 수 있다. 그러나 지방교부세와 조정교부금은 지자체에서 일반재원으로 사용할 수 있어 재정자립에 긍정적 영향을 미친다고 볼 수 있다. 이러한 문제점으로 인하여 다음의 재정자주도의 개념을 사용하기도 한다.

2. 재정자주도

　　재정자립도가 재원 조달 면에서의 자립 정도를 나타내는 것이라면, 재정자주도는 재원 사용 측면에서 자주권, 자율권을 나타내는 지표이다. 다시 말하면, 지방자치단체가 자주적으로 재량권을 가지고 사용할 수 있는 재원이 전체 세입 중 얼마나 되는가를 나타내는 지표이다. 재정자주도 측정에서는 재정자립도 측정에서 의존재원으로 분류되었던 지방교부세와 조정교부금을 자주재원으로 고려한다. 왜냐하면, 지방교부세와 조정교부금은 지방자치단체가 자율적으로 사용할 수 있는 일반재원이기 때문이다. 따라서 재정자주도는 지방자치단체의 실질적인 자율적 재원 활용 능력을 나타낸다. 재정자주도 산출 공식은 다음과 같다.

> 재정자주도 = 〔자체수입(지방세＋세외수입) + 자주재원(지방교부세＋
> 　　　　　　조정교부금)〕× 100 / 일반회계 총계 예산규모

재정자주도는 자치단체의 재원 중 어느 정도를 재량권을 가지고 쓸 수 있는가를 보여주는 지표로 활용된다. 또한 지방재정조정제도에 의한 재원 재분배 결과를 포함하여 측정하므로 지방재정조정제도의 유효성을 보여주는 지표로도 활용된다.

제7절 주민참여

Ⅰ. 의 의

지방자치단체에 주민 참여제도는 주민발의, 주민투표, 주민소환, 주민소송, 주민청원, 주민참여예산제도 등이 있다. 재무행정 부분에서 주민참여예산제도를 다루었으므로 여기서는 제외하고, 나머지 주민 참여제도를 살펴본다. 전술한 바와 같이 주민에게 인정되는 이러한 권리 대부분은 외국인인 주민에게도 인정된다.

Ⅱ. 주민소환제

주민소환제는 주민이 직접 선거한 지방자치단체장, 교육감, 지방의회 의원(비례대표 의원은 제외함)을 해직시킬 수 있는 제도이다. 주민소환제는 지방자치법에 그 근거 규정을 두고 주민소환에 관한 법률에서 상세히 규정하고 있다.

일정 수 이상의 주민은 지방자치단체장, 교육감 그리고 지방의회 의원(비례대표 의원은 제외됨)에 대해 주민소환투표를 청구할 수 있다(지방자치법 제25조 제1항; 지방교육자치에 관한 법률 제24조의2 제1항). 주민소환투표가 실시되어 해당 유권자 총수의 3분의 1 이상이 투표하고, 유효투표 총수의 과반수가 찬성하면 해직이 확정된다. 그러나, 전체 주민소환 투표자의 수가 주민소환 투표권자 총수의 3분의 1에 미달하는 때에는 개표하지 아니한다(주민소환에 관한 법률 제22조).[19]

현재 주민소환에 관한 법률에서는 선출직 공무원의 소환투표 '청구사유'에 대한 규정은 없다. 따라서 일정 수 이상의 주민이라는 요건만 충족되면 소환투표를 청구할 수 있다. 그러나 ⓐ 선출직 공직자의 임기 개시일부터 1년이 경과하지 아니한 때, ⓑ 선출직 공직자의 임기 만료일부터 1년 미만일 때, ⓒ 해당 선출직 공

---

[19] 2023년 7월 현재, 주민소환에 관한 법률에서는 주민소환 투표권자의 나이를 19세 이상(제3조)으로 하고 있다. 이는 주민투표법, 주민조례발안에 관한 법률 등에서 18세 이상으로 하고 있는 것과는 차이가 있어, 개정 논의가 지속되고 있다. 따라서 주민소환에 관한 법률을 반드시 확인하기 바란다.

직자에 대한 주민소환투표를 실시한 날로부터 1년 이내인 때에는 주민소환청구가 금지된다.

Ⅲ. 주민투표제

주민투표는 지방자치단체의 중요 결정 사항을 주민 전체의 표결로써 결정하는 제도이다. 주민투표는 주민투표법에서 상세히 규정하고 있다. 주민투표는 지방정책에 관한 주민투표와 국가정책에 관한 주민투표로 구분된다.

1. 지방정책에 관한 주민투표(주민투표법 제7조)

1) 주민투표의 대상

주민에게 과도한 부담을 주거나 중대한 영향을 미치는 지방자치단체의 주요 결정 사항이다.

2) 주민투표의 청구

일정 수 이상의 주민이나 지방의회(재적의원 과반수의 출석과 출석의원 3분의 2 이상의 찬성) 청구 또는 지방자치단체장의 직권(이 경우 지방의회의 동의를 얻어야 함)으로 할 수 있다.

〈표 6-6〉 지방정책과 국가정책에 관한 주민투표 비교

구분	지방정책에 관한 주민투표(제7조)	국가정책에 관한 주민투표(제8조)
대상	주민에게 과도한 부담을 주거나 중대한 영향을 미치는 지방자치단체의 주요 결정 사항	국가정책의 수립에 관한 사항
청구 요건	주민, 지방의회의 청구 및 지방자치단체장의 직권 발의	중앙행정기관의 장 요구 → 지방자치단체장 주민투표 발의 ※ 지방자치단체장은 거부 가능
결과 확정	주민투표권자 1/4 이상 투표, 과반수 찬성	확정 요건 없음
투표 효력	주민투표 결과 확정된 내용대로 행정·재정상의 필요한 조치를 하여야 함	결과에 구속성은 없음(국가정책 추진을 위한 참고자료)

자료: 주민투표법

3) 의결 요건

주민투표권자 총수의 4분의 1 이상의 투표와 유효투표수 과반수의 득표로 확정된다.

4) 효 력

주민투표 결과에 따라 행정 및 재정상의 필요한 조치를 하여야 한다.

2. 국가정책에 관한 주민투표(주민투표법 제8조)

1) 주민투표의 대상

중앙행정기관의 장은 지방자치단체의 폐치(廢置)·분합(分合) 또는 구역변경, 주요시설의 설치 등 국가정책의 수립에 관하여 주민의 의견을 듣는 데 필요하다고 인정하는 때에 지방자치단체장에게 주민투표의 실시를 요구할 수 있다.

2) 주민투표의 청구

중앙행정기관의 장이 실시구역을 정하여 관계 지방자치단체장에게 주민투표의 실시를 요구한다. 이 경우 중앙행정기관의 장은 미리 행정안전부 장관과 협의하여야 한다.

3) 의결 요건

국가정책에 관한 주민투표는 지역주민에 대한 의견수렴의 성격이 있으므로 별도의 확정 요건은 없다.

4) 효 력

지방정책에 관한 주민투표와 달리 국가정책에 관한 주민투표는 구속력이 부여되지 않는다. 따라서 국가나 지방자치단체는 주민투표 결과를 정책 결정에 참고사항으로 활용하게 된다.

Ⅳ. 주민발의제(주민발안제)

주민발의제 또는 주민발안제란 주민이 그 지방자치단체 조례의 제정·개정·폐지를 발의하는 제도이다. 주민발의제는 대의제하에서 지방의회와 지방자치단체장의 전유물인 의안 제출권이 주민에 의해 실현되는 것이므로 직접민주주의 요소로 볼 수 있다.

조례의 제정·개정·폐지 청구는 지방자치단체의 18세 이상의 일정한 조건을 갖춘 주민(영주의 체류자격 취득일 후 3년이 경과 한 외국인 포함)이 공동으로 행한다. 주민조례 청구는 지방의회 의장에게 한다. 지방의회 의장은 청구를 수리한 날부터 30일 이내에 지방의회 의장 명의로 주민청구 조례안을 발의하여야 한다(주민조례발안에 관한 법률 제12조 제3항). 지방의회는 주민청구 조례안이 수리된 날부터 1년 이내에 주민청구 조례안을 의결하여야 한다.

청구의 대상은 지방의회의 조례제정권의 범위 내에서 모든 조례 규정 사항이지만, ⓐ 법령을 위반하는 사항, ⓑ 지방세·사용료·수수료·부담금의 부과·징수 또는 감면에 관한 사항, ⓒ 행정기구의 설치·변경에 관한 사항이나, ⓓ 공공시설의 설치를 반대하는 사항은 청구할 수 없다(주민조례발안에 관한 법률, 제4조).

V. 규칙의 제정·개정·폐지 의견 제출

규칙의 내용이 주민의 권리·의무와 직접 관련되는 사항인 경우, 주민이 지방자치단체장에게 의견을 제출할 수 있다(지방자치법 제20조). 2021년 1월 지방자치법 전부개정을 통하여 주민에게 규칙에 대한 의견 제출권을 부여하였다. 기존에는 조례에 대한 주민참여만을 인정하였으나, 집행부의 규칙제정에도 주민의 참정권을 인정한 것이다.

규칙의 제정·개정·폐지와 관련된 주민 의견 제출의 대상은 규칙의 내용이 주민의 권리·의무와 직접 관련된 사항이어야 한다(지방자치법 제20조 제1항). 그런데 주민이 제출하는 의견이 법령이나 조례를 위반하거나 법령이나 조례에서 위임한 범위를 벗어나서는 안 된다(제2항). 당연한 제한이다. 지방자치단체장은 제출된 날부터 30일 이내에 제출된 의견에 대한 검토 결과를 그 의견을 제출한 주민에게 통보하여야 한다(제3항).

한편, 주민 1명의 의견 제출도 가능한지 아니면 일정 수 이상의 주민이 함께 의견을 제출해야 하는지 등에 대한 상세한 내용은 지방자치단체의 조례로 정한다(지방자치법 제20조 제4항).

Ⅵ. 주민감사청구와 주민소송

1. 주민감사청구[20]

주민감사청구란 지방자치단체의 사무처리가 위법·부당한 경우 상급기관에 주민이 직접 감사를 청구할 수 있는 제도이다. 즉, 지방자치단체와 그 장의 권한에 속하는 사무의 처리가 법령에 위반되거나 공익을 현저히 해한다고 인정되는 경우에는 광역자치단체의 주민은 주무부 장관에게, 기초자치단체 주민은 광역자치단체장에게 감사를 청구할 수 있다(지방자치법 제16조). 주민감사청구는 주민의 힘으로 위법하고 부당한 사무처리의 시정을 요구하는 주민참여제도이다.

2. 주민소송

주민소송이란 주민이 당해 지방자치단체의 위법한 재무행위에 대해 주민감사청구를 제기하였지만, 그 감사 행위 또는 감사 결과 조치에 불만족 한 경우 법원에 재판을 청구하는 제도이다. 주민소송은 소송의 성격상 위법한 행위만을 대상으로 하며, 사무 분야는 재무행위 분야에 한정된다.

특히, 주민소송은 감사청구를 한 주민만이 제기할 수 있도록 하여(지방자치법 제22조 제1항) 주민감사청구 전치주의를 채택하고 있다. 감사청구한 주민이라면 1인에 의한 제소도 가능하다. 주민소송의 피고는 해당 지방자치단체장이다.

Ⅶ. 주민청원제

주민청원제는 주민이 지방자치단체에 대하여 의견이나 희망을 개진하는 것을 말한다. 청원권은 모든 국민의 권리이므로 당연히 주민의 권리이기도 하다. 청원법 제3조에서는 지방자치단체와 그 소속기관도 청원을 할 수 있는 기관으로 명시하고 있다. 따라서 주민은 공공기관인 지방자치단체에 청원할 권리를 가진다.

지방자치법(제85조-제88조)에서는 주민이 지방의회에 청원하는 요건을 정하고 있다. 지방의회에 청원하고자 하는 자는 지방의회 의원의 소개를 받아 청원서를 제출하도록 하고 있다.

---

20) 국민감사청구제도는 18세 이상의 국민이 공공기관의 사무처리가 법령위반 또는 부패행위로 인하여 공익을 현저히 해하는 경우 연서로 감사원에 감사를 청구하는 제도이며, 부패방지 및 국민권익위원회의 설치와 운영에 관한 법률(제72조)에서 규정하고 있다.

제8절 정부 간 관계와 광역행정

I. 의 의

지방자치가 실시되면서 지방자치단체들이 독자적인 의사결정 주체로서의 법인격을 가짐에 따라 이들 지방자치단체와 중앙정부와의 관계 그리고 지방자치단체 상호 간의 관계에 대한 논의가 활발하게 전개되었다.

우리나라에서 정부 간 관계는 중앙정부, 광역자치단체, 기초자치단체 상호 간의 관계를 의미한다. 이들 관계를 주체별로 세분화하면, 중앙정부와 지방자치단체(광역지방자치단체, 기초지방자치단체)의 관계, 지방자치단체 상호 간(광역지방자치단체와 기초지방자치단체)의 관계로 크게 크게 나눌 수 있다. 한편, 정부 간 관계를 내용별로 세분화하면, 지도·감독, 협력(광역행정) 그리고 갈등과 분쟁의 조정으로 나눌 수 있다.

지방자치법 제8장에서는 지방자치단체 상호 간의 관계를, 제9장에서는 국가와 지방자치단체 간의 관계를 규정하고 있다. 여기서는 지방자치법 제8장과 제9장을 중심으로 정부 간 관계를 살펴본다.

II. 중앙정부 및 광역자치단체의 지도·감독

중앙정부와 광역지방자치단체는 각각 자치단체와 기초자치단체에 대해 지도·감독권을 행사하고 있다. 이러한 지도·감독은 지방정부의 자율성을 해칠 우려가 있어서 지방자치법 또는 개별 법령에서 지도·감독의 요건과 내용을 엄격히 규정하고 있다.

1. 위법·부당한 지방의회 의결에 대한 통제(지방자치법 제192조)

지방의회의 의결이 법령에 위반되거나 공익을 현저히 해친다고 판단되면 주무부 장관이나 시·도지사는 자치단체장에게 재의를 요구하게 할 수 있다. 재의요구를 받은 자치단체장은 의결사항을 이송받은 날부터 20일 이내에 지방의회에 이유를 붙여 재의를 요구하여야 한다. 이러한 재의요구에 대하여 지방의회에서 재적의원 과반수의 출석과 출석의원 3분의 2 이상의 찬성으로 전과 같은 의결을 하면 그 의결사항은 확정된다. 자치단체장은 재의결된 사항이 법령에 위반된다고 판단되면 재의결된 날부터 20일 이내에 대법원에 소를 제기하거나 집행정지 결정을 신청할 수 있다.

한편, 지방의회의 의결이 법령에 위반된다고 판단되어 주무부 장관이나 시·도지사의 재의요구에 대해 자치단체장이 재의를 요구하지 아니하거나, 재의결된 사항이 법령에 위반됨에도 자치단체장이 대법원에 소를 제기하지 아니하는 경우에는 주무부 장관이나 시·도지사가 직접 대법원에 제소할 수 있다.

2. 법령이나 상급자치단체의 조례에 위반되는 자치입법 금지(지방자치법 제28조 및 제30조)

지방자치단체의 자치입법인 조례와 규칙은 법령이나 상급자치단체인 시·도의 조례나 규칙에 위배되어서는 아니 된다.

3. 국가사무 또는 시·도 사무처리의 지도·감독(지방자치법 제185조)

지방자치단체(단체위임사무) 또는 그 장(기관위임사무)이 국가로부터 위임받은 사무에 대하여 시·도에서는 주무부 장관의, 시·군 및 자치구에서는 1차로 시·도지사의, 2차로 주무부 장관의 지도·감독을 받는다. 또한, 기초자치단체가 위임받아 처리하는 광역자치단체의 사무의 경우는 광역자치단체장의 지도와 감독을 받는다.

4. 자치사무에 대한 감사(지방자치법 제190조)

지방자치단체가 위임받아 처리하는 사무의 경우에는 그 위임기관으로부터 지도와 감독을 받게 된다. 그런데, 자치사무의 경우에는 원칙적으로 지방자치단체의 자율성이 부여된다. 그러나 자치사무의 경우에도 법령의 위반사항에 대하여는 행정안전부 장관이나 시·도지사는 감사를 실시할 수 있다.

5. 지방자치단체장의 위법·부당한 명령·처분에 대한 취소·정지(지방자치법 제188조)

지방자치단체의 사무에 관해 그 장의 명령이나 처분이 법령에 위반되거나 현저히 부당하여 공익을 해친다고 인정되면 주무부 장관이나 시·도지사가 기간을 정하여 서면으로 시정할 것을 명하고, 그 기간에 이행하지 아니하면 이를 취소하거나 정지할 수 있다. 이 경우 자치사무에 관한 명령이나 처분에 대하여는 법령을 위반하는 것에 한한다.

한편, 자치단체장은 자치사무에 관한 명령이나 처분의 취소 또는 정지에 대하여 이의가 있으면 그 취소처분 또는 정지 처분을 통보받은 날부터 15일 이내에 대법원에 소(訴)를 제기할 수 있다.

6. 자치단체장에 대한 직무이행명령(지방자치법 제189조)

위의 위법·부당한 명령·처분에 대한 취소·정지는 자치단체장의 적극적인 명령이나 처분에 대한 취소 또는 정지 하는 것이다. 지방자치법에서는 자치단체장이 국가 또는 상급자치단체의 위임사무에 대하여 소극적으로 일을 처리하지 아니하는 부작위에 대한 통제도 두고 있다.

자치단체장이 법령의 규정에 따라 그 의무에 속하는 국가위임사무나 시·도위임사무의 관리와 집행을 명백히 게을리 한다고 인정되면 주무부 장관이나 시·도지사가 기간을 정하여 서면으로 해당 자치단체장에게 이행할 사항을 명령할 수 있다. 이를 직무이행명령이라 한다.

한편, 해당 자치단체장이 직무이행명령을 이행하지 아니하면 그 지방자치단체의 비용부담으로 대집행할 수 있다. 자치단체장은 이행명령에 이의가 있으면 대법원에 소를 제기하거나, 대집행에 대해서는 대법원에 집행정지 결정을 신청할 수 있다.

7. 자치조직 및 인사권에 대한 통제

행정안전부에서는 지방자치단체의 조직이 방만하게 운영되거나, 소속 직원들의 직급이 과도하게 상향되는 것에 대한 통제를 하고 있다. '지방자치단체의 행정기구와 정원 기준 등에 관한 규정(대통령령)'에서는 부단체장의 직급, 실·국·과 등의 조직설치기준과 공무원의 직급 기준 등을 규정하고 있다.

8. 재정에 대한 통제

지방자치단체의 자주재원 중 가장 큰 비중을 차지하는 지방세는 법률에서 규정하고 있다. 따라서 지방자치단체에서 스스로 새로운 지방세를 설치할 수 없어 재정에서의 자율권이 제약된다. 또한, 대부분 지방자치단체는 지방교부세, 국고보조금, 조정교부금 등 국가나 상급 지방자치단체의 재정지원에 의존한다.

Ⅲ. 지방자치단체 상호 간의 협력(광역행정)

개별 지방자치단체는 고유한 구역, 주민, 자치권을 가지고 있는 독립된 공법인이다. 이러한 개별 지방자치단체들이 함께 협력하고 공동으로 문제를 해결해야 할 경우에 그 방식은 다양할 수 있다. 새로운 법인을 만들 수도 있으며, 단순히 협의체를 형성하는 방법도 있을 수 있다. 지방자치법 제8장에서는 지방자치단체 상호 간의 협력방식을 규정하고 있다. 지방자치단체 상호 간의 협력방식은 특정 자치단체의 행정구역에 한정되지 않으므로 이를 '광역행정'의 방식으로 다루기도 한다.

1. 지방자치단체 상호 간의 협력 의무(지방자치법 제164조)

지방자치단체는 다른 지방자치단체로부터 사무의 공동처리에 관한 요청이나 사무처리에 관한 협의·조정·승인 또는 지원의 요청을 받으면 법령의 범위에서 협력하여야 할 의무를 진다. 지방자치법에 이러한 규정을 둔 것은 지방자치단체 간 상호협력에 의한 사무처리를 장려하기 위한 원칙적이고 선언적인 규정으로 볼 수 있다.

2. 지방자치단체 상호 간 사무의 위탁[21](지방자치법 제168조)

지방자치단체나 그 장은 소관 사무의 일부를 다른 지방자치단체나 그 장에게 위탁하여 처리하게 할 수 있다.

3. 행정협의회(지방자치법 제169조)

지방자치단체는 2개 이상의 지방자치단체에 관련된 사무의 일부를 공동으로 처리하기 위하여 관계 지방자치단체 간의 행정협의회를 구성할 수 있다. 지방자치단체는 협의회를 구성하려면 관계 지방자치단체 간의 협의에 따라 규약을 정하여 관계 지방의회의에 보고[22]하고, 고시하여야 한다.

4. 지방자치단체조합(지방자치법 제176조)

2개 이상의 지방자치단체가 하나 또는 둘 이상의 사무를 공동으로 처리할 필요가 있을 때에는 규약을 정하여 그 지방의회의 의결을 거쳐 시·도는 행정안전부장관의, 시·군 및 자치구는 시·도지사의 승인을 받아 지방자치단체조합을 설립할 수 있다. 지방자치단체조합은 법인으로 한다.

지방자치단체조합은 특정한 사무의 공동처리를 위한 자치단체 상호 간의 협

---

21) 위탁은 위임과 구별되는 개념이다. '행정권한의 위임 및 위탁에 관한 규정(대통령령)' 제2조에서는 위탁이란 법률에 규정된 행정기관의 장의 권한 중 일부를 다른 행정기관의 장에게 맡겨 그의 권한과 책임 아래 행사하도록 하는 의미고, 위임이란 법률에 규정된 행정기관의 장의 권한 중 일부를 그 보조기관 또는 하급행정기관의 장이나 지방자치단체장에게 맡겨 그의 권한과 책임 아래 행사하도록 하는 것을 의미한다고 규정하고 있다. 따라서 위탁은 수평적 관계에서, 위임은 수직적 상하 관계에서 이루어지는 것으로 이해될 수 있다.
22) 기존 지방자치법에서는 '관계 지방의회 의결'을 거치도록 하였으나, 2021년 1월 지방자치법 전부개정에서 '보고'로 변경되었다.

력방식이라는 점에서는 행정협의회와 같다. 그러나 행정협의회는 집행 능력이 없고 법인격을 갖지 못하는 데 반하여 지방자치단체조합은 집행력을 갖는 법인이기 때문에 행정협의회의 경우보다 실효성이 높다고 볼 수 있다.

우리나라에서 지방자치단체조합의 사례는 수도권매립지운영관리조합(1991-2000), 자치정보화조합(2003), 부산·진해 경제자유구역청(2004), 지리산권 관광개발조합(2008) 등이 있다.

5. 자치단체장 등의 협의체(지방자치법 제182조)

지방자치단체장 및 지방의회 의장 등의 협의체는 광역자치단체장, 광역지방의회 의장, 기초자치단체장, 기초지방의회 의장 등 지방자치단체장이나 지방의회 의장 상호 간의 교류와 협력을 증진하고 공동의 문제를 협의하기 위하여 구성된 협의체이다(지방자치법 제182조 제1항). 통상 '지방 4대 협의체'로 불린다.

현재 지방 4대 협의체가 모두 설립·운영 중이다.[23) 지방자치법에서는 4개 협의체는 그들 모두가 참가하는 지방자치단체 연합체를 설립할 수 있도록 하고 있다(제182조 제2항). 협의체나 연합체는 지방자치와 관련된 법률의 제정·개정 또는 폐지가 필요하다고 인정하는 경우에는 국회에 서면으로 의견을 제출할 수 있다(제6항).

Ⅳ. 국가와 지방자치단체 간 협력

1. 상호 협력 의무

국가와 지방자치단체는 국정의 통합성을 위하여 서로 협력할 필요가 있다. 그런데 통일성을 강조하는 중앙정부와 다양성을 강조하는 지방자치단체들의 의견을 서로 조정하여 합의에 이르는 과정은 쉽지 않다.

지방자치법(제183조)에서는 "국가와 지방자치단체는 주민에 대한 균형적인 공공 서비스 제공과 지역 간 균형발전을 위하여 협력하여야 한다."라고 상호협력의 의무를 규정하고 있다.

2. 중앙지방협력회의

국가와 지방자치단체 간 간헐적으로 열리던 소통의 창구를 법적으로 제도화할 필요가 있다는 요구가 지방자치단체로부터 지속해서 제기되었다. 지방의 입장

---

23) 지방 4대 협의체는 대한민국 시·도지사 협의회, 전국 시장·군수·구청장 협의회, 전국 시·의회 의장 협의회, 전국 시·군·자치구의회 의장 협의회 등이다.

에서는 국가의 중요 정책을 심의하는 과정에 적극적으로 참여하여 의견을 제시하고 정보를 공유하는 것이 필요하였기 때문이다.

이에 2021년 1월 지방자치법 전부개정 시에 국가와 지방자치단체에 관련되는 중요 정책을 심의하기 위한 회의체를 제도적으로 마련하고, 이에 관련한 사항을 따로 법률로 정하기 위한 근거를 규정하였다. 그리고 그 협의체의 명칭은 중앙지방협력회의로 하고 있다.

중앙지방협력회의는 대통령, 국무총리, 기획재정부 장관, 교육부 장관, 행정안전부 장관, 국무조정실장, 법제처장, 광역자치단체장, 시·도지사 협의체를 제외한 지방 3대 협의체의 대표자 및 그 밖에 대통령령으로 정하는 사람으로 구성된다(중앙지방협력회의법 제3조 제1항). 협력회의의 의장은 대통령이 되며, 부의장은 국무총리와 시·도지사 협의체의 대표자가 공동으로 한다(제2항 및 제3항).

3. 행정협의조정위원회

행정협의조정위원회란 중앙행정기관의 장과 지방자치단체장이 사무를 처리할 때 의견을 달리하는 경우 이를 협의·조정하기 위한 국무총리 소속의 위원회이다(지방자치법 제187조 제1항). 행정협의조정위원회에는 기획재정부장관, 행정안전부장관, 국무조정실장과 법제처장은 당연직 위원이 되며, 안건과 관련된 중앙행정기관의 장과 시·도지사 중 위원장이 지명하는 사람, 그리고 지방자치에 관한 학식과 경험이 풍부한 사람 중에서 국무총리가 위촉하는 사람 4명이 위원이 된다. 위원장은 위촉위원 중에서 국무총리가 위촉한다.

한편, 본 위원회 결정에 구속력을 부여하기 위하여 지방자치법 시행령(제106조 제6항)에 "관계 중앙행정기관의 장과 그 지방자치단체장은 그 협의·조정 결정 사항을 이행해야 한다"라고 명시하고 있다.

Ⅴ. 정부 간 갈등과 분쟁의 조정

1. 중앙정부와 지방자치단체 간의 갈등과 분쟁 조정

1) 행정협의조정위원회의 조정

중앙행정기관의 장과 자치단체장이 사무를 처리할 때 의견을 달리하는 경우 이를 협의·조정하기 위하여 국무총리 소속으로 행정협의조정위원회를 두도록 하고 있다(지방자치법 제187조 제1항). 이는 행정기관 상호 간의 협의와 조정을 통한 해결을 위한 제도적 장치라고 볼 수 있다.

2) 행정소송

국가기관의 행정행위가 위법·부당한 경우에 취소 소송, 행정청의 처분등의 효력 유무 또는 존재 여부를 확인하는 무효등확인소송, 행정청의 부작위가 위법하다는 것을 확인하는 부작위위법확인소송을 제기할 수 있다(행정소송법 제4조).

3) 대법원에 제소

자치단체장의 자치사무에 관한 명령이나 처분이 법령에 위반되었을 경우에 주무부 장관은 이를 취소하거나 정지할 수 있다. 이러한 주무부 장관의 취소 및 정지 처분에 대하여 자치단체장은 대법원에 소송을 제기할 수 있다(지방자치법 제169조). 또한, 자치단체장은 주무부 장관의 직무이행명령에 이의가 있으면 대법원에 소를 제기할 수 있다(지방자치법 제170조).

4) 헌법재판소의 분쟁심판

헌법 제111조에는 "국가기관 상호 간, 국가기관과 지방자치단체 간 및 지방자치단체 상호 간의 권한 분쟁에 관한 심판"에 관한 사항을 헌법재판소의 소관 사항으로 규정하고 있다(제1항 제4호). 또한, 헌법재판소법(제2조 제4호)에서는 국가와 지방자치단체 간의 권한쟁의를 헌법재판소 심판 사항으로 규정하고 있다.

2. 지방자치단체 상호 간의 분쟁과 조정

1) 분쟁조정위원회의 조정(지방자치법 제165조)

지방자치단체 상호 간이나 자치단체장 상호 간 사무를 처리할 때 의견이 달라 다툼이 생기면 다른 법률에 특별한 규정이 없으면 행정안전부 장관이나 시·도지사가 당사자의 신청에 따라 조정(調整)할 수 있다. 다만, 그 분쟁이 공익을 현저히 저해하여 조속한 조정이 필요하다고 인정되면 당사자의 신청이 없어도 직권으로 조정할 수 있다.

분쟁 조정에 필요한 사항을 심의·의결하기 위하여 행정안전부에 '지방자치단체 중앙분쟁조정위원회'와 시·도에 '지방자치단체 지방분쟁조정위원회'를 둔다(지방자치법 제165조).

2) 행정소송

기초지방자치단체의 경우에는 상급 광역지방자치단체의 행정행위가 위법·부당한 경우에 취소 소송, 행정청의 처분등의 효력 유무 또는 존재 여부를 확인하는 무효등확인소송, 행정청의 부작위가 위법하다는 것을 확인하는 부작위위법확인소송을 제기할 수 있다(행정소송법 제4조).

3) 대법원에 제소

기초자치단체장의 자치사무에 관한 명령이나 처분이 법령에 위반되었을 경우에 광역자치단체장은 이를 취소하거나 정지할 수 있다. 이러한 상급 광역자치단체장의 취소 및 정지처분에 대하여 기초자치단체장은 대법원에 소송을 제기할 수 있다(지방자치법 제188조). 또한, 기초자치단체장은 상급 광역자치단체장의 직무이행명령에 이의가 있으면 대법원에 소를 제기할 수 있다(지방자치법 제189조).

4) 헌법재판소의 분쟁심판

헌법재판소법(제62조 제1항)에서는 광역자치단체 상호 간의 권한쟁의 심판, 기초자치단체 상호 간의 권한쟁의 심판 그리고 광역자치단체와 기초자치단체 상호 간의 권한쟁의 심판을 헌법재판소에서 담당하도록 하고 있다.

참고 **교육자치와 경찰자치**

1. 교육자치

1) 개 요

교육자치는 지방자치와 분리된 별도의 자치가 아니며, 지방자치의 일부로 사무 영역이 차별화된 기능적 자치로 이해된다(남재걸, 2022: 160). 지방자치법에서는 교육·과학 및 체육에 관한 사무를 수행하기 위하여 지방자치단체에 별도의 기관을 두도록 하고 있다(제135조 제1항). 즉, 지방자치단체의 사무 중 교육·과학 및 체육과 관련된 사무는 지방자치단체장이 담당하지 않고, 교육감을 대표기관으로 하는 별도의 기관에서 수행한다. 이를 교육자치라 부르며, 지방교육자치에 관한 법률에서 규정하고 있다. 그런데, 우리나라의 교육자치는 광역자치단체인 특별시·광역시·도에 실시되며, 기초자치단체에는 인정되지 않는다.

2) 교육감

교육자치 사무를 관장하는 집행기관은 주민 직선으로 선출되는 교육감이며, 의결기관은 별도로 구성되지 않고 광역지방의회에서 담당한다. 교육감은 주민의 보통·평등·직접·비밀선거에 따라 선출한다(지방교육자치에 관한 법률 제43조). 그런데 교육감 선거에서 정당은 후보자를 추천할 수 없다(제46조 제1항). 또한, 후보자는 특정 정당을 지지·반대하거나 특정 정당으로부터 지지·추천받고 있음을 표방(당원 경력의 표시를 포함한다)하여서는 아니 된다(제46조 제3항).

3) 재 정

교육자치를 수행하기 위한 재정이 지방교육재정이다. 지방교육재정은 광역자치단체에서 별도의 교육비특별회계로 운영한다(지방교육자치에 관한 법률 제38조). 지방교육재정의 주요 재원은 중앙정부가 지원하는 지방교육재정교부금(내국세 총액의 20.79%[24])과 지방자치단체로부터의 전입금이다.

---

24) 지방교육재정교부금법 제3조 제2항에서 법정교부율을 정하고 있으며, 잦은 변경을 겪어 왔으며 최근 취학아동 감소로 지방교육재정 축소 논의가 활발하여, 현재 법률에 규정된 법정교부율을 확인하기 바랍니다.

2. 경찰자치

1) 개 요

2006년 제주특별자치도에 자치경찰제가 도입되었으며, 2020년 12월 기존 '경찰법'이 자치경찰 관련 내용이 추가되어, '국가경찰과 자치경찰의 조직 및 운영에 관한 법률'(약칭: 경찰법)로 개정됨에 따라, 자치경찰제가 시행되게 되었다.

우리나라의 자치경찰제는 광역단위에서 시행되며, 자치경찰 사무는 지역의 생활안전·교통·경비업무 등이다. 자치경찰 사무는 시·도지사–시·도자치경찰위원회–시·도경찰청–경찰서–파출소·지구대의 조직체계로 이루어진다. 시·도경찰청장은 국가경찰 사무에 대해서는 경찰청장의 지휘·감독을, 자치경찰 사무에 대해서는 시·도자치경찰위원회의 지휘·감독을 받는다(경찰법 제28조 제3항).

그런데 자치경찰 사무를 수행하는 경찰공무원이라도 비상사태 등 전국적 치안유지를 위해 필요한 경우에는 국가경찰 지휘체계인 경찰청장의 지휘·명령을 받는다(경찰법 제32조).

〈그림 6-3〉 국가경찰과 자치경찰 비교

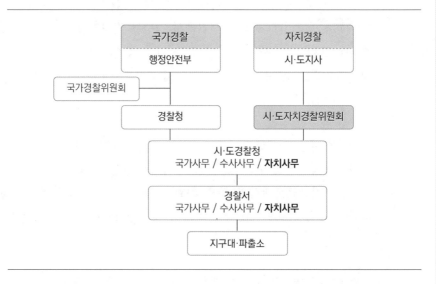

2) 자치경찰 사무

자치경찰은 관할 지역의 생활안전·교통·경비·수사 등에 관한 사무를 담당한다. 구체적으로 자치경찰 사무는 ⓐ 지역 내 주민의 생활안전 활동에 관한 사무, ⓑ 지역 내 교통활동에 관한 사무, ⓒ 지역 내 다중운집 행사 관련 혼잡 교통 및 안전 관리 사무, ⓓ 학교·가정·교통·아동 등 관련 범죄에 대한 수사사무[25] 등이다(경찰법 제4조 제1항 제2호).

3) 시·도자치경찰위원회

우리나라 자치경찰제의 핵심 기관은 광역자치단체장 소속으로 설치되는 시·도자치경찰위원회이다. 본 위원회는 자치경찰 사무를 독립적으로 수행하는 합의제 행정기관이다(경찰법 제18조). 본 위원회는 자치경찰 사무에 대해서 자치경찰 사무에 대해 심의·의결을 통하여 시·도경찰청장을 지휘·감독한다(제28조 제3항).

---

25) 수사사무는 자치경찰 사무로 구분되지만, 국가수사본부장의 지휘·감독을 받는다(경찰법 제16조 제2항 및 제28조 제3항).

전자정부

전자정부가 다른 정부 관료제와 다른 점은 급격하게 변화하는 정보통신기술을 기반으로 하고 있어 그 변화의 속도가 매우 빠르다는 것이다. 따라서 전자정부의 목적인 행정의 효율성과 민주성을 달성하고 역기능을 방지하기 위해서는 지속적으로 법제도를 보완해 나가는 것이 필요하다.

본 장에서는 전자정부에 대한 기초적 이해와 우리나라 전자정부의 주요 내용을 알아보고, 전자정부 역기능에 대한 대응 및 새로운 정보기술과 전자정부에 대해 살펴보고자 한다.

제1절 전자정부의 개념 및 이념적 기초

I. 전자정부의 개념

전자정부는 은행에서 개발한 ATM, 은행 연결망, 신용카드 등과 같은 전자은행 서비스 개념을 기초로 등장하였다. 전자은행 서비스는 은행 업무의 효율화와 고객의 편의를 동시에 달성하는 효과를 나타내었다. 이러한 전자은행의 효율성과 편의성을 정부와 국민과의 관계에 적용하고자 한 것이 전자정부라는 용어가 등장하게 된 배경이다(명승환, 2018: 104).

2001년에 제정된 현행 전자정부법 제2조에서는 "전자정부란 정보기술을 활용하여 행정기관 및 공공기관(이하 "행정기관등"이라 한다)의 업무를 전자화하여 행정기관 등의 상호 간의 행정업무 및 국민에 대한 행정업무를 효율적으로 수행하는 정부를 말한다."라고 정의하고 있다.

전자정부법의 개념 정의를 좀 더 구체적으로 들여다보면, 첫째는 정보기술을 활용하는 것이다. 전자정부는 기본적으로 정보통신기술을 바탕으로 성립된다. 둘째는 정보기술을 활용하여 행정기관 및 공공기관의 업무를 전자화하는 것이다. 따라서 전자정부는 기존의 종이문서 중심의 업무 흐름을 전자화로 바꾸는 것이다. 셋째는 행정기관 상호 간의 행정업무를 효율적으로 수행하는 정부를 말한다. 즉, 은행 간 정보공유와 교류를 통하여 다른 은행 ATM에서 돈을 인출할 수 있듯이, 정부 기관 간에도 정보의 공유를 통하여 행정의 효율화를 추구하는 것이 전자정부이다. 넷째는 국민에 대한 행정업무를 효율적으로 수행하는 정부이다. 전자정부법 제1조에서는 전자정부법의 목적을 "전자정부를 효율적으로 구현하고, 행정의 생산성, 투명성 및 민주성을 높여 국민의 삶의 질을 향상시키는 것을 목적으로 한다."라고 규정하고 있다.

국내 행정학자들의 전자정부에 대한 개념 정의는 크게 두 가지 형태로 구분된다. 하나는 전자정부가 추구하는 목적에 초점을 두는 정의이다. 이러한 관점에서 전자정부는 행정의 효율성과 민주성을 제고시킬 수 있도록 설계된 정부형태로 보는 시각이다(명승환, 2018; 유민봉, 2013).

다른 하나는 전자정부를 추구하는 과정에 초점을 두는 정의이다. 전자정부는 정보통신기술의 발달로 이루어지는 것이 아니라 정부의 업무절차, 기능 및 조직에 대한 근본적인 재구성 등을 포함하는 정부 혁신 노력의 목적으로 보는 것이다(정충식, 2018; 김성태, 2007). 따라서 전자정부의 추진은 정부 혁신 과정으로 이해하는 것이다. 이러한 두 가지 관점은 강조점을 어디에 두느냐의 차이일 뿐 기존의 정부 관료제에 대한 새로운 변화의 시도라는 점에서는 같다.

전자정부가 다른 정부 관료제와 다른 점은 급격하게 변화하는 정보통신기술을 기반으로 하고 있다는 것이다. 따라서 전자정부의 모습은 어느 시점에서 고정된 모습으로 표현하기보다는 시간이 지남에 따라 변화하는 과정으로 파악하는 것이 바람직할 것이다. 이러한 관점에서 전자정부법과 국내 학자들의 논의를 종합하여 전자정부를 개념화하면, 전자정부란 "정보통신기술을 활용하여 행정의 효율성과 민주성 제고를 추구하는 행정체제"로 정의된다.

Ⅱ. 전자정부의 이념적 기초

전자정부는 기존 관료제가 지닌 한계를 보완하는 새로운 정부 모형을 구축하고자 하는 노력으로 볼 수 있다. 따라서 전자정부의 구축을 통하여 추구하고자 하는 이념적 정향이 무엇인지는 명확히 설정되어 있어야 한다. 기존 관료제 모형의 한계를 극복한다는 차원에서 전자정부의 이념적 기초를 행정 내부의 효율성 제고와 행정 외부와의 관계변화(민주성) 차원으로 나누어 고찰하고자 한다.

1. 행정 내부의 효율성 제고

행정에 정보기술의 도입은 내부 운영방식이나 업무처리의 효율화를 추구하게 된다. 기존의 문서와 수작업 중심의 업무처리에서 전산화와 온라인을 통한 정보처리는 업무의 효율화를 가져올 기반을 제공하는 것은 틀림없을 것이다. 그러나 실제 행정 내부 업무의 효율화는 정보기술도 중요하지만, 업무의 재설계(BPR: Business Process Reengineering), 정보공유 마인드의 확산, 정보공개에 대한 호의성 등 행정문화의 개선과 정부 혁신이 함께 이루어져야 한다.

정보통신기술을 통한 행정 내부의 변화는 크게 기관 내부의 효율성 제고 차원과 기관과 기관 상호 간 정보의 공유를 통한 효율성 제고라는 차원으로 크게 나눌 수 있으며, 전자정부법에서는 두 가지 차원 모두를 규정하고 있다.

2. 행정 외부와 관계변화

정보통신기술의 발전은 행정과 국민과의 관계변화에 영향을 미치게 된다. 우선 다양한 행정정보의 공개가 가능해지고 이를 통해 시민들의 알 권리가 충족된다. 또한, 시민들 상호 간, 시민과 정부 간에 사이버 공간이나 전자적 시스템을 통한 의견의 교환이 가능해진다. 따라서 시민들이 온라인을 통한 참여가 촉진되어 전자민주주의와 전자거버넌스를 가능하게 한다.

1) 전자민주주의(e-democracy)

(1) 개 념

전자민주주의란 일반적으로 정보통신기술을 바탕으로 정보와 의견의 교환을 활성화하고 시민의 자발적인 정치참여를 유도함으로써 새로운 형태의 정치 질서서 형성을 강조하는 개념이라고 볼 수 있다(양승목·김수아, 2002: 140). 전자민주주에 관한 논의는 ⓐ 정보통신기술을 통한 다수의 직접 참여가 가능함에 따른 원격민주주의론, ⓑ 사이버 공간에서의 합리적 숙의와 공적 시민을 형성할 수 있는 공론의 장을 강조하는 숙의민주주의론, ⓒ 사이버 공간의 정치적 활용과 관련하여 제기된 사이버민주주의론 등 다양하다(강상현, 2002). 이를 전자정부와 연관 지어서 이해하면 전자민주주의란 "국민이 정보통신기술을 활용하여 정책 및 행정과정에서 행하는 모든 의사소통의 모습을 통칭하여 표현하는 것"으로 볼 수 있다. 전자민주주의 방법으로는 전자투표, 온라인 참여, 전자 의정 보고, 인터넷 설문 조사, 전자청원 등 다양하다.

(2) 공헌과 한계

정보통신기술의 발전에 따른 전자민주주의의 확대는 시민과 정부 간의 신속한 의사소통이 가능해지며, 시·공간의 제약 없이 시민의 참여가 가능해질 수 있다. 또한, 전자투표, 사이버 공론화 과정 등을 통하여 시민의 직접적인 행정 및 정치참여를 확대한다. 이를 통하여 정부 기관이나 정치인이 인터넷을 통하여 국민의 요구를 신속하게 직접 확인하고, 즉각 정책과 행정에 반영하여 정부와 정치인의 책임성과 대응성을 증대시킬 수 있을 것이다.

그러나 전자민주주의가 인터넷에 존재하는 수많은 정보에 대한 신뢰성 문제와 정보의 과부하로 인하여 시민들의 판단을 어렵게 할 수 있다. 또한, 전체 인구 중에서 인터넷을 통하여 자신의 의견을 표출하는 사람들은 소수에 불과하여 전자민주주의의 대표성 문제가 제기된다. 마지막으로는 정보의 편중화, 정보 소유와 이용능력의 격차 등으로 인하여 참여의 불평등이 나타날 수 있다는 것이다(김성태, 2007).

2) **전자거버넌스**(e-governance)

(1) **개 념**

전자거버넌스 또는 e–governance는 정보기술을 바탕으로 인터넷 공간에서 정부, 기업, 시민 등의 다양한 행위자들이 서로 수평적인 관계를 유지하면서 다차원적인 세계를 구축하는 것으로 정의될 수 있다(명승환, 2018: 244). 초기의 전자정부는 행정 내부 운영의 효율화를 중심으로 진행되었으나, 2000년대에 들어오면서 행정 외부와의 상호작용, 주민참여와 정보의 공유를 강조하게 되었다. 최근의 전자정부 논의는 이러한 주민참여를 강조하는 전자거버넌스로 무게중심이 이동하고 있다고 볼 수 있다.

(2) **변화 모습**

초기의 전자거버넌스를 기반으로 한 전자정부를 웹(Web)1.0으로 표현된다면, 주민참여와 정보의 공유를 강조하는 새로운 경향을 웹2.0으로 표현하고 있다. 웹1.0은 포탈(Portal)을 통하여 정보를 일방적으로 제공한다면, 웹2.0은 플랫폼 (Platform)을 중심으로 정보에 대한 개방, 사용자의 참여, 상호 간 정보의 공유와 협력이 이루어지는 것을 의미한다. 웹2.0의 대표적인 사례는 위키피디아 (Wikipedia), 페이스북(Facebook) 등을 들 수 있다. 따라서 전자거버넌스의 구축은 웹2.0 이상의 정보기술로 더욱 활발하게 전개되고 있다. 웹2.0을 채택한 전자정부를 '전자정부 2.0'이라고 부르기도 한다. 따라서 전자정부 2.0은 웹2.0 정보기술을 바탕으로 개방, 공유, 참여, 협력, 소통, 네트워크 등의 가치를 담을 수 있는 개방된 플랫폼형 정부라고 할 수 있다(유민봉, 2013: 622).

최근에는 웹2.0보다 한 단계 더 진전된 웹3.0, 모바일 및 클라우드 컴퓨팅[1] 기술의 접목으로 새로운 전자정부 시대를 열어가고 있다. 웹3.0 환경은 참여, 공유, 개방에서 개인화, 지능화된 맞춤형 웹이다. 따라서 개인이 중심이 되며 개인이 판단하고 추론하는 웹의 개발 및 활용이 전개되고 있다[2](명승환, 2018: 280).

---

1) 클라우드 컴퓨팅은 개인 컴퓨터, 모바일 등 단말기를 이용하여 사용자들이 정보통신기술과 관련된 자원을 필요할 때마다 사용료를 주고 자유롭게 빌려 쓸 수 있는 것을 의미한다. 예를 들면, 서버, 스토리지, S/W 등을 구매하여 소유하지 않고 필요시에 인터넷을 통하여 비용을 지불하고 사용하는 방식이다(정충식, 2018: 415).

2) 박근혜정부에서는 '정부 3.0', '전자정부 3.0'이라는 용어를 사용하였으나(황종성, 2013; 김영수, 2013), 이는 전자정부 2.0에 대한 진화적 개념과 웹3.0 환경을 실현한 것이라는 두 가지 측면에서 해석될 수 있는데, 전자로 해석하는 것이 바람직할 것으로 생각한다. 왜냐하면, 당시 정부 3.0은 기존 정책보다는 진전된 것으로 볼 수 있으나, 웹3.0을 제대로 실현한 것이라고 볼 수는 없을 것으로

사용자 관점에서 웹1.0이 단순히 '정보 얻기'를 할 수 있는 것이었다면, 웹2.0은 '정보 얻기' + '쓰기 기능'이 추가된 것이며, 웹3.0은 '정보 얻기' + '쓰기 기능' + '개인 맞춤형 정보 얻기'를 실현한 것이다.[3] 한편, 인공지능 활용으로 디지털과 물리적 환경을 통합하여 인간과 기계의 상호작용을 강화에 초점을 둔 웹4.0이 논의되고 있다.

제2절 우리나라 전자정부의 주요내용

Ⅰ. 전자정부의 법적 근거

현재 우리나라 전자정부의 구축 및 운영과 관련되는 기본적인 법률은 전자정부법, 지능정보화 기본법을 들 수 있다. 최근에는 데이터를 기반으로 한 행정의 활성화를 위하여 데이터기반 행정 활성화에 관한 법률이 제정·시행되고 있다.

1. 전자정부법

전자정부법은 2001년 제정되었으며 행정업무의 전자적 처리를 위한 기본법이다. 전자정부법의 내용은 크게 네 가지로 나누어볼 수 있다.

첫째, 총칙에서는 전자정부의 정의, 원칙, 전자정부기본계획의 수립 등을 규정하고 있다. 전자정부의 원칙으로는 대외적 민주성의 달성, 행정 내부 업무의 효율화, 정보시스템의 안전성, 개인정보의 보호, 행정정보의 공개와 공동이용, 중복투자 방지 등을 제시하고 있다.

둘째, 전자정부 서비스의 제공 및 활용에 관한 내용이다. 이는 대외적인 민주성, 즉 국민의 편익증진을 위해 전자적인 민원처리, 이용자의 참여 확대, 전자정부 포털의 운영 등을 규정하고 있다.

셋째, 행정 내부의 효율화를 위하여 전자적 행정관리와 행정정보의 공동이용을 규정하고 있다.

넷째, 둘째와 셋째에서 언급한 서비스가 가능하기 위해서는 정부의 전자정보

판단되기 때문이다(정충식, 2018).
3) 웹3.0이 웹2.0과 가장 차별화되는 요소 중 하나는 블록체인 등의 기술로 일반 정보 생산자에게 정보 소유를 가능하게 하였으며, 유튜브와 같이 일정한 보상을 지급할 수 있는 설계가 이루어질 수 있다는 것이다.

기술 도입이 필요하므로 '전자정부 운영기반을 강화'에 대한 내용을 두고 있다. 여기서는 정보기술아키텍처[4]의 도입과 활용, 정보자원의 효율적 관리기반 조성, 정보시스템의 안정성, 신뢰성 제고 등을 규정하고 있다.

2. 지능정보화 기본법

지능정보화 기본법은 기존 국가정보화 기본법(1995년 제정)이 2020년 전부개정되면서 법률 제명이 변경된 것이다. 지능정보화 기본법은 기존 국가정보화 기본법에 추가적으로 4차 산업혁명 지원을 위한 범국가적 추진체계를 마련하고, 인공지능과 같은 핵심기술 기반과 산업생태계를 강화하는 내용을 담고 있다.

지능정보화 기본법은 지능정보사회 정책의 수립과 추진체계, 분야별 지능정보화 추진, 지능정보기술의 고도화와 이용촉진, 지능정보화 기반 구축 등을 규정하고 있다. 전자정부법이 행정의 민주성과 효율성을 높이기 위한 구체적 내용과 정보기술 아키텍처와 정보시스템의 안정성·신뢰성에 관한 내용이라면, 지능정보화 기본법은 국가 전체의 지능정보화를 추진하기 위한 내용을 규정하고 있다.

특히, 지능정보화 기본법(제8조)에서는 국가기관과 지방자치단체에 해당 기관의 지능정보화 시책의 효율적인 수립·시행과 지능정보화 사업의 조정 등의 업무를 총괄하는 '지능정보화 책임관'을 임명하도록 하였다.

3. 데이터기반행정 활성화에 관한 법률[5]

데이터를 기반으로 한 행정을 활성화하기 위하여 2020년 데이터기반행정 활성화에 관한 법률이 제정되었다. 이 법률은 공공기관 상호 간 데이터 공동 활용을 장려하고, 이를 통하여 데이터에 기반한 정책 수립 및 의사결정을 촉진하여 객관적이고 과학적으로 수행하는 데이터기반 행정을 추진하는 것이 목적이다.

이 법률의 주요 내용은 ⓐ 공공기관은 공동 활용할 필요가 있는 데이터를 등록할 수 있도록 하고(제8조), ⓑ 공공기관이 등록되지 아니한 데이터를 제공받으려는 경우 데이터 소관 공공기관의 장에게 데이터 제공을 요청할 수 있도록 하며(제

---

4) 정보기술아키텍처(ITA: Information Technology Architecture)란 일정한 기준과 절차에 따라 업무, 응용, 데이터, 기술, 보안 등 조직 전체의 구성요소들을 통합적으로 분석한 뒤 이들 간의 관계를 구조적으로 정리한 체제 및 이를 바탕으로 정보화 등을 통하여 구성요소들을 최적화하려는 방법을 말한다(전자정부법 제2조).

5) 이 법률은 공공기관 상호 간의 데이터 이용과 데이터를 기반으로 한 행정의 활성화를 위한 것이며, 국민의 공공데이터 이용을 보장하고 공공데이터의 민간 활용을 촉진하기 위한 규정으로는 '공공데이터의 제공 및 이용 활성화에 관한 법률(2013년 제정)'이 있다.

10조), ⓒ 공공기관의 데이터를 효율적으로 제공·연계 및 공동 활용하기 위하여 '데이터통합관리 플랫폼'을 구축하는(제18조) 것 등이다.

Ⅱ. 우리나라 전자정부의 주요 내용: 전자정부법을 중심으로

우리나라 전자정부의 내용을 전자정부법을 중심으로 살펴보고자 한다. 전자정부법은 전자적 행정처리의 기본법이자 현재 추진 중인 전자정부의 모습을 가장 잘 포착할 수 있기 때문이다.

전자정부법에서 규정하고 있는 전자정부의 내용은 크게 세 분야로 구분된다. 하나는 행정 내부의 효율화를 위하여 공공기관 내부의 전자적 행정관리와 기관 상호 간 행정정보의 공동이용을 규정하고 있다.

두 번째는 일반 국민 또는 기업 등에 대한 전자정부 서비스의 제공 및 활용에 관한 내용이다. 국민의 편익증진을 위해 생활 정보의 제공, 이용자의 참여 확대, 전자정부 포털의 운영 등을 규정하고 있다.[6]

세 번째는 전자정보기술의 도입을 통한 전자정부 운영기반을 강화하는 것으로 정보기술아키텍처의 도입활용, 정보시스템의 안정성 등 기술적 기초의 확립과 관련된다.

여기서는 행정학적 측면에서 전자정부의 내용을 이해하기 위하여 세 가지 중에서 첫 번째와 두 번째를 중심으로 서술하고자 한다.

1. 전자적 행정관리

전자적 행정관리는 전자문서의 관리, 행정전자서명, 행정업무 및 지식관리 시스템의 구축 및 활용, 온라인 영상회의와 원격근무, 종이 문서의 감축, 행정정보 공동이용 등이 있다.

1) 전자문서의 관리

전자정부법에서는 "행정기관 등의 문서는 전자문서를 기본으로 하여 작성, 발송, 접수, 보관, 보존 및 활용되어야 한다(제25조 제1항)"라고 하여 전자문서가 문서 업무의 예시가 아니라 원칙임을 선언하고 있다. 그러나 예외적으로 업무의 성격상

---

6) 전자적으로 제공되는 행정서비스는 수요자를 중심으로 시민, 기업, 공무원으로 구분될 수 있다. 일반 시민을 대상으로 한 전자적 행정서비스를 G2C(Government to Citizen), 기업에 대한 전자적 행정서비스를 G2B(Government to Business), 정부 내부 업무의 효율화 차원에서 이루어지는 서비스를 G2G(Government to Government)라고 표현하고 있다.

또는 그 밖의 특별한 사정이 있는 경우에는 종이 문서를 사용할 수 있도록 허용하고 있다(제1항 단서). 전자문서의 관리와 관련해서는 전자문서의 성립 및 효력, 전자문서의 송신과 수신, 전자문서의 발송 및 도달 시기 등에 대해서도 비교적 상세히 규정하고 있다.

2) 행정전자서명

전자서명은 사이버 공간이나 전자적 문서에서 그 행위자의 신원을 확인·증명하는 데 사용된다. 전자서명법에서는 전자서명을 '서명자의 신원'과 '서명자가 해당 전자문서에 서명하였다는 사실'이 논리적으로 결합된 전자적 형태의 정보로 정의한다(제2조 제2호). 기존에는 전자적 문서에 인감증명서와 같은 역할을 하는 공인인증서가 있었으나, 2020년 전자서명법 전부개정을 통하여 공인인증서 제도를 폐지하였다.[7]

한편, 정부의 전자문서에서는 행정전자서명을 사용한다. 행정전자서명이란 전자문서를 작성한 행정기관(행정정보를 보유하는 기관, 법인 및 단체 포함) 또는 그 기관에서 직접 업무를 담당하는 사람의 신원과 전자문서의 변경 여부를 확인할 수 있는 정보로서 그 문서에 고유한 것을 말한다(전자정부법 제2조). 그런데 행정기관에서도 전자거래를 효율적으로 운영하기 위하여 전자서명을 사용할 수 있도록 제한적으로 허용하고 있다(동법 제29조 제1항 단서).

3) 행정업무 및 지식관리 시스템의 구축·통합

행정기관의 업무처리 및 정책 과정에서 축적된 개인의 경험, 정책 결정에 주요 판단자료로서 가치가 인정되는 지식을 활용하기 위하여 각 행정기관에서는 전자적 시스템을 구축·운영할 수 있도록 하고 있다. 또한, 소관 행정기관의 전자적 시스템과 다른 중앙행정기관의 전자적 시스템과 상호연계, 통합할 수 있도록 하였다(전자정부법, 제30조의2).

이러한 전자적 시스템의 대표적인 사례는 현재 중앙부처에서 사용하고 있는

---

7) 공인인증서는 우리나라의 전자서명 제도 도입 초기에 광범위하게 활용되면서 전자상거래 활성화 등 국가 정보화에 기여하였으나, 공인인증서가 시장독점을 초래하고 전자서명 기술의 발전과 서비스 혁신을 저해하며, 다양하고 편리한 전자서명수단에 대한 국민의 선택권을 제한한다는 등의 문제점이 제기되고 됨에 따라 동 제도를 폐지함으로써 민간의 다양한 전자서명수단들이 기술 및 서비스를 기반으로 차별 없이 경쟁할 수 있는 여건을 조성하고, 전자서명 제도를 국가 위주에서 민간 위주로 개편하여 관련 산업의 경쟁력을 높이는 동시에 국민의 선택권을 확대하려는 것이다(전자서명법 개정 이유, 2020. 6. 9 전부개정).

온나라(On-nara) 시스템이다. 온나라 시스템은 업무처리의 모든 과정을 체계화하여 개별 공무원이 수행하는 보고, 지시사항 등의 행위를 실시간으로 입력·축적·활용할 수 있도록 만든 업무관리 시스템이다. 또한, 온나라 시스템은 기록물 관리 시스템이나 e-사람, 성과관리 시스템, 고객관리 시스템 등과 연계시킨 통합 시스템이기도 하다.

4) 온라인 영상회의와 원격근무

전자정부의 구축은 온라인 영상회의나 원격근무도 가능하게 한다. 정부에서는 기존의 대면 중심의 회의를 탈피하기 위하여 온라인 영상회의 방식을 활용할 수 있도록 하였다. 또한, 행정기관에서 원격지 간 업무수행을 할 때는 온라인 영상회의를 우선적으로 활용하도록 노력하여야 하는 의무를 부과하고 있다(전자정부법 제32조). 특히, 직원이 특정한 근무 장소에서 일하는 방식이 아닌 원격근무를 할 수 있도록 허용하고 있다. 이러한 원격근무의 형태를 스마트 워크(smart work)라고 표현하기도 한다.

5) 종이 문서의 감축

행정업무의 전자화를 통한 전자정부의 조기 구현과 국민에게 편리한 서비스를 달성하기 위해 종이 문서의 감축 노력을 의무화하고 있다(전자정부법 제33조). 특히, 행정기관의 장은 종이 문서를 줄이기 위하여 각종 법령이나 지침 등을 개정하거나 보완하도록 하는 의무도 부과하고 있다.

6) 행정정보 공동이용

행정정보[8] 공동이용은 행정기관이 보유·관리하고 있는 행정정보를 다른 행정기관이 정보시스템을 통하여 함께 공유하고 이용하도록 하는 제도이다. 정보시스템을 통한 행정정보의 공동이용은 정보전달의 신속성·정확성 확보, 지리적·시간적 한계의 극복, 종이면서 사용 절약 등의 효과가 있으므로, 전자정부구현을 위한 이상적이며 필수적인 수단이라 할 수 있다. 국민이 각종 민원신청 시에 필요한

---

[8] 행정정보란 행정기관 등이 직무상 작성하거나 취득하여 관리하는 자료로서 전자적 방식으로 처리되어 부호, 문자, 음성, 음향, 영상 등으로 표현된 것을 말한다(전자정부법 제2조). 한편, 데이터란 "정보처리능력을 갖춘 장치를 통하여 생성 또는 처리되어 기계에 의한 판독이 가능한 형태로 존재하는 정형 또는 비정형의 정보를 말한다"(데이터기반행정 활성화에 관한 법률 제2조 제1호). 따라서, 행정정보는 데이터 중에서 '행정기관 등이 직무상 작성하거나 취득하여 관리'하는 것으로 볼 수 있다.

구비서류를 제출하지 않아도 민원담당자가 전산 시스템을 통하여 다른 기관의 관련 서류를 확인하여 민원을 처리하는 것이 대표적인 사례이다. 따라서 행정정보의 공동이용은 대국민 서비스의 향상, 불필요한 서류 제출 부담의 경감, 행정기관의 업무 능률 향상, 데이터베이스 공동 활용에 따른 중복투자 방지 등의 효과가 있다.

공동이용의 대상이 되는 행정정보는 ⓐ 민원사항 등의 처리를 위하여 필요한 행정정보, ⓑ 통계정보, 문헌 정보, 정책정보 등 행정업무의 수행에 참고가 되는 행정정보, ⓒ 행정기관 등이 법령 등에서 정하는 소관 업무의 수행을 위하여 불가피하게 필요하다고 인정하는 행정정보이다. 그러나 국가의 안전보장과 관련된 행정정보, 법령에 따라 비밀로 지정된 행정정보 또는 이에 준하는 행정정보는 공동이용 대상 정보에서 제외할 수 있다(전자정부법 제38조).

2. 전자적 행정서비스의 제공

국민에게 전자적 행정서비스를 제공하기 위하여 전자정부 서비스의 제공과 이용촉진에 관한 내용, 정보통신망을 통한 의견 수렴 등을 규정하고 있다.

1) 대국민 전자정부 서비스

일반 국민이 신청하는 각종 민원행정 서비스를 전자적으로 처리하는 것은 전자정부의 가장 기초적인 서비스 중 하나이다. 전자정부법에서는 관계 법령에서 문서나 서류 등의 종이 문서로 신청, 신고 또는 제출하도록 규정하고 있는 경우에도 행정기관의 장은 이를 전자문서로 신청 등을 하게 할 수 있도록 허용하고 있다(전자정부법 제7조).[9]

대국민 행정서비스 포탈 역할을 하는 것으로는 '정부24'를 들 수 있다. '정부24'에서는 개인과 관련된 각종 생활 정보(예상 수령 연금액, 운전면허증 갱신 기간, 세금 미납상태 등), 민원서비스, 정책정보를 인터넷 및 모바일로 제공 하고 있다.

2) 전자정부 서비스의 제공과 이용촉진

일반 국민이 전자정부에서 제공하는 각종 서비스를 손쉽게 접근하고 안전하고 편리하게 활용할 수 있도록 하는 정부의 지속적인 노력이 필요하다. 전자정부법에서는 "행정기관 등의 장은 국민의 복지향상 및 편익증진, 국민 생활의 안전보장, 창업 및 공장설립 등 기업 활동의 촉진 등을 위한 전자정부 서비스를 개발하여 제공하고 이를 지속적으로 보완·발전시키기 위한 대책을 마련하여야 한다."(동

---

9) 기존 전자정부법에서 규정한 민원처리 관련 내용은 2022년 '민원처리에 관한 법률'로 이관하였다.

법 제16조)라고 행정기관의 책무를 규정하고 있다.

또한, 유비쿼터스 기반의 전자정부 서비스(첨단 정보통신기술을 활용하여 국민·기업 등이 언제 어디서나 활용할 수 있는 행정·교통·복지·환경·재난 안전 등의 서비스) 제공을 위하여 시책을 마련하도록 하고 있다.

3) 정보통신망을 통한 의견수렴

인터넷과 통신망의 발달은 주민의 의견을 행정에 반영할 수 있는 기술·방법상의 가능성이 커졌다. 따라서 전자정부에서는 기존과 다른 주민 의견수렴 노력이 필요하게 되었다. 전자정부법에서는 소관 법령의 제정·개정, 행정절차법 제46조 제1항에 따른 행정예고를 하여야 하는 사항, 그 밖에 법령에서 공청회·여론조사 등을 하도록 한 사항에 관하여는 정보통신망을 통한 의견수렴 절차를 병행하도록 하고 있다(전자정부법 제31조). 이는 임의조항이 아니라 강행조항으로 해석된다. 따라서 행정기관의 장은 해당 사항에 대하여 반드시 정보통신망을 통한 주민의 의견수렴 절차를 보장하여야 한다.

제3절 전자정부 역기능에 대한 대응

Ⅰ. 의 의

전자정부는 기존 관료제의 문제점을 극복하고 행정의 효율화와 민주화를 제고시키는 데 기여하고 있는 것은 사실이다. 그러나 전자정부의 역기능도 나타나고 있다. 정보통신의 이용이 확대되면서 정보의 해킹, 정보의 왜곡 전달과 쏠림현상, 정보 격차의 문제 등이 나타나고 있다. 전자정부는 앞으로도 지속적으로 추구해야 할 진화의 과정에 있다면 이러한 역기능을 보완해 나가야 할 것이다. 따라서 전자정부에서 나타날 수 있는 각종 역기능에 대비하기 위하여 정부와 국회에서는 어떠한 법률을 제정하여 대응하고 있는지에 대한 이해가 필요하다.

Ⅱ. 전자정부의 역기능과 대응

전자정부의 역기능을 사이버 범죄, 전자감시사회의 가능성, 정보 격차의 문제를 중심으로 살펴본다(정충식, 2018).

1. 사이버 범죄

사이버 범죄란 컴퓨터를 통하여 인터넷 공간에 접속해 있는 상황에서 획득한 정보의 이용과정에서 발생하는 범죄를 의미한다. 사이버 범죄의 종류로는 해킹, 컴퓨터 바이러스, 스팸 메일 등을 들 수 있다. 정보화의 진전에 따른 사이버 범죄에 대한 정부 차원의 대처도 필요하지만, 전자정부에서 가장 중요한 것은 정부통합전산센터와 관련 기관 망을 보호하는 것이다.

정부에서는 '정보통신기반보호법'에 따라 주요 정보통신 기반시설에 대한 보호 체계를 구축하고 국가 주요통신기반시설을 지정하여 사이버 공격에 대응하고 있다.

2. 전자감시사회의 가능성

정보기술의 발달은 현실에서 일어나는 모든 일이 가상공간에서 디지털 형태로 처리될 수 있는 환경이 마련되었다. 따라서 컴퓨터 시스템에서는 많은 양의 개인정보가 수집되고 누적되면서 전자감시의 위험이 나타나고 있다. 전자정부의 진전은 이러한 전자감시를 강화할 수 있다. 예를 들면, 스마트 시티를 구축할 경우 주민의 이동 경로와 시간, 각종 사물의 사용명세가 실시간으로 수집되고 누적될 수 있다.

'개인정보보호법'에서는 개인정보의 수집, 이용, 제공제한에 대한 규정을 두고 있으며, 특히 CCTV와 같은 고정형 영상정보처리 기기의 설치 및 운영제한에 대한 규정을 두고 있다(제25조).

3. 정보격차의 문제

정보격차란 사회적·경제적·지역적 또는 신체적 여건 등으로 인하여 지능정보서비스, 그와 관련된 기기·소프트웨어에 접근하거나 이용할 기회에 차이가 생기는 것을 말한다(지능정보화 기본법 제2조 제13호). 정보격차의 문제는 전자정부에서의 형평성의 문제라고 볼 수 있다. 현행 지능정보화 기본법에서는 정보격차 해소 시책의 마련(45조), 장애인과 고령자의 정보 접근 및 이용보장(46조), 정보격차 해소 교육의 시행(제50조) 등을 규정하고 있다.

제4절 새로운 정보기술과 전자정부

Ⅰ. 의 의

전자정부는 급격하게 변화하는 정보통신기술을 기반으로 하고 있다. 전자정부의 모습은 어느 시점에서 고정된 모습으로 표현하기보다는 시간이 지남에 따라 변화하는 과정으로 파악하여야 한다. 따라서 전자정부는 정보통신기술의 발전에 비례하여 지속적으로 변화하는 행정체제인 것이다. 여기서는 최근에 전자정부에 도입되고 있는 블록체인과 빅데이터의 사례를 살펴보고자 한다.

Ⅱ. 블록체인(block chain)

1. 개 념

블록체인이란 분산형으로 기록된 장부를 의미한다. 거래기록을 중앙의 하나의 메인컴퓨터에 기록하는 것이 아니라 그룹에 참여한 모든 기기에 저장하는 방식이다. 즉 일정 시간 동안 발생한 모든 거래기록을 블록(시트)이라는 단위로 나눠 저장하고, 각각의 블록을 암호화해 앞의 블록과 뒤의 블록을 마치 체인처럼 연결해 놓은 방식의 데이터베이스이다(조현수, 2018). 여기에 P2P(Peer-to-Peer) 기술로 데이터베이스를 공유함으로써 정부나 금융기관 같은 공인된 기관 없이 개인 간 거래를 할 수 있다. 블록체인은 누구나 거래정보를 기록하고 소유할 수 있어 공개적이고 투명하며 신뢰성이 보장된다. 블록체인 기록 중 불일치하는 것이 발견되면 다수 원칙에 따라 변조된 기록을 찾아낸다. 따라서 블록체인상의 기록을 해킹하기 위해서는 모든 참여자의 50%를 넘는 개별 시스템을 해킹하여야 한다. 따라서 블록체인은 참여자가 많을수록 데이터 위변조가 어려워진다(정충식, 2018).

2. 전자정부에 도입

전자정부에 블록체인이 결합되면 전자증명서의 발급 및 유통에 활용될 수 있다. 현재 온라인으로 발급받는 각종 증명서를 프린트하여 금융, 부동산, 보험, 의료 등 여러 기관에 제출한다. 그러나 블록체인이 도입되면 프린트를 하지 않고 디지털 방식으로 스마트폰이나 온라인으로 증명서를 제출할 수 있게 된다. 블록체인상에서 디지털로 발급된 증명서는 수정하거나 조작이 불가능해 문서 수령기관에서 디지털 증명서를 믿고 활용할 수 있기 때문이다.

또한, 블록체인은 전자투표의 새로운 전기를 마련할 수 있다. 왜냐하면, 전자투표의 신뢰성과 안전성을 확보하고 구성원 모두에게 투표권을 제공할 수 있기 때문이다. 경기도 따복 공동체는 주민제안 공모사업 심사에 블록체인을 활용했다. 기존 방식은 공동체의 대표들만 투표에 참여 가능했고 공모사업 선정과정도 확인이 어려웠다. 그러나 블록체인을 활용해 공동체 구성원 모두가 사업내용을 학습하고 QR 코드를 활용해 온라인으로 직접 투표에 참여했다(조현수, 2018).

Ⅲ. 빅데이터(big data)

1. 개 념

빅데이터는 방대하고 다양한 종류의 데이터라는 양적 의미와 함께 이를 활용하는 정보화 기술이라는 의미를 함께 담고 있다. 빅데이터의 개념을 전자정부 관점에서 정의하면 "대용량 데이터를 활용·분석하여 가치 있는 정보를 추출하고, 생성된 지식을 바탕으로 능동적으로 대응하거나 변화를 예측하기 위한 정보화 기술"로 정의된다(국가정보화전략위원회, 2011). 전자정부 측면에서의 빅데이터는 대규모 데이터를 활용하고 새로운 정보를 창출해내는 단계까지 확장되고 있다.

2. 전자정부에 도입

전자정부에서의 빅데이터 관련 쟁점은 공공기관이 보유하고 있는 데이터를 외부에서 활용하는 문제와 민간기업들이나 SNS에 유포되는 개인정보를 보호하는 문제이다.

첫 번째 공공 데이터의 활용은 공공기관의 정보공개에 관한 법에 따라 공공기관의 정보는 원칙으로 모두 공개하도록 하고 있다. 다만, 국가안보와 같은 법으로 특별히 정한 경우는 비공개하고 있다.

두 번째 이슈와 관련하여 정부에서는 2016년 6월 '개인정보 비식별 조치 가이드라인'을 제시하였다. 이는 기업들이 데이터 이용과정에서 개인정보 침해를 방지할 수 있도록 개인정보 비식별 조치에 관한 명확한 기준과 지원·관리 체계를 제시한 것이다.

빅데이터가 전자정부에 도입되면서 이를 활용한 우수 사례가 나타나고 있다. 예를 들면, KT와 질병관리본부가 공동으로 추진한 「해외유입 감염병 차단 서비스」가 있다. 이는 KT의 로밍 빅데이터와 질병관리본부의 입국자 검역 정보 데이터를 융합하여 활용한 것이다. 즉 해외 감염병 오염국가 방문 후 국내 입국자를 파악하

고, 통신사 가입자 정보를 이용하여 해외 감염병 증상 발현 시 자진신고 안내 등
문자서비스를 제공하는 것이다.

제8편

행정책임과 통제

행정책임이란 정부 기관이나 공무원이 일정한 기준에 따라 행동할 의무를 말하며, 행정통제란 그러한 의무를 수행하고 있는지를 확인하고 시정조치를 취하는 것을 말한다. 따라서 행정통제는 행정책임을 확보하기 위한 노력이며, 양자는 동전의 양면 관계에 있다.

　20세기를 거치면서 행정 국가화를 경험한 일반 국민은 정부 관료제의 문제점을 인식하게 되었다. 국민의 관료제에 대한 부정적 인식의 배경에는 행정 재량권의 확장에 따른 권한의 남용과 무책임한 행위의 가능성, 공정성의 결여, 문제해결 역량의 부족, 관료제의 비효율성 등이 있다. 이러한 문제점을 배경으로 현대 행정에서는 행정책임이란 도대체 무엇이며, 어떻게 관료의 책임성을 담보할 것인가에 대한 논의가 활발하게 전개되고 있다.

제1절 행정책임

Ⅰ. 행정책임의 개념

행정책임이란 정부 기관이나 공무원이 '일정한 기준'에 따라 행동할 의무를 말한다. 행정책임의 당사자는 정부 기관 또는 공무원이다. 행정책임은 공무원 개인에게만 부과되는 것이 아니라 정부 기관 차원에서도 다른 기관에 정보를 공개하거나 보고서를 제출하는 등의 형태로 나타날 수 있다. '일정한 기준'이란 명문으로 규정된 관련 법령뿐 아니라, 명문 규정이 없는 일반 국민의 요구, 공익을 포함하는 것으로 볼 수 있다(주재현, 2013: 17).

민주국가에서 행정은 국민의 이익을 위하여 이루어져야 하며 공무원은 국민에 대하여 봉사할 의무를 진다. 특히 행정권이 확대·강화되고 관료의 역할이 복잡·다양화됨에 따라 일반 국민에 대한 공무원의 책임성은 더욱 강조되고 있다.

Ⅱ. 행정책임의 유형

일반적으로 논의되는 행정책임의 유형은 다음과 같다(이광종, 2005: 42).

1. 법적 책임과 도의적(윤리적) 책임

법적 책임이란 명문화된 법으로 규정된 공무원의 책임을 말하며 이를 위반할 때는 법적 제재가 수반된다. 도의적 또는 윤리적 책임이란 공무원의 직무 행위가 국민에게 봉사해야 한다는 도덕적 규범을 위반했을 때 묻는 책임을 말한다.

2. 정치적 책임과 기능적(직업적) 책임

정치적 책임이란 정부 기관이나 공무원이 국민의 의사를 반영한 행정을 추진하고 있느냐에 대한 책임이다. 기능적 또는 직업적 책임은 공무원이 전문직업인으로서의 직업윤리에 따라 직무를 수행해야 할 책임을 말한다.

3. 내적 책임과 외적 책임

내적 책임이란 행정기관이나 공무원이 상급기관이나 기관 내부에서 상관이나 동료 등 조직 내부차원에서 지는 책임을 말하며, 외적 책임이란 행정기관이나 공무원이 조직의 외부인 입법부, 사법부, 일반 국민에게 책임지는 것을 의미한다.

4. 객관적 책임과 주관적 책임

객관적 책임은 공무원 개인이 외부로부터 주어진 행동기준을 따라야 할 책임을 말한다. 공무원 개인의 의사와는 상관없이 외재적으로 설정되는 책임이기 때문에 이를 객관적 책임이라고 부른다. 객관적 책임으로는 법령에 대한 책임, 조직의 계층 관계에서 나타나는 계서적 책임, 공익을 추구해야 하는 책임 등이 있다.

주관적 책임은 공무원 개인이 스스로 책임이 있다고 느끼는 내면적, 개인적 인식에 따른 책임을 의미한다. 개인적 양심이나 충성심, 일체감 등 개인의 내적 충동과 관련되는 책임이다(오석홍, 2016: 811).

Ⅲ. 행정책임에 대한 논쟁

위에서 논의된 행정책임의 개념과 유형은 "행정책임을 확보하기 위해서는 어떠한 수단을 강구하는 것이 중요한가?"에 대한 답을 제공하기 위한 전제적 논의라고 볼 수 있다. 그런데 행정책임성을 확보하는 데 중요한 요소가 무엇인가의 논의는 행정책임의 본질에 대한 논의와 연관된다. 행정책임의 본질이 객관적 책임으로 본다면 외부통제의 중요성을 강조할 것이며, 주관적 책임으로 본다면 공무원의 충성심이나 일체감 등을 강화하는 것을 강조할 것이다. 여기서는 행정책임의 본질에 대한 학자들 간의 논쟁을 살펴보고자 한다.

1. 프리드리히(Friedrich)와 파이너(Finer)의 논쟁

어떻게 행정책임을 확보할 것인가에 대한 문제에 관한 논의는 1940년대에 있었던 프리드리히(C. J. Friedrich)와 파이너(H. Finer)의 논쟁이 대표적이다.

프리드리히(Friedrich, 1941)는 '공공정책과 행정책임의 본질(Public Policy and the Nature of Administrative Responsibility)'이라는 논문을 통하여 행정책임 확보를 위해서 행정인 스스로의 자율적이고 내재적인 통제를 강조하였다. 그는 관료제 책임의 핵심은 전문가주의라고 보았다. 전문가적 관료는 자신의 기능적이고 '전문적 기준'이나 '국민의 일반적 감정'을 행위의 기준으로 찾는 경향이 있다는 것이다. 또한, 이들은 상관보다는 자신의 분야에 종사하는 동료 전문가들의 비판에 더 민감하게 반응한다는 것이다. 따라서 이러한 관료들에게는 내재적이고 주관적인 도덕성과 윤리를 강조하는 것이 바람직하다고 본다. 특히, 사회의 복잡화와 다양화라는 변화에 행정제도가 따라갈 수 없는 한계가 있으므로 전문가주의를 기초로 행정관료의 재량 확대가 필요하다고 주장하였다.

　　반면에 파이너는 프리드리히의 주장을 반박하며, 행정책임을 확보하기 위해서는 외부통제의 중요성을 강조하였다. 파이너(Finer, 1940)는 '민주국가의 행정책임(Administrative Responsibility in Democratic Government)'이라는 논문에서 행정관료는 국민에 의하여 선출된 국민대표(주로 입법부)의 통제를 받아야 함을 강조한다. 그는 행정관료에게 외부통제가 완화되면 권력을 남용하게 되며 이는 역사적 과정을 통하여 입증된 사실임을 강조한다.

　　여기서는 프리드리히와 파이너의 논쟁을 단순히 각자가 강조하는 측면만을 살펴보았지만 좀 더 깊이 이들의 주장을 살펴보면 행정책임의 어느 측면을 더 강조한 것이지 다른 측면을 완전히 배제한 것은 결코 아니다. 다시 말하면, 프리드리히가 외부통제를 완전히 배제한 것은 아니며, 파이너도 도의적, 내재적 책임을 완전히 부정하지는 않았다는 것이다.

2. 주인-대리인이론과 청지기이론 간의 논쟁

　　주인-대리인이론(principal-agent theory)은 주인과 대리인 모두 자신의 효용 극대화를 추구함을 강조한다. 그런데 주인은 자기 일을 대리인에게 위임함에 따라 대리인이 오히려 자기 일에 대해 더욱 많은 정보와 지식을 가지게 된다. 이때 주인에게는 "대리인을 어떻게 감독할 것인가?"의 문제가 발생한다. 이러한 대리인의 책임성 확보를 위하여 주인-대리인이론에서는 외부통제와 경쟁기제의 도입을 강조한다.

　　반면에 청지기[1]이론(stewardship)은 스스로 주인의 이익에 부합하여 행동할 수 있는 청지기상(steward)을 강조한다. 청지기이론에서는 자아실현적인 인간을 가정하고 이타주의의 가능성을 인정한다. 또한, 청지기이론은 구성원들의 전문성에 입각한 상호존중으로 인하여 이타적 가치가 생성되고, 이에 따라 공공서비스에 대한 내적 책임이 유발된다고 본다. 청지기이론은 주인-대리인이론과 같이 주인과 대리인의 단순한 계약에 의한 관계보다는 '핵심가치를 공유하는 관계'가 형성되면 내적 책임감이 생성될 수 있다고 본다(원구환, 2008).

　　주인-대리인이론이 객관적 책임과 외부통제를 강조하는 파이너의 주장과 맥을 같이한다면, 청지기이론은 주관적 책임과 내재적 통제를 강조하는 프리드리히의 견해와 연결된다고 볼 수 있다.

---

1) 청지기란 주인이 맡긴 것들을 주인의 뜻대로 관리하는 위탁관리인을 뜻한다. 본래 청지기는 성경에서 교회 지도자(또는 모든 교회 구성원)가 하나님께 자신의 모든 것을 드려 충성해야 한다는 역할을 말할 때 사용한 용어이다.

Ⅳ. 우리나라 공무원의 책임성 확보를 위한 규범

공무원의 책임성 확보를 위한 기본법적인 성격을 가진 법령으로는 부패방지 및 국민권익위원회의 설치와 운영에 관한 법률, 부정청탁 및 금품등 수수의 금지에 관한 법률, 공직자윤리법, 공직자의 이해충돌 방지법, 공무원 행동강령(대통령령)을 들 수 있다.

1. 부패방지 및 국민권익위원회의 설치와 운영에 관한 법률

부패방지 및 국민권익위원회의 설치와 운영에 관한 법률은 부패방지와 고충민원의 주무 기관으로서 국무총리소속으로 국민권익위원회를 설치하도록 하였다. 또한, 부패행위에 대한 신고와 신고자의 보호, 국민감사청구제도 등을 규정하고, 지방자치단체에 시민고충처리위원회를 설치할 수 있도록 하였다.

2. 부정청탁 및 금품 등 수수의 금지에 관한 법률

부정청탁 및 금품 등 수수의 금지에 관한 법률은 2015년 제정되어 1년 6개월의 유예기간을 거친 후 2016년 9월 28일 시행되었다. 이 법률의 주요 내용은 공무원뿐 아니라 공공기관 임직원, 학교 교직원, 언론사 임직원 등의 부정청탁, 금품 등의 수수를 금지하고 관련 징계와 벌칙 규정을 두고 있다.

3. 공직자윤리법

공직자윤리법은 공직자의 재산등록 및 공개, 백지신탁제도, 취업제한과 관련된 내용을 규정하고 있으며, 1981년에 제정되었다. 공익과 사익의 이해충돌을 방지하여 국민에 대해 봉사자로서 가져야 할 공직자의 윤리 확립을 목적으로 한다. 공직자윤리법의 주요 내용을 다음과 같다.

1) 공직자 재산 등록과 공개

4급 이상 공무원(감사원, 국세청, 관세청은 7급 이상) 및 공직 유관단체 임직원은 재산을 등록해야 한다(법 제3조 및 시행령 제3조). 또한, 국가 및 지방자치단체의 정무직공무원과 1급 이상(고위공무원단 가급) 고위공직자는 재산을 공개하여 한다(법 제10조).

2) 주식백지신탁제도

재산 공개 대상자, 금융 관련 업무 담당(기획재정부 금융 사무 관장 국, 금융위원회 소속) 4급 이상 공무원이 보유한 주식 가액이 3천만 원을 초과하면 해당 주식을 매각하거나 백지신탁계약을 체결하여야 한다(법 제2장의2, 시행령 제27조의4).

3) 선물신고제도

공무원이나 그 가족이 외국으로부터 선물을 받거나 그 직무와 관련하여 외국인에게 선물을 받으면 소속기관장에게 신고하고, 그 선물을 인도하여야 한다. 신고된 선물은 신고 즉시 국가 또는 지방자치단체에 귀속된다(법 제 15조 및 제16조). 신고대상 선물의 가액은 미국 화폐 100달러 이상이거나 국내 시가로 10만 원 이상이다(시행령 제28조).

4. 공직자의 이해충돌 방지법

2022년 5월부터 시행되고 있는 공직자의 이해충돌 방지법은 공직자의 직무수행과 관련한 사적 이익 추구를 금지하기 위하여 제정되었다. 여기서 이해충돌이란 "공직자가 직무를 수행할 때에 자신의 사적 이해관계가 관련되어 공정하고 청렴한 직무수행이 저해되거나 저해될 우려가 있는 상황을 말한다."(법 제2항 제4호).

이 법률에서 공직자란 국가 및 지방자치단체, 국회, 법원의 공무원 그리고 국공립학교 교직원과 공공기관 임직원이 포함된다(법 제2항 제1호 및 제2호). 이 법률에서는 공직자의 제한·금지 행위로 공직자의 직무 관련 외부활동의 제한(법 제10조), 가족 채용 제한(법 제11조), 수의계약 체결 제한(법 제12조), 공공기관 물품 등의 사적 사용·수익 금지(법 제13조), 직무상 비밀 등 이용 금지(법 제14조) 등을 규정하고 있으며, 위반 시 징계와 벌칙 규정(법 제4장)도 두고 있다.

5. 공무원 행동강령

공무원 행동강령은 부패방지 및 국민권익위원회의 설치와 운영에 관한 법률 제8조에 근거하여 2003년에 제정된 대통령령이다. 공무원 행동강령은 여러 법령에서 흩어져 있던 부패 관련 규정을 종합하여 단일화시킨 규범이다. 여기에서는 공무원이 직무수행 과정에서 당면하게 되는 갈등상황에서 추구하여야 하는 바람직한 가치 기준과 준수하여야 하는 행위 기준을 구체적으로 제시하고 있다. 공무원 행동강령은 부패행위는 아니지만, 부패유발의 가능성을 높이는 바람직하지 않은 요인들을 명확하게 규정하여 이들을 규제함으로써 부패[2]발생 가능성을 예방하

---

2) 부패에 대한 사회 구성원의 관용성 정도에 따라 백색부패(white corruption), 회색부패(gray corruption), 흑색부패(black corruption)로 구분하기도 한다. 백색부패란 부패행위이지만 구성원들이 어느 정도

는 기능도 있다(국민권익위원회, 2017).

고위공직자범죄수사처 설치 및 운영에 관한 법률

고위공직자와 그 가족의 범죄는 정부에 대한 신뢰를 훼손하고, 공공부문의 투명성과 책임성을 약화시키는 중요한 원인이 되므로 이에 대한 독립적인 수사를 위하여 2020년 '고위공직자범죄수사처 설치 및 운영에 관한 법률'이 제정되었다.

이 법률에 따른 고위공직자란 대통령, 국회의장 및 국회의원, 대법원장 및 대법관, 중앙행정기관의 정무직공무원, 광역지방자치단체장과 교육감 등이다(법 제2조 제1호). 가족이란 고위공직자의 배우자와 직계존비속을 말하며, 대통령의 경우에는 배우자와 4촌 이내의 친족을 말한다(법 제2조 제2호). 고위공직자범죄란 고위공직자로 재직 중에 본인 또는 가족이 범한 특정범죄(직권남용, 수뢰, 허위공문서 작성 및 정치자금 부정수수 등)를 의미한다(법 제2조 제3호).

제2절 행정통제

I. 의 의

행정통제란 정부 기관이나 공무원이 일정한 기준에 따라 행동할 의무를 적절히 수행하고 있는지를 확인하고 시정조치를 취하는 것을 말한다. 따라서 행정통제는 행정책임을 확보하기 위한 노력이다. 또한, 행정통제의 목적은 행정책임의 이행을 보장하기 위한 것이다. 결국, 행정통제와 행정책임은 동전의 양면 관계에 있다. 오늘날 행정책임과 통제는 행정권의 강화, 행정의 전문성, 행정 재량권의 확대, 정부의 정보 독점성 등에 따라 중요성이 강조되고 있다(이광종, 2005).

행정책임과 행정통제의 관계를 도식적으로 표현하면 〈그림 8−1〉과 같다. 피라미드의 위쪽으로 갈수록 공무원 개인의 주관적인 책임을 나타내며, 이러한 주관적 책임을 확보하기 위해서는 행정통제보다는 공직윤리를 강조하게 된다. 따라서 적극적이고 자율적이며 윤리적 특성을 강조하는 경향을 보인다. 반대로 피라미드의 아래쪽으로 갈수록 객관적 책임을 나타내며 내부통제와 외부통제를 중심으로

용인하는 관례화된 부패를 의미하며, 회색부패는 사회 구성원 중 일부는 처벌을 원하지만, 일부는 처벌을 원하지 않는 부패로 사회 전체에 파괴적인 영향을 미칠 수 있는 잠재적 부패를 의미하며, 흑색부패는 사회 구성원 모두가 처벌을 원하며 사회 전체에 명백하고 심각한 피해를 주는 부패를 의미한다(Heidenheimer et al., 1990: 145, 강성철 외, 2015: 518에서 재인용).

한 행정통제를 통하여 책임성을 확보하는 것을 강조한다. 따라서 소극적이며 강제적이고 법적인 특성을 강조하는 경향을 보인다(박흥식, 2016: 344).

Ⅱ. 행정통제의 유형

행정통제의 유형 또는 방법은 사전통제와 사후통제, 내부통제와 외부통제, 공식적 통제와 비공식적 통제 등 다양하게 분류된다. 그런데 구체적으로 어떤 방법이 더 적절하고 필요한가의 문제는 행정책임의 본질이 무엇인가에 대한 견해, 해당 국가의 행정문화와 제도 등에 따라 달라질 수 있을 것이다.

여기서는 학자들이 일반적으로 분류하는 내부통제와 외부통제로 구분하고, 현재 우리나라에서 시행되고 있는 통제의 방법이나 수단을 중심으로 분류하여 설명한다.

1. 내부통제

내부통제는 집행부인 정부조직이나 그 구성원에 의해 이루어지는 행정통제를 의미한다. 따라서 행정 수반인 대통령이 관장하는 행정체제가 국민에 대한 책임을 자체적인 통제를 통하여 확보하고자 하는 것이다. 내부통제는 일차적으로 행정조직의 계서제에 의한 통제가 있으며, 이차적으로 정부조직 상호 간 교차 통제나 독립통제조직에 의한 통제 등이 있다.

〈그림 8-1〉 행정책임과 행정통제의 체계

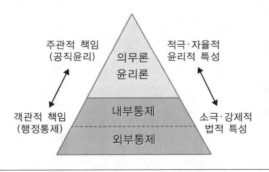

자료: 박흥식. 2016: 344.

1) 계층제(계서제) 조직구조에 의한 통제

행정조직은 일반적으로 상관과 부하의 역할이 계층에 따라 배열되는 계층제 또는 계서제(hierarchy) 조직으로 이루어져 있다. 이러한 계층제 조직을 통하여 명령하고 감독하는 권한이 행사된다. 따라서 상관들은 명령, 지시, 감독 및 성과평가를 통하여 부하를 통제하게 된다.

2) 기관 상호 간의 교차 통제

행정부 내부에서 조직, 인사, 예산, 평가를 담당하는 기관들에 의해 기관 상호 간의 교차 통제가 이루어진다. 실제 우리나라의 행정부 내부에서 이루어지는 교차 통제는 무수히 많지만, 대표적인 방식은 다음과 같다.

(1) 기획조정기능에 의한 통제

대통령비서실과 국가안보실, 국무총리소속의 국무조정실 등에서 국가 전반적인 정책에 대한 기획, 통합, 조정 과정에서 통제가 이루어진다.

(2) 조직, 인사, 예산에 대한 통제

행정안전부 조직실은 정부조직법의 주무 기관으로 정부 부처의 조직에 대해 통제를 하고 있다. 인사혁신처에서는 국가공무원법의 주무 기관으로 정부의 인사정책을 수립, 집행하면서 각 부처에 대한 사실상의 인사행정에 대한 통제가 이루어진다. 또한, 기획재정부는 국가재정법의 주무 기관으로 정부 예산의 편성 및 배정, 국가재정운용계획의 작성 등을 통하여 각 부처에 재정에 대한 통제를 하고 있다.

(3) 평가를 통한 통제

중앙정부, 지방자치단체 그리고 공공기관 등의 성과관리 및 업무평가는 '정부업무평가 기본법'에 근거를 두고 시행된다. 정부업무평가를 총괄하는 행정부서는 국무총리실이며, 관련 주요 결정사항을 심의·의결하기 위하여 국무총리소속 하에 '정부업무평가 위원회'를 둔다.[3]

국무총리 및 평가 대상기관의 장은 평가결과를 전자통합 평가체계 및 인터넷 홈페이지 등을 통하여 공개하여야 한다(정부업무평가 기본법 제26조). 또한, 국무총리는 매년 각종 평가결과 보고서를 종합하여, 이를 국무회의에 보고하거나 평가보고회를 개최하여야 한다(법 제27조). 해당 정책의 문제점이 발견되는 경우에는 이에 대

---

3) 정부업무평가제도 및 정부업무평가 기본법에 관련 내용은 제2편 제3장 '참고: 우리나라 정부업무평가제도' 부분을 살펴보기 바란다.

한 개선을 시행하고, 관련 인력의 증감이나 예산관리에 활용된다. 또한, 해당 정책의 평가결과를 정책을 추진한 개인 성과와 연계하여 개인 성과관리카드에 반영되어, 전자인사관리 시스템(e-사람)에 기록보관 된다(공무원 성과평가 등에 관한 지침).

이외에도 국민권익위원회에서 실시하는 공공기관 부패방지 시책평가, 공공기관 청렴도 측정, 기획재정부의 재정사업평가 등이 있다.

3) 감사원에 의한 통제

감사원은 대통령 소속하에 있는 행정부 내부 통제기관이다. 감사원은 국가의 세입·세출의 결산, 국가 및 법률이 정한 단체의 회계감사, 행정기관 및 공무원에 대한 직무감찰을 담당하고 있다.

4) 옴부즈만(ombudsman)에 의한 통제

본래 옴부즈만은 스웨덴 등 북유럽에서 의회에 설치되어 시민의 권익을 보장하는 역할을 수행하였다. 그러나 최근 일부 국가에서는 행정부에 설치하는 등 다양한 변형된 형태들이 나타나고 있다. 우리나라에서 옴부즈만의 기능을 수행하는 대표적인 기관은 국민권익위원회이다. 국민권익위원회는 국무총리소속으로 '부패방지 및 국민권익위원회의 설치와 운영에 관한 법률'에 근거하여 설치되었다.

이 법률에 따르면 국민권익위원회는 ⓐ 국민의 권리 보호·권익구제 및 부패방지를 위한 정책의 수립 및 시행, ⓑ 고충 민원의 조사와 처리, ⓒ 고충 민원을 유발하는 행정제도의 개선권고, ⓓ 부패행위 신고접수, 부패방지를 위한 시책 및 제도개선, ⓔ 지방자치단체의 옴부즈만 역할을 수행하는 시민고충처리위원회 지원 등의 업무를 수행한다.

5) 공무원의 자율적 통제[4]

직업윤리를 바탕으로 공무원 개인들의 자발적인 통제이다. 강압적인 통제보다는 실효성이 높다고 할 수 있다. 이를 위해서는 직업윤리에 대한 교육과 동시에 현실적으로 공무원으로서의 자부심을 느낄 수 있도록 보수의 적정화와 같은 제도적 장치가 뒷받침되어야 할 것이다.

---

[4] 공무원의 자율적 통제는 광의의 내부통제에 포함될 수 있어 여기서 다루고자 한다. 학자들은 이를 내부통제에서 논의하는 경우(김재기 외, 2013; 권기헌, 2018)와 그렇지 않은 경우가 있으며, 내부통제로 논의하지 않는 것이 다수의 견해로 보인다(주재현, 2013; 이광종, 2005; 오석홍, 2016).

2. 외부통제

외부통제는 행정부가 아닌 입법부, 법원, 헌법재판소, 국민에 의한 통제를 의미한다. 옴부즈만은 전술한 바와 같이 각국의 운영방식에 따라 외부통제와 내부통제로 구분된다. 내부통제가 행정조직이나 구조 내부에서 이루어지지만 외부통제는 행정조직의 환경으로부터의 통제이다.

1) 국회에 의한 통제

국민의 대표기관인 국회는 가장 대표적인 외부통제 기구이다. 우리나라의 국회에서는 입법권을 통한 법률의 제·개정, 예산 및 결산에 관한 권한, 국정조사 및 감사권, 국무위원에 대한 출석요구 및 질문을 통한 통제, 고위공직자 임명 동의 및 해임건의와 탄핵소추권, 청원의 접수·처리 등을 통하여 정부에 대한 외부통제를 하게 된다.

2) 법원에 의한 통제

법원은 국민의 권익이 행정부에 의해 위법하게 침해된 경우에 이를 구제하는 역할을 하며, 행정명령, 처분, 규칙 등의 위법 여부를 심사함으로써 행정부에 대한 외부통제를 하게 된다.

3) 헌법재판소에 의한 통제

헌법재판소는 헌법위반 행위자에 대한 탄핵 결정, 위헌적 공권력 행사에 대한 헌법소원 심판, 국가기관 상호 간 및 국가기관과 지방자치단체 간 및 지방자치단체 상호 간의 권한쟁의 심판 등을 통하여 외부통제 권한을 행사한다. 헌법재판소가 수행하는 법률의 위헌 여부에 대한 헌법재판은 행정부에 대한 외부통제라기보다는 헌법의 최고규범성을 보호하기 위한 제도로 볼 수 있다.

4) 국민에 의한 통제

국민은 직·간접적으로 행정기관에 대한 통제권을 행사할 수 있다. 여기서는 대표적인 몇 가지에 대해 알아본다.

(1) 선거, 주민투표, 주민소환 및 주민발안에 의한 통제

국민은 행정부의 대표자인 대통령, 지방자치단체장의 직접선거에 의하여 외부통제권을 행사할 수 있다. 한편, 지방자치법에서는 지방자치단체 주민에 대하여 주민투표, 주민소환, 주민발안제도를 인정하고 있다.

지방자치단체장은 주민에게 과도한 부담을 주거나 중대한 영향을 미치는 지방자치단체의 주요 결정사항 등에 대하여 주민투표에 부칠 수 있도록 하고 있으며 별도의 주민투표법을 두어 이를 구체화하고 있다(지방자치법 제18조 및 주민투표법 참조).

또한, 지방자치법 제19조와 주민조례발안에 관한 법률에서는 일정 수 이상의 주민이 지방의회 의장에게 조례를 제정하거나 개정하거나 폐지할 것을 청구할 수 있도록 하는 주민발안제도를 두고 있다.

지방자치법 제25조와 주민소환에 관한 법률에서는 선출직 단체장, 지방의원, 교육감을 소환할 수 있는 주민소환제도를 규정하고 있다.

(2) 국민·주민감사청구

현재 우리나라에서는 국민감사청구제도와 주민감사청구제도가 인정되고 있다. 국민감사청구제도는 "18세 이상의 국민은 공공기관의 사무처리가 법령에 위반 또는 부패행위로 인하여 공익을 현저히 해하는 경우에는 대통령령으로 정하는 일정 수 이상의 국민의 연서로 감사원에 감사를 청구"할 수 있도록 하고 있다(부패방지 및 국민권익위원회 설치와 운영에 관한 법률 제72조).

주민감사청구제도로 지방자치법(제21조)에서는 지방자치단체의 일정 수 이상의 주민은 그 지방자치단체와 그 장의 권한에 속하는 사무의 처리가 법령에 위반되거나 공익을 현저히 해친다고 인정되면 감사를 청구할 수 있도록 하고 있다.

(3) 이익집단, NGO, 언론에 의한 통제

각종 이익집단은 정부의 행정행위에 대한 압력단체로 활동하며, NGO(Non-Governmental Organization) 단체들도 정부 활동에 대한 부패감시의 역할을 수행한다. 언론은 입법부, 사법부, 행정부와 더불어 제4의 권력으로 불리며 국민의 판단을 도와주는 정보를 제공함으로써 여론형성에 기여하고 이를 통하여 간접적으로 행정통제의 역할을 수행한다.

(4) 기타 국민의 참여에 의한 통제

국민은 주민참여예산제도나 각종 공청회와 공개토론 등을 통하여 정부 기관에 대한 의견표명을 할 수 있으며, 행정기관에 특정 행위를 요구하는 민원을 제기할 수도 있다.

■ 참고문헌

1. 국내문헌

강기윤·이태근. (2010). 행정구역 통합에 영향을 미치는 요인 연구 – 창원시를 중심으로. 「한국지방자치학회보」. 22(2): 55 – 78.

강보경·문승민. (2018). 단절적 균형이론을 적용한 교육정책 변동과정 분석 – 법학전문대학원과 의학전문대학원의 비교사례연구. 「한국정책학회보」. 27(4): 301 – 327.

강상현. (2002). 전자민주주의에 관한 이론적 논의의 지형. 「한국언론학보」. 46(3): 45 – 79.

강성철·김판석·이종수·진재구·최근열. (2015). 「새 인사행정론」. 대영문화사

강용기. (2014). 「현대지방자치론(3정판)」. 대영문화사

강은숙·김종석. (2010). 신제도주의 경제학과 공공정책. 「한국정책학회 추계학술발표논문집」. 221 – 241.

고숙희 외. (1998). 「미래의 국정관리」. 법문사.

곽지영. (2014). 「알기쉬운 정부회계원리」. 상경사.

곽채기. (2014). 지방자치단체 세입원으로서 지방세외 수입의 위상과 역할 및 과제. 「지방세포럼」. 18: 19 – 44.

구경복 외. (2012). 「국회의 예산심사제도 개혁방안 연구: 거시총량적 심사와 전략적 자원배분 방안 도입을 중심으로」. 국회 기획재정위원회.

국가정보화전략위원회. (2011). 「빅 데이터를 활용한 스마트 정부 구현」.

국민권익위원회. (2017). 「2017 공무원 행동강령 업무편람」.

국회예산정책처. (2010). 재정정보 공개 현황 및 개선방안 — 디지털예산회계시스템을 중심으로. 「경제현안분석」. 제58호.

_____(2012). 국가재정에 대한 국민감시제도 해외사례 연구. 「2012 연구용역보고서」.

_____(2016). 「2015회계연도 재정사업 성과평가 Ⅱ」.

_____(2022). 「2023년도 예산안 성인지 예산서 분석」.

_____(2022). 「2023년도 온실가스감축인지 예산서 분석」.

_____(2022). 「2023년 대한민국 재정」.

국회의안정보시스템: http://likms.assembly.go.kr/bill/

권석균. (1998). 학습조직의 설계와 운영방안. 「MIS연구」. 10: 130 – 159.

기획예산처. (2005). 「2006년도 회계연도 예산안 작성 세부지침」.

기획재정부. (2018). 「국민참여예산제도 운영지침」.

_____(2018a). 「2018 기금현황」.

_____(2018b). 「2018~2022년 국가재정운용계획」. 주요내용.

_____(2018c). 「2019년도 예산안 편성 및 기금운용계획안 작성지침」.

_____(2019). 「보도자료 2019. 1. 30일자」.

_____(2022). 「2022 기금현황」.

김광묵. (2015). 「결산심사 문제점 및 개선과제. 국회 결산심사 강화 방안 학술대회 자료집」. 국회예산정책처.

김대성·이현선. (2008). 행정관료의 변형적 역할에 대한 비판: 신공공서비스이론을 중심으로. 「한국정책연구」. 8(1): 21－35.

김도훈·문태훈·김동환. (2001). 「시스템 다이내믹스」. 대영문화사.

김동원. (2005). 행적학의 규범이론을 위한 포스트모더니즘의 인식론적 함의. 「한국행정학보」. 39(3): 1－20.

김렬. (2014). 「인사행정론」. 박영사.

김배원. (2008). 헌법적 관점에서의 지방자치의 본질. 「 공법학연구」. 9(1): 223－224.

김병준. (2010). 「지방자치론」. 법문사.

김병섭 외. (2009). 「휴먼조직론」. 대영문화사.

김상봉·강주현. (2008). 정책과정의 시차문제에 관한 연구: 서울시 대중교통정책 개편사례. 「지방정부연구」. 12(1): 7－29.

김상수·김영록. (2018). 정부예산안의 국회 예산심의 결과에 대한 실증 분석－정책 특성, 편익의 범위, 정치적 영향력을 중심으로. 「한국정책학회보」. 27(2): 51－73.

김상조·김선득. (2004). 우리나라의 납세자 소송제도 도입에 관한 연구. 「사회과학연구」. 18: 1－18.

김상준. (2004). 부르디외, 콜만, 퍼트남의 사회적 자본 개념 비판. 「한국사회학」. 38(6): 63－95.

김석준 외. (2000). 「뉴거버넌스 연구」. 대영문화사.

김석태. (2005). 지방분권의 근거로서 보충성 원칙의 한국적 적용. 「지방정부연구」. 9(4): 95－110.

김석태. (2016). 지방분권 사상과 한국의 지방자치. 「지방정부연구」. 19(4): 1－24.

김성태. (2007). 「신전자정부론 이론과 전략」. 법문사.

김세균·박찬욱·박창재 외. (2005). 「정치학의 대상과 방법」. 박영사.

김영수. (2013). 「전자정부 3.0은 국민 신뢰회복 출발점」. 대한민국 정책브리핑(www.korea).

김영옥·마경희·김보연. (2007). 「해외의 성인지 예산: 다양성과 정책적 선택」. 한국여성정책연구원.

김영일 (2009) 자치 이념으로서의 공동체주의: 지방화 시대의 새로운 패러다임, 「한국시민윤리학회보」. 22(2): 99-121.

김용만. (2012). 예산법률주의 도입을 통한 재정민주주의 확립에 관한 연구: 민주화 이후의 예산심의 실태분석에 기초하여. 「한국행정사학지」. 30: 121-149.

김재기 외. (2013). 「현대행정학」. 법문사.

김주성. (2008). 심의민주주의인가, 참여민주주의인가?. 「한국정치학회보」. 42(4): 5-32.

김진영. (2016). 국회재정권 강화를 위한 예산절차 개선방안의 연구. 「미국헌법연구」. 27(3): 29-63.

김천권. (2009). 포스트모던 사회의 도시행정에 관한 담론. 「도시행정학보」. 22(3): 3-39.

김철희. (2005). 정부지출변동의 패턴과 결정요인에 관한 연구: 한국 중앙정부의 기능별 지출변동을 중심으로. 「한국행정학보」. 39(3): 115-136.

김태룡. (2010). 「행정이론」. 대영문화사.

_____(2014). 「행정이론」. 대영문화사.

김태운·남재걸. (2011). 지방자치단체 자율통합과정에서의 행위자간 갈등분석: Giddens의 구조화이론을 중심으로. 「한국행정학보」. 45(3): 149-71.

김태호·노종호. (2010). 공공봉사동기가 조직구성원의 혁신행동에 미치는 영향에 관한 연구. 「행정논총」. 48(3): 143-168.

김항규. (2010). 「행정철학」. 대영문화사.

김현기·장인봉. (2001). 국회의원의 예산심의 활동에 관한 실증적 연구. 「한국정책과학학회보」. 5(3): 169-200.

김현조. (2009). 「지방자치론」. 대영문화사

김형렬. (1993). 시간적 차원에서의 정책결정에 관한 연구. 「한국정책학회회보」. 2(1): 115-142.

김호섭. (1991). 행정책임의 논리. 「한국행정학보」. 25(3): 783-802.

김호섭 외. (2006). 「조직행태의 이해」. 대영문화사.

김호섭 외. (2012). 「행정과 조직행태」. 대영문화사.

김홍균·명재일·문형표·이인실·김상겸 역. (2011). 「재정학과 공공정책」. 시그마프레스.

남궁근. (2008). 「정책학」. 법문사.

_____(2010). 「정책학」. 법문사.

남재걸. (2012). 지방행정체제 개편의 경로진화 연구. 「지방행정연구」. 26(2): 55-88.

_____(2015). 생활자치의 과제와 발전방안. 「자치발전」. 7: 33-39.

_____(2017). 자치개념 재정립을 위한 시론적 고찰. 「한국지방자치학회 하계학술대회」.

_____(2022). 「지방자치론」. 박영사.

남재걸 외. (2013). 「생활자치 합시다」. 한국생활자치연구원편: 대영문화사.

노화준. (2012). 「정책학 원론」. 박영사.

대한민국 국방부. (2018). 「2018 국방백서」.

대한민국정부. (2016). 「2016~2020년 국가재정운용계획」.

류지성. (2010). 「정책학」. 대영문화사.

_____(2019). 「정책학」. 대영문화사.

명승환·이용훈. (2011). 「행정학개론」. 아카데미북.

명승환. (2018). 「스마트 전자정부론」. 율곡출판사.

무페, 샹탈. (2006). 「민주주의의 역설」. 이행 역. 인간사랑.

문병효. (2016). 국가재정법 10년 결산, 한계와 개혁과제. 「일감법학」, 35: 3－34.

민현정. (2006). 일본에 있어서의 공공성 재편 논의와 지역협동에 관한 연구. 「지방정부연구」. 10(3): 81－103.

_____(2009). 일본 시민사회 성장과 공공성 재편 논의. 「민주주의와 인권」. 9(2): 281－315.

박경효. (2016). 「재미있는 행정학」. 윌비스.

박동서. (1992). 「한국행정론」. 법문사.

박석희. (2009). 국회 예산심의과정의 실태와 특징. 「한국행정학회 Conference 자료」. 267－285.

박용성·박춘섭. (2011). 민간투자 사업최소수입보장(MRG) 제도의 경로 변화연구. 「한국정책학회보」. 20(1): 243－266.

박종민·윤견수. (2014). 민주주의와 신자유주의 이후의 한국의 국가관료제: 지속과 변화. 「한국행정학회 학술발표논문집」. 2014(12): 1238－1258.

박찬웅. (2000). 사회적 자본, 신뢰, 시장－시장에 대한 사회학적 접근. 「한국사회학회 춘계 특별심포지움 자료집」. 79－110.

박천오·권경득·권용수·조경호·조성한·최성주. (2016). 「인사행정론」. 법문사.

박철우. (2011). 우리나라 전자정부의 발전과정과 과제. 「기업경영리뷰」. 2(1): 145－160.

박흥식. (2008). 공직자 이해충돌(conflict of interest) 행위의 개선을 위한 연구: 법적·윤리적 시각을 중심으로. 「한국행정학보」. 42(3): 239－260.

_____(2016). 한국 행정책임 연구 60년. 「한국행정학보」. 50(5): 339－366.

배응환·주경일. (2012). 정책딜레마와 정부의 선택: 지역간 항명칭과 해상경계 분쟁사례. 「행정논총」. 50(2): 167－199.

백기복. (2011). 「조직행동연구」. 창민사.

백완기. (1998). 「행정학」. 박영사.

_____(2007). 「행정학」. 박영사.

_____(2007a). 한국행정과 공공성. 「한국사회와 행정연구」. 18(2): 1−22.

서보건. (2010). 일본의 예산제도의 내용과 법적 성격. 「공법학연구」. 11(2): 117−143.

서울대학교 정치학과 교수. (2007). 「정치학의 이해」. 박영사.

서정섭. (2018). 주민참여예산제 운영의 현주소와 발전방향. 「한국지방재정학회 세미나자료집」. 3−21.

소병희. (2008). 「재정학」. 박영사.

소영진. (1999). 딜레마 발생의 사회적조건: 위천공단 설치를 둘러싼 지역갈등을 중심으로. 「한국행정학보」. 33(1): 185−205.

_____(2003). 행정학의 위기와 공공성 문제. 「정부학 연구」. 9(1): 5−22.

_____(2004). 행정학에 있어서 현상학적 방법의 가능성 탐색. 「한국행정학보」. 38(4): 1−20.

손준희·강인재·장노순·최근열. (2014). 「지방재정론」. 대영문화사.

송경재. (2006). 자발적 시민참여 사이버 공동체의 사회적 자본에 관한 사례연구. 「사이버커뮤니케이션 학보」. 19: 221−255.

신무섭. (2014). 「재무행정학」. 대영문화사.

신정현. (2005). 「정치학」. 법문사.

신충식. (2009). 포스트모더니즘과 밀러(Hugh T. Miller)의 행정학. 「한국행정학회 동계학술발표논문집」. 709−730.

신희영. (2003). 신공공관리론에 대한 비판적 고찰. 「정부학연구」. 9(1): 81−119.

안용식·강동식·원구환. (2007). 「지방행정론」. 대영문화사

양승목·김수아. (2002). 전자민주주의와 정보민주주의: 개념, 이론 및 정책의 비교. 「언론정보연구」. 39: 137−183.

염재호. (2005). 정책연구에서 시간개념 도입의 유용성. 「한국행정학보」. 39(4): 431−441.

오석홍·김영평. (2000). 「정책학의 주요이론」. 박영사.

오석홍. (2013). 「행정학」. 박영사.

_____(2014). 「조직이론」. 박영사.

오세덕 외. (2013). 「행정관리론」. 대영문화사.

오세윤·노시평·박희서. (2002). 신공공서비스의 배경과 한국행정에 대한 함의. 「한국 사회와 행정연구」. 13(1): 1−19.

오수길·신충식·이광석. (2009). 생활세계의 행정학과 현상학적 접근방법의 적용 가능성 검토. 「한국행정학회 동계학술대회 발표논문」. 898−908.

오영균. (2004). 성과예산중심 국회결산을 위한 제도개선에 관한 연구. 「한국행정논집」. 16(1): 155−177.

오영민·신헌태. (2017). 우리나라 결산의 효과성 분석. 「한국행정학보」. 51(2): 217－244.

오영민. (2016). 우리나라 성과주의 예산제도의 재정성과정보 활용에 대한 실증연구: 재정성과
　　　목표관리 제도 성과정보 활용의 효과성 분석을 중심으로. 「한국정책학회보」. 25(1):
　　　551－577.

우양호. (2008). 공공서비스 관리이론의 한국적 적실성에 관한 비교연구: 신공공관리론과 신공
　　　공서비스론을 중심으로. 「지방정부연구」. 12(2): 249－273.

원구환. (2008). 행정의 책임성 확보와 청지기이론의 적용가능성. 「한국공공관리학보」. 22(4):
　　　507－529.

원숙연. (2002). 포스트모더니즘 조직연구: 인식론적 정향성과 대안으로서의 가능성. 「한국행정
　　　학보」. 36(2): 1－18.

위계점·이원희. (2010). 「알파플러스 행정학」. 메티스.

유금록. (2007). 한국의 중앙정부예산에 있어서 정책단절의 시계열분석. 「한국행정학보」.
　　　41(2): 95－116.

유민봉. (2013). 「한국 행정학」. 박영사.

유민봉·박성민. (2014). 「한국인사행정론」. 박영사.

유재원·소순창. (2005). 정부인가 거버넌스인가? 계층제인가 네트워크인가? 「한국행정학보」.
　　　39(1): 41－63.

유종해·이덕로. (2015). 「현대행정학」. 박영사.

윤견수. (1993). 조직의 딜레마에 대한 상징적 반응. 「한국행정학보」. 26(4): 1257－1280.

_____(2006). 정부의 결정을 딜레마상황으로 가게 하는 요인과 그에 대한 대응책에 관한 연
　　　구. 「한국행정연구」. 15(1): 71－100.

윤성채. (2014). 정부예산결정이론의 적합성 검증. 「한국행정논집」. 26(2): 135－162.

윤영진. (1997). 예산결정기관의 예산형태에 관한 연구. 「사회과학 논총」. 16: 33－51.

_____(2009). 예결산 심의의 연계강화를 위한 결산심사제도의 개선방안. 「예산춘추」. (15):
　　　19－24.

_____(2016). 「새재무행정학2.0」. 대영문화사.

윤영진·이정화. (2013). 지방자치단체 성인지 예산제도와 시민사회의 역할. 「사회과학논총」.
　　　32(1): 357－383.

은민수. (2008). 유럽 복지국가의 연금정치(pension politics). 「한국정치학회보」. 42(4):
　　　475－497.

이강호. (2006). 「예산총액배분자율편성제도(Top－down system)의 도입효과에 과한 연구」.
　　　서울대학교 박사학위 논문.

이광석·권기석. (2016). 행정학에서의 주관주의에 관한 연구. 「한국행정학보」. 50(5): 51－85.

이광종. (2005). 「행정책임론」. 대영문화사.

이근주. (2005). PSM과 공무원의 업무 성과. 「한국사회와 행정연구」. 16(1): 81−104.

이달곤. (1998). 「한국의 재정과 재무행정」. 박영사.

이달곤·하혜수·정정화·전주상·김철회. (2012). 「지방자치론」. 박영사

이만재. (2011). 빅 데이터와 공공 데이터 활용. 「Internet and Information Security」. 2(2): 47−64.

이명석. (2002). 거버넌스의 개념화: '사회적 조정'으로서 거버넌스. 「한국행정학보」. 36(4): 321−338.

_____(2010). 협력적 거버넌스와 공공성. 「현대사회와 행정」. 20(2): 23−53.

이명진. (2010). 공직 동기 이론에 대한 비판적 고찰: 한국 공무원의 직업선택동기를 중심으로. 「서울행정학회 춘계학술대회 발표논문집」. 569−582.

이문수. (2012). 포스트모던시대의 행정윤리. 「한국행정논집」. 24(3): 669−691.

_____(2014). 행정윤리와 타자성. 「한국행정학보」. 48(3): 51−74.

이상봉. (2011). 대안적 공공공간과 민주적 공공성의 모색. 「대한정치학회보」. 19(1): 23−45.

이시원. (2013). 시차이론의 연구동향 그리고 성과와 과제. 「한국사회와 행정연구」. 24(2): 405−453.

이영균. (2002). 행정윤리의 본질과 관점. 「한국정책과학학회보」. 6(3): 113−137.

이영재. (2010). 토의민주주의. 「민주주의 강의 4 현대적 흐름」. 민주화운동기념사업회 연구소 편.

이영조·문인수. (2002). 「재무행정론」. 대명출판사.

이원우. (2011). 현대적 민주법치국가에 있어서 행정통제의 구조적 특징과 쟁점. 「행정법연구」. 29: 105−133.

이윤식·서영빈. (2015). 우리나라 전자정부 사업의 성과평가연구. 「한국지역정보화학회지」. 18(2): 109−135.

이장희. (2018). 민주주의의 의미와 본질에 대한 고찰: 대의민주주의와 참여민주주의−심의민주주의 관계를 중심으로. 「헌법논총」. 29: 447−492.

이정희. (2010). 최근의 주요 예산이론들의 비교, 평가 및 발전방향에 관한 연구. 「한국행정학보」. 44(4): 103−130.

_____(2011). 단절균형이론. 「서울행정학회포럼」. 23−25.

이종범. (1994). 딜레마와 상징적 행동. 이종범 (외). 「딜레마이론: 조직과 정책의 새로운 이해」. 213−235.

이종수·윤영진·곽채기·이재원 외. (2014). 「새 행정학 2.0」. 대영문화사.

이찬·전영옥·류지은·정보영·이지혜. (2016). 경계분석을 통한 전문계 교원 양성 및 임용에 관한 정책과제 도출. 「농업교육과 인적자원개발」. 48(3): 1−22.

이창길. (2013). 「인적자원행정론」. 법문사.

이창원·명승환 외. (2004). 「정보사회와 현대조직」. 박영사.

이창원·최창현·최천근. (2014). 「새 조직론」. 대영문화사.

이한빈. (1969). 「국가발전의 이론과 전략」. 박영사.

이해영. (2004). 정책학에서 민주주의 실천방법에 관한 연구. 「한국정책논집」. 4: 34-48.

이현우. (2016). 결산심사는 예산심의의 시작이다. 「주간동아」. (1049): 16-17.

인사혁신처. (2017). 「고위공무원단 진입을 위한 역량평가 안내」.

임도빈. (2000). 신공공관리론과 베버 관료제 이론의 비교. 「행정논총」. 38(1): 51-72.

_____(2003). 시간적 관점에서 조직연구의 필요성. 「한국정책학회보」. 12(1): 375-409.

_____(2007). 시간의 개념분석: 행정학 연구에 적용가능성을 중심으로. 「한국행정학보」. 41(2): 1-21.

_____(2007a). 관료제, 민주주의, 그리고 시장주의: 정부개혁의 반성과 과제. 「한국행정학보」. 41(3): 41-65.

임동진. (2001). 현상학적 방법론의 행정철학적 함의. 「한국행정논집」. 13(3): 496-510.

임성일. (2012). 지방 성인지 예산제도 도입이 지방재정에 주는 의미와 과제.「한국행정학회 하계학술발표논문집」. 1-30.

임승빈. (2012). 「지방자치론」. 법문사.

_____(2014). 「지방자치론」. 법문사

임의영. (2008). 「행정철학」. 대영문화사.

_____(2010). 공공성의 유형화. 「한국행정학보」. 44(2): 1-21.

_____(2017). 공공성의 철학적 기초. 「한국정책학회 춘계학술발표논문집」. 1-23.

_____(2018). 공공성 연구의 풍경과 전망. 「정부학연구」. 24(3): 1-42.

임혁백. (2007). 「시장·국가·민주주의」. 나남.

장명학. (2003). 하버마스의 공론장 이론과 토의민주주의. 「한국정치연구」. 12(2): 1-35.

전상경. (2008). 「정책분석의 정치경제」. 박영사.

_____(2009). 오츠의 재정연방주의에 관한 소고. 신무섭·유금록 외.「현대지방재정의 주요 이론」. 대영문화사

_____(2011). 「현대 지방재정론」. 박영사.

전영한·이경희. (2010). 정책수단 연구: 기원, 전개, 그리고 미래. 「행정논총」. 48(2): 91-118.

정상호. (2009). 정치담론으로서 생활정치 연구의 현황과 과제. 「시민사회와 NGO」. 7(2): 5-38.

정용덕 외. (1999). 「신제도주의」. 대영문화사.

정원규. (2005). 민주주의의 두 얼굴: 참여 민주주의와 숙의민주주의. 「사회와 철학」. 10: 281－327.

정정길. (1993). 「정책학원론」. 대명출판사.

_____(2002a). 행정과 정책연구를 위한 시차적(時差的) 접근방법: 제도의 정합성 문제를 중심으로. 「한국행정학보」. 36(1): 1－20.

_____(2002b). 정책과 제도의 변화과정과 인과법칙의 동태적 개념: 시차적(時差的) 접근방법(Time－Lag Approach)을 위한 제언. 「한국정책학회보」. 11(2): 255－272.

_____(2002c). 시차적 접근, 역사적 맥락과 정태균형론. 「한국정책학회보」, 11(2): 305－310.

정정길·정준금. (2003). 정책과 제도변화의 시차적 요소. 「행정논총」. 41(2): 171－202.

정정길 외. (2005). 「행정의 시차적 접근」. 박영사.

정정길 외. (2011). 「정책학 원론」. 대명출판사.

정정길 외. (2014). 「정책학 원론」. 대명출판사.

정진우. (2013). 전자정부론의 연구경향과 시사점. 「한국사회와 행정연구」. 24(2): 153－175.

정충식. (2018). 「2018 전자정부론」. 서울경제경영.

조군제. (2007). 성과주의 예산제도의 필요성과 정착방안. 「국제회계연구」. 19: 245－265.

조대엽. (2014). 생활정치 패러다임과 공공성의 재구성. 「현상과 인식」. 38(4): 131－155.

_____(2015). 「생활민주주의 시대」. 나남.

조정찬. (2005). 해상경계 획정에 관한 법률의 입법 필요성 및 입법방향. 「해상경계법률제정을 위한 토론회(충청남도, 충남연구원 주최) 자료집」.

조주은·이성일. (2009). 전자정부에서의 정보격차. 「정보사회와 미디어」. (16): 53－82.

조태준·윤수재. (2009). 공공서비스동기(Public service motivation)와 성과 간 관계에 대한 연구. 「한국행정연구」. 18(1): 223－252.

조현수. (2018). 새로운 전자정부 시대, 블록체인으로 열다. 「공공정책」. 158: 18－21.

주재현. (2013). 「행정통제론」. 법문사.

지방자치단체 국제화 재단 (역). (2008). 「일본 지방자치법 개론」. 신일문화사. 원저: 마치모토 히데아키(松本英昭). 地方自治法 槪要. 2005.

최성욱. (2008). 포스트모더니즘에서 본 관료조직. 「한국행정학회 학술발표논문집」. 2008(4): 601－618.

최순영. (2007). 총액인건비제도의 이론적 근거와 긍정적 기대의 영향요인. 「행정논총」. 45(4): 275－303.

최재식. (1999). 하버마스의 "생활 세계"와 "체계" 이론 및 이에 관한 사회·문화 현상학적 비판: "'문화주의적'으로 왜소화된 현상학적 생활 세계"에 대한 현상학적 재비판. 「철학과 현상학 연구」. 13: 184-220.

최종하·양다승. (2015). 총액배분자율편성제도 도입 이후 부처자율성 제고에 대한 실증적 분석. 「예산정책연구」. 4(2): 176-210.

최창호·강형기. (2019). 「지방자치학(제3판)」. 삼영사.

최창호·하미승. (2006). 「새 행정학」. 삼영사.

하버마스 위르겐. (1987). 「의사소통행위이론 1·2」. 장춘익 옮김. 나남출판.

하연섭. (2002). 시차적 접근방법과 신제도이론. 「한국정책학회보」. 11(2): 299-303.

_____(2011). 「제도분석」. 다산출판사.

_____(2015). 「재정학의 이해」. 다산출판사.

_____(2015a). 성과주의 예산개혁의 비교제도분석. 「현대사회와 행정」. 25(1): 161-191.

_____(2018). 「정부예산과 재무행정」. 다산출판사.

한국개발연구원. (2007). 「한국경제·사회와 사회적 자본」.

한국교육학술정보원. (2006). 사회자본의 개념과 교육적 시사점(이슈리포트). 「연구자료 RM 2006-82」.

한귀현. (2012). 지방자치법상 보충성의 원칙에 관한 연구. 「공법학연구」. 13(3): 245-274

한상일·정소윤. (2014). 관료제와 행정민주주의: 한국적 맥락에서의 공공가치의 실현을 위한 제도적 설계. 「정부학연구」. 20(2): 3-33.

함성득·이상호·양다승. (2010). 총액배분자율편성제도의 효과에 관한 실증적 연구: 교육과학 기술부 교육분야 예산의 점증성을 중심으로. 「행정논총」. 48(4): 295-323.

행정안전부. (2009). 「자치단체 자율통합 지원계획」.

_____(2009a). 「2009년도 지방행정구역요람」.

_____(2010). 「지방자치단체 자율통합 추진 성과」.

행정자치부. (2007). 「전자정부법의 이해와 해설」.

허영. (1985). 地方自治에 관한 憲法理論的 照明. 「공법연구」. 13: 119-134

_____(2019). 「한국헌법론(전정15판)」. 박영사

홍미영·류춘호·고재수·서정모·강지희. (2011). 지방정부 성인지 예산의 도입과 발전방향에 관한 연구. 「지방정부연구」. 15(4): 7-9.

홍석한. (2019). 보충성의 원리에 대한 헌법적 고찰. 「법학논문집」. 43(1): 5-38

홍성방. (2007). 헌법상 보충성의 원리. 「공법연구」. 36(1): 601-623

홍성수. (2016). 시차이론과 시간의 개념. 「한국정책연구」. 16(3): 1-18.

홍정선. (2018). 「신지방자치법(제4판)」. 박영사홍성태. (2012). 공공성의 사회적 구성과 정치 과정의 동학. 「한국사회학회 사회학 대회 논문집」. 873-891.

홍준형. (1999). 신공공관리론의 공법적 문제–공무원인사제도개혁을 중심으로. 「행정논총」. 37(1): 93–110.

황종성. (2013). Gov3.0: 미래 전자정부 개념정립과 추진전략 모색. 「한국정책학회 춘계학술대회 발표집」. 503–527.

2. 국외문헌

Akerlof, George. (1970). The Market for Lemon: Qualitative Uncertainty and the Market Mechanism. *Quarterly Journal of Economics*. 84: 488–500.

Alderfer, Clayton Paul. (1972). *Existence, Relatedness and Growth: Human Needs in Organizational Setting*. New York: The Free Press.

Allison, Gramham T. (1971). *The Essence of Decision: Explaining the Cuban Missile Crisis*. Boston: Little, Brown and Company.

Almond, Gabriel A. & B. Powell. (1980). *Comparative Politics: System, Process and Policy*. Boston.

Appleby, Paul H. (1949). *Policy and Administration*. University of Alabama Press.

Arendt, Hannah. (1989). *The Human Condition*. Chicago: University of Chicago Press.

Argyris, Chris. (1957). *Personality and Organization*. New York: Harper & Low.

Arthur, W. B. (1990). Positive Feedbacks in the Economy. *Scientific American*. 262: 92–99.

Bachrach, Peter & Morton S. Baratz. (1962). Two Faces of Power. *American Political Science Review*. 56: 947–952.

_____(1963). Decisions and Nondecisions: An Analytical Framework. *American Political Science Review*. 57: 632–642.

_____(1970). *Power and Poverty: Theory and Practice*. N.Y: Oxford University Press.

Bass, B. M. & Avolio, B. J. (1990). The Implications of Transactional and Transformational Leadership for Individual, Team and Organisational Development. In Pasmore, W. & Woodman, W.(eds.). *Research in Organisational Change and Development*. 4: 231–272. Greenwich: JAI Press

Baumgartner, F. R. & B. D. Jones. (1993). *Agendas and Instability in American Politics*. Univ. Of Chicago Press.

Beland, Daniel. & Cox, Robert Henry. (2011). *Ideas and Politics in Social Science Research*. Oxford University Press.

Benson G. C. S. (1941). The New Centralization. New York: Rinehart

Birkland, Thomas A. (2011). *An Introduction to policy process: Theories, Concepts, and Models of Public Policy Making(3rd ed.)*. New York: M.E. Sharpe.

Bourdieu, Pierre. (1986). The Forms of Capital. In J. G. Richardson (ed.). *Handbook of Theory and Research for the Sociology of Education*. Westport, CT: Greenwood Press.

Braybrooke, David & Lindblom, Charles E. (1970). *A Strategy of Decision*. New York.

Chandler, J. A. (2009). *Local government today (Politics Today)*. Manchester University Press.

Cobb, Rodger W., Ross, J. K., & Ross, M. H.(1976). Agenda Building as a Comparative Political Process. *American Political Science Review*. 70(1): 126−138.

Coleman, James. (1988). Social Capital in the Creation of Human Capital. *American Journal of Sociology*. 94: S95−120.

_____(1990). *Foundations of Social Theory*. Cambridge: Harvard University Press.

Daft, R. (2007). *Organisation Theory and Design(9th ed.)*. St. Paul: West Publishing Company.

_____(2010). *Understanding the theory and design of organsations(10th ed.)*. South−Western.

Denhardt, R. B., & Denhardt, J. V. (2000). The New Public Service: Serving Rather Than Steering. *Public Administration Review*. 60(6): 549−559.

_____(2003). *The New Public Service: Serving not steering*. New York: M. E. Sharpe.

Derrida, Jacques. (1997). *Deconstruction in Nutshell: A Conversation with Jacques Derrida. J. Caputo*. New York: Fordham University Press.

Dimock, Marshall E. (1937). *Modern Politics and Administration*. American Book Company: New York.

Easton, David. (1953). *The Political System*. New York: Alfred A. Knopf.

Elcock, Howard. (1994). *Local government: Policy and management in local authorities (third edition)*. London: Routledge.

Elmore, R. (1985). Forward and backward mapping: Reversible logic in the analysis of public policy. In K. Hanf & T. Toonen (Eds.). *Policy implementation in federal and unitary systems* (pp. 33−70). Boston: Martinus Nijhoff. Google Scholar.

Espring−Anderson, G. (1985). *Politics against Markets*. Princeton: Princeton University

Press.

Fine, Ben. (2001). *Social Capital versus Social Theory*. London: Routledge.

Finer, H. (1941). Administrative Responsibility in Democratic Government. *Public Administration Review*. I (4): 335−350.

Fox, C. J. & Miller, H. T. (1995). *Postmodern Public Administration, Towards Discourse*. London: Sage Publications.

Franzen, A. (2003). Social Capital and the Internet: Evidence from Swiss Panel Data. *Kyklos*. 56(3): 341−360.

Friedrich, Carl J. (1940). Public Policy and The Nature of Administrative Responsibility. In Carl J. Friedrich (ed.). *Public Policy*. Cambridge: Harvard University Press.

Fukuyama, Francis. (1995). *Trust: the Social Virtues and the Creation of Prosperity*. New York: Free Press.

_____(1999). *The Great Disruption*. New York: The Free Press.

Gaus, John Merriman. (1947). *Reflections on Public Administration*. The University of Alabama Press.

Gerston, Larry N. (1997). *Public Policy Making: Process and Principles*. New York: M. E. Sharpe

_____(2004). *Public Policy Making: Process and Principles(2nd ed.)*. New York: M. E. Sharpe.

Goodnow, Frank J. (1914). *Politics and Administration: A Study in Government*. Transaction Publishers.

Granovetter, Mark. (1973). The Strength of Weak Ties. *American Journal of Sociology*. 78: 1360−1380.

Griffin, R. W. & Moorhead, G. (2014). *Organizational Behavior*. Canada.

Gruber, J. & Köszegi, B. (2008). A Modern Economic View of Tobacco Taxation. *International Union Against Tuberculosis and Lung Disease*.

Gruber, Jonathan. (2011). *Public Finance and Public Policy*. Worth Publichers: New York.

Hacker, J. S. (2004). Privatizing Risk Without Privatizing the Welfare State: The Hidden Politics of Social Policy Retrenchment in the United States: *The American Political Science Review*. 98(2): 243−260.

Hamton, K. & Wellman, B. (2003). Neighboring in Netville: How the Internet Supports Community and Social Capital in a Wired Suburb. American Sociological Association. *City & Community*. 2(4): 277−311.

Hardin, G. (1968). The Tragedy of Commons. *Science*. 162: 1243−1248.

Heady, Ferrel. (1979). *Public Administration: A Contemporary Perspective*. Marcel Dekker.

Herzberg, Frederick Irving. (1987). One More Time: How Do You Motivate Employees?. *Harvard Business Review*. 65 (5).

Hood, C. (1986). *The Tools of Government*. Chatham, NJ: Chatham House.

Howlett, M. (1991). Policy Instruments, Policy Styles, and Policy Implementation. *Policy Studies Journal*. 22(4): 631−651.

Howlett, M. & M. Ramesh. (2003). *Studying Public Policy*. New York: Oxford University Press.

Hunter, F. (1963). *Community Power Structure*. N.Y: Doubleday and Company Inc.

Immergut, E. M. & Anderson, K. M. (2008). Historical Institutionalism and West European Politics. *West European politics*. 31(1−2): 345−69.

Ingram, Hellen, Anne L. Schneider & Peter deLeon. (2007). Social Construction and Policy Design. In Paul A. Sabatier(ed.). *Theories of the Policy Process*. Westview.

Jones, B. D., Sulkin, T., & Larsen, H. A. (2003). Policy Punctuations in American Political Institutions. *American Political Science Review*. 97(1): 151−169.

Jones, Bryan D., Frank R. Baumgartner, & James L. True. (1996). The Shape of Change: Punctuations and Stability in U. S. Budgeting, 1947−1994. *In 54th Annual Meeting of The Midwest Political Science Association*. Chicago.

Jordan, G. & Schubert, K. (1992). A preliminary ordering of policy network labels. *European Journal of Political Research*. 21(1−2): 7−27.

Judge, Timonthy A., Thoresen, Carl J., Bono Joyce E., & Patton Gregory K. (2001). The Job Satisfaction−Job Performance Relationship: A Qualitative and Quantitative Review. *Psychological Bulletin*. 127(3): 376−407.

Kerr, S. & Jermier, J. (1978). Substitutes for Leadership: Their Meaning and Measurement. *Organisational Behaviour and Human Performance*. 22: 375−403.

Kingdon, John W. (1995). *Agendas, Alternatives, and Public Policies*. Harper Collins College Publishers.

Krasner, Stephen D. (1988). Sovereignty: An Institutional Perspective. *Comparative Political Studies*. 21(1): 66−94.

Langrod Georges. (1953). Local Government and Democracy. Public Aministration. Vol(31): 26−31

Lieberman, E. S. (2001). Casual Inference in Historical Institutional Analysis: A Specification of Periodization Strategies. *Comparative Political Studies*. 34(9):

1011－1035.

Lieberman, R. C. (2002). Ideas, Institutions, and Political Order: Explaining Political Change. *The American Political Science Review*. 96(4): 697－712.

Lin, Nan. (2001). Building a Network Theory of Social Capital. In Nan Lin, Karen Cook & Ronald Burt (eds.). *Social Capital Theory and Research*. New York: Aldine de Gruyter.

Lindblom, Charles E. (1959). The Science of Muddling Through. *Public Administration Review*. 19(2): 79－88.

_____(1979). Still Muddling, not yet through. *Public Administration Review*. 39(6): 520－526.

Lindner, J. (2003). Institutional Stability and Change: Two Sides of the Same Coin. *Journal of European Public Policy*. 10(6): 912－935.

Lipsky, M. (1980). *Streetd－level Bureaucracy: Delemmas of the Individual in Public Service*. NY: Russel Sage.

Lowi, T. J. (1964). American business, public policy, case－studies, and political theory. *World politics*. 16(4): 677－715.

_____(1972). Four systems of policy, politics, and choice. *Public administration review*. 32(4): 298－310.

Lynn Jr, L. E. (1998). The new public management: How to transform a theme into a legacy. *Public Administration Review*. 231－237.

Mahoney, J. (2000). Path dependence in historical sociology. *Theory and society*. 29(4): 507－548.

Mahoney, J. & Rueschemeyer, D. (2003). *Comparative Historical Analysis in the Social Science*. Cambridge University Press.

Mahoney, J. & Thelen, K. (2010). *Explaining Institutional Change. Ambiguity, Agency and Power*. Cambridge University Press.

_____(2010a). A Theory of Gradual Institutional Change. In J. Mahoney and K. Thelen (eds.). *Explaining Institutional Change. Ambiguity, Agency and Power*. 1－37. Cambridge University Press.

Manyika, J., Chui, M., Brown, B., Bughin, J., Dobbs, R., Roxburgh, C., & Byers, A. H. (2011). *Big data: The next frontier for innovation, competition and productivity*. New York: Mckisney & Company.

Maslow, A. H. (1970). *Motivation and Personality(2nd ed.)*. New York.

McClelland, D. C. (1962). Business drive and national achievement. *Harvard Business Review*. 40(4): 99－112.

McGregor, Douglas. (1960). *The Human Side of Enterprise*. New York: McGrow−Hill.

McSwite, O. C. (1996). Postmodemism, Public Administration, and the Public Interest. In Gary L. Wamsley & James F. Wolf(eds.). *Refounding Democratic Public Administration: Modern Paradoxes. Postmodern Challenges*. 198−224. Thousand Oaks, CA: Sage Publications.

Mikesell, John L. (1995). *Fiscal Administration: analysis and applications for the public sector*. Wadsworth Publishing Company.

Mills, C. W. (1956). *The Power Elite*. NY: Oxford University Press.

Mitchell, W. C. & R. T. Simmons. (1994). *Beyond Politics: Markets, Welfare and the Failure of Bureaucracy*. Boulder, Colorado: West View Press.

Moorhead, G. & Griffin, R. W. (2004). *Organizational Behavior*. Boston.

Morgan, G., Campbell, J., Crouch, C., Pedersen, O. & Whitley, R. (2010). *The oxford handbook of Comparative Institutional Analysis*. Oxford University Press.

Muchinsky, Paul. M. (2006). 산업 및 조직심리학(유태용 역). 시그마프레스.

Musgrave, Richard A. (1959). *The Theory of Public Finance: A Study in Public Economy*. New York: McGraw−Hill.

Nakamura, R. T. & Smallwood, F. (1980). *The Politics of Policy Implementation*. New York: St. Martin's Press.

North, Douglass C. (2005). *Understanding the process of Economic Change*. Princeton: Princeton University Press.

Oates, Wallace. E. (1972). Fiscal Federalism. New York: Harcourt Brace Jovanovich

_____(1993). Fiscal Decentralism and Economic Development. National Tax Journal. Vol. 46: 237−43

Onyx, Jenny & Paul Bullen. (2000). Measuring Social Capital in Five Communities. *The Journal of Applied Behavioral Science*. 36(1): 23−42.

Ostrom, V., & Ostrom, E. (1971). Public choice: A different approach to the study of public administration. *Public Administration Review*. 31(2): 203−216.

Panter−Brick Keith. (1954). Local Government and Democracy− A Rejoinder. Public Aministration. 32: 438−440

Perry, J. L. & Wise, L. (1990). Motivational based of Public service. *Public Administration Review*. 50: 367−373.

Perry, J. L. (1997). Antecedents of Public Service Motivation. *Journal of Public Administration Research and Theory*. 7(2): 181−197.

Peters, B. Guy. (1996). *The Future of Governing: Four Emerging Models*. the University

Press of Kansas.

_____(1998). 미래의 국정관리(The Future of Governing: Four Emerging Models). (고숙희 외 공역). 법문사.

Pierre, Jon & B. Guy Peters. (2000). *Governance, Politics and the State*. NY: St. Martin Press.

Porter, Lyman W. & Lawler III, Edward E. (1968). *Managerial attitudes and performance*. Homewood, Illinos: R.D. Irwin.

Poulantzas, N. (1973). *Political Power and Social Classes*. London: New Left Books.

_____(1978). *State, Power, Socialism*. London: New Left Books.

Putnam, Robert. (1993). *Making Democracy Work*. Princeton: Princeton University Press.

_____(1996). Turning In, Turning Out: The Strange Disappearance of Civic America. *American Prospect*. 24: 34−48.

_____(2000). *Bowling Alone*. New York: Simon and Schuster.

Quan−Haase, A. & Wellman, B. (2002). Capitalizing on the Net. Wellaman, B. & Haythornthwaite, C.(ed.). *The Internet in Everyday Life*. Malden: Blackwell Publishing.

Quinn, R. E. & Rohrbaugh, J. (1983). A Spatial Model of Effectiveness Criteria: Toward a Competing Value Approach to Organizational Analysis. *Management Science*. 29: 363−377.

Raphaeli, Nimrod. (1967). *Readings in comparative public administration*. Allyn and Bacon.

Rawls, John. (1971). *A Theory of Justice*. Mass: Harvard University Press.

Rhodes, R. A. W. (1981). *Control and power in central−local government relations*. Farnborough, Hants: Gower SSRC.

_____(1996). The new governance: governing without government. *Political studies*. 44(4): 652−667.

Riggs, Fred W. (1961). *The Ecology of Public Administration*. New Delhi. Bombay: Asia Publishing House.

_____(1962). Trends in the Comparative Study of Public Administration. *International Review of Administrative Sciences*. 28(1): 9-15.

_____(1965) The Political Context of Administrative Reform: Relearning an Old Lesson. *Public Administration Review*. 25(1): 70-79.

_____(1991) Public Administration: A Comparativist Framework. *Public Administration Review*. 51(6): 473-477.

Ripley, Randall & Grace Franklin. (1987). *Congress, the Bureaucracy and Public Policy.* Chicago: Dorsey Press.

Robey, Daniel. (1986). *Designing Organization(2nd ed.).* Homewood.

Sabatier, Paul A. (1986). Top−down and Bottom−up approaches to implementation research: A critical analysis and suggested systhesis. *Journal of Public Policy.* 6(1): 21−48.

Salamon, Lester M. (ed.). (2002). *The Tools of Government: A Guide to the New Governance.* Oxford University Press.

Schein, Edgar H. (1965). *Organizational Psychology.* Oxford England: Prentice−Hall

Streeck, Wolfgang & Thelen, Kathleen. (2005). Introduction: Institutional Change in Advanced Political Economies. In Wolfang Streek and Kahleen Thelen (eds.). *Beyond Continuity: Institutional Change in Advanced Political Economies.* 1−39. New York: Oxford University Press.

Thurmaier, Kurt M. & Katherine G. Willoughby. (2001). *Policy and Politics in State Budgeting.* M. E. Sharpe.

Tibout, Charles M. (1956). A Pure Theory of Local Expenditures. Journal of political Economy. 64(5): 416−424.

Tocqueville, Alexis de. (2000). Democracy in America. Translated by Harvey C. Mansfield & Delba Winthrop. The University of Chicago Press: Chicago.

True, J. L., Jones, B. D., & Baumgartner, F. R. (2007). Punctuated−Equilibrium Theory: Explaining Stability and Change in Public Policy Making. In P. A. Sabatier(2ed.). *Theories of the Policy Process.* 155−187. Westview Press.

True, James L. (2000). Avalanches and Incrementalism: Making Policy and Budgets in the United State. *American Review of Public Administration.* 30(1): 3−18.

Vroom, Victor H. (1965). *Work and Motivation.* New York: John Wiley and Sons.

Weber, Max. (1947). *The Theory of Social and Economic Organization.* (tr. by A. M. Henderson and Talcott Parsons). New York: Oxford University Press.

Wellman, B. (1999). The Network Community. In Wellman, B.(ed.). *Networks in the Global Village.* Boulder: Westview.

Wildavsky, Aron. (1988). *The New Politics of the Budgetary Process.* Harper Collins Publishers.

Williamson, O. E. (1981). The economics of organization: The transaction cost approach. *American Journal of Sociology.* 87(3): 548−577.

Winter, Søren C. (1990). *Integration Implementation Research.* 19−38. In Dennis J. Palumbo & Donald J. Calista(Eds.). Implementation and the Policy Process. NY:

Greenwood Press.

Wolf, Charles J. (1989). *Markets or Governments: Choosing between Imperfect Alternatives.* Cambridge: MIT Press.

Woodrow, Wilson. (1887). The Study of Administration. *Political Science Quarterly.* 2(2): 197 − 222.

Wright, Deil S. (1988). *Understanding Intergovernmental Relations.* Brooks/Cole Pub Co.

색 인

저자 약력

현재 단국대학교 사회과학대학 행정학과 교수

영국 Sheffield 대학교 졸업(박사)
경북대학교 행정대학원 지방자치전공(석사)
단국대학교 법정대학 행정학과(학사)

5급 공채 합격
행정안전부 서기관
9·7·5급 공채 및 입법고시 시험출제 위원 역임
사단법인 한국생활자치연구원 원장
행정협의조정위원회 위원
행정안전부 정책자문위원
통일부 정책자문위원

주요 저서 지방자치론(박영사, 2022)
매일 같이 밥먹는 동네(이담북스, 2019): 2019 세종도서 교양부문 우수도서 선정
생활자치 합시다(대영문화사, 2013): 2014 세종도서 교양부문 우수도서 선정

e-mail   south68@daum.net

개 정 판
행정학

초판발행   2019년 8월 30일
개정판발행 2023년 9월 5일

지은이   남재걸
펴낸이   안종만 · 안상준

편 집   양수정
기획/마케팅 장규식
표지디자인   이솔비
제 작   고철민 · 조영환

펴낸곳   (주) **박영시**
서울특별시 금천구 가산디지털2로 53, 210호(가산동, 한라시그마밸리)
등록 1959. 3. 11. 제300-1959-1호(倫)

전 화   02)733-6771
f a x   02)736-4818
e-mail   pys@pybook.co.kr
homepage   www.pybook.co.kr
ISBN   979-11-303-1849-3 93350

정 가   34,000원